2022版

工会财务制度
文件选编

上 册

中华全国总工会财务部◎编

GONGHUI CAIWU ZHIDU
WENJIAN XUANBIAN

中国工人出版社

图书在版编目（CIP）数据

工会财务制度文件选编：2022 版 / 中华全国总工会财务部编 .
—北京：中国工人出版社，2022.1（2022.7重印）
ISBN 978-7-5008-7889-6

Ⅰ . ①工… Ⅱ . ①中… Ⅲ . ①工会—财务制度—文件—
汇编—中国— 2022 Ⅳ . ① D412.67

中国版本图书馆 CIP 数据核字（2022）第 023790 号

工会财务制度文件选编（2022版）

出 版 人　董　宽
责任编辑　赵晨羽　周子欣
责任印制　栾征宇
出版发行　中国工人出版社
地　　址　北京市东城区鼓楼外大街45号　邮编：100120
网　　址　http://www.wp-china.com
电　　话　（010）62005043（总编室）　（010）62005039（印制管理中心）
　　　　　（010）62382916（工会与劳动关系分社）
发行热线　（010）82029051　62383056
经　　销　各地书店
印　　刷　宝蕾元仁浩（天津）印刷有限公司
开　　本　710毫米 × 1000毫米　1/16
印　　张　46
字　　数　840千字
版　　次　2022年4月第1版　2022年7月第2次印刷
定　　价　128.00元（上下册）

出版说明

本书汇编了全国总工会、全总财务部颁发的有关文件制度规定，以及财政部等有关部门颁发的与工会财务管理工作有关的文件。其中主要选录的是自1978年至2021年颁发的现今仍适用的文件。

本书共编入了184个文件，按照业务性质分为八个大类：

一、综合类；

二、财务体制类；

三、预决算管理类；

四、经费拨缴类；

五、收支管理类；

六、财会管理类；

七、财务监督类；

八、账户与票据类。

本书文件原则上全文编入，少数文件有删节。在执行中凡有修改或新的规定，均按新的规定执行。

本书要妥善保管，经管人员调动工作时，应办理移交。

本书在编辑出版过程中，得到了全总书记处领导同志的关心，全总有关部门、单位的支持与帮助，在此谨致诚挚的谢意。

CONTENTS 目　录

一、综合类

二、财务体制类

（一）省级系统工会

（二）铁路、金融、民航工会

三、预决算管理类

（一）预算管理

（二）决算管理

四、经费拨缴类

（一）会员会费

（二）经费收缴

（三）税前抵扣与代收

五、收支管理类

（一）收支管理

（二）专项资金

（三）“三公经费”及其他行政支出

一、综合类

中华人民共和国工会法（节录）

（1992 年 4 月 3 日第七届全国人民代表大会第五次会议通过　根据 2001 年 10 月 27 日第九届全国人民代表大会常务委员会第二十四次会议《关于修改〈中华人民共和国工会法〉的决定》第一次修正　根据 2009 年 8 月 27 日第十一届全国人民代表大会常务委员会第十次会议《关于修改部分法律的决定》第二次修正　根据 2021 年 12 月 24 日第十三届全国人民代表大会常务委员会第三十二次会议《关于修改〈中华人民共和国工会法〉的决定》第三次修正）

第四章　基层工会组织

第三十六条　国有企业职工代表大会是企业实行民主管理的基本形式，是职工行使民主管理权力的机构，依照法律规定行使职权。

国有企业的工会委员会是职工代表大会的工作机构，负责职工代表大会的日常工作，检查、督促职工代表大会决议的执行。

第三十七条　集体企业的工会委员会，应当支持和组织职工参加民主管理和民主监督，维护职工选举和罢免管理人员、决定经营管理的重大问题的权力。

第三十八条　本法第三十六条、第三十七条规定以外的其他企业、事业单位的工会委员会，依照法律规定组织职工采取与企业、事业单位相适应的形式，参与企业、事业单位民主管理。

第三十九条　企业、事业单位、社会组织研究经营管理和发展的重大问题应当听取工会的意见；召开会议讨论有关工资、福利、劳动安全卫生、工作时间、休息休假、女职工保护和社会保险等涉及职工切身利益的问题，必须有工会代表参加。

企业、事业单位、社会组织应当支持工会依法开展工作，工会应当支持企业、事业单位、社会组织依法行使经营管理权。

第四十条　公司的董事会、监事会中职工代表的产生，依照公司法有关规定执行。

第四十一条　基层工会委员会召开会议或者组织职工活动，应当在生产或者工作时间以外进行，需要占用生产或者工作时间的，应当事先征得企业、事业单位、社会组织的同意。

基层工会的非专职委员占用生产或者工作时间参加会议或者从事工会工作，每月不超过三个工作日，其工资照发，其他待遇不受影响。

第四十二条 用人单位工会委员会的专职工作人员的工资、奖励、补贴，由所在单位支付。社会保险和其他福利待遇等，享受本单位职工同等待遇。

第五章 工会的经费和财产

第四十三条 工会经费的来源：

（一）工会会员缴纳的会费；

（二）建立工会组织的用人单位按每月全部职工工资总额的百分之二向工会拨缴的经费；

（三）工会所属的企业、事业单位上缴的收入；

（四）人民政府的补助；

（五）其他收入。

前款第二项规定的企业、事业单位、社会组织拨缴的经费在税前列支。

工会经费主要用于为职工服务和工会活动。经费使用的具体办法由中华全国总工会制定。

第四十四条 企业、事业单位、社会组织无正当理由拖延或者拒不拨缴工会经费，基层工会或者上级工会可以向当地人民法院申请支付令；拒不执行支付令的，工会可以依法申请人民法院强制执行。

第四十五条 工会应当根据经费独立原则，建立预算、决算和经费审查监督制度。

各级工会建立经费审查委员会。

各级工会经费收支情况应当由同级工会经费审查委员会审查，并且定期向会员大会或者会员代表大会报告，接受监督。工会会员大会或者会员代表大会有权对经费使用情况提出意见。

工会经费的使用应当依法接受国家的监督。

第四十六条 各级人民政府和用人单位应当为工会办公和开展活动，提供必要的设施和活动场所等物质条件。

第四十七条 工会的财产、经费和国家拨给工会使用的不动产，任何组织和个人不得侵占、挪用和任意调拨。

第四十八条 工会所属的为职工服务的企业、事业单位，其隶属关系不得随意改变。

第四十九条 县级以上各级工会的离休、退休人员的待遇，与国家机关工作人员同等对待。

第六章 法律责任

第五十条 工会对违反本法规定侵犯其合法权益的，有权提请人民政府或者有关部门予以处理，或者向人民法院提起诉讼。

第五十一条 违反本法第三条、第十二条规定，阻挠职工依法参加和组织工会或者阻挠上级工会帮助、指导职工筹建工会的，由劳动行政部门责令其改正；拒不改正的，由劳动行政部门提请县级以上人民政府处理；以暴力、威胁等手段阻挠造成严重后果，构成犯罪的，依法追究刑事责任。

第五十二条 违反本法规定，对依法履行职责的工会工作人员无正当理由调动工作岗位，进行打击报复的，由劳动行政部门责令改正、恢复原工作；造成损失的，给予赔偿。

对依法履行职责的工会工作人员进行侮辱、诽谤或者进行人身伤害，构成犯罪的，依法追究刑事责任；尚未构成犯罪的，由公安机关依照治安管理处罚法的规定处罚。

第五十三条 违反本法规定，有下列情形之一的，由劳动行政部门责令恢复其工作，并补发被解除劳动合同期间应得的报酬，或者责令给予本人年收入二倍的赔偿：

（一）职工因参加工会活动而被解除劳动合同的；

（二）工会工作人员因履行本法规定的职责而被解除劳动合同的。

第五十四条 违反本法规定，有下列情形之一的，由县级以上人民政府责令改正，依法处理：

（一）妨碍工会组织职工通过职工代表大会和其他形式依法行使民主权利的；

（二）非法撤销、合并工会组织的；

（三）妨碍工会参加职工因工伤亡事故以及其他侵犯职工合法权益问题的调查处理的；

（四）无正当理由拒绝进行平等协商的。

第五十五条 违反本法第四十七条规定，侵占工会经费和财产拒不返还的，工会可以向人民法院提起诉讼，要求返还，并赔偿损失。

第五十六条 工会工作人员违反本法规定，损害职工或者工会权益的，由同级工会或者上级工会责令改正，或者予以处分；情节严重的，依照《中国工会章程》予以罢免；造成损失的，应当承担赔偿责任；构成犯罪的，依法追究刑事责任。

第七章 附 则

第五十七条 中华全国总工会会同有关国家机关制定机关工会实施本法的具体办法。

第五十八条 本法自公布之日起施行。1950 年 6 月 29 日中央人民政府颁布的《中华人民共和国工会法》同时废止。

中国工会章程

（中国工会第十七次全国代表大会部分修改，2018 年 10 月 26 日通过）

总　　则

中国工会是中国共产党领导的职工自愿结合的工人阶级群众组织，是党联系职工群众的桥梁和纽带，是国家政权的重要社会支柱，是会员和职工利益的代表。

中国工会以宪法为根本活动准则，按照《中华人民共和国工会法》和本章程独立自主地开展工作，依法行使权利和履行义务。

工人阶级是我国的领导阶级，是先进生产力和生产关系的代表，是中国共产党最坚实最可靠的阶级基础，是改革开放和社会主义现代化建设的主力军，是维护社会安定的强大而集中的社会力量。中国工会高举中国特色社会主义伟大旗帜，以马克思列宁主义、毛泽东思想、邓小平理论、“三个代表”重要思想、科学发展观、习近平新时代中国特色社会主义思想为指导，贯彻执行党的以经济建设为中心，坚持四项基本原则，坚持改革开放的基本路线，保持和增强政治性、先进性、群众性，坚定不移地走中国特色社会主义工会发展道路，推动党的全心全意依靠工人阶级的根本指导方针的贯彻落实，全面履行工会的社会职能，在维护全国人民总体利益的同时，更好地表达和维护职工的具体利益，团结和动员全国职工自力更生、艰苦创业，坚持和发展中国特色社会主义，为全面建成小康社会、把我国建设成为富强民主文明和谐美丽的社会主义现代化强国、实现中华民族伟大复兴的中国梦而奋斗。

中国工会坚持自觉接受中国共产党的领导，承担团结引导职工群众听党话、跟党走的政治责任，巩固和扩大党执政的阶级基础和群众基础。

中国工会的基本职责是维护职工合法权益、竭诚服务职工群众。

中国工会按照中国特色社会主义事业“五位一体”总体布局和“四个全面”战略布局，贯彻创新、协调、绿色、开放、共享的发展理念，把握为实现中华民族伟大复兴的中国梦而奋斗的工人运动时代主题，弘扬劳模精神、劳动精神、工匠精神，动员和组织职工积极参加建设和改革，努力促进经济、政治、文化、社会和生态文明建设；代表和组织职工参与国家和社会事务管理，参与企业、事业单位和机关的民主管理；教育职工践行社会主义核心价值观，不断提高思想道德素质、科学文化素质和技术技能素质，推进产业工人队伍建设改革，建设有理想、有道德、有文化、有纪律的职工队伍，不断发展工人阶级先进性。

中国工会以忠诚党的事业、竭诚服务职工为己任，坚持组织起来、切实维权的工作方针，坚持以职工为本、主动依法科学维权的维权观，促进完善社会主义劳动法律，维护职工的经济、政治、文化和社会权利，参与协调劳动关系和社会利益关系，推动构建和谐劳动关系，促进经济高质量发展和社会的长期稳定，维护工人阶级和工会组织的团结统一，为构建社会主义和谐社会作贡献。

中国工会维护工人阶级领导的、以工农联盟为基础的人民民主专政的社会主义国家政权，协助人民政府开展工作，依法发挥民主参与和社会监督作用。

中国工会在企业、事业单位中，按照促进企事业发展、维护职工权益的原则，支持行政依法行使管理权力，组织职工参加民主管理和民主监督，与行政方面建立协商制度，保障职工的合法权益，调动职工的积极性，促进企业、事业的发展。

中国工会实行产业和地方相结合的组织领导原则，坚持民主集中制。

中国工会坚持以改革创新精神加强自身建设，构建联系广泛、服务职工的工作体系，增强团结教育、维护权益、服务职工的功能，坚持群众化、民主化，保持同会员群众的密切联系，依靠会员群众开展工会工作。各级工会领导机关坚持把工作重点放到基层，着力扩大覆盖面、增强代表性，着力强化服务意识、提高维权能力，着力加强队伍建设、提升保障水平，坚持服务职工群众的工作生命线，全心全意为基层、为职工服务，构建智慧工会，增强基层工会的吸引力凝聚力战斗力，把工会组织建设得更加充满活力、更加坚强有力，成为深受职工群众信赖的学习型、服务型、创新型“职工之家”。

工会兴办的企业、事业，坚持公益性、服务性，坚持为改革开放和发展社会生产力服务，为职工群众服务，为推进工运事业服务。

中国工会努力巩固和发展工农联盟，坚持最广泛的爱国统一战线，加强包括香港特别行政区同胞、澳门特别行政区同胞、台湾同胞和海外侨胞在内的全国各族人民的大团结，促进祖国的统一、繁荣和富强。

中国工会在国际事务中坚持独立自主、互相尊重、求同存异、加强合作、增进友谊的方针，在独立、平等、互相尊重、互不干涉内部事务的原则基础上，广泛建立和发展同国际和各国工会组织的友好关系，积极参与“一带一路”建设，增进我国工人阶级同各国工人阶级的友谊，同全世界工人和工会一起，在推动构建人类命运共同体中发挥作用，为世界的和平、发展、合作、工人权益和社会进步而共同努力。

中国工会落实新时代党的建设总要求，以党的政治建设为统领，全面加强党的建设，增强政治意识、大局意识、核心意识、看齐意识，坚定道路自信、理论自信、制度自信、文化自信，坚决维护习近平总书记党中央的核心、全党的核心地位，坚决维护党中央权威和集中统一领导，在思想上政治上行动上同以习近平同志为核心的党中央保持高度一致。

第一章　会　　员

第一条　凡在中国境内的企业、事业单位、机关和其他社会组织中，以工资收入为主要生活来源或者与用人单位建立劳动关系的体力劳动者和脑力劳动者，不分民族、种族、性别、职业、宗教信仰、教育程度，承认工会章程，都可以加入工会为会员。

第二条　职工加入工会，由本人自愿申请，经工会基层委员会批准并发给会员证。

第三条　会员享有以下权利：

（一）选举权、被选举权和表决权。

（二）对工会工作进行监督，提出意见和建议，要求撤换或者罢免不称职的工会工作人员。

（三）对国家和社会生活问题及本单位工作提出批评与建议，要求工会组织向有关方面如实反映。

（四）在合法权益受到侵犯时，要求工会给予保护。

（五）工会提供的文化、教育、体育、旅游、疗休养、互助保障、生活救助、法律服务、就业服务等优惠待遇；工会给予的各种奖励。

（六）在工会会议和工会媒体上，参加关于工会工作和职工关心问题的讨论。

第四条　会员履行下列义务：

（一）认真学习贯彻习近平新时代中国特色社会主义思想，学习政治、经济、文化、法律、科学、技术和工会基本知识等。

（二）积极参加民主管理，努力完成生产和工作任务，立足本职岗位建功立业。

（三）遵守宪法和法律，践行社会主义核心价值观，弘扬中华民族传统美德，恪守社会公德、职业道德、家庭美德、个人品德，遵守劳动纪律。

（四）正确处理国家、集体、个人三者利益关系，向危害国家、社会利益的行为作斗争。

（五）维护中国工人阶级和工会组织的团结统一，发扬阶级友爱，搞好互助互济。

（六）遵守工会章程，执行工会决议，参加工会活动，按月交纳会费。

第五条　会员组织关系随劳动（工作）关系变动，凭会员证明接转。

第六条　会员有退会自由。会员退会由本人向工会小组提出，由工会基层委员会宣布其退会并收回会员证。

会员没有正当理由连续六个月不交纳会费、不参加工会组织生活，经教育拒不改正，应当视为自动退会。

第七条　对不执行工会决议、违反工会章程的会员，给予批评教育。对严重违法犯罪并受到刑事处分的会员，开除会籍。开除会员会籍，须经工会小组讨论，提出意见，由工会基层委员会决定，报上一级工会备案。

第八条　会员离休、退休和失业，可保留会籍。保留会籍期间免交会费。

工会组织要关心离休、退休和失业会员的生活，积极向有关方面反映他们的愿望和要求。

第二章　组 织 制 度

第九条　中国工会实行民主集中制，主要内容是：

（一）个人服从组织，少数服从多数，下级组织服从上级组织。

（二）工会的各级领导机关，除它们派出的代表机关外，都由民主选举产生。

（三）工会的最高领导机关，是工会的全国代表大会和它所产生的中华全国总工会执行委员会。工会的地方各级领导机关，是工会的地方各级代表大会和它所产生的总工会委员会。

（四）工会各级委员会，向同级会员大会或者会员代表大会负责并报告工作，接受会员监督。会员大会和会员代表大会有权撤换或者罢免其所选举的代表和工会委员会组成人员。

（五）工会各级委员会，实行集体领导和分工负责相结合的制度。凡属重大问题由委员会民主讨论，作出决定，委员会成员根据集体的决定和分工，履行自己的职责。

（六）工会各级领导机关，加强对下级组织的领导和服务，经常向下级组织通报情况，听取下级组织和会员的意见，研究和解决他们提出的问题。下级组织应及时向上级组织请示报告工作。

第十条 工会各级代表大会的代表和委员会的产生，要充分体现选举人的意志。候选人名单，要反复酝酿，充分讨论。选举采用无记名投票方式，可以直接采用候选人数多于应选人数的差额选举办法进行正式选举，也可以先采用差额选举办法进行预选，产生候选人名单，然后进行正式选举。任何组织和个人，不得以任何方式强迫选举人选举或不选举某个人。

第十一条 中国工会实行产业和地方相结合的组织领导原则。同一企业、事业单位、机关和其他社会组织中的会员，组织在一个工会基层组织中；同一行业或者性质相近的几个行业，根据需要建立全国的或者地方的产业工会组织。除少数行政管理体制实行垂直管理的产业，其产业工会实行产业工会和地方工会双重领导，以产业工会领导为主外，其他产业工会均实行以地方工会领导为主，同时接受上级产业工会领导的体制。各产业工会的领导体制，由中华全国总工会确定。

省、自治区、直辖市，设区的市和自治州，县（旗）、自治县、不设区的市建立地方总工会。地方总工会是当地地方工会组织和产业工会地方组织的领导机关。全国建立统一的中华全国总工会。中华全国总工会是各级地方总工会和各产业工会全国组织的领导机关。

中华全国总工会执行委员会委员和产业工会全国委员会委员实行替补制，各级地方总工会委员会委员和地方产业工会委员会委员，也可以实行替补制。

第十二条 县和县以上各级地方总工会委员会，根据工作需要可以派出代表机关。

县和县以上各级工会委员会，在两次代表大会之间，认为有必要时，可以召集代表会议，讨论和决定需要及时解决的重大问题。代表会议代表的名额和产生办法，由召集代表会议的总工会决定。

全国产业工会、各级地方产业工会、乡镇工会和城市街道工会的委员会，可以按照联合制、代表制原则，由下一级工会组织民主选举的主要负责人和适当比例的有关方面代表组成。

上级工会可以派员帮助和指导用人单位的职工组建工会。

第十三条 各级工会代表大会选举产生同级经费审查委员会。中华全国总工会经费审查委员会设常务委员会，省、自治区、直辖市总工会经费审查委员会和独立管理经费的全国产业工会经费审查委员会，应当设常务委员会。经费审查委员会负责审查同级工会组织及其直属企业、事业单位的经费收支和资产管理情况，监督财经法纪的贯彻执行和工会经费的使用，并接受上级工会经费审查委员会的指导和监督。工会经费审查委员会向同级会员大会或会员代表大会负责并报告工作；在大会闭会期间，向同级工会委员会负责并报告工作。

上级经费审查委员会应当对下一级工会及其直属企业、事业单位的经费收支和资产管理情况进行审查。

中华全国总工会经费审查委员会委员实行替补制，各级地方总工会经费审查委员会委员和独立管理经费的产业工会经费审查委员会委员，也可以实行替补制。

第十四条 各级工会建立女职工委员会，表达和维护女职工的合法权益。女职工委员会由同级工会委员会提名，在充分协商的基础上组成或者选举产生，女职工委员会与工会委员会同时建立，在同级工会委员会领导下开展工作。企业工会女职工委员会是县或者县以上妇联的团体会员，通过县以上地方工会接受妇联的业务指导。

第十五条 县和县以上各级工会组织应当建立法律服务机构，为保护职工和工会组织的合法权益提供服务。

各级工会组织应当组织和代表职工开展劳动法律监督。

第十六条 成立或者撤销工会组织，必须经会员大会或者会员代表大会通过，并报上一级工会批准。工会基层组织所在的企业终止，或者所在的事业单位、机关和其他社会组织被撤销，该工会组织相应撤销，并报上级工会备案。其他组织和个人不得随意撤销工会组织，也不得把工会组织的机构撤销、合并或者归属其他工作部门。

第三章 全国组织

第十七条 中国工会全国代表大会，每五年举行一次，由中华全国总工会执行委员会召集。在特殊情况下，由中华全国总工会执行委员会主席团提议，经执行委员会全体会议通过，可以提前或者延期举行。代表名额和代表选举办法由中华全国总工会决定。

第十八条 中国工会全国代表大会的职权是：

（一）审议和批准中华全国总工会执行委员会的工作报告。

（二）审议和批准中华全国总工会执行委员会的经费收支情况报告和经费审查委员会的工作报告。

（三）修改中国工会章程。

（四）选举中华全国总工会执行委员会和经费审查委员会。

第十九条 中华全国总工会执行委员会，在全国代表大会闭会期间，负责贯彻执行全国代表大会的决议，领导全国工会工作。

执行委员会全体会议选举主席一人、副主席若干人、主席团委员若干人，组成主席团。

执行委员会全体会议由主席团召集，每年至少举行一次。

第二十条 中华全国总工会执行委员会全体会议闭会期间，由主席团行使执行委员会的职权。主席团全体会议，由主席召集。

主席团闭会期间，由主席、副主席组成的主席会议行使主席团职权。主席会议由中华全国总工会主席召集并主持。

主席团下设书记处，由主席团在主席团成员中推选第一书记一人，书记若干人组成。书记处在主席团领导下，主持中华全国总工会的日常工作。

第二十一条 产业工会全国组织的设置，由中华全国总工会根据需要确定。

产业工会全国委员会的建立，经中华全国总工会批准，可以按照联合制、代表制原则组成，也可以由产业工会全国代表大会选举产生。全国委员会每届任期五年。任期届满，应当如期召开会议，进行换届选举。在特殊情况下，经中华全国总工会批准，可以提前或者延期举行。

产业工会全国代表大会和按照联合制、代表制原则组成的产业工会全国委员会全体会议的职权是：审议和批准产业工会全国委员会的工作报告；选举产业工会全国委员会或者产业工会全国委员会常务委员会。独立管理经费的产业工会，选举经费审查委员会，并向产业工会全国代表大会或者委员会全体会议报告工作。产业工会全国委员会常务委员会由主席一人、副主席若干人、常务委员若干人组成。

第四章 地方组织

第二十二条 省、自治区、直辖市，设区的市和自治州，县（旗）、自治县、不设区的市的工会代表大会，由同级总工会委员会召集，每五年举行一次。在特殊情况下，由同级总工会委员会提议，经上一级工会批准，可以提前或者延期举行。工会的地方各级代表大会的职权是：

（一）审议和批准同级总工会委员会的工作报告。

（二）审议和批准同级总工会委员会的经费收支情况报告和经费审查

委员会的工作报告。

（三）选举同级总工会委员会和经费审查委员会。

各级地方总工会委员会，在代表大会闭会期间，执行上级工会的决定和同级工会代表大会的决议，领导本地区的工会工作，定期向上级总工会委员会报告工作。

根据工作需要，省、自治区总工会可在地区设派出代表机关。直辖市和设区的市总工会在区一级建立总工会。

县和城市的区可在乡镇和街道建立乡镇工会和街道工会组织，具备条件的，建立总工会。

第二十三条 各级地方总工会委员会选举主席一人、副主席若干人、常务委员若干人，组成常务委员会。工会委员会、常务委员会和主席、副主席以及经费审查委员会的选举结果，报上一级总工会批准。

各级地方总工会委员会全体会议，每年至少举行一次，由常务委员会召集。各级地方总工会常务委员会，在委员会全体会议闭会期间，行使委员会的职权。

第二十四条 各级地方产业工会组织的设置，由同级地方总工会根据本地区的实际情况确定。

第五章　基层组织

第二十五条 企业、事业单位、机关和其他社会组织等基层单位，应当依法建立工会组织。社区和行政村可以建立工会组织。从实际出发，建立区域性、行业性工会联合会，推进新经济组织、新社会组织工会组织建设。

有会员二十五人以上的，应当成立工会基层委员会；不足二十五人的，可以单独建立工会基层委员会，也可以由两个以上单位的会员联合建立工会基层委员会，也可以选举组织员或者工会主席一人，主持基层工会工作。工会基层委员会有女会员十人以上的建立女职工委员会，不足十人的设女职工委员。

职工二百人以上企业、事业单位的工会设专职工会主席。工会专职工作人员的人数由工会与企业、事业单位协商确定。

基层工会具备法人条件，依法取得社团法人资格，工会主席为法定代表人。

第二十六条 工会基层组织的会员大会或者会员代表大会，每年至少召开一次。经基层工会委员会或者三分之一以上的工会会员提议，可以临时召开会员大会或者会员代表大会。工会会员在一百人以下的基层工会应当召开会员大会。

工会会员大会或者会员代表大会的职权是：

（一）审议和批准工会基层委员会的工作报告。

（二）审议和批准工会基层委员会的经费收支情况报告和经费审查委员会的工作报告。

（三）选举工会基层委员会和经费审查委员会。

（四）撤换或者罢免其所选举的代表或者工会委员会组成人员。

（五）讨论决定工会工作的重大问题。

工会基层委员会和经费审查委员会每届任期三年至五年，具体任期由会员大会或者会员代表大会决定。任期届满，应当如期召开会议，进行换届选举。在特殊情况下，经上一级工会批准，可以提前或者延期举行。

会员代表大会的代表实行常任制，任期与本单位工会委员会相同。

第二十七条　工会基层委员会的委员，应当在会员或者会员代表充分酝酿协商的基础上选举产生；主席、副主席，可以由会员大会或者会员代表大会直接选举产生，也可以由工会基层委员会选举产生。大型企业、事业单位的工会委员会，根据工作需要，经上级工会委员会批准，可以设立常务委员会。工会基层委员会、常务委员会和主席、副主席以及经费审查委员会的选举结果，报上一级工会批准。

第二十八条　工会基层委员会的基本任务是：

（一）执行会员大会或者会员代表大会的决议和上级工会的决定，主持基层工会的日常工作。

（二）代表和组织职工依照法律规定，通过职工代表大会、厂务公开和其他形式，参加本单位民主管理和民主监督，在公司制企业落实职工董事、职工监事制度。企业、事业单位工会委员会是职工代表大会工作机构，负责职工代表大会的日常工作，检查、督促职工代表大会决议的执行。

（三）参与协调劳动关系和调解劳动争议，与企业、事业单位行政方面建立协商制度，协商解决涉及职工切身利益问题。帮助和指导职工与企业、事业单位行政方面签订和履行劳动合同，代表职工与企业、事业单位行政方面签订集体合同或者其他专项协议，并监督执行。

（四）组织职工开展劳动和技能竞赛、合理化建议、技能培训、技术革新和技术协作等活动，培育工匠人才，总结推广先进经验。做好劳动模范和先进生产（工作）者的评选、表彰、培养和管理服务工作。

（五）加强对职工的政治引领和思想教育，开展法治宣传教育，重视人文关怀和心理疏导，鼓励支持职工学习文化科学技术和管理知识，开展健康的文化体育活动。推进企业文化职工文化建设，办好工会文化、教育、体育事业。

（六）监督有关法律、法规的贯彻执行。协助和督促行政方面做好工资、安全生产、职业病防治和社会保险等方面的工作，推动落实职工福利待遇。办好职工集体福利事业，改善职工生活，对困难职工开展帮扶。依法参与生产安全事故和职业病危害事故的调查处理。

（七）维护女职工的特殊利益，同歧视、虐待、摧残、迫害女职工的现象作斗争。

（八）搞好工会组织建设，健全民主制度和民主生活。建立和发展工会积极分子队伍。做好会员的发展、接收、教育和会籍管理工作。加强职工之家建设。

（九）收好、管好、用好工会经费，管理好工会资产和工会的企业、事业。

第二十九条 教育、科研、文化、卫生、体育等事业单位和机关工会，从脑力劳动者比较集中的特点出发开展工作，积极了解和关心职工的思想、工作和生活，推动党的知识分子政策的贯彻落实。组织职工搞好本单位的民主管理和民主监督，为发挥职工的聪明才智，创造良好的条件。

第三十条 工会基层委员会根据工作需要，可以在分厂、车间（科室）建立分厂、车间（科室）工会委员会。分厂、车间（科室）工会委员会由分厂、车间（科室）会员大会或者会员代表大会选举产生，任期和工会基层委员会相同。

工会基层委员会和分厂、车间（科室）委员会，可以根据需要设若干专门委员会或者专门小组。

按照生产（行政）班组建立工会小组，民主选举工会小组长，积极开展工会小组活动。

第六章 工会干部

第三十一条 各级工会组织按照革命化、年轻化、知识化、专业化的要求，努力建设一支坚持党的基本路线，熟悉本职业务，热爱工会工作，受到职工信赖的干部队伍。

第三十二条 工会干部要努力做到：

（一）认真学习马克思列宁主义、毛泽东思想、邓小平理论、“三个代表”重要思想、科学发展观、习近平新时代中国特色社会主义思想，学习政治、经济、历史、文化、科技、法律和工会业务等知识，提高政治能力，增强群众工作本领。

（二）执行党的基本路线和各项方针政策，遵守国家法律、法规，在改革开放和社会主义现代化建设中勇于开拓创新。

（三）信念坚定，忠于职守，勤奋工作，敢于担当，廉洁奉公，顾全大局，维护团结。

（四）坚持实事求是，认真调查研究，如实反映职工的意见、愿望和要求。

（五）坚持原则，不谋私利，热心为职工说话办事，依法维护职工的合法权益。

（六）作风民主，联系群众，增强群众意识和群众感情，自觉接受职工群众的批评和监督。

第三十三条 各级工会组织根据有关规定管理工会干部，重视发现培养和选拔优秀年轻干部、女干部、少数民族干部，成为培养干部的重要基地。

基层工会主席、副主席任期未满不得随意调动其工作。因工作需要调动时，应事先征得本级工会委员会和上一级工会同意。

第三十四条 各级工会组织建立与健全干部培训制度。办好工会干部院校和各种培训班。

第三十五条 各级工会组织关心工会干部的思想、学习和生活，督促落实相应的待遇，支持他们的工作，坚决同打击报复工会干部的行为作斗争。

县和县以上工会设立工会干部权益保障金，保障工会干部依法履行职责。

县和县以上工会可以为基层工会选派、聘用工作人员。

第七章 工会经费和资产

第三十六条 工会经费的来源：

（一）会员交纳的会费。

（二）企业、事业单位、机关和其他社会组织按全部职工工资总额的百分之二向工会拨缴的经费或者建会筹备金。

（三）工会所属的企业、事业单位上缴的收入。

（四）人民政府和企业、事业单位、机关和其他社会组织的补助。

（五）其他收入。

第三十七条 工会经费主要用于为职工服务和开展工会活动。各级工会组织应坚持正确使用方向，加强预算管理，优化支出结构，开展监督检查。

第三十八条 县和县以上各级工会应当与税务、财政等有关部门合作，依照规定做好工会经费收缴和应当由财政负担的工会经费拨缴工作。

未成立工会的企业、事业单位、机关和其他社会组织，按工资总额的百分之二向上级工会拨缴工会建会筹备金。

具备社团法人资格的工会应当依法设立独立经费账户。

第三十九条 工会资产是社会团体资产，中华全国总工会对各级工会的资产拥有终极所有权。各级工会依法依规加强对工会资产的监督、管理，保护工会资产不受损害，促进工会资产保值增值。根据经费独立原则，建立预算、决算、资产监管和经费审查监督制度。实行“统一领导、分级管理”的财务体制、“统一所有、分级监管、单位使用”的资产监管体制和“统一领导、分级管理、分级负责、下审一级”的经费审查监督体制。工会经费、资产的管理和使用办法以及工会经费审查监督制度，由中华全国总工会制定。

第四十条 各级工会委员会按照规定编制和审批预算、决算，定期向会员大会或者会员代表大会和上一级工会委员会报告经费收支和资产管理情况，接受上级和同级工会经费审查委员会审查监督。

第四十一条 工会经费、资产和国家及企业、事业单位等拨给工会的不动产和拨付资金形成的资产受法律保护，任何单位和个人不得侵占、挪用和任意调拨；不经批准，不得改变工会所属企业、事业单位的隶属关系和产权关系。

工会组织合并，其经费资产归合并后的工会所有；工会组织撤销或者解散，其经费资产由上级工会处置。

第八章 会　徽

第四十二条 中国工会会徽，选用汉字“中”、“工”两字，经艺术造型呈圆形重叠组成，并在两字外加一圆线，象征中国工会和中国工人阶级的团结统一。会徽的制作标准，由中华全国总工会规定。

第四十三条 中国工会会徽，可在工会办公地点、活动场所、会议会场悬挂，可作为纪念品、办公用品上的工会标志，也可以作为徽章佩戴。

第九章 附　则

第四十四条 本章程解释权属于中华全国总工会。

中国工会第十七次全国代表大会关于中华全国总工会第十六届执行委员会财务工作报告的决议

（2018年10月26日中国工会第十七次全国代表大会通过）

中国工会第十七次全国代表大会审议并批准焦开河同志代表中华全国总工会第十六届执行委员会所做的财务工作报告。

大会认为，五年来，各级工会坚定不移地走中国特色社会主义工会发展道路，在工会财务管理和改革中，紧紧围绕党和国家工作大局和工会工作全局，以工会改革为契机，深化财务体制改革，创新工作机制，完善财务管理制度，统筹经费保障，优化支出结构，为工会各项工作的顺利推进提供了强有力的资金和物质保障，工会服务职工的能力显著提升。

大会要求，各级工会要坚持以习近平新时代中国特色社会主义思想和党的十九大精神为指导，牢牢把握工会财务工作正确政治方向；加强工会经费收缴，积极争取政府资金支持，夯实工会服务职工群众的物质基础；坚持以竭诚服务职工为宗旨，构建工会经费普惠职工的保障机制；深化工会财务改革，强化监督检查，完善工会财务工作机制，全面提升工会财务工作水平，努力为新时代工会工作创新发展提供服务和保障。

最高人民法院关于修改《最高人民法院关于在民事审判工作中适用〈中华人民共和国工会法〉若干问题的解释》等二十七件民事类司法解释的决定（节录）

（法释〔2020〕17 号　2020 年 12 月 29 日）

根据审判实践需要，经最高人民法院审判委员会第 1823 次会议决定，对《最高人民法院关于在民事审判工作中适用〈中华人民共和国工会法〉若干问题的解释》等二十七件司法解释作如下修改：

一、修改《最高人民法院关于在民事审判工作中适用〈中华人民共和国工会法〉若干问题的解释》

1. 将引言修改为：

“为正确审理涉及工会经费和财产、工会工作人员权利的民事案件，维护工会和职工的合法权益，根据《中华人民共和国民法典》《中华人民共和国工会法》和《中华人民共和国民事诉讼法》等法律的规定，现就有关法律的适用问题解释如下：”

2. 将第六条修改为：

“根据工会法第五十二条规定，人民法院审理涉及职工和工会工作人员因参加工会活动或者履行工会法规定的职责而被解除劳动合同的劳动争议案件，可以根据当事人的请求裁判用人单位恢复其工作，并补发被解除劳动合同期间应得的报酬；或者根据当事人的请求裁判用人单位给予本人年收入二倍的赔偿，并根据劳动合同法第四十六条、第四十七条规定给予解除劳动合同时的经济补偿。”

3. 将第七条修改为：

“对于企业、事业单位无正当理由拖延或者拒不拨缴工会经费的，工会组织向人民法院请求保护其权利的诉讼时效期间，适用民法典第一百八十八条的规定。”

4. 将第八条修改为：

“工会组织就工会经费的拨缴向人民法院申请支付令的，应当按照《诉讼费用交纳办法》第十四条的规定交纳申请费；督促程序终结后，工会组织另行起诉的，按照《诉讼费用交纳办法》第十三条规定的财产案件受理费标准交纳诉讼费用。”

中共中央　国务院关于印发《党政机关厉行节约反对浪费条例》的通知

（转自中央人民政府门户网站）

各省、自治区、直辖市党委和人民政府，中央和国家机关各部委，解放军各总部、各大单位，各人民团体：

《党政机关厉行节约反对浪费条例》（以下简称《条例》）已经党中央、国务院同意，现印发给你们，请认真遵照执行。

艰苦奋斗、勤俭节约是中华民族的传统美德，是我们党的优良作风，是党政机关清廉形象的重要体现。中央历来强调，各级党政机关要大兴艰苦奋斗之风，带头厉行勤俭节约、反对铺张浪费。但是，近年来一些党政机关讲排场、比阔气、大手大脚、奢侈浪费现象时有发生，特别是公款吃喝、违规配车、公款旅游、修建豪华楼堂馆所、大搞节庆论坛活动等问题十分突出，严重败坏了党风政风，严重损害了党和政府的形象和威信，广大干部群众对此反映强烈。为坚决刹住铺张浪费之风，习近平同志多次作出重要指示，中央专门作出部署，强调要以刚性的制度约束、严格的制度执行、强有力的监督检查、严厉的惩戒机制，切实遏制公务支出和公款消费中的各种违规违纪违法现象。党的十八届三中全会围绕反对形式主义、官僚主义、享乐主义和奢靡之风，提出了加快有关体制机制改革的新要求。为此，中央决定制定出台《条例》。

《条例》对党政机关经费管理、国内差旅、因公临时出国（境）、公务接待、公务用车、会议活动、办公用房、资源节约等作出全面规范，对宣传教育、监督检查、责任追究等工作提出明确要求，是党的群众路线教育实践活动建章立制的重要成果，是一部厉行节约反对浪费的综合性、基础性党内法规，是党政机关做好节约工作、防止浪费行为的总依据和总遵循。《条例》的制定和实施，对于推进厉行节约反对浪费工作制度化、规范化、程序化，从源头上狠刹奢侈浪费之风，具有十分重要的意义。

奢靡之始，危亡之渐。各地区各部门一定要从关系党的执政基础和执政地位的高度，从关系党和人民事业兴衰成败的高度，充分认识厉行节约反对浪费的极端重要性和现实紧迫性，切实把这项工作摆在突出位置抓紧抓好。要结合开展党的群众路线教育实践活动，抓好《条例》的学习宣传贯彻，使各级党组织和广大党员、干部深刻领会《条例》精神，坚决执行《条例》提出的各项要求。要加强组织领导，建立健全工作体制机制，党政主要负责同志亲自抓，各有关部门各司其职、密切配合，确保厉行节约反对浪费工作落到实处。要紧密结合本地区本部门工作实际和职责任务，坚持从严从紧原则，抓紧制定实施细则和配套制度，尽快形成立体式、全方位的厉行节约反对浪费制度体系。要认真贯彻党的十八届三中全会精神，坚持深化改革、标本兼治，着力推进财政预算、差旅费管理、公务接待、公务用车、公务活动公开等方面改革，条件成熟的要尽快推出，需要研究探索的要积极创造条件加以推进，努力形成不能不愿不敢铺张浪费的长效机制。要加强督促检查，加大惩戒问责力度，对铺张浪费行为要发现一起、查处一起，坚决维护制度的刚性约束力，坚决杜绝“破窗效应”。要强化宣传教育，引导各级党政机关和广大党员、干部增强节约意识，大力倡导和建设节约文化，努力在全党全社会形成厉行节约反对浪费的浓厚氛围。执行《条例》中的重要情况和建议，请及时报告中央。

附件：

党政机关厉行节约反对浪费条例

第一章　总　　则

第一条　为了进一步弘扬艰苦奋斗、勤俭节约的优良作风，推进党政机关厉行节约反对浪费，建设节约型机关，根据国家有关法律法规和中央有关规定，制定本条例。

第二条　本条例适用于党的机关、人大机关、行政机关、政协机关、审判机关、检察机关，以及工会、共青团、妇联等人民团体和参照公务员法管理的事业单位。

第三条　本条例所称浪费，是指党政机关及其工作人员违反规定进行不必要的公务活动，或者在履行公务中超出规定范围、标准和要求，不当使用公共资金、资产和资源，给国家和社会造成损失的行为。

第四条　党政机关厉行节约反对浪费，应当遵循下列原则：坚持从严从简，勤俭办一切事业，降低公务活动成本；坚持依法依规，遵守国家法律法规和党内法规制度的相关规定，严格按程序办事；坚持总量控制，科学设定相关标准，严格控制经费支出总额，加强厉行节约绩效考评；坚持实事求是，从实际出发安排公务活动，取消不必要的公务活动，保证正常公务活动；坚持公开透明，除涉及国家秘密事项外，公务活动中的资金、资产、资源使用等情况应予公开，接受各方面监督；坚持深化改革，通过改革创新破解体制机制障碍，建立健全厉行节约反对浪费工作长效机制。

第五条 中共中央办公厅、国务院办公厅负责统筹协调、指导检查全国党政机关厉行节约反对浪费工作，建立协调联络机制承办具体事务。地方各级党委办公厅（室）、政府办公厅（室）负责指导检查本地区党政机关厉行节约反对浪费工作。

纪检监察机关和组织人事、宣传、外事、发展改革、财政、审计、机关事务管理等部门根据职责分工，依法依规履行对厉行节约反对浪费相关工作的管理、监督等职责。

第六条 各级党委和政府应当加强对厉行节约反对浪费工作的组织领导。党政机关领导班子主要负责人对本地区、本部门、本单位的厉行节约反对浪费工作负总责，其他成员根据工作分工，对职责范围内的厉行节约反对浪费工作负主要领导责任。

第二章 经费管理

第七条 党政机关应当加强预算编制管理，按照综合预算的要求，将各项收入和支出全部纳入部门预算。

党政机关依法取得的罚没收入、行政事业性收费、政府性基金、国有资产收益和处置等非税收入，必须按规定及时足额上缴国库，严禁以任何形式隐瞒、截留、挤占、挪用、坐支或者私分，严禁转移到机关所属工会、培训中心、服务中心等单位账户使用。

第八条 党政机关应当遵循先有预算、后有支出的原则，严格执行预算，严禁超预算或者无预算安排支出，严禁虚列支出、转移或者套取预算资金。

严格控制国内差旅费、因公临时出国（境）费、公务接待费、公务用车购置及运行费、会议费、培训费等支出。年度预算执行中不予追加，因特殊需要确需追加的，由财政部门审核后按程序报批。

建立预算执行全过程动态监控机制，完善预算执行管理办法，建立健全预算绩效管理体系，增强预算执行的严肃性，提高预算执行的准确率，防止年底突击花钱等现象发生。

第九条 推进政府会计改革，进一步健全会计制度，准确核算机关运行经费，全面反映行政成本。

第十条 财政部门应当会同有关部门，根据国内差旅、因公临时出国(境)、公务接待、会议、培训等工作特点，综合考虑经济发展水平、有关货物和服务的市场价格水平，制定分地区的公务活动经费开支范围和开支标准。

加强相关开支标准之间的衔接，建立开支标准调整机制，定期根据有关货物和服务的市场价格变动情况调整相关开支标准，增强开支标准的协调性、规范性、科学性。

严格开支范围和标准，严格支出报销审核，不得报销任何超范围、超标准以及与相关公务活动无关的费用。

第十一条 全面实行公务卡制度。健全公务卡强制结算目录，党政机关国内发生的公务差旅费、公务接待费、公务用车购置及运行费、会议费、培训费等经费支出，除按规定实行财政直接支付或者银行转账外，应当使用公务卡结算。

第十二条 党政机关采购货物、工程和服务，应当遵循公开透明、公平竞争、诚实信用原则。

政府采购应当依法完整编制采购预算，严格执行经费预算和资产配置标准，合理确定采购需求，不得超标准采购，不得超出办公需要采购服务。

严格执行政府采购程序，不得违反规定以任何方式和理由指定或者变相指定品牌、型号、产地。采购公开招标数额标准以上的货物、工程和服务，应当进行公开招标，确需改变采购方式的，应当严格执行有关公示和审批程序。列入政府集中采购目录范围的，应当委托集中采购机构代理采购，并逐步实行批量集中采购。严格控制协议供货采购的数量和规模，不得以协议供货拆分项目的方式规避公开招标。

党政机关应当按照政府采购合同规定的采购需求组织验收。政府采购监督管理部门应当逐步建立政府采购结果评价制度，对政府采购的资金节约、政策效能、透明程度以及专业化水平进行综合、客观评价。

加快政府采购管理交易平台建设，推进电子化政府采购。

第三章 国内差旅和因公临时出国（境）

第十三条 党政机关应当建立健全并严格执行国内差旅内部审批制度，从严控制国内差旅人数和天数，严禁无明确公务目的的差旅活动，严禁以公务差旅为名变相旅游，严禁异地部门间无实质内容的学习交流和考察调研。

第十四条 国内差旅人员应当严格按规定乘坐交通工具、住宿、就餐，费用由所在单位承担。

差旅人员住宿、就餐由接待单位协助安排的，必须按标准交纳住宿费、餐费。差旅人员不得向接待单位提出正常公务活动以外的要求，不得接受礼金、礼品和土特产品等。

第十五条 统筹安排年度因公临时出国计划，严格控制团组数量和规模，不得安排照顾性、无实质内容的一般性出访，不得安排考察性出访，严禁集中安排赴热门国家和地区出访，严禁以各种名义变相公款出国旅游。严格执行因公临时出国限量管理规定，不得把出国作为个人待遇、安排轮流出国。严格控制跨地区、跨部门团组。

组织、外专等有关部门应当加强出国培训总体规划和监督管理，严格控制出国培训规模，科学设置培训项目，择优选派培训对象，提高出国培训的质量和实效。

第十六条 外事管理部门应当加强因公临时出国审核审批管理，对违反规定、不适合成行的团组予以调整或者取消。

加强因公临时出国经费预算总额控制，严格执行经费先行审核制度。无出国经费预算安排的不予批准，确有特殊需要的，按规定程序报批。严禁违反规定使用出国经费预算以外资金作为出国经费，严禁向所属单位、企业、我国驻外机构等摊派或者转嫁出国费用。

第十七条 出国团组应当按规定标准安排交通工具和食宿，不得违反规定乘坐民航包机，不得乘坐私人、企业和外国航空公司包机，不得安排超标准住房和用车，不得擅自增加出访国家或者地区，不得擅自绕道旅行，不得擅自延长在国外停留时间。

出国期间，不得与我国驻外机构和其他中资机构、企业之间用公款互赠礼品或者纪念品，不得用公款相互宴请。

第十八条 严格根据工作需要编制出境计划，加强因公出境审批和管理，不得安排出境考察，不得组织无实质内容的调研、会议、培训等活动。

严格遵守因公出境经费预算、支出、使用、核算等财务制度，不得接受超标准接待和高消费娱乐，不得接受礼金、贵重礼品、有价证券、支付凭证等。

第四章 公务接待

第十九条 建立健全国内公务接待集中管理制度。党政机关公务接待管理部门应当加强对国内公务接待工作的管理和指导。

第二十条 党政机关应当建立公务接待审批控制制度，对无公函的公务活动不予接待，严禁将非公务活动纳入接待范围。

第二十一条 党政机关应当严格执行国内公务接待标准，实行接待费支出总额控制制度。

接待单位应当严格按标准安排接待对象的住宿用房，协助安排用餐的按标准收取餐费，不得在接待费中列支应当由接待对象承担的费用，不得以举办会议、培训等名义列支、转移、隐匿接待费开支。

建立国内公务接待清单制度，如实反映接待对象、公务活动、接待费用等情况。接待清单作为财务报销的凭证之一并接受审计。

第二十二条 外宾接待工作应当遵循服务外交、友好对等、务实节俭的原则。外宾邀请单位应当严格按照有关规定安排接待活动，从严从紧控制外宾团组和接待费用。

第二十三条 有关部门和地方应当参照国内公务接待标准，制定招商引资等活动的接待办法，严格审批，强化管理，严禁超规格、超标准接待，严禁扩大接待范围、增加接待项目，严禁以招商引资等名义变相安排公务接待。

第二十四条 党政机关不得以任何名义新建、改建、扩建所属宾馆、招待所等具有接待功能的设施或者场所。

建立接待资源共享机制，推进机关所属接待、培训场所的集中统一管理和利用。健全服务经营机制，推行机关所属接待、培训场所企业化管理，降低服务经营成本。

积极推进国内公务接待服务社会化改革，有效利用社会资源为国内公务接待提供住宿、餐饮、用车等服务。

第五章　公 务 用 车

第二十五条 坚持社会化、市场化方向，改革公务用车制度，合理有效配置公务用车资源，创新公务交通分类提供方式，保障公务出行，降低行政成本，建立符合国情的新型公务用车制度。

改革公务用车实物配给方式，取消一般公务用车，保留必要的执法执勤、机要通信、应急和特种专业技术用车及按规定配备的其他车辆。普通公务出行由公务人员自主选择，实行社会化提供。取消的一般公务用车，采取公开招标、拍卖等方式公开处置。

适度发放公务交通补贴，不得以车改补贴的名义变相发放福利。

第二十六条 党政机关应当从严配备实行定向化保障的公务用车，不得以特殊用途等理由变相超编制、超标准配备公务用车，不得以任何方式换用、借用、占用下属单位或者其他单位和个人的车辆，不得接受企事业单位和个人赠送的车辆。

严格按规定配备专车，不得擅自扩大专车配备范围或者变相配备专车。

从严控制执法执勤用车的配备范围、编制和标准。执法执勤用车配备应当严格限制在一线执法执勤岗位，机关内部管理和后勤岗位以及机关所属事业单位一律不得配备。

第二十七条 公务用车实行政府集中采购，应当选用国产汽车，优先选用新能源汽车。

公务用车严格按照规定年限更新，已到更新年限尚能继续使用的应当继续使用，不得因领导干部职务晋升、调任等原因提前更新。

公务用车保险、维修、加油等实行政府采购，降低运行成本。

第二十八条 除涉及国家安全、侦查办案等有保密要求的特殊工作用车外，执法执勤用车应当喷涂明显的统一标识。

第二十九条 根据公务活动需要，严格按规定使用公务用车，严禁以任何理由挪用或者固定给个人使用执法执勤、机要通信等公务用车，领导干部亲属和身边工作人员不得因私使用配备给领导干部的公务用车。

第六章 会议活动

第三十条 党政机关应当精简会议，严格执行会议费开支范围和标准。

党政机关会议实行分类管理、分级审批。财政部门应当会同机关事务管理等部门制定本级党政机关会议费管理办法，从严控制会议数量、会期和参会人员规模。完善并严格执行严禁党政机关到风景名胜区开会制度规定。

第三十一条 会议召开场所实行政府采购定点管理。会议住宿用房以标准间为主，用餐安排自助餐或者工作餐。

会议期间，不得安排宴请，不得组织旅游以及与会议无关的参观活动，不得以任何名义发放纪念品。

完善会议费报销制度。未经批准以及超范围、超标准开支的会议费用，一律不予报销。严禁违规使用会议费购置办公设备，严禁列支公务接待费等与会议无关的任何费用，严禁套取会议资金。

第三十二条 建立健全培训审批制度，严格控制培训数量、时间、规模，严禁以培训名义召开会议。

严格执行分类培训经费开支标准，严格控制培训经费支出范围，严禁在培训经费中列支公务接待费、会议费等与培训无关的任何费用。严禁以培训名义进行公款宴请、公款旅游活动。

第三十三条 未经批准，党政机关不得以公祭、历史文化、特色物产、单位成立、行政区划变更、工程奠基或者竣工等名义举办或者委托、指派其他单位举办各类节会、庆典活动，不得举办论坛、博览会、展会活动。严禁使用财政性资金举办营业性文艺晚会。从严控制举办大型综合性运动会和各类赛会。

经批准的节会、庆典、论坛、博览会、展会、运动会、赛会等活动，应当严格控制规模和经费支出，不得向下属单位摊派费用，不得借举办活动发放各类纪念品，不得超出规定标准支付费用邀请名人、明星参与活动。为举办活动专门配备的设备在活动结束后应当及时收回。

第三十四条 严格控制和规范各类评比达标表彰活动，实行中央和省（自治区、直辖市）两级审批制度。评比达标表彰项目费用由举办单位承担，不得以任何方式向相关单位和个人收取费用。

第七章 办公用房

第三十五条 党政机关办公用房建设应当从严控制。凡是违反规定的拟建办公用房项目，必须坚决终止；凡是未按照规定程序履行审批手续、擅自开工建设的办公用房项目，必须停建并予以没收；凡是超规模、超标准、超投资概算建设的办公用房项目，应当根据具体情况限期腾退超标准面积或者全部没收、拍卖。

党政机关办公用房应当严格管理，推进办公用房资源的公平配置和集约使用。凡是超过规定面积标准占有、使用办公用房以及未经批准租用办公用房的，必须腾退；凡是未经批准改变办公用房使用功能的，原则上应当恢复原使用功能。严禁出租出借办公用房，已经出租出借的，到期必须收回；租赁合同未到期的，租金收入应当按照收支两条线管理。

第三十六条 党政机关新建、改建、扩建、购置、置换、维修改造、租赁办公用房，必须严格按规定履行审批程序。采取置换方式配给办公用房的，应当执行新建办公用房各项标准，不得以未使用政府预算建设资金、资产整合等名义规避审批。

第三十七条 党政机关办公用房建设项目应当按照朴素、实用、安全、节能原则，严格执行办公用房建设标准、单位综合造价标准和公共建筑节能设计标准，符合土地利用和城市规划要求。党政机关办公楼不得追求成为城市地标建筑，严禁配套建设大型广场、公园等设施。

第三十八条 党政机关办公用房建设项目投资，统一由政府预算建设资金安排。土地收益和资产转让收益应当按照有关规定实行收支两条线管理，不得直接用于办公用房建设。

党政机关办公用房维修改造项目所需投资，统一列入预算由财政资金安排解决，未经审批的项目不得安排预算。

第三十九条 办公用房建设应当严格执行工程招投标和政府采购有关规定，加强对工程项目的全过程监理和审计监督。加快推行办公用房建设项目代建制。

办公用房因使用时间较长、设施设备老化、功能不全，不能满足办公需求的，可以进行维修改造。维修改造项目应当以消除安全隐患、恢复和完善使用功能、降低能源资源消耗为重点，严格履行审批程序，严格执行维修改造标准。

第四十条 建立健全办公用房集中统一管理制度，对办公用房实行统一调配、统一权属登记。

党政机关应当严格按照有关标准和本单位“三定”方案，从严核定、使用办公用房。超标部分应当移交同级机关事务管理部门用于统一调剂。

新建、调整办公用房的单位，应当按照“建新交旧”、“调新交旧”的原则，在搬入新建或者新调整办公用房的同时，将原办公用房腾退移交机关事务管理部门统一调剂使用。

因机构增设、职能调整确需增加办公用房的，应当在本单位现有办公用房中解决；本单位现有办公用房不能满足需要的，由机关事务管理部门整合办公用房资源调剂解决；无法调剂、确需租用解决的，应当严格履行报批手续，不得以变相补偿方式租用由企业等单位提供的办公用房。

第四十一条 党政机关领导干部应当按照标准配置使用一处办公用房，确因工作需要另行配置办公用房的，应当严格履行审批程序。领导干部不得长期租用宾馆、酒店房间作为办公用房。配置使用的办公用房，在退休或者调离时应当及时腾退并由原单位收回。

第八章　资 源 节 约

第四十二条 党政机关应当节约集约利用资源，加强全过程节约管理，提高能源、水、粮食、办公家具、办公设备、办公用品等的利用效率和效益，统筹利用土地，杜绝浪费行为。

第四十三条 对能源、水的使用实行分类定额和目标责任管理。推广应用节能技术产品，淘汰高耗能设施设备，重点推广应用新能源和可再生能源。积极使用节水型器具，建设节水型单位。

健全节能产品政府采购政策，严格执行节能产品政府强制采购和优先采购制度。

第四十四条 优化办公家具、办公设备等资产的配置和使用，通过调剂方式盘活存量资产，节约购置资金。已到更新年限尚能继续使用的，不得报废处置。

对产生的非涉密废纸、废弃电器电子产品等废旧物品进行集中回收处理，促进循环利用；涉及国家秘密的，按照有关保密规定进行销毁。

第四十五条 党政机关政务信息系统建设应当统筹规划，统一组织实施，防止重复建设和频繁升级。

建立共享共用机制，加强资源整合，推动重要政务信息系统互联互通、信息共享和业务协同，降低软件开发、系统维护和升级等方面费用，防止资源浪费。

积极利用信息化手段，推行无纸化办公，减少一次性办公用品消耗。

第九章 宣传教育

第四十六条 宣传部门应当把厉行节约反对浪费作为重要宣传内容，充分发挥各级各类媒体作用，重视运用互联网等新兴媒体，通过新闻报道、文化作品、公益广告等形式，广泛宣传中华民族勤俭节约的优秀品德，宣传阐释相关制度规定，宣传推广厉行节约的经验做法和先进典型，倡导绿色低碳消费理念和健康文明生活方式。

第四十七条 党政机关应当把加强厉行节约反对浪费教育作为作风建设的重要内容，融入干部队伍建设和机关日常管理之中，建立健全常态化工作机制。对各种铺张浪费现象和行为，应当严肃批评、督促改正。

纪检监察机关应当不定期曝光铺张浪费的典型案例，发挥警示教育作用。

组织人事部门和党校、行政学院、干部学院应当把厉行节约反对浪费作为干部教育培训的重要内容，创新教育方法，切实增强教育培训的针对性和实效性。

第四十八条 党政机关应当围绕建设节约型机关，组织开展形式多样、便于参与的活动，引导干部职工增强节约意识、珍惜物力财力，积极培育和形成崇尚节约、厉行节约、反对浪费的机关文化，为在全社会形成节俭之风发挥示范表率作用。

第十章　监督检查

第四十九条　各级党委和政府应当建立厉行节约反对浪费监督检查机制，明确监督检查的主体、职责、内容、方法、程序等，加强经常性督促检查，针对突出问题开展重点检查、暗访等专项活动。

下级党委和政府应当每年向上级党委和政府报告本地区厉行节约反对浪费工作情况，党委和政府所属部门、单位应当每年向本级党委和政府报告本部门、本单位厉行节约反对浪费工作情况。报告可结合领导班子年度考核和工作报告一并进行。

第五十条　领导干部厉行节约反对浪费工作情况，应当列为领导班子民主生活会和领导干部述职述廉的重要内容并接受评议。

第五十一条　党委办公厅（室）、政府办公厅（室）负责统筹协调相关部门开展对厉行节约反对浪费工作的督促检查。每年至少组织开展一次专项督查，并将督查情况在适当范围内通报。专项督查可以与党风廉政建设责任制检查考核、年终党建工作考核等相结合，督查考核结果应当按照干部管理权限送纪检监察机关和组织人事部门，作为干部管理监督、选拔任用的依据。

第五十二条　纪检监察机关应当加强对厉行节约反对浪费工作的监督检查，受理群众举报和有关部门移送的案件线索，及时查处违纪违法问题。

中央和省、自治区、直辖市党委巡视组应当按照有关规定，加强对有关党组织领导班子及其成员厉行节约反对浪费工作情况的巡视监督。

第五十三条　财政部门应当加强对党政机关预算编制、执行等财政、财务、政府采购和会计事项的监督检查，依法处理发现的违规问题，并及时向本级党委和政府汇报监督检查结果。

审计部门应当加大对党政机关公务支出和公款消费的审计力度，依法处理、督促整改违规问题，并将涉嫌违纪违法问题移送有关部门查处。

第五十四条　党政机关应当建立健全厉行节约反对浪费信息公开制度。除依照法律法规和有关要求须保密的内容和事项外，下列内容应当按照及时、方便、多样的原则，以适当方式进行公开：

（一）预算和决算信息；

（二）政府采购文件、采购预算、中标成交结果、采购合同等情况；

（三）国内公务接待的批次、人数、经费总额等情况；

（四）会议的名称、主要内容、支出金额等情况；

（五）培训的项目、内容、人数、经费等情况；

（六）节会、庆典、论坛、博览会、展会、运动会、赛会等活动举办信息；

（七）办公用房建设、维修改造、使用、运行费用支出等情况；

（八）公务支出和公款消费的审计结果；

（九）其他需要公开的内容。

第五十五条 推动和支持人民代表大会及其常务委员会依法严格审查批准党政机关公务支出预算，加强对预算执行情况的监督。发挥人大代表的监督作用，通过提出意见、建议、批评以及询问、质询等方式加强对党政机关厉行节约反对浪费工作的监督。

支持人民政协对党政机关厉行节约反对浪费工作的监督，自觉接受并积极支持政协委员通过调研、视察、提案等方式加强对党政机关厉行节约反对浪费工作的监督。

第五十六条 重视各级各类媒体在厉行节约反对浪费方面的舆论监督作用。建立舆情反馈机制，及时调查处理媒体曝光的违规违纪违法问题。

发挥群众对党政机关及其工作人员铺张浪费行为的监督作用，认真调查处理群众反映的问题。

第十一章　责任追究

第五十七条 建立党政机关厉行节约反对浪费工作责任追究制度。

对违反本条例规定造成浪费的，应当依纪依法追究相关人员的责任，对负有领导责任的主要负责人或者有关领导干部实行问责。

第五十八条 有下列情形之一的，追究相关人员的责任：

（一）未经审批列支财政性资金的；

（二）采取弄虚作假等手段违规取得审批的；

（三）违反审批要求擅自变通执行的；

（四）违反管理规定超标准或者以虚假事项开支的；

（五）利用职务便利假公济私的；

（六）有其他违反审批、管理、监督规定行为的。

第五十九条 有下列情形之一的，追究主要负责人或者有关领导干部的责任：

（一）本地区、本部门、本单位铺张浪费、奢侈奢华问题严重，对发现的问题查处不力，干部群众反映强烈的；

（二）指使、纵容下属单位或者人员违反本条例规定造成浪费的；

（三）不履行内部审批、管理、监督职责造成浪费的；

（四）不按规定及时公开本地区、本部门、本单位有关厉行节约反对浪费工作信息的；

（五）其他对铺张浪费问题负有领导责任的。

第六十条 违反本条例规定造成浪费的，根据情节轻重，由有关部门依照职责权限给予批评教育、责令作出检查、诫勉谈话、通报批评或者调离岗位、责令辞职、免职、降职等处理。

应当追究党纪政纪责任的，依照《中国共产党纪律处分条例》、《行政机关公务员处分条例》等有关规定给予相应的党纪政纪处分。

涉嫌违法犯罪的，依法追究法律责任。

第六十一条 违反本条例规定获得的经济利益，应当予以收缴或者纠正。

违反本条例规定，用公款支付、报销应由个人支付的费用，应当责令退赔。

第六十二条 受到责任追究的人员对处理决定不服的，可以按照相关规定向有关机关提出申诉。受理申诉机关应当依据有关规定认真受理并作出结论。

申诉期间，不停止处理决定的执行。

第十二章 附 则

第六十三条 各省、自治区、直辖市党委和政府，中央和国家机关各部委，可以根据本条例，结合实际制定实施细则。有关职能部门应当根据各自职责，制定完善相关配套制度。

国有企业、国有金融企业、不参照公务员法管理的事业单位，参照本条例执行。

中国人民解放军和中国人民武装警察部队按照军队有关规定执行。

第六十四条 本条例由中共中央办公厅、国务院办公厅会同有关部门负责解释。

第六十五条 本条例自发布之日起施行。1997 年 5 月 25 日发布的《中共中央、国务院关于党政机关厉行节约制止奢侈浪费行为的若干规定》同时废止。其他有关党政机关厉行节约反对浪费的规定，凡与本条例不一致的，按照本条例执行。

中华全国总工会办公厅关于印发《全总机关厉行节约反对浪费实施办法》的通知

（总工办发〔2014〕3号 2014年2月14日）

各省、自治区、直辖市总工会，各全国产业工会，中共中央直属机关工会联合会、中央国家机关工会联合会，全总各部门、各直属单位：

根据《党政机关厉行节约反对浪费条例》（以下简称《条例》），结合工会工作实际，全总制定了《全总机关厉行节约反对浪费实施办法》（以下简称《实施办法》），对全总经费管理、国内差旅、因公临时出国（境）、公务接待、公务用车、会议活动、办公用房、资源节约以及宣传教育、监督检查、责任追究等工作进行了全面规范。这是全总党的群众路线教育实践活动建章立制的重要成果，是全总做好节约工作、防止浪费行为的基本遵循，对于推进全总厉行节约反对浪费工作制度化、规范化、程序化，从源头上狠刹奢侈浪费之风，具有十分重要的意义。

各驻会全国产业工会、全总各部门（以下简称全总机关）、各直属单位一定要充分认识厉行节约反对浪费的极端重要性和现实紧迫性，切实把这项工作摆在突出位置抓紧抓好。要抓好《条例》、《实施办法》的学习宣传贯彻，使全总机关、各直属单位全体党员干部深刻领会《条例》、《实施办法》精神，坚决执行《条例》、《实施办法》提出的各项要求。办公厅、组织部、党组纪检组、财务部、经审办等相关部门要加强监督检查、加大惩戒问责力度，建立厉行节约反对浪费工作责任追究制度。要强化宣传教育，引导机关广大党员、干部增强节约意识，大力倡导和建设节约文化，努力在全总机关、各直属单位形成厉行节约反对浪费的浓厚氛围。

各省（区、市）总工会要结合各自实际，根据本级党委的要求，参照《实施办法》研究制定贯彻落实《条例》的具体措施，建立健全相关制度。

附件：

全总机关厉行节约反对浪费实施办法

第一章　总　　则

第一条　为了进一步弘扬艰苦奋斗、勤俭节约的优良作风，推进全总机关厉行节约反对浪费，建设节约型机关，根据《党政机关厉行节约反对浪费条例》，结合全总机关工作实际，制定本办法。

第二条　本办法所称浪费，是指全总机关、各直属单位及其工作人员违反规定进行不必要的公务活动，或者在履行公务中超出规定范围、标准和要求，不当使用公共资金、资产和资源，给国家和社会造成损失的行为。

第三条　全总机关、各直属单位厉行节约反对浪费，应当遵循下列原则：坚持从严从简，勤俭办一切事业，降低公务活动成本；坚持依法依规，遵守国家法律法规和党内法规制度的相关规定，严格按程序办事；坚持总量控制，科学设定相关标准，严格控制经费支出总额，加强厉行节约绩效考评；坚持实事求是，从实际出发安排公务活动，取消不必要的公务活动，保证正常公务活动；坚持公开透明，除涉及国家秘密事项外，公务活动中的资金、资产、资源使用等情况应予公开，接受各方面监督；坚持改革创新，建立健全厉行节约反对浪费工作长效机制。

第四条　全总办公厅负责统筹协调、指导检查全总机关、各直属单位厉行节约反对浪费工作，建立协调联络机制承办具体事务。全总组织部、党组纪检组、宣传教育部、财务部、国际联络部、经审办、机关党委、资产监督管理部、机关服务中心等部门根据职责分工，认真履行全总机关厉行节约反对浪费相关工作的管理、监督等职责。

第五条　全总党组、书记处应当加强对厉行节约反对浪费工作的组织领导，党组、书记处主要负责同志对全总机关厉行节约反对浪费工作负总责，其他负责同志根据工作分工，对职责范围内的厉行节约反对浪费工作负主要领导责任。

第二章　经 费 管 理

第六条　全总机关按照《工会法》规定，坚持工会经费独立管理原则，建立健全工会经费预算、决算、监督审查机制。严格执行《工会预算管理办法》，各项收入、支出全部纳入预算管理。

第七条 预算编制坚持“统筹兼顾、保证重点、量入为出、收支平衡、真实合法、精细高效”的原则，细化预算内容，基本支出执行定员定额标准，项目支出坚持勤俭高效、科学合理。

第八条 经费支出遵循先有预算、后有支出的原则，严格执行预算，严禁无预算、超预算支出。严禁向下摊派、转嫁支出。严禁虚列支出、转移或者套取预算资金，严禁设立“小金库”。严格控制国内差旅费、因公临时出国（境）费、公务接待费、公务用车购置及运行费、会议费、培训费、出书费等支出。

全总机关、各直属单位应当维护预算执行的严肃性。年度预算执行中不予追加，因特殊需要确需追加的，必须严格履行预算追加审批程序。

第九条 全总机关、各直属单位应当逐步建立预算绩效管理体系，提高预算编制、执行的准确率。建立预算执行进度检查制度，防止年底突击花钱等现象发生。

第十条 全总财务部应当严格执行国家的财政方针政策、工会会计制度，严格开支范围和开支标准，严格支出报销审核，不得报销任何超范围、超标准以及与相关公务活动无关的费用。要准确核算运行经费，全面反映行政成本。

第十一条 全总机关实行公务卡结算制度。除按规定通过银行转账结算外的各项支出，使用公务卡结算。

第十二条 全总机关设备、物品、服务等购置，工程维修项目，应当按照国家规定执行政府采购。凡列入政府采购目录范围的货物和服务，委托中直采购中心办理。中直采购项目之外的自行采购项目，单项或批量达到50万元以上的货物和服务、60万元以上的工程按照《中华人民共和国政府采购法》和《中华人民共和国招标投标法》的有关规定进行公开招标。奖牌、奖状、奖杯、证书等由全总集中采购中心通过法定程序确定供货单位进行集中采购。任何单位不得超标准采购，不得超出办公需要采购服务。

第三章 国内差旅和因公临时出国（境）

第十三条 全总机关、各直属单位要严格执行国内差旅审批制度，加强公务外出计划管理，科学安排和严格控制外出的时间、内容、路线、频率、人员数量，禁止没有特别需要的一般性学习交流、考察调研，禁止重复性考察，禁止以各种名义和方式变相旅游，禁止违反规定到风景名胜区举办会议和活动。

第十四条 全总机关、各直属单位要严格执行《中央国家机关和事业单位差旅费管理办法》和全总机关差旅费报销等相关规定，按规定乘坐交通工具、住宿、就餐，费用由所在单位承担。

差旅人员住宿、就餐、交通工具由接待单位协助安排的，必须按标准交纳住宿费、餐费、交通费。差旅人员不得向接待单位提出正常公务活动以外的要求，不得接受礼金、礼品和土特产品等。

第十五条 严格执行党和国家关于因公临时出国（境）管理的各项政策规定，贯彻落实《因公出国（境）管理规定》（总工发〔2012〕71号）、《关于工会外事工作有关问题的规定》（总工办发〔2013〕29号）、《全总机关因公出国（境）人员审批管理实施细则》（工组字〔2013〕48号），根据工作实际需要统筹安排年度因公临时出国计划，实行出国团组量化管理，严格限制总量和规模，杜绝照顾性、无实质内容的一般性出访、考察性出访，注重工作实效，严禁以各种名义变相公款出国旅游。

进一步加强对跨地区、跨部门团组的审核审批，加强出国培训总体规划和监督管理，严格控制出国培训规模，科学合理设置培训项目和主题，择优选派培训对象，切实提高出国培训的质量和实效。

第十六条 进一步加强因公临时出国团组的审核审批，对出国经费预算实行总额控制，经费先行审核。杜绝违规使用资金、摊派转嫁出国费用的情况发生。严格执行财政部、外交部《因公临时出国经费管理办法》文件的规定，研究制定全总因公临时出国经费管理的有关规定。

第十七条 出国团组应当按规定标准安排交通工具和食宿，不得擅自增加出访国家或者地区，不得擅自绕道旅行，不得擅自延长在国外停留时间。

出国期间，不得与我国驻外机构和其他中资机构、企业之间用公款互赠礼品或者纪念品，不得用公款相互宴请。

第十八条 严格根据工作需要编制出境计划，加强因公出境审批和管理，不得安排出境考察，不得组织无实质内容的调研、会议、培训等活动。

严格遵守因公出境经费预算、支出、使用、核算等财务制度，不得接受超标准接待和高消费娱乐，不得接受礼金、贵重礼品、有价证券、支付凭证等。

第四章 公务接待

第十九条 严格执行《全总机关国内公务接待管理办法》，加强对机关国内公务接待工作的监督和管理。

第二十条 全总机关、各直属单位应当建立公务接待审批控制制度，公务外出需要接待的，派出单位应当向接待单位发出公函，告知内容、行程和人员。对无公函的公务活动不予接待，严格控制国内公务接待范围，严禁将非公务活动纳入接待范围。

第二十一条 全总机关、各直属单位应当严格执行国内公务接待标准，国内公务接待经费全部纳入本级机关预算管理，限定接待费预算总额，实行单独会计核算。

接待单位应当严格按标准安排接待对象的住宿用房，协助安排用餐的按标准收取餐费，不得在接待费中列支应当由接待对象承担的费用，不得以举办会议、培训等名义列支、转移、隐匿接待费开支，不得向下级单位及其他单位、企业、个人转嫁接待费用，不得假借公务接待名义列支其他支出。

建立国内公务接待清单制度，如实反映接待对象、公务活动、接待费用等情况。接待清单作为财务报销的凭证之一并接受审计。

第二十二条 国内公务接待不得在机场、车站、码头组织迎送活动，不得张贴悬挂标语横幅，不得铺设迎宾地毯。严格控制陪同人数，不得层层多人陪同。全总机关、各直属单位安排的活动场所、活动项目和活动方式，应当有利于公务活动开展。

第二十三条 全总机关外宾接待工作遵循服务外交、友好对等、务实节俭的原则，提高工作的主动性、计划性。各相关邀请单位应当严格按照有关规定安排接待活动，从严从紧控制外宾团组和接待费用。

第二十四条 不得以任何名义新建、改建、扩建内部接待场所，不得对内部接待场所进行超标准装修或者装饰、超标准配置家具和电器。

健全全总机关内部接待场所（全总机关食堂）服务经营机制，推行企业化管理，建立市场化的接待费计算机制，降低服务经营成本，提高资产使用效率。

积极推进全总机关国内公务接待服务社会化改革，有效利用社会资源为国内公务接待提供住宿、用餐、用车等服务。推行接待用车定点服务。

第五章　公 务 用 车

第二十五条 坚持社会化、市场化方向，改革公务用车制度，合理有效配置全总机关公务用车资源，保障公务出行，降低行政成本，建立新型公务用车制度。

按照中央有关规定改革公务用车配给方式，取消全总机关一般公务用车，保留办公厅机要通信、应急及按规定配备的其他车辆。全总机关普通公务出行可由各单位自主选择，实行社会化提供，遇有大型会议和活动用车须由机关公开招标定点的汽车公司提供服务。取消的一般公务用车交由中直管理局公务用车管理处处置。按规定适度发放公务交通补贴，但不得以车改补贴的名义变相发放福利。

第二十六条 全总机关、各直属单位按规定从严配备实行定向化保障的公务用车，不得以任何理由变相超编制、超标准配备公务用车，不得以任何方式换用、借用、占用下属单位或者其他单位和个人的车辆，不得接受企事业单位和个人赠送的车辆。严格按规定配备专车，不得擅自扩大专车配备范围或变相配备专车。

第二十七条 全总机关、各直属单位按规定保留的公务用车及专车须到中直采购中心定点单位进行车辆保险、维修、加油等，降低运行成本。严格按照规定年限更新公务用车，已到更新年限尚能继续使用的应当继续使用，不得因领导干部职务晋升、调任等原因提前更新。

第二十八条 严格按规定使用公务用车，加强对机关专职驾驶员的教育和管理，杜绝公车私用，领导干部亲属和身边工作人员不得因私使用配备给领导干部的公务用车。

第六章　会 议 活 动

第二十九条 严格执行《全国总工会机关会议费管理实施办法》，加强会议管理，严格执行会议费开支范围和标准。全总机关、各直属单位召开会议实行分类管理、分级审批。从严控制会议数量、会期和参会人员规模。完善并严格执行严禁到风景名胜区开会制度规定。

第三十条 全国性会议一般在北京召开，会议召开场所实行政府采购定点管理，能在工会所属会议场所召开的会议，不到社会性会议场所召开。不得提高会议用餐、住宿标准，会议住宿用房以标准间为主，用餐安排自助餐或者工作餐。

会议期间，不得安排宴请，不得组织高消费娱乐、健身活动，不得发放礼品、纪念品，不得组织旅游以及与会议无关的参观活动。会议活动现场布置要简朴，工作会议一律不摆花草、不制作背景板。

完善会议费报销制度。未经批准以及超范围、超标准开支的会议费用，一律不予报销，不准对下摊派会议经费。严禁违规使用会议费购置办公设备，严禁列支公务接待费等与会议无关的任何费用，严禁套取会议资金。

第三十一条 建立健全培训审批制度，严格控制培训数量、时间、规模，严禁以培训名义召开会议。全总举办的以工会干部为对象的各类培训班由组织部统一归口管理，培训费用由财务部列入年度预算统一拨付，各主办单位不得以任何名义收取办班费用。

严格执行分类培训经费开支标准，严格控制培训经费支出范围，严禁在培训经费中列支公务接待费、会议费等与培训无关的任何费用。严禁以培训名义进行公款宴请、公款旅游活动。

第三十二条 未经批准，全总机关、各直属单位不得举办或者委托、指派其他单位举办各类节会、庆典活动，不得举办论坛、博览会、展会活动。严禁使用财政性资金举办营业性文艺晚会。从严控制举办大型综合性运动会和各类赛会。

经批准的节会、庆典、论坛、赛会等活动，应当严格控制规模和经费支出，不得向下属单位摊派费用，不得借举办活动发放各类纪念品，不得超出规定标准支付费用邀请名人、明星参与活动。为举办活动专门配备的设备在活动结束后应当及时收回。

第三十三条 严格控制和规范各类评比达标表彰活动，严格按照全国清理规范评比达标表彰工作联席会议办公室批准全总保留的表彰项目和由中央部委牵头、全总或全总有关单位参与的表彰项目，开展评比表彰活动，已经取消的，一律不得变相保留或恢复。进一步规范表彰项目、归口管理、备案制度、申报和审批程序。评比达标表彰项目费用由举办单位承担，不得以任何方式向相关单位和个人收取费用。

第七章 办公用房

第三十四条 全总机关、各直属单位办公用房建设应当从严控制。不得违反规定新建办公用房项目；不得未履行审批手续擅自开工建设办公用房项目；不得超规模、超标准、超投资概算建设办公用房项目。

全总机关、各直属单位办公用房应当严格管理，推进办公用房资源的公平配置和集约使用。严格按照党政机关办公用房人均建筑面积执行，凡是超过规定面积标准占有、使用办公用房以及未经批准租用办公用房的，必须腾退；凡是未经批准改变办公用房使用功能的，原则上应当恢复原使用功能。严禁出租出借办公用房，已经出租出借的，到期必须收回；租赁合同未到期的，租金收入应当按照收支两条线管理。

第三十五条 全总机关、各直属单位新建、改建、扩建、购置、置换、维修改造、租赁办公用房，必须严格按规定履行审批程序。在建设过程中，严格执行党政机关办公用房建设标准，不得超标准建设。

第三十六条　全总机关、各直属单位办公用房建设项目应当按照朴素、实用、安全、节能原则，严格执行办公用房建设标准、单位综合造价标准和公共建筑节能设计标准，符合土地利用和城市规划要求。

第三十七条　全总机关、各直属单位办公用房建设应当严格执行工程招投标和政府采购有关规定，加强对工程项目的全过程监理和审计监督。加快推行办公用房建设项目代建制。

办公用房因使用时间较长、设施设备老化、功能不全，不能满足办公需求的，可以进行维修改造。维修改造项目应当以消除安全隐患、恢复和完善使用功能、降低能源资源消耗为重点，严格履行审批程序，严格执行维修改造标准。

第三十八条　建立健全办公用房集中统一管理制度，对办公用房实行统一调配、统一权属登记。全总机关、各直属单位应当严格按照有关标准和本单位“三定”方案，从严核定、使用办公用房。新建、调整办公用房的单位，应当按照“建新交旧”、“调新交旧”的原则，在搬入新建或者新调整办公用房的同时，将原办公用房腾退移交。

因机构增设、职能调整确需增加办公用房的，应当在本单位现有办公用房中解决；本单位现有办公用房不能满足需要、确需租用解决的，应当严格履行报批手续，不得以变相补偿方式租用由企业等单位提供的办公用房。

第三十九条　全总机关、各直属单位领导干部应当按照标准配置使用一处办公用房，确因工作需要另行配置办公用房的，应当严格履行审批程序。领导干部不得长期租用宾馆、酒店房间作为办公用房。配置使用的办公用房，在退休或者调离时应当及时腾退并由原单位收回。

第八章　资源节约

第四十条　全总机关、各直属单位应当节约集约利用资源，加强全过程节约管理，加强水电气等相关能源使用的管理，提高能源的使用效率和效益，认真落实按月核查、结算，杜绝浪费，节约机关能源开支。

第四十一条　全总机关、各直属单位对能源、水电使用实行计量管理。推广应用节能技术产品，淘汰高耗能设施设备。积极使用节水型器具，建设节水型单位。健全节能产品政府采购制度，严格执行国家节能产品政府采购清单。严格执行节能型产品政府强制采购和优先采购制度。

第四十二条　全总机关、各直属单位对办公家具、办公设备等资产实行优化配置和使用，通过调剂方式盘活存量资产，节约购置资金。已到更新年限尚能继续使用的，不得报废处置。

第四十三条 全总机关政务信息系统建设应当统筹规划，统一组织实施，防止重复建设和频繁升级。建立共享共用机制，加强资源整合，推动重要政务信息系统互联互通、信息共享和业务协同，降低软件开发、系统维护和升级等方面费用，防止资源浪费。积极利用信息化手段，推行无纸化办公，减少一次性办公用品消耗。

第九章 宣传教育

第四十四条 全总机关党委要把厉行节约反对浪费作为重要宣传内容，宣传阐释厉行节约反对浪费相关制度规定，及时挖掘和广泛宣传全总机关、直属单位干部职工厉行节约反对浪费的做法经验。

第四十五条 全总机关、各直属单位应当把加强厉行节约反对浪费教育作为作风建设的重要内容，融入干部队伍建设和机关日常管理之中，建立健全常态化工作机制。对机关各种铺张浪费现象和行为，给予提醒教育、严肃批评并督促改正。

要把厉行节约反对浪费作为工会干部教育培训的重要内容，通过多种形式，分级分类抓好对全总机关、各直属单位干部职工的教育培训工作。创新教育方法，切实增强教育培训的针对性和实效性。

第四十六条 全总机关、各直属单位应当围绕建设节约型机关，组织开展形式多样、便于参与的活动，引导干部职工增强节约意识、珍惜物力财力，积极培育和形成崇尚节约、厉行节约、反对浪费的机关文化，为在全社会形成节俭之风发挥示范表率作用。

第十章 监督检查

第四十七条 全总机关、各直属单位每年年底对本单位厉行节约反对浪费情况进行一次自查，自查结果报全总办公厅。

第四十八条 全总机关、各直属单位领导干部厉行节约反对浪费工作情况，应当列为领导班子民主生活会和领导干部述职述廉的重要内容并接受评议。

第四十九条 全总纪检部门应当加强对厉行节约反对浪费工作的监督检查，受理群众举报和有关部门移送的线索，及时查处违纪违法问题。

第五十条 全总财务部门要严格预算管理，加强对预算编制、执行、政府采购和会计核算的监督检查，依法抵制和按规定及时反映违纪违规问题。

全总经审部门应当加大对全总机关公务支出和公款消费的审查审计力度，严格审查工会经费公务支出预算，加强对预算执行情况的审计监督。

第五十一条 全总机关应当建立健全厉行节约反对浪费信息公开制度。除依照法律法规和有关要求须保密的内容和事项外，下列内容应当按照及时、方便、多样的原则，以适当方式进行公开：

（一）年度预算和决算信息；

（二）机关政府采购执行情况，中标成交结果、采购合同等情况；

（三）国内公务接待的批次、人数、经费总额等情况；

（四）会议的名称、主要内容、支出金额等情况；

（五）培训的项目、内容、人数、经费等情况；

（六）节会、庆典、论坛、赛会等活动举办信息；

（七）办公用房建设、维修改造、使用、运行费用支出等情况；

（八）公务支出和公款消费的审计结果；

（九）其他需要公开的内容。

第十一章　责任追究

第五十二条 对违反《条例》和本办法规定造成浪费的，应当依纪依法追究相关人员的责任，对负有领导责任的主要负责人或者有关领导干部实行问责。

第五十三条 有下列情形之一的，追究相关人员的责任：

（一）未经审批列支财政性资金的；

（二）采取弄虚作假等手段违规取得审批的；

（三）违反审批要求擅自变通执行的；

（四）违反管理规定超标准或者以虚假事项开支的；

（五）利用职务便利假公济私的；

（六）有其他违反审批、管理、监督规定行为的。

第五十四条 有下列情形之一的，追究主要负责人或者有关领导干部的责任：

（一）本单位铺张浪费、奢侈奢华问题严重，对发现的问题查处不力，干部群众反映强烈的；

（二）指使、纵容本单位人员违反《条例》和本办法规定造成浪费的；

（三）不履行内部审批、管理、监督职责造成浪费的；

（四）不按规定及时公开本单位有关厉行节约反对浪费工作信息的；

（五）其他对铺张浪费问题负有领导责任的。

第五十五条 违反《条例》和本办法规定造成浪费的，应当根据情节轻重，由全总有关部门依照职责权限给予批评教育、责令作出检查、诫勉谈话、通报批评或者调离岗位、责令辞职、免职、降职等处理。应当追究党纪政纪责任的，依照《公务员法》、《中国共产党纪律处分条例》等有关法规给予相应的党纪政纪处分。涉嫌违法犯罪的，依法追究法律责任。

第五十六条 违反《条例》和本办法规定获得的经济利益，应当予以收缴或者纠正。违反本办法规定，用公款支付、报销应由个人支付的费用，应当责令退赔。

第五十七条 受到责任追究的人员对处理决定不服的，可以按照相关规定向全总机关纪检部门或其上级机关有关部门提出申诉。申诉期间，不停止处理决定的执行。

第十二章 附 则

第五十八条 全总机关、各直属单位要严格执行本办法，在健全完善和严格执行制度中不断改进作风，以良好的作风密切与职工群众的联系。

第五十九条 本办法由全总办公厅会同有关单位负责解释。

第六十条 本办法自印发之日起执行。此前印发的有关规定，凡与本办法不一致的，以本办法为准。

中华全国总工会印发《关于贯彻落实中央八项规定精神的实施办法》的通知

（总工发〔2017〕23号　2017年12月28日）

各省、自治区、直辖市总工会，各全国产业工会，中共中央直属机关工会联合会、中央国家机关工会联合会，全总各部门、各直属单位：

近日，全国总工会对《关于贯彻中央改进工作作风、密切联系群众八项规定的实施办法》（总工发〔2016〕9号）进行了修订，形成了《全国总工会关于贯彻落实中央八项规定精神的实施办法》，经全国总工会党组第121次会议审议通过，现予以印发，请严格贯彻执行。

全国总工会关于贯彻落实中央八项规定精神的实施办法

为更好地贯彻落实中央八项规定精神，根据《中共中央办公厅　国务院办公厅关于印发〈中共中央政治局贯彻落实中央八项规定实施细则〉的通知》要求以及中央有关规定，结合工会工作实际，对全总《关于贯彻中央改进工作作风、密切联系群众八项规定的实施办法》（总工发〔2016〕9号）修订如下。

一、改进调查研究

1. 注重实际效果。全总领导和各驻会全国产业工会，全总各部门、各直属单位负责同志到基层调研，要紧紧围绕调研主题，实事求是，深入基层、深入职工群众、深入实际，既到工作开展好的地方去总结经验，更到困难较多、情况复杂、矛盾尖锐的地方去调研解决问题，力求准确、全面、深入了解情况，防止调研工作走形式、走过场。各考察点现场要真实，不得为迎接考察装饰布置，更不能弄虚作假。除全总书记处第一书记外，全总其他领导调研时，可结合分管工作听取省（区、市）总工会工作汇报，不召开全省（区、市）性工会工作汇报会。汇报工作时要讲真话、报实情。

2. 减少陪同人员。全总书记处第一书记外出调研，陪同的全总有关单位负责同志不超过3人，省（区、市）总工会陪同的负责同志不超过2人；全总其他领导外出调研，陪同的全总有关单位负责同志不超过2人，省（区、市）总工会由1位负责同志陪同；全总各单位负责同志调研，随行工作人员一般不超过2人。到地方考察调研，不搞层层多人陪同，市（地、州、盟）、县（市、区、旗）总工会只安排1位负责同志陪同，最大限度减少随从人员，无直接工作任务人员一律不到现场。全总领导到省（区、市）调研要统筹安排，原则上不同时到同一省（区、市）调研。

3. 简化接待工作。全总领导在地方考察调研期间，不张贴悬挂标语横幅，不铺设迎宾地毯，不摆放花草，不组织专场文艺表演，不安排超规格住房，不安排接见合影，不赠送纪念品或土特产，不安排宴请，不上高档菜肴，不上酒（外事活动按有关规定执行），自助餐也要注意节俭。除工作需要外，不安排到名胜古迹、风景区参观。

4. 建立与职工群众联系的长效机制。健全完善全总机关联系基层工会和职工制度，严格执行全总机关党员干部直接联系职工群众、建立基层联系点等制度规定，深入基层开展调查研究、宣传政策法规、指导帮助工作、解决突出问题。坚持工会领导干部定期接访制度，协调解决职工群众切身利益问题。健全完善全总机关干部赴基层挂职任职制度和与干部群众谈心、征集群众意见制度，广泛听取和反映职工群众意见建议。

二、精简会议表彰

5. 严格控制会议活动数量规模。严格执行《全国总工会机关会议费管理实施办法》，严格会议审批，控制会议数量，压缩会议规模，提高会议质量。除按规定召开的中国工会全国代表大会、“五一”庆祝大会、执委会议、主席团会议、经审会议、女工委会议以外，能不开的会议坚决不开，可以合并召开的会议坚决合并。各驻会全国产业工会全委会、常委会，全总部门召开的业务工作会议，原则上只安排全总分管或联系的领导同志出席，不请各省级工会负责同志参加。不得以培训名义召开会议，不得召开联谊会或轮流做东的“片会”。

6. 提高会议活动效率和质量。充分运用现代信息技术手段改进会议形式，提高会议效率。全国性会议可视情况采用电视电话会议形式召开。电视电话会议的主会场和分会场都要控制规模、简化形式，不请外地同志到主会场参会，各地分会场布置要因地制宜、精简节约。需要安排讨论的会议，要精心设置议题，充分安排讨论时间，提高讨论质量。

7. 严格控制会议活动经费。举办会议活动，要严格执行有关规定，厉行节约，反对铺张浪费。严禁提高会议用餐、住宿标准，严禁组织高消费娱乐、健身活动。会议活动现场布置要简朴，工作会议一律不摆放花草，不制作背景板。严禁以任何名义发放纪念品。全国性会议一般在北京召开，需要在京外召开的，不得到中央明令禁止的风景名胜区召开；能在工会所属会议场所召开的，不到社会性会议场所召开。

8. 规范评比达标表彰和培训。严格执行中央和全总加强评比达标表彰活动管理的有关规定，按照批准的项目制订计划、开展活动，不得擅自变更，不得层层配套设立相应的评比达标表彰项目，严格控制即时表彰项目。活动经费纳入预算管理，严格遵守财经纪律和财务规定，不得以任何方式向参评单位和个人收取费用或变相收取费用。

举办培训班要严格执行审批制度，严格控制培训数量、时间、规模，严格执行分类培训经费开支标准，严格控制培训经费支出范围。全总机关举办的以工会干部为对象的各类培训班由全总组织部统一归口管理，培训费用由全总财务部列入年度预算。各主办单位不得以任何名义收取办班费用，不得在培训经费中列支公务接待费、会议费等与培训无关的任何费用，不得以培训名义安排公款宴请、公款旅游等活动。

三、精简文件简报

9. 精简各类文件简报。加强对发文的统筹，制定并严格执行年度发文计划，减少临时性发文。对未列入年度发文计划的项目，一般不予发文；严格控制以全总和全总办公厅名义印发的文件简报，没有实质内容、可发可不发的一律不发，内容重复的一律不发。各级工会工作的重要动态、举措、经验、问题及工作意见建议，统一通过《全国总工会简报》报党中央、国务院。全总领导同志在以全总名义召开的会议。全总与有关部委联合召开的会议、全总部门召开的业务工作会议上的讲话，除在执委会议、主席团会议等重要会议上的讲话可以全总文件形式下发外，其他的均以《办公厅通报》形式印发。全总领导同志在培训班、研讨会、座谈会、论坛等的讲话，可在《工会工作通讯》、各部门《工作情况交流》和各驻会全国产业工会简报刊发，原则上不再发文。中央国家机关有关部委的文件，原则上不下发或转发。除全总、全总办公厅和授权的有关部门外，各驻会全国产业工会、全总其他部门不得向下级总工会发文。各驻会全国产业工会、全总各部门实行发文字号备案制度，各驻会全国产业工会和全总授权的部门保留一“发”一“函”，全总其他部门保留一“字”一“函”，经全总办公厅备案后，由各单位办公室（综合处）集中管理、统一编号。

全总非常设机构、议事协调机构、协会等的发文字号，按照全总办公厅《关于规范发文字号的通知》执行。全总办公厅保留《工会工作通讯》，各驻会全国产业工会保留 1 份工作简报，全总各部门编发的工作指导性资料统一以《工作情况交流》编印，原则上不再另外编办简报和内部资料刊物。已在全总门户网站和工会工作网络平台发布的信息，不再编发简报。

10. 提高文件简报质量和时效。认真执行《工会机关公文处理办法》规定的行文规则，规范文件和简报的报送程序和格式，加强综合协调和审核把关，切实提高运转效率。文件要突出思想性、针对性和可操作性，严格控制篇幅；简报要重点反映重要动态、经验、问题和工作建议等内容，减少一般性工作情况汇报。加快推进机关信息化建设，充分发挥全总门户网站和工会工作网络平台的作用，及时发布和更新工作动态、信息和典型经验。

11. 严格文稿发表、书籍出版和外出讲课。除统一安排外，全总领导个人不公开出版著作，不发贺信、贺电，不题词、题字。全总机关出版各类书籍和刊物由全总宣传教育部统一归口管理，不得向下摊派购买书籍或转嫁出书费用（包括不公开发行的内部资料）。全总机关工作人员一般不外出讲课，如因工作需要确须外出讲课要严格审批。各单位主要负责同志外出讲课报全总书记处第一书记批准，其他局级干部报全总分管领导批准，处级及以下工作人员报本单位主要负责同志批准。

四、规范因公出国（境）

12. 规范因公出国（境）管理。全总领导因公出国（境）审批，根据党中央、国务院的有关规定执行，每年年初向中央对外联络部报送计划，经批准后实施。各驻会全国产业工会、全总各部门、各直属单位的因公出国（境），按照全总《因公出国（境）管理规定》和外出审批报备工作有关规定执行，全总局级干部、直属单位领导班子成员因公出国（境）须报中央纪委驻全总机关纪检组备案。因公临时出国（境）实行计划审批管理。全总国际联络部根据工作需要制订全总年度因公临时出国（境）计划，认真执行报批制度，严格控制总量和规模，规范经费管理，不得安排照顾性或无实质内容的一般性出访，不得安排考察性出访。

13. 简化机场迎送和接待工作。全总领导出访，由全总国际联络部办理要客本人及 1 名随员的免检免验礼遇，其他人员按照正常程序办理手续。全总书记处第一书记因公出国（境）抵离京时，可安排全总办公厅、国际联络部各 1 位负责同志到机场迎送；全总其他领导因公出国（境），原则上不安排有关部门负责同志前往机场迎送。外方所赠礼品严格按照国家有关规定处理。

五、改进新闻报道

14. 简化会议活动新闻报道。要根据工作需要、新闻价值、社会效果决定是否报道，按照精简务实、注重实效的原则，进一步压缩报道的数量、字数。重要的工会全国性会议活动，协调中央主要媒体播发不超过500字的消息，工人日报安排不超过800字的头条新闻。全总领导出席工会重要会议活动，工人日报发消息。全总书记处第一书记的报道，原则上不超过800字，一般安排在头条新闻之后，特别重要的可发头条新闻；全总其他领导的报道，一般发简短消息或标题新闻。全总领导出席各省（区、市）党委工会工作会议、工会代表大会等重要会议活动，工人日报发不超过600字的消息。

15. 规范调研和重要专项工作新闻报道。全总书记处第一书记调研活动如需公开报道，工人日报发不超过600字的消息；全总其他领导调研活动原则上不公开报道。全总书记处第一书记到地方送温暖，工人日报发不超过600字的消息；全总其他领导送温暖活动，工人日报发综合消息。全总书记处第一书记出访及会见外国工会代表团，工人日报发不超过400字的消息；全总其他领导的会见活动一般不安排公开报道。

全总领导参加指导地方特大抢险救灾、处理重大安全事故和重大突发事件等，在应急阶段，工人日报头版发不超过500字的消息；工作进入常态后，工人日报综合报道工作进展情况，不再单独报道全总领导活动。

16. 加强新闻报道的统筹协调。全总新闻中心负责工会新闻报道工作的统筹协调、严格审核、统一发布、归口管理。工人日报、中工网和各地工会新闻媒体要注重发挥新兴媒体优势，充分报道工会相关新闻，丰富报道形式，扩大工会的社会影响。

六、厉行勤俭节约

17. 规范国内公务接待。认真落实中央有关规定和《全总机关厉行节约反对浪费实施办法》，按照国内公务接待管理办法，建立公务接待审批控制制度和清单制度。严格控制接待范围，按规定履行审批程序，严禁超标准安排住宿、用餐、公务用车等。

18. 严格执行公务用车、办公用房、秘书配备、休假休息等方面的待遇规定。按照中央和全总有关规定，严格专用车辆配备，不得擅自扩大专用车辆配备范围或变相配备专用车辆；从严配备实行定向保障的公务用车；严格按规定使用公务用车，严格按照规定年限更新公务用车。从严控制全总机关、各直属单位办公用房建设，不得违反规定新建办公用房项目，确需新建、改建、扩建、购置、置换、维修改造、租赁办公用房，必须严格按规定履行审批程序；建立健全办公用房集中统一管理制度，严格按照有关标准和本单位“三定”方案，从严核实、使用办公用房，领导干部退休或者调离时应当及时腾退并由原单位收回办公用房。按规定配备和管理全总领导同志秘书。按规定的时间等要求安排休假休息，实行严格报批制度。

领导同志要管理好亲属和身边工作人员，要求他们谨言慎行、本分做人。

各省（区、市）总工会，中华全国铁路总工会、中国民航工会、中国金融工会，中共中央直属机关工会联合会、中央国家机关工会联合会要结合各自实际建立健全相关制度。

本办法自印发之日起执行。此前印发的有关规定，凡与本办法不一致的，以本办法为准。

中华全国总工会关于加强工会财务管理、资产监督管理和经费审查审计监督的意见

（总工发〔2016〕38 号　2016 年 12 月 26 日）

为进一步加强工会财务管理、资产监管，强化经费审查审计监督，不断提高工会经费使用效益和工会资产服务职工效能，提出以下意见。

一、加强工会财务管理，依法依规收好管好用好工会经费

（一）坚持依法理财。各级工会要牢固树立依法理财的理念，严格按照《预算法》《会计法》《工会会计制度》和《关于加强基层工会经费收支管理的通知》等法律法规和制度规定的要求，健全完善工会财务管理制度，依法依规开展财务工作。要进一步加强内部控制制度建设，使内部控制贯穿单位经济活动的决策、执行和监督的全过程，实现对经济活动的全覆盖。要建立重大事项决策、重大项目安排和大额度资金使用事项集体研究、民主决策机制，强化责任追究。

（二）依法收缴经费。各级工会要依法收缴工会经费。要加强与税务部门的协调配合，加大委托税务部门代收工会经费工作力度，逐步实现企业工会经费全部委托税务部门代收；要密切与财政部门的沟通联系，切实抓好行政事业单位工会经费由财政部门统一划拨工作，使财政统发工资的行政事业单位的工会经费依法足额列入部门预算，通过国库集中支付到同级工会组织，确保行政机关和事业单位工会经费及时、足额收缴。要加大对暂不具备委托税务代收或财政划拨条件的企业、机关和事业单位的工会经费收缴力度，确保工会经费收缴单位全覆盖。省级工会要按照全国总工会关于加大对基层工会经费支持力度的要求，合理确定省级以下（含省级，下同）各级工会经费分成比例。省级以下工会必须按照经费分成比例，及时足额上解工会经费，任何单位不得截留、挪用。

（三）严格预算管理。各级工会要将本级各项收支全部纳入预算，实行全面预算管理。要细化预算编制，提高预算编制的科学性、准确性。要加强预算执行管理，严禁无预算、超预算支出。要严格控制预算调整，必要的追加预算，必须按照《工会预算管理办法》的规定，经有关部门审

核，报工会委员会（常委会）或主席办公会议同意后，在预算内调整或动用预算预备费。县级以上（含县级，下同）工会要按照《工会预算支出绩效评价管理暂行办法》的要求，完善绩效目标和评价指标体系，逐步扩大工会经费预算支出绩效评价范围，强化评价结果应用，对工会资金使用进行追踪问效，违规追责。各级工会所属企事业单位要将全部收支纳入本单位预算管理，进行统一核算、统一管理。

各级工会要加强工会经费收支决算管理。全国总工会建立工会经费财务决算报告制度，全总财务部负责全国工会系统工会经费收支决算的汇总、分析。各省级工会要完整、准确汇总本地区或本产业、本系统工会经费收支决算，报全国总工会财务部审批。基层工会要按照工会经费财务决算报告制度的要求，及时、准确、完整地编报本单位年度收支决算，报上级工会审批。

（四）严控经费开支。各级工会要抓好《关于加强基层工会经费收支管理的通知》的贯彻落实，把工会经费用于为职工服务和工会活动，让职工群众和全体会员满意；要严格控制工会经费开支，不准将工会经费用于服务职工群众和开展工会活动以外的开支。不准用工会经费购买购物卡、代金券等，搞请客送礼等活动；不准违反工会经费使用规定，滥发津贴、补贴、奖金；不准用工会经费支付高消费性的娱乐健身活动；不准单位行政利用工会账户，违规设立“小金库”；不准将工会账户并入单位行政账户，使工会经费开支失去控制；不准截留、挪用工会经费；不准用工会经费参与非法集资活动，或为非法集资活动提供经济担保；不准用工会经费报销与工会活动无关的费用。各级工会所属企事业单位的工资、津贴、补贴和奖励等项费用的开支应在主管工会核定的工资总额内，按规定的项目和标准发放，不得擅自提高标准、重复和超范围发放。

（五）坚持勤俭办会。各级工会要按照中央八项规定精神和党政机关厉行节约反对浪费条例的要求，不贪大求全，不铺张浪费，勤俭办会。要压缩工会机关行政经费，严控“三公”经费。要严格按照国家有关规定和标准开支相应的费用，严格执行会议、出差、公务接待等相关规定，严禁以会议、培训、委托课题为名虚列支出，转移、隐匿资金或向下级工会摊派、转嫁支出。要坚决贯彻中央关于严格控制办公用房维修改造的规定，严格履行审批程序，严禁用工会经费超标准改建办公用房，严禁豪华装修。

（六）做好核算工作。县级以上工会应当设置会计机构、配备专职会计人员。县级以下工会应当根据会计业务的需要设置会计机构或者在有关机构中设置专职会计人员。尚不具备独立核算条件的乡镇（街道）、开发区（工业园区）工会，可实行由县级工会财务“上代下”会计核算管理模式。尚不具备独立核算条件的基层工会，应当委托经批准设立从事会计代理记账业务的机构代理记账或者聘请兼职会计。各级工会要根据实际发生的经济业务事项进行会计核算，填制会计凭证，登记会计账簿，编制财务会计报告；不得以虚假的经济业务事项或资料进行会计核算。要确保会计凭证、会计账簿、财务会计报表及其他会计资料的真实性、合法性。各级工会及所属企事业单位负责人对本单位收支情况、会计工作和会计资料的真实性、合法性负责。

（七）加强经费监管。各级工会要对工会经费实行全面监管，决不允许任何转移、截留、挪用、改变资金用途等违法违纪违规问题的发生。要加强对各级财政用于困难职工帮扶的资金、劳模补助资金等专项资金的监管，确保专款专用。各级工会的经费收支情况，必须做到公开透明。要建立责任追究制度，对违反法律法规和制度的行为，依法依纪追究相关人员的责任，并对负有领导责任的主要负责人或者有关领导干部进行严肃问责。

二、加强工会资产监管，确保工会资产安全完整

（一）明确工会资产监管职责。按照“统一所有、分级监管、单位使用”的原则，加强各级工会资产监管机构建设，明确工会资产监管责任部门和监管职责，实现工会资产出资人到位。工会资产监管机构的主要职责是对工会行政资产和企事业资产（包括工会企事业单位、社团组织及其所属的二级单位）进行统一归口管理，实现监管范围全覆盖；对工会资产配置、产权登记、资产使用、资产收益、资产处置等关键环节进行全过程监管；对工会企事业发展改革工作进行指导。

（二）改进工会资产监管机制。合理划分工会资产审批管理权限，建立分级审批机制。全国总工会负责对省级工会本级行政资产和企事业资产的产权变动、重大资产使用事项进行审批（备案），省级总工会受全国总工会委托负责对所属工会组织的工会资产产权变动和重大事项进行审批。具体审批权限按照全国总工会有关制度确定。建立上级工会对下级工会资产监督管理工作进行指导和监督检查机制。下一级工会每年应定期向上一级工会报告资产监督管理和运营情况，上一级工会每年应对下一级工会资产监督管理工作进行指导和考核评价，并定期进行监督检查。

（三）加强资产配置管理。建立资产管理与预算管理、财务管理相结合的机制，盘活存量，优化增量，科学有效配置资产。各级工会和工会事业单位应当根据工作需要，合理配置行政事业资产。工会企事业单位资产配置应符合工会企事业发展方向，与资产服务职工功能、单位职能相匹配。各级工会要加强基本建设投资管理，严格执行国家基本建设管理程序和审批规定，规范建设管理行为，控制项目建设风险，提高管理水平和投资效益。要加强政府采购预算编制管理，进一步完善政府采购预算执行制度。

（四）规范资产使用管理。工会资产使用包括单位自用和对外投资、出租、出借等方式。工会行政资产的出租、出借要严格遵照国家和全国总工会有关规定执行。工会企事业单位的对外投资、出租、出借等行为要严格管理，加强风险管控。各级工会主办的工人文化宫、工会院校、工人疗休养院、职工学校等单位不得整体出租。确需部分对外投资、出租、出借的，应当按照规定程序和管理权限履行报批程序，出租事项原则上实行公开竞价招租，确保过程公正透明。出租、出借收入和对外投资收益，应当纳入单位预算，统一核算、统一管理。建立工会资产有偿占用制度，工会企业及实行企业化管理的事业单位应向本级工会上缴收益，工会事业单位应缴纳经营性资产资产占用费。

（五）严格资产处置管理。工会资产处置主要包括调拨划转、出让、转让、置换、货币性资产损失核销等方式。各级工会要按照全总制度要求加强资产处置事项管理，对资产评估、处置协议、产权归属等关键环节严格把关，并按照规定程序和管理权限履行报批程序，防止资产流失。因城市规划需要拆除工会房屋的，应当采取还建或异地置换的方式进行，先建设后拆除，且建设资金必须有保证，新址占地面积及土地评估价格不得低于原有占地面积及土地评估价格。

（六）加强资产基础管理。各级工会要定期对本级工会资产开展全面清查，做好工会资产的占有、变更、注销登记工作，加大工会资产产权登记力度，进一步明晰产权。建立全国工会资产管理信息系统，对全国工会资产的存量、分布、运行情况和使用效益进行动态管理。强化工会资产统计分析，为工会资产管理宏观决策提供参考。

（七）落实责任追究制度。坚持“谁主管，谁负责”的原则，各级工会领导班子及企事业单位要切实履行管好用好工会资产的主体责任，严格执行“三重一大”决策制度，重大事项必须经领导班子以会议形式集体决策，形成会议纪要，并按程序报批。工会企事业改组改制以及经营管理方面的重大问题、涉及职工切身利益的重大事项，应当通过职工（代表）大会听取职工群众的意见和建议。对未履行科学论证和集体决策程序的基本建设、合资合作、资产处置等项目不得审批。依法建立重大决策终身责任追究制度、风险防控机制和责任倒查机制，对违反资产管理规定、造成工会资产损失的要严肃查处、追究责任并予以公开通报。

三、加强审查审计监督，保障工会经费和资产安全完整效益

（一）加强对预算的审查和对预算执行效果的审计。各级工会要加强对预算编制科学性、准确性和完整性的审查，加强对预算执行效果的审计，促进建立经费预算执行责任制度和绩效管理制度，杜绝改变预算资金用途、无预算、超预算支出的现象，切实维护预算执行的严肃性，强化经审组织的预防、揭露和抵御的基础防线和“免疫系统”功能。

（二）突出审计重点。各级工会要加强对重点领域、大额资金、重大建设项目的审计监督。要毫不放松地监督检查中央八项规定精神和党政机关厉行节约反对浪费条例等规定的贯彻落实情况，加强“三公”经费、会议费、培训费、集中采购等方面的审计，促进厉行节约和规范管理。加强对货币资金的审计，将函证银行存款余额、核对银行存款对账单作为必要的审计程序，防止贪污挪用工会经费。加强对票据的审计，防止利用假发票套取现金和设置“小金库”。加强对困难职工帮扶资金、劳模“三金”等专项资金的审计，确保专款专用，充分发挥资金使用的社会效益。加强对基本建设和维修改造工程的竣工结算、决算审计，各级工会及其企事业单位要将规定金额起点以上的基本建设和维修改造工程全部纳入审计范围，及时将工程竣工结算、决算等资料送交经审会（经审办）审计，依据审计结果支付工程款；对投资金额大的建设项目要进行全过程跟踪审计，加强对工程招投标、合同管理、设备和材料采购、工程造价、财务管理等过程的审计和评价，最大限度地保证建设资金安全和效益。加强对工会企事业单位财务收支的审计，强化对资产管理运营绩效的监督，促进工会资产安全、完整和效益。深化工会领导干部和工会企事业单位主要负责人经济责任审计，促进党风廉政建设。

（三）提高审查审计工作质量和效率。各级工会要依法依规、运用科学方法开展审查审计工作，督促有关单位坚决纠正和处理发现的问题。要自觉接受经审监督、积极支持经审组织依法履行职责。凡是涉及管理、分配、使用工会经费和财政资金的部门、单位和个人，都要自觉接受审查审计、配合审查审计。有关部门和单位要按照规定及时提供审查审计所需的财务会计、业务管理等资料。对拒不接受审计监督，阻挠干扰和不配合审计工作，或威胁恐吓、打击报复审计人员，要依纪依法查处。要加快推进经审工作信息化建设，探索建立财务经审信息共享平台，开发计算机辅助审计软件，探索远程审计、实时审计。工会经审组织要积极运用大数据技术，加强业务数据和财务数据分析，单位数据与行业数据以及跨行业、跨领域数据的综合比对和关联分析力度，提高运用信息化技术查核问题、评价判断、宏观分析能力，不断提高审查审计工作的质量和效率。工会经审组织为充分履行审查审计职责，可以通过集中采购等方式购买审计服务、聘请特邀审计员参与审计工作，各级工会应当在经费等方面提供保障。

（四）狠抓审查审计整改落实。各级工会要认真听取经审会的审计结果报告，按照审计报告或者审计决定的要求，明确责任，制定措施，落实整改。被审计单位是审计整改的主体，被审计单位的主要负责人是整改第一责任人。对审计发现的问题和提出的审计建议，要认真、主动、及时地抓好整改。各级工会要按照有关规定切实开展审查审计整改督查工作。严肃整改问责追责，对整改不力、屡审屡犯、拒不整改的，给予通报批评直至追究相关人员的责任。要深化审查审计成果运用，将审查审计结果和整改情况作为考核、评价单位和个人的重要依据。

（五）推动经审工作改革创新。认真贯彻落实《中共中央办公厅、国务院办公厅〈关于完善审计制度若干重大问题的框架意见〉及相关配套文件的通知》，紧密结合工会工作实际，积极借鉴先进审计理念和审查审计方法，实现有重点、有步骤、有深度、有成效的全覆盖。做到应审尽审，凡审必严，严肃问责。大力加强经审干部队伍思想作风建设、业务建设，不断推进经审工作创新发展。

全总财务部　办公厅　组织部　机关党委关于重申有关财务管理规定的通知

（工财发〔2018〕121号　2018年9月20日）

各驻会全国产业工会、全总各部门、各有关直属单位：

《全国总工会关于贯彻落实中央八项规定精神的实施办法》实施以来，各驻会全国产业工会、全总机关各部门、各有关直属单位严格按照实施办法要求采取了许多有效措施，切实加强会议费、差旅费、培训费、公务接待费和机关党建活动经费的管理，各项活动组织不断规范，相关经费使用更加严格。但是，日常财务报销中还有一些需要改进的薄弱环节，审计署也指出个别部门、个别单位经费使用中仍然存在一些突出问题。为进一步严肃财经纪律，现就有关财务规定强调如下：

一、严格执行《中央和国家机关会议费管理办法》《全国总工会机关会议费管理实施办法》各项规定。各单位应严格执行年度会议计划，根据工作安排及时推进会议计划落实。确因工作需要增加计划外会议，需严格履行审批程序。严格按照会议费管理要求和标准执行，不得超标准、超规格、超范围、超预算开支。

严禁突破会议类别办会，严格控制参会人数和工作人员数量，要按照会议类别安排参会人员的报到返程时间。严禁开支与会议无关的费用，不准以会议名义组织宴请聚餐，不准使用会议费购置电脑、复印机、打印机、传真机等固定资产。严禁向下级工会组织、下属机构、企事业单位或其他有关单位及个人转嫁、摊派会议费，联合办会的应在年度会议计划中注明会议整体费用和分配计划。参会人员以在京单位为主的会议不得到京外召开。会议结束要及时按标准结算会议费用、办理财务报销手续。

二、严格执行《中央和国家机关差旅费管理办法》《中华全国总工会办公厅关于贯彻落实〈中央和国家机关差旅费管理办法〉有关事项的通知》的有关规定。各单位要严格执行公务出差审批制度，未经批准擅自出差的费用不予报销。严格控制年度差旅费支出规模，合理确定出差数量，从严控制出差人数、天数和出差路线，严格执行出差人员乘坐交通工具和住宿标准，自觉向接待单位出具公函，交纳伙食费、交通费。

三、严格执行《中央和国家机关培训费管理办法》《全国总工会机关培训费管理办法》《关于严格规范全总培训班现场教学有关事项的通知》的有关规定。除必要的现场教学外，7 日以内的培训不得组织调研、考察、参观。培训班主办单位开展现场教学前应提交论证材料。机关干部外出授课必须严格履行审批手续。

四、严格执行《党政机关国内公务接待管理办法》《全总机关国内公务接待管理办法》的有关规定。严格按照规定开具和接收公函，严格控制陪同人员数量与餐费标准，按要求简化接待工作。

五、严格执行《中央和国家机关基层党组织党建活动经费管理办法》《全国总工会机关基层党组织党建活动经费管理实施细则》的有关规定。严格执行年度党建活动计划及预算，严格按照党建活动支出项目范围及标准使用党建经费。

六、各驻会全国产业工会、全总各部门、各有关直属单位接收的挂职、借调干部除个人差旅费外，原则上不承担业务报销工作。如有特殊情况，确需承担业务报销工作的，需经接收单位审批并在机关财务处备案。

中华全国总工会办公厅关于各产业、各部门向下发文不要有改变现行经费管理内容的通知

（工发函〔1989〕39号　1989年4月10日）

未管理经费的各产业工会、全总各部门：

据一些省总工会反映，最近，有的未管理经费的产业工会及全总有关部门下发的文件中，有涉及改变现行工会财务体制和经费分成比例的内容，给省总工会的工作增加了困难，要求改进。为此，提出以下意见：未管理经费的产业工会及全总各部门，今后向下发文，不要有涉及改变现行工会财务体制和经费分成比例的内容；转发下级产业工会的文件中如有此项目内容的，请事先征得财务部同意后再发。

中华全国总工会办公厅关于印发《工会财会工作归口管理的规定》的通知

（工厅财字〔1991〕50 号　1991 年 10 月 30 日）

各省、自治区、直辖市总工会，全国铁路总工会，中国民航工会：

《工会财会工作归口管理的规定》已经书记处讨论同意，现印发给你们，请结合实际情况贯彻执行。执行中遇到的问题请向全总财务部反映。

附件：

工会财会工作归口管理的规定

为了加强工会及所属事业单位的财务管理，理顺“统一领导，分级管理”的工会财务体制，根据工会财会工作的性质和特点，对工会财会工作的归口管理作如下规定：

一、根据国家财政体制的要求，县以上各级工会凡是涉及工会财会方面的问题，均由工会财务部门负责协调，并和同级政府财政部门对口。对现在工会其他部门多头和政府财政部门对口的问题，要采取措施，加以清理整顿，由工会财务部门归口管理，以便与政府财政部门协商解决好工会财务政策、制度等方面的问题。

二、凡是涉及到工会的财务体制及其有关的政策、规章、制度方面的文件，均由各级工会财务部门起草，报经领导批准后下发。其他部门和非独立管理经费的产业工会在其业务文件中，对于涉及财会制度、经费开支方面的问题都不要开口子，不要在自己的业务文件中夹述以上财务问题。

三、各级工会所属各类事业单位的财务会计制度的制定或修订，应由该事业单位或其业务主管部门草拟，经财务部门审核，报主管财务的领导批准后，以正式文件下达执行。

四、各级工会的各项财会制度，由本级工会财会部门在其职权范围内制定或审定，不得超越权限擅自改变上级工会的各项规章制度和现行规定。

五、在经费预、决算的管理上，实行全额和差额管理的事业单位的预、决算，由主管工会的财务部门审批；实行自收自支事业单位的财务收支计划和年度决算报表，应报送主管工会财务部门审核备案。

六、工会的文化、教育、体育、职工对外交流中心、电化教育中心、报社、出版社、海员俱乐部、职工旅行社、技协等事业单位的财会规章制度，由主管工会的财会部门制定或审定。主管工会的财会部门应加强对事业单位财会工作的业务指导。各级工会尚未实行财务归口管理的，要根据各自情况，进行具体研究，尽快解决归口管理问题。

七、遵照国家财经管理“一支笔”的审批原则，各级工会均应由一名主要负责同志分管工会财务工作，在集体领导和分工负责的原则下，实行“一支笔”审批。

八、除铁路、民航和邮电三个全国产业工会在经费上实行独立管理或半独立管理以外，其他各全国产业工会不实行这个办法。

九、跨省的大企业工会除已经实行独立管理经费的以外，今后这类企业工会的经费原则上按照属地原则由所在地方工会进行管理，以维持工会财务工作“统一领导，分级管理”的体制。

十、全总除保障工作部管理疗养事业费和事业发展部管理事业发展基金以外，其他各部门对下不存在财务工作和资金管理上的对口关系。疗养事业费和事业发展基金的预、决算管理和财会制度，由业务主管部门编拟，送财务部审核，报领导批准后执行。有些地方工会对上述两部门及所属事业单位的财会工作已经全部实行归口管理的，仍维持归口管理的体制和办法，并不断巩固和完善。

十一、全总对疗养事业费和事业发展基金的审批原则。

工会疗养事业费是国家财政专项拨款，由全总财务部全额拨给全总保障工作部，由该部提出对下分配意见，经业务部门的主管书记和主管财务工作的书记审定后下达。如需向国家财政申请增拨经费时，由保障工作部提出意见，经与财务部协商后，由全总向财政部申报。

工会所办经济事业的财会制度，由事业发展部拟定，报财务部审核，经领导批准后执行。全总的事业发展基金由事业发展部掌握，并负责项目的可行性研究、审定、投资和借款以及办理财会手续和账务处理等工作。

十二、各级工会的财务部门和事业单位的经费收支情况，应接受同级经审会、审计部门的监督检查。

中华全国总工会办公厅关于依法做好工会经费独立核算工作的通知

（总工办发〔2004〕23号　2004年7月2日）

各省、自治区、直辖市总工会，中华全国铁路总工会、中国民航工会全国委员会、中国金融工会全国委员会，中共中央直属机关工会联合会，中央国家机关工会联合会：

为了进一步加强工会经费管理，认真做好工会经费独立核算工作，根据《工会法》的有关规定，现就有关事项通知如下：

一、根据《工会法》第十四条关于“中华全国总工会、地方总工会、产业工会具有社会团体法人资格。基层工会组织具备民法通则规定的法人条件的，依法取得社会团体法人资格”的规定，以及最高人民法院《关于产业工会、基层工会是否具备社团法人资格和工会经费集中户可否冻结划拨问题的批复》（法复〔1997〕6号）关于“产业工会社团法人资格的取得是由工会法直接规定的，依法不需要办理法人登记。基层工会只要符合《中华人民共和国民法通则》、《工会法》和《中国工会章程》规定的条件，报上一级工会批准成立，即具有社团法人资格”的规定，各企业、行政事业等单位的基层工会应当按照中华全国总工会《基层工会法人资格登记办法》（总工发〔1997〕24号）的要求，取得工会法人资格证书，并凭此证书办理银行账户开户手续，实行工会经费独立核算。产业工会办理银行账户开户手续过程中，确需提供工会法人资格证书的，可以向所在地地市级以上工会领取工会法人资格证书。

二、根据《工会法》第四十四条关于“工会应当根据经费独立原则，建立预算、决算和经费审查监督制度”和第四十六条关于“工会的财产、经费和国家拨给工会使用的不动产，任何组织和个人不得侵占、挪用和任意调拨”的规定，各基层工会应当根据经费独立原则，单独开立账户，独立进行核算，不允许与本单位机关财务或党、团等其他组织财务合并账户集中核算，也不允许将工会财务纳入当地会计结算中心管理。凡已经合并或纳入的，应当予以纠正。

三、各省级工会可根据本通知的规定，制定具体实施办法。

中华全国总工会办公厅关于进一步做好工会经费独立核算工作的通知

（总工办发〔2008〕20号　2008年5月4日）

各省、自治区、直辖市总工会，中华全国铁路总工会、中国民航工会全国委员会、中国金融工会全国委员会，中共中央直属机关工会联合会，中央国家机关工会联合会：

2004年，全总办公厅下发了《关于依法做好工会经费独立核算工作的通知》（总工办发〔2004〕23号），对切实加强工会经费管理，建立健全工会经费账户，依法独立管理和使用工会经费，为工会开展工作提供物质保障作出部署。现针对各地贯彻中，特别是基层工会经费独立核算中存在的问题，根据《工会法》的有关规定，进一步做好经费独立核算工作，通知如下：

一、各级工会要依法取得工会社团法人资格，并凭法人证书办理单独开立银行账户手续。根据《工会法》第十四条关于“中华全国总工会、地方总工会、产业工会具有社会团体法人资格。基层工会组织具备民法通则规定的法人条件的，依法取得社会团体法人资格”的规定，以及最高人民法院《关于产业工会、基层工会是否具备社团法人资格和工会经费集中户可否冻结划拨问题的批复》（法复〔1997〕6号）关于“产业工会社团法人资格的取得是由《工会法》直接规定的，依法不需要办理法人登记。基层工会只要符合《中华人民共和国民法通则》、《工会法》和《中国工会章程》规定的条件，报上级工会批准成立，即具有社团法人资格”的规定，各企业、行政事业单位、社会团体和中介机构等基层工会，应当按照中华全国总工会《基层工会法人资格登记办法》（总工发〔1997〕24号）的要求，取得工会法人资格证书，并凭此证书办理银行账户开户手续，实行工会经费独立核算。产业工会办理银行账户开户手续过程中，确需提供工会法人资格证书的，可以向所在地地市级以上工会领取工会法人资格证书。

二、各级工会的工会经费必须实行独立核算。根据《工会法》第四十四条关于“工会应当根据经费独立原则，建立预算、决算和经费审查监督制度”和第四十六条关于“工会的财产、经费和国家拨给工会使用的不动产，任何组织和个人不得侵占、挪用和任意调拨”的规定，各级地方工会和基层工会应当根据经费独立原则，单独开立账户，独立进行核算，不允许与本单位行政财务或党、团等其他组织财务合并账户集中核算，也不允许将工会财务纳入当地会计结算中心管理。凡已经合并或纳入的，应当予以纠正。

三、各级工会要切实加强对基层工会开立银行账户工作的指导、督促和检查。各省级工会要在 2008 年 5 月至 6 月对本地区、本产业所属工会开立银行账户、实行独立核算情况，进行一次全面检查。对未按规定单独开立银行账户、实行独立核算的基层工会，要督促其限期完成银行账户开户和实行工会经费独立核算工作。请各省级工会将检查情况于 6 月 30 日前报全总财务部。全总也将组织有关部门进行专项检查，并将检查情况纳入相关考核内容。

全国总工会财务部《关于政府有关部门不应对工会实行会计委派制的复函》

（工财字〔1999〕41号　1999年4月28日）

海南省总工会财务部：

你部《关于琼海市政府实行工会会计委派制问题的请示》收悉，现答复如下：

一、我国《工会法》第四条规定："工会依照工会章程独立自主地开展工作。"第三十七条规定："工会根据经费独立原则，建立预算、决算和经费审查监督制度。"第三十九条规定："工会的财产、经费和国家拨给工会使用的不动产，任何组织和个人不得侵占、挪用和任意调拨。"《中国工会章程》还明确规定："工会实行统一领导、分级管理的财务体制。工会经费的管理和使用办法由中华全国总工会制定。"

根据以上规定，工会是独立的社团法人，有自己的经费来源。琼海市政府对工会经费的管理和使用进行干预，实行会计委派的办法，是违反《工会法》原则的，必须予以纠正。

二、根据财政部〔88〕财预外字第2号《关于明确工会预算外资金范围的复函》规定："工会的财政预算内拨款、在成本中列支的工会经费、会员交纳的会费，不属于预算外资金。"所以，琼海市政府不能以"保证预算内外资金收入及时足额入库"为由，对琼海市总工会进行会计委派。

三、请你会根据以上意见，和政府有关部门沟通，以取得同级政府的理解和支持，妥善解决好这一问题。

此复。

中华全国总工会办公厅
关于印发《中华全国总工会关于加强
县级工会建设的意见》的通知

（总工办发〔2020〕24 号　2020 年 12 月 23 日）

各省、自治区、直辖市总工会，各全国产业工会，中央和国家机关工会联合会，全总各部门、各直属单位：

《中华全国总工会关于加强县级工会建设的意见》已经中华全国总工会第十七届书记处第 35 次会议审议通过，现印发给你们，请结合实际认真贯彻执行。

中华全国总工会关于加强县级工会建设的意见

为进一步加强县级工会建设，更好发挥县级工会作用，推进新时代县级工会工作创新发展，根据《中华人民共和国工会法》和《中国工会章程》等有关规定，提出如下意见。

一、提高政治站位，把握总体要求

（一）重要意义。县级工会在我国工会组织体系中处于承上启下的重要地位，发挥着基础性和关键性作用。随着新型工业化、信息化、城镇化、农业现代化深入推进，县域经济全面发展，产业转型升级加快，职工队伍结构深刻变化，用工形式和劳动关系日趋复杂。立足新发展阶段，贯彻新发展理念，服务构建新发展格局，围绕推动高质量发展，县级工会工作任务更加繁重，职能作用更加凸显。新形势下，县级工会工作只能加强，不能削弱；只能改进提高，不能停滞不前。要进一步提高思想认识，强化责任担当，坚持目标导向、问题导向、结果导向相统一，不断提高县级工会组织力、战斗力、影响力。

（二）指导思想。坚持以习近平新时代中国特色社会主义思想为指导，全面贯彻党的十九大和十九届二中、三中、四中、五中全会精神，深入学习贯彻习近平总书记关于工人阶级和工会工作的重要论述，贯彻落实党中央对做好新时代工会工作的新要求，保持和增强工会工作和工会组织的政治性、先进性、群众性，坚定不移走中国特色社会主义工会发展道路，突出重点难点，采取有力措施，推动县级工会组织体系更加健全，制度机制更加完善，工作方式方法不断改进，制度化、规范化、科学化水平显著提高，职能作用充分发挥，吸引力凝聚力战斗力明显增强。

（三）原则要求。

——坚持党的全面领导。增强“四个意识”、坚定“四个自信”、做到“两个维护”，始终保持工会工作正确政治方向，强化职工思想政治引领，切实承担起团结引导职工群众听党话、跟党走的政治责任。

——坚持围绕中心、服务大局。大力弘扬劳模精神、劳动精神、工匠精神，提升劳动和技能竞赛水平，深入推进产业工人队伍建设改革，团结动员广大职工充分发挥主力军作用。

——坚持以职工为中心的工作导向。发挥工会在社会治理中的作用，围绕改善职工生活品质，健全联系广泛、服务职工的工作体系，切实履行维护职工合法权益、竭诚服务职工群众的基本职责。

——坚持改革和发展融合联动。强化团结教育、维护权益、服务职工功能，树立落实到基层、落实靠基层理念，不断夯实基层基础，突出县域特色和工会特点，推进改革创新。

二、加强组织建设，健全工作体系

（四）强化机构设置和人员配备。适应形势任务变化和工作需要，积极争取党委重视支持，从实际出发加强机构设置，配齐配强工会干部。整合优化县级工会机关及有关直属单位职能，构建职责明确、运转高效的工作格局。整合统筹使用专职工作人员，通过增加兼职挂职干部、发展工会积极分子、招聘社会化工会工作者、争取社会公益岗位等途径，充实壮大县级工会和基层工会力量。

（五）健全组织体系。适应县域产业布局发展实际，调整完善县级产业（行业）工会设置，明确职责任务。加强乡镇（街道）、开发区（工业园区）工会建设，具备条件的，建立乡镇（街道）总工会，建立健全乡镇（街道）、村（社区）、企业工会组织网络。适应县域小微企业分散灵活，职工人数少、流动性大的特点，按照地域相近、行业相同的原则，推进区域性、行业性工会联合会建设。县级工会加强对基层工会的政治引领和组织领导，推进“会站家”一体化建设，充分发挥基层工会组织的作用。

（六）推进工会组建和会员发展。加大新经济组织、新社会组织建会力度，集中力量推进职工人数多、社会影响大的非公有制企业、社会组织依法普遍建立工会。加强实践探索，大力推动灵活就业、平台就业等新就业形态从业人员加入工会。推进会员实名制管理工作，最大限度把包括农民工在内的广大职工群众吸收到工会组织中来。

（七）加强阵地和网络建设。推动工人文化宫、职工学校、职工书屋、工会职工服务中心（困难职工帮扶中心）等工会阵地建设纳入当地经济和社会发展规划，已有职工文化体育教育活动阵地纳入公共文化体育设施范围，突出公益性、服务性，明确产权、规范管理，实现高质量发展。加快推进智慧工会建设，建设网上工作平台，借助县级融媒体，运用微博、微信、移动客户端等载体，打造网上网下相互促进、有机融合的工作新格局。

三、完善制度机制，突出工作重点

（八）定期向同级党委汇报工会工作制度。贯彻落实《中共中央关于加强和改进党的群团工作的意见》，推动同级党委建立健全研究决定工会重大事项制度。建立完善县级工会向同级党委汇报工会工作制度，争取同级党委加强对工会工作的领导。积极推动把工会工作纳入党建工作总体规划和考核体系，同部署、同落实、同检查，形成党建带工建、工建服务党建格局。积极向党委推荐优秀工会干部，促进工会与党政部门之间的干部交流。

（九）政府和工会联席会议制度。联席会议每年至少召开一次，主要内容包括：通报当地国民经济和社会发展计划、政府工作中涉及职工利益的行政措施；研究组织动员广大职工群众建功立业和解决涉及职工群众切身利益的突出问题；对构建和谐劳动关系作出总体部署和规划；研究解决工会工作中需要政府支持帮助的问题。

（十）劳动关系协调机制。积极推动建立和完善由政府、工会、企业共同参与的协商协调机制，共同研究解决劳动关系领域和涉及职工权益的重大问题，立足共建共治共享社会治理新格局，推动构建中国特色和谐劳动关系。加大劳动关系矛盾风险隐患排查化解力度，维护职工队伍团结统一，坚决维护劳动领域政治安全。

（十一）联系服务基层职工群众制度。健全完善基层调研、工作联系点等制度，引导和督促县级工会机关干部防止和克服形式主义、官僚主义，做到眼睛向下、面向基层，深入一线开展工作，真正与基层单位结对子，与基层干部交朋友，密切与职工群众联系，帮助职工群众和基层工会解决实际困难和问题，让职工群众真正感受到工会是职工之家，工会干部是最可信赖的娘家人、贴心人。

（十二）会议制度和工作制度。建立完善县级工会全委会、常委会、经审会、女职工委员会、主席办公会等会议制度，坚持常委会向全委会报告工作制度。坚持民主集中制，健全议事规则和决策程序，强化法治思维和法治观念，依法依章程开展工作。依据有关规定要求按期进行换届，同时指导督促基层工会做好按期换届工作。

四、强化党建引领，加强组织领导

（十三）加强党的建设。落实新时代党的建设总要求，以党的政治建设为统领，全面提升县级工会党的建设质量，不忘初心、牢记使命，带动县级工会自身建设全面提高。健全完善县级工会党组工作规则，落实管党治党主体责任。严守党的政治纪律和政治规矩，增强党内政治生活的政治性、时代性、原则性、战斗性。落实全面从严治党要求，深入推进县级工会党风廉政建设和反腐败工作，贯彻落实中央八项规定及其实施细则精神，持之以恒正风肃纪。

（十四）加强干部队伍建设。贯彻落实新时代党的组织路线，坚持党管干部原则，上级工会按照干部双重管理的有关规定要求，做好县级工会干部协管工作；主动与党委组织部门进行沟通协调，加强县级工会领导班子建设，大力发现培养选拔优秀年轻干部。提高县级工会委员会、常委会中劳模和一线职工比例，做好在领导班子中增设兼职挂职副主席并发挥作用工作，增强县级工会领导机构的广泛性和代表性。以忠诚党的事业、竭诚服务职工为己任，加强思想淬炼、政治历练、实践锻炼、专业训练，建设忠诚干净担当的高素质专业化县级工会干部队伍。加大工会干部教育培训力度，不断提高县级工会干部适应新时代新要求抓改革、促发展、保稳定水平和专业化能力，特别是提高政治能力、调查研究能力、科学决策能力、改革攻坚能力、应急处突能力、群众工作能力、抓落实能力，为推动工会工作创新发展提供组织保证。

（十五）加强指导支持。地市级以上工会要将加强县级工会建设列入重要议事日程，积极协调解决县级工会工作中的问题，鼓励和支持县级工会创造性开展工作。每年听取县级工会工作情况汇报，深入研究加强县级工会建设的举措，从政治建设、重点任务、工作保障等方面，加大指导力度。做到人、财、物等下沉，赋予县级工会更多资源和手段。根据县域经济发展情况及基层工会数、职工会员数和经费拨缴情况，对经费紧张的县级工会采取转移支付的方式给予经费支持。县级工会要依法足额收缴工会经费，通过工会经费留成、上级工会转移支付、争取财政支持等渠道，收好、管好、用好工会经费。加强对县级工会经费资产的审查审计监督，防范廉政风险。确保工会资产安全、完整和保值增值，不得擅自改变工会所属企业、事业单位的隶属关系和产权关系，为县级工会开展工作创造良好条件。

中华全国总工会办公厅关于加强和规范乡镇（街道）、开发区（工业园区）工会经费管理的通知

（总工办发〔2014〕34号　2014年11月6日）

各省、自治区、直辖市总工会，各全国产业工会，中共中央直属机关工会联合会、中央国家机关工会联合会，全总各部门、各直属单位：

为贯彻落实全国总工会《关于新形势下加强基层工会建设的意见》（总工发〔2014〕22号），切实加强和规范乡镇（街道）、开发区（工业园区）工会经费管理工作，根据《工会法》《中国工会章程》及全国总工会《工会预算管理办法》，现就加强和规范乡镇（街道）、开发区（工业园区）工会经费管理工作的有关事项，通知如下：

一、县以上各级工会要加大对乡镇（街道）、开发区（工业园区）工会的经费投入力度，要按照权随责走、费随事转原则，通过转移支付、项目化管理、确定分成比例及定额补助等方式，把工会经费向乡镇（街道）、开发区（工业园区）工会倾斜。要在加强乡镇（街道）、开发区（工业园区）工会建设，在成立工会工作委员会、工会联合会、总工会等各个环节，保证相应的经费来源，使其发挥应有的职能作用。

二、全国总工会在每年的对下补助中，安排专项资金用于乡镇（街道）工会（不低于补助总额的10%）。此款项经全国总工会拨付各省级工会后，由各省级工会安排所辖乡镇（街道）工会专款专用。

三、各省、自治区、直辖市总工会要按照全国总工会财务部《关于省级以下各级工会经费分成比例有关事项的通知》（工财字〔2009〕19号）有关要求，自行确定所辖乡镇（街道）、开发区（工业园区）工会一级的经费分成比例。对尚不具备条件确定乡镇（街道）、开发区（工业园区）工会经费分成比例的，省级工会（市级工会、县级工会）应采取经费定额补助方式，对所辖乡镇（街道）、开发区（工业园区）工会每年给予专项补助。

四、根据《工会法》和国家有关部委的规定，乡镇（街道）、开发区（工业园区）政府（管委会）应当为工会办公和开展活动，提供必要的设施和活动场所等物质条件。乡镇（街道）、开发区（工业园区）工会的专职、兼职工会干部的工资、津补贴以及社会保障和其他福利待遇等，由乡镇政府、街道办事处、开发区（工业园区）政府（管委会）承担。

五、乡镇（街道）、开发区（工业园区）工会要积极承接政府（管委会）转移职能和项目，争取政府（管委会）的财政补贴、活动经费或专项经费，强化乡镇（街道）、开发区（工业园区）工会经费保障。

六、乡镇（街道）、开发区（工业园区）工会要坚持工会经费服务工会工作和职工群众的方向，确保工会经费用于开展工会活动和用在职工身上，为职工群众办实事、做好事、解难事，让工会经费真正惠及职工群众和工会会员。乡镇（街道）、开发区（工业园区）工会的经费支出范围包括：

（一）为会员及其他职工开展教育、文体、宣传等活动产生的支出。

（二）直接用于维护职工权益的支出。

（三）培训工会干部、加强自身建设及开展业务工作发生的各项支出。

（四）聘用社会化工会工作者的支出。

（五）工会日常行政支出。

（六）对所辖基层工会的经费补助以及对基层兼职工会干部发放的补贴。

（七）以上支出项目以外的必要开支。

七、乡镇（街道）、开发区（工业园区）工会要根据工会经费独立原则，开设独立的银行账户，实行工会经费独立核算。对尚不具备独立核算条件的乡镇（街道）、开发区（工业园区）工会，在其自愿基础上，可实行由县级工会财务集中管理、分户核算的“上代下”会计核算模式。

八、乡镇（街道）、开发区（工业园区）工会要认真贯彻落实《工会法》《中国工会章程》，以及全国总工会《工会预算管理办法》和《关于加强工会经费财务管理和审计监督切实管好用好工会经费的通知》精神，切实加强工会经费收支管理，做好年度经费预决算工作，严格控制工会经费开支，坚决制止奢侈浪费，合理有效地使用资金。各项开支实行集体领导下的一把手负责制，重大开支集体研究决定。不准将工会经费用于服务职工群众和开展工会活动以外的开支。

中华全国总工会办公厅印发《关于加大对乡镇（街道）、开发区（工业园区）工会和基层工会经费支持力度的若干规定》的通知

（总工办发〔2016〕18号　2016年7月6日）

各省、自治区、直辖市总工会，各全国产业工会，中共中央直属机关工会联合会、中央国家机关工会联合会，全总各部门、各直属单位：

《关于加大对乡镇（街道）、开发区（工业园区）工会和基层工会经费支持力度的若干规定》已经全总十六届书记处第五十一次会议审议通过，现印发给你们，请遵照执行。

关于加大对乡镇（街道）、开发区（工业园区）工会和基层工会经费支持力度的若干规定

为深入贯彻中央党的群团工作会议和习近平总书记系列重要讲话精神，进一步加大对乡镇（街道）、开发区（工业园区）工会和基层工会（指企业、事业单位、机关等工会委员会，下同）的经费支持力度，制定以下规定。

一、明确乡镇（街道）、开发区（工业园区）工会和基层工会的经费留成比例

（一）全国工会经费全年收入的95%留在地方和基层工会；全国总工会本级集中5%。

（二）基层工会的经费分成比例不低于60%。现低于60%的，一律调整为60%。

（三）各省级工会按照省以下各级工会经费分成比例由省级工会确定的原则，明确所辖乡镇（街道）、开发区（工业园区）工会的经费分成比例，报全国总工会备案。

二、坚持工会经费使用进一步向乡镇（街道）、开发区（工业园区）工会和基层工会倾斜

（一）全国总工会本级工会经费全年收入的70%用于对下级工会的补助，通过经费补助实行项目化管理，把其中大部分资金，经省级工会转拨补助到乡镇（街道）、开发区（工业园区）工会和基层工会。

（二）全国总工会每年从对下补助（不低于补助总额的10%）经费中，安排专项资金用于乡镇（街道）、开发区（工业园区）工会的工作经费。此款项经全国总工会拨付各省级工会后，由各省级工会安排所辖乡镇（街道）、开发区（工业园区）工会专款专用。

（三）省级和市县工会要加大对乡镇（街道）、开发区（工业园区）工会和基层工会的经费投入力度，要在年度本级经费预算中通过转移支付、项目化管理及定额补助等方式，将工会经费向乡镇（街道）、开发区（工业园区）工会和基层工会倾斜，把更多的经费直接用于普通职工群众。

（四）省级工会要按照《中华全国总工会关于新形势下加强基层工会建设的意见》（总工发〔2014〕22号）关于“有条件的地方可以由上级工会向基层工会兼职工会干部发放补贴”的规定，制定实施细则，对兼职工会干部发放补贴。

（五）县以上工会要在年度本级经费预算中安排专项资金，解决乡镇（街道）、开发区（工业园区）工会聘用社会化工会工作者的经费问题。

三、依法落实同级政府和单位行政方面应解决的有关问题

（一）乡镇（街道）、开发区（工业园区）工会和基层工会要根据《工会法》第四十五条关于“各级人民政府和企业、事业单位、机关应当为工会办公和开展活动，提供必要的设施和活动场所等物质条件”的规定，主动与乡镇政府、街道办事处、开发区（工业园区）政府（管委会）和企业、事业单位、机关等方面沟通，落实本级工会办公和开展活动所必要的场所和设施等。

（二）基层工会要认真落实《工会法》第四十一条关于“企业、事业单位、机关工会委员会的专职工作人员的工资、奖励、补贴，由所在单位支付。社会保险和其他福利待遇等，享受本单位职工同等待遇”的规定。

（三）乡镇政府、街道办事处、开发区（工业园区）政府工作人员，兼职担任乡镇（街道）、开发区（工业园区）工会干部的，其工资、津补贴以及社会保障和其他福利待遇等，由乡镇政府、街道办事处、开发区（工业园区）政府（管委会）承担。

四、加强乡镇（街道）、开发区（工业园区）工会和基层工会经费管理

（一）乡镇（街道）、开发区（工业园区）工会和基层工会要认真执行《工会会计制度》，做好会计核算工作。

具备社团法人资格的乡镇（街道）、开发区（工业园区）工会和基层工会，应设立独立经费账户，实行工会经费独立核算。

尚不具备独立核算条件的乡镇（街道）、开发区（工业园区）工会，在其自愿基础上，可实行由县级工会财务“上代下”会计核算管理模式。

对于一些尚不具备独立核算条件的乡镇（街道）、开发区（工业园区）工会所辖小型企业工会，可建立乡镇（街道）、开发区（工业园区）工会会计核算中心，实行集中核算，分户管理。

（二）乡镇（街道）、开发区（工业园区）工会和基层工会要依法依规全面从严加强工会经费管理，要按照《工会法》《会计法》《工会预算管理办法》以及《中华全国总工会办公厅关于加强基层工会经费收支管理的通知》（总工办发〔2014〕23号）的规定，足额收缴工会经费，将各项收支全部纳入预算管理，严格控制工会经费开支。各项开支实行工会委员会集体领导下的主席负责制，重大开支集体研究决定。要坚持工会经费为工会工作和职工群众服务的方向，确保工会经费取之于职工，用之于职工，把更多工会经费用于职工身上，为职工群众办实事、做好事、解难事，让工会经费真正惠及职工群众和工会会员。县以上工会要加强对乡镇（街道）、开发区（工业园区）工会和基层工会财务工作的监督检查。

中华全国总工会办公厅关于印发《工会财务会计工作考核办法》的通知

（总工办发〔2020〕22 号　2020 年 12 月 3 日）

各省、自治区、直辖市总工会，中华全国铁路总工会、中国民航工会全国委员会、中国金融工会全国委员会，中央和国家机关工会联合会：

现将《工会财务会计工作考核办法》印发给你们，请认真贯彻执行。

工会财务会计工作考核办法

第一条　为加强工会财务会计基础工作，规范工会财务会计管理，进一步提高工会财务管理水平，制定本办法。

第二条　本办法适用于全国总工会对各省级工会财务管理部门和省级工会按照本办法推荐的市、县级工会和基层工会年度财务会计工作的考核。

第三条　对省级工会考核的主要内容包括：经费上缴、预算管理、决算管理、绩效管理、会计基础工作和财务监督等 6 个方面。

第四条　省级工会应坚持推动本地区、本产业、本系统财务会计工作均衡发展的目标导向，综合考虑市、县级工会和基层工会财务会计基础工作、经费收缴使用管理以及巡视巡察、内外部审计等方面情况，将管理规范、成效显著的市、县级工会和基层工会推荐为全国总工会通报的财务会计工作先进单位。

第五条　全国总工会根据考核结果，每年确定三分之二的省级工会为财务会计工作先进单位。

作为全国总工会通报的市、县级工会和基层工会财务会计工作先进单位，省级工会推荐单位个数为：省级工会上缴全总经费 1 亿元以下部分，每 800 万元可推荐 1 个财务会计工作先进单位；上缴全总经费 1 亿元（含）以上部分，每 1500 万元可推荐 1 个财务会计工作先进单位。省级工会上缴全总经费不足 800 万元的，可推荐 1 个财务会计工作先进单位。

第六条　省级工会根据本办法确定的考核内容和评分标准，对本单位年度财务会计工作进行自评。

省级工会可结合本地区、本产业、本系统的实际，制定市、县级工会和基层工会财务会计工作考核实施办法，建立健全考核工作机制，加强对拟申报全国总工会通报的财务会计工作先进单位的考核。

第七条　每年3月31日前，省级工会将上一年度考核自评材料和推荐单位申报材料（详见附件）报全总财务部。

第八条　全总财务部组成考核小组，对省级工会考核自评情况进行综合考核评分，对省级工会推荐的市、县级工会和基层工会财务会计工作先进单位的申报材料进行审核，并根据考核评分和审核结果，提出拟通报的财务会计工作先进单位初步名单，报经全国总工会书记处审定后，以全国总工会业务工作通报印发。

第九条　省级工会对考核自评材料和推荐单位申报材料的真实性负责。对虚报材料获得财务会计工作先进单位的市、县级工会和基层工会给予通报批评，取消先进单位称号，取消相关省级工会推荐先进单位的资格一年。

第十条　本办法自2021年1月1日起执行。《中华全国总工会办公厅关于印发〈省级工会财务会计工作竞赛评比办法〉的通知》（总工办发〔2006〕10号）同时废止。

附件： 1. 20____年度省级工会财务会计工作考核自评表
2. 20____年度省级工会推荐财务会计工作先进单位汇总表
3. 20____年度市、县级工会财务会计工作先进单位推荐表
4. 20____年度基层工会财务会计工作先进单位推荐表

附件1：

20____年度省级工会财务会计工作考核自评表

单位（盖章）：

序号	考核内容	标准分	评分标准			自评分	说明
1	经费拨缴	30	1	经费上缴预算编制及时准确，按时上报《年度上缴经费预算申报表》和年度经费收缴预算分析报告	6		
			2	建立健全经费收缴制度	4		
			3	组织经费收缴工作，完善经费收缴工作机制	4		
			4	按进度足额完成预算经费上缴，并上报《季度经费收缴情况表》	12		
			5	积极贯彻落实经费收缴政策	4		
2	预算管理	22	6	预算报告编制全面、真实、准确，并及时上报全总财务部	4		
			7	预算编制、调整程序规范	2		
			8	建立健全预算管理制度	2		
			9	发挥省级工会职能，加强对所属工会预算管理	2		
			10	规范结转结余资金管理	2		
			11	开展预算评审、项目库管理、制定项目标准工作	2		
			12	建立预算执行情况定期分析机制	3		
			13	预算执行情况通报制度	3		
			14	将预算执行情况与预算安排挂钩管理	2		
3	决算管理	16	15	本级决算报告、汇总报告编制真实、完整、准确，并及时上报全总财务部	4		
			16	决算经同级经审会审查同意	2		
			17	按规定开展决算工作，并报送决算开展情况	2		
			18	积极推进所属工会决算汇总工作覆盖面，提升所属工会决算汇总质量	4		
			19	建立健全决算管理制度	2		
			20	决算资料管理统一规范，类型齐全	2		

续表

序号	考核内容	标准分	评分标准			自评分	说明
4	绩效管理	10	21	建立健全绩效管理制度	2		
			22	组织本级及推进所属工会绩效管理工作	2		
			23	制定适合本级及所属工会的绩效参考指标和评价指标	2		
			24	绩效评价结果能应用到预算安排工作中	2		
			25	上报本地区绩效管理工作情况	2		
5	会计基础管理	14	26	按规定设置会计机构，配备会计人员，建立健全岗位责任制	2		
			27	会计核算及时准确规范	2		
			28	银行账户管理规范，银行存款管理规范	2		
			29	票据使用、管理规范	2		
			30	会计档案管理规范	2		
			31	在经费收缴、票据管理、会计核算、预决算等方面，加强信息化建设	2		
			32	加强对所属工会财务人员培训指导，提升工会会计工作能力	2		
6	财务监督	8	33	建立健全对本级和所属工会财务监督制度和机制	1		
			34	建立健全内部控制制度，完善内部控制体系	1		
			35	开展财务监督工作	2		
			36	开展内部控制工作评价情况	2		
			37	向全总财务部报告财务监督工作情况	2		
考核分数		100			100		
加分项			38	超额完成上缴经费预算	1		
总计分数					101		

财务负责人：　　　　　　　　　　　　　　　　　　制表人：

附件2：

20____年度省级工会推荐财务会计工作先进单位汇总表

单位（盖章）：

序号	工会名称	预算管理级次	工会负责人	财务负责人	联系地址	联系电话

附件3：

20____年度市、县级工会财务会计工作先进单位推荐表

<table>
<tr><td colspan="2">工会名称</td><td colspan="3"></td></tr>
<tr><td colspan="2">所属基层工会组织（个）</td><td></td><td>所属工会会员（人）</td><td></td></tr>
<tr><td colspan="2">本级留成经费（万元）</td><td></td><td>上缴经费（万元）</td><td></td></tr>
<tr><td colspan="2">工会负责人</td><td></td><td>财务负责人</td><td></td></tr>
<tr><td colspan="2">联系电话</td><td></td><td>邮编</td><td></td></tr>
<tr><td colspan="2">联系地址</td><td colspan="3"></td></tr>
<tr><td>财务工作主要成绩</td><td colspan="4"></td></tr>
<tr><td>省级工会推荐理由</td><td colspan="4">盖　章
年　　月　　日</td></tr>
</table>

附件 4：

20____年度基层工会财务会计工作先进单位推荐表

基层工会名称			
职工人数		职工工资总额（万元）	
本级留成经费（万元）		上缴经费（万元）	
工会负责人		财务负责人	
联系电话		邮编	
联系地址			
上一级工会组织			
财务工作主要成绩			
省级工会推荐理由	盖章 年 月 日		

财政部　税务总局关于确认中国红十字会总会等群众团体 2021 年度—2023 年度公益性捐赠税前扣除资格的公告

（2021 年 7 月 29 日财政部、税务总局公告第 26 号）

根据《中华人民共和国企业所得税法》及《中华人民共和国企业所得税法实施条例》有关规定，按照《财政部 税务总局关于通过公益性群众团体的公益性捐赠税前扣除有关事项的公告》有关要求，现将 2021 年度—2023 年度符合公益性捐赠税前扣除资格的群众团体名单公告如下：

1. 中国红十字会总会
2. 中华全国总工会
3. 中国宋庆龄基金会
4. 中国国际人才交流基金会

中华全国总工会　国家质量技术监督局关于工会法人组织申领中华人民共和国组织机构代码证的通知

（总工发〔2000〕4 号　2000 年 2 月 28 日）

各省、自治区、直辖市总工会、质量技术监督局：

经中华全国总工会和国家质量技术监督局协商，依据《中华人民共和国工会法》及《全国组织机构代码编制规则》的强制性国家标准，一致同意对取得工会法人资格的工会组织颁发《中华人民共和国组织机构代码证》（以下简称代码证）。现将有关事项通知如下：

一、工会组织申领代码证的范围

1. 县和县以上地方总工会、产业工会。

2. 按照中华全国总工会《基层工会法人资格登记办法》的规定，已经领取了工会法人资格证书的基层工会组织。

尚未领取工会法人资格证书的工会组织，暂不列入。

二、工会组织申领代码证的方式

1. 县和县以上总工会、产业工会出具当地编委核准的相关证明，由同级质量技术监督部门核发代码证。

2. 已经领取工会法人资格证书的工会组织，持上级工会颁发的《工会法人资格证书》（副本）（见附件 1）、《工会法定代表人证书》（副本）（见附件 2）和上级工会批准该工会成立的原件，按分级管理的原则，即中央一级组织机构的基层工会到国家质量技术监督局全国组织机构代码管理中心、省属组织机构的基层工会到省质量技术监督部门、市属组织机构的基层工会到市质量技术监督部门、县属组织机构的基层工会到县质量技术监督部门，申领代码证，填报《中华人民共和国组织机构代码证申报表》，由质量技术监督部门核发代码证。

三、工会组织机构申领代码证的机构类型为工会法人。

四、工会组织机构撤销、合并、变动时，应及时到原申领代码证的质量技术监督部门办理变更登记。

五、各级质量技术监督部门在颁发代码证时，要严格按照国家有关的收费规定办理。

六、各级质量技术监督部门在赋码颁证工作中，务必认真把好代码质量关，做好代码的防重查错工作，以确保代码唯一性和准确性，同时做好服务工作。

地方质量技术监督部门和地方总工会对发放代码证过程中出现的问题，可以协商解决；协商不成或把握不准的，应及时报中华全国总工会和国家质量技术监督局。

附件：1. 工会法人资格证书（略）

2. 工会法定代表人证书（略）

中华全国总工会办公厅关于印发《基层工会法人登记管理办法》的通知

（总工办发〔2020〕20 号　2020 年 12 月 8 日）

各省、自治区、直辖市总工会，各全国产业工会，中央和国家机关工会联合会，全总各部门、各直属单位：

《基层工会法人登记管理办法》已经中华全国总工会第十七届书记处第 34 次会议审议通过，现印发给你们，请遵照执行。

基层工会法人登记管理办法

第一章　总　　则

第一条　为规范基层工会法人登记管理工作，依法确立基层工会民事主体地位，根据《中华人民共和国民法典》、《中华人民共和国工会法》及《中国工会章程》等有关规定，制定本办法。

第二条　我国境内的企业、事业单位、机关和其他社会组织等基层单位单独或联合建立的工会组织，区域性、行业性工会联合会，开发区（工业园区）工会，乡镇（街道）工会，村（社区）工会等工会组织（以下简称基层工会）申请取得、变更、注销法人资格，适用本办法。

第三条　基层工会按照本办法规定经审查登记，领取赋有统一社会信用代码的《工会法人资格证书》，取得法人资格，依法独立享有民事权利，承担民事义务。

第四条　各级工会应当依照规定的权限、范围、条件和程序，遵循依法依规、公开公正、便捷高效、科学管理的原则，做好基层工会法人登记管理工作。

第五条　省、自治区、直辖市总工会，设区的市和自治州总工会，县（旗）、自治县、不设区的市总工会（以下简称县以上各级地方总工会）应当为工会法人登记管理工作提供必要保障，所需费用从本级工会经费列支。具备条件的，可以专人负责工会法人登记管理工作。

开展工会法人登记管理工作，不得向基层工会收取费用。

第二章　登记管理机关

第六条　中华全国总工会和县以上各级地方总工会为基层工会法人登记管理机关。

登记管理机关相关部门之间应加强沟通，信息共享，协调配合做好工会法人登记管理工作。

第七条　基层工会法人登记按照属地原则，根据工会组织关系、经费收缴关系，实行分级管理：

（一）基层工会组织关系隶属于地方工会的，或与地方工会建立经费收缴关系的，由基层工会组织关系隶属地或经费关系隶属地相应的省级、市级或县级地方总工会负责登记管理；

（二）基层工会组织关系隶属于铁路、金融、民航等产业工会的，由其所在地省级总工会登记管理或授权市级总工会登记管理；

（三）中央和国家机关工会联合会所属各基层工会、在京的中央企业（集团）工会由中华全国总工会授权北京市总工会登记管理；京外中央企业（集团）工会由其所在地省级总工会登记管理或授权市级总工会登记管理。

登记管理机关之间因登记管理权限划分发生争议，由争议双方协商解决；协商解决不了的，由双方共同的上级工会研究确定。

第八条　登记管理机关应当制备工会法人登记专用章，专门用于基层工会法人登记工作，其规格和式样由中华全国总工会制定。

第九条　登记管理机关应当建立法人登记档案管理制度。

中华全国总工会建立统一的全国工会法人登记管理系统，登记管理机关实行网络化登记管理。

第三章　申 请 登 记

第十条　基层工会申请法人资格登记，应当具备以下条件：

（一）依照《中华人民共和国工会法》和《中国工会章程》的规定成立；

（二）有自己的名称、组织机构和住所；

（三）工会经费来源有保障。

基层工会取得法人资格，不以所在单位是否具备法人资格为前提条件。

第十一条 凡具备本办法规定条件的基层工会，应当于成立之日起六十日内，向登记管理机关申请工会法人资格登记。

第十二条 基层工会申请工会法人资格登记，应当向登记管理机关提交下列材料：

（一）工会法人资格登记申请表；

（二）上级工会的正式批复文件；

（三）其他需要提交的证明、文件。

第十三条 登记管理机关自受理登记申请之日起十五日内完成对有关申请文件的审查。审查合格的，颁发《工会法人资格证书》，赋予统一社会信用代码；申请文件不齐备的，应及时通知基层工会补充相关文件，申请时间从文件齐备时起算；审查不合格，决定不予登记的，应当书面说明不予登记的理由。

第十四条 《工会法人资格证书》应标注工会法人统一社会信用代码和证书编码。

工会法人统一社会信用代码按照统一社会信用代码编码规则编定。其中第一位为登记管理部门代码，以数字“8”标识；第二位为组织机构类别代码，以数字“1”或“9”标识，为基层工会赋码时选用“1”，为其他类别工会赋码时选用“9”。

第十五条 基层工会登记工会法人名称，应当为上一级工会批准的工会组织的全称。一般由所在单位成立时登记的名称（区域性、行业性工会联合会应冠以区域、行业名称），缀以“工会委员会”、“联合工会委员会”、“工会联合会”等组成。

基层工会的名称具有唯一性，其他基层工会申请取得法人资格时不得重复使用。

第十六条 基层工会具备法人条件的，依法取得法人资格，工会主席为法定代表人。

第十七条 因合并、分立而新设立的基层工会，应当重新申请工会法人资格登记。

第四章 变更登记

第十八条 取得工会法人资格的基层工会变更名称、住所、法定代表人等事项的，应当自变更之日起三十日内，向登记管理机关申请变更登记，并提交工会法人变更登记申请表和相关文件。

登记管理机关自受理变更登记申请之日起十五日内，换发《工会法人资格证书》，收回原证书。

第十九条 基层工会法人跨原登记管理机关辖区变更组织关系、经费收缴关系或住所的，由原登记管理机关办理登记管理权限变更手续，并按本办法确立的原则，将该基层工会法人登记管理关系转移到变更后的登记管理机关。

第二十条 取得工会法人资格的基层工会，合并、分立后存续，但原登记事项发生变化的，应当申请变更登记。

第二十一条 未经变更登记，任何组织和个人不得擅自改变工会法人资格登记事项。

第五章 注 销 登 记

第二十二条 取得工会法人资格的基层工会经会员大会或会员代表大会通过并报上一级工会批准撤销的，或因所在单位终止、撤销等原因相应撤销的，应当自撤销之日起三十日内，向登记管理机关申请注销登记，并提交工会法人注销登记申请表、上级工会同意撤销的文件或向上级工会备案撤销的文件，以及该基层工会经费、资产清理及债权债务完结的证明等材料。

登记管理机关自受理注销登记申请之日起十五日内完成审查登记，收回《工会法人资格证书》。

第二十三条 取得工会法人资格的基层工会，因合并、分立而解散的，应当申请注销登记。

第六章 信息公告和证书管理

第二十四条 基层工会取得、变更、注销工会法人资格的，登记管理机关应当依法及时在报刊或网络上发布有关信息。

第二十五条 《工会法人资格证书》是基层工会法人资格的唯一合法凭证。未取得《工会法人资格证书》的基层工会，不得以工会法人名义开展活动。

《工会法人资格证书》及相关登记申请表样式由中华全国总工会统一制发。

第二十六条 《工会法人资格证书》的有效期为三年至五年，具体时间与工会的届期相同。

第二十七条 基层工会依法取得《工会法人资格证书》的，应当在证书有效期满前三十日内，向登记管理机关提交《工会法人资格证书》换领申请表和工会法人存续证明材料，经登记管理机关审查合格后换发新证，有效期重新计算。

第二十八条 《工会法人资格证书》不得涂改、抵押、转让和出借。《工会法人资格证书》遗失的，基层工会应当于一个月内在报刊或网络上发布公告，并向登记管理机关提交《工会法人资格证书》补领申请表、遗失公告和说明，申请补发新证。

第七章 监督管理

第二十九条 登记管理机关应当加强对基层工会法人资格登记工作的监督管理，基层工会应当接受并配合登记管理机关的监督管理。

上级工会应当加强对下级工会开展基层工会法人登记管理工作的指导和监督检查。

第三十条 不具备条件的基层工会组织或机构在申请登记时弄虚作假、骗取登记的，由登记管理机关予以撤销登记，收回《工会法人资格证书》和统一社会信用代码。

第三十一条 登记管理机关审查不严，或者滥用职权，造成严重后果的，依法依纪追究有关责任。

第八章 附 则

第三十二条 地方总工会等机构编制由机构编制部门负责管理的工会组织，由机构编制部门制发统一社会信用代码证书。

第三十三条 各级产业工会委员会申领《工会法人资格证书》，参照本办法执行。

第三十四条 县以上各级地方总工会派出的工会工作委员会、工会办事处等工会派出代表机关，工会会员不足二十五人仅选举组织员或者工会主席一人主持工作的基层工会，可以参照本办法规定申请取得统一社会信用代码证书。

第三十五条 各省、自治区、直辖市总工会可以根据本办法的规定，制定基层工会法人登记管理的具体实施细则，并报中华全国总工会备案。

第三十六条 本办法由中华全国总工会负责解释。

第三十七条 本办法自2021年1月1日起施行。2008年6月13日中华全国总工会印发的《基层工会法人资格登记办法》同时废止。

附件： 1. 工会法人资格登记申请表

2. 工会法人变更登记申请表

3. 工会法人注销登记申请表

4. 《工会法人资格证书》补（换）领申请表

5. 工会统一社会信用代码申请表

6. 工会法人资格证书样式

7. 工会统一社会信用代码证书样式

附件 1：

工会法人资格登记申请表

工会名称＿＿＿＿＿＿＿＿＿＿＿＿

填报时间　　　　　年　　月　　日

中华全国总工会监制

填表与登记说明：

一、本表一式三份，由申请单位逐项填写，加盖公章后报登记管理机关审查登记。

二、申请单位非新建的（成立时间一年以上），应自查经费资产，并如实填报自查结果；申请单位新建的（成立时间不满一年），免予经费资产自查，由工会负责人承诺经费来源有保障，并由工会主席签名。

三、表中工会组织简况栏中的审批单位是指批准设立本工会组织的上一级工会；收入情况栏中的其他收入是指除会费、经费收入以外的各种收入。

四、登记管理机关收到本表后，应按中华全国总工会《基层工会法人登记管理办法》的规定进行审查、核准、登记。

五、经审查合格后，由县、市（地）或省级地方总工会向该工会组织颁发《工会法人资格证书》。

六、本表由登记管理机关存档一份、申请单位留存一份、上级工会备案一份。

<table>
<tr><td colspan="2">工会名称</td><td colspan="3"></td><td>电　话</td><td colspan="2"></td></tr>
<tr><td colspan="2">住　所</td><td colspan="3"></td><td>邮　编</td><td colspan="2"></td></tr>
<tr><td colspan="2" rowspan="4">工会组织简　况</td><td colspan="6">根据《中国工会章程》，于　　年　月　日经工会会员（代表）大会选举产生（预备会议确认产生）第　届工会委员会，任期　年。</td></tr>
<tr><td>审批单位</td><td colspan="2"></td><td>审批文号</td><td colspan="2"></td></tr>
<tr><td>职工人数</td><td colspan="2"></td><td>会员人数</td><td colspan="2"></td></tr>
<tr><td>专职干部人　数</td><td colspan="2"></td><td>本届工会主席姓名</td><td colspan="2"></td></tr>
<tr><td rowspan="5">非新建工会</td><td rowspan="2">收入情况</td><td>合计</td><td>上年累计结余（万元）</td><td>年会员缴纳会费收入（万元）</td><td colspan="2">年2%拨缴工会经费本级留成收入（万元）</td><td>其他收入（万元）</td></tr>
<tr><td></td><td></td><td></td><td colspan="2"></td><td></td></tr>
<tr><td rowspan="2">资金情况</td><td colspan="2">合计</td><td>固定资产（万元）</td><td colspan="2">流动资金（万元）</td><td>其他</td></tr>
<tr><td colspan="2"></td><td></td><td colspan="2"></td><td></td></tr>
<tr><td colspan="7">申请单位承诺以上填报信息真实有效，并愿意承担相应法律责任。

工会主席签名：</td></tr>
<tr><td>新建工会</td><td colspan="7">申请单位承诺工会经费来源有保障。

工会主席签名：</td></tr>
<tr><td colspan="2" rowspan="2">场所情况</td><td colspan="2">合计</td><td>办公场所（m^2）</td><td colspan="2">活动场所（m^2）</td><td>其他</td></tr>
<tr><td colspan="2"></td><td></td><td colspan="2"></td><td></td></tr>
</table>

<table>
<tr><td rowspan="6">工会主席</td><td>姓名</td><td colspan="2"></td><td>性别</td><td colspan="2"></td><td>民族</td><td></td></tr>
<tr><td>出生年月</td><td colspan="2"></td><td>文化程度</td><td colspan="2"></td><td>政治面貌</td><td></td></tr>
<tr><td>现任工会职务</td><td></td><td>专职兼职</td><td colspan="2"></td><td>本届任职起始时间</td><td colspan="2"></td></tr>
<tr><td rowspan="2">加入工会组织时间</td><td rowspan="2"></td><td rowspan="2">现任其他职务</td><td colspan="2" rowspan="2"></td><td>电话</td><td colspan="2"></td></tr>
<tr><td>手机</td><td colspan="2"></td></tr>
<tr><td>身份证号</td><td colspan="7"></td></tr>
<tr><td rowspan="2">申请单位经办人</td><td rowspan="2"></td><td rowspan="2">身份证号</td><td colspan="3" rowspan="2"></td><td>电话</td><td colspan="2"></td></tr>
<tr><td>手机</td><td colspan="2"></td></tr>
<tr><td>申请工会意见</td><td colspan="8">工会主席签名：（申请工会印章）
年 月 日</td></tr>
<tr><td>地方工会审查意见</td><td colspan="8">（印 章）
年 月 日</td></tr>
<tr><td>登记管理机关审核意见</td><td colspan="8">（印 章）
年 月 日</td></tr>
<tr><td>发证日期</td><td colspan="2"></td><td colspan="3">统一社会信用代码</td><td colspan="3"></td></tr>
</table>

附件 2：

工会法人变更登记申请表

<table>
<tr><td>项目</td><td colspan="2">原登记确认事项</td><td colspan="2">申请变更登记事项</td></tr>
<tr><td>工会名称</td><td colspan="2"></td><td colspan="2"></td></tr>
<tr><td>住所</td><td colspan="2"></td><td colspan="2"></td></tr>
<tr><td>法定代表人</td><td colspan="2"></td><td colspan="2"></td></tr>
<tr><td>登记管理机关</td><td colspan="2"></td><td colspan="2"></td></tr>
<tr><td>统一社会信用代码</td><td colspan="4"></td></tr>
<tr><td>上级工会批准
变更文号</td><td colspan="4"></td></tr>
<tr><td>申请变更原因</td><td colspan="4"></td></tr>
<tr><td rowspan="2">申请单位经办人</td><td>姓名</td><td></td><td>身份证号码</td><td></td></tr>
<tr><td>电话</td><td></td><td>手　机</td><td></td></tr>
<tr><td rowspan="2">变更后法定代表人</td><td>姓名</td><td></td><td>身份证号码</td><td></td></tr>
<tr><td>电话</td><td></td><td>手　机</td><td></td></tr>
<tr><td>申请工会意见</td><td colspan="4">工会法定代表人签名：　　（申请工会印章）
年　月　日</td></tr>
<tr><td>上级工会
审查意见</td><td colspan="4">（印　章）
年　月　日</td></tr>
<tr><td>登记管理机关
审核意见</td><td colspan="4">（印　章）
年　月　日</td></tr>
</table>

注：1. 仅变更住所或登记管理机关的无需填写上级工会批准变更文号。
2. 法定代表人没有变更的无需填写变更后法定代表人信息。

附件3：

工会法人注销登记申请表

<table>
<tr><td>工会名称</td><td colspan="2"></td><td>电　话</td><td></td></tr>
<tr><td>统一社会信用代码</td><td colspan="2"></td><td>证书编码</td><td></td></tr>
<tr><td>住　所</td><td colspan="2"></td><td>法定代表人</td><td></td></tr>
<tr><td rowspan="2">申请单位经办人</td><td>姓名</td><td></td><td>身份证号码</td><td></td></tr>
<tr><td>电话</td><td></td><td>手机</td><td></td></tr>
<tr><td>注销原因</td><td colspan="4"></td></tr>
<tr><td>上级工会同意撤销工会文件名称（含文号）</td><td colspan="4"></td></tr>
<tr><td>申请工会意见</td><td colspan="4">工会法定代表人签名：　　（申请工会印章）
年　月　日</td></tr>
<tr><td>上级工会审查意见</td><td colspan="4">（印　章）
年　月　日</td></tr>
<tr><td>登记管理机关审核意见</td><td colspan="4">（印　章）
年　月　日</td></tr>
</table>

附件4：

《工会法人资格证书》补（换）领申请表

<table>
<tr><td>工会名称</td><td colspan="2"></td><td>电　话</td><td></td></tr>
<tr><td>统一社会信用代码</td><td colspan="2"></td><td>原证书编码</td><td></td></tr>
<tr><td>住　所</td><td colspan="2"></td><td>法定代表人</td><td></td></tr>
<tr><td rowspan="2">申请单位经办人</td><td>姓名</td><td></td><td>身份证号码</td><td></td></tr>
<tr><td>电话</td><td></td><td>手机</td><td></td></tr>
<tr><td>补（换）领原因</td><td colspan="4"></td></tr>
<tr><td>申请工会意见</td><td colspan="4">工会法定代表人签名：　　　（申请工会印章）
年　　月　　日</td></tr>
<tr><td>上级工会
审查意见</td><td colspan="4">（印　章）
年　　月　　日</td></tr>
<tr><td>登记管理机关
审核意见</td><td colspan="4">（印　章）
年　　月　　日</td></tr>
</table>

附件5：

工会统一社会信用代码申请表

<table>
<tr><td>工会名称</td><td colspan="3"></td><td>电　话</td><td colspan="2"></td></tr>
<tr><td>住　所</td><td colspan="3"></td><td>邮　编</td><td colspan="2"></td></tr>
<tr><td rowspan="2">基本情况</td><td colspan="6">根据《中国工会章程》，　　年　月　日由　　总工会派出设立或依法选举产生。</td></tr>
<tr><td>审批单位</td><td colspan="2"></td><td>审批文号</td><td colspan="2"></td></tr>
<tr><td rowspan="6">工会负责人</td><td>姓　名</td><td></td><td>性别</td><td></td><td>民　族</td><td></td></tr>
<tr><td>出生年月</td><td></td><td>文化程度</td><td></td><td>政治面貌</td><td></td></tr>
<tr><td>现任工会职　务</td><td></td><td>专职兼职</td><td></td><td>本届任职起始时间</td><td></td></tr>
<tr><td rowspan="2">加入工会组织时间</td><td rowspan="2"></td><td rowspan="2">现任其他职务</td><td rowspan="2"></td><td>电话</td><td></td></tr>
<tr><td>手机</td><td></td></tr>
<tr><td>身份证号码</td><td colspan="5"></td></tr>
<tr><td rowspan="2">申请单位经办人</td><td rowspan="2"></td><td rowspan="2">身份证号　码</td><td rowspan="2" colspan="2"></td><td>电话</td><td></td></tr>
<tr><td>手机</td><td></td></tr>
<tr><td>申请工会意见</td><td colspan="6">工会负责人签名：　　　　（申请工会印章）
年　月　日</td></tr>
<tr><td>上级工会审查意见</td><td colspan="6">（印　章）
年　月　日</td></tr>
<tr><td>登记管理机关审核意见</td><td colspan="6">（印　章）
年　月　日</td></tr>
<tr><td>发证日期</td><td></td><td colspan="3">统一社会信用代码</td><td colspan="2"></td></tr>
</table>

附件 6：

工会法人资格证书样式

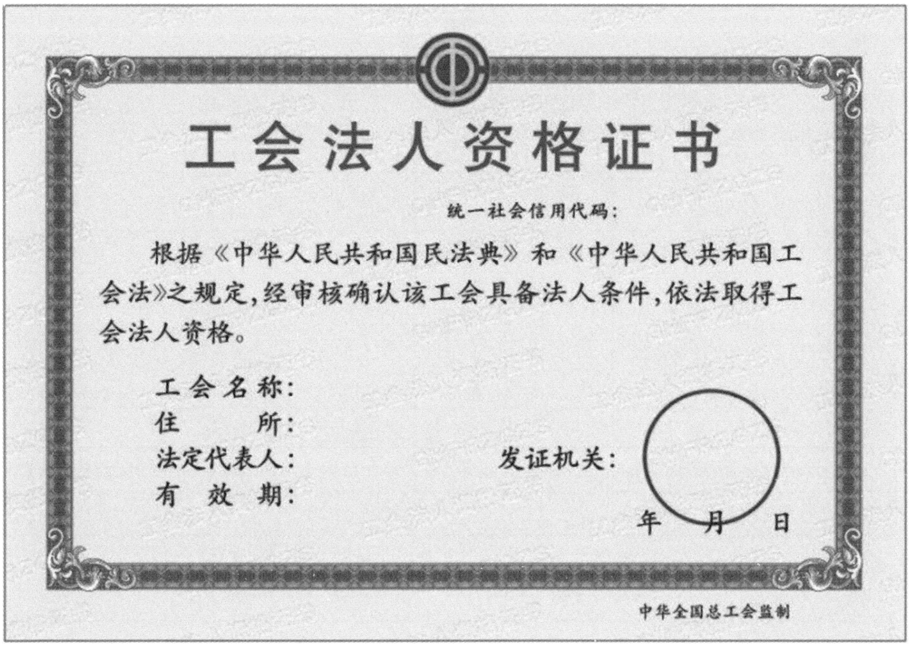

工会法人资格证书

统一社会信用代码：

根据《中华人民共和国民法典》和《中华人民共和国工会法》之规定，经审核确认该工会具备法人条件，依法取得工会法人资格。

工会名称：
住　　所：
法定代表人：
有 效 期：

发证机关：

年　月　日

中华全国总工会监制

附件7：

工会统一社会信用代码证书样式

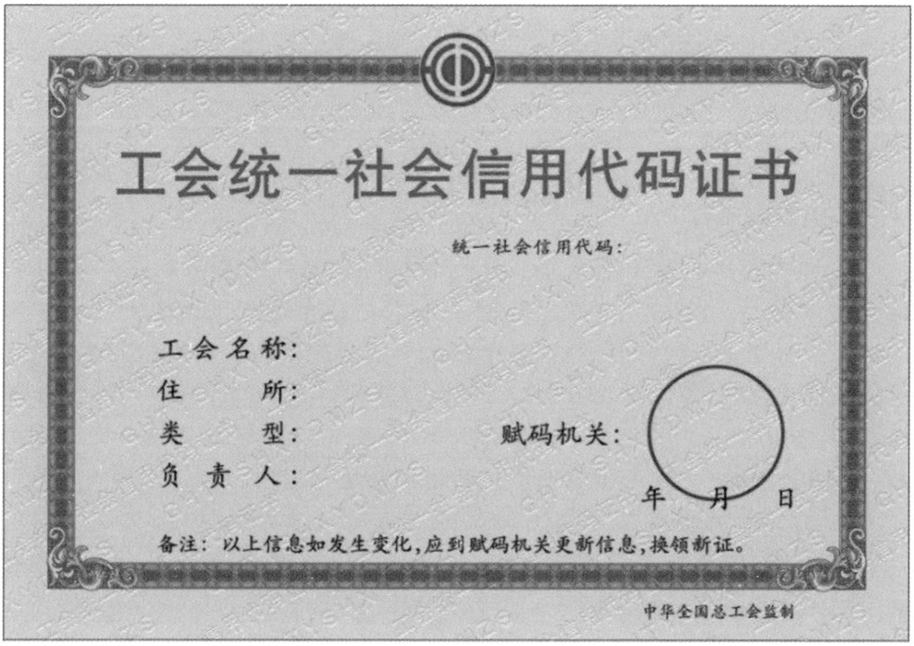
工会统一社会信用代码证书

统一社会信用代码：

工会名称：

住　　所：

类　　型：

负 责 人：

赋码机关：

年　月　日

备注：以上信息如发生变化，应到赋码机关更新信息，换领新证。

中华全国总工会监制

中华全国总工会《关于加强新建企业工会组建工作的意见》(节录)

（总工发〔2001〕2号　2001年2月7日）

二、明确工作目标，落实责任制，到2002年底，把绝大多数新建企业职工组织到工会中来

1. 明确新建企业工会组建工作的目标。全总十三届五次主席团（扩大）会议提出了到2002年底，把绝大多数新建企业职工组织到工会中来的目标。根据这一目标，到2002年底，全国新建企业工会组织数达到100万家，比1999年底净增75万家；工会会员数达到3600万人，比1999年底净增2300万人。新建企业的工会组建率和职工入会率都有较大幅度的提高。到2002年底，全国工会会员总数将达到1.3亿人。各省、自治区、直辖市总工会要按照全国工会组织基本状况调查工作会议的要求，根据《2002年底新建企业工会会员发展目标》（附表1）和《2002年底新建企业工会组建目标》（附表2），制定各自的年度目标。

……

5. 探索适应新建企业特点的工会经费收缴办法。收好、管好、用好工会经费，是推进工会组建、开展工会工作的重要保证。各级地方工会制定的上解经费的奖励办法要有利于促进工会的组建工作。对新建的乡镇、街道工会在经费上要给予扶持，对乡镇、街道工会上解的经费，实行回拨或奖励。乡镇、街道工会对其管辖范围内小企业的工会经费实行统一收缴，统一管理，统一使用。对人数少的小企业，在坚持依法拨交工会经费的前提下，可实行灵活的过渡性办法，使工会经费拨交逐步到位。

中华全国总工会关于组织劳务派遣工加入工会的规定

（总工发〔2009〕21号　2009年4月30日）

各省、自治区、直辖市总工会，各全国产业工会，中共中央直属机关工会联合会，中央国家机关工会联合会，全总各部门、各直属单位：

一个时期以来，由于一些派遣单位与用工单位职责不清，相互推诿，相当数量的劳务派遣工还没有组织到工会中来。为最大限度地把包括劳务派遣工在内的广大职工组织到工会中来，切实维护其合法权益，根据《工会法》、《中国工会章程》的相关规定，现对组织劳务派遣工加入工会作出以下规定：

1. 劳务派遣单位和用工单位都应当依法建立工会组织，吸收劳务派遣工加入工会，任何组织和个人不得阻挠和限制。劳务派遣工应首先选择参加劳务派遣单位工会，劳务派遣单位工会委员会中应有相应比例的劳务派遣工会员作为委员会成员。劳务派遣单位没有建立工会组织的，劳务派遣工直接参加用工单位工会。

2. 在劳务派遣工会员接受派遣期间，劳务派遣单位工会可以委托用工单位工会代管。劳务派遣单位工会与用工单位工会签订委托管理协议，明确双方对会员组织活动、权益维护等的责任与义务。

3. 劳务派遣工的工会经费应由用工单位按劳务派遣工工资总额的百分之二提取并拨付劳务派遣单位工会，属于应上缴上级工会的经费，由劳务派遣单位工会按规定比例上缴。用工单位工会接受委托管理劳务派遣工会员的，工会经费留用部分由用工单位工会使用或由劳务派遣单位工会和用工单位工会协商确定。

4. 劳务派遣工会员人数由会籍所在单位统计。加入劳务派遣单位工会的，包括委托用工单位管理的劳务派遣工会员，由劳务派遣单位工会统计，直接加入用工单位工会的由用工单位工会统计。

5. 劳务派遣单位工会牵头、由使用其劳务派遣工的跨区域的用工单位工会建立的基层工会联合会，不符合建立区域性、行业性基层工会联合会的规定，应予纠正。

6. 上级工会应加强督促检查，切实指导和帮助劳务派遣单位和用工单位工会做好劳务派遣工加入工会和维护权益工作。

中华全国总工会办公厅关于印发《中华全国总工会关于企业集团建立工会组织的办法》的通知

（总工办发〔2018〕23号　2018年9月3日）

各省、自治区、直辖市总工会，各全国产业工会，中央和国家机关工会联合会筹备组，全总各部门、各直属单位：

《中华全国总工会关于企业集团建立工会组织的办法》已经中华全国总工会第十六届书记处第一百次会议审议通过，现印发给你们，请结合实际，认真贯彻执行。

中华全国总工会关于企业集团建立工会组织的办法

第一章　总　　则

第一条　为进一步规范企业集团工会组织建立，充分发挥企业集团工会作用，根据《中华人民共和国工会法》《中国工会章程》《企业民主管理规定》《企业工会工作条例》等有关规定，制定本办法。

第二条　本办法所称企业集团，是指以资本为主要联结纽带的母子公司为主体，以集团章程为共同行为规范的母公司、子公司、参股公司及其他成员企业或机构共同组成的具有一定规模的企业法人联合体。

凡符合前款规范要求、行政管理机构健全并依法设立登记的企业集团，经上级工会批准，可在企业集团范围内建立集团工会组织。

第三条　建立集团工会组织，在同级党组织和上级工会的领导下进行。企业集团未建立党组织的，在上级工会领导下进行。

第四条　企业集团建立工会组织，必须坚持党的领导，贯彻落实党的全心全意依靠工人阶级的根本指导方针，始终把握正确政治方向；坚持民主集中制，注重广泛性、代表性；坚持职工为本，充分反映职工群众的意愿和要求；坚持依法规范，符合法律和工会章程规定。

第五条　企业集团根据法人治理结构、经营模式、企业规模、职工队伍状况等实际，适应贯彻新发展理念、建设现代化经济体系、加快完善社会主义市场经济体制的需要，统筹考虑振兴实体经济、深化国有企业改革、发展混合所有制经济、民营企业发展等形势任务，立足实际建立健全工会组织。

第二章　集团工会的建立

第六条　集团工会是工会的基层组织。组建集团工会，依照《工会基层组织选举工作条例》产生。集团工会的组织形式，根据集团实际确定。

第七条　在京中央企业集团组建集团工会，按规定报相关全国产业工会，由相关全国产业工会按程序报中华全国总工会批准。京外中央企业集团和其他企业集团组建工会，按规定报企业集团所在地同级地方工会批准。

第八条　集团工会选举主席 1 人、副主席若干人、常务委员若干人，组成常务委员会。成员单位和职工人数较少的，可不设常务委员会。

集团工会每届任期三年至五年。任期届满，应按期进行换届选举。

第九条　集团工会在选举产生集团工会委员会的同时，选举产生同级工会经费审查委员会。集团工会成立后，按照有关规定及时建立集团工会女职工委员会，并选配女职工委员会主任。

第十条　集团工会的名称，为“企业集团工商登记名称+工会（联合会）委员会”。集团所属子公司的工会组织名称，为“子公司工商登记名称+工会委员会”。对于工会名称不规范的，应结合工会换届工作进行规范。

第十一条　集团工会依法依规设置工会工作机构，并按照有关规定配备专职工作人员，专职工作人员人数，根据有关规定确定，或由集团工会与集团协商确定。根据工作需要，可配备兼职工作人员，坚持以专职为主，兼职为辅，专兼职相结合。

集团工会根据工作需要，设立相关工作机构或专门工作委员会、工作小组。

第十二条　在企业集团改组改制中，要科学设置、合理规范工会组织，不得随意把工会组织机构撤销、合并或者归属其他工作部门。

第十三条　集团工会具备法人条件的，依法取得社会团体法人资格，工会主席为法定代表人。

第十四条　各级工会要加强对企业集团建立工会组织工作的领导，确保集团工会组织建立符合法律和工会章程、组织机构健全、职工群众拥护、作用发挥明显。

第三章　集团工会的组织领导关系

第十五条　集团工会的领导关系，根据产业和地方相结合的组织领导原则确定。

集团工会以同级党组织领导为主，同时接受所在地方工会的领导和上级有关产业工会的指导。

在京的中央企业集团工会，以同级党组织领导为主。同时在中华全国总工会领导下，按照行业分类原则，由相关全国产业工会实施具体指导。

第十六条　集团工会对集团母公司所在地的子（分）公司工会实行直接领导。不在母公司所在地的子（分）公司工会，在同级党组织领导下，以所在地工会领导为主，其工会组织关系、经费关系等明确在所在地工会，在所在地工会的领导下建立健全工会组织并按期换届，参加所在地工会组织开展的工作；同时接受集团工会的领导，参加集团工会统一组织开展的具有集团特点的工作和活动等。铁路、民航、金融等行政管理体制实行垂直管理的产业所属企业集团子（分）公司除外。

第十七条　以地方政府部门改组的资产经营公司为母公司组建的企业集团，可按照本办法建立集团工会委员会。原工会组织承担地方产业工会领导职能的，改建为集团工会后，如所在地方工会认为需要，可继续依托集团工会组建产业工会，也可建立新的产业工会。

第十八条　集团工会是集团职工代表大会的工作机构，负责集团职工代表大会的日常工作。

第四章　集团工会的经费

第十九条　集团工会经费，通过经费留成、上级工会补助、集团行政补助支持等方式解决。

第二十条　集团工会经费收缴，实行属地管理原则。铁路、民航、金融等行政管理体制实行垂直管理的产业所属企业集团子（分）公司除外。

企业集团所在地的子（分）公司工会，其工会经费按规定的比例上缴给集团工会，由集团工会按比例上缴上级工会。集团工会与所在地子（分）公司工会经费分成比例由集团工会确定。

企业集团所在地以外的子（分）公司，工会经费上缴所在地工会。集团工会可与其子（分）公司所在地工会协商，从子（分）公司上缴所在地工会经费中明确一定比例上缴集团工会。

第五章 附 则

第二十一条 本办法由中华全国总工会负责解释。

第二十二条 本办法自印发之日起施行。1997年3月17日全国总工会办公厅印发的《全国总工会关于企业集团建立工会组织的试行办法》（总工办发〔1997〕19号）同时废止。

二、财务体制类

（一）省级系统工会

全国总工会财务部关于省级以下各级工会经费分成比例有关事项的通知

（工财字〔2009〕19号　2009年3月1日）

各省、自治区、直辖市总工会财务部，全国铁路总工会、中国金融工会、中国民航工会财务部（办公室），中共中央直属机关工会联合会、中央国家机关工会联合会办公室：

现就工会经费分成体制有关事项通知如下：

一、省以下各级工会（含基层工会）的经费分成比例，由各省级工会（含铁路、民航、金融产业工会）根据本地区（产业）实际情况自行确定。

二、全总财务部《关于贯彻中华全国总工会〈关于调整工会经费上缴办法的通知〉的通知》（工财字〔2004〕42号）自本通知下发之日起废止。

三、请各省级工会将本通知印发至各基层工会。

全国总工会财务部关于中央国家机关工会联合会按系统管理经费问题的通知

（工财函〔1992〕32 号　1992 年 12 月 5 日）

中央国家机关工会联合会：

一、中央国家机关工会联合会成立后，全国总工会同意中央国家机关工会联合会实行按系统管理经费，财务领导关系隶属全国总工会（财务部）。

二、机关行政按照工会法规定拨交的工会经费，按以下比例分成：

1. 中央国家机关工会联合会分成 90%，上交全国总工会 5%，拨给北京市总工会 5%（含市总返拨区、县工会部分）。

2. 中央国家机关工会联合会分成的 90%经费中，基层工会的留用比例不少于 70%；其余 20%在中央国家机关工会联合会和所属各机关工会之间如何分成，由中央国家机关工会联合会按照所属各机关工会的不同情况确定。

3. 鉴于中央国家机关工会联合建立初期尚需扶持，经全总书记处研究确定，中央国家机关工会联合会按季分别上交全国总工会和拨给北京市总工会的各 5%经费，在 1994 年 12 月底以前，按年全部回拨和返回中央国家机关工会联合会使用；从 1995 年 1 月份起，全总对中央国家机关工会联合会实行全国统一的“按比例回拨补助”办法，北京市总对中央国家机关工会联合会的困难给予支持。

4. 原由北京市总工会领导的中央国家机关工会，划归中央国家机关工会联合会领导后，工会经费的上解比例和上解渠道，按照中央国家机关工会联合会的规定办理。

三、会员交纳的会费全部留基层工会使用。

四、中央国家机关工会联合会应按照全国总工会的规定，按年编制本级工会经费收支预算、决算，报送全国总工会财务部审批，并按季编报资金平衡表。中央国家机关工会联合会下属各机关、各基层工会，也应按年编制工会经费收支预算、决算，具体编报和审批办法由中央国家机关工会联合会规定。每年年度终了，中央国家机关工会联合会应编制本系统的县以上工会和基层工会汇总决算，报送全国总工会财务部。

五、中央国家机关工会联合会应根据全国总工会的有关规定，建立财务部配备相应的财会人员，并按照全国总工会制定的财会制度，结合实际制定具体办法，收好、管好、用好工会经费，做好工会财会工作。对所属各机关和各基层工会的财会工作，应加强检查、指导。

全国总工会财务部关于对中直机关工会联合会经费管理等问题的批复

（工财函〔1993〕10 号　1993 年 3 月 26 日）

中共中央直属机关工会联合会：

中直工会字〔1993〕11 号文收悉。关于中直机关工会联合会（以下简称联合会）的经费管理等问题，现批复如下：

一、联合会成立后，中直各单位所属基层工会实行以中直机关工会联合会领导为主，同时接受所在地方工会领导的体制。联合会实行按系统管理经费，财务领导关系隶属全国总工会（财务部）。

二、根据全国总工会关于工会财务管理体制和经费分成比例的规定，对行政拨交经费的分成比例确定如下：

1. 联合会系统分成比例为 90%。其中基层工会的留用比例由联合会根据各机关基层工会的不同情况，在不少于 60%至 70%的比例内确定。

2. 由联合会上缴全国总工会 5%。

3. 根据第一条组织领导体制的规定，由联合会所属各单位基层工会缴给所在地工会 5%。

4. 鉴于联合会建立初期尚需扶持，全国总工会同意联合会 1993 年 4 月至 1995 年 3 月两年内上缴全总的 5%经费，全部回拨给联合会使用。为简化手续，上缴和回拨不通过银行进行结算，由联合会按季向全总报送《拨交经费收入及应解全总经费报告表》，据以办理转账手续：联合会账上，收：上级补助收入；付：上解经费。从 1995 年 4 月份起，全总对联合会实行全国统一的“按比例回拨补助办法”。

缴给北京市地方工会的 5%经费，从 1995 年 4 月份起执行。

5. 原由北京市地方工会领导的中直系统机关及所属事业单位工会，从 1993 年 4 月 1 日起财务关系划归联合会。

三、会员交纳的会费全部留基层工会使用。

四、联合会应按照全国总工会的规定，按年编制本级工会经费收支预算、决算，报送全国总工会财务部审批，按季报送资金平衡表。联合会下属各机关、各基层工会也应按年编制工会经费收支预算、决算，具体编报和审批办法由联合会规定。每年年度终了，联合会应编制本系统县以上工会和基层工会汇总决算，报送全国总工会财务部。

五、联合会应根据全国总工会的有关规定建立财务机构，配备相应的财会人员，并按照全国总工会制定的财务制度，结合实际情况制定具体办法，收好、管好、用好工会经费，做好工会财会工作。对所属各机关、基层工会的财会工作，应加强检查、指导。

中华全国总工会办公厅关于省级产业工会管理经费问题的答复

（工函字〔1996〕41 号　1996 年 5 月 10 日）

陕西省总工会：

1996 年 4 月 19 日陕工函〔1996〕09 号来文收悉。现答复如下：

根据《工会法》中关于工会经费独立管理的原则，按照全国总工会《关于工会财务管理体制和经费分成的暂行规定》第四条的规定：

一、少数省级产业工会是否在全省范围内按系统管理经费，由省总工会研究决定并批准。上级产业工会和上级行政领导机关无权批准。

二、省级产业工会的具体经费供给方式和分成比例，由省总工会从实际出发，合理安排。

未实行按系统管理经费的省级产业工会，行政费和业务活动费，由省总工会解决，在每年预算内予以妥善安排。可以对其行政费和业务活动费分别规定一定的经费控制指标，实行预算包干或领款报销。其人员编制不属于省总工会的，可负担其业务活动费，不负担其行政费。

经省总工会批准少数实行按系统管理经费的产业工会，其经费分成比例，应适应其行政费和业务活动费的实际需要。其基层工会的职工参加当地市县总工会组织活动的，应向市县地方总工会拨交一定数量的经费，具体办法由省总工会规定。

此复。

全国总工会财务部关于对长江航务委员会和长江航运集团总公司工会经费分成比例问题的批复

（工财字〔2005〕27号　2005年3月21日）

湖北省总工会财务部：

你部报来《关于调整中国海员工会长江航务委员会和长江航运集团总公司工会经费上解比例的请示》报告收悉。经研究，在湖北境内的“两长”工会系统内经费留成75%，上解湖北省总工会经费（含全总）25%；境外所属基层工会和“两长”工会留成75%，上解所在地省（市）总工会10%，由“两长”工会上解湖北省总（含全总）15%。

特此批复。

全国总工会财务部关于同意调整中国海员工会长江航务委员会和长江航运集团总公司工会经费上缴比例的批复

（工财发〔2017〕74 号　2017 年 12 月 27 日）

湖北省总工会财务资产部：

你部报来《关于调整中国海员工会长江航务委员会和长江航运集团总公司工会经费上解比例的请示》收悉。经研究，同意湖北境内的中国海员工会长江航务委员会和长江航运集团总公司工会所属基层工会留成经费60%，长江航务委员会和长江航运集团总公司工会留成 20%，上缴湖北省总工会经费（含全总）20%。湖北省境外长江航务委员会和长江航运集团总公司工会所属基层工会留成经费 60%，上缴所在地省（直辖市）总工会（含全总）10%，长江航务委员会和长江航运集团总公司工会留成 20%，上缴湖北省总工会 10%。

特此批复。

全国总工会财务部关于对新疆生产建设兵团工会财务体制问题的答复

（工财字〔2007〕7号　2007年1月15日）

新疆维吾尔自治区总工会财务部：

你部报来新工财〔2007〕1号《关于兵团工会上缴经费问题的请示》收悉。经研究，现答复如下：

一、关于新疆生产建设兵团工会财务体制问题，仍应按照2002年《全总第十三届书记处第114次会议纪要》（通字〔2002〕188号）的规定办理，即兵团工会与自治区总工会仍应保持现有的财务管理关系不变，兵团工会的财务工作隶属自治区总工会管理。

二、根据2004年《中华全国总工会关于调整工会经费上缴办法的通知》（总工发〔2004〕9号）关于省、市、县、基层工会经费分成体制，由各省级工会自行确定的规定，在兵团工会的财务关系隶属自治区总工会的情况下，新疆生产建设兵团工会上缴自治区总工会经费比例和本级经费留成比例，由自治区总工会确定。新疆生产建设兵团工会应按照全总、区总现行有关财务管理体制和经费分成文件规定执行，及时足额上缴工会经费。

三、新疆生产建设兵团工会实际工作中如遇到经费困难，需要全总帮助解决的，可及时向自治区总工会反映，再由自治区总工会财务部统一上报全总。

此复。

全国总工会财务部关于江苏省张家港海关工会经费上缴问题的批复

（工财字〔2012〕346 号　2012 年 11 月 16 日）

江苏省总工会财务部：

《关于我省张家港海关工会经费上缴问题的请示》收悉，现批复如下：

一、根据中华全国总工会关于工会经费管理体制的有关规定，海关系统工会经费实行属地管理。因此，张家港海关工会应按照江苏省总工会规定的经费上缴比例，向所在地地方工会上缴工会经费。

二、根据中华全国总工会有关工会经费归口管理的有关规定，未经中华全国总工会财务部同意，任何部门和非独立管理经费的产业工会均不得在其所发的文件中自行规定有关财务问题。

全总财务部关于明确中国海员工会工会经费拨缴问题的复函

（工财函〔2017〕5号　2017年3月28日）

广西壮族自治区总工会财务部：

你会《关于要求明确中国海员工会广西海事局委员会工会经费拨缴关系的请示》收悉，现复函如下：

一、根据《工会预算管理办法》的规定，中国海员工会不属于全国总工会批准独立管理经费的产业工会。

二、根据全总有关工会经费归口管理的规定，未经全总财务部同意，任何部门和非独立管理经费的产业工会均不得在其所发的文件中自行规定有关财务问题。

（二）铁路、金融、民航工会

中华全国总工会关于铁路工会经费上交和留用比例的批复

（工发财字〔1983〕3号　1983年1月24日）

全国铁路总工会：

《关于铁路工会经费上交和留用比例的请示报告》和今年一月二十二日报告均收悉。经研究请仍按照一九八二年六月十五日全总党组会议的决定执行。即：

一、铁路局工会上交全总和省、市、自治区总工会经费各5%不变。

二、铁路工程局、设计院工会通过全国铁路总工会上交全总5%，其余不变。

三、铁路工厂、院校工会自留70%。上交所在直辖市或省、自治区所属市（县）总工会10%，省、自治区所属市（县）总工会自留5%，上交省、自治区总工会5%（直辖市总工会的10%如何分成，由市总工会决定）。上交全国铁路总工会20%，由铁路总工会上交全国总工会5%。

希望你们迅速向下部署，从一九八三年三月一日起按此规定执行。

全国总工会财务部《关于重庆铁路分局工会向重庆市总工会缴纳经费的答复》

（工财字〔1997〕107 号　1997 年 11 月 5 日）

重庆市总工会：

你会《关于要求重庆铁路分局工会拨交 5%经费的报告》收悉。现答复如下：

1. 根据全总〔1955〕会通字第 131 号文件《关于产业工会向地方工会缴纳经费问题的通知》“为了保证地方工会今后在举办各种集体事业方面有必需的资金，各地方产业工会应向地方工会交纳一定数目的经费”的规定，铁路局工会应向省级工会缴纳 5%工会经费。

2. 重庆市是经全国人大批准的中央直辖市，重庆市总工会为省级工会。按照上述文件精神，重庆铁路分局应向重庆市总工会缴纳 5%的工会经费。

3. 向重庆市总工会缴纳工会经费的时间自 1997 年 6 月起执行。重庆铁路分局从 6 月份至今欠交重庆市总工会的经费，重庆铁路分局从四季度上解成都铁路局的工会经费中扣除补交重庆市总工会。

上述答复，请予执行。有何问题，请向全总财务部反映。

全国总工会组织部　财务部《对〈关于铁路高校工会隶属关系变化的请示〉的批复》

（工组字〔2000〕106号　2000年5月22日）

全国铁路总工会组织部、财务部：

你们《关于铁路高校工会隶属关系变化的请示》收悉。经研究，同意你们《请示》中提出的意见。原由铁道部管理的10所高等学校划归地方政府有关部门管理后，其工会组织的隶属关系也应随着学校的党政关系一并移交学校所在地工会管理。

工会经费管理体制由所在地的省级工会确定，同时报全总备案。

请你们按《请示》中提出的意见，向有关的学校下发通知，以便做好工会关系移交的有关工作。

附件：《关于铁路高校工会隶属关系变化的请示》（略）

全国总工会财务部关于对武汉铁路局所属河南境内单位工会经费属地上解问题的批复

（工财字〔2006〕1 号　2006 年 1 月 6 日）

河南省总工会财务部：

你会报来豫工文〔2005〕109 号《关于武汉铁路局所属河南境内单位工会经费属地上解问题的请示》收悉。2005 年 3 月，全国铁路管理体制进行了改革，原归郑州铁路局武汉分局管辖的河南省境内平顶山、漯河、驻马店、信阳地区职工划归武汉铁路局管理。根据工发财字〔1983〕3 号《中华全国总工会关于铁路工会经费上交和留用比例的批复》和总工办发〔1997〕60 号文件中关于工会经费属地管理的规定，你省境内平顶山、漯河、驻马店、信阳四个地区铁路职工的工会经费的 5%部分，应直接上解河南省总工会。

此复。

全国总工会财务部关于四川资阳南车传动有限公司工会经费上解比例问题的批复

（工财字〔2012〕14号　2012年2月1日）

四川省总工会财务部：

《关于四川资阳南车传动有限公司工会经费上解比例的请示》（川工财字〔2012〕1号）收悉。现对有关问题批复如下：

根据工会财务管理体制的有关规定，铁路系统在工会经费上实行独立管理。据此，四川资阳南车传动有限公司工会经费上解比例应按照《中华全国总工会关于铁路工会经费上交和留用比例的批复》（工发财字〔1983〕3号）执行。

此复。

中央金融工委　中华全国总工会《关于调整中国金融工会领导体制加强金融系统工会工作有关问题的通知》

（金融工发〔1999〕26 号　1999 年 10 月 22 日）

中国人民银行、中国证券监督管理委员会、中国保险监督管理委员会、各国有商业银行和政策性银行、交通银行、各国有保险公司和金融资产管理公司、招商银行、中国民生银行党委，各省、自治区、直辖市总工会：

根据中共中央关于完善金融系统党的领导体制的决定，为使金融系统工会工作适应金融系统党组织实行垂直领导的要求，中央金融工委、全国总工会决定，调整中国金融工会领导体制，进一步加强金融系统工会工作。现就有关问题通知如下：

一、中国金融工会是全国性产业工会，是金融系统各级工会组织的领导机关，受中央金融工委和全国总工会的双重领导，以中央金融工委领导为主。其主要职责是：领导金融系统工会工作；保证党的路线、方针、政策和中央金融工委、全国总工会的有关指示、决定在金融系统工会组织的贯彻落实；协助各金融机构党委做好工会干部的管理工作；协调各金融机构工会之间和各金融机构工会与地方总工会的关系；完成中央金融工委和全国总工会交办的其他工作。

中国金融工会主席、副主席、常委，由中央金融工委和全国总工会协商提出人选，经中国金融工会全国委员会选举产生。中国金融工会主席、副主席和中国金融工会经费审查委员会主任，由中央金融工委和全国总工会管理，以中央金融工委管理为主。

二、中国金融工会全国委员会按照联合制、代表制原则，由中国人民银行、中国证券监督管理委员会、中国保险监督管理委员会、各国有商业银行和政策性银行、交通银行、各国有保险公司和金融资产管理公司、招商银行、中国民生银行等金融机构工会的主要负责人和有关方面代表组成。中国金融工会不再设省和省以下金融工会。

上述各金融机构工会，受同级党委和中国金融工会双重领导，以同级党委领导为主。上述各金融机构分支机构的工会组织，受同级党组织和该金融机构的上一级工会组织的双重领导，以同级党组织领导为主。

上述各金融机构分支机构的工会组织，在接受该金融机构的上一级工会领导的同时，接受所在地方总工会的领导，以该金融机构的上一级工会领导为主。

地方性金融机构的工会组织受所在地方总工会领导，同时接受中国金融工会的指导。

三、中国金融工会领导体制调整后，经费收缴、管理体制和分成比例，由全总财务部与中国金融工会研究提出具体办法，报全国总工会批准后施行。

四、各金融机构党组织要高度重视工会工作，切实加强对工会工作的领导，配好配强工会领导班子，设立精干高效的工会工作机构，从组织上保证工会按照法律和章程独立自主地开展工作。各金融机构工会组织要不断加强自身建设，紧密围绕金融工作大局和本系统业务开展工作，团结、教育、带领广大会员和职工，为我国金融改革和发展作出积极贡献。

五、中国金融工会领导体制调整后，原省和省以下金融工会工作人员，由中国人民银行妥善安排，并做好相应工作。

附件：

中央金融工委《关于调整中国金融工会领导体制　加强金融系统工会工作有关问题的协商纪要》(摘要)

(金融工字〔1999〕40号　1999年10月22日)

根据中共中央关于完善金融系统党的领导体制的决定，中央金融工委和全国总工会就调整中国金融工会领导体制，加强金融系统工会工作的有关问题进行了协商，达成一致意见。现纪要如下：

1. 根据中共中央关于完善金融系统党的领导体制的决定，为使金融工会工作适应金融系统党组织实行垂直领导的要求，更好地发挥工会组织的作用，双方一致认为，有必要对中国金融工会的领导体制进行调整，中国金融工会不再设省和省以下金融工会。双方同意，中央金融工委和全国总工会联署下发《关于调整中国金融工会领导体制，加强金融系统工会工作有关问题的通知》（金融工发〔1999〕26 号），并组织实施。

2. 双方一致认为，在中国金融工会领导体制调整中，要确保工会工作人员的切身利益不受损害。中国金融工会改由中央金融工委领导后，中国金融工会工作人员的工资、医疗、住房和其他福利待遇等，与中央金融工委的工作人员同等对待。原省和省以下金融工会工作人员，由中国人民银行妥善安排，并做好相应工作。中央金融工委负责抓好落实工作。

3. 双方十分重视目前一些单位在金融机构改革中，工会机构与党委群工部门合署办公在客观上带来的问题。中央金融工委将采取切实措施，妥善解决这一问题。同时，为从根本上解决中国金融工会（含所属各级工会）的编制问题，中央金融工委已与中编办商定，由中央金融工委向中编委写出专题报告，请中编委在研究社团机构改革时，通盘考虑，一并解决。具体工作由中央金融工委负责。

4. 关于工会经费管理问题，双方商定，中国金融工会领导体制调整后，各级金融工会经费的总留成比例为 80%，交纳全总和各级地方工会的经费比例为 20%（全总为 5%、地方工会为 15%）。工会经费的收缴、上解和管理办法，由中国金融工会和全总财务部研究提出具体意见，报全总批准后施行。

中华全国总工会《关于对〈中国金融工会经费管理办法〉的批复》

（工函字〔2000〕57号 2000年6月22日）

中国金融工会全国委员会：

《关于报批〈中国金融工会经费管理办法〉的请示》（金工字〔2000〕1号）收悉。现批复如下：

一、根据中共中央金融工作委员会、中华全国总工会《关于调整中国金融工会领导体制，加强金融系统工会工作有关问题的通知》（金融工发〔1999〕26号）和《关于调整中国金融工会领导体制，加强金融系统工会工作有关问题的协商纪要》（金融工字〔1999〕40号）的精神，金融工委所属的金融系统各级工会组织实行以中国金融工会领导为主，同时接受地方工会领导的体制，中华全国总工会同意中国金融工会全国委员会仍按系统管理经费，同时接受同级地方总工会检查、指导的财务管理体制。经费分成比例如下：

1. 中国金融工会全国委员会系统内留成80%。其中，基层工会留用比例为60%。在上解的经费中，地市级行（会、公司）工会留成5%，省行（会、公司）留成10%，各总行（会、公司）留成2%，中国金融工会留成3%。

2. 全总及各级地方总工会留成20%。在上解经费中，由中国金融工会全国委员会上交全总5%；由各省、自治区、直辖市行（会、公司）工会上交所在的省、自治区、直辖市总工会5%；中国金融工会全国委员会管辖的基层工会上交所在地方总工会10%；具体手续由省、自治区、直辖市行（会、公司）工会与所在省级地方工会商定。

3. 中国金融工会全国委员会上交中华全国总工会的经费，中华全国总工会按照规定给予回拨补助。对各省、自治区、直辖市行（会、公司）工会的补助办法，由各省级工会根据具体情况确定。

二、中国金融工会全国委员会要执行全总颁发的《工会财务会计制度》，按规定编制本级工会经费收支预算、决算，报送中华全国总工会审批。

三、各省、市、基层金融行（会、公司）工会每年要向地方工会报送年度经费的收支决算备案。

四、中国金融工会全国委员会要按照中华全国总工会工会财务制度的有关规定，建立财务部，配备相应的财会人员，结合实际制定具体财务管理办法，收好、管好、用好工会经费，做好工会财会工作。对所辖的各级工会的财会工作，要加强领导、检查和监督。

五、不属金融工委管辖的金融工会，仍然按照属地原则，纳入地方工会的财务管理体制。

六、本办法自 2000 年 1 月 1 日起执行，工财函〔1993〕12 号文件同时废止。

七、本批复解释权属中华全国总工会财务部。

附件：

中共中央金融工作委员会所属单位名单

中国人民银行
中国证券监督管理委员会
中国保险监督管理委员会
中国工商银行
中国农业银行
中国银行
中国建设银行
国家开发银行
中国进出口银行
中国农业发展银行
交通银行
中国人民保险公司
中国人寿保险公司
中国再保险公司
中国信达资产管理公司
中国华融资产管理公司
中国长城资产管理公司
中国东方资产管理公司
中国民生银行
招商银行

全总财务部关于中国金融工会新增会员单位的批复

（工财发〔2021〕44 号　2021 年 11 月 17 日）

中国金融工会财务部：

你会报来《关于明确中国金融工会所属会员单位的请示》（金工财〔2021〕32 号）收悉。经研究，批复如下：

同意中保投资有限责任公司工会、中国保险保障基金有限责任公司工会、中国银行保险信息技术管理有限公司工会、上海保险交易所股份有限公司工会、中国农业再保险股份有限公司工会财务纳入中国金融工会管理。其财务管理体制、经费收缴渠道、分成比例和管理办法按照中华全国总工会《关于对〈中国金融工会经费管理办法〉的批复》（工函字〔2000〕57 号）执行。新增后中国金融工会会员单位名单附后。

特此批复。

附件：

中国金融工会全国委员会所属会员单位

中国人民银行工会工作委员会
中国银行保险监督管理委员会工会工作委员会
中国证券监督管理委员会工会委员会
国家开发银行工会委员会
中国进出口银行工会工作委员会
中国农业发展银行工会工作委员会
中国工商银行工会工作委员会
中国农业银行工会委员会
中国银行工会委员会

中国建设银行工会委员会
交通银行工会委员会
中国中信集团有限公司工会委员会
中国光大集团股份公司工会委员会
招商银行工会委员会
中国民生银行工会委员会
中国人民保险集团股份有限公司工会工作委员会
中国人寿保险（集团）公司工会委员会
中国再保险（集团）股份有限公司工会工作委员会
中国出口信用保险公司工会委员会
中国华融资产管理股份有限公司工会委员会
中国长城资产管理股份有限公司工会工作委员会
中国东方资产管理股份有限公司工会委员会
中国信达资产管理股份有限公司工会委员会
中国银河金融控股有限责任公司工会工作委员会
中央国债登记结算有限责任公司工会委员会
方正证券承销保荐有限责任公司工会委员会
中诚信托有限责任公司工会委员会
民生人寿保险股份有限公司工会工作委员会
阳光保险集团股份有限公司工会委员会
中国太平保险集团有限责任公司工会委员会
中国信托业保障基金有限责任公司工会委员会
中国信托登记有限责任公司工会委员会
中国保险保障基金有限责任公司工会委员会
中国银行保险信息技术管理有限公司工会委员会
中保投资有限责任公司工会委员会
上海保险交易所股份有限公司工会委员会
中国农业再保险股份有限公司工会委员会

全国总工会财务部关于对中国人民银行上海分行等中央在沪金融机构工会经费拨缴比例问题的批复

（工财字〔2004〕40号　2004年5月18日）

上海市总工会财务部：

你部报来沪工办〔2004〕1号《上海市总工会关于中国人民银行上海分行等中央在沪金融机构工会经费拨缴比例问题的请示》收悉。根据全总《关于对〈中国金融工会经费管理办法〉的批复》（工函字〔2000〕57号）和中央金融工委、全国总工会《关于调整中国金融工会领导体制加强金融系统工会工作有关问题的通知》（金融工发〔1999〕26号）的文件规定，中国金融工会全国委员会系统内工会经费的总留成比例为80%，全总及各级地方工会的经费比例为20%。经研究，同意上海市总工会提出的中国人民银行上海分行等中央在沪金融机构工会向上海市总工会按15%的比例缴纳经费，其中10%的经费再由上海市总工会补助给所属各区县总工会。

此复。

全总财务部关于兴业银行股份有限公司南宁分行工会经费拨缴问题的复函

（工财函〔2017〕4 号　2017 年 3 月 28 日）

广西壮族自治区总工会财务部：

你会《关于兴业银行股份有限公司南宁分行工会经费拨缴问题的请示》收悉，现复函如下：

一、根据《全国总工会财务部关于中国金融工会部分会员单位更名和变动后有关工会经费管理问题的批复》（工财字〔2010〕71 号）的规定，兴业银行股份有限公司不是中国金融工会实行工会经费垂直管理的单位。

二、根据《关于企业集团公司工会经费管理的规定》（总工办发〔1997〕60 号）文件的规定，兴业银行所属在各地的分支机构，其工会经费的管理应按照属地管理原则，执行所在地省级工会规定的上缴比例，向所在地地方工会上缴工会经费。

三、根据全总有关工会经费归口管理的规定，未经全总财务部同意，任何部门和非独立管理经费的产业工会均不得在其所发的文件中自行规定有关财务问题。

中华全国总工会《关于对民航六大集团公司与民航总局脱钩后工会隶属关系问题的批复》

（总工字〔2002〕36号　2002年12月2日）

中国民航工会全国委员会：

你会《关于明确民航六大集团公司与民航总局脱钩后工会的隶属关系的请示》（总局工发〔2002〕33号）收悉。经研究，现批复如下：

一、为适应民航行业特点和体制改革后工会工作的需要，新组建的民航六大集团公司工会接受中国民航工会和集团公司所在地省（市、区）总工会的双重领导，以中国民航工会领导为主。

二、六大集团公司工会委员会可以按联合制、代表制原则组建。根据中央有关文件规定，其工会的主要负责人应由同级党政副职级干部担任，也可由集团公司领导班子成员或党组成员兼任。

三、六大集团公司工会经费的上缴比例为：上缴中国民航工会15%（其中5%由中国民航工会上缴全总），上缴所在地省（市、区）总工会5%。

此复。

全国总工会财务部关于调整民航系统工会领导关系后有关工会经费问题意见的通知

（工财字〔2004〕46 号　2004 年 6 月 11 日）

各省、自治区、直辖市总工会，中国民航工会：

为适应中国民航管理体制改革的要求，中华全国总工会办公厅印发了《〈关于调整民航系统工会领导关系有关问题的意见〉的通知》总工办发〔2004〕12 号文件，进一步明确民航系统工会组织领导关系。根据这一文件精神，工会财务管理体制同时进行相应调整，现就有关问题通知如下：

一、民航总局所属的单位（含民航总局管理的北京首都机场集团公司所属机场、西藏自治区内机场）的工会财务管理体制不变。

二、中国航空集团公司、中国东方航空集团公司、中国南方航空集团公司、中国航空油料集团公司、中国民航信息集团公司、中国航空器材进出口集团公司，目前仍然按照原有的工会财务管理体制不变。

三、划归地方管理的机场，实行所在地方总工会和中国民航工会（或民航地区管理局工会）双重领导，以所在省、自治区、直辖市总工会领导为主的工会财务管理领导体制。机场工会按工资总额 2%计提的工会经费，其中 5%部分上交民航系统地区管理局工会，用于地区管理局工会对机场工会工作的指导和开展活动；其余 95%的工会经费由所在省、自治区、直辖市总工会根据全总的有关制度，具体制定经费分成比例。

四、原属地方管理的机场和航空公司其财务管理体制不变。

五、本办法自 2004 年 1 月 1 日起执行，工发（1981）19 号文件同时废止。

六、本通知的解释权属中华全国总工会财务部。

三、预决算管理类

（一）预算管理

全国总工会财务部关于对《进一步明确市总工会及全额预算单位医疗保险金政策问题的报告》的答复

（工财字〔2008〕8号　2008年1月25日）

天津市总工会财务部：

你会报来津工财〔2008〕1号关于《进一步明确市总工会及全额预算单位医疗保险金政策问题的报告》收悉，现答复如下：

根据《工会法》第五章第四十二条规定，工会经费主要用于为职工服务和开展工会工作。据此，你市总工会以及所属全额预算单位医疗保险金应纳入地方财政补助范围。请你们积极与地方财政部门联系予以解决。

中华全国总工会办公厅关于对下补助实行项目补助管理的通知

（总工办发〔2015〕10号　2015年3月31日）

各省、自治区、直辖市总工会，中华全国铁路总工会、中国民航工会全国委员会、中国金融工会全国委员会，中共中央直属机关工会联合会、中央国家机关工会联合会：

为理顺工会经费分配管理体制，规范全总对下级工会经费补助工作，进一步提高全总对经费的管控能力，使全总对下补助资金的分配、使用和监管达到优化结构、保障重点，服务基层、帮扶困难，细化管理、专款专用，追踪问效、违规追责的目的，现就全总对下补助实行项目补助管理有关事项通知如下。

一、从2015年起，全总对下级工会的回拨补助、超收补助和专项补助合并为项目补助，项目补助构成：

（一）全总安排的重点工作补助，主要用于区域性、行业性工会职业化干部补助，全国职工教育培训优秀示范点、全国工会干部教育培训特色基地建设，职工（劳模）创新专项补助，全国先进就业培训机构扶持资金等（不超过全总补助总额的10%）。

（二）乡镇（街道）和基层工会经费补助，主要用于乡镇（街道）、开发区（工业园区）和基层工会开展职工活动经费不足的补助。总额不低于全总补助总额的10%。

（三）省级工会重点工作经费补助，主要用于省级总工会年度安排的重点工作项目。

（四）地（市）级、县（区）级工会工作经费补助，主要用于地级市、县级（市）工会重点工作扶持和老少边穷、困难地区县级工会工作经费补助。

（五）其他项目补助，主要用于职工教育、文体活动、疗休养、工会办公场所和职工帮扶服务中心等维修改造、设施设备更新，政府资金投入不足部分的补助。

以上（一）至（四）项补助，暂按全总原对下回拨补助和超收补助之和的水平控制。

二、本通知第一条（一）（二）项补助由全总直接安排，其余项目由省级工会每年向全总申报。

（一）由省级工会向全总申报的项目补助：

1. 省级工会重点工作经费补助，由省级工会提出项目申请。

2. 地（市）级、县（区）级工会工作经费补助，由省级工会审核后提出项目申请。

3. 其他项目补助，由省级工会按有关项目审核，逐项申请。

（二）经批准独立管理经费的全国铁路、民航、金融工会，中共中央直属机关工会联合会、中央国家机关工会联合会向全总申报的项目补助：

1. 所属工会重大活动经费补助。

2. 本级工会重点工作经费补助。

3. 其他项目补助。

（三）省级工会在申报时，应当填报相关补助申请表和《项目补助申请汇总表》（详见附表），并附申请报告。不填报的，视为放弃补助申请；没有全面申报项目补助的，全总只对申报的项目进行补助。

三、对于未完成全总下达的当年经费上缴任务的省级工会，全总将相应抵减对其项目补助总金额。

四、省级工会应当于每年 6 月 30 日前将项目补助相关申报材料报送全总财务部。全总对下级工会的项目补助，每年分上、下半年两次拨付。上半年补助于上半年经费任务完成考核后拨付。下半年补助于全年经费任务完成考核后拨付，下半年拨付的补助可以跨年度使用。

五、全总拨付项目补助，在“补助下级支出—回拨补助”科目核算，省级工会收到项目补助，在“上级补助收入—回拨补助”科目核算。省级及省级以下各级工会转拨、收到项目补助资金，均在“补助下级支出—回拨补助”和“上级补助收入—回拨补助”科目核算。

六、各级工会对全总下拨的项目补助资金，要切实加强预算管理，细化预算编制，从严控制开支。实行专项管理、专款专用，追踪问效、违规追责。

全总财务部负责组织相关部门对申报项目补助管理、资金分配和拨付进行论证报批及对资金使用情况进行监督检查。省级工会财务部门负责资金落实到位，督促资金使用单位及时报告使用情况，开展资金绩效评价工作。资金使用单位要加强资金管理，提高资金使用效益。

对全总下拨的项目补助资金，任何单位不得截留挪用、改变用途。对截留挪用、改变资金用途的，全总要追回下拨的项目补助资金或扣减有关省级工会下一年度的补助，并追究有关当事人和工会负责人的责任。

附件： 1. 项目补助申请汇总表（地方省级工会填报）

1-1. 地方省级工会重点工作经费补助申请表

1-2. 地方市、县级工会工作经费补助申请表

1-3. 地方其他项目补助申请表

2. 项目补助申请汇总表（全国铁路、民航、金融工会，中直、国直工会填报）

2-1. 全国产业工会所属工会重大活动经费补助申请表

2-2. 全国产业工会本级工会重点工作经费补助申请表

2-3. 全国产业工会其他项目申请表

附件 1：

项目补助申请汇总表

（地方省级工会填报）

填报单位：________（公章）　　　　填报日期：____年____月

金额单位：万元

		类　别	资金需求总量	申请总额	全总以前年度解决数	当年申请预算	项目包含工会个数	全总批复金额
项目类别	一	全总安排的重点工作补助	*	*	*	*	*	*
	二	乡镇街道和基层工会经费补助	*	*	*	*	*	*
	三	省级工会重点工作经费补助						
	四	市、县级工会工作经费补助						
	五	其他项目补助						
		合　计						

单位负责人：　　　　财务负责人：　　　　复核：　　　　填表：

填表说明：

一、本表反映省级工会上报的所有项目补助汇总情况。第三类项目由附表 1-1 汇总填列，第四类项目由附表 1-2 汇总填列，第五类项目由附表 1-3 汇总填列。

二、本表由省级工会财务部门负责填报。

三、本表由省级工会相关人员填写并加盖公章后上报。

四、上报 2015 年本表时，“全总以前年度解决数”不填。

1-1：

地方省级工会重点工作经费补助申请表

填报单位：________（公章）　　　　　　　　填报日期：____年____月

金额单位：万元

类别具体情况	序号	省级工会重点工作项目	资金需求总量	申请总额	全总以前年度解决数	当年申请预算	全总批复金额
	1						
	2						
	3						
	4						
	5						
	6						
	7						
	8						
	9						
	10						
		合　计					

单位负责人：　　　　财务负责人：　　　　复核：　　　　填表：

填表说明：

一、本表反映省级工会重点工作项目具体情况，每个具体项目需逐行填列。

二、本表合计数应与“项目补助申请汇总表”数据一致。

三、本表由省级工会财务部门负责填报。

四、本表由省级工会相关人员填写并加盖公章后上报。

五、上报2015年本表时，“全总以前年度解决数”不填。

1-2：

地方市、县级工会工作经费补助申请表

填报单位：________（公章）　　　　　　　　　　　　填报日期：____年____月

金额单位：万元

	序号	市、县级工会工作项目	资金需求总量	申请总额	全总以前年度解决数	当年申请预算	全总批复金额
类别具体情况	1						
	2						
	3						
	4						
	5						
	6						
	7						
	8						
	9						
	10						
		合　计					

单位负责人：　　　　　财务负责人：　　　　　复核：　　　　　填表：

填表说明：

一、本表反映市、县级工会工作项目具体情况，每个具体项目需逐行填列。

二、本表合计数应与“项目补助申请汇总表”数据一致。

三、本表由省级工会财务部门负责填报。

四、本表由省级工会相关人员填写并加盖公章后上报。

五、上报2015年本表时，“全总以前年度解决数”不填。

1-3：

地方其他项目补助申请表

填报单位：________（公章） 填报日期：____年____月

金额单位：万元

<table>
<tr><td rowspan="12">类别具体情况</td><td>序号</td><td>其他项目明细</td><td>资金需求总量</td><td>申请总额</td><td>全总以前年度解决数</td><td>当年申请预算</td><td>全总批复金额</td></tr>
<tr><td>1</td><td></td><td></td><td></td><td></td><td></td><td></td></tr>
<tr><td>2</td><td></td><td></td><td></td><td></td><td></td><td></td></tr>
<tr><td>3</td><td></td><td></td><td></td><td></td><td></td><td></td></tr>
<tr><td>4</td><td></td><td></td><td></td><td></td><td></td><td></td></tr>
<tr><td>5</td><td></td><td></td><td></td><td></td><td></td><td></td></tr>
<tr><td>6</td><td></td><td></td><td></td><td></td><td></td><td></td></tr>
<tr><td>7</td><td></td><td></td><td></td><td></td><td></td><td></td></tr>
<tr><td>8</td><td></td><td></td><td></td><td></td><td></td><td></td></tr>
<tr><td>9</td><td></td><td></td><td></td><td></td><td></td><td></td></tr>
<tr><td>10</td><td></td><td></td><td></td><td></td><td></td><td></td></tr>
<tr><td></td><td>合 计</td><td></td><td></td><td></td><td></td><td></td></tr>
</table>

单位负责人： 财务负责人： 复核： 填表：

填表说明：

一、本表反映其他项目补助明细具体情况，每个具体项目需逐行填列。

二、本表合计数应与“项目补助申请汇总表”数据一致。

三、本表由省级工会财务部门负责填报。

四、本表由省级工会相关人员填写并加盖公章后上报。

五、上报2015年本表时，“全总以前年度解决数”不填。

附件 2：

项目补助申请汇总表

（全国铁路、民航、金融工会，中直、国直工会填报）

填报单位：________（公章）　　　　　　　　填报日期：____年____月

金额单位：万元

		类　别	资金需求总量	申请总额	全总以前年度解决数	当年申请预算	项目包含工会个数	全总批复金额
项目类别	一	所属工会重大活动经费补助						
	二	本级工会重点工作经费补助						
	三	其他项目补助						
		合　计						

单位负责人：　　　　财务负责人：　　　　复核：　　　　填表：

填表说明：

一、本表反映全国铁路、民航、金融工会，以及中直、国直工会上报的所有项目补助汇总情况。第一类项目由附表 2-1 汇总填列，第二类项目由附表 2-2 汇总填列，第三类项目由附表 2-3 汇总填列。

二、本表由全国铁路、民航、金融工会，以及中直、国直工会财务部门负责填报。

三、本表由全国铁路、民航、金融工会，以及中直、国直工会相关人员填写并加盖公章后上报。

四、上报 2015 年本表时，“全总以前年度解决数”不填。

2-1：

全国产业工会所属工会重大活动经费补助申请表

填报单位：________（公章）　　　　　　填报日期：____年____月

金额单位：万元

	序号	所属工会重大活动项目	资金需求总量	申请总额	全总以前年度解决数	当年申请预算	全总批复金额
类别具体情况	1						
	2						
	3						
	4						
	5						
	6						
	7						
	8						
	9						
	10						
		合　计					

单位负责人：　　　　财务负责人：　　　　复核：　　　　填表：

填表说明：

一、本表反映全国铁路、民航、金融工会，以及中直、国直工会所属工会重大活动项目明细具体情况，每个具体项目需逐行填列。

二、本表合计数应与“项目补助申请汇总表”数据一致。

三、本表由全国铁路、民航、金融工会，以及中直、国直工会财务部门负责填报。

四、本表由全国铁路、民航、金融工会，以及中直、国直工会相关人员填写并加盖公章后上报。

五、上报 2015 年本表时，“全总以前年度解决数”不填。

2-2：

全国产业工会本级工会重点工作经费补助申请表

填报单位：________（公章）　　　　　　　　填报日期：____年____月

金额单位：万元

	序号	本级工会重点工作项　目	资金需求总量	申请总额	全总以前年度解决数	当年申请预算	全总批复金额
类别具体情况	1						
	2						
	3						
	4						
	5						
	6						
	7						
	8						
	9						
	10						
		合　计					

单位负责人：　　　　财务负责人：　　　　复核：　　　　填表：

填表说明：

一、本表反映全国铁路、民航、金融工会，以及中直、国直工会本级工会重点工作明细具体情况，每个具体项目需逐行填列。

二、本表合计数应与“项目补助申请汇总表”数据一致。

三、本表由全国铁路、民航、金融工会，以及中直、国直工会财务部门负责填报。

四、本表由全国铁路、民航、金融工会，以及中直、国直工会相关人员填写并加盖公章后上报。

五、上报2015年本表时，“全总以前年度解决数”不填。

2-3：

全国产业工会其他项目申请表

填报单位：________（公章）　　　　　　　　填报日期：____年____月

金额单位：万元

类别具体情况	序号	其他项目明细	资金需求总量	申请总额	全总以前年度解决数	当年申请预算	全总批复金额
	1						
	2						
	3						
	4						
	5						
	6						
	7						
	8						
	9						
	10						
		合　计					

单位负责人：　　　　财务负责人：　　　　复核：　　　　填表：

填表说明：

一、本表反映全国铁路、民航、金融工会，以及中直、国直工会其他项目明细具体情况，每个具体项目需逐行填列。

二、本表合计数应与“项目补助申请汇总表”数据一致。

三、本表由全国铁路、民航、金融工会，以及中直、国直工会财务部门负责填报。

四、本表由全国铁路、民航、金融工会，以及中直、国直工会相关人员填写并加盖公章后上报。

五、上报2015年本表时，“全总以前年度解决数”不填。

中华全国总工会办公厅关于印发《工会预算支出绩效评价管理暂行办法》的通知

（总工办发〔2016〕2号　2016年1月20日）

各省、自治区、直辖市总工会，中华全国铁路总工会、中国民航工会、中国金融工会，中共中央直属机关工会联合会、中央国家机关工会联合会：

为加强工会预算支出管理，强化支出责任，建立科学、合理的预算支出绩效评价管理体系，提高资金使用效益，根据《工会预算管理办法》，全国总工会制定了《工会预算支出绩效评价管理暂行办法》。现印发给你们，请结合实际，制定实施细则，认真组织贯彻实施。目前，尚未开展工会预算支出绩效评价管理工作的省级工会，可先进行试点后，再在县和县以上工会全面推行。

工会预算支出绩效评价管理暂行办法

第一章　总　　则

第一条　为加强工会预算支出管理，强化支出责任，建立科学、合理的预算支出绩效评价管理体系，提高资金使用效益，根据《工会预算管理办法》，制定本暂行办法。

第二条　工会预算支出绩效评价（以下简称绩效评价）是各级工会根据设定的绩效目标，运用科学、合理的绩效评价指标、评价标准和评价方法，对预算支出的经济性、效率性和效益性进行客观、公正的评价。

第三条　本暂行办法适用于县和县以上工会（下同），实行本级预算管理的工会，实行单位预算管理的工会机关、工会企事业单位是绩效评价的主体。

第四条 工会经费安排支出的绩效评价及相关管理活动适用本暂行办法。

第五条 绩效评价应当遵循以下基本原则：

（一）科学规范原则。绩效评价应当严格执行规定的程序，按照科学可行的要求，采用定量与定性分析相结合的方法。

（二）公正公开原则。绩效评价应当符合真实、客观、公正的要求，依法公开并接受监督。

（三）分级分类原则。绩效评价由各级工会根据评价对象的特点分类组织实施。

（四）绩效相关原则。绩效评价应当针对具体支出及其产出绩效进行，评价结果应当清晰反映支出和产出绩效之间的紧密对应关系。

第六条 绩效评价的主要依据：

（一）国家相关法律、法规和规章制度；

（二）工会工作的目标任务；

（三）预算管理制度、资金及财务管理办法、财务会计资料；

（四）预算资金的使用部门（单位）职能职责及年度工作计划；

（五）申请预算时提出的绩效目标及预算批复，年度预算执行情况，年度决算报告等；

（六）审计报告，财务监督检查报告；

（七）其他相关资料。

第二章 绩效评价的对象和内容

第七条 绩效评价的对象是纳入工会预算管理的资金。

第八条 绩效评价的重点以项目支出为主，评价一定金额以上、与工会重点工作密切相关的、具有社会经济影响的项目，是在业务支出、资本性支出、补助下级支出和事业支出等科目中预算安排的项目支出。

第九条 绩效评价的基本内容：

（一）绩效目标的设定情况；

（二）资金投入和使用情况；

（三）为实现绩效目标制定的制度、采取的措施；

（四）绩效目标的实现程度及效果等。

第十条 绩效评价一般以预算年度为周期，对跨年度的重大或重点项目可根据项目或支出完成情况实施阶段性评价。

第三章 绩效目标

第十一条 绩效目标是绩效评价的对象在一定期限内达到的产出和效果，是实施绩效评价的主要依据。

第十二条 绩效目标应当包括以下主要内容：

（一）预期产出，如预算安排的项目（工会提供的公共产品和服务）数量；

（二）预期效果，如为社会发展、工会重点工作、职工群众服务提供资源的经济和社会效益；

（三）达到预期产出所需要的成本资源；

（四）衡量预期产出、预期效果和服务对象满意程度的绩效指标等；

（五）其他。

第十三条 绩效目标应当符合以下要求：

（一）指向明确。绩效目标要符合工会工作的目标任务，预算资金使用部门（单位）的职能职责及年度工作计划，并与相应的工会预算支出范围、方向、效果紧密相关。

（二）具体细化。绩效目标应当从数量、质量、成本和时效等方面进行细化，尽量进行定量表述，不能以量化形式表述的，可以采用定性的分级分档形式表述。

（三）合理可行。制定绩效目标时要经过调查研究和科学论证，目标要符合客观实际。

第四章 绩效评价指标及方法

第十四条 绩效评价指标是指衡量绩效目标实现程度的考核工具。绩效评价指标由全国总工会提供参考模板。

第十五条 绩效评价指标的确定应当遵循以下原则：

（一）相关性原则。应当与绩效目标有直接的联系，能够恰当反映目标的实现程度。

（二）重要性原则。应当优先使用最具评价对象代表性、最能反映评价要求的核心指标。

（三）可比性原则。对同类评价对象要设定共性的绩效评价指标，以便于评价结果可以相互比较。

（四）系统性原则。应当将定量指标与定性指标相结合，系统反映工会预算支出所产生的社会效益、经济效益、环境效益和可持续影响等。

（五）经济性原则。应当通俗易懂、简便易行，数据的获得应当考虑现实条件和可操作性，符合成本效益原则。

第十六条 绩效评价指标分为共性指标和个性指标。

（一）共性指标是适用于所有评价对象的指标。包括预算编制和执行情况、财务管理状况、资产配置、使用、处置及其收益管理情况以及社会效益、经济效益等。

（二）个性指标是针对预算部门或项目特点设定的，适用于不同用款单位或部门和项目的业绩评价指标。

共性指标由财务部门统一制定、适用于所有评价对象。个性指标由财务部门会同用款单位或部门制定。

第十七条 绩效评价方法主要采用成本效益分析法、比较法、因素分析法、最低成本法、公众评判法等。

（一）成本效益分析法。是指将一定时期内的支出与效益进行对比分析，以评价绩效目标实现程度。

（二）比较法。是指通过对绩效目标与实施效果、历史与当期情况、不同部门和地区同类支出的比较，综合分析绩效目标实现程度。

（三）因素分析法。是指通过综合分析影响绩效目标实现、实施效果的内外因素，评价绩效目标实现程度。

（四）最低成本法。是指对效益确定却不易计量的多个同类对象的实施成本进行比较，评价绩效目标实现程度。

（五）公众评判法。是指通过专家评估、公众问卷及抽样调查等对支出效果进行评判，评价绩效目标实现程度。

（六）其他评价方法。

第十八条 绩效评价方法的选用应当坚持简便有效的原则。

根据评价对象的具体情况，可采用一种或多种方法进行绩效评价。

第五章　绩效评价的组织管理

第十九条 各级工会按照“统一领导，分级管理”的工会财务管理体制，开展绩效评价工作。

第二十条 全国总工会负责制定工会预算支出绩效评价制度，指导省级工会开展绩效评价工作，组织实施本级绩效评价工作。

第二十一条 省级工会负责组织实施本地区、本系统和本产业的绩效评价工作。

第二十二条 绩效评价工作可委托专家、中介机构等第三方实施。具体工作由工会财务部门或相关职能部门统一安排，确定绩效评价的项目、绩效目标的提出设定与预算安排同步进行。

第六章　绩效评价工作程序

第二十三条　绩效评价工作程序是有关单位组织实施绩效评价的工作流程。

第二十四条　绩效评价工作一般按照以下程序进行：

（一）确定绩效评价对象；

（二）下达绩效评价通知；

（三）确定绩效评价工作人员；

（四）制订绩效评价工作方案；

（五）收集绩效评价相关资料；

（六）对资料进行审查核实；

（七）综合分析并形成评价结论；

（八）撰写与提交评价报告；

（九）建立绩效评价档案。

第七章　绩效自评报告和绩效评价报告

第二十五条　工会经费的具体使用单位或部门应当按照本暂行办法的规定提交绩效自评报告，绩效自评报告应当包括以下主要内容：

（一）基本概况，本单位与部门的职能、事业发展规划、预决算情况、项目立项依据等；

（二）绩效目标及其设立依据和调整情况；

（三）管理措施及组织实施情况；

（四）总结分析绩效目标完成情况；

（五）说明未完成绩效目标及其原因；

（六）下一步改进工作的意见及建议；

（七）其他需要说明的问题。

第二十六条　实行本级预算管理的工会，实行单位预算管理的工会机关、企事业单位，按照本暂行办法的规定开展绩效评价并撰写绩效评价报告，绩效评价报告内容：

（一）基本概况；

（二）绩效评价的组织实施情况；

（三）绩效评价指标体系、评价标准和评价方法；

（四）绩效目标的实现程度；

（五）存在问题及原因分析；

（六）评价结论及建议等；

（七）其他需要说明的问题。

第二十七条 绩效自评报告和绩效评价报告应当依据充分、真实完整、数据准确、分析透彻、逻辑清晰、客观公正。

第二十八条 绩效自评报告和绩效评价报告的具体格式由全国总工会提供参考模板，省级工会制定。

第八章 绩效评价结果及其应用

第二十九条 绩效评价结果应当采取评分或评级形式，具体分值和等级根据不同评价内容设定。

第三十条 各级工会应当及时整理、归纳、分析、反馈绩效评价结果，并将其作为改进预算管理和安排年度预算的重要依据。

对绩效评价结果较好的，本级工会予以表扬或继续支持。

对绩效评价发现问题、达不到绩效目标或评价结果较差的，本级工会可予以通报批评，并责令其限期整改。不进行整改或整改不到位的，应当根据情况调整项目或相应调减项目预算，直至取消该预算支出。

第三十一条 绩效评价结果应当按照信息公开的有关规定在一定范围内公开。

第九章 附 则

第三十二条 各省级工会应结合本地区、本产业和本系统实际制定具体的管理办法和实施细则。

第三十三条 本暂行办法自发布之日起施行。

附件：工会预算支出绩效考评工作参考模板

1-1. 工会预算支出绩效目标申报表

1-2. 《工会预算支出绩效目标申报表》填报说明

2. 工会预算支出绩效评价指标框架

3-1. 工会预算支出绩效评价报告

3-2. 工会预算支出绩效评价指标分值

3-3. 工会预算支出绩效评价指标评分表

4. 工会预算支出绩效自评报告

5. 工会预算支出绩效评价工作流程图

附件 1-1：

工会预算支出绩效目标申报表

（　　年度）

填报单位或部门（盖章）

项目名称		项目属性	新增项目□　　延续项目□		
用款部门/单位					
项目实施单位		项目负责人		联系电话	
项目起止时间					
项目资金申请（万元）	资金总额：				
	1. 上级工会预算拨款：				
	工会经费：				
	财政拨款：				
	2. 自有资金：				
	工会经费：				
	财政补助收入：				
	行政补助收入：				
	事业收入：				
	经营性收入：				
	……				
	3. 其他资金：				
	……				
单位职能概述					

工会预算支出绩效目标申报表

<table>
<tr><td>项目概况</td><td colspan="5"></td></tr>
<tr><td rowspan="3">项目立项情况</td><td>项目立项的依据</td><td colspan="4"></td></tr>
<tr><td>项门申报的可行性</td><td colspan="4"></td></tr>
<tr><td>项目申报的必要性</td><td colspan="4"></td></tr>
<tr><td rowspan="6">项目实施进度计划</td><td>项目实施内容</td><td colspan="2">开始时间</td><td colspan="2">完成时间</td></tr>
<tr><td>1.</td><td colspan="2"></td><td colspan="2"></td></tr>
<tr><td>2.</td><td colspan="2"></td><td colspan="2"></td></tr>
<tr><td>3.</td><td colspan="2"></td><td colspan="2"></td></tr>
<tr><td>……</td><td colspan="2"></td><td colspan="2"></td></tr>
<tr><td>……</td><td colspan="2"></td><td colspan="2"></td></tr>
<tr><td rowspan="2">项目绩效目标</td><td colspan="2">长期目标</td><td colspan="3">年度目标</td></tr>
<tr><td colspan="2"></td><td colspan="3"></td></tr>
<tr><td rowspan="18">长期绩效指标</td><td>一级指标</td><td>二级指标</td><td>指标内容</td><td>指标值</td><td>备注</td></tr>
<tr><td rowspan="9">产出指标</td><td rowspan="2">数量指标</td><td></td><td></td><td></td></tr>
<tr><td></td><td></td><td></td></tr>
<tr><td rowspan="2">质量指标</td><td></td><td></td><td></td></tr>
<tr><td></td><td></td><td></td></tr>
<tr><td rowspan="2">时效指标</td><td></td><td></td><td></td></tr>
<tr><td></td><td></td><td></td></tr>
<tr><td rowspan="2">成本指标</td><td></td><td></td><td></td></tr>
<tr><td></td><td></td><td></td></tr>
<tr><td>……</td><td></td><td></td><td></td></tr>
<tr><td rowspan="8">效益指标</td><td rowspan="2">经济效益指标</td><td></td><td></td><td></td></tr>
<tr><td></td><td></td><td></td></tr>
<tr><td rowspan="2">社会效益指标</td><td></td><td></td><td></td></tr>
<tr><td></td><td></td><td></td></tr>
<tr><td rowspan="2">环境效益指标</td><td></td><td></td><td></td></tr>
<tr><td></td><td></td><td></td></tr>
<tr><td rowspan="2">可持续影响指标</td><td></td><td></td><td></td></tr>
<tr><td></td><td></td><td></td></tr>
</table>

续表

		……			
	服务对象满意度指标	具体指标			
	……				
年度绩效指标	一级指标	二级指标	指标内容	指标值	备注
	产出指标	数量指标			
		质量指标			
		时效指标			
		成本指标			
		……			
	效益指标	经济效益指标			
		社会效益指标			
		环境效益指标			
		可持续影响指标			
		……			
	服务对象满意度指标	具体指标			
	……				
其他说明的问题					

填报人：　　　　　　　　　　单位负责人：　　　　　　　　　　填报日期：

附件1-2：

《工会预算支出绩效目标申报表》填报说明

一、适用范围

（一）本表适用于工会组织的用款部门或单位在申请项目支出预算时填报，作为项目绩效目标审核、预算资金确定和绩效评价的依据。

（二）预算部门项目支出是指各级工会的用款部门或单位为完成其特定的工作任务或工会事业发展目标、纳入工会经费预算编制范围的年度项目支出计划。每年度需填报《工会预算支出绩效目标申报表》项目的具体范围，由各级工会组织的财务部门根据各地经济与社会发展需求、工会工作重点内容、工会经费收支情况等自行确定。

二、填报说明

（一）年度：填写编制部门预算所属年份或申请使用专项资金的年份。如：2015年编报2016年部门预算，填写“2016年”2015年申请本年度使用专项资金，则填写“2015年”。

（二）项目基本情况。

1. 填报单位或部门（盖章）：加盖具体填报单位公章。

2. 项目名称：按规范的项目名称内容填报，与部门预算项目名称一致。

3. 项目属性：分为新增项目和延续项目，在选项“□”中划“√”。

4. 用款部门：填写项目主管部门或单位全称。

5. 项目实施单位：填写项目用款单位。

6. 项目负责人：填写项目用款单位负责人。

7. 联系电话：填写项目用款单位负责人联系电话。

8. 项目起止时间：填写项目整体实施计划开始时间和计划完成时间。

9. 项目资金申请：填写项目资金总额，并按资金来源不同分别填写，包括上级工会预算拨款、自有资金、其他等，并根据实际经费项目填列。

10. 单位职能概述：简要描述项目实施单位的职能。

11. 项目概况：简要描述项目的内容、目的、范围、期限等基本情况。

12. 项目立项情况：分别描述项目立项的依据、项目申报的可行性、项目申报的必要性等。

13. 项目实施进度计划：按进度描述本年度项目具体细化的实施内容，分别填写计划开始时间和计划完成时间。

（三）项目绩效目标。

项目绩效目标：描述实施项目计划在一定期限内达到的产出和效果。

1. 长期目标：概括描述项目整个计划期内的总体产出和效果（延续项目）。

2. 年度目标：概括描述项目在本年度所计划达到的产出和效果。

（四）长期绩效指标：是对项目长期绩效目标的细化和量化，一般包括：

1. 产出指标：反映用款部门或单位根据既定目标计划完成的产品和服务情况。可进一步细分为：数量指标，反映用款部门或单位计划完成的产品或服务数量；质量指标，反映用款部门或单位计划提供产品或服务达到的标准、水平和效果；时效指标，反映用款部门或单位计划提供产品或服务的及时程度和效率情况；成本指标，反映用款部门或单位计划提供产品或服务所需成本，分单位成本和总成本等。

（1）指标内容：根据实际工作需要将细分的绩效指标确定为具体内容。

（2）指标值：对指标内容确定具体值，其中，可量化的用数值描述，不可量化的以定性描述。

（3）备注：其他说明事项。

2. 效益指标：反映与既定绩效目标相关的、工会经费预期结果的实现程度，包括经济效益指标、社会效益指标、环境效益指标、可持续影响指标等。

（1）指标内容：根据实际工作需要将细分的绩效指标确定为具体内容。

（2）指标值：对指标内容确定具体值，其中，可量化的用数值描述，不可量化的以定性描述。

（3）备注：其他说明事项。

3. 服务对象满意程度指标：反映服务对象对工会经费支出效果的满意程度，根据实际细化为具体指标。

（1）指标内容：根据实际工作需要将细分的绩效指标确定为具体内容。

（2）指标值：对指标内容确定具体值，其中，可量化的用数值描述，不可量化的以定性描述。

（3）备注：其他说明事项。

4. 实际操作中确定的长期绩效指标具体内容，可由各省级工会根据预算绩效管理工作的需要，在上述指标中选取或做另行补充。

（五）年度绩效指标。是对项目年度绩效目标的细化和量化。

具体内容填写参考“长期绩效指标”。

（六）其他说明的问题：反映项目绩效目标申请中其他需补充说明的内容。

（七）其他：

1. 填报人：填写具体填报人员姓名。

2. 单位负责人：单位负责人签字。

3. 填报日期：填写申报的具体时间。

附件 2：

工会预算支出绩效评价指标框架

一级指标	二级指标	三级指标	指标解释
项目决策	项目目标	目标内容	目标是否明确、细化、量化
	决策过程	决策依据	项目是否满足职工服务和工会活动的需要，符合部门年度工作计划；是否根据需要制定中长期实施规划
		决策程序	项目是否符合申报条件；申报、批复程序是否符合相关管理办法；项目调整是否履行相应手续
	资金分配	分配办法	是否根据需要制定相关资金管理办法，并在管理办法中明确资金分配办法；资金分配因素是否全面、合理
		分配结果	资金分配是否符合相关管理办法；分配结果是否合理
项目管理	资金到位	到位率	实际到位/计划到位×100%
		到位时效	资金是否及时到位；若未及时到位，是否影响项目进度
	资金管理	资金使用	是否存在支出依据不合规、虚列项目支出的情况；是否存在截留、挤占、挪用项目资金情况；是否存在超标准开支情况
		财务管理	资金管理、费用支出等制度是否健全，是否严格执行；会计核算是否规范
	组织实施	组织机构	机构是否健全、分工是否明确
		管理制度	是否建立健全项目管理制度；是否严格执行相关项目管理制度
项目绩效	项目产出	产出数量	项目产出数量是否达到绩效目标
		产出质量	项目产出质量是否达到绩效目标
		产出时效	项目产出时效是否达到绩效目标
		产出成本	项目产出成本是否按绩效目标控制
	项目效益	经济效益	项目实施是否产生直接或间接经济效益
		社会效益	项目实施是否产生社会综合效益
		环境效益	项目实施是否对环境产生积极或消极影响
		可持续影响	项目实施对人、白然、资源是否带来可持续影响
		服务对象满意度	项目预期服务对象对项目实施的满意程度

附件 3-1：

工会预算支出绩效评价报告

一、项目基本情况

（一）项目概况。

（二）项目绩效目标。

1. 项目绩效总目标。

2. 项目绩效阶段性目标。

二、项目单位绩效报告情况

三、绩效评价工作情况

（一）绩效评价目的。

（二）绩效评价原则、评价指标体系（附表说明）、评价方法。

（三）绩效评价工作过程。

1. 前期准备。

2. 组织实施。

3. 分析评价。

四、绩效评价指标分析情况

（一）项目资金情况分析。

1. 项目资金到位情况分析。

2. 项目资金使用情况分析。

3. 项目资金管理情况分析。

（二）项目实施情况分析。

1. 项目组织情况分析。

2. 项目管理情况分析。

（三）项目绩效情况分析。

1. 项目经济性分析。

（1）项目成本（预算）控制情况。

（2）项目成本（预算）节约情况。

2. 项目的效率性分析

（1）项目的实施进度。

（2）项目完成质量。

3. 项目的效益性分析

（1）项目预期目标完成程度。

（2）项目实施对经济和社会的影响。

五、综合评价情况及评价结论（附相关评分表）

六、绩效评价结果应用建议（以后年度预算安排、评价结果公开等）

七、主要经验及做法、存在的问题和建议

八、其他需说明的问题

附件 3-2：

工会预算支出绩效评价指标分值

一级指标	分值	二级指标	分值	三级指标	分值	指标解释	评价标准
项目决策	20	项目目标	4	目标内容	4	目标是否明确、细化、量化	目标明确（1 分），目标细化（1 分），目标量化（2 分）
		决策过程	8	决策依据	3	项目是否符合经济社会发展规划和工会年度工作计划；是否根据需要制定中长期实施规划	项目符合工会发展规划和工会年度工作计划（2 分），根据需要制定中长期实施规划（1 分）
				决策程序	5	项目是否符合申报条件；申报、批复程序是否符合相关管理办法；项目调整是否履行相应手续	项目符合申报条件（2 分），申报、批复程序符合相关管理办法（2 分），项目实施调整履行相应手续（1 分）
		资金分配	8	分配办法	2	是否根据需要制定相关资金管理办法，并在管理办法中明确资金分配办法；资金分配因素是否全面、合理	办法健全、规范（1 分），因素选择全面、合理（1 分）
				分配结果	6	资金分配是否符合相关管理办法；分配结果是否合理	项目符合相关分配办法（2 分），资金分配合理（4 分）
项目管理	25	资金到位	5	到位率	3	实际到位/计划到位×100%	根据项目实际到位资金占计划的比重计算得分（3 分）
				到位时效	2	资金是否及时到位；若未及时到位，是否影响项目进度	及时到位（2 分），未及时到位但未影响项目进度（1.5 分），未及时到位并影响项目进度（0—1 分）
		资金管理	10	资金使用	7	是否存在支出依据不合规、虚列项目支出的情况；是否存在截留、挤占、挪用项目资金情况；是否存在超标准开支情况	虚列（套取）扣 4—7 分，支出依据不合规扣 1 分，截留、挤占、挪用扣 3—6 分，超标准开支扣 2—5 分
				财务管理	3	资金管理、费用支出等制度是否健全，是否严格执行；会计核算是否规范	财务制度健全（1 分），严格执行制度（1 分），会计核算规范（1 分）
		组织实施	10	组织机构	1	机构是否健全、分工是否明确	机构健全、分工明确（1 分）
				管理制度	9	是否建立健全项目管理制度；是否严格执行相关项目管理制度	建立健全项目管理制度（2 分）；严格执行相关项目管理制度（7 分）

续表

一级指标	分值	二级指标	分值	三级指标	分值	指标解释	评价标准
项目绩效	55	项目产出	15	产出数量	5	项目产出数量是否达到绩效目标	对照绩效目标评价产出数量（5分）
				产出质量	4	项目产出质量是否达到绩效目标	对照绩效目标评价产出质量（4分）
				产出时效	3	项目产出时效是否达到绩效目标	对照绩效目标评价产出时效（3分）
				产出成本	3	项目产出成本是否按绩效目标控制	对照绩效目标评价产出成本（3分）
		项目效果	40	经济效益	8	项目实施是否产生直接或间接经济效益	对照绩效目标评价经济效益（8分）
				社会效益	8	项目实施是否产生社会综合效益	对照绩效目标评价社会效益（8分）
				环境效益	8	项目实施是否对环境产生积极或消极影响	对照绩效目标评价环境效益（8分）
				可持续影响	8	项目实施对人、自然、资源是否带来可持续影响	对照绩效目标评价可持续影响（8分）
				服务对象满意度	8	项目预期服务对象对项目实施的满意程度	对照绩效目标评价服务对象满意度（8分）
总分	100		100		100		

附件 3-3：

工会预算支出绩效评价指标评分表

一级指标	分值	8	分值	三级指标	分值	得分
项目决策	20	项目目标	4	目标内容	4	
		决策过程	8	决策依据	3	
				决策程序	5	
		资金分配	8	分配办法	2	
				分配结果	6	
项目管理	25	资金到位	5	到位率	3	
				到位时效	2	
		资金管理	10	资金使用	7	
				财务管理	3	
		组织实施	10	组织机构	1	
				管理制度	9	
项目绩效	55	项目产出	15	产出数量	5	
				产出质量	4	
				产出时效	3	
				产出成本	3	
		项目效益	40	经济效益	8	
				社会效益	8	
				环境效益	8	
				可持续影响	8	
				服务对象满意度	8	
总分	100		100		100	

附件 4：

工会预算支出绩效自评报告

一、项目概况

（一）项目单位基本情况。

（二）项目年度预算绩效目标、绩效指标设定情况，包括预期总目标及阶段性目标；项目基本性质、用途和主要内容、涉及范围。

二、项目资金使用及管理情况

（一）项目资金安排落实、总投入等情况分析。

（二）项目资金实际使用情况分析。

（三）项目资金管理情况（包括管理制度、办法的制订及执行情况）分析。

三、项目组织实施情况

（一）项目组织情况（包括项目招投标情况、调整情况、完成验收等）分析。

（二）项目管理情况（包括项目管理制度建设、日常检查监督管理等情况）分析。

四、项目绩效情况

（一）项目绩效目标完成情况分析。将项目支出后的实际状况与申报的绩效目标对比，从项目的经济性、效率性、有效性和可持续性等方面进行量化、具体分析。

其中：项目的经济性分析主要是对项目成本（预算）控制、节约等情况进行分析；项目的效率性分析主要是对项目实施（完成）的进度及质量等情况进行分析；项目的有效性分析主要是对反映项目资金使用效果的个性指标进行分析；项目的可持续性分析主要是对项目完成后，后续政策、资金、人员机构安排和管理措施等影响项目持续发展的因素进行分析。

（二）项目绩效目标未完成原因分析。

五、其他需要说明的问题

（一）后续工作计划。

（二）主要经验及做法、存在问题和建议。（包括资金安排、使用过程中的经验、做法、存在问题、改进措施和有关建议等）

（三）其他。

六、项目评价工作情况

包括评价基础数据收集、资料来源和依据等佐证材料情况，项目现场勘验检查核实等情况。

附件5：

工会预算支出绩效评价工作流程图

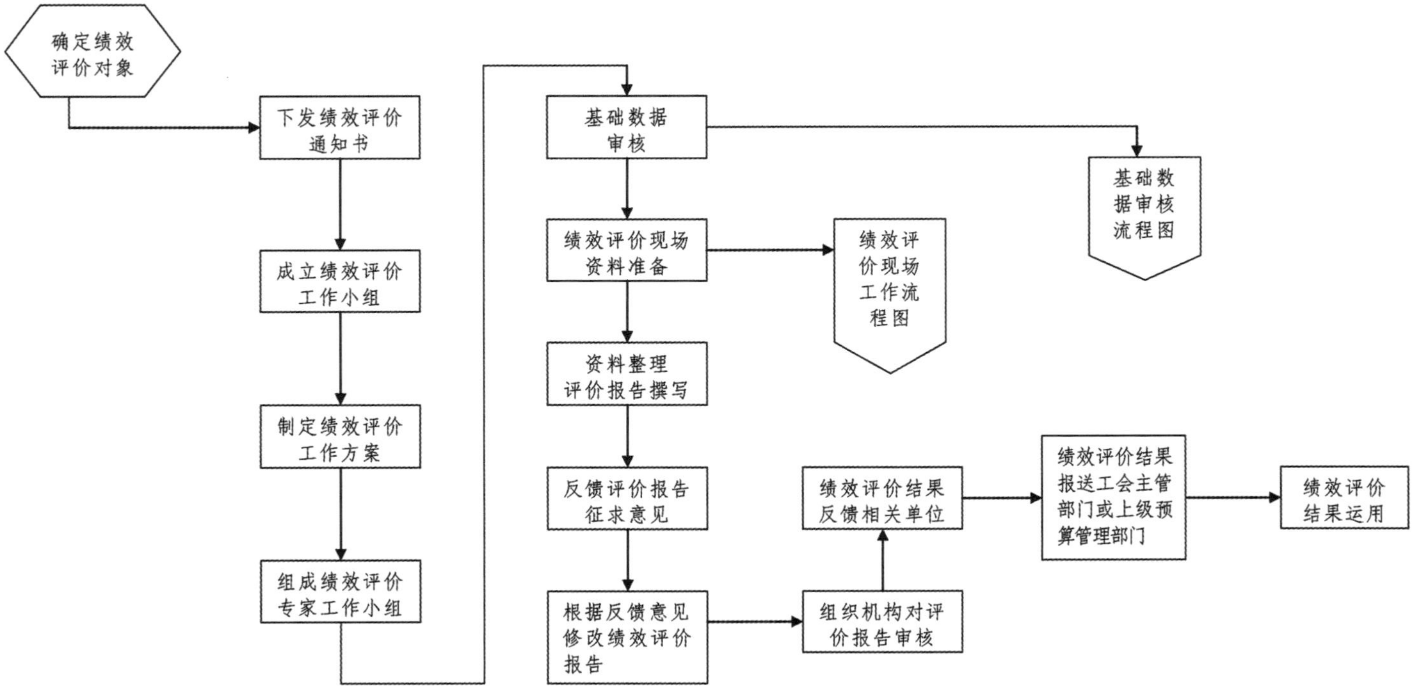

中华全国总工会办公厅关于印发《中华全国总工会关于全面实施预算绩效管理的实施意见》《关于加强结转结余资金使用管理有关问题的通知》的通知

（总工办发〔2019〕25号　2019年12月30日）

各省、自治区、直辖市总工会，中华全国铁路总工会、中国民航工会全国委员会、中国金融工会全国委员会，中央和国家机关工会联合会：

《中华全国总工会关于全面实施预算绩效管理的实施意见》《关于加强结转结余资金使用管理有关问题的通知》已分别经全总第十七届书记处第17次会议和全总第36次党组会议审议通过，现印发给你们，请认真贯彻执行。

中华全国总工会关于全面实施预算绩效管理的实施意见

为解决工会预算绩效管理存在的突出问题，根据《中共中央国务院关于全面实施预算绩效管理的意见》的要求，结合工会预算绩效管理工作的实际，提出如下实施意见。

一、主要目标

以习近平新时代中国特色社会主义思想为指导，深入贯彻党的十九大和十九届二中、三中、四中全会精神，贯彻落实工会十七大部署的目标任务，坚持问题导向，强化绩效理念，深化预算改革，创新管理方式，硬化预算约束，力争用3—5年时间在县级（含）以上工会基本建成全方位、全过程、全覆盖的预算绩效管理体系，促进具备条件的基层工会全面实施预算绩效管理，实现预算和绩效管理一体化，不断提高工会资金配置效率和使用效益。

二、工作任务

（一）构建全方位预算绩效管理格局。

1. 在县级（含）以上工会实施预算绩效管理。将县级（含）以上工会收支预算全面纳入绩效管理。预算收入的组织要全面覆盖、足额及时、稳步增长，预算支出的安排要统筹兼顾、突出重点、量力而行。工会预算要紧紧围绕党和国家工作大局，以及工会工作全局，优先保障工会组织正常运转和工运事业健康发展，不得超出自身财力可能开工建设大型项目，确保工会资源高效配置，增强财力可持续性。

2. 在工会机关和工会事业单位实施预算绩效管理。将县级（含）以上工会机关和所属事业单位全面纳入绩效管理，围绕工作职责、工作发展规划，以预算资金管理为主线，从运行成本、管理效率、履职效能、社会效应、可持续发展能力和职工满意度等方面，实施单位预算绩效管理，推动提高单位整体绩效水平。

3. 对工会项目预算实施绩效管理。将县级（含）以上工会所有项目全面纳入绩效管理，从数量、质量、时效、成本、效益等方面，综合衡量项目预算资金使用效果。对实施期超过一年的重大项目实行全周期跟踪问效，建立动态评价调整机制，绩效低下的项目要及时清理退出。

（二）建立全过程预算绩效管理链条。

4. 建立绩效评估机制。县级（含）以上工会要结合预算评审、项目审批等，在新提出安排重大项目时开展事前绩效评估，并将评估结果作为申请预算和预算安排的重要依据，从源头上提高预算编制的科学性和精准性。对新增项目预算审核时可以组织第三方机构独立开展绩效评估。

5. 加强绩效目标管理。建立以绩效目标为先导的预算编制模式，编制预算时要贯彻落实党委、政府和上级工会的重要决策部署，分解细化各项工作要求，设置绩效目标。将绩效目标设置作为预算安排的前置条件，加强绩效目标审核，对未按要求设定绩效目标或审核未通过的不得安排预算。批复预算时，将绩效目标与预算同步批复下达。

6. 做好绩效运行监控。项目实施单位对绩效目标实现程度和预算执行进度进行动态“双监控”，定期收集预算执行和项目实施信息，汇总分析监控结果，及时纠正执行中的偏差，确保绩效目标如期保质完成。对存在严重问题的项目，要暂缓或停止预算拨款，督促整改落实。

7. 开展绩效评价工作。建立健全多层次的绩效评价体系，实现绩效自评、财务部门评价、上级工会评价和财政评价相结合，项目绩效评价和单位整体绩效评价相结合。必要时可以引入第三方机构参与绩效评价。

8. 强化绩效评价结果应用。加大绩效评价结果应用力度，逐步实现将绩效评价结果与预算安排挂钩。对评价结果好的在预算安排上优先保障；对评价结果较差的要督促整改，不整改或整改不到位的，相应调减预算，直至取消预算。

（三）完善全覆盖预算绩效管理体系。

9. 健全工会经费预算绩效管理体系。工会经费收入方面，要关注经费收入结构，加强分析研判，重视基层工会经费能否足额到位。支出方面，要促进各地、各级工会间财力协调和均衡发展，重点关注预算资金配置效率、使用效益。

10. 完善事业单位自有资金绩效管理体系。县级（含）以上工会要将所属事业单位的各项自有收入预算全部纳入绩效管理，统筹考虑工会经费预算和事业单位自有收入预算安排。事业单位自有收入预算要重点关注收入的合规性，预算支出要重点关注与主责主业的匹配程度。

（四）健全预算绩效管理制度。

11. 完善预算绩效管理流程。统筹推进预算绩效管理与中期规划改革，完善工会预算中期规划和年度预算管理制度。围绕预算管理的主要内容和环节，制定预算绩效管理制度和实施细则，建立完善涵盖绩效评估、绩效目标、绩效运行监控、绩效评价、成果应用等各环节的管理流程。

12. 健全预算绩效标准体系。建立健全定量和定性相结合的绩效指标体系，实现科学合理、细化量化、可比可测、动态调整。绩效指标和标准体系建设要与项目支出标准建设衔接匹配，突出结果导向，重点考核实绩。

13. 建立预算绩效技术支撑体系。建立专家咨询机制，引导和规范第三方机构参与预算绩效管理。加快预算绩效管理信息化建设，促进各级工会的业务、财务、资产等信息互联互通。

三、工作要求

1. 加强绩效管理组织领导。各级工会要转变思想观念，切实加强全面实施绩效管理的统筹规划和组织领导，结合实际制定实施办法，加强预算绩效管理力量，充实预算绩效管理人员，明确分工和责任，理顺工作机制，实现绩效管理与业务管理的深度融合。

2. 强化绩效管理责任约束。各级工会主要负责同志对本地区、本产业工会预算绩效负责，工会机关各业务部门和直属事业单位主要负责同志对本部门本单位预算绩效负责，项目责任人对项目预算绩效负责，对重大项目的责任人实行绩效终身责任追究制。

3. 落实绩效管理监督问责机制。各级工会经费审查委员会要依法对预算绩效管理情况开展审计监督，财务、经审等部门发现涉嫌违纪违法问题线索，应当及时移交纪检监察机关。各级工会要自觉接受工会会员大会或会员代表大会和社会各界监督，推进绩效信息公开，实现绩效信息公开常态化。

4. 完善绩效管理工作考核体系。县以上各级工会要将预算绩效结果纳入干部考核体系，作为领导干部选拔任用、工作人员考核的重要参考，充分调动工会干部履职尽责和干事创业的积极性。各级工会要对本级工会机关、所属事业单位和下级工会预算绩效管理工作进行考核，建立考核结果通报制度，对工作成效明显的本级机关部门、事业单位和下级工会给予褒扬，对工作推进不力的责令限期整改。

5. 抓好绩效管理宣传培训。充分利用各种新闻媒体、网络平台等媒介，积极宣传工会预算绩效理念，强化预算执行单位的绩效责任主体意识，为工会预算绩效管理创造良好的舆论环境。积极开展多种形式、不同层次的预算绩效管理培训，提高预算绩效管理人员的能力素质和管理水平。

全面实施预算绩效管理是推进国家治理体系和治理能力现代化的内在要求。工会系统全面实施预算绩效管理是深化工会财务预算改革、健全完善工会财务管理制度、优化工会资金配置的重要举措。各省级工会要以本实施意见为依据，研究制定全面实施预算绩效管理的实施办法，加强对下级工会全面实施预算绩效管理工作的指导，确保各项工作任务的落实。各省级工会实施办法报全总备案。

关于加强和改善结转结余资金使用管理的通知

为加强工会结转结余资金使用管理，有效盘活工会结转结余资金存量，适度控制工会结转结余资金增量，提高工会资金使用效率，使工会经费更好地服务工会工作、更好地服务职工群众，现就加强工会结转结余资金使用管理的有关问题通知如下：

一、统一思想，高度重视

2018 年 9 月，中共中央国务院印发了《关于全面实施预算绩效管理的意见》，这是推进国家治理体系和治理能力现代化的内在要求，是深化财税体制改革、建立现代财政制度的重要内容。中国工会十七大对全面提升工会预算资金使用绩效提出了明确要求。加强结转结余资金的使用管理，是全面实施预算绩效管理的一项重要内容。适度控制增量、有效盘活存量是加强结转结余资金使用管理的重要环节，也是提高工会资金使用绩效的重要举措。

工会结转结余资金是工会组织年度预算收支的最终结果，不仅直接反映了工会组织支出预算的执行情况，也间接体现了工会组织收入预算的完成情况。近年来，各级工会在加大工会经费收缴力度的同时，严格控制一般性支出，优化工会经费支出结构，工会资金预算绩效不断提高。但是，部分县级以上工会和一些规模以上基层工会累计结转结余资金有不断增大的趋势，不仅影响了工会资金的预算绩效，也对资金安全带来隐患。

各级工会要提高政治站位，予以高度重视，从贯彻落实党中央重大决策部署的高度，提高对加强工会结转结余资金使用管理重要性的认识，采取有效措施，适度控制工会结转结余资金的增量，有效盘活工会结转结余资金的存量，化解工会结转结余资金管理的潜在风险，提高工会资金使用绩效。

二、全面梳理，摸清家底

省级工会要按照“统一领导、分级管理”的财务管理体制，组织一次结转结余资金专项核查，进一步摸清省级、市级、县级工会累计结转结余资金的底数（截至 2019 年 12 月 31 日），全面掌握县级以上（含，下同）各级工会结转结余资金的规模、构成、形成原因，为盘活结转结余资金提供决策参考。

县级以上工会要根据《工会预算管理办法》和《工会决算报告制度》的有关规定，按照预算管理级次逐级汇总填报《2019 年结转结余资金统计汇总表》（附件）。同时，要对资金的存放方式进行摸底清查，全面掌握定期存款、活期存款及其他存放方式的资金规模与期限。

省级工会要加强对结转结余资金专项核查工作的指导，加大对下级工会结转结余资金统计数据的审核力度，确保统计数据全面覆盖、不重不漏、真实准确。

三、分类施策，盘活存量

加大往来款项清理力度。县级以上工会要按照《工会会计制度》和《工会经费呆账处理办法》的有关规定，加强债权债务的清理，定期核对账目，及时处理呆坏账，妥善解决往来款项长期挂账问题，使结余资金账实相符。

加强建设项目投资管理。县级以上工会要按照尊重历史、实事求是的原则，妥善处理用工会经费投资的建设项目支出，凡项目手续完备且已竣工交付使用的，原则上不再作为对外投资管理，经领导班子集体研究后，核减以前年度结余，避免资产重复计算。

加强建会筹备金管理。县级以上工会要对以前年度收取的工会建会筹备金进行全面清理，按照已经建会、正在建会和主体消失三种情况，分别核算收取的建会筹备金，同时要加快建会工作进度，及时拨付建会筹备金，充分发挥建会筹备金的作用。

加强结余资金存放管理。要按照《关于进一步加强工会资金存放管理的指导意见》（总工发〔2019〕21 号）的要求，做好工会资金的存放管理。非财政资金扣除日常支付需要后仍有较大余额的，可以采取竞争性方式转出开户银行进行定期存款。工会资金不得以购买理财产品方式存放，以确保资金存放安全。

四、改革创新，稳控结余

拓宽工会经费使用范围。县级以上工会要牢牢把握工会经费主要用于为职工服务和开展工会活动的使用方向，积极开拓工作领域，加大经费保障力度，努力提高工会工作的覆盖面和影响力，构建工会经费普惠职工的长效机制，让更多的工会经费服务职工群众。

加强工会预算编制管理。要以《工会预算管理办法》和《工会会计制度》修改为契机，完善预算编制办法，改革以前“预算一年、一年预算”的习惯做法，将动用以前年度结余资金一并纳入年度预算管理，年末结转结余资金结转下年继续使用。

适度控制结余资金增量。从 2020 年起，取消县级以上工会计提后备金的相关规定，以前年度提取的后备金纳入本级结余资金总盘子逐步消化。县级以上工会人员经费支出预算同级财政不能保障的，本级年度预算可以安排不超过 2 年所需经费的年度结余。

优化工会经费分成比例。县级以上工会要加强工会经费的收缴，完善委托税务代收、财政划拨和自主收缴工会经费工作机制，不断扩大工会经费收缴覆盖面。上级工会要加强对基层工会拨缴经费收入的核查，督促单位行政依法拨缴工会经费，确保基层工会留成经费及时足额到位。具备条件的省级工会可以适当提高基层工会经费留成比例，加大工会经费向财力困难地区基层工会的倾斜力度。

五、强化监管，提高绩效

加强工会预算执行管理。县级以上工会要制定工会预算执行情况通报制度，严格预算执行管理，硬化预算约束。参照财政结转结余资金使用管理办法，年度预算执行结束时，尚未列支的基本支出结转下年继续使用。

项目实施周期内，年度预算执行结束时，已批复的预算资金尚未列支的部分，作为结转资金管理，结转下年按原用途继续使用；连续两年未用完的项目支出，作为结余资金处理，按照原预算渠道收回。

加强工会预算绩效管理。各级工会要按照全国总工会贯彻落实中共中央国务院《关于全面实施预算绩效管理的意见》的实施意见要求，完善工会预算定额标准体系和绩效评价指标体系，加强对工会重点工作和重大项目预算绩效评价，实施预算绩效目标动态监控，强化预算绩效目标评估，使绩效评价结果与预算安排有效衔接。

加强财务监督检查。按照“统一领导、分级管理”的财务管理体制，县级以上工会要加强对本级和下一级工会预算执行和其他财务收支情况的监督检查，重点检查拨缴经费是否足额到位，支出是否严格规范。要强化工会决算报告质量的监督检查，重点检查汇总单位是否全面覆盖，汇总数据是否真实准确。加强财务监督常态化规范化建设，不断提高工会预算资金使用绩效。

请各省级工会 2020 年 3 月 31 日前将开展结余资金专项清理的情况报告连同《2019 年结转结余资金统计汇总表》（附件）报全国总工会财务部。

附件：2019 年结转结余资金统计汇总表

附件：

2019 年结转结余资金统计汇总表

编制单位：××总工会（盖章）　　　　年　月　日　　　　单位：万元

单位名称	结转结余资金情况			资金存放方式			
	小计	结转	结余	小计	定期	活期	其他
合计							
1. ××市总工会							
1. ××县（区）总工会							
2. ××县（区）总工会							
3. ××县（区）总工会							
2. ××市总工会							
1. ××县（区）总工会							
2. ××县（区）总工会							
3. ××县（区）总工会							
3. ××市总工会							
1. ××县（区）总工会							
2. ××县（区）总工会							
3. ××县（区）总工会							

负责人：　　　　填表人：　　　　联系电话：　　　　日期：

中华全国总工会办公厅关于印发《工会预算管理办法》的通知

（总工办发〔2019〕26号　2019年12月31日）

各省、自治区、直辖市总工会，中华全国铁路总工会、中国民航工会全国委员会、中国金融工会全国委员会、中央和国家机关工会联合会：

《工会预算管理办法》已经中华全国总工会党组第41次会议审议通过，现印发给你们，请认真贯彻执行。

工会预算管理办法

第一章　总　　则

第一条　为了规范各级工会收支行为，强化预算约束，加强对预算的管理和监督，建立全面规范透明、标准科学、约束有力的预算制度，保障工运事业的健康发展和工会职能的有效发挥，根据《中华人民共和国工会法》《中华人民共和国预算法》等法律法规，制定本办法。

第二条　工会预算是各级工会组织及所属事业单位按照一定程序核定的年度收支计划。

第三条　预算、决算的编制、审查、批准、监督，以及预算的执行和调整，依照本办法规定执行。

第四条　工会系统实行一级工会一级预算，预算管理实行下管一级的原则。

工会预算一般分为五级，即：全国总工会、省级工会、市级工会、县级工会和基层工会。省级工会可根据乡镇（街道）工会、开发区（工业园区）工会发展的实际，确定省级以下工会的预算管理级次，并报全国总工会备案。

经全国总工会批准，中华全国铁路总工会、中国民航工会全国委员会、中国金融工会全国委员会依法独立管理经费，根据各自管理体制，确定所属下级工会的预算管理级次，并报全国总工会备案。

第五条 全国工会预算由全国总工会总预算和省级工会总预算组成。

全国总工会总预算由全国总工会本级预算和与全国总工会建立经费拨缴关系的企业工会汇总预算组成。

省级工会总预算由省（自治区、直辖市）总工会、中央和国家机关工会联合会、中华全国铁路总工会、中国民航工会全国委员会、中国金融工会全国委员会本级预算和汇总的下一级工会总预算组成。下一级工会只有本级预算的，下一级工会总预算即指下一级工会的本级预算。

本级预算是指各级工会本级次范围内所有收支预算，包括本级所属单位的单位预算和本级工会的转移支付预算。

单位预算是指本级工会机关、所属事业单位的预算。

转移支付预算是指本级工会对下级工会的补助预算。

第六条 拨缴的工会经费实行分成制。

第七条 工会预算应当遵循统筹兼顾、勤俭节约、量力而行、讲求绩效和收支平衡的原则。

第八条 各级工会的预算收入和预算支出实行收付实现制，特定事项按照相关规定实行权责发生制。

第九条 预算年度自公历1月1日起，至12月31日止。

第十条 预算收入和预算支出以人民币元为计算单位。

第二章 预算管理职权

第十一条 各级工会、各预算单位财务管理部门是预算归口管理的职能部门。

第十二条 全国总工会财务管理部门的职权：

（一）具体负责汇总编制全国工会预算；

（二）具体负责编制全国总工会本级预（决）算草案，报全总领导同志签批后，经中华全国总工会经费审查委员会审查，提交全总党组会议审议；

（三）具体负责编制全国总工会本级预算调整方案，经中华全国总工会经费审查委员会履行审查程序后，提交全总党组会议审议；

（四）批复全国总工会本级预算单位预（决）算，对省级工会的预（决）算和预算调整方案实行备案管理；

（五）提出全国总工会本级预算预备费动用方案，提交全总党组会议审议；

（六）具体负责汇总编制全国工会决算；

（七）定期向中华全国总工会经费审查委员会或其常委会报告全国总工会本级预算执行情况。

第十三条 省级工会的职权：

（一）汇总编制省级工会总预算，报全国总工会备案；

（二）编制省级工会本级预（决）算草案，经必要程序审查、审议通过后报全国总工会备案；

（三）编制省级工会本级预算调整方案，经必要程序审查、审议通过后报全国总工会备案；

（四）批复省级工会本级预算单位的预（决）算，对下一级工会的本级预（决）算和预算调整方案实行审批或备案管理；

（五）决定本级预备费的动用；

（六）汇总本级及以下各级工会决算，报全国总工会。

第十四条 市级工会的职权：

（一）汇总编制市级工会总预算，报省级工会备案；

（二）编制市级工会本级预（决）算草案，经必要程序审查、审议通过后报省级工会审批或备案；

（三）编制市级工会本级预算调整方案，经必要程序审查、审议通过后报省级工会审批或备案；

（四）审批市级工会本级预算单位的预（决）算，对县级工会的本级预（决）算和预算调整方案实行审批或备案管理；

（五）决定本级预备费的动用；

（六）汇总本级及以下各级工会决算，报省级工会。

第十五条 县级工会的职权：

（一）汇总编制县级工会总预算，报市级工会备案；

（二）编制县级工会本级预（决）算草案，经必要程序审查、审议通过后报市级工会审批或备案；

（三）编制县级工会本级预算调整方案，经必要程序审查、审议通过后报市级工会审批或备案；

（四）审批县级工会本级预算单位的预（决）算，对下一级工会的本级预（决）算和预算调整方案实行审批或备案管理；

（五）决定本级预备费的动用；

（六）汇总本级及以下各级工会决算，报市级工会。

第十六条 乡镇（街道）工会、开发区（工业园区）工会预算管理职权由省级工会确定。

第十七条 基层工会的职责：

（一）负责编制本级工会预（决）算草案和预算调整方案，经本级经费审查委员会审查后，由本级工会委员会审批，报上级工会备案；

（二）组织本级预算的执行；

（三）定期向本级工会经费审查委员会报告本级工会预算执行情况；

（四）批复本级所属预算单位的预（决）算；

（五）编制本级工会决算，报上级工会。

第三章 预算收支范围

第十八条 预算由预算收入和预算支出组成。工会及所属预算单位的全部收入和支出都应当纳入预算。

第十九条 县级以上工会预算收入包括：拨缴经费收入、上级补助收入、政府补助收入、附属单位上缴收入、投资收益、其他收入。

基层工会预算收入包括：会费收入、拨缴经费收入、上级补助收入、行政补助收入、附属单位上缴收入、投资收益、其他收入。

第二十条 工会所属事业单位预算收入包括：财政拨款收入、事业收入、上级补助收入、附属单位上缴收入、经营收入、债务收入、非同级财政拨款收入、投资收益、其他收入。

第二十一条 县级以上工会预算支出包括：职工活动组织支出、职工服务支出、维权支出、业务支出、行政支出、资本性支出、补助下级支出、对附属单位的支出、其他支出。

基层工会预算支出包括：职工活动支出、职工服务支出、维权支出、业务支出、资本性支出、对附属单位的支出、其他支出。

第二十二条 工会所属事业单位的预算支出包括：行政支出、事业支出、经营支出、上缴上级支出、对附属单位补助支出、投资支出、债务还本支出、其他支出。

第四章 预算编制与审批

第二十三条 根据国家财政预算管理要求和工会预算管理实际，全国总工会及时印发下一年度预算草案编制的通知。省、市、县级工会应根据全国总工会预算编制的有关要求，结合实际情况进行部署，编制本级预算，汇总下一级工会总预算，按规定时限报上一级工会。

第二十四条 各级工会、各预算单位应当围绕党和国家工作大局，紧扣工会中心工作，参照国务院财政部门制定的政府收支分类科目、预算支出标准和预算绩效管理的规定，根据跨年度预算平衡的原则，参考上一年预算执行情况、存量资产情况和有关支出绩效评价结果，编制预算草案。

前款所称政府收支分类科目，收入分为类、款、项、目；支出按其功能分类分为类、款、项，按其经济性质分类为类、款。

第二十五条 各级工会、各预算单位应当按照本办法规定的收支范围，依法、真实、完整、合理地编制年度收支预算。

第二十六条 根据《中华人民共和国工会法》等法律法规的规定，各级工会办公场所和工会活动设施等物质条件应由各级人民政府和单位行政提供。各级工会应积极争取同级政府或行政支持，将政府或行政补助纳入预算管理。在政府或行政补助不足的情况下，可以动用经费弥补不足，上级工会也可根据情况给予适当补助。

第二十七条 县级以上工会可根据所属事业单位分类情况，结合同级财政保障程度，对所属事业单位实行定额补助或定项补助。

第二十八条 各级工会支出预算的编制，应当贯彻勤俭节约的原则，优化经费支出结构，保障日常运行经费，从严控制“三公”经费和一般行政性支出，重点支持维护职工权益、为职工服务和工会活动等工会中心工作。

第二十九条 支出预算的编制按基本支出、项目支出进行分类。基本支出是预算单位为保障其正常运转、完成日常工作任务而编制的年度基本支出计划，按其性质分为人员经费和日常公用经费。基本支出之外为完成特定任务和事业发展目标所发生的支出为项目支出。

第三十条 县级以上工会的基本支出预算，应参照同级政府有关部门的有关规定、制度、费用标准以及核定的人员编制编列，当年未执行完毕的基本支出预算可在下年继续使用。

基层工会在单位行政不能足额保障的情况下，可根据需要从严编制基本支出预算。

第三十一条 各级工会上一年度未全部执行或未执行、下年需按原用途继续使用的项目资金，作为项目结转资金，纳入下一年度预算管理，用于结转项目的支出。

第三十二条 各级工会当年预算收入不足以安排当年预算支出的，可以动用以前年度结余资金弥补不足。各级工会一般不得对外举债，县级以上工会由于特殊原因确需向金融机构申请借款的，必须经过党组会议集体研究决定。

结转结余资金使用管理办法由全国总工会另行制定。

第三十三条　上级工会对下级工会的转移支付分为一般性转移支付和专项转移支付。

一般性转移支付是上级工会给下级工会未指定用途的补助，应当根据全国总工会的有关规定，结合下级工会的财力状况和工作需要编制。

专项转移支付是上级工会给下级工会用于专项工作的补助，应当根据工作需要，分项目编制。

县级以上工会应当将对下级工会的转移支付预计数提前下达下级工会。各级工会应当将上级工会提前下达的转移支付预计数编入本级预算。

第三十四条　县级以上工会应根据实际情况建立本级预算项目库。

第三十五条　县级以上工会应根据基本建设类项目立项批复确定的资金渠道编制年度支出预算。

第三十六条　各级工会、各预算单位编制预算时，应根据政府采购和工会资金采购的相关规定，编制年度采购预算。

第三十七条　县级以上工会可以按照本级预算支出额的百分之一至百分之三设置预备费，用于当年预算执行中因处理突发事件、政策性增支及其他难以预见的开支。

第三十八条　县级以上工会可以设置预算稳定调节基金，用于弥补以后年度预算资金的不足。

第三十九条　省级（含）以下总工会预算必须由党组集体审议决定，同级经费审查委员会履行相应审查职责，其他审查、审议的必要程序由各级工会确定。

第四十条　上一级工会认为下一级工会预算与法律法规、上级工会预算编制要求不符的，有权提出修订意见，下级工会应予调整。

第四十一条　各级工会本级预算经批准后，应当在二十日内批复所属预算单位。

第五章　预算执行与调整

第四十二条　各级工会预算由本级工会组织执行，具体工作由财务管理部门负责。

各级工会所属预算单位是本单位预算执行的主体，对本单位预算执行结果负责。

第四十三条　各级工会应按照年度预算积极组织收入。按照规定的比例及时、足额拨缴工会经费，不得截留、挪用。

第四十四条　预算批准前，上一年结转的项目支出和必要的基本支出可以提前使用。送温暖支出、突发事件支出和本级工会已确定年度重点工作支出等需提前使用的，必须经集体研究决定。预算批准后，按照批准的预算执行。

第四十五条 各级工会应根据年度支出预算和用款计划拨款。未经批准，不得办理超预算、超计划的拨款。

第四十六条 县级以上工会必须根据国家法律法规和全国总工会的相关规定，及时、足额拨付预算资金，加强对预算支出的管理和监督。各预算单位的支出必须按照预算执行，不得擅自扩大支出范围，提高开支标准，不得擅自改变预算资金用途，不得虚假列支。

第四十七条 当年预算执行中，县级以上工会因处理突发事件、政策性增支及其他难以预见的开支，需要增加预算支出的，可以由本级工会财务管理部门提出预备费的动用方案，报本级工会集体研究决定。

第四十八条 各级工会预算一经批准，原则上不作调整。

下列事项应当进行预算调整：

（一）需要增加或减少预算总支出的；

（二）动用预备费仍不足以安排支出的；

（三）需要调减预算安排的重点支出数额的；

（四）动用预算稳定调节基金的。

预算调整的程序按照预算编制的审批程序执行。

在预算执行中，各级工会因上级工会和同级财政增加不需要本级工会提供配套资金的补助而引起的预算收支变化，不属于预算调整。

第四十九条 各级工会、各预算单位的预算支出应当按照预算科目执行，严格控制不同预算科目、预算级次或项目间的预算资金调剂。确需调剂使用的，按照有关规定办理。

第五十条 县级以上工会在预算执行中有超收收入的，只能用于补充预算稳定调节基金。县级以上工会在预算年度中出现短收，应通过减少支出、调入预算稳定调节基金来解决。以上变化情况应在决算说明中进行反映。

第五十一条 县级以上工会和具备条件的基层工会应全面实施预算绩效管理。

第六章 决　　算

第五十二条 各级工会应在每一预算年度终了后，按照全国总工会的有关规定编制本级工会收支决算草案和汇总下一级工会收支决算。

第五十三条 编制决算草案，必须符合法律法规和相关制度规定，做到收支真实、数据准确、内容完整、报送及时。

第五十四条 全国总工会和省、市、县级工会决算编制的职权按照本办法有关规定执行。

基层工会决算草案经本级经费审查委员会审查后，由本级工会委员会审批，并报上级工会备案。

第五十五条 各级工会所属预算单位的决算草案，应在规定的期限内报本级财务管理部门审核汇总。本级财务管理部门审核决算草案发现有不符合法律法规和工会规定的，有权责令其纠正。

第五十六条 各级工会应当将经批准的本级决算及下一级工会的决算汇总，在规定时间内报上一级工会备案。

第五十七条 上一级工会认为下一级工会决算与法律法规、上级工会决算编制要求不符的，有权提出修订意见，下级工会应予调整。

第五十八条 各级工会本级决算批准后，应当在十五个工作日内批复所属预算单位。

第七章 监督及法律责任

第五十九条 各级工会财务管理部门按照相关规定，对本级所属单位及下一级工会预（决）算进行财务监督。

第六十条 各级工会的预（决）算接受同级工会经费审查委员会的审查审计监督。预算执行情况同时接受上一级工会经费审查委员会的审计监督。

第六十一条 各级工会预算执行情况、决算依法接受政府审计部门的审计监督。

第六十二条 各级工会、各预算单位有下列行为之一的，责令改正，对负有直接责任的主管人员和其他直接责任人员追究行政责任。

（一）未按本办法规定编报本级预（决）算草案、预算调整方案和批复预（决）算的；

（二）虚列收入和支出的；

（三）截留、挪用、拖欠拨缴经费收入的；

（四）未经批准改变预算支出用途的。

第六十三条 各级工会、各预算单位及其工作人员存在下列行为之一的，责令改正，追回骗取、使用的资金，有违法所得的没收违法所得，对单位给予警告或者通报批评；对负有直接责任的主管人员和其他直接责任人员依法给予处分：

（一）虚报、冒领预算资金的；

（二）违反规定扩大开支范围、提高开支标准的。

第六十四条 县级以上工会预（决）算应在工会内部公开，经单位批准可向社会公开。

基层工会预（决）算应向全体工会会员公开。

涉密事项的预（决）算不得公开。

第八章 附 则

第六十五条 本办法由全国总工会财务部负责解释。

第六十六条 省级工会应根据本办法，结合本地区本产业的实际，制定具体实施细则，并报全国总工会财务部备案。

第六十七条 本办法自 2020 年 6 月 1 日施行。2009 年 8 月 14 日颁发的《工会预算管理办法》同时废止。

中华全国总工会办公厅关于贯彻落实过“紧日子”要求进一步加强工会预算管理的通知

（厅字〔2020〕30 号　2020 年 6 月 24 日）

各省、自治区、直辖市总工会，中华全国铁路总工会、中国民航工会、中国金融工会，中央和国家机关工会联合会：

为贯彻落实党中央、国务院关于过“紧日子”要求，进一步加强工会预算管理，现就有关事项通知如下。

一、深入学习领会习近平总书记关于“艰苦奋斗、勤俭节约”的重要讲话精神，牢固树立过“紧日子”思想

习近平总书记强调，“过去我们党靠艰苦奋斗、勤俭节约不断成就伟业，现在我们仍然要用这样的思想来指导工作”“党和政府带头过紧日子，目的是为老百姓过好日子，这是我们党的宗旨和性质所决定的”“无论我们国家发展到什么水平，无论人民生活改善到什么地步，艰苦奋斗、勤俭节约的思想永远不能丢。艰苦奋斗、勤俭节约，不仅是我们一路走来、发展壮大的重要保证，也是我们继往开来、再创辉煌的重要保证”。习近平总书记的重要讲话，既是对我们党在长期革命和建设中形成的艰苦奋斗、勤俭节约精神的重申，也为新时代弘扬艰苦奋斗、勤俭节约精神指明了方向，明确了要求，提供了遵循。

各级工会要从政治和全局的高度，不断提高政治站位，牢固树立过“紧日子”思想，把习近平总书记关于“艰苦奋斗、勤俭节约”的重要讲话精神和党中央、国务院关于“过紧日子”的要求不折不扣地落实到工会工作的各方面，贯穿到工会预算管理的全过程，体现在工会资金使用的各环节。要根据中央经济工作会议、统筹推进疫情防控和经济社会发展部署会议和十三届全国人大三次会议的决策部署，坚持勤俭办一切事业的工作方针，找准工会在落实“六稳”要求、完成“六保”任务中的切入点、着力点和落脚点，开源节流，精打细算，充分发挥工会经费在帮扶困难职工、提升职工技能等方面的特殊作用，把有限的工会经费用到为企业、为职工纾困解难的刀刃上，不断提高工会预算的使用绩效。

二、加强资金统筹，严格预算调整，提高预算保障能力

加强预算编制管理。认真贯彻落实李克强总理在十三届全国人大三次会议上提出的“真正过紧日子”的要求，从严从紧安排2020年度经费收支预算。加强资金统筹，将上年结转资金、以前年度结余资金和当年各项收入一并纳入预算管理。落实统筹推进疫情防控和经济社会发展部署会议精神和国务院关于做好常态化疫情防控工作要求，加大工会经费在疫情防控专项上的投入力度，确保资金分配向财力薄弱的地方和基层工会倾斜。

加强拨缴经费收入预算管理。巩固深化依法足额缴交工会经费改革成果，健全完善委托税务代收、财政划转工会经费工作机制，加大自主收缴经费工作力度，确保重点缴费单位、财政供养单位工会经费稳定增长。认真落实小微企业工会经费全额返还支持政策，建立工作台账，准确反映经费返还、工作支持的相关情况。定期监测工会经费收缴情况，分析研判工会经费收缴中的新情况新问题，指导帮助缴费单位妥善解决经费收缴的实际困难，确保2020年度工会拨缴经费收入预算顺利完成。

严格规范预算调整。按照“有保有压”的预算安排原则，对年初预算进行全面梳理，较上年预算增长且无正常理由的“三公经费”一律予以压减，不符合规定的楼堂馆所支出一律调减。根据当年差旅费、会议费、培训费等一般性支出预算实际执行情况，适时启动预算压减程序。当年预算执行中，不属于政策性刚性支出、紧急支出、困难职工特殊救助支出的，原则上不得调增支出预算。新增的支出预算，原则上通过动用预备费、调整预算结构等方式解决；调减的支出预算，可用于支持稳岗就业、困难帮扶等相关支出。

强化预算绩效管理。按照《中华全国总工会关于全面实施预算绩效管理的实施意见》的要求，尽快制定出台省级全面实施预算绩效管理的实施办法，稳步推进全方位、全过程、全覆盖的工会预算绩效管理体系建设。加强绩效目标动态监控，定期跟踪检查预算绩效目标完成情况，及时纠正绩效目标出现的偏差，完善工作推进与预算执行紧密衔接的工作机制。加强预算绩效评价考核，建立健全绩效评价结果与预算安排挂钩的制度机制，不断提高工会预算绩效。

三、强化预算执行管理，开展财务监督检查，做实预算管理工作

强化预算刚性约束。以《工会预算管理办法》施行为契机，加大宣传力度，使全面预算管理的观念和意识深入到各级工会。严格执行公务员职务与职级并行制度，修订完善相关财务管理内部制度规定，规范差旅费、公务接待费的使用管理。严格依照批复的预算做好预算执行工作，严禁任何无预算、超预算的支出。加强支出审核，任何人、任何单位不得突破规定的范围和标准随意列支相关支出。鼓励利用视频会议、网络培训等方式，节约会议费、培训费开支。严禁开展未经批准的评比表彰，从严从紧控制各类节庆、晚会、展览、文体等活动支出，严格控制文体活动服装购置支出，严禁滥发奖金、补贴，严禁摊派、转嫁相关支出。

加强财务监督检查。根据《工会财务监督暂行办法》要求，制定省级工会财务监督实施办法，完善财务监督工作机制。加强对省本级所属单位的监督检查，围绕制度落实、经费收缴等进行重点监督检查，确保制度落地见效。严格落实中央八项规定及其实施细则精神，严禁以支持企业复工复产、促进消费为名，利用工会经费滥发津贴补贴、变相公款旅游、公款消费。健全完善“三重一大”集体研究民主决策机制，规范重大项目安排、大额资金使用的内部控制流程，落实项目立项与审批、预算编制与执行、资金使用与管理等各环节的责任。充分运用巡视巡察、政府审计和内部审计成果，健全工会财务监督长效机制，确保过“紧日子”要求落到实处。

中华全国总工会办公厅关于印发《工会预算稳定调节基金管理暂行办法》的通知

（总工办发〔2020〕28号 2020年12月29日）

各省、自治区、直辖市总工会，中华全国铁路总工会、中国民航工会、中国金融工会、中央和国家机关工会联合会：

《工会预算稳定调节基金管理暂行办法》已经中华全国总工会第十七届书记处第36次会议审议通过，现印发给你们，请认真贯彻执行。

工会预算稳定调节基金管理暂行办法

第一条 为建立全面规范透明、标准科学、约束有力的工会预算制度，实施跨年度预算平衡机制，规范工会预算稳定调节基金的设置、补充和动用，根据《中华人民共和国工会法》和《工会预算管理办法》等法律法规和制度规定，制定本办法。

第二条 本办法所称工会预算稳定调节基金，是指县级以上工会为平衡年度预算设置的储备性资金。

第三条 县级以上工会财务管理部门负责提出预算稳定调节基金设置、补充和动用的具体方案，编入本级预算草案或预算调整方案，履行预算审批程序。

第四条 县级以上工会拨缴经费收入预算的超收收入，应全部用于设置和补充预算稳定调节基金。

第五条 政府补助收入预算不得设置预算稳定调节基金。

第六条 县级以上工会应当合理控制预算稳定调节基金规模。预算稳定调节基金规模能够满足跨年度预算平衡需要的，应通过增加年度预算支出规模，加大服务职工的力度，对预算稳定调节基金规模进行控制。

第七条 县级以上工会编制预算草案时，可以动用预算稳定调节基金，弥补年度预算出现的收支缺口，动用的资金应当编入年度预算收入。

第八条 预算执行中，因短收、增支等导致收支缺口，确需通过动用预算稳定调节基金实现平衡的，县级以上工会应当具体编制本级预算的调整方案，按照预算管理程序执行。

第九条 县级以上工会超收收入用于补充预算稳定调节基金时，列“安排预算稳定调节基金”科目。动用预算稳定调节基金用于平衡年度预算时，列“动用预算稳定调节基金”科目。

第十条 预算稳定调节基金的会计核算应当按照《工会会计制度》的规定执行。

第十一条 县级以上工会可以依据本办法规定，结合实际制定预算稳定调节基金管理实施细则。

第十二条 本办法由中华全国总工会财务部负责解释。

第十三条 本办法自 2022 年 1 月 1 日起施行。

中华全国总工会办公厅关于印发《基层工会预算管理办法》的通知

（总工办发〔2020〕29号　2020年12月29日）

各省、自治区、直辖市总工会，中华全国铁路总工会、中国民航工会、中国金融工会、中央和国家机关工会联合会：

《基层工会预算管理办法》已经中华全国总工会第十七届书记处第36次会议审议通过，现印发给你们，请认真贯彻执行。

基层工会预算管理办法

第一章　总　　则

第一条　为规范基层工会收支行为，加强基层工会预算管理和监督，保障基层工会健康发展和职能有效发挥，不断提高基层工会经费使用效益，根据《工会预算管理办法》的有关规定，制定本办法。

第二条　基层工会是指企业、事业单位、机关和其他社会组织单独或联合建立的基层工会委员会。

第三条　基层工会预算是指经一定程序核定的年度收支计划。

第四条　基层工会应当根据统筹兼顾、勤俭节约、量力而行、讲求绩效和收支平衡的原则，统筹组织各项收入，合理安排各项支出，科学编制年度收支预算。

第五条　基层工会的预算年度自公历1月1日起至12月31日止。

第六条　基层工会的预算收入和预算支出以人民币元为计算单位。

第二章　预算收支范围

第七条　基层工会预算由预算收入和预算支出组成。基层工会的全部收入和支出都应当纳入预算。

第八条　预算收入包括：会费收入、拨缴经费收入、上级补助收入、行政补助收入、附属单位上缴收入、投资收益、其他收入。

（一）会费收入是指工会会员依照中华全国总工会规定按本人工资收入的5‰向所在基层工会缴纳的会费。

（二）拨缴经费收入是指建立工会组织的单位按全部职工工资总额2%依法向工会拨缴的经费中的留成部分。

基层工会的经费分成比例不低于单位全部职工工资总额2%中的60%。按照省级工会确定省以下各级工会经费分成比例的原则，具体比例由省级工会确定后报全国总工会备案。

（三）上级补助收入是指基层工会收到的上级工会拨付的各类补助款项。

（四）行政补助收入是指基层工会所在单位依法对工会组织给予的各项经费补助。

（五）附属单位上缴收入是指基层工会所属独立核算的企事业单位上缴的收入和所属非独立核算事业单位的各项事业收入。

（六）投资收益是指基层工会对外投资发生的损益。

（七）其他收入是指基层工会取得的资产盘盈、固定资产处置净收入、接受捐赠收入和利息收入等。

第九条 预算支出包括：职工活动支出、职工服务支出、维权支出、业务支出、资本性支出、对附属单位的支出、其他支出。

（一）职工活动支出是指基层工会开展职工教育活动、文体活动、宣传活动、劳模疗休养活动，会员活动等活动发生的支出。包括：

1. 职工教育支出。用于基层工会开展的政治、法律、科技、业务等专题培训和职工技能培训所需的教材资料、教学用品、场地租金等方面的支出，用于支付职工教育活动聘请授课人员的酬金，用于基层工会开展的职工素质提升补助和职工教育培训优秀学员的奖励。

2. 文体活动支出。用于基层工会开展或参加上级工会组织的职工业余文体活动所需器材、服装、用品等购置、租赁与维修方面的支出以及活动场地、交通工具的租金支出等，用于文体活动优胜者的奖励支出，用于文体活动中必要的伙食补助费。

3. 宣传活动支出。用于基层工会开展重点工作、重大主题和重大节日宣传活动所需的材料消耗、场地租金、购买服务等方面的支出，用于培育和践行社会主义核心价值观，弘扬劳模精神、劳动精神、工匠精神等经常性宣传活动方面的支出，用于基层工会开展或参加上级工会举办的知识竞赛、宣讲、演讲比赛、展览等宣传活动支出。

4. 劳模职工疗休养支出。用于基层工会组织和开展的劳动模范和先进职工疗休养活动的公杂费等补助。

5. 会员活动支出，用于基层工会组织会员观看电影、文艺演出、开展春游秋游，为会员购买当地公园年票等的支出。用于基层工会在重大节日（传统节日）和会员生日、婚丧嫁娶、退休离岗的慰问支出。

基层工会在重大节日（传统节日）可以向全体会员发放节日慰问品。重大节日（传统节日）是指国家规定的法定节日（新年、春节、清明节、劳动节、端午节、中秋节和国庆节）和经自治区以上人民政府批准设立的少数民族节日。节日慰问品原则上为符合中国传统节日习惯的用品和职工群众必需的生活用品等。

6. 其他活动支出。用于工会开展的其他活动的各项支出。

（二）职工服务支出是指基层工会开展职工劳动和技能竞赛活动、职工创新活动、建家活动、职工书屋、职工互助保障、心理咨询等工作发生的支出。

1. 劳动和技能竞赛活动支出。用于基层工会开展合理化建议、技术革新、发明创造、岗位练兵、技术比武、技术培训等劳动和技能竞赛活动支出及其奖励支出。

2. 建家活动支出。用于基层工会组织建设、建家活动方面的支出。

3. 职工创新活动支出。用于基层工会开展的劳模和工匠人才创新工作、职工创新工作活动发生的支出。

4. 职工书屋活动支出。用于基层工会为建设职工书屋而发生的图书购置以及维护的支出。

5. 其他服务支出。用于基层工会工会开展会员和职工普惠制服务、心理咨询、互助保障等其他方面的支出。

（三）维权支出是指基层工会用于维护职工权益的支出。包括：

1. 劳动关系协调支出。用于基层工会推进创建劳动关系和谐企业活动、加强劳动争议调解和队伍建设、开展劳动合同咨询活动、集体合同示范文本印制与推广等方面的支出。

2. 劳动保护支出。用于基层工会开展群众性安全生产和职业病防治活动、加强群众安全监督检查员队伍建设、开展职工心理健康维护等以促进安全健康生产、保护职工生命安全为宗旨开展的职工劳动保护发生的支出。

3. 法律援助支出。用于基层工会向职工群众提供法律咨询、法律服务等发生的支出。

4. 困难职工帮扶支出。用于基层工会对困难职工提供资金和物质帮助等发生的支出。

5. 送温暖支出。用于基层工会开展春送岗位、夏送清凉、金秋助学和送温暖等活动发生的支出。

6. 其他维权支出。用于基层工会补助职工等其他方面的维权支出。

（四）业务支出是指基层工会培训工会干部、加强自身建设以及开展业务工作发生的各项支出，包括：

1. 培训支出。用于基层工会开展工会干部和积极分子培训发生的支出。

2. 会议支出。用于基层工会代表大会、委员会、经审会以及其他专业工作会议的各项支出。

3. 专项业务支出。用于基层工会开展基层工会组织建设所发生的支出，用于基层工会开展专题调研所发生的支出，用于基层工会开展女职工工作性支出，用于基层工会开展外事活动方面的支出。

4. 其他业务支出。用于基层工会发放由省级工会制定标准的兼职工会干部和专职社会化工会工作者补贴，用于经上级批准评选表彰的优秀工会干部和积极分子的奖励支出，用于基层工会必要的办公费、差旅费，用于基层工会支付代理记账、中介机构审计等购买服务方面的支出。

（五）资本性支出是指基层工会从事工会建设工程、设备工具购置、大型修缮和信息网络购建而发生的支出。

（六）对附属单位的支出是指基层工会对独立核算的附属企事业单位的补助。

（七）其他支出是指基层工会除上述支出以外的其他各项支出，包括：资产盘亏、固定资产处置净损失、捐赠、赞助等。

第十条 根据《中华人民共和国工会法》的有关规定，基层工会专职工作人员的工资、奖励、补贴由所在单位承担。基层工会办公和开展活动必要的设施和活动场所等物质条件由所在单位提供，所在单位保障不足且基层工会能够承担的，可以工会经费适当补充。

第三章 预算编制与审批

第十一条 基层工会应根据上级工会的要求，结合本单位实际，制定年度工会工作计划。

第十二条 基层工会应按照上级工会规定的经费开支标准，科学测算完成工作计划的资金需求，统筹落实各项收入，准确编制工会经费年度预算。

第十三条 基层工会应根据本单位实有会员全年工资收入和全国总工会确定的缴交比例，计算会费收入，编列会费收入预算。

第十四条 基层工会应根据本单位全部职工工资总额的2%计算拨缴工会经费总额。其中：属于基层工会分成的拨缴经费列入本单位拨缴经费收入预算；属于应上缴上级工会的拨缴经费不纳入基层工会预算管理。

第十五条 基层工会应将对外投资收益、所属独立核算的企事业单位上缴的收入、非独立核算的企事业单位的各项收入和其他收入纳入预算管理。其中：对外投资收益和所属独立核算的企事业单位上缴的收入以双方协议约定金额为预算数。

第十六条 基层工会应根据上级工会确定的专项工作，参考上年经费补助标准，编列上级工会补助收入预算。

第十七条 基层工会在会费收入、拨缴经费收入、上级工会补助收入、附属单位上缴收入、投资收益和其他收入等当年预算收入不能满足完成全年工作任务资金需求的情况下，应优先动用以前年度结余资金进行弥补。结余资金不足的，可向单位申请行政补助，编列基层工会行政补助收入预算。

第十八条 基层工会不得编制赤字预算。

第十九条 基层工会年度收支预算经必要程序审查、批准后报上一级工会备案。

第二十条 上一级工会认为基层工会预算与法律法规、上级工会预算编制要求不符的，有权提出修订意见，基层工会应予调整。

第四章 预算执行与调整

第二十一条 经批准的预算是基层工会预算执行的依据。基层工会不得无预算、超预算列支各项支出。

第二十二条 基层工会应根据经批准的年度支出预算和年度工作任务安排，合理安排支出进度，严格预算资金使用。

基层工会各项支出实行工会委员会集体领导下的主席负责制，重大收支需集体研究决定。

第二十三条 基层工会预算一经批准，原则上不得随意调整。确因工作需要调整预算的，需详细说明调整原因、预算资金来源等，经必要程序审查、批准后报上级工会备案。

因上级工会增加不需要本工会配套资金的补助而引起的预算收支变

化，不需要履行预算调整程序。

第二十四条 基层工会在预算执行过程中，对原实施方案进行调整优化，导致支出内容调整但不改变原预算总额的，不属于预算调整，不需要履行预算调整程序。

第二十五条 具备条件的基层工会应全面实施预算绩效管理。

第五章 决　　算

第二十六条 年度终了基层工会应按照真实、准确、完整、及时的原则，根据上级工会的要求，编制本单位年度收支决算。基层工会所属独立核算事业单位和独立核算企业年度收支决算（或会计报告）的编制，按照《工会决算报告制度》的有关规定执行。

第二十七条 基层工会决算经必要程序审查、批准后报上一级工会备案。

第二十八条 上一级工会认为基层工会决算与法律法规、上级工会决算编制要求不符的，有权提出修订意见，下级工会应予调整。基层工会应严格执行会计档案管理的有关规定，加强预算、决算的档案管理。

第六章 监督检查

第二十九条 省级工会负责本地区、本行业工会经费收支预（决）算的监督管理，督促省以下各级工会建立健全工作机制。

第三十条 基层工会经费收支预（决）算编制和预算执行情况应接受同级工会经费审查委员会审查审计监督，同时接受上级工会和上级工会经费审查委员会的审计监督，并依法接受国家审计监督。

第三十一条 基层工会预（决）算应向全体工会会员公开。

第七章 附　　则

第三十二条 省级工会可根据本办法和基层工会经费收支管理的相关规定，并结合实际制定具体实施细则。

第三十三条 本办法由中华全国总工会财务部负责解释。

第三十四条 本办法自印发之日起施行。

中华全国总工会办公厅
关于全总本级预算批复前使用项目资金的通知

（2021 年 4 月 15 日）

各驻会全国产业工会、全总各部门、各直属单位：

为保障全总机关和各直属单位年度工作的顺利开展，经全总十七届党组第 83 次会议研究同意，在全总本级年度预算批复前，可按一定比例提前使用项目资金。现将有关事项通知如下：

一、本通知所称项目资金是指各驻会全国产业工会、全总各部门、各直属单位（以下简称各单位）当年预算新上项目资金。按照《工会预算管理办法》的有关规定，各单位上年预算结转的项目资金，可根据项目工作进度正常使用。

二、在正式预算批复以前，各单位提前使用项目资金应严格控制在该项目“一下”预算控制数的 1/4（含）以内。正式预算批复之后，严格按照批复的预算执行。已经全总党组、书记处批准列入年度计划的会议不受比例控制。

三、各直属单位提前使用项目资金应根据全总关于预算执行管理的有关规定，编制用款计划，申请资金拨付。各驻会全国产业工会、全总各部门按照全总机关财务报销的有关规定，在控制额度内使用资金，履行财务报销手续。

四、按照《工会预算管理办法》的有关规定，各单位应根据“一下”预算控制数编制政府采购预算，并依据批复的政府采购预算履行政府采购程序。各单位提前使用项目资金涉及政府采购事项的，应在严格履行政府采购程序的同时，严格合同订立与审核，避免因正式预算批复后政府采购预算可能减少带来的法律风险。

五、各单位要严格按照预算管理要求，细化项目支出预算编制，合理安排项目工作进度，加强项目支出预算执行管理，及时办理项目资金支付与财务报销手续，强化项目质量跟踪评估，不断提高项目资金使用效益。

（二）决算管理

中华全国总工会办公厅
关于印发《工会决算报告制度》的通知

（总工办发〔2019〕15号　2019年7月1日）

各省、自治区、直辖市总工会，中华全国铁路总工会、中国民航工会全国委员会、中国金融工会全国委员会，中央和国家机关工会联合会：

《工会决算报告制度》已经全总党组会议审议通过，现予以印发，请严格遵照执行。

工会决算报告制度

第一章　总　　则

第一条　为了进一步加强全国工会财务管理，规范工会决算行为，全面、真实、准确、完整地反映各级工会及所属单位财务收支情况与财务管理状况，根据《工会法》《预算法》《会计法》等法律法规和《工会会计制度》《工会预算管理办法》的有关规定，制定本制度。

第二条　本制度所称工会决算报告是指，各级工会组织和工会所属事业单位在年度终了按照有关规定编报的年度财务收支决算和工会所属企业、协会、学会、基金会年度终了按照有关规定编制的年度会计报告。

第三条　本制度适用于各级工会组织及工会所属的事业单位、企业、协会、学会、基金会等单位。

第二章　决算报告的内容

第四条　工会决算报告主要包括：决算报表和报表填报情况说明。

第五条　决算报表主要反映单位决算结果、财务状况和机构人员等信息。全国总工会财务部每年可根据财务管理需要调整决算报告编制内容。

第六条　报表填报情况说明包括：决算报表的说明以及对重要指标的分析。报表说明包括：单位基本情况、数据审核情况、年度主要收支指标增减变动情况以及因重大事项或特殊事项影响决算数据的说明。重要指标分析是对决算报表中的部分重要指标进行分析比较，揭示预算执行、会计核算和财务管理等方面的情况和问题。

第三章　决算报告工作职责、责任

第七条　全国总工会财务部是工会决算报告工作的主管部门。负责制定工会系统决算报告的规章制度、报表体系，组织和指导全国工会决算信息化建设。

全国总工会财务部负责编制全国总工会机关决算报告，并分别按工会组织、事业单位、企业及非营利组织四种类型汇总全国总工会本级和各省级工会的决算报告。

全国总工会财务部负责审批全国总工会机关和本级所属执行《政府会计制度》的事业单位的决算，负责本级其他单位决算和各省级工会汇总决算的备案管理。全国总工会本级决算须向全国经费审查委员会汇报。

省级工会财务管理部门负责编制本级机关决算报告，并分别按工会组织、事业单位、企业及非营利组织四种类型汇总省本级和所属各级工会的决算报告。

第八条　省级工会财务管理部门负责审批本级机关和本级所属执行《政府会计制度》的事业单位的决算，负责本级其他单位决算的备案管理。

省本级工会决算须经同级工会委员会（或常委会、主席办公会）讨论通过，并经同级经费审查委员会审查通过。省级工会汇总决算需上报全国总工会财务部。

第九条　地市级工会财务管理部门负责编制本级机关决算报告，并分别按工会组织、事业单位、企业及非营利组织四种类型汇总本级和所属各级工会的决算报告。

地市级工会财务管理部门负责审批本级机关和本级所属执行《政府会计制度》的事业单位的决算，负责本级其他单位决算的备案管理。

地市级本级工会决算须经同级工会委员会（或常委会、主席办公会）讨论通过，并经同级经费审查委员会审查通过。地市级工会汇总决算需上报上一级工会财务管理部门。

第十条　县级工会财务管理部门负责编制本级机关决算报告，并分别按工会组织、事业单位、企业及非营利组织四种类型汇总本级和所属各级工会的决算报告。

县级工会财务管理部门负责审批本级机关和本级所属执行《政府会计

制度》的事业单位的决算，负责本级其他单位决算的备案管理。

县本级工会决算须经同级工会委员会（或常委会、主席办公会）讨论通过，并经同级经费审查委员会审查通过。全县汇总决算需上报上一级工会财务管理部门。

第十一条 县级以上工会对下级工会决算报告采取审批还是备案方式由县级以上工会财务管理部门根据自身需要确定。

第十二条 县级以上工会财务管理部门根据分级管理的原则，分别组织和指导本地区各级工会决算报告的编制、汇总、批复以及数据汇总分析、考核评价、软件培训工作。

第十三条 各基层工会应按照上级工会要求组织实施本单位的决算报告工作，真实、准确、完整、及时编制并报送本单位的决算报告。有所属单位的基层工会需按不同类型决算报告汇总后上报上一级工会财务管理部门。

第十四条 各单位负责人对本单位的决算报告真实性和完整性负责。财务人员应当认真、如实编制决算报告，不得故意漏报、瞒报有关决算报告信息，更不得编造虚假决算报告信息。

第十五条 各级工会应当认真组织开展决算报告工作，加强工作考核。

第四章 决算报告工作要求

第十六条 年度终了，各级工会应当按照全国总工会财务部的统一部署和要求，根据“统一领导，分级管理”原则自下而上逐级编制、报送、汇总工会决算报告。

第十七条 各级工会应当在全面清理收入、支出、资产、负债以及年终结账的基础上编制工会决算报告，做到数据真实准确、内容完整。

第十八条 县级以上工会财务管理部门应当认真做好决算审核备案工作，确保报送数据资料真实、完整、准确。凡发现决算报告编制不符合规定的，应当要求有关单位立即纠正，并限期重新报送。

第十九条 县级以上工会财务管理部门汇总的决算报告，应当在上级工会财务部门规定的时间内报送。各省级工会财务管理部门汇总的决算报告，应在次年的 3 月底前上报全国总工会财务部。省级以下工会报送、汇总决算报告的时间由各省级工会财务管理部门确定。

第二十条 县级以上工会汇总决算报告时，应抵消上下级之间、平级单位之间对应的重复项目。

第二十一条 决算批复内容包括所批复单位的工会经费收入、支出、结余及其他决算数据。批复文件中可列出所批复单位在财务管理工作以及决算审核中发现的主要问题，并提出改进意见。

第五章 决算报告的分析利用

第二十二条 各级工会组织应当加强对决算报告的分析，强化分析结果的反馈和运用，规范和改进财务管理。

第二十三条 分析报告的主要内容包括：预算与决算差异分析；收入、支出、结余年度间变动原因分析；资金使用效益分析；资产、负债规模与结构分析；机构、人员对比分析等。

第二十四条 各级工会组织应当综合运用多种方法进行分析，主要包括：分类比较法、趋势分析法、比率分析法、因素分析法等。

第二十五条 各级工会组织要加强工会决算报告工作研究并逐步建立决算报告评价指标体系。

第六章 决算报告的质量检查与资料管理

第二十六条 各级工会组织财务管理部门应采用适当方式对上报的决算报告的真实性、完整性和规范性等方面进行监督检查，可与财务监督工作相结合。

第二十七条 各级工会组织应该按照《会计档案管理办法》对决算报告资料进行归类整理、建档保存。

第七章 附 则

第二十八条 县级以上工会可依据本制度，结合工作实际，制定相应实施细则。

第二十九条 本制度自印发之日起施行。

四、经费拨缴类

（一）会员会费

中华全国总工会关于收交工会会费的通知

（工发〔1978〕101号　1978年11月13日）

各省、市、自治区总工会，铁路总工会：

根据《中国工会章程》的规定，现将有关工会会费收交的几个问题通知如下：

一、工会会员每月应向工会组织交纳本人每月工资收入百分之零点五的会费，工资尾数不足十元的不计交会费。

二、学徒工会员，一律按每人每月人民币五分交纳会费。

三、无固定收入的会员，可按本人上月所得工资额计算交纳会费。

四、会员所得各种奖金、津贴、稿费收入以及按劳动保险条例或其他法令规定所领取的各种补助费、救济费、退休金、退职金等，均不交纳会费。

五、关于按新办法收交会费的时间，不作划一的规定。凡工会组织健全、条件具备的，均可在“中国工会章程”正式通过后，即一九七八年十月二十一日以后的第一个收交工会会费月份改按新办法收交会费。凡工会组织不够健全的，应尽快地进行整顿，健全组织，做好准备，尽快按新办法收交会费。但除新建工会组织以外，最迟均应在一九七九年一月份，改按新办法收交会费。

六、收交的会费，暂时全部留在基层工会掌握使用。

中华全国总工会关于恢复企业、事业、机关的行政方面拨交工会经费的补充通知

（工发〔1978〕132 号　1978 年 12 月 22 日）

各省、市、自治区总工会，中国铁路总工会：

财政部与中华全国总工会于一九七八年十二月二十二日发出了《关于恢复企业、事业、机关的行政方面拨交工会经费的联合通知》，十一月十三日全国总工会发出关于收交工会会费的通知，从而恢复了工会组织独立管理经费的工作。恢复工会财务工作，收好、管好、用好工会经费是工会组织建设中的一件大事，各级工会必须把这项工作切实抓好。为此，除了联合通知所规定的各条办法要认真执行以外，现将几个需要明确的问题，再作如下补充通知：

一、工会经费管理实行“统一领导、分级管理”的原则，在全国总工会统一领导下，全国工会财务工作分为全国总工会，省、直辖市、自治区总工会，市、县总工会，基层工会四级管理。

工会经费按联合通知规定的比例应上解的部分，要通过银行逐级上解；基层工会按月上解市、县总工会，市、县总工会按月上解省、自治区、直辖市总工会，省、自治区、直辖市总工会按季上解全国总工会。省、自治区、直辖市总工会可以根据联合通知和本通知的精神就工会经费和会费的收交手续做出具体规定。

二、各级工会组织必须加强对财务工作的领导，定期讨论和研究财务工作中的问题，日常财务工作应责成一位副主席负责领导。根据国务院国发〔1978〕175 号通知的规定和全总一九六二年《关于加强工会财务工作的决定》，各级工会组织均应建立健全专管财务工作的机构，充实财会人员。财务会计业务不太多的县总工会也应设专职管理财务工作的人员，保证做好财务工作。基层工会应建立健全财务工作委员会，掌管财务工作；具体记录账目、保管现金等会计工作，可与行政方面协商，委托行政财务部门代管。各级工会都要建立工会经费账目，建立经费收支管理、财产保管使用等制度。

三、工会会费和拨交工会经费合并使用，其使用方针是为工会建设服务，为群众服务，为生产服务。当前要把为提高职工的文化科学技术水平，积极开展社会主义劳动竞赛，为实现社会主义现代化服务放在首位；同时要认真组织好群众业余文艺体育活动，活跃群众生活。要切实贯彻勤俭节约、勤俭办一切事业的方针，严格遵守国家的财经纪律和各项财务制度，量入为出，统筹安排。

基层工会经费的使用要有预、决算制度。编造预算应事前征求群众意见，经经费审查委员会审查，基层工会委员会讨论通过，报上级工会批准；开支后要定期公布账目，接受群众监督。市、县以上工会的预、决算审批制度另行规定。

四、中华全国铁路总工会的经费实行按产业垂直管理，可按照联合通知和本通知的精神，结合铁路情况自定办法，报全总备案。

五、在新的历史条件下，恢复工会独立管理经费，是个新问题，各级工会在执行过程中，要加强调查研究，注意总结经验教训，及时向上级工会反映，以便根据新的情况，研究改进工会财务制度。

全国总工会财务部关于外商投资企业工会会员缴纳会费问题的答复

（工财字〔1993〕013号 1993年2月10日）

沈阳市总工会财务部：

你部九二年来函询问关于外商投资企业工会会员交纳会费的工资如何计算问题，现答复如下：

根据全国总工会1978年所发《关于收交工会会费的通知》规定，会员应按每月“工资收入”的0.5%交纳会费。因此，外商投资企业工会的会员，只要企业发给的是“工资”，而不是发的奖金、津贴或补贴，就应按本人所得的工资收入计算交纳会费。请按此规定精神，与当地统计部门联系研究处理。如还有具体问题需要明确，请把问题的具体情况调查了解后详告，再行研究。

全国总工会财务部关于机关和事业单位工会会员交纳会费问题的通知

（工财字〔1994〕69号　1994年6月18日）

各省、自治区、直辖市总工会财务部，全国铁路、民航、金融工会财务部（办公室），中直机关、中央国家机关工会联合会：

最近，机关和事业单位工作人员的现行工资制度进行了改革。为了做好工会会费的收缴工作，明确会费的缴纳标准，现将有关问题通知如下：

机关和事业单位工作人员现行工资制度改革后，工会会员目前仍暂按全国总工会1978年颁发的《关于收交工会会费的通知》规定，按照会员本人每月工资收入的0.5%计算交纳会费。"工资收入"具体包括：

1. 机关的工会会员：职务工资，级别工资，基础工资，工龄工资；

2. 事业单位的工会会员：职务工资，等级工资；

3. 机关、事业单位的工人会员：岗位工资，等级工资。

会员工资收入合计尾数不足10元部分和各项津贴、补贴、奖金等收入，仍暂不计算交纳会费。

全国总工会财务部　组织部关于会员交纳会费问题的答复

（工财字〔1996〕58号　1996年5月27日）

北京市总工会组织部、财务部：

京工组〔1996〕4号关于会员交纳会费问题的来文收悉。现答复如下：

一、企业工会会员交纳会费的标准，目前仍应按照全国总工会工发〔1978〕101号通知规定执行。即：会员每月按本人工资收入的0.5%计算交纳会费，工资尾数不足10元部分以及各种奖金、津贴、稿费收入等，均不计算交纳会费。至于企业工会会员的工资收入和奖金津贴收入如何区分问题，可按各企业的支付办法掌握处理：凡是企业作为工资发给的，应计算交纳会费，凡是作为津贴奖金发给的，不计算交纳会费。

二、机关提前离岗休息的会员和企业下岗待岗的会员，是否应交纳会费的问题，因这一情况比较复杂，尚待进一步了解研究，目前可暂按以下精神掌握处理：上述人员如已不属于本单位职工，所得收入已不列入本单位的工资总额组成范围，可以保留会籍，免交会费。如仍属于本单位职工，所得收入仍是本单位工资总额的组成部分，则仍应按照本人实际工资收入计算交纳会费。

全国总工会财务部关于机关和事业单位工会会员交纳会费问题的答复

（工财字〔2006〕58 号　2006 年 10 月 23 日）

福建省总工会财务部：

你部《关于机关和事业单位工会会员交纳会费问题的请示》（闽工财〔2006〕35 号）收悉，现就有关问题答复如下：

全总财务部下发工财字〔1994〕69 号《关于机关和事业单位工会会员交纳会费问题的通知》中规定的“工资收入”与工财字〔1999〕67 号《关于机关及事业单位工作人员调增工资后应计拨工会经费和工会会员缴纳会费的通知》中规定的“工资收入总额”口径相一致，均不包括各种奖金、津贴、补贴等。

此复。

（二）经费收缴

中华全国总工会办公厅关于拨交工会经费的工资总额计算问题的答复

（1979 年 4 月 9 日）

广西壮族自治区总工会：

三月三十日函悉。关于拨交工会经费的工资总额，可依据国务院 1955 年 5 月 21 日（55）国秘云字第 103 号文批准国家统计局《关于工资总额组成的暂行规定》及财政部（78）财企字第 641 号文、（79）财企字第 18 号文等三个文件办理。

附件 1：

中华人民共和国财政部关于计提职工福利基金等所根据的工资总额的范围的通知

〔1978 年 12 月 18 日　（78）财企字第 641 号〕

按照财务制度的规定，企业职工的福利基金和企业基金应按照职工的工资总额和规定的百分比计算提取。

国家统计局今年十月颁发的《一九七八年劳动工资统计年报》规定，企业的“全部人员”，除包括“固定职工”和“临时职工”外，还包括“未列为职工的其他用工”。前两类人员是企业的职工，后一类人员不是企业的职工。因此，在计提职工幅利基金和企业基金时，职工工资总额应仅包括“固定职工”和“临时职工”的工资总额，不应包括“未列为职工的其他用工”的工资总额。企业会计报表上的“工资总额”项目，也应按此范围填报。“固定职工”和“临时职工”的范围，以统计制度的规定为准。

附件2：

中华人民共和国财政部关于计提职工福利基金、企业基金的工资总额的补充规定

〔1979年1月26日　（79）财企字第18号〕

河北省财政局：

（79）冀革财企字第10号函收悉。经研究，对计提职工福利基金、企业基金的职工工资总额范围作如下补充：在“未列为职工的其他用工”中、经县以上劳动部门正式批准，常年参加企业生产的亦工亦农人员和个别企业用集体所有制的招工指标招收的人员，其工资可以作为计提职工福利基金、企业基金的基数。未列为职工的其他人员的工资，仍按我部（78）财企字第641号文的规定执行。

中华全国总工会　中国人民银行
中华人民共和国财政部关于
严格按工会法规定拨交工会经费的通知

工发总字〔1980〕339号
(80)银会字第176号　　1980年12月31日
(80)财企字第728号

国务院各部委、各直属机构，中央军委总后勤部，各省、市、自治区人民政府财政局（厅），人民银行分行、总工会：

国家为了保障工会工作和职工群众文化教育体育活动的顺利进行，在一九五〇年六月颁布的工会法中，规定凡建立工会组织的企业、事业、机关单位的行政方面，应按月向工会组织拨交工会经费。十年浩劫中，工会组织遭到破坏，拨交工会经费的规定中止执行。工会“九大”以后，一九七八年十二月二十二日财政部与中华全国总工会发出联合通知，恢复执行拨交工会经费的规定。据各地反映，恢复拨交工会经费以来，大多数单位能够按规定拨交，但也有少数单位虽经多次催缴仍不按规定拨交。个别企、事业单位的主管部门对所属单位拨交工会经费不加督促，甚至进行阻挠。由于不少地方的工会组织经费收得不好，影响了职工群众正常活动及工会工作的恢复和发展。

为了使国家的规定得到切实执行，保证工会经费按期如数拨交，提出以下意见和办法，并已报经国务院批准，请按照执行。

（一）所有已建立工会组织的单位，都必须严格按《工会法》的规定和财政部、全国总工会一九七八年十二月二十二日联合通知的规定，向工会拨交工会经费。上级主管部门要负责对所属单位拨交工会经费进行督促检查。

（二）对逾期不交工会经费的单位，工会组织应向其讲明拨交工会经费的意义和规定，并及时催收追缴。经屡次催收无效的，由县或城市的区工会（产业工会管理经费的，由基层的上一级工会）以文件正式通知缴款单位的开户银行，由银行从单位的存款中扣交，并按欠交金额每日千分之五扣收滞纳金。

（三）至于在国民经济调整时期，国家正式决定关闭并已停止生产的企业，除负担基层工会的必要开支外，可免拨工会经费；国家确定的停产企业，确有实际困难，暂时拨不出经费的，应向上一级工会说明理由，征得同意后，可在一定期限内停交工会经费，停交期间基层工会的必要开支由企业行政解决。

全国总工会财务部关于贯彻执行全总　人民银行　财政部《关于严格按工会法规定拨交工会经费的通知》有关注意事项

（工财字〔1981〕4号　1981年1月19日）

各省、市、自治区总工会财务部，铁路总工会办公室：

全总、人民银行、财政部《关于严格按工会法规定拨交工会经费的通知》下达后，各地基层工会对逾期不交工会经费、屡次催收无效的单位就会根据《通知》要求县工会或城市的区工会通知银行，在该单位的存款中扣收欠款及其滞纳金。为了贯彻执行好这个《通知》，兹将有关注意事项通知如下：

一、要广泛宣传拨交工会经费的意义，积极督促各单位按期如数拨交。欠交工会经费单位的基层工会，则更要多做工作，就拨交工会经费的规定以及上述《通知》的内容和办法，向行政多做宣传说明；不要轻易地用扣交的办法，经过屡次催收无效时，才向县工会或城市的区工会提出通知银行扣款的要求。

二、由于上述《通知》层层下达需要一定时间，基层银行还要做好有关的各项准备工作，因此，县工会和城市的区工会在接到《通知》后，应主动同银行联系，商量具体贯彻执行事宜。如果银行方面还未准备就绪，可适当等待，并对有关基层工会做好解释。

以上两点，请即转知所属县工会和城市的区工会以及产业工会管理经费的基层的上一级工会。

中华全国总工会财务部关于行政事业单位一律按国家统计局《关于工资总额组成的暂行规定》计拨工会经费问题的答复

（工财部〔1982〕第 28 号　1982 年 2 月 8 日）

北京市总工会财务部：

十二月廿四日来信收悉。答复如下：

财政部（81）财企字第 502 号《关于恢复按工资总额计提工会经费的通知》，是对该部（79）财企字第 657 号《关于改按扣除各种奖金后的工资总额计提企业基金等的通知》而发的。至于行政事业单位拨交工会经费的工资总额的计算，财政部和全总在一九七八年关于恢复拨交工会经费的《联合通知》中已经明确规定：“一律按国家统计局《关于工资总额组成的暂行规定》计算。”如果有的事业单位也按照财政部（79）财企字 657 号文件，改按扣除奖金后的工资总额计提工会经费的，也应根据财政部（81）财企字 502 号文改正过来。

中华全国总工会财务部关于国家机关、事业单位工资制度改革后计拨工会经费问题的答复

（工财字〔1985〕第145号　1985年8月15日）

齐齐哈尔市总工会财务部：

来文收悉。关于国家机关和事业单位工资制度改革后如何计拨工会经费问题，经与财政部工交司、文教行政财务司联系并征得同意，答复如下：

国家机关和事业单位工资制度改革后，支付给工作人员的基础工资、职务工资、工龄津贴（包括教龄津贴、护士工龄津贴）和奖励工资，国家统计局规定均列入工资总额组成以内，因此应按规定计拨工会经费。五元副食品价格补贴，这次工资改革已列为结构工资，因此不再存在不计拨工会经费的问题。至于今年调整猪肉等购销价后发给职工的价格补贴，国家统计局（85）统社字195号通知已规定“一律暂不计入工资总额内”。因此也不计拨工会经费。

中华全国总工会　财政部　国家统计局关于重申按工资总额组成规定拨交工会经费有关问题的通知

（工总财字〔1987〕1号　1987年1月16日）

各省、自治区、直辖市总工会、财政厅（局）、统计局，全国铁路总工会、民航工会，重庆、广州、武汉、西安、沈阳、大连、哈尔滨、青岛市总工会、财政局、统计局，太原、南京市、海南行政区总工会：

随着城市经济体制改革的深入发展和第二步利改税的实行，一些企业在经营管理、用工制度、工资形式、收益分配等方面发生了变化，少数单位和地方对计拨工会经费工资总额的理解和执行上不一致，出现了一些漏项少计或增项多提的现象。为正确解决拨交工会经费中存在的问题，现根据财政部、全国总工会《关于恢复企业、事业、机关的行政方面拨交工会经费的联合通知》重申如下：

（一）所有成立工会组织的单位计拨工会经费的工资总额，一律按国家统计局《关于工资总额组成的暂行规定》、《劳动工资统计主要指标解释（1985年9月）》等有关规定执行。即：不论是进成本（费用）的，还是企、事业留利或其他资金中支付的工资、奖金、津贴，属于工资总额组成范围的，一律计拨工会经费，国务院及财政部、全国总工会另有规定者除外。

（二）实行多种形式经营承包责任制的单位，如商业、饮食服务以及农、林、牧、渔等企业，应按承包单位实际支付给职工的工资总额计拨工会经费；难以计算的，可以按发包单位职工平均工资计算的工资总额计拨；无论何种承包形式，都应将工会经费承包进去。

（三）实行“百元产值工资含量包干”的建筑、安装、施工企业，实行“吨煤工资含量包干”的煤矿企业以及按收入提成工资的单位，均应按实际支付给职工的工资总额计拨工会经费。

（四）文化、教育、卫生、科研等事业单位支付给职工的劳动报酬，无论是由事业费开支的，还是由事业收入中发放的，属于工资总额组成内的工资、奖金、津贴等，均应按规定计拨工会经费。

（五）集体所有制单位凡有工会组织的，无论是税前由成本（费用）中列支的，或是税后由企业留利和其他资金中支付给职工的工资、奖金（劳动分红）、津贴等，属于工资总额组成内的，均应计拨工会经费，并按税收有关规定列支。集体所有制单位工资总额组成按国家统计局统一规定执行。

（六）企业、事业、机关、建设单位、施工企业、地质勘探单位的行政方面拨交工会经费的账务处理，按财政部有关规定在“企业管理费”、“商品流通费”、“经费支出”、“地质工作费”等科目的有关细目中列支。

（七）各省、自治区、直辖市总工会、财政厅（局）等有关部门，可根据本通知的规定，结合当地的具体情况制定补充规定。

全国总工会财务部转发国家统计局有关工资总额规定文件的通知

（工财字〔1990〕29号　1990年4月5日）

各省、自治区、直辖市总工会、铁路总工会财务部，中国民航工会办公室：

现将国家统计局《关于工资总额组成的规定》、《关于认真贯彻执行〈关于工资总额组成的规定〉的通知》以及附件一、附件二以及《“关于工资总额组成规定若干问题的解答”的通知》转发给你们，请你们按上述文件规定的工资总额，抓好工会经费收缴工作。执行中有什么问题，请与全总财务部联系。

附件：

关于工资总额组成的规定

（1989年9月30日国务院批准
1990年1月1日国家统计局发布）

第一章　总　　则

第一条　为了统一工资总额的计算范围，保证国家对工资进行统一的统计核算和会计核算，有利于编制、检查计划和进行工资管理以及正确地反映职工的工资收入，制定本规定。

第二条　全民所有制和集体所有制企业、事业单位，各种合营单位，各级国家机关、政党机关和社会团体，在计划、统计、会计上有关工资总额范围的计算，均应遵守本规定。

第三条　工资总额是指各单位在一定时间内直接支付给本单位全部职工的劳动报酬总额。

工资总额的计算应以直接支付给职工的全部劳动报酬为根据。

第二章　工资总额的组成

第四条　工资总额由下列六个部分组成：

（一）计时工资；

（二）计件工资；

（三）奖金；

（四）津贴和补贴；

（五）加班加点工资；

（六）特殊情况下支付的工资。

第五条　计时工资是指按计时工资标准（包括地区生活费补贴）和工作时间支付给个人的劳动报酬。包括：

（一）对已做工作按计时工资标准支付的工资；

（二）实行结构工资制的单位支付给职工的基础工资和职务（岗位）工资；

（三）新参加工作职工的见习工资（学徒的生活费）；

（四）运动员体育津贴。

第六条　计件工资是指对已做工作按计件单价支付的劳动报酬。包括：

（一）实行超额累进计件、直接无限计件、限额计件、超定额计件等工资制，按劳动部门或主管部门批准的定额和计件单价支付给个人的工资；

（二）按工作任务包干方法支付给个人的工资；

（三）按营业额提成或利润提成办法支付给个人的工资。

第七条　奖金是指支给职工的超额劳动报酬和增收节支的劳动报酬。包括：

（一）生产奖；

（二）节约奖；

（三）劳动竞赛奖；

（四）机关、事业单位的奖励工资；

（五）其他奖金。

第八条　津贴和补贴是指为了补偿职工特殊或额外的劳动消耗和因其他特殊原因支付给职工的津贴，以及为了保证职工工资水平不受物价影响支付给职工的物价补贴。

（一）津贴。包括：补偿职工特殊或额外劳动消耗的津贴，保健性津贴，技术性津贴，年功性津贴及其他津贴。

（二）物价补贴。包括：为保证职工工资水平不受物价上涨或变动影响而支付的各种补贴。

第九条 加班加点工资是指按规定支付的加班工资和加点工资。

第十条 特殊情况下支付的工资。包括：

（一）根据国家法律、法规和政策规定，因病、工伤、产假、计划生育假、婚丧假、事假、探亲假、定期休假、停工学习、执行国家或社会义务等原因按计时工资标准或计时工资标准的一定比例支付的工资；

（二）附加工资、保留工资。

第三章 工资总额不包括的项目

第十一条 下列各项不列入工资总额的范围：

（一）根据国务院发布的有关规定颁发的创造发明奖、自然科学奖、科学技术进步奖和支付的合理化建议和技术改进奖以及支付给运动员、教练员的奖金；

（二）有关劳动保险和职工福利方面的各项费用；

（三）有关离休、退休、退职人员待遇的各项支出；

（四）劳动保护的各项支出；

（五）稿费、讲课费及其他专门工作报酬；

（六）出差伙食补助费、误餐补助、调动工作的旅费和安家费；

（七）对自带工具、牲畜来企业工作职工所支付的工具、牲畜等的补偿费用；

（八）实行租赁经营单位的承租人的风险性补偿收入；

（九）对购买本企业股票和债券的职工所支付的股息（包括股金分红）和利息；

（十）劳动合同制职工解除劳动合同时由企业支付的医疗补助费、生活补助费等；

（十一）因录用临时工而在工资以外向提供劳动力单位支付的手续费或管理费；

（十二）支付给家庭工人的加工费和按加工订货办法支付给承包单位的发包费用；

（十三）支付给参加企业劳动的在校学生的补贴；

（十四）计划生育独生子女补贴。

第十二条 前条所列各列按照国家规定另行统计。

第四章 附 则

第十三条 中华人民共和国境内的私营单位、华侨及港、澳、台工商业者经营单位和外商经营单位有关工资总额范围的计算，参照本规定执行。

第十四条 本规定由国家统计局负责解释。

第十五条 各地区、各部门可依据本规定制定有关工资总额组成的具体范围的规定。

第十六条 本规定自发布之日起施行。国务院一九五五年五月二十一日批准颁布的《关于工资总额组成的暂行规定》同时废止。

全国总工会财务部转发国家统计局《劳动统计指标解释》中有关“职工”和“职工工资总额及构成”的规定的通知

（工财字〔1995〕11 号　1995 年 3 月 3 日）

各省、自治区、直辖市总工会财务部，全国铁路总工会财务部，中国民航、金融工会财务部，中直机关、国家机关工会联合会财务部（办公室）：

现将国家统计局 1994 年 10 月编印的《劳动统计指标解释》中“从业人员和职工人数统计”及“从业人员劳动报酬和职工个人收入统计”这两部分内容摘录印发给你们，请认真了解掌握，并按照其中的“职工”范围和“职工工资总额及构成”的规定，做好企业、事业、机关按月向工会拨交工会经费的收缴工作。

两个问题说明如下：

一、在各单位中工作的外方人员和港、澳、台方人员，《解释》未列入“职工”范围（列入从业人员范围），但在计算拨交工会经费时，仍应按照全国总工会、对外经济贸易部、财政部、劳动人事部工发总字〔1984〕45 号通知和财政部（92）财工字第 294 号通知的有关规定，将这部分人员的工资总额计算在内拨交工会经费。

二、已建立工会组织的乡镇企业和私营企业按月向工会拨交经费时，按照本企业全部职工工资总额的 2%计算拨交。

附件 1：

从业人员和职工人数统计（摘录）

（一）基本指标

从业人员　指从事一定社会劳动并取得劳动报酬或经营收入的人员（详见劳动力资源配置情况统计）。

各单位的从业人员是指在各级国家机关、政党机关、社会团体及企业、事业单位中工作，并取得劳动报酬的全部人员。包括职工、再就业的离退休人员、民办教师以及在各单位中工作的外方人员和港、澳、台方人员。

职工 指在国有经济、城镇集体经济、联营经济、股份制经济、外商和港、澳、台投资经济，其他经济单位及其附属机构工作，并由其支付工资的各类人员。

职工统计中不包括下列人员：

1. 乡镇企业从业人员

2. 私营企业从业人员

3. 城镇个体劳动者

4. 离休、退休、退职人员

5. 再就业的离、退休人员

6. 民办教师

7. 其他按有关规定不列入职工统计范围的人员：

（1）实行个人承包离店经营不再由原单位支付工资的人员。

（2）从单位领取原材料，在自己家中进行生产的家庭工。

（3）发包给其他单位半成品加工、装配、包装等工作所使用的人员；发包给其他单位的拆洗缝补、房屋修缮、装卸、搬运、短途运输等工作所使用的人员；承包本单位工程或运输业务，其劳动力不由本单位直接组织安排的农村搬运队、建筑队的人员等。

（4）根据国务院国发〔1981〕181号文件规定，经省、自治区、直辖市批准有计划从农村就近招用，参加铁路、公路、输油输气管线、水利等大型土石方工程工作，工程结束后立即辞退，不得调往新施工地区的民工。其他以“民工”名义，从农村招收的参加一般建设的人员，应列入“全部职工”中统计。

（5）参加单位生产劳动的军工和勤工俭学的在校学生，以及大中专、技工学校的实习生。

（6）在社会福利单位中工作，以国家救济为主的人员。

（7）经单位批准停薪留职，保留单位职工身份的人员。如自费上电大、出国探亲以及离厂（店）自谋出路等人员。

（8）在各单位中工作的外方人员和港、澳、台方人员。

职工人数计算的原则：

（1）各基层单位的“全部职工”人数，原则上应按“谁发工资谁统计”的办法进行统计。因此，不论是编制内的还是编制外的人员；不论是出勤的还是因故未出勤的人员；不论是在国内工作的还是在国外工作的人员；不论是正式的人员还是试用期间的人员；不论是在本单位工作的还是临时借调到外单位工作的人员，只要由本单位支付工资均应统计为职工。

（2）对于新招收的人员，从其报到参加工作之日起，不论是否发放当月工资，即应统计为本单位职工。对于自然减员、参军（包括参军后原单位仍发给部分生活费或补贴人员）、不带工资上学的人员，从其离开之日起即不再算本单位的职工。对于调往其他单位的人员，从其离开之日起即不再算本单位的职工。对于调往其他单位的人员，如已在原单位领取工资，其期末人数和平均人数均应由原单位进行统计，调入单位从发放工资之月起统计。

长期职工　指用工期限在一年以上（含一年）的职工。包括原固定职工、合同制职工、长期临时工以及国有单位使用的城镇集体所有制单位的人员和其他使用期限在一年以上的原计划外用工。

临时职工　指用工期限不超过一年的职工。包括各单位根据国家有关规定招用的，签订一年以内的劳动合同或使用期不超过一年的临时性、季节性用工。

各单位中的长期职工与临时职工之和为该单位全部职工。

合同制职工　指单位根据国务院国发〔1986〕77 号文件和国务院令第 99 号的规定，通过签订有固定期限劳动合同、无固定期限劳动合同和以完成一项工作为期限劳动合同所使用的职工。包括实行全员劳动合同制单位的全部职工。合同制职工是各单位全部职工中的其中项。

正式职工　指机关和事业单位中，经国家有关部门分配、安排或批准招收录用的职工。包括原固定职工和使用期限在一年以上的合同制职工。正式职工是单位全部职工中的其中项。

附件 2：

从业人员劳动报酬和职工个人收入统计（摘录）

（一）从业人员劳动报酬

从业人员劳动报酬　指各单位在一定时期内直接支付给本单位全部从业人员的劳动报酬总额。包括职工工资总额和本单位其他从业人员劳动报酬两部分。

职工工资总额　指各单位在一定时期内直接支付给本单位全部职工的

劳动报酬总额。

其他从业人员劳动报酬 指各单位在一定时期内直接支付给本单位其他从业人员的全部劳动报酬。包括支付给再就业离退休人员的劳动报酬和外籍、港、台人员的劳动报酬总额。

（二）职工工资总额及构成

职工工资总额反映了一定时期职工从单位内得到的全部工资，包括计时工资、计件工资、奖金、津贴和补贴、加班加点工资、特殊情况下支付的工资。

工资总额的计算原则应以直接支付给职工的全部劳动报酬为根据。各单位支付给职工的劳动报酬以及其他根据有关规定支付的工资，不论是计入成本的还是不计入成本的，不论是以货币形式支付的还是以实物形式支付的，均应列入工资总额的计算范围。

各单位在统计月、季、年的工资总额时，均应按实发数计算，但对逢节日提前预发下月的工资，仍统计在应发月的工资总额中。因补发调整工资影响当月工资总额变动较大时，应在统计表中加注说明。

工资总额不包括的项目：

（1）根据国务院发布的有关规定颁发的创造发明奖、国家星火奖、自然科学奖、科学技术进步奖和支付的合理化建议和技术改进奖以及支付给运动员在重大体育比赛中的重奖。

（2）有关劳动保险和职工福利方面的费用，具体有：职工死亡丧葬费及抚恤费、医疗卫生费或公费医疗费用、职工生活困难补助费、集体福利事业补贴、工会文教费、集体福利费、探亲路费等。

（3）有关离休、退休、退职人员待遇的各项支出。

（4）支付给聘用或留用的离休、退休人员的各项补贴。

（5）劳动保护的各种支出。具体有：工作服、手套等劳保用品。解毒剂、清凉饮料，以及按照一九六三年七月十九日劳动部等七单位规定的范围对接触有毒物质、矽尘作业、放射线作业和潜水、沉箱作业、高温作业等五类工种所享受的由劳动保护费开支的保健食品待遇。

（6）稿费、讲课费及其他专门工作报酬。

（7）出差伙食补助费、误餐补助、调动工作的旅费和安家费。

（8）对自带工具、牲畜来企业工作的职工所支付的工具、牲畜等的补偿费用。

（9）实行租赁经营单位的承租人的风险性补偿收入。

（10）对购买本企业股票和债券的职工所支付的股息（包括股金分红）

和利息。

（11）劳动合同制职工解除劳动合同时由企业支付的医疗补助费、生活补助费等。

（12）因录用临时工而在工资以外向提供劳动力单位支付的手续费或管理费。

（13）支付给家庭工人的加工费和按加工订货办法支付给承包单位的发包费用。

（14）支付给参加企业劳动的在校学生的补贴。

（15）计划生育独生子女补贴。

工资总额构成的内容，根据财务核算的具体情况，国家统计局对国务院国函〔1989〕65 号文件批准，国家统计局 1990 年第 1 号令发布实施的《关于工资总额组成的规定》中的构成内容进行了调整，即将其中“特殊情况下支付的工资”分列在“计时工资”、“其他工资”两项指标中。

计时工资 是指按计时工资标准和工作时间支付给个人的劳动报酬。包括：

（1）对已做工作按计时工资标准支付的工资；

（2）新参加工作职工的见习工资（学徒的生活费）；

（3）根据国家法律、法规和政策规定，因病、工伤、产假、计划生育假、婚丧假、事假、探亲假、定期休假、停工学习、执行国家或社会义务等原因按计时工资标准或计件工资标准的一定比例支付的工资；

（4）实行岗位技能工资制的单位支付给职工的技能工资和岗位（职务）工资；

（5）合同制职工按规定缴纳的不超过本人标准工资 3%的退休养老基金、职工受处分期间的工资、浮动升级的工资等。

（6）根据国务院关于机关工作人员和事业单位工作人员工资制度改革方案的规定，列入机关工改范围的单位其计时工资包括：机关工作人员的职务工资、级别工资、基础工资；工人的岗位工资、技术等级（职务）工资。

列入事业工改范围的单位其计时工资包括：各类专业技术人员和管理人员的专业技术职务工资、艺术专业职务工资、体育基础津贴、行员等级工资、职员职务工资、技术等级工资、等级工资等。工人的技术等级（职务）工资、等级工资。

中小学教师、护士在新的专业技术职务工资标准的基础上提高 10%的部分也列入“计时工资”项内。

计件工资 是指对已做工作按计件单价支付的劳动报酬。包括：

（1）实行超额累进计件、直接无限计件、限额计件、超定额计件等工资制，按劳动部门或主管部门批准的定额和计件单价支付给个人的工资；

（2）按工作任务包干方法支付给个人的工资；

（3）按营业额提成或利润提成办法支付给个人的工资。

计件标准工资　指实行计件工资制的单位，按照批准的计件单价和规定的劳动定额或工作量支付给计件工人的劳动报酬。即在一定时期内职工应当完成的定额乘以单价后的工资。在一般情况下（即工作物等级与标准工资等级相同时），计件标准工资与标准工资相等。当工作物等级高于标准工资等级时，计件标准工资则高于标准工资。

计件超额工资　是计件工资的一部分，指计件工人超额完成定额任务后所得的工资。即计件工人实得的全部计件工资减去应得的计件标准工资后的数额。某些企业的工人由于从事生产的工作物等级高于本人工资等级，因而其计件标准工资高于本人标准工资，其计件超额工资也应是全部工资减去应得的计件标准工资的数额。

奖金　是指支付给职工的超额劳动报酬和增收节支的劳动报酬。包括：

（1）生产（业务）奖　包括超产奖、质量奖、安全（无事故）奖、考核各项经济指标的综合奖、提前竣工奖、外轮速遣奖、年终奖（劳动分红）等；

（2）节约奖　包括各种动力、燃料、原材料等节约奖；

（3）劳动竞赛奖　包括发给劳动模范、先进个人的各种奖金和实物奖励；

（4）机关、事业单位各类人员的年终一次性奖金、机关工人的奖金、体育运动员的平时训练奖；

（5）其他奖金　包括从兼课酬金和业余医疗卫生服务收入提成中支付的奖金，运输系统的堵漏保收奖，学校教师的教学工作量超额酬金，从各项收入中以提成的名义发给职工的奖金等。

津贴和补贴　是指为了补偿职工特殊或额外的劳动消耗和因其他特殊原因支付给职工的津贴，以及为了保证职工工资水平不受物价影响支付给职工的物价补贴。

1. 津贴包括：

（1）补偿职工特殊或额外劳动消耗的津贴及岗位性津贴　包括：高空津贴、井下津贴、流动施工津贴、高温作业临时补贴、海岛津贴、艰苦气象台（站）津贴、微波站津贴、冷库低温津贴、邮电人员外勤津贴、夜班津贴、中班津贴、班（组）长津贴、环卫人员岗位津贴、广播电视天线工岗位津贴、盐业岗位津贴、废品回收人员岗位津贴、殡葬特殊行业津贴、城市社会福利事业岗位津贴、环境监测津贴、收容遣送岗位津贴、课时津贴、班主任津贴、科研辅助津贴、卫生临床津贴和防检津贴、农业技术推广服务津贴、护林津贴、林业技术推广服务津贴、野生动物保护工作津贴、水利防汛津贴、血吸虫疫区工作津贴、气象服务津贴、地震预测预防津贴、技术监督工作津贴、口岸鉴定检验津贴、环境污染监控津贴、社会服务津贴、特殊岗位津贴、岗位津贴、野外津贴、水上作业津贴、艰苦岛屿与作业津贴、艺术表演档次津贴、演出场次津贴、艺术人员工种补贴、运动队班（队）干部驻队补贴、教练员培训津贴、运动员成绩津贴、运动员突出贡献津贴、责任目标津贴、领导职务津贴、岗位目标管理津贴、专业技术职务津贴、专业技术职务岗位津贴、技术等级岗位津贴、机关工作人员岗位津贴（包括公安干警值勤津贴、警衔津贴、海关工作人员岗位津贴、基层审计人员外勤工作补贴、人民法院干警岗位津贴、人民检察院干警岗位津贴、司法助理员岗位津贴、监察纪检部门办案人员外出办案补贴、人民武装部工作人员津贴）、技术工人岗位津贴、普通工人作业津贴以及其他为特殊行业和苦脏累险等特殊岗位设立的津贴等。

（2）保健性津贴　包括：卫生防疫津贴和医疗卫生津贴、科技保健津贴以及其他行业职工的特殊保健津贴等。

（3）技术性津贴　包括：特级教师补贴、科研课题津贴、研究生导师津贴、工人技师津贴、中药老药工技术津贴、特殊教育补贴、高级知识分子特殊津贴（政府特殊津贴）等。

（4）年功性津贴　包括：工龄工资、工龄津贴、教龄津贴和护士工龄津贴。

（5）地区津贴　包括艰苦边远地区津贴和地区附加津贴。

（6）其他津贴　包括：直接支付给个人的伙食津贴（火车司机和乘务员的乘务津贴、航行和空勤人员伙食津贴、水产捕捞人员伙食津贴、专业车队汽车司机行车津贴、体育运动员和教练员伙食补助费、少数民族伙食津贴、小伙食单位补贴、各种伙食补贴等）、合同制职工的工资性补贴、上下班交通补贴、洗理卫生费、书报费、工种粮补贴等。

2. 补贴包括：

为保证职工工资水平不受物价上涨或变动影响而支付的各种补贴，如副食品价格补贴（含肉类等价格补贴），粮、油、蔬菜等价格补贴，煤价补贴，房贴，水电贴，房改补贴以及提高煤炭价格后，部分地区实行的民用燃料和照明电价格补贴等。

对于1993年机关、事业单位工资套改后，原按国家和地方规定发放的物价、福利性补贴及自行建立的津贴，扣除已纳入工资的64元以外的部分也应计入“津贴和补贴”项目。

加班加点工资 是指对法定节假日和公休假日工作的职工，以及在正常工作日以外延长工作时间的职工按规定支付的加班工资和加点工资。

其他工资 是指其他根据国家规定支付的工资。如附加工资、保留工资以及调整工资补发的上年工资等。

在1993年机关、事业单位工资套改中，增资额未达到35元的，按35元增加工资，其超出职级工资线的部分暂列入“其他工资”项内。

（三）职工工资外收入（略）

全国总工会财务部关于转发国家统计局《关于印发1998年年报劳动统计新增指标解释及问题解答的通知》的通知

（工财字〔1999〕27号　1999年3月31日）

各省、自治区、直辖市总工会财务部，中国铁路总工会、中国金融工会财务部、中国民航工会办公室，中直机关、国家机关工会联合会办公室：

现将国家统计局国统办字〔1998〕120号文件《关于印发1998年年报劳动统计新增指标解释及问题解答的通知》转发给你们，根据该通知精神，在离开本单位，但仍保留劳动关系（含下岗）的职工中，由社保、民政部门发放的生活费不属于工资总额范畴，而由企业发放的生活费仍属于工资总额范畴，应据此由原有企业计提工会经费。对新出现的住房补贴、电话补贴、伙食补贴等补贴项目，也要计入工资总额，并计提工会经费。

以上通知请遵照执行。

附件：

国家统计局办公室《关于印发1998年年报劳动统计新增指标解释及问题解答的通知》

（国统办字〔1998〕120号　1998年10月7日）

各省、自治区、直辖市统计局，国务院有关部门劳资司：

现将《1998年年报劳动统计新增指标解释及问题解答》印发给你们，请遵照执行。各地区、各部门在执行中如遇其他问题，请及时与我局设计管理司、人口和社会科技司联系。

1998年年报劳动统计新增指标解释及问题解答

一、新增指标解释

1. 单位从业人员

各单位的从业人员是指在各级国家机关、政党机关、社会团体及企业、事业单位中工作，取得工资或其他形式的劳动报酬的全部人员。包括：在岗职工、再就业的离退休人员、民办教师以及在各单位中工作的外方人员和港澳台方人员、兼职人员、借用的外单位人员和第二职业者。不包括离开本单位仍保留劳动关系的职工。

2. 在岗职工

指在本单位工作并由单位支付工资的人员，以及有工作岗位，但由于学习、病伤产假等原因暂未工作，仍由单位支付工资的人员。

3. 离开本单位仍保留劳动关系的职工

指由于各种原因，已经离开本人的生产或工作岗位，并已不在本单位从事其他工作，但仍与用人单位保留劳动关系的职工。

4. 离开本单位仍保留劳动关系职工的生活费

指上述人员在离开本单位仍保留劳动关系期间从本单位领取的生活费用。

5. 内部退养职工

指接近正常退休年龄但因各种原因退出工作岗位，并办理了内退手续，在办理正式退休手续前由单位按月发给一定生活费的职工。

二、问题解答

1. 今年制度中对从业人员的统计口径做了哪些调整？

答：今年制度中对从业人员统计口径的调整是：设置“离开本单位仍保留劳动关系的职工”新指标，并将其作为一项指标单独列出。不再统计为本单位的从业人员；在从业人员项下设“在岗职工”和“其他从业人员”。这两项指标相加等于全部从业人员。与这些人员指标对应的报酬指标也作了相应调整。各地区可用“在岗职工”、“在岗职工工资总额”与“离开本单位仍保留劳动关系的职工”、“离开本单位仍保留劳动关系的职工生活费”分别相加，得到与原职工及工资总额口径一致的数据，以进行统计分析和比较。

2. 今年制度中新增加的“离开本单位仍保留劳动关系的职工”指标与原“下岗职工”指标的范围有哪些不同？

答：“离开本单位仍保留劳动关系的职工”指标比原下岗职工指标的范围大。原下岗职工的定义包括三个条件：（1）职工下岗是由于单位经营状况的原因，而不是由于个人原因；（2）下岗职工是已经离开本人的生产和工作岗位并不在本单位从事其他工作；（3）这些人仍与用人单位保留了劳动关系。新指标则没有上述第一个条件的限定，即只需符合后两个条件就可统计为“离开本单位仍保留劳动关系的职工”。

3. 今年制度中按企业登记注册类型的分组与原按经济类型的分组在统计口径上有哪些区别？

答：今年劳动统计的基层表和综合表中对全部调查单位都执行按企业登记注册类型分组的规定。该规定详见国统字〔1998〕200号文。从形式上看，新分组比原分组增加了“股份合作企业”；将原“股份制”分为有限责任公司和股份有限公司。从新规定与原规定中各项类别的统计范围看，也有较大变化，特别是国有企业和集体企业比原规定的范围小，其中国有企业不再包括国有联营和有限责任公司中的国有独资公司；集体企业不再包括集体联营和股份合作企业。为了与去年统计资料相衔接，我们在301表和401表甲栏的其他类型单位项下增列了几栏其中项。各地区在进行统计分析和对比时应注意这一分组口径的变化。

4. 在今年制度中，企业、事业和机关的划分办法有哪些变化？

答：按照《关于布置1998年统计年报和1999年定期统计报表制度的通知》（国统字〔1998〕172号文），1998年劳动统计报表中对于企业、事业、机关的分组按“法人基本单位情况（101-1表）”中“法人批准机关或登记注册机关”和“执行会计制度类别”进行确定，不再执行《关于在劳动计划和统计中划分企业、事业、机关单位的暂行规定》（统制字〔1990〕304号文），包括该文件中对某些特殊行业的特殊规定。具体方法是：

基层单位以“法人基本单位情况（101-1表）”中的12项“执行会计制度类别”进行划分。执行特殊行业会计制度的事业单位一律选填“事业会计制度”；已执行企业会计制度的事业单位必须选填“企业会计制度”；对于所执行的会计制度不够规范的单位，应由所属统计部门根据该单位设置的会计科目进行确认。

对于在12项选填“其他”会计制度类别的单位，则以其在17项“法人批准机关或登记注册机关”的选填项再进行确认：对选填“1. 工商行政管理部门”的单位，划入企业；对选填“2. 编委”的单位，划入事业；对选填“3. 民政部门”的单位，划入机关；对选填“9. 其他”的单位，应按其所注明的具体部门确定；如仍难以认定，均列为企业。对于在本项中出现复选的情况，按其在先选填的类别确定。

对于填报综合报表的主管部门也要按上述项目及要求，根据基层单位的具体情况划分，由主管部门进行综合汇总后，上报地方统计局。

5. 其他各类从业人员的变动（如其他单位下岗职工、聘用的离退休人员、外籍人员等）应放在104表（单位从业人员变动情况）哪项指标中？

答：今年的1302表由“职工人数变动情况”改为“单位从业人员变动情况”表。其他各类从业人员本年度增减数应分别统计在104表从业人员变动情况增加和减少的“其他”项（代码24、32）中。

6. 新出现的一些补贴项目（如住房补贴、电话补贴、伙食补贴等）是否统计为工资总额？

答：(1）根据国家统计局《关于房改补贴统计方法的通知》（统制字〔1992〕80号文），住房补贴或房改补贴均应统计在工资总额中；（2）电话补贴、伙食补贴等实际上是发给职工的岗位津贴或补贴，因此应计入工资总额。

7. 轮岗职工如何统计？

答：根据我局设管司函〔1997〕11号“关于印发‘1997年年报劳动统计问题解答’的通知”精神，轮岗职工应按其在统计调查时点时的实际就业状态进行统计。

8. 由社保、民政部门发放的下岗职工的生活费如何统计？

答：下岗职工生活费在今年的制度中应列入“离开本单位仍保留劳动关系职工的生活费”。此指标是原职工工资总额的一部分，根据国家统计局《关于工资总额组成的规定》，工资总额是指各单位在一定时期内直接支付给本单位全部职工的劳动报酬。对于社保、民政部门发放的下岗职工生活费，因其不符合工资总额的定义，故不计入“离开本单位仍保留劳动关系职工的生活费”中。

中华全国总工会　对外经济贸易部 财政部　劳动人事部关于中外合资企业 拨交工会经费的工资总额计算问题的通知

（工发总字〔1984〕45 号　1984 年 12 月 29 日）

各省、自治区、直辖市总工会、对外经济贸易厅（局）、财政厅（局）、劳动人事厅、局（劳动局、人事局）：

最近一些单位来函询问，中外合资经营企业法实施条例第九十九条“合营企业每月按企业职工实际工资总额的百分之二拨交工会经费”的规定中，“企业职工实际工资总额”如何计算，现明确如下：

合营企业拨交工会经费的工资总额，按照中方职工本人实际得到的计时工资、计件工资、奖金和津贴等计算。具体计算范围，按照国家统计局“关于工资总额组成的暂行规定”及其有关的解释执行。合营企业中外籍职工的工资总额也应包括在内计拨工会经费。

中华全国总工会办公厅关于印发《外商投资企业拨交工会经费的具体规定》的通知

（总工办发〔1995〕58号　1995年11月13日）

各省、自治区、直辖市总工会：

《关于外商投资企业拨交工会经费的具体规定》已经书记处讨论同意，现印发给你们，请贯彻执行。执行中有何问题、意见、建议，请及时向全总财务部反映。

附件：

关于外商投资企业拨交工会经费的具体规定

为贯彻执行《中华人民共和国工会法》，根据全国总工会、中央组织部、国家经贸委、对外贸易经济合作部、劳动部、国家工商局工总发〔1994〕20号《关于加强外商投资企业工会工作几个问题的通知》中有关拨交工会经费的规定和全国总工会、对外经济贸易部、财政部、劳动人事部工发总字〔1984〕45号《关于中外合资企业拨交工会经费的工资总额计算问题的通知》等有关规定，现对外商投资企业向工会拨交经费的几个问题，具体规定如下：

一、凡经上级工会批准建立工会组织的外商投资企业，应自批准建立工会的月份起，于每月十五日以前按照上月份企业全部职工工资总额的百分之二，向工会拨交当月份的工会经费。具体拨交手续，按照全国总工会和中国人民银行工总财字〔1989〕16号通知的规定办理。

二、计算拨交工会经费的“全部职工”，应包括中方职工，港、澳、台方职工和外方职工在内。其中“外方职工”是指在外商投资企业中工作，非中华人民共和国国籍，以工资收入为主要生活来源的脑力劳动者和体力劳动者（含高级职员）。

计算拨交工会经费的“工资总额”，是指企业直接支付给本单位全部职工的劳动报酬总额，包括各种工资、奖金和津贴在内。具体计算范围，中方职工按照国家统计局《关于工资总额组成的规定》及有关的解释执行，港、澳、台方职工和外方职工参照上述规定及解释执行。

三、对逾期未交或少交工会经费的，外商投资企业工会组织应及时催交，经多次催交，仍不按《中华人民共和国工会法》的有关规定拨交工会经费的，由上一级工会按照国家的有关规定，以文件正式通知缴款单位的开户银行代扣，并按欠交金额每日 0.5%扣收滞纳金；难以扣收的，可提请法院仲裁。

四、外商投资企业向工会拨交的经费，由企业工会按照中华全国总工会和省、自治区、直辖市总工会的规定进行管理和使用，并接受同级工会经费审查委员会的审查和上级工会的检查、指导与监督。其中按规定应上缴上级工会的经费，必须及时足额上缴。全国总工会财务部一九九三年工财字 001 号通知关于对开发区新建外商投资企业回拨经费的规定，从一九九五年底期满后停止执行。

全国总工会财务部关于新建外商投资企业如何拨交工会经费和工会干部工资开支问题的答复

（工财字〔1996〕92号　1996年8月20日）

天津市总工会财务部：

你部（96）11号来文“关于对新建外商投资企业工会如何拨交工会经费问题和工会干部工资由谁负担问题的请示”收悉。现答复如下：

一、1993年全总曾下发了工财字〔1993〕001号通知，规定“建立工会组织的中外合资、中外合作和外资企业工会，应根据当地总工会规定的比例，按月上解经费，其中全总5%部分，由市、区、县总工会按季回拨补助给开发区工会和新建外商投资企业工会。”同时还规定“回拨补助试行期为三年，自1993年1月1日至1995年12月31日止，期满后，恢复上解全总5%经费”。上述文件截至1995年底已停止执行，全总工办发〔1995〕58号文对此已作了明确规定。并恢复了“三资”企业工会经费的正常拨交和上解工作，你们所提出的对新建外商投资企业工会如何上解经费问题，应按总工办发〔1995〕58号文件规定办。

二、关于合资企业工会专职主席（委员）的工资开支问题。根据全总基层工作部工基发〔1994〕13号文件规定的精神，“外商投资企业专职工会干部的工资、劳动保险及其他福利待遇可以参照全民所有制企业规定执行。”由所在单位行政支付。

执行过程中，有何问题，请告知全总财务部。

全国总工会财务部关于外商投资企业工会经费计提基数认定的批复

（工财字〔2012〕347 号　2012 年 11 月 16 日）

江苏省总工会财务部：

《关于外商投资企业工会经费计提基数认定的请示》收悉，现批复如下：

《工会法》第 42 条规定：“建立工会组织的企业、事业单位、机关按每月全部职工工资总额的百分之二向工会拨缴经费。”国家统计局办公室《关于印发 1999 年劳动统计年报新增指标解释及问题解答的通知》（国统办字〔1999〕106 号）规定：“单位从个人工资中直接为其代扣代缴的社会保险费、所得税、住房公积金以及其他各类扣款都应计入工资统计。”

外商投资企业应按照上述规定向工会拨缴工会经费。

中华全国总工会办公厅关于企业拨交工会经费应列入集体合同条款的意见

（总工办发〔1996〕64号　1996年11月26日）

各省、自治区、直辖市总工会，各全国产业工会，全总各部门、各直属单位，中央国家机关工会联合会，各计划单列市总工会，新疆生产建设兵团工会：

为进一步落实《工会法》中关于拨交工会经费问题的规定，在贯彻《劳动法》的过程中，工会代表职工与企事业单位行政方面签订集体合同时，应将企事业单位行政方面依法拨交工会经费列入合同条款。具体意见如下：

一、根据《劳动法》签订集体合同，是协调稳定劳动关系的重要机制。工会作为劳动关系一方主体的代表，起着重要的作用。为了保证工会组织依法履行职责，在进行平等协商、签订集体合同中，应将《工会法》规定的企事业行政方面依法拨交工会经费的内容列入集体合同，以此作为法律约定。

二、如企业方面违反集体合同约定，应承担责任。其违约责任应由双方依据有关法律、法规，结合本地区、本单位的具体情况，商定后写入集体合同中。

以上意见请你们在平等协商、签订集体合同中遵照执行，执行中碰到的情况和问题，请向全总财务部反映。

全国总工会财务部《关于工会经费不应按计税工资额计提的复函》

（工财字〔1997〕29 号　1997 年 5 月 5 日）

新疆自治区总工会财务部：

您部关于新疆粮油运输公司财务科询问的关于工会经费和计税工资总额有关问题的信函已收悉，答复如下：

1. 根据《工会法》第三十六条之规定，工会经费是按“职工工资总额”的 2%计提。

2. 财政部税政司在财税政便字〔95〕05 号函复我部中也明确指出“在计算纳税时允许扣除的工会经费，并不一定是企业实际支付的工会经费。至于应上缴的工会经费仍应按有关规定办理”。

3. 来函中说“要上税就不提取工会经费”这是不符合《工会法》中关于工会经费的有关规定，望你们妥善解决好上述问题。

中华全国总工会《关于转发最高人民法院〈关于产业工会、基层工会社团法人资格和工会经费有关问题批复〉的通知》

（总工发〔1997〕15号　1997年6月18日）

各省、自治区、直辖市总工会，各全国产业工会，全总各部门，各计划单列市总工会，新疆生产建设兵团工会：

1997年5月16日，最高人民法院以法复〔1997〕6号文《关于产业工会、基层工会是否具备社团法人资格和工会经费集中户可否冻结划拨问题的批复》（以下简称《批复》）对工会社团法人资格的取得和工会经费被冻结划拨的问题作出了司法解释，较为圆满地解决了这一各级工会呼吁尽早解决的问题。为了使各级工会尽快熟悉掌握该《批复》，按照《批复》的规定办事，解决基层工会取得社团法人资格和制止工会经费被错误冻结划拨，维护工会组织的合法权益，现全文转发最高人民法院的《批复》。希望各级工会要认真学习最高人民法院的《批复》，按照《批复》的规定就以下几个问题进行对照检查，并将发现的问题上报全总法律工作部。

一、根据《批复》的规定，基层工会社团法人资格的取得由上一级工会依据《中华人民共和国民法通则》、《中华人民共和国工会法》和《中国工会章程》的规定进行审查批准。为此，全总要求上级工会在审查批准时必须严格依法把关，对不符合社团法人条件的基层工会，不得放宽条件和任意发放社团法人资格证书。

二、各级工会接到全总转发的文件后，应立即对所办企业进行一次清查，对未取得企业法人资格的工会企业，应尽快办理企业法人营业执照；对外单位挂靠到工会的企业应尽快解除挂靠关系。此外，要加强对工会所办企业的规范管理，使之依法经营。

三、各地工会要加强对工会经费集中户的管理，严格执行全总的财务规定，不能在此账户内开支费用或挪用、转移资金。违者按违反全总财务制度处理。

四、各级工会对《批复》所列被错误冻结划拨工会经费和工会经费集中户、被错判承担连带经济责任的问题，应尽快与有关部门协商和交涉。已经被错误冻结划拨工会经费的单位，应尽快申请纠正或申请执行回转。申请执行回转的同时，请将情况报全总法律工作部和全总财务部。

五、机关及事业单位工会有《批复》所列问题的，也应依照《批复》规定的原则处理。

全国总工会财务部《关于“买断工龄工资”应计提工会经费的复函》

（工财字〔1997〕161号　1997年11月24日）

广东省总工会财务部：

你部所反映的少数企业由于无法继续经营，将企业全部财产进行拍卖，拍卖所得资金按每个职工的工作年限的一定比例，一次性发给职工生活费，即称买断工龄工资，是否应计提工会经费问题，以及该企业拍卖前欠拨的工会经费，是否与破产企业一样要进行清偿问题，现答复如下：

一、按工龄一次性发给职工的生活费，即称“买断工龄工资”，经请示国家统计局有关部门，认为其实质是工资的一部分，属工资总额范畴，应按2%的比例计提工会经费。

二、根据全总、财政部联合印发的〔62〕财经制字548号，会通字第12号文《关于在关、停和合并企业的工会财产、经费结余应如何处理的问题的联合通知》，以及1997年全国工会财务工作会议的精神，企业拍卖应视同破产，企业拍卖前，应对工会资产进行清理，移交上级主管工会。欠拨的工会经费应在拍卖前或是从拍卖所得中予以清偿。

全总法律部《关于起诉企业拖欠工会经费的案件人民法院应当受理的函》

（工法函字〔1998〕第 10 号　1998 年 8 月 10 日）

通化市中级人民法院：

我们接到了通化市总工会关于准备起诉首钢长白机械厂拖欠工会经费案件的报告。经研究，我们认为：企业向工会拨交工会经费是《工会法》规定的企业必须履行的义务。工会经费一经拨交之后，即成为工会的财产，受《工会法》的保护。特别是企业拖欠的工会经费中有 40%是属于上级工会的，已经形成事实上的债权债务关系，不再仅仅是企业和企业工会的债权债务关系。因此，工会为保护工会经费的收缴而依法提起的诉讼，人民法院应当受理。

全国总工会财务部《关于企业支付劳务用工的劳务费是否纳入职工工资总额计提工会经费答复》

（工财字〔2002〕68号　2002年10月31日）

辽宁省总工会财务部：

你省大连经济技术开发区总工会来信收悉，现答复如下：

关于企业支付给劳务用工的劳务费是否纳入职工工资总额的问题，我们请示了国家统计局人口社会司劳动就业处，他们的意见是：“企业支付给劳务工的劳务费，不论以何种形式发放，只要属于劳动报酬性质，都应作为工资统计；但企业随用随招的学生工不是职工范畴，其劳务费不作为职工工资总额统计。”因此，企业支付给劳务工的劳务费，要按《工会法》及有关规定计提工会经费；企业支付给随招随用学生工的劳务费不计提工会经费。

此复。

全国总工会财务部《关于地区补贴是否属于职工工资总额计拨工会经费问题的答复》

（工财字〔2002〕71 号　2002 年 11 月 26 日）

山西省总工会财务部：

你会报来晋工函〔2002〕16 号《关于落实按工资总额计拨工会经费的请示》的报告收悉。现就“地区补贴”是否构成工资总额计拨工会经费问题答复如下：

关于“地区补贴”是否属于职工工资总额问题，经我部请示国家统计局人口社会司劳动就业处，明确答复：“地方规定的各项‘地区补贴’属于职工工资总额，一直到现在也没有发生变化。”因此，“地区补贴”应按《工会法》及全总、财政部的有关规定计拨工会经费。请你们将上述规定精神转达省财政有关部门，做好协调工作，及时解决“地区补贴”计拨工会经费问题。

此复。

中华全国总工会　财政部关于财政拨款的行政事业单位计拨工会经费有关问题的通知

（总工发〔2003〕25号　2003年9月27日）

各省、自治区、直辖市总工会、财政厅（局）：

为进一步贯彻落实《工会法》和最高人民法院司法解释（法释〔2003〕11号），确保工会经费及时、足额拨缴，保证各级工会组织正常工作的开展，现将行政事业单位拨缴工会经费有关事项通知如下：

一、各地区、各单位一定要增强法制观念和法律意识，认真贯彻落实《工会法》关于建立工会组织的企业、事业单位、机关按每月全部职工工资总额的2%拨缴工会经费的规定，依法足额拨缴和上解工会经费。

二、各级财政部门要将应由财政负担的工会经费列入财政预算。有条件的地区在推行财政国库管理制度改革时，可考虑根据当地财政部门的规定，对工会经费实行国库集中支付。

三、各行政、事业单位在财政统发工资之外的所有人员的工资、各种津贴、补贴和奖金等劳动报酬性开支，其工会经费的计拨，仍应按照国家统计局对工资总额构成的规定，由各单位行政方面按所发的职工工资总额2%计提工会经费，并按规定比例和拨缴办法，及时足额拨缴至本单位基层工会，由基层工会按规定上解上级工会组织。

四、具体实施办法，由各地财政部门和当地总工会研究制定。

五、本通知自下达之日起执行。

全国总工会财务部关于对新组建基层工会经费拨缴和使用问题的答复

（工财字〔2007〕8号　2007年1月17日）

各省、自治区、直辖市总工会财务部，中国铁路、民航、金融工会财务部，中直机关和国家机关工会联合会办公室：

近日，一些地方工会来函反映，近一个时期以来，各地加快了基层工会组建工作，包括沃尔玛公司在内一大批企业单位都组建了基层工会，一些新组建的基层工会和工会所在的企业、单位对工会经费拨缴和使用问题有疑问，对此，有关地方工会希望全总财务部进一步明确新组建基层工会经费拨缴和使用问题，经研究，现答复如下：

一、新组建工会的企业、事业单位、机关（包括外商投资企业）一律按照《中华人民共和国工会法》和《中国工会章程》规定，依法向工会组织拨缴经费，即建立工会组织的企业、事业单位、机关必须严格按照《工会法》按每月全部职工工资总额的百分之二足额向工会拨缴经费。企业、事业单位拨缴的经费在税前列支。

二、新组建的基层工会一律按照属地管理原则，并执行所在地省级工会确定的上缴比例，向所在地总工会按时足额上缴工会经费。独立管理经费的铁路、民航、金融工会下属新组建基层工会，仍按全总确定的其产业工会经费分成体制执行。

三、新组建的基层工会向上级工会上缴经费后，其留用的经费，应按照全总制定的《基层工会经费使用管理办法》有关工会经费开支范围，将工会经费主要用于为职工服务和开展工会活动。基层工会的财产、经费，任何单位和个人不得侵占、挪用和任意调拨。

四、新组建工会的企业、事业单位、机关行政方面，应按照《工会法》第四十二条、第四十五条的规定，除按时足额向本单位工会拨缴经费外，要为工会办公和开展活动，提供必要设施和活动场所等物质条件，并按照全总制定的《基层工会经费使用管理办法》规定，承担应由单位行政方面开支的有关工会开展活动等方面经费。

五、新组建工会的企业行政方面，应按照《工会法》第四十条的规定，做到企业工会的专职工作人员的工资、奖励、补贴，由所在企业行政支付。社会保险和其他福利待遇等，享受本企业职工同等待遇。

六、新组建的基层工会，应按照《工会法》的规定，建立工会经费预算、决算和经费审查监督制度。

七、各级工会要切实帮助新组建的基层工会做好工会经费收缴和财务管理工作，及时将全总制定的有关工会财务会计制度和《基层工会经费使用管理办法》等印发给新组建的基层工会，让其遵照执行。

全国总工会财务部关于重庆市特困企业工会经费可否减、免、缓问题的答复

（工财字〔2007〕39 号　2007 年 4 月 27 日）

重庆市总工会财务部：

《重庆市总工会关于特困企业工会经费可否减、免、缓有关问题的请示》收悉。现答复如下：

根据《工会法》的规定，建立工会组织的企业、事业单位、机关按每月全部职工工资总额的 2% 拨缴工会经费。因此，只要特困企业形成了工资总额，就应当提取工会经费，不宜在征收中实行减、免、缓。对于企业遇到的暂时困难，在工会经费上，可采取收支两条线的做法，即特困企业在按照规定上缴工会经费后，上级工会可根据企业困难情况，在本级留成经费中，适当加大对其返还补助力度。

中华全国总工会办公厅关于按照《财政部关于企业加强职工福利费财务管理的通知》的规定做好相关工会经费计提工作的通知

（总工办发〔2009〕37号　2009年12月1日）

各省、自治区、直辖市总工会，中华全国铁路总工会、中国民航工会全国委员会、中国金融工会全国委员会，中共中央直属机关工会联合会，中央国家机关工会联合会：

财政部日前下发了《财政部关于企业加强职工福利费财务管理的通知》（财企〔2009〕242号）（以下简称《通知》）。《通知》第二条规定，企业为职工提供的交通、住房、通讯待遇，已经实行货币化改革的，按月按标准发放或支付的住房补贴、交通补贴或者车改补贴、通讯补贴，应当纳入职工工资总额，不再纳入职工福利费管理；尚未实行货币化改革的，企业发生的相关支出作为职工福利费管理，但根据国家有关企业住房制度改革政策的统一规定，不得再为职工购建住房。企业给职工发放的节日补助、未统一供餐而按月发放的午餐费补贴，应当纳入工资总额管理。

上述补贴、补助等按财政部规定纳入工资总额管理后，企业应当按照《中华人民共和国工会法》第四十二条规定，按每月新调整全部职工工资总额的百分之二向工会拨缴经费。请各级工会遵照《工会法》和《通知》精神，做好工会经费收缴工作。

附件：

财政部关于企业加强职工福利费财务管理的通知

（财企〔2009〕242 号　2009 年 11 月 12 日）

党中央有关部门，国务院各部委、各直属机构，全国人大常委会办公厅，全国政协办公厅，解放军总后勤部，武警总部，各省、自治区、直辖市、计划单列市财政厅（局），新疆生产建设兵团财务局，各中央管理企业：

为加强企业职工福利费财务管理，维护正常的收入分配秩序，保护国家、股东、企业和职工的合法权益，根据《公司法》、《企业财务通则》（财政部令第 41 号）等有关精神，现通知如下：

一、企业职工福利费是指企业为职工提供的除职工工资、奖金、津贴、纳入工资总额管理的补贴、职工教育经费、社会保险费和补充养老保险费（年金）、补充医疗保险费及住房公积金以外的福利待遇支出，包括发放给职工或为职工支付的以下各项现金补贴和非货币性集体福利：

（一）为职工卫生保健、生活等发放或支付的各项现金补贴和非货币性福利，包括职工因公外地就医费用、暂未实行医疗统筹企业职工医疗费用、职工供养直系亲属医疗补贴、职工疗养费用、自办职工食堂经费补贴或未办职工食堂统一供应午餐支出、符合国家有关财务规定的供暖费补贴、防暑降温费等。

（二）企业尚未分离的内设集体福利部门所发生的设备、设施和人员费用，包括职工食堂、职工浴室、理发室、医务所、托儿所、疗养院、集体宿舍等集体福利部门设备、设施的折旧、维修保养费用以及集体福利部门工作人员的工资薪金、社会保险费、住房公积金、劳务费等人工费用。

（三）职工困难补助，或者企业统筹建立和管理的专门用于帮助、救济困难职工的基金支出。

（四）离退休人员统筹外费用，包括离休人员的医疗费及离退休人员其他统筹外费用。企业重组涉及的离退休人员统筹外费用，按照《财政部关于企业重组有关职工安置费用财务管理问题的通知》（财企〔2009〕117 号）执行。国家另有规定的，从其规定。

（五）按规定发生的其他职工福利费，包括丧葬补助费、抚恤费、职工异地安家费、独生子女费、探亲假路费，以及符合企业职工福利费定义但没有包括在本通知各条款项目中的其他支出。

二、企业为职工提供的交通、住房、通讯待遇，已经实行货币化改革的，按月按标准发放或支付的住房补贴、交通补贴或者车改补贴、通讯补贴，应当纳入职工工资总额，不再纳入职工福利费管理；尚未实行货币化改革的，企业发生的相关支出作为职工福利费管理，但根据国家有关企业住房制度改革政策的统一规定，不得再为职工购建住房。

企业给职工发放的节日补助、未统一供餐而按月发放的午餐费补贴，应当纳入工资总额管理。

三、职工福利是企业对职工劳动补偿的辅助形式，企业应当参照历史一般水平合理控制职工福利费在职工总收入的比重。按照《企业财务通则》第四十六条规定，应当由个人承担的有关支出，企业不得作为职工福利费开支。

四、企业应当逐步推进内设集体福利部门的分离改革，通过市场化方式解决职工福利待遇问题。同时，结合企业薪酬制度改革，逐步建立完整的人工成本管理制度，将职工福利纳入职工工资总额管理。

对实行年薪制等薪酬制度改革的企业负责人，企业应当将符合国家规定的各项福利性货币补贴纳入薪酬体系统筹管理，发放或支付的福利性货币补贴从其个人应发薪酬中列支。

五、企业职工福利一般应以货币形式为主。对以本企业产品和服务作为职工福利的，企业要严格控制。国家出资的电信、电力、交通、热力、供水、燃气等企业，将本企业产品和服务作为职工福利的，应当按商业化原则实行公平交易，不得直接供职工及其亲属免费或者低价使用。

六、企业职工福利费财务管理应当遵循以下原则和要求：

（一）制度健全。企业应当依法制订职工福利费的管理制度，并经股东会或董事会批准，明确职工福利费开支的项目、标准、审批程序、审计监督。

（二）标准合理。国家对企业职工福利费支出有明确规定的，企业应当严格执行。国家没有明确规定的，企业应当参照当地物价水平、职工收入情况、企业财务状况等要求，按照职工福利项目制订合理标准。

（三）管理科学。企业应当统筹规划职工福利费开支，实行预算控制和管理。职工福利费预算应当经过职工代表大会审议后，纳入企业财务预算，按规定批准执行，并在企业内部向职工公开相关信息。

（四）核算规范。企业发生的职工福利费，应当按规定进行明细核算，准确反映开支项目和金额。

七、企业按照企业内部管理制度，履行内部审批程序后，发生的职工福利费，按照《企业会计准则》等有关规定进行核算，并在年度财务会计报告中按规定予以披露。

在计算应纳税所得额时，企业职工福利费财务管理同税收法律、行政法规的规定不一致的，应当依照税收法律、行政法规的规定计算纳税。

八、本通知自印发之日起施行。以前有关企业职工福利费的财务规定与本通知不符的，以本通知为准。金融企业另有规定的，从其规定。

全总财务部关于对贵州省工会明确省直行政事业单位计拨工会经费的工资收入构成的复函

（工财函〔2016〕3号　2016年1月25日）

贵州省总工会财务部：

你会报来《关于明确省直行政事业单位计拨工会经费的工资收入构成的请示》（省工财字〔2016〕1号）收悉。经研究，现答复如下：

国家统计局《关于工资总额组成的规定》第三条明确，“工资总额是指各单位在一定时间内支付给本单位全部职工的劳动报酬总额。工资总额的计算应以直接支付给职工的全部劳动报酬为根据。”据此，你省直行政事业单位无论工资构成如何变化，凡符合上述规定的项目都应计入工资总额，并作为计拨工会经费的依据。

请你们同省财政有关部门沟通协调，做好你省直行政事业单位计拨工会经费的工作。

此复。

全总财务部关于规范与全总建立财务关系的在京中央企业工会经费拨缴有关事项的通知

（工财发〔2018〕135 号　2018 年 12 月 19 日）

各有关在京中央企业工会：

根据《中华全国总工会关于在京中央企业工会经费拨缴、管理和监督的暂行规定》（总工发〔2009〕45 号），现就规范与全总建立财务关系的在京中央企业工会经费拨缴有关事项通知如下：

一、在京中央企业工会与全总建立财务关系后，按规定向全总拨缴工会经费。在京中央企业工会负责拨缴本级及在京所属单位的工会经费。已经向地方总工会拨缴工会经费的在京中央企业所属单位，原工会经费拨缴渠道和办法不变。

二、工会经费按工资总额的 2%提取，其中，企业工会留成 70%，上缴全国总工会 30%。全国总工会对完成工会经费拨缴任务的单位给予回拨补助，使企业工会留成部分达到 78%—80%。

三、每年年初，在京中央企业工会按要求向全总财务部报送本单位经费收缴情况表。全总财务部对全年工会经费拨缴数据审核确认后，在京中央企业工会应按季度及时、足额上缴工会经费。

每年前三个季度的经费应于每季度终了 10 个工作日内，上缴至全国总工会财务部指定账户；四季度经费应于 12 月 31 日前上缴至全总财务部指定账户。如因特殊原因，未能在当年计提拨缴的工会经费，转至下一年度拨缴。

四、在京中央企业向工会拨缴工会经费时，由工会向其开具“工会经费收入专用收据”，在京中央企业凭开具的专用收据在税前列支工会经费。

每年年初，在京中央企业工会按要求向全总财务部报送工会经费收入专用收据使用计划；每季度终了 10 个工作日内，报送已经使用收据数据。全总财务部根据票据使用审核结果配发当季工会经费收入专用收据。

五、在京中央企业工会应认真做好工会经费的拨缴工作。全总财务部对足额及时拨缴工会经费的在京中央企业工会，将参照《中华全国总工会办公厅关于省级工会财务会计工作竞赛评比办法》给予通报表彰。

附件：

经费收缴情况表

单位：（公章）　　　　　　　　　　　　　　　　　　　　　　　　单位：元

	单位名称	职工数量	工资总额	拨缴经费收入			备注
				合计	本企业留成部分	上解全总部分	
一季度							
二季度							
三季度							
四季度							
全年合计							

工会主席：　　　　财务负责人：　　　　复核：　　　　制表：

注：1. 此表由央企工会填写。

2. 拨缴经费收入（合计）= 工资总额×2%。

3. 拨缴经费收入（本企业留成部分）= 拨缴经费收入（合计）×70%。

4. 拨缴经费收入（上解全总部分）= 拨缴经费收入（合计）×30%。

中华全国总工会办公厅关于实施小微企业工会经费支持政策的通知

（厅字〔2019〕32号　2019年12月31日）

各省、自治区、直辖市总工会，中华全国铁路总工会、中国民航工会全国委员会、中国金融工会全国委员会，中央和国家机关工会联合会：

为贯彻落实党中央、国务院支持实体经济发展的决策部署，支持小微企业工会工作，促进小微企业健康发展，规范小微企业工会经费使用管理，现就实施小微企业工会经费全额返还政策有关事项通知如下：

一、严格小微企业划型标准

小型企业和微型企业界定标准执行工业和信息化部、国家统计局、国家发展改革委、财政部2011年6月18日印发的《中小企业划型标准规定》（工信部联企业〔2011〕300号）确定的小微企业划型标准。

二、明确支持政策实施时限

根据中国工会十七大对工会经费收缴改革的总体部署和工作安排，对小微企业工会经费实行全额返还的支持政策实施时限，自2020年1月1日起，至2021年12月31日止。全国总工会将视基层工会组织建设和工会经费收缴改革的进展情况确定支持政策的后续时限。

三、规范全额返还操作流程

建立工会组织的小微企业要按照《工会法》的有关规定，按照全部职工工资总额的2%及时足额拨缴工会经费。上级工会要建立小微企业工会经费收缴台账，健全管理制度，落实小微企业工会经费全额返还政策，定期全额返还其缴交的工会经费。

暂未建立工会组织已缴交建会筹备金的小微企业，上级工会要建立建会筹备金收缴台账，详细记录缴交建会筹备金小微企业的相关信息，加大建会工作力度，积极组织小微企业职工开展各类活动，确保未建会小微企业建会筹备金规范使用。小微企业工会组建后，要全额返还其建会筹备金余额部分。

四、加强对小微企业工会财务工作的指导服务

上级工会要加强对小微企业工会财务工作的指导，加大对《工会法》和《基层工会经费收支管理办法》的宣传力度，定期开展针对小微企业的工会财务知识培训，通过编制财务制度汇编、操作手册、案例课程等多种方式，运用工会网站、微信公众号、小程序等手段，加强资源共享和合作，有效促进小微企业工会建起来、转起来、活起来。

上级工会要创新服务手段和服务方式，解决小微企业工会财务工作中的突出问题，为小微企业工会独立开设工会经费银行账户、独立进行财务核算提供指导服务；对暂不具备独立核算条件的小微企业工会，上级工会可实行“上代下”财务集中核算模式，所需工作经费由上级工会解决；建立健全小微企业工会报账制度，定期向小微企业通报工会经费收支情况；要加强对小微企业工会预（决）算工作的指导，不断扩大小微企业工会预（决）算工作覆盖面。

五、其他要求

省级工会要按照本通知要求，结合实际制定实施细则。本通知发布前已经出台的政策文件与本通知规定不符的，应依据本通知精神予以规范。同时，加强对小微企业工会经费支持政策落实情况的监督检查，确保支持政策落地见效。

中华全国总工会办公厅关于进一步做好落实小微企业工会经费支持政策有关工作的通知

（厅字〔2020〕40 号　2020 年 12 月 10 日）

各省、自治区、直辖市总工会，中华全国铁路总工会、中国民航工会全国委员会、中国金融工会全国委员会，中央和国家机关工会联合会：

根据《中华全国总工会办公厅关于实施小微企业工会经费支持政策的通知》（厅字〔2019〕32 号）要求，各省级工会切实采取措施，积极推进小微企业工会经费支持政策落地见效，工作取得明显进展。但一些地方工会很难直接掌握小微企业具体名单，为加快推进小微企业工会经费返还工作，进一步落实好小微企业工会经费支持政策，现就有关事项通知如下。

一、为支持民营企业加快改革发展与转型升级，国家发展改革委、科技部、工业和信息化部、财政部、人力资源社会保障部、中国人民银行出台了《关于支持民营企业加快改革发展与转型升级的实施意见》（发改体改〔2020〕1566 号），明确实施小微企业工会经费支持政策，自 2020 年 1 月 1 日至 2021 年 12 月 31 日全额返还小微企业缴纳的工会经费。各省级工会要加强与政府有关部门的沟通协调，积极争取小微企业数据资源共享，确保小微企业工会经费支持政策落地见效。

二、在实施小微企业工会经费支持政策过程中，因无法取得政府有关部门的小微企业数据，依据《中小企业划型标准规定》（工信部联企业〔2011〕300 号）进行小微企业划型认定工作确有困难的，可参照财政部、国家税务总局《关于实施小微企业普惠性税收减免政策的通知》（财税〔2019〕13 号）确定的小型微利企业标准进行小微企业认定工作。

三、各省级工会要加强对小微企业工会经费实行阶段性返还工作的指导，规范返还程序，督促相关工会建立小微企业工会经费收缴返还统计台账，强化支持政策执行情况监督检查，及时纠正减缴、免缴工会经费的不当行为，维护《工会法》关于工会经费收缴相关规定的严肃性。

中华全国总工会办公厅关于继续实施小微企业工会经费支持政策的通知

（厅字〔2021〕38号　2021年12月1日）

各省、自治区、直辖市总工会，中华全国铁路总工会、中国民航工会、中国金融工会，中央和国家机关工会联合会：

为进一步支持小微企业工会工作，根据财政部、税务总局有关规定，全国总工会决定继续实行小微企业工会经费全额返还支持政策。

一、符合财政部、税务总局2021年第11号公告条件的小微企业，继续享受全额返还工会经费支持政策。

二、小微企业工会经费全额返还支持政策顺延至2022年12月31日。

三、各省级工会要提高政治站位，充分认识小微企业工会经费支持政策的重要意义，规范工作流程，加强台账管理，强化监督检查，确保小微企业返还工会经费用于维护职工权益等工会工作。

执行中出现的新情况，请及时报告全国总工会财务部。

中华全国总工会办公厅关于规范建会筹备金收缴管理的通知

（厅字〔2021〕20号　2021年7月20日）

各省、自治区、直辖市总工会，中华全国铁路总工会、中国民航工会、中国金融工会，中央和国家机关工会联合会：

为进一步发挥工会建会筹备金作用，促进工会组建工作，规范建会筹备金收缴管理，现就有关事项通知如下。

一、根据《中华人民共和国工会法》和《中国工会章程》的有关规定，上级工会应加大工作力度，帮助和指导尚未组建工会的企业、事业单位、机关和其他社会组织（以下统称筹建单位）的职工筹建工会组织。

自上级工会批准筹建工会的次月起，筹建单位每月按全部职工工资总额的2%向上级工会拨缴建会筹备金。实行委托代收建会筹备金的，上级工会应向代收部门提供筹建单位的名称、职工人数、工资总额、建会筹备金等信息。

筹建单位凭“工会经费收入专用收据”或合法有效的工会经费代收凭据税前列支。

二、自上级工会批准筹建单位成立工会组织的次月起，单位不再向上级工会上缴建会筹备金，改为按单位所在地方总工会经费收缴办法规定的方式、比例上缴工会经费。

上级工会批准筹建单位成立工会之前，上级工会收取的建会筹备金不得按比例分成。自批准成立当月起，上级工会应将扣除工会组建相关支出后的建会筹备金余额，按照全总和所在省级工会的规定比例及时进行分成、解缴，其中属于新组建工会的留成经费必须在2个月内返还到位。

三、上级工会应对本通知印发前收取的建会筹备金进行全面清理，并按以下原则进行处理。

收取的建会筹备金已经按照全总和所在省级工会的规定比例进行了逐级分成结算的，上级工会分成部分不再退回，账面余额全部作为应返还基层工会的建会筹备金余额。

对于已经建立工会组织并独立开设工会账户的，上级工会应尽快按照省级工会规定的经费留成比例全额返还基层工会；尚未独立开设工会账户的，上级工会应协助基层工会尽快开立银行账户，及时返还基层工会留成经费。

对于尚未建立工会组织的，上级工会应将其作为工作重点，加大工作力度，指派专人帮助和指导，集中力量推动筹建单位依法组建工会。在工会组建完成前，上级工会收取的建会筹备金可专项用于筹建工会的相关支出以及筹建单位职工的维权服务支出。

对于筹建单位已经办理税务注销登记，或虽未办理税务注销登记但连续 3 年未上缴建会筹备金且上级工会无法联系的，上级工会收取的建会筹备金余额按照全总和所在省级工会的规定比例在县级以上工会逐级分成解缴。

四、各省级工会可根据本通知精神，并结合本地区、本产业、本系统的实际，制定具体实施办法并报全总备案，切实规范建会筹备金的收缴管理。

五、本通知自印发之日起执行。《中华全国总工会办公厅关于基层工会组织筹建期间拨缴工会经费（筹备金）事项的通知》(总工办发〔2004〕29 号）同时废止。

（三）税前抵扣与代收

全国总工会财务部关于转发国家税务总局《关于加强税务机关代收费项目管理的通知》的通知

（工财字〔2005〕81号　2005年11月17日）

各省、自治区、直辖市总工会财务部，中国铁路、民航、金融工会财务部（办公室），中直机关、国家机关工会联合会办公室：

现将国家税务总局《关于加强税务机关代收费项目管理的通知》（国税发〔2005〕160号）转发给你们。为进一步做好工会经费委托税务代收工作，特提出以下意见：

一、加大工会法宣传力度，做好工会经费委托税务代收工作

《工会法》明确规定：建立工会组织的企业、事业单位、机关按每月全部职工工资总额的百分之二向工会拨缴经费。据此，工会经费委托各级税务部门代收符合国家税务总局国税发〔2005〕160号文“税务机关只能代收法律法规设定……的收费项目”的有关规定和要求，请各级工会积极做好《工会法》及其他有关文件的宣传工作，与税务部门密切配合，进一步做好工会经费委托税务代收的工作。

二、工会经费专用收据的使用

各级工会组织应严格按照财政部、全国总工会《关于统一全国工会经费拨缴款专用收据的通知》（财综字〔1999〕186号）、全总办公厅关于印发《工会经费拨缴款专用收据管理暂行规定》的通知（总工办发〔1999〕41号）以及国税发〔2005〕160号文第二条的有关规定，在委托税务部门代收工会经费时，应开具由财政部收费票据监管中心监制的工会经费拨缴款专用票据，并将代收的工会经费及时缴入相应账户，不得隐瞒、截留、占压、坐支和挪用。

三、代收手续费的提取比例

委托税务部门代收工会经费的手续费由委托代收的地方总工会按照双方商定的比例支付，原则上应将手续费金额控制在以下标准之内：（一）按2%

工会经费全额代收的，手续费金额不超过代收金额的 5%；（二）按工会经费应上缴部分代收的，手续费不超过代收金额的 10%。个别特殊情况，经省级总工会财务部批准报全总财务部备案后可以适当提高比例。

四、代收手续费的账务处理

委托税务部门代收工会经费的手续费由委托代收的地方总工会列支，列入“工会业务费——专项业务费”科目。

附件：

国家税务总局关于加强税务机关代收费项目管理的通知

（国税发〔2005〕160 号　2005 年 9 月 28 日）

国家税务总局各省、自治区、直辖市和计划单列市国家税务局、地方税务局：

据纳税人反映，部分税务机关将代有关部门收取的各项基金和收费（以下统称代收费）与税收“捆绑式”征收，损害了税务机关的形象。为规范税务机关代收费管理，保护纳税人合法权益，现就有关问题通知如下：

一、加强税收宣传，争取各方支持

各级税务机关要加大力度、制定措施、采取多种形式宣传税收法律法规及有关政策，普及税收知识，同时对代收费的有关规定进行宣传，使广大纳税人、缴费单位认识到税、费的区别以及不同的征收方式，消除误解。通过宣传争取社会各界的理解和支持，营造良好的外部环境，促进各项工作顺利进行。

二、明确权利义务，依法征收管理

各级税务机关要认真贯彻执行财政部、国家发展改革委员会《关于发布〈行政事业性收费项目审批管理暂行办法〉的通知》（财综〔2004〕100 号）的有关规定，明确权利义务、依法开展工作。税务机关只能代收法律法规设定、国务院及有关部门和省级政府依照有关规定和批准权限设定的收费项目。其他收费项目，税务机关不得代收。发现以费挤税甚至变相“税改费”的情况，要坚决予以制止，坚持依法治税。

税务机关应当按照规定的收费对象、范围和标准做好代收费工作。

在执行过程中，收费项目依法改变的，有关部门应当及时通知税务机关，以便税务机关相应调整，规范征收。

各地税务机关在代收费工作中要厉行节约，努力降低收费成本。代收费所需必要的经费开支，要通过正常渠道解决，不得额外收费。

三、严格区分税费，规范实际操作

税务机关应建立健全财务管理制度，严禁代收费与税款、滞纳金及罚款“捆绑式”征收。代收费不得与税款、滞纳金及罚款混合核算，不得与税务机关的行政经费混合核算。代收费应使用专用的收费收据，不得使用税收完税凭证。税务机关应当按照规定及时将代收费收入缴入相应账户，不得隐瞒、截留、占压、坐支和挪用。严禁超越职权，扩大《中华人民共和国税收征收管理法》的适用范围。

各级税务机关要正确处理依法行政与方便纳税人的关系，本着依法办事、节约成本、便利征收、税费分开的原则，确定规范、合理的代收费操作运转程序。充分利用现有条件，合理安排收费力量，办税服务厅可以实行两统两分，即窗口外纳税人与缴费人统一排队、统一申报缴纳；窗口内税务机关对税、费分别开票、分别运转。

各级税务机关接到本通知后，应对本单位的代收费项目进行一次清理，对不符合规定的做法应立即纠正。

全国总工会财务部《关于转发国家税务总局〈关于工会经费税前扣除问题的通知〉的通知》

（工财字〔2000〕56 号　2000 年 9 月 30 日）

各省、自治区、直辖市总工会财务部，全国铁路总工会、中国民航工会、中国金融工会，中共中央直属机关工会联合会、中央国家机关工会联合会财务部（办公室）：

现将国家税务总局国税函〔2000〕678 号《关于工会经费税前扣除问题的通知》转发给你们，请遵照执行。并请及时将文件精神转达给所属各级工会及同级政府有关部门。

国家税务总局《关于工会经费税前扣除问题的通知》

（国税函〔2000〕678 号　2000 年 9 月 1 日）

各省、自治区、直辖市和计划单列市国家税务局、地方税务局：

根据《中华人民共和国工会法》和《中华人民共和国企业所得税暂行条例》的规定，现将工会经费税前扣除问题明确如下：

建立工会组织的企业、事业单位、社会团体，按每月全部职工工资总额的百分之二向工会拨交的经费，凭工会组织开具的《工会经费拨缴款专用收据》（票据式样见附件）在税前扣除。凡不能出具《工会经费拨缴款专用收据》的，其提取的职工工会经费不得在企业所得税前扣除。

附件：

票样　　工会经费拨缴款专用收据

国财 1003051　　　　　　　　№ 00000000

财政部监制〈99〉100万本 东港安全印制

交款单位	
交款项目	年　月　工会经费
交款金额	人民币（大写）：佰　拾　万　仟　佰　拾　元　角　分
	¥：
收款单位（公章）＿＿＿＿	收款人（盖章）＿＿＿＿　年　月　日

第一联　存根

票样　　工会经费拨缴款专用收据

国财 1003051　　　　　　　　№ 00000000

财政部监制〈99〉100万本 东港安全印制

交款单位	
交款项目	年　月　工会经费
交款金额	人民币（大写）：佰　拾　万　仟　佰　拾　元　角　分
	¥：
收款单位（公章）＿＿＿＿	收款人（盖章）＿＿＿＿　年　月　日

第二联　收据

票样　　工会经费拨缴款专用收据

国财 1003051　　　　　　　　№ 00000000

财政部监制〈99〉100万本 东港安全印制

交款单位	
交款项目	年　月　工会经费
交款金额	人民币（大写）：佰　拾　万　仟　佰　拾　元　角　分
	¥：
收款单位（公章）＿＿＿＿	收款人（盖章）＿＿＿＿　年　月　日

第三联　记账凭证

中华全国总工会　国家税务总局《关于进一步加强工会经费税前扣除管理的通知》的通知

（总工发〔2005〕9 号　2005 年 1 月 21 日）

各省、自治区、直辖市总工会，国家税务局、地方税务局，中华全国铁路总工会，中国民航工会全国委员会，中国金融工会全国委员会，中共中央直属机关工会联合会，中央国家机关工会联合会：

2000 年 9 月，《国家税务局关于工会经费税前扣除问题的通知》（国税函〔2000〕678 号）下发后，各地税务部门和总工会认真贯彻落实通知精神，有力地推动了工会经费收缴工作。但是，在执行过程中也出现了一些需要亟待明确和解决的问题。为了进一步贯彻落实好《工会法》有关规定和国税函〔2000〕678 号文件精神，现就有关事项通知如下：

一、凡依法建立工会组织的企业、事业单位以及其他组织，每月按照全部职工工资总额的 2% 向工会拨缴工会经费，并凭工会组织开具的《工会经费拨缴款专用收据》在税前扣除。工资总额按照国家统计局《关于工资总额组成的规定》（1990 年第 1 号令）颁布的标准执行，工资总额组成范围内的各种奖金、津贴和补贴等，均计算在内。

二、《工会经费拨缴款专用收据》是由财政部、全国总工会统一监制和印制的收据，由工会系统统一管理。各级工会所需收据应到有经费拨缴关系的上一级工会财务部门领购。

三、对企业、事业单位以及其他组织没有取得《工会经费拨缴款专用收据》而在税前扣除的，税务部门按照现行税收有关规定在计算企业所得税时予以调整，并按照税收征管法的有关规定予以处理。

四、各级税务部门和工会组织要密切配合，做好工会经费收缴工作。税务部门要加大对工会经费税前扣除的检查力度，将其纳入税务机关日常和专项检查工作。

全国总工会财务部关于委托税务部门代收工会经费手续费的补充规定

（工财字〔2006〕59号　2006年10月23日）

各省、自治区、直辖市总工会财务部：

针对各地工会反映委托税务部门代收工会经费的手续费由委托代收的地方总工会一家负担不尽合理的问题，经研究决定，对工财字〔2005〕81号文件第四条作如下修改："已实行委托税务部门代收工会经费的地方，地方各级工会在扣除税务部门代收手续费后，再按经费分成比例分成。"

全国总工会财务部关于对湖北省总工会委托税务代收工会经费（工会筹备金）手续费有关问题的答复

（工财字〔2007〕61号　2007年6月8日）

湖北省总工会财务部：

你部报来《关于代收工会经费（工会筹备金）手续费有关问题的请示》收悉。现答复如下：

工会系统委托税务部门代收工会经费（工会筹备金）支付的手续费，主要用于税务部门代收工作，包括奖励从事代收工作的单位和个人。

此复。

全国总工会财务部关于加强税务代收工会经费结算管理的通知

（工财字〔2007〕64号　2007年4月13日）

各省、自治区、直辖市总工会财务部：

为进一步做好工会经费委托税务代收工作，根据近期各地税务代收工会经费工作的实际情况，现就有关事项通知如下：

一、在委托税务机关代收工会经费过程中，凡通过人民银行国库部门结算且确需支付一定费用的，各省级工会可以商人民银行国库部门后，支付一定费用，但不得按税务代收工会经费的固定比例提取或支付。

二、支付给税务部门和人民银行国库部门的费用要控制在全总规定的税务代收工会经费业务费标准以内。

三、各级地方工会要积极主动和税务、人民银行协调沟通，争取支持，规范程序，保证资金安全，不得隐瞒、截留、占压、坐支和挪用工会经费。

全国总工会财务部关于委托税务机关代收工会经费有关问题的答复

（工财字〔2008〕92 号　2008 年 10 月 13 日）

辽宁省总工会财务部：

你会《关于大连市工会委托税务机关代收工会经费有关问题的请示》（辽工财发〔2008〕62 号）收悉，现答复如下：

一、根据《工会法》的规定，凡依法建立工会组织的企业、事业单位、机关，按每月全部职工工资总额的 2%向工会拨缴工会经费。某个行业不得因为其行业特殊性而以社会平均工资为基数缴纳工会经费。

二、根据《工会法》及《中华全国总工会关于基层工会组织筹建期间拨缴工会经费（筹备金）事项的通知》（总工办发〔2004〕29 号）的规定，上级工会派员帮助和指导尚未组建工会组织的企业、事业单位、机关和其他组织的职工筹建工会组织，自筹建工作开始的下个月起，由有关单位按每月全部职工工资总额的 2%向上级工会全额拨缴工会经费（筹备金）。任何单位不得以任何理由拒缴或少缴工会经费（筹备金）。

全国总工会财务部关于对新疆维吾尔自治区总工会税务代收工会经费手续费问题的答复

（工财字〔2009〕42号　2009年5月20日）

新疆维吾尔自治区总工会财务部：

你部报来《关于工会经费税务代收工作有关问题的请示》（新工财〔2009〕7号）收悉，根据全总财务部《关于委托税务部门代收工会经费手续费的补充规定》（工财字〔2006〕59号），实行委托税务部门代收工会经费的地方，按照工资总额2%全额代征工会经费的税务部门代收手续费由各级工会（含基层工会）承担；按照工资总额2%上缴部分代征工会经费（不含基层工会按规定比例留成部分）的税务部门代收手续费由参与分成的各级工会承担。

特此答复。

中华全国总工会办公厅关于转发《国家税务总局关于工会经费企业所得税税前扣除凭据问题的公告》的通知

（总工办发〔2010〕37号　2010年12月3日）

各省、自治区、直辖市总工会，中华全国铁路总工会、中国民航工会全国委员会、中国金融工会全国委员会，中共中央直属机关工会联合会、中央国家机关工会联合会：

近日，国家税务总局发布了《关于工会经费企业所得税税前扣除凭据问题的公告》（2010年第24号），现转发给你们，请认真贯彻执行。

附件：

国家税务总局关于工会经费企业所得税税前扣除凭据问题的公告

（2010年11月9日国家税务总局公告第24号）

根据《工会法》、《中国工会章程》和财政部颁布的《工会会计制度》，以及财政票据管理的有关规定，全国总工会决定从2010年7月1日起，启用财政部统一印制并套印财政部票据监制章的《工会经费收入专用收据》，同时废止《工会经费拨缴款专用收据》。为加强对工会经费企业所得税税前扣除的管理，现就工会经费税前扣除凭据问题公告如下：

一、自2010年7月1日起，企业拨缴的职工工会经费，不超过工资薪金总额2%的部分，凭工会组织开具的《工会经费收入专用收据》在企业所得税税前扣除。

二、《国家税务总局关于工会经费税前扣除问题的通知》（国税函〔2000〕678号）同时废止。

特此公告。

中华全国总工会关于转发《国家税务总局关于税务机关代收工会经费企业所得税税前扣除凭据问题的公告》的通知

（总工发〔2011〕45号 2011年5月23日）

各省、自治区、直辖市总工会，中华全国铁路总工会、中国民航工会全国委员会、中国金融工会全国委员会，中共中央直属机关工会联合会、中央国家机关工会联合会：

现将国家税务总局发布的《国家税务总局关于税务机关代收工会经费企业所得税税前扣除凭据问题的公告》（2011年第30号）转发给你们，请各级工会与当地税务机关密切配合，认真做好税务代收工会经费工作。

附件：

国家税务总局关于税务机关代收工会经费企业所得税税前扣除凭据问题的公告

（2011年5月11日国家税务总局公告第30号）

为进一步加强对工会经费企业所得税税前扣除的管理，现就税务机关代收工会经费税前扣除凭据问题公告如下：

自2010年1月1日起，在委托税务机关代收工会经费的地区，企业拨缴的工会经费，也可凭合法、有效的工会经费代收凭据依法在税前扣除。

特此公告。

五、收支管理类

（一）收支管理

中华全国总工会办公厅关于印发《基层工会经费收支管理办法》的通知

（总工办发〔2017〕32号　2017年12月15日）

各省、自治区、直辖市总工会，各全国产业工会，中共中央直属机关工会联合会、中央国家机关工会联合会，全总各部门、各直属单位：

《基层工会经费收支管理办法》已经中华全国总工会第十六届书记处第八十次会议审议通过，现印发给你们，请认真贯彻执行。

基层工会经费收支管理办法

第一章　总　　则

第一条　为加强基层工会收支管理，规范基层工会经费使用，根据《中华人民共和国工会法》和《中国工会章程》《工会会计制度》《工会预算管理办法》的有关规定，结合中华全国总工会（以下简称“全国总工会”）贯彻落实中央有关规定的相关要求，制定本办法。

第二条　本办法适用于企业、事业单位、机关和其他经济社会组织单独或联合建立的基层工会委员会。

第三条　基层工会经费收支管理应遵循以下原则：

（一）遵纪守法原则。基层工会应依据《中华人民共和国工会法》的有关规定，依法组织各项收入，严格遵守国家法律法规，严格执行全国总工会有关制度规定，严肃财经纪律，严格工会经费使用，加强工会经费收支管理。

（二）经费独立原则。基层工会应依据全国总工会关于工会法人登记管理的有关规定取得工会法人资格，依法享有民事权利、承担民事义务，并根据财政部、中国人民银行的有关规定，设立工会经费银行账户，实行工会经费独立核算。

（三）预算管理原则。基层工会应按照《工会预算管理办法》的要求，将单位各项收支全部纳入预算管理。基层工会经费年度收支预算（含调整预算）需经同级工会委员会和工会经费审查委员会审查同意，并报上级主管工会批准。

（四）服务职工原则。基层工会应坚持工会经费正确的使用方向，优化工会经费支出结构，严格控制一般性支出，将更多的工会经费用于为职工服务和开展工会活动，维护职工的合法权益，增强工会组织服务职工的能力。

（五）勤俭节约原则。基层工会应按照党中央、国务院关于厉行勤俭节约反对奢侈浪费的有关规定，严格控制工会经费开支范围和开支标准，经费使用要精打细算，少花钱多办事，节约开支，提高工会经费使用效益。

（六）民主管理原则。基层工会应依靠会员管好用好工会经费。年度工会经费收支情况应定期向会员大会或会员代表大会报告，建立经费收支信息公开制度，主动接受会员监督。同时，接受上级工会监督，依法接受国家审计监督。

第二章　工会经费收入

第四条　基层工会经费收入范围包括：

（一）会费收入。会费收入是指工会会员依照全国总工会规定按本人工资收入的 5‰向所在基层工会缴纳的会费。

（二）拨缴经费收入。拨缴经费收入是指建立工会组织的单位按全部职工工资总额 2%依法向工会拨缴的经费中的留成部分。

（三）上级工会补助收入。上级工会补助收入是指基层工会收到的上级工会拨付的各类补助款项。

（四）行政补助收入。行政补助收入是指基层工会所在单位依法对工会组织给予的各项经费补助。

（五）事业收入。事业收入是指基层工会独立核算的所属事业单位上缴的收入和非独立核算的附属事业单位的各项事业收入。

（六）投资收益。投资收益是指基层工会依据相关规定对外投资取得的收益。

（七）其他收入。其他收入是指基层工会取得的资产盘盈、固定资产处置净收入、接受捐赠收入和利息收入等。

第五条　基层工会应加强对各项经费收入的管理。要按照会员工资收入和规定的比例，按时收取全部会员应交的会费。要严格按照国家统计局公布的职工工资总额口径和所在省级工会规定的分成比例，及时足额拨缴工会经费；实行财政划拨或委托税务代收部分工会经费的基层工会，应加强与本单位党政部门的沟通，依法足额落实基层工会按照省级工会确定的留成比例应当留成的经费。要统筹安排行政补助收入，按照预算确定的用途开支，不得将与工会无关的经费以行政补助名义纳入账户管理。

第三章　工会经费支出

第六条　基层工会经费主要用于为职工服务和开展工会活动。

第七条　基层工会经费支出范围包括：职工活动支出、维权支出、业务支出、资本性支出、事业支出和其他支出。

第八条　职工活动支出是指基层工会组织开展职工教育、文体、宣传等活动所发生的支出和工会组织的职工集体福利支出。包括：

（一）职工教育支出。用于基层工会举办政治、法律、科技、业务等专题培训和职工技能培训所需的教材资料、教学用品、场地租金等方面的支出，用于支付职工教育活动聘请授课人员的酬金，用于基层工会组织的职工素质提升补助和职工教育培训优秀学员的奖励。

对优秀学员的奖励应以精神鼓励为主、物质激励为辅。授课人员酬金标准参照国家有关规定执行。

（二）文体活动支出。用于基层工会开展或参加上级工会组织的职工业余文体活动所需器材、服装、用品等购置、租赁与维修方面的支出以及活动场地、交通工具的租金支出等，用于文体活动优胜者的奖励支出，用于文体活动中必要的伙食补助费。

文体活动奖励应以精神鼓励为主、物质激励为辅。奖励范围不得超过参与人数的三分之二；不设置奖项的，可为参加人员发放少量纪念品。

文体活动中开支的伙食补助费，不得超过当地差旅费中的伙食补助标准。

基层工会可以用会员会费组织会员观看电影、文艺演出和体育比赛等，开展春游秋游，为会员购买当地公园年票。会费不足部分可以用工会经费弥补，弥补部分不超过基层工会当年会费收入的三倍。

基层工会组织会员春游秋游应当日往返，不得到有关部门明令禁止的风景名胜区开展春游秋游活动。

（三）宣传活动支出。用于基层工会开展重点工作、重大主题和重大节日宣传活动所需的材料消耗、场地租金、购买服务等方面的支出，用于培育和践行社会主义核心价值观，弘扬劳模精神和工匠精神等经常性宣传活动方面的支出，用于基层工会开展或参加上级工会举办的知识竞赛、宣讲、演讲比赛、展览等宣传活动支出。

（四）职工集体福利支出。用于基层工会逢年过节和会员生日、婚丧嫁娶、退休离岗的慰问支出等。

基层工会逢年过节可以向全体会员发放节日慰问品。逢年过节的年节是指国家规定的法定节日（即：新年、春节、清明节、劳动节、端午节、中秋节和国庆节）和经自治区以上人民政府批准设立的少数民族节日。节日慰问品原则上为符合中国传统节日习惯的用品和职工群众必需的生活用品等，基层工会可结合实际采取便捷灵活的发放方式。

工会会员生日慰问可以发放生日蛋糕等实物慰问品，也可以发放指定蛋糕店的蛋糕券。

工会会员结婚生育时，可以给予一定金额的慰问品。工会会员生病住院、工会会员或其直系亲属去世时，可以给予一定金额的慰问金。

工会会员退休离岗，可以发放一定金额的纪念品。

（五）其他活动支出。用于工会组织开展的劳动模范和先进职工疗休养补贴等其他活动支出。

第九条 维权支出是指基层工会用于维护职工权益的支出。包括：劳动关系协调费、劳动保护费、法律援助费、困难职工帮扶费、送温暖费和其他维权支出。

（一）劳动关系协调费。用于推进创建劳动关系和谐企业活动、加强劳动争议调解和队伍建设、开展劳动合同咨询活动、集体合同示范文本印制与推广等方面的支出。

（二）劳动保护费。用于基层工会开展群众性安全生产和职业病防治活动、加强群监员队伍建设、开展职工心理健康维护等促进安全健康生产、保护职工生命安全为宗旨开展职工劳动保护发生的支出等。

（三）法律援助费。用于基层工会向职工群众开展法治宣传、提供法律咨询、法律服务等发生的支出。

（四）困难职工帮扶费。用于基层工会对困难职工提供资金和物质帮助等发生的支出。

工会会员本人及家庭因大病、意外事故、子女就学等原因致困时，基层工会可给予一定金额的慰问。

（五）送温暖费。用于基层工会开展春送岗位、夏送清凉、金秋助学和冬送温暖等活动发生的支出。

（六）其他维权支出。用于基层工会补助职工和会员参加互助互济保障活动等其他方面的维权支出。

第十条 业务支出是指基层工会培训工会干部、加强自身建设以及开展业务工作发生的各项支出。包括：

（一）培训费。用于基层工会开展工会干部和积极分子培训发生的支出。开支范围和标准以有关部门制定的培训费管理办法为准。

（二）会议费。用于基层工会会员大会或会员代表大会、委员会、常委会、经费审查委员会以及其他专业工作会议的各项支出。开支范围和标准以有关部门制定的会议费管理办法为准。

（三）专项业务费。用于基层工会开展基层工会组织建设、建家活动、劳模和工匠人才创新工作室、职工创新工作室等创建活动发生的支出，用于基层工会开办的图书馆、阅览室和职工书屋等职工文体活动阵地所发生的支出，用于基层工会开展专题调研所发生的支出，用于基层工会开展女职工工作性支出，用于基层工会开展外事活动方面的支出，用于基层工会组织开展合理化建议、技术革新、发明创造、岗位练兵、技术比武、技术培训等劳动和技能竞赛活动支出及其奖励支出。

（四）其他业务支出。用于基层工会发放兼职工会干部和专职社会化工会工作者补贴，用于经上级批准评选表彰的优秀工会干部和积极分子的奖励支出，用于基层工会必要的办公费、差旅费，用于基层工会支付代理记账、中介机构审计等购买服务方面的支出。

基层工会兼职工会干部和专职社会化工会工作者发放补贴的管理办法由省级工会制定。

第十一条 资本性支出是指基层工会从事工会建设工程、设备工具购置、大型修缮和信息网络购建而发生的支出。

第十二条 事业支出是指基层工会对独立核算的附属事业单位的补助和非独立核算的附属事业单位的各项支出。

第十三条 其他支出是指基层工会除上述支出以外的其他各项支出。包括：资产盘亏、固定资产处置净损失、捐赠、赞助等。

第十四条 根据《中华人民共和国工会法》的有关规定，基层工会专职工作人员的工资、奖励、补贴由所在单位承担，基层工会办公和开展活动必要的设施和活动场所等物质条件由所在单位提供。所在单位保障不足且基层工会经费预算足以保证的前提下，可以用工会经费适当弥补。

第四章　财 务 管 理

第十五条　基层工会主席对基层工会会计工作和会计资料的真实性、完整性负责。

第十六条　基层工会应根据国家和全国总工会的有关政策规定以及上级工会的要求，制定年度工会工作计划，依法、真实、完整、合理地编制工会经费年度预算，依法履行必要程序后报上级工会批准。严禁无预算、超预算使用工会经费。年度预算原则上一年调整一次，调整预算的编制审批程序与预算编制审批程序一致。

第十七条　基层工会应根据批准的年度预算，积极组织各项收入，合理安排各项支出，并严格按照《工会会计制度》的要求，科学设立和登记会计账簿，准确办理经费收支核算，定期向工会委员会和经费审查委员会报告预算执行情况。基层工会经费年度财务决算需报上级工会审批。

第十八条　基层工会应加强财务管理制度建设，健全完善财务报销、资产管理、资金使用等内部管理制度。基层工会应依法组织工会经费收入，严格控制工会经费支出，各项收支实行工会委员会集体领导下的主席负责制，重大收支须集体研究决定。

第十九条　基层工会应根据自身实际科学设置会计机构、合理配备会计人员，真实、完整、准确、及时反映工会经费收支情况和财务管理状况。具备条件的基层工会，应当设置会计机构或在有关机构中设置专职会计人员；不具备条件的，由设立工会财务结算中心的乡镇（街道）、开发区（工业园区）工会实行集中核算，分户管理，或者委托本单位财务部门或经批准设立从事会计代理记账业务的中介机构或聘请兼职会计人员代理记账。

第五章　监 督 检 查

第二十条　全国总工会负责对全国工会系统工会经费的收入、支出和使用管理情况进行监督检查。按照“统一领导、分级管理”的管理体制，省以下各级工会应加强对本级和下一级工会经费收支与使用管理情况的监督检查，下一级工会应定期向本级工会委员会和上一级工会报告财务监督检查情况。

第二十一条　基层工会应加强对本单位工会经费使用情况的内部会计监督和工会预算执行情况的审查审计监督，依法接受并主动配合国家审计监督。内部会计监督主要对原始凭证的真实性合法性、会计账簿与财务报告的准确性及时性、财产物资的安全性完整性进行监督，以维护财经纪律的严肃性。审查审计监督主要对单位财务收支情况和预算执行情况进行审查监督。

第二十二条 基层工会应严格执行以下规定：

（一）不准使用工会经费请客送礼。

（二）不准违反工会经费使用规定，滥发奖金、津贴、补贴。

（三）不准使用工会经费从事高消费性娱乐和健身活动。

（四）不准单位行政利用工会账户，违规设立“小金库”。

（五）不准将工会账户并入单位行政账户，使工会经费开支失去控制。

（六）不准截留、挪用工会经费。

（七）不准用工会经费参与非法集资活动，或为非法集资活动提供经济担保。

（八）不准用工会经费报销与工会活动无关的费用。

第二十三条 各级工会对监督检查中发现违反基层工会经费收支管理办法的问题，要及时纠正。违规问题情节较轻的，要限期整改；涉及违纪的，由纪检监察部门依照有关规定，追究直接责任人和相关领导责任；构成犯罪的，依法移交司法机关处理。

第六章 附 则

第二十四条 各省级工会应根据本办法的规定，结合本地区、本产业和本系统工作实际，制定具体实施细则，细化支出范围，明确开支标准，确定审批权限，规范活动开展。各省级工会制定的实施细则须报全国总工会备案。基层工会制定的相关办法须报上级工会备案。

第二十五条 本办法自印发之日起执行。《中华全国总工会办公厅关于加强基层工会经费收支管理的通知》（总工办发〔2014〕23号）和《全总财务部关于〈关于加强基层工会经费收支管理的通知〉的补充通知》（工财发〔2014〕69号）同时废止。

第二十六条 基层工会预算编制审批管理办法由全国总工会另行制定。

第二十七条 本办法由全国总工会负责解释。

中华全国总工会办公厅关于印发《县级以上工会支出管理暂行办法》的通知

（总工办发〔2021〕18号　2021年11月30日）

各省、自治区、直辖市总工会，中华全国铁路总工会、中国民航工会、中国金融工会，中央和国家机关工会联合会：

《县级以上工会支出管理暂行办法》已经第十七届中华全国总工会党组第106次会议审议通过，现印发给你们，请认真贯彻执行。

县级以上工会支出管理暂行办法

第一章　总　　则

第一条　为进一步规范和加强县级以上（含县级，下同）工会支出管理，明确支出范围，规范审批程序，提高资金使用效益，根据《工会法》、《中国工会章程》以及《工会预算管理办法》的有关规定，结合工会实际，制定本办法。

第二条　本办法适用于县级以上各级总工会。

中华全国铁路总工会、中国民航工会、中国金融工会根据各自管理体制，明确所属下级工会适用本办法的层级范围，并报全国总工会财务部备案。

第三条　县级以上工会支出管理应遵循依法依规、全面预算、聚焦主责、厉行节约、注重绩效的原则。

第四条　县级以上工会支出均需纳入单位预算，统一管理。

第二章　支 出 范 围

第五条　县级以上工会的支出指县级以上工会为开展工会工作和为职工维权服务所发生的各项支出，包括：本级工会的支出和对下级工会的转移支付。

本级工会的支出包括本级工会机关的支出和对本级所属单位的补助支出。

对下级工会的转移支付包括一般转移支付和专项转移支付。

第六条 本级工会的支出按照性质分为基本支出和项目支出。基本支出是指为保障机构正常运转、完成日常工作任务所需的人员支出和日常公用支出。项目支出是指为完成特定工作任务所发生的支出。

第七条 基本支出预算实行定员定额管理。

定员定额标准参照同级财政部门制定的标准执行。同级财政没有同类定额标准的，县级以上工会应根据历年基本支出实际支出情况，研究制定本级基本支出定员定额标准，作为核定基本支出预算的依据。

第八条 本级工会机关和对工会所属公益一类、公益二类事业单位可安排基本支出预算。对工会所属其他类型事业单位和企业原则上一般不安排基本支出预算，因解决历史遗留问题或转企改制成本性补偿安排的基本支出除外。

公益一类、公益二类事业单位基本支出以同级财政保障为主的，要严格执行同级财政部门预算管理的相关规定。

第九条 项目支出预算以项目库为载体实行零基预算管理。

第十条 县级以上工会应根据全国总工会的有关规定和本级预算管理的实际，制定本级预算项目库管理办法，建立本级预算项目库，并视工作需要和当年财力状况，合理安排年度项目预算。

预算项目库实行动态管理，未按规定入库的项目原则上一般不得安排当年预算，项目生命周期结束的正常项目和因特殊原因终止的项目均应纳入项目库管理。

第十一条 项目支出预算应根据该项特定工作的目标任务、预期投入、支出范围、工作内容、受益对象等功能特性，设置项目实施一定时期后预期实现的绩效目标，并细化分解为反映目标实现程度的关键性绩效指标，作为项目立项论证入库、编制项目预算、实施绩效监控和开展绩效评价的依据。

第十二条 省级工会应按照全国总工会项目预算定额标准体系建设的指导意见，加快本级工会项目预算支出标准体系建设，明确劳动和技能竞赛、“五一”劳动奖表彰等特色工会活动的开支范围、支出标准，并报全国总工会财务部备案。

中央财政专项资金已有明确开支标准的，省级工会制定的同类专项支出预算标准不得高于该支出标准。

第十三条 县级以上工会经常性项目应制定项目专项资金管理办法，明确项目立项论证、预算编制、预算执行、资金使用、监督管理等关键环节的程序和要求，确保专项资金使用绩效。

第十四条 县级以上工会根据工作需要可向所属单位或其他社会经济组织购买服务，购买服务支出预算一般列入本级机关的项目支出预算。

第十五条 县级以上工会对本级机关和所属单位安排的信息系统、建设工程、大型修缮等基本建设项目应履行必要的建设项目审批程序，确定项目总投资和年度投资计划，根据年度项目投资计划编制年度项目支出预算。

第十六条 县级以上工会可根据全国总工会的有关规定，结合下级工会的财力状况和工作需要，对下级工会给予一般性转移支付和专项转移支付补助。

第三章 支出预算审批与执行

第十七条 县级以上工会支出预算应按照省级工会制定的工会预算管理实施办法规定的程序报批。

第十八条 县级以上工会预算一经批准，原则上不作调整。因特殊原因确需调整的，应在本级预备费预算中按照规定程序予以安排；预备费不足的，按照预算编制的审批程序履行预算调整报批程序。

第十九条 县级以上工会应根据国家和全国总工会的有关规定，加强支出预算执行管理，不断提高预算资金使用效益。

第二十条 县级以上工会要加强对列入预算的本级机关支出的财务审核，严格按照预算批复执行预算，不得擅自扩大支出范围、提高开支标准，不得随意调整预算支出内容。

县级以上工会要加强对本级所属单位预算执行管理，建立预算资金拨付管理制度。根据均衡原则，按时拨付基本支出预算资金；根据项目工作进度，及时拨付项目预算资金。

县级以上工会要加强对转移支付预算执行管理，完善转移支付管理制度，根据预算安排和财力状况，及时拨付或结算转移支付资金。

第四章 评价与监督

第二十一条 县级以上工会应加强内部控制建设，完善内部控制制度，强化对项目立项、预算编制、预算执行、转移支付资金拨付等重点环节的内部控制，确保预算资金安全有效使用。

第二十二条 县级以上工会应全面实施预算绩效管理，加强预算支出绩效目标管理，强化预算执行过程中绩效目标完成情况的动态监控，以项目预算绩效评价为基础，逐步开展所属单位整体预算绩效评价，完善绩效评价结果与预算安排挂钩工作机制。

第二十三条 县级以上工会应按照“统一领导、分级负责”的原则，健全财务监督工作机制，加强对本级机关和所属单位及下一级工会的财务监督，并主动配合国家审计、上一级经费审查机构做好审计监督工作。

第二十四条 使用预算资金的各级各类单位应积极配合监督机构做好财务监督工作，为监督工作提供必要的办公条件和工作保障。

第二十五条 财务监督发现的违规行为，情节较轻的，责令限期改正，或建议有关部门进行组织处理；涉嫌违纪违法的，移交纪检监察机关处理；涉嫌犯罪的，移送司法机关查处。

第五章 附 则

第二十六条 各省级工会应根据本办法规定，结合本地区工作实际，制定具体实施细则，明确省、市级总工会所属产业（行业）工会以及由省、市级总工会直接管理的集团公司（或局）工会和其他县级以上工会适用本办法的层级范围，并报全国总工会财务部备案。

第二十七条 本办法自印发之日起执行。

第二十八条 本办法由全国总工会财务部负责解释。

中华全国总工会办公厅关于印发《在京中央企业工会经费收支管理实施细则》的通知

（厅字〔2020〕26 号　2020 年 5 月 9 日）

在京中央企业工会：

《在京中央企业工会经费收支管理实施细则》已经第十七届中华全国总工会党组第 41 次会议审议通过，现印发给你们，请遵照执行。

在京中央企业工会经费收支管理实施细则

第一章　总　　则

第一条　为加强在京中央企业工会经费收支管理，规范在京中央企业工会经费使用，根据中华全国总工会《基层工会经费收支管理办法》，结合在京中央企业实际情况，制定本细则。

第二条　本细则适用于在京中央企业工会及其所属在京单位工会。

第三条　在京中央企业工会经费收支管理应遵循以下原则：

（一）遵纪守法原则。在京中央企业工会应依据《中华人民共和国工会法》的有关规定，依法组织各项收入，严格遵守国家法律法规，严格执行全国总工会有关制度规定，严肃财经纪律，严格工会经费使用，加强工会经费收支管理。

（二）经费独立原则。在京中央企业工会应依据全国总工会关于工会法人登记管理的有关规定取得工会法人资格，依法享有民事权利、承担民事义务，并根据财政部、中国人民银行的有关规定，设立工会经费银行账户，实行工会经费独立核算。

（三）预算管理原则。在京中央企业工会应按照《工会预算管理办法》的要求，将单位各项收支全部纳入预算管理。工会经费年度收支预算（含调整预算）需经同级工会委员会和工会经费审查委员会审查同意，并报上级工会批准或备案。

（四）服务职工原则。在京中央企业工会应坚持工会经费正确的使用方向，优化工会经费支出结构，严格控制一般性支出，将更多的工会经费用于为职工服务和开展工会活动，维护职工的合法权益，增强工会组织服务职工的能力。

（五）勤俭节约原则。在京中央企业工会应按照党中央、国务院关于厉行勤俭节约反对奢侈浪费的有关规定，严格控制工会经费开支范围和开支标准，经费使用要精打细算，少花钱多办事，节约开支，提高工会经费使用效益。

（六）民主管理原则。在京中央企业工会应依靠会员管好用好工会经费。年度工会经费收支情况应定期向会员大会或会员代表大会报告，建立经费收支信息公开制度，主动接受会员监督。同时，接受上级工会监督，依法接受国家审计监督。

第二章　工会经费收入

第四条　在京中央企业工会经费收入范围主要包括：

（一）会费收入。会费收入是指工会会员依照全国总工会规定按本人工资收入的5‰向所在企业工会缴纳的会费。

（二）拨缴经费收入。拨缴经费收入是指建立工会组织的单位按全部职工工资总额2%依法向工会拨缴的经费中的留成部分。

（三）上级工会补助收入。上级工会补助收入是指企业工会收到的上级工会拨付的各类补助款项。

（四）行政补助收入。行政补助收入是指企业工会所在单位依法对工会组织给予的各项经费补助。

（五）投资收益。投资收益是指企业工会依据相关规定对外投资取得的收益。

（六）其他收入。其他收入是指企业工会取得的资产盘盈、固定资产处置净收入、接受捐赠收入和利息收入等。

第五条　在京中央企业工会应加强对各项经费收入的管理。要按照会员工资收入和规定的比例，按时收取全部会员应交的会费。要严格按照国家统计局公布的职工工资总额口径和全国总工会所规定的分成比例，及时足额拨缴工会经费。要统筹安排行政补助收入，按照预算确定的用途开支，不得将与工会无关的经费以行政补助名义纳入账户管理。

第三章　工会经费支出

第六条　工会经费主要用于为职工服务和开展工会活动。

第七条　在京中央企业工会经费支出范围包括：职工活动支出、维权支出、业务支出、资本性支出和其他支出。

第八条　职工活动支出是指工会组织开展职工教育、文体、宣传等活动所发生的支出和工会组织的职工慰问支出。包括：

（一）职工教育支出。用于工会举办政治、法律、科技、业务等专题培训和职工技能培训所需的教材资料、教学用品、场地租金等方面的支出，用于支付职工教育活动聘请授课人员的酬金，用于工会组织的职工素质提升补助和职工教育培训优秀学员的奖励。

对优秀学员的奖励应以精神鼓励为主、物质激励为辅，给予物质奖励每年不超过 2 次，每人不超过 500 元，每次奖励人数不超过参加人数的 30%。授课人员酬金标准参照财政部《财政部、中共中央组织部、国家公务员局关于〈印发中央和国家机关培训费管理办法〉的通知》（财行〔2016〕540 号）规定执行。

（二）文体活动支出。用于在京中央企业工会及其所属在京单位工会开展的，或者下级工会参加上级工会组织的职工业余文体活动所需器材、服装、用品等购置、租赁与维修方面的支出以及活动场地、交通工具的租金支出等，用于文体活动优胜者的奖励支出，用于文体活动中必要的伙食补助费。

文体活动奖励应以精神鼓励为主、物质激励为辅。奖励范围不得超过参与人数的三分之二。其中，个人项目奖项最高名次奖励标准每人不超过 800 元，团体项目奖项最高名次奖励标准一般每人不超过 500 元，原则上应发放实物奖品；不设置奖项的，可为参加人员发放少量纪念品，发放标准每人不超过 300 元。

工会组织职工开展文体活动确需为参赛职工购置服装的，标准每人每两年不超过 1000 元。在京中央企业所属在京单位工会参加在京中央企业工会的文体活动，可按照在京中央企业工会要求为参赛职工增购一次，标准每人不超过 1000 元。工会建立服装发放台账。

文体活动中开支的伙食补助费，不得超过在京中央企业差旅费管理办法中的伙食补助标准。

组织文体比赛活动的裁判和工作人员，一般聘请内部职工担任。确需聘请外部专业人员担任教练、裁判、评委的，其酬金标准每人每半天不超过 500 元。

工会可以用会员会费组织会员观看电影、文艺演出和体育比赛等，开展春游秋游，为会员购买北京公园年票。会费不足部分可以用工会经费弥补，弥补部分不超过本级工会当年会费收入的三倍。

工会组织会员春游秋游应当日往返，可安排工作餐，购买景区或公园第一道大门票，支付集体租车费，不得到有关部门明令禁止的风景名胜区开展春游秋游活动。

（三）宣传活动支出。用于工会开展重点工作、重大主题和重大节日宣传活动所需的材料消耗、场地租金、购买服务等方面的支出，用于培育和践行社会主义核心价值观，弘扬劳模精神和工匠精神等经常性宣传活动方面的支出，用于企业工会开展或参加上级工会举办的知识竞赛、宣讲、演讲比赛、展览等宣传活动支出。

（四）职工慰问支出。用于工会逢年过节和会员生日、婚丧嫁娶、退休的慰问支出等。

工会逢年过节可以向全体会员发放节日慰问品。逢年过节的年节是指国家规定的法定节日（即：新年、春节、清明节、劳动节、端午节、中秋节和国庆节）。节日慰问品原则上为符合中国传统节日习惯的用品和职工群众必需的生活用品等，每名会员发放的年度总额不得超过 2500 元，可结合实际采取随工资卡发放的便捷灵活的方式，不可发放现金、购物卡、代金券。

工会会员生日慰问可以发放生日蛋糕等实物慰问品，也可以发放指定蛋糕店的蛋糕券，标准人均不超过 400 元。

工会会员符合法律政策的结婚、生育时，工会可以给予一定金额的慰问品，标准不超过 1000 元。

工会会员生病住院、工会会员或其直系亲属去世时，可以给予一定金额的慰问金。会员因同一病因住院治疗的，每年原则上组织慰问一次，标准一般不超过 1000 元。对因工伤无需住院而安排在家调养的，工会可以组织慰问一次，标准不超过 1000 元。会员去世的，工会按不超过 5000 元标准给予安抚慰问金；会员直系亲属去世的，工会按不超过 3000 元标准给予安抚慰问金。会员直系亲属指的是会员本人的配偶、父母和子女。

工会会员退休，可以为本人发放不超过 1000 元的纪念品。

（五）其他活动支出。用于工会组织开展的劳动模范和先进职工疗休养补贴等其他活动支出。

第九条 维权支出是指工会用于维护职工权益的支出。包括：劳动关系协调费、劳动保护费、法律援助费、困难职工帮扶费、送温暖费和其他维权支出。

（一）劳动关系协调费。用于推进创建劳动关系和谐企业活动、加强劳动争议调解和队伍建设、开展劳动合同咨询活动、集体合同示范文本印制与推广等方面的支出。

（二）劳动保护费。用于工会开展群众性安全生产和职业病防治活动、加强群监员队伍建设、开展职工心理健康维护等促进安全健康生产、保护职工生命安全为宗旨开展职工劳动保护发生的支出等。

（三）法律援助费。用于工会向职工群众开展法治宣传、提供法律咨询、法律服务等发生的支出。

（四）困难职工帮扶费。用于工会对困难职工提供资金和物质帮助等发生的支出。

工会会员本人及家庭因大病、意外事故、子女就学等原因致困时，工会可给予一定金额的困难救助。困难救助的标准、申请及审批程序由各在京中央企业工会研究确定。各在京中央企业所属在京单位工会按在京中央企业工会确定的标准执行。

（五）送温暖费。用于工会开展春送健康、夏送清凉、金秋助学、冬送温暖等活动发生的支出。在高温、严寒和雾霾等极端天气情况下，为一线员工购买防暑降温、防寒保暖、防雾霾用品以及食品饮料。年度人均慰问总金额根据年初预算执行，按合理、适度原则予以安排。

（六）其他维权支出。用于工会补助职工和会员参加互助互济保障活动等其他方面的维权支出。

第十条 业务支出是指工会培训工会干部、加强自身建设以及开展业务工作发生的各项支出。包括：

（一）培训费。用于工会开展工会干部和会员培训发生的支出。开支范围和标准以在京中央企业制定的培训费管理办法为准。

（二）会议费。用于工会会员大会或会员代表大会、工会委员会、经费审查委员会、女职工委员会以及其他专业工作会议的各项支出。职代会与会员代表大会合并召开的，会议支出应由行政负责。开支范围和标准以在京中央企业制定的会议费管理办法为准。

（三）专项业务费。用于工会开展工会组织建设、建家活动、劳模和工匠人才创新工作室、职工创新工作室等创建活动发生的支出，用于工会开办的图书馆、阅览室和职工书屋等职工文体活动阵地所发生的支出，用于工会开展专题调研所发生的支出，用于工会开展女职工工作的支出，用于工会开展外事活动方面的支出，用于工会组织开展合理化建议、技术革新、发明创造、岗位练兵、技术比武、技术培训等劳动和技能竞赛活动支出及其奖励支出。

在京中央企业工会组织开展的各项劳动和技能竞赛活动，个人单项奖励标准不超过 1000 元，团体项奖励标准人均不超过 800 元。用于奖励的开支总额不超过专项业务费预算的 30%。工会协助企业行政举办的各项劳动和技能竞赛活动，各项经费应由企业行政承担，如经费不足，可用工会经费适当弥补。

工会开展创新活动、劳动和技能竞赛等活动组织相关领域专家评审、命题，酬金标准按在京中央企业有关规定执行。

（四）其他业务支出。用于经上级工会批准评选表彰的优秀工会干部和积极分子的奖励支出，用于工会必要的办公费、差旅费，用于工会支付代理记账、中介机构审计等购买服务方面的支出。

评选表彰优秀工会干部和积极分子的奖励标准每人不超过 1000 元。

第十一条 资本性支出是指工会从事工会建设工程、设备工具购置、大型修缮和信息网络购建而发生的支出。

第十二条 其他支出是指工会除上述支出以外的其他各项支出。包括：资产盘亏、固定资产处置净损失、捐赠、赞助等。

第十三条 根据《中华人民共和国工会法》的有关规定，工会专职工作人员的工资、奖励、补贴由所在单位承担，工会办公和开展活动必要的设施和活动场所等物质条件由所在单位提供。所在单位保障不足且工会经费预算足以保证的前提下，可以用工会经费适当弥补。

第四章 财务管理

第十四条 工会主席对工会会计工作和会计资料的真实性、完整性负责。

第十五条 工会应根据国家和全国总工会的有关政策规定以及上级工会的要求，制定年度工会工作计划，依法、真实、完整、合理地编制工会经费年度预算，依据《工会会计制度》和《工会预算管理办法》履行报批程序。严禁无预算、超预算使用工会经费。年度预算原则上一年调整一次，调整预算的编制审批程序与预算编制审批程序一致。

第十六条 按照全面预算管理的要求，在京中央企业工会及其所属在京单位工会应将全部收支纳入预算管理。

在京中央企业工会预算报全国总工会财务部备案，在京中央企业所属在京单位工会的预算由在京中央企业工会审批或备案。在京中央企业工会汇总企业工会及其所属在京单位工会预算报全总财务部备案。

第十七条 工会应根据年度预算，积极组织各项收入，合理安排各项支出，并严格按照《工会会计制度》的要求，科学设立和登记会计账簿，准确办理经费收支核算，定期向工会委员会和经费审查委员会报告预算执行情况。

在京中央企业工会决算报全国总工会财务部备案，在京中央企业所属在京单位工会的决算由在京中央企业工会审批或备案。在京中央企业工会按照《工会决算报告制度》的要求，汇总本单位工会及所属在京单位工会决算后报全总财务部。

第十八条 工会应加强财务管理制度建设，健全完善财务报销、资产管理、资金使用等内部管理制度。工会应依法组织工会经费收入，严格控制工会经费支出，各项收支实行工会委员会集体领导下的主席负责制，重大收支须集体研究决定。

第十九条 工会要规范经费支出申请、审批、报销流程，奖金、补助、慰问金、帮扶救助款、酬金等都要以转账形式发放；发放慰问品、奖品、纪念品、蛋糕券、入场券等实物，要求审批手续齐全，实名制发放，并实名签收。严格工会经费专用票据管理，不得用于与工会经费无关的项目。

第二十条 在京中央企业工会应根据自身实际科学设置会计机构、合理配备会计人员，真实、完整、准确、及时反映工会经费收支情况和财务管理状况。具备条件的工会，应当设置会计机构或在有关机构中设置专职会计人员；不具备条件的，可委托单位财务部门或聘请兼职会计人员代理记账。

第五章 监督检查

第二十一条 全国总工会负责对在京中央企业工会经费的收入、支出和使用管理情况进行监督检查。在京中央企业所属在京单位工会应定期向本级工会委员会和上级工会报告财务监督检查情况。

第二十二条 在京中央企业工会应加强对本单位工会经费使用情况的内部会计监督和工会预算执行情况的审查审计监督，依法接受并主动配合全总经审委员会办公室和国家审计监督。内部会计监督主要对原始凭证的真实性合法性、会计账簿与财务报告的准确性及时性、财产物资的安全性完整性进行监督，以维护财经纪律的严肃性。审查审计监督主要对单位财务收支情况和预算执行情况进行审查监督。

第二十三条 在京中央企业工会应严格执行以下规定：

（一）不准使用工会经费请客送礼。

（二）不准违反工会经费使用规定，滥发奖金、津贴、补贴。

（三）不准使用工会经费从事高消费性娱乐和健身活动。

（四）不准单位行政利用工会账户，违规设立“小金库”。

（五）不准将工会账户并入单位行政账户，使工会经费开支失去控制。

（六）不准截留、挪用工会经费。

（七）不准用工会经费参与非法集资活动，或为非法集资活动提供经济担保。

（八）不准用工会经费报销与工会活动无关的费用。

第二十四条 在京中央企业工会及其所属在京单位工会对监督检查中发现违反本细则的问题，要及时纠正。违规问题情节较轻的，要限期整改；涉及违纪或职务违法的，由纪检监察部门依照有关规定，追究直接责任人和相关领导责任；构成犯罪的，依法追究刑事责任。

第六章 附 则

第二十五条 在京中央企业工会应根据本细则，结合实际，制定具体工会经费收支管理规定，细化支出范围，确定审批权限，规范活动开展。在京中央企业工会制定的管理规定须报全国总工会财务部备案。在京中央企业所属在京单位工会制定的相关管理规定须报上级工会备案。

第二十六条 本办法由全国总工会财务部负责解释。

第二十七条 本办法自发布之日起执行。

（二）专项资金

中华全国总工会办公厅关于全国工会“职工书屋”建设专项资金的使用与管理办法

（总工办发〔2008〕19号　2008年4月28日）

为落实《中华全国总工会关于开展全国工会“职工书屋”建设的实施意见》（总工发〔2008〕3号）精神，进一步加强“职工书屋”建设专项资金的管理与监督，推动全国工会“职工书屋”建设规范有序、健康持续地发展，特制定本办法。

一、组织领导与职能机构

全国工会“职工书屋”建设工作，在全国总工会书记处的统一领导下，由全国工会“职工书屋”领导小组负责指导和推进，并监督专项资金的使用与管理。领导小组下设办公室，负责各项工作的组织协调和具体实施。根据工作需要成立“职工书屋”图书配送中心，作为全国工会“职工书屋”建设的职能机构。

二、资金来源与使用范围

（一）全国总工会从2008年开始，每年自本级工会经费中投入2000万元专项资金，连续三年共投入6000万元，用于支持各地工会建设3000个“职工书屋”示范点。

（二）全国工会“职工书屋”建设专项资金，必须在规定的适用范围内专款专用。任何单位或个人不得截留、挪用、冒领或随意扩大专项资金的使用范围。需用工会经费开支的，必须将“职工书屋”建设专项资金，列入年度支出预算，按《工会预算管理办法》中的预算、决算管理要求执行。

（三）全国总工会初步按每个“职工书屋”示范点援建两万元专项资金（含配送图书所需的相关物流费用），以配送各类图书和订阅一份《工人日报》的实物形式分配到各地“职工书屋”示范点。地方工会和基层工会按1∶1的比例筹集的“职工书屋”示范点专项资金，主要用于解决“职工书屋”除房屋之外的基础性设施，包括购置必要的书架、桌椅、计算机、DVD播放器等基础设备及图书、报刊等。

三、资金使用基本原则

全国工会“职工书屋”建设专项资金的使用，要严格遵守工会财务制度的有关规定，按照专款专用、公开透明、公正和诚信的原则，严格审批、严格管理。要自觉接受工会财务监督和工会经费审计监督，着力规范采购、配送操作程序，通过多种方式提高专项资金使用效益，努力降低采购与配送成本，以有限的资金为基层职工多购书、购好书。

四、资金使用方法与程序

（一）全国工会“职工书屋”建设领导小组办公室，负责根据年度总的目标任务，提出每年度的工作目标分解方案，并根据各地工会推荐的全国工会“职工书屋”示范点名单，提出本年度为“职工书屋”示范点配送图书和《工人日报》的计划，以及本年度“职工书屋”建设资金预算安排，报全国工会“职工书屋”领导小组审定。

（二）全国工会“职工书屋配送中心”，根据全国工会“职工书屋”领导小组制定的工作目标，提出当年为各地工会“职工书屋”示范点统一配送的图书书目及《工人日报》的方案，经领导小组审议通过后，协调相关出版社、图书供应商，集中征集采购图书，为各地“职工书屋”建设提供图书征集采购、配送及售后服务一条龙服务。其物流与办公经费按不超过 15%的比例，从“职工书屋”建设专项资金中支付。

（三）全总财务部依据经全国工会“职工书屋”领导小组审定的年度配送计划，以及本年度“职工书屋”建设资金预算安排，将当年用于全国工会“职工书屋”示范点建设的专项资金以一次性支付方式拨付工人出版社“‘职工书屋’图书配送中心”。各级工会在“职工书屋”建设中拨款或支出专项资金时，在“工会业务费”科目中进行会计核算。

五、专项资金监督与管理

（一）全国工会“职工书屋”建设领导小组原则上每半年召开一次协调会议，专题审议研究当年工作计划，提出实施“职工书屋”示范点建设资金使用和分配方案；听取全国工会“职工书屋”建设进展情况汇报；总结工作，审核专项资金使用情况，并针对各地“职工书屋”建设过程中出现的资金使用方面的新情况和新问题，及时提出改进思路与应对措施。

（二）各级工会要按照全总的部署要求，依据《工会预算管理办法》、《工会会计制度》和国家相关文件规定，规范“职工书屋”建设专项资金的使用范围与使用方式，将“职工书屋”建设专项资金，列入年度支出预算，按《工会预算管理办法》中的预算、决算管理要求，在“工会业务费”科目中进行会计核算。各级工会财务部门和经审办公室要加强对“职工书屋”建设专项资金的财务监督和经费审计监督。

（三）工人出版社“‘职工书屋’图书配送中心”，在每年年初提出当年为全国工会“职工书屋”示范点配送图书的书目以及相关的物流配送成本的预算报告，报领导小组审核确定后组织实施。每年年底出具全年为各地工会“职工书屋”示范点图书配送和资金使用的财务情况报告，报“职工书屋”建设工作领导小组审议，确保“职工书屋”建设资金的使用合理、操作规范和公开透明。

（四）对于各地工会通过积极争取各级党委、政府的重视、支持和争取社会各方支持筹集的“职工书屋”建设资金、企业赞助及社会捐助，同样按照有关的财务规定和管理办法严格执行、规范管理，确保各级工会“职工书屋”建设资金专款专用。

（五）各级工会“职工书屋”要逐步建立健全图书采购制度、图书登记制度、借阅制度、赔偿制度、阅览室规则、图书管理员岗位职责等规章制度。建立图书资产账，做到账物相符。定期统计图书外借量和阅览室阅读量，及时报上级工会“职工书屋”领导机构或工会宣传部。

六、本《办法》自印发之日起施行

中华全国总工会办公厅关于印发《工会对口援疆援藏项目资金管理办法（试行）》的通知

（总工办发〔2015〕17 号　2015 年 6 月 19 日）

各省、自治区、直辖市总工会：

为加强工会对口援疆援藏工作，规范工会对口援疆援藏项目资金管理，充分发挥资金效能，全总十六届书记处第 36 次会议审议通过了《工会对口援疆援藏项目资金管理办法（试行）》。现印发给你们，请认真贯彻执行。

工会对口援疆援藏项目资金管理办法（试行）

第一条　为加强工会对口援疆援藏工作，规范工会对口援疆援藏项目资金（简称项目资金）管理，充分发挥资金效能，制定本办法。

第二条　本办法适用于各省、自治区、直辖市总工会、副省级城市总工会和中央企业工会（简称援助方工会）以及各地市县总工会援助新疆维吾尔自治区总工会、西藏自治区总工会、新疆生产建设兵团工会和四川、云南、甘肃、青海省总工会（简称受援方工会）及其受援市县总工会（简称受援地工会）项目资金的管理。

第三条　受援方工会应当成立省一级受援工作协调小组，并设立办公室［简称“省（区）受援办”］，负责统筹协调对口援助工作和监督项目资金的使用。

第四条　项目资金来源包括：

（一）工会经费；

（二）财政拨款；

（三）企事业单位拨款；

（四）社会捐助；

（五）项目资金利息收入；

（六）其他合法资金。

第五条 确定援助项目应当坚持向基层倾斜、向保障和改善职工生产生活条件倾斜、向提高基层工会维护和服务职工的能力倾斜，因地制宜，统筹规划，科学合理布局。

第六条 项目资金管理按照立项备案、资金拨付、跟踪监管、检查验收的流程运行。

第七条 受援方工会应当组织、指导受援地和援助地工会对项目的设立进行充分协商论证，并签订正式书面协议。受援地工会应当及时将援助项目协议书副本报省（区）受援办备案，并在项目资金到账后3个工作日内，将收款凭证报省（区）受援办备案。

委托地方政府实施援助项目建设和资金管理的地区，按照政府有关项目资金管理办法执行。援助方工会应当及时将项目协议书副本和已拨付的项目资金汇款凭证提供对口省（区）受援办备案。

第八条 项目资金的使用应当严格按照受援地与援助地工会协议要求，专款专用。任何单位或者个人不得挤占、截留、挪用，不得改变资金用途，不得扩大支出范围。擅自改变资金用途和支出结构，援助地工会有权中止后续资金的拨付。

使用项目资金购建固定资产、购置专用设备、购买大宗物品等，应当执行政府集中采购规定和工会资产管理有关规定。

第九条 受援地工会按照《工会预算管理办法》，将项目资金纳入工会预算、决算统一管理；按照《工会会计制度》对项目资金独立核算，根据年度、项目类别等分类设置辅助台账。

第十条 受援方工会及其上级工会定期组织对项目资金使用情况的检查，发现问题及时纠正。对违反本规定的单位予以通报批评，责令限期改正，并追究相关人员责任。

受援方工会主要负责人是项目资金管理第一责任人。

第十一条 受援方工会及其上级工会经费、资产管理部门和经审会应当将项目资金纳入经费、资产管理监督和审计范围，必要时可以实施专项审计。

第十二条 省（区）受援办应当及时组织协调相关部门对完成的项目进行检查验收。

第十三条 省（区）受援办对援助项目实行跟踪管理，每年第一季度将上年度项目进展、资金拨付、资金使用情况报送全国总工会，并通报援助方工会。

第十四条 受援方工会根据本办法，结合当地实际制定实施细则，报全国总工会备案。

第十五条 本办法由全国总工会负责解释。

中华全国总工会办公厅关于印发《中华全国总工会本级企事业发展资金使用管理办法》的通知

（总工办发〔2016〕14号　2016年7月1日）

全总本级各企事业单位：

为了规范工会企事业发展资金使用管理，提高资金使用效益，现将根据《工会法》《工会会计制度》和相关财务制度制定的《中华全国总工会本级企事业发展资金使用管理办法》印发给你们，请遵照执行。

中华全国总工会本级企事业发展资金使用管理办法

第一条　为规范中华全国总工会本级企事业发展资金使用管理，提高资金使用效益，更好地服务工会企事业发展，制定本办法。

第二条　本级企事业发展资金是中华全国总工会（以下简称“全总”）为扶持全总本级工会企事业发展设立的专项资金（以下简称“专项资金”）。其来源主要包括：

（一）工会经费；

（二）本级工会企事业上缴的收益；

（三）本级工会企事业上交的资金占用费；

（四）其他。

第三条　专项资金纳入全总本级年度经费收支预算，实行专项管理、分账核算。

第四条　专项资金的使用方向和范围：

（一）工会企事业经营发展补助。对工会企事业单位开展公益性生产经营和服务项目给予资金补助，对以自有资金为主投资的发展项目给予资金补助。

（二）补充工会企事业单位注册资本金。对工会事业单位转企改制、企业实施股份制改造、工会企业内部经营改革可适当补充注册资本金。

（三）工会企事业经营发展借款。主要用于为全总本级企事业单位解决更新改造、大型设备购置、开发经营项目等资金临时短缺问题，提供不高于同期银行贷款利率的借款，支持其经营发展。

（四）工会企事业贷款贴息。对工会企事业单位通过银行贷款实施服务职工提高经营能力的发展项目实际发生的利息给予补贴。

（五）其它有利于工会企事业发展的事项。

第五条 专项资金申请使用的条件：

（一）申请使用专项资金的单位应是全总本级企事业单位。

（二）申请使用专项资金的项目应符合国家政策导向，具有较强的公益性或较好的市场发展前景，提升工会企事业的服务能力，能产生较好的社会效益和经济效益。

第六条 申请使用专项资金需要提供的相关材料：

（一）申请经营发展补助的，需提供申请报告、项目可行性研究报告、相关合同复印件、专项补助使用预算报告。

（二）申请补充注册资本金的，需提供申请报告、相关经济行为审批文件、企事业内部相关经济行为决策文件、中介机构验资报告及审计报告等复印件。

（三）申请借款的，需提供申请报告、借款用途说明、还款计划、最近连续三年的财务报表。

（四）申请贷款贴息的，需提供申请报告、金融机构贷款合同、利息结算清单和支付凭证等相关资料。

（五）申请报告应由全总本级企事业单位主要负责人签批，以正式文件报全总资产监督管理部。

第七条 专项资金管理的基本程序：

（一）每年 12 月 31 日前，工会企事业单位按照申请条件提出专项资金使用申请，报全总资产监督管理部审核。

（二）全总资产监督管理部负责对申请项目进行评审。

（三）每年 1 月底之前，全总资产监督管理部根据上年专项资金滚存结余情况和专项资金申请情况，提出本年度专项资金使用计划，纳入全总财务部本级工会经费预算。

（四）全总财务部根据全总书记处对预算审定意见及时拨付资金。对于借款项目，在拨付资金前，由全总资产监督管理部与专项资金使用单位签订合同，并依法依规履行合同的权利与义务，同时将合同报送全总财务部。

（五）每年1月底，全总资产监督管理部向全总书记处汇报上一年度专项资金使用管理情况。

（六）因特殊情况未在上年12月31日前提出申请的项目，可以临时提出申请，报全总资产监督管理部，参照本条第（二）项进行审核，经全总书记处分管领导审批后纳入当年资金使用计划管理。

第八条 专项资金预算一经批复，应严格执行。任何单位和个人不得虚报、冒领、截留、滞留、挪用、侵占专项资金，严禁改变专项资金使用用途。资金使用单位应向全总资产监督管理部报告资金使用情况。

第九条 本办法由全总资产监督管理部负责解释。

第十条 本办法从公布之日起施行。

中华全国总工会办公厅关于印发《全国总工会定点扶贫资金使用管理办法》的通知

（厅字〔2018〕9 号　2018 年 4 月 11 日）

全国总工会扶贫工作领导小组各成员单位、定点扶贫工作队：

《全国总工会定点扶贫资金使用管理办法》已经中华全国总工会扶贫工作领导小组会议审议通过，现印发给你们，请认真贯彻执行。

全国总工会定点扶贫资金使用管理办法

第一条　为规范定点扶贫资金的使用管理，参照《中央财政专项扶贫资金管理办法》的有关规定，制定本办法。

第二条　本办法所称定点扶贫资金，是指全国总工会用本级留成工会经费安排的用于定点扶贫工作的专项资金。包括用于定点扶贫县的扶贫项目资金和用于定点扶贫工作队的工作经费。

第三条　扶贫项目资金用于全国总工会定点扶贫的山西省和顺县、壶关县以及第一书记所在村的精准扶贫、精准脱贫项目。扶贫项目包括：培育和壮大特色优势产业，支持贫困村和贫困户发展种植业、养殖业、手工业、加工业、乡村旅游业等增收项目；改善贫困村和贫困户的生产生活条件，支持修建小型公益性生产生活设施、小型农村饮水安全配套设施、贫困村村组道路、易地扶贫搬迁等；增强贫困人口自我发展能力和抵御风险能力；促进两县教育、卫生、文化公益事业发展和乡村振兴，其他与脱贫攻坚密切相关的项目。

第四条　扶贫项目资金不得用于行政事业单位基本支出，交通工具及通讯设备，各种奖金、津贴和福利补助，弥补企业亏损，修建楼堂馆所及扶贫工作对象以外的职工住宅，弥补预算支出缺口和偿还债务，大中型基本建设项目，城市基础设施建设和城市扶贫，其他与脱贫攻坚无关的支出。

第五条　扶贫工作经费主要用于扶贫工作队开展定点扶贫工作过程中

必要的差旅费、交通费、办公费、公务接待费等。

第六条 扶贫工作队根据全总本级年度预算编制的要求，按照定点扶贫县脱贫攻坚工作规划和年度重点工作安排，提出年度扶贫项目预算，经全总劳动和经济工作部审核后，交全总财务部履行预算审批程序。扶贫工作经费由全总财务部根据预算定额核定，纳入全总本级年度支出预算。

第七条 全总本级年度收支预算经批准后，全总财务部将扶贫项目经费和扶贫工作经费分别拨付和顺县、壶关县总工会账户，由县总工会统一管理，实行分账核算。

第八条 预算一经批准，原则上不得进行调整。特别重大事项需要追加预算的，由扶贫工作队提出申请，经全总劳动和经济工作部审核后报全总书记处会议研究确定。因特殊原因导致帮扶项目无法实施的，由扶贫工作队提出书面申请，经全总劳动和经济工作部审核后，交全总财务部履行预算调整审批程序。扶贫项目经费和扶贫工作经费年度预算如有结余，可结转下年使用。

第九条 扶贫工作队应严格执行扶贫县总工会财务报销相关规定，完善项目资金使用管理制度，规范支出审批程序，加强财务报销审核。扶贫工作队差旅费、交通费执行当地标准，做到从严控制公务用车、公务接待支出。

第十条 扶贫工作队队长对扶贫资金预决算和会计资料的真实性、合法性、完整性负责。扶贫工作队要加强定点扶贫资金的使用管理，定期（半年）向全总财务部报告扶贫资金使用情况，并按照全国总工会本级年度决算编制要求，编报年度收支决算，积极配合有关部门对扶贫资金的检查、审计与评估。全总财务部应加强对扶贫资金的日常监督，定期开展专项检查。

第十一条 扶贫工作队违反扶贫资金管理使用办法的，全总财务部将采取暂停拨款、追回资金等办法，督促扶贫工作队加强整改。对违反有关财经法规的，按有关规定严肃处理。

第十二条 本办法由全总财务部、全总劳动和经济工作部负责解释，自印发之日起执行。

中华全国总工会关于印发《工会送温暖资金使用管理办法（试行）》的通知

（总工发〔2018〕39号　2018年12月21日）

各省、自治区、直辖市总工会，各全国产业工会，中央和国家机关工会联合会筹备组，全总各部门、各直属单位：

为进一步规范工会送温暖资金使用管理，现将《工会送温暖资金使用管理办法（试行）》印发给你们，请遵照执行。

工会送温暖资金使用管理办法（试行）

第一章　总　　则

第一条　为加强工会联系广泛、服务职工功能，把党和政府的关心关怀与工会组织的温暖送到广大职工心坎上，进一步开展好工会送温暖活动，提高资金使用效益，实现送温暖常态化、经常化、日常化，依据财政部和全国总工会有关制度文件，制定本办法。

第二条　送温暖资金是各级工会认真履行维护职工合法权益、竭诚服务职工群众的基本职责，筹集社会各方面资源，对职工开展帮扶困难、走访慰问的资金。

第三条　送温暖资金坚持资金使用规范、精准、高效、安全原则，支出方向既体现物质帮扶、脱贫解困，又体现人文关怀、心灵引导。

第四条　加强送温暖资金与困难职工帮扶资金在对象、标准、管理等方面有效衔接，形成层次清晰、各有侧重的梯度帮扶格局。困难职工帮扶资金重点保障深度困难职工家庭生活、帮助建档困难职工家庭解困脱困；送温暖资金突出对职工走访慰问，体现工会组织对职工的关心关爱。

第二章　资金的来源、使用对象及标准

第五条　送温暖资金的主要来源是：

1. 各级财政拨款。是指各级财政拨付工会使用的用于送温暖活动的专项资金。

2. 上级工会经费补助。是指上级工会用工会经费安排给下级工会用于送温暖活动的专项资金。

3. 本级工会经费列支。是指各级工会在本级工会经费预算中安排的用于送温暖活动的专项资金。

4. 社会捐助资金。是指各级工会向社会募集的用于送温暖活动的资金。

5. 行政拨付。是指基层工会所在单位用行政经费、福利费等通过工会开展送温暖活动的资金。

6. 其他合法来源。

第六条　送温暖资金的使用对象：

1. 因非个人意愿下岗失业、家庭收入水平明显偏低、子女教育费用负担过重等原因造成家庭生活困难的职工。

2. 本人或家庭成员因患大病、遭受各类灾害或突发意外等情况造成生活困难的职工。

3. 关停并转等困难企业中，因停发、减发工资而导致生活相对困难的职工。

4. 工伤与职业病致残的职工和因公牺牲职工的家属；因重大疾病手术、住院的职工。

5. 长期在高（低）温、高空、有毒有害等环境中和苦脏累险艰苦行业岗位上工作的一线职工。

6. 重大灾害期间坚守抗灾一线的职工；春节期间坚守在生产一线和交通运输、电力、环卫以及直接面向群众服务的基层岗位干部职工；因组织需要长期异地工作或者服从组织需要赴外地、基层工作的派驻挂职干部职工；在重大项目和重大工程中做出突出贡献的职工；生产一线涌现出来的先进模范人物。

第七条　各级工会在对建档困难职工做好常态化帮扶、帮助其解困脱困的基础上，在职工发生困难时或重要时间节点对以上职工走访慰问。各级工会要根据实际情况确定走访慰问重点职工群体，并适当考虑关心关爱生活困难的离休、退休的会员。要结合当地居民生活水平和物价指数等因

素，科学合理制定慰问标准。

第八条 走访慰问职工要坚持实名制发放，实名制表应包括慰问对象的工作单位、基本情况、联系方式、身份证号、慰问金额、经办人签字等有关信息。资金使用情况须录入工会帮扶工作管理系统送温暖管理模块备查。

第三章 资金的管理

第九条 送温暖资金按照本办法规定管理使用，其中财政专项帮扶资金使用于两节期间慰问困难职工的，应同时遵照帮扶资金管理相关规定执行。

第十条 工会权益保障部门会同财务部门提出资金的分配和使用方案，经同级工会领导集体研究通过后实施。

第十一条 送温暖资金纳入各级工会预算、决算统一管理。各级工会年度预算安排时以常态化送温暖为原则，切实保证经费投入。各级工会要拓宽资金筹集渠道，积极争取政府财政支持，探索与慈善组织合作方式，撬动更多的社会资源参与送温暖活动。

第十二条 送温暖资金按照《工会会计制度》设置会计科目、进行会计核算，严格执行资金审批和财务支付制度。

第十三条 送温暖资金实行绩效管理，省级工会应当运用好绩效评价结果，并将其作为改进送温暖工作和安排以后年度预算的重要依据。

第四章 监督检查

第十四条 各级工会权益保障、财务、经审部门要加大对资金使用管理情况的监督检查，及时发现和纠正存在的问题。经审部门要将送温暖资金纳入年度审计范围。接受政府有关部门审计、检查，接受职工群众和社会的监督。

第十五条 任何单位或个人不得使用送温暖资金购买明令禁止的物品，不得发放津补贴、奖金、福利，不得用于与规定用途无关的其他事项。不得截留、挪用、冒领，不得优亲厚友、人情帮扶。

第十六条 各级工会对监督检查中发现违反有关规定的问题，要及时处理。违规问题情节较轻的，要限期整改；涉及违纪的，由纪检监察部门依照有关规定，追究直接责任人和相关领导责任；构成犯罪的，依法移交司法机关处理。

第五章　附　　则

第十七条　各省级工会应根据本办法的规定，结合本地区、本产业和本系统工作实际，制定具体实施细则，细化支出范围，明确开支标准，确定审批权限，规范活动开展。各省级工会制定的实施细则须报全国总工会备案。省以下各级工会制定的实施细则须报上一级工会备案。

第十八条　本办法自下发之日起执行，《中华全国总工会送温暖工程资金管理使用办法》（总工发〔2006〕54号）同时废止。

第十九条　本办法由全国总工会权益保障部、财务部负责解释。

附件：送温暖慰问实名制汇总表

附件：

送温暖慰问实名制汇总表

填报单位（公章）：　　　　填报人：　　　　联系电话：　　　　年　　月　　日

序号	姓名	性别	身份证号	工作单位或家庭住址	慰问原因	慰问金额（元）	联系电话	签字

负责人签字：　　　　经办人签字：

中华全国总工会办公厅关于印发《全总救灾专项资金使用管理办法》的通知

（总工办发〔2019〕23号　2019年12月24日）

各省、自治区、直辖市总工会，中华全国铁路总工会、中国民航工会全国委员会、中国金融工会全国委员会，中央和国家机关工会联合会：

《全总救灾专项资金使用管理办法》已经全总第32次党组会议审议通过，现印发给你们，请遵照执行。

全总救灾专项资金使用管理办法

第一条　为加强全总救灾专项资金使用管理，根据《自然灾害救助条例》《国家突发公共事件总体应急预案》《国务院办公厅关于印发国家自然灾害救助应急预案的通知》《自然灾害生活救助资金管理暂行办法》和全总有关规定，制定本办法。

第二条　本办法所称全总救灾专项资金，是指全总本级预算中用于工会系统应急救灾和对受自然灾害、安全生产事故影响的职工（以下简称“受灾职工”）慰问的专项资金。

第三条　受灾地区在一次自然灾害过程出现《国家自然灾害救助应急预案》规定的水灾、台风、地震灾害，启动较高等级救助响应的，全总根据自然灾害严重程度，给予相应救灾补助。

（一）启动国家自然灾害救助Ⅰ级响应的，全总给予受灾地区省级工会不超过200万元救灾补助。

（二）启动国家自然灾害救助Ⅱ级响应的，或省自然灾害救助Ⅰ级应急响应的，全总给予受灾地区省级工会不超过150万元救灾补助。

（三）启动国家自然灾害救助Ⅲ级响应的，或省自然灾害救助Ⅱ级应急响应的，全总给予受灾地区省级工会不超过100万元救灾补助。

第四条　发生重大安全生产事故或其他灾难（以下简称“事故灾难”），造成较多人员伤亡，影响职工生产生活的，全总按下列标准给予救灾补助。

（一）一次造成 100 人（含）以上职工死亡的事故灾难；一次造成伤亡总人数 300 人（含）以上的事故灾难；出现以上两种情况之一的，全总给予事故灾难地区省级工会不超过 200 万元救灾补助。

（二）一次造成 50 人（含）以上 100 人以下职工死亡的事故灾难；一次造成伤亡总人数 200 人（含）以上 300 人以下的事故灾难；出现以上两种情况之一的，全总给予事故灾难地区省级工会不超过 150 万元救灾补助。

（三）一次造成 30 人（含）以上 50 人以下职工死亡的事故灾难；一次造成伤亡总人数 100 人（含）以上 200 人以下的事故灾难；出现以上两种情况之一的事故灾难，全总给予事故灾难地区省级工会不超过 100 万元救灾补助。

（四）一次伤亡人数在第（三）款规定以下的事故灾难，社会影响较大的，全总可给予事故灾难地区省级工会不超过 50 万元救灾补助。

第五条　全总根据上年救灾专项资金预算执行情况和当年财力可能编制救灾补助资金年度预算，提交全总党组会议研究决定。如遇特别重大灾情需追加专项预算的，即时履行预算调整程序。

第六条　根据自然灾害、安全生产事故等救助的特点，出现本办法第三条、第四条规定情形，由全总财务部按相应标准提出救灾资金补助建议，经全总党组会议研究同意后下拨。紧急情况下，由全总财务部按相应标准提出救灾资金补助建议，全总书记处分管财务工作的领导和全总党组书记签批下拨。全总领导不在单位的，可电话请示后下拨。

第七条　全总救灾补助资金主要用于：

（一）应急救助：用于紧急抢救和转移安置受灾职工，解决受灾职工灾后应急期间无力克服的吃、穿、住、医等临时生活困难。

（二）过渡性生活救助：用于帮助因灾房屋倒塌或严重损坏无房可住、无生活来源、无自救能力的受灾职工，解决灾后过渡期间的基本生活困难。

（三）受灾职工慰问：用于对受灾职工和因灾死亡职工家属进行慰问，发放慰问金。

（四）心理抚慰：用于对因灾心理受到创伤的职工，进行心理危机干预、心理抚慰。

第八条　省级工会收到全总下达的救灾补助资金后，要及时制定资金使用方案，尽快将救灾补助资金用于救灾工作和发放给受灾职工。

第九条　各级工会要切实加强财务管理，确保救灾专项资金专款专用，不得挤占、截留、挪用和擅自扩大资金使用范围。

第十条 各级工会要自觉接受纪检监察、审计部门和上级工会对全总救灾专项资金使用管理情况的监督检查，对发现的问题要及时处理和纠正，发现违法违规问题的，按相关法律法规规定处理。

第十一条 全总下拨的救灾专项资金列入全总对下补助，各省级工会应在年终决算报告中报告救灾专项资金使用情况。

第十二条 本办法由全总财务部负责解释。

第十三条 本办法自下发之日起执行，1999 年 12 月 28 日颁发的《中华全国总工会对省级工会救灾慰问补助管理办法》同时废止。

中华全国总工会办公厅关于印发《职工创新补助资金管理办法》的通知

（总工办发〔2020〕3 号　2020 年 1 月 17 日）

各省、自治区、直辖市总工会，各全国产业工会：

为进一步管好用好职工创新补助资金，提高一线职工技术创新能力和水平，经中华全国总工会第十七届书记处第 18 次会议审议，对《职工创新补助资金管理办法（试行）》进行了修订。现将修订后的《职工创新补助资金管理办法》印发给你们，请结合实际认真贯彻执行。

职工创新补助资金管理办法

第一章　总　　则

第一条　为鼓励和支持一线职工技术创新活动，推动建设知识型、技能型、创新型劳动者大军，进一步发挥劳模和工匠人才创新工作室、职工创新工作室等职工创新团体（以下统称“创新工作室”）示范引领、集智创新、协同攻关、传承技能、培育精神等功能，确保职工创新补助资金科学管理、规范实施、取得实效，根据国家有关法律法规制定本办法。

第二条　职工创新补助资金设立，用于鼓励和支持一线职工技术创新活动，重点支持创新工作室开展的技术攻关、技术革新、发明创造等。

第三条　职工创新补助资金主要来源是全国总工会经费，并积极争取中央财政、社会及企业资金支持。

第四条　补助项目的确定，坚持公平公开公正，遵循“自愿申请、择优立项、重在引导、务求实效”的原则。

第二章　机构与职责

第五条　全国总工会劳动和经济工作部、财务部共同负责职工创新补助资金的管理，审定补助项目及补助金额，监管补助资金使用，决定与补助资金有关的其他重大事项等。全国总工会财务部、经费审查委员会办公室以及省级工会经审组织负责对职工创新补助资金的管理使用情况进行审计监督。

第六条 全国总工会劳动和经济工作部负责组织补助项目申报和评审，受理投诉举报，组织补助项目绩效考核等。

第七条 各省（区、市）总工会、各全国产业工会负责本地区（产业）职工申报补助项目的推荐、审核、汇总、上报，补助项目的年度检查、交叉互检、结项验收、成果和知识产权汇总等工作，推动补助项目实施。

第八条 承担项目的创新工作室所在单位工会负责补助项目的具体实施，并按规定管理和使用补助资金。

第三章 补助范围

第九条 职工创新补助资金补助范围重点是创新工作室开展的：

（一）具有一定科研价值、科技含量，实施后能切实解决现场工艺技术难题的项目；

（二）填补某一技术领域空白，对我国产业升级、技术进步等具有积极推动作用的项目；

（三）先进、合理、实用、可行，具有较好预期经济和社会效益的项目；

（四）其他优秀职工创新项目。

第十条 项目应具有群众性和自发性，凡属各种财政性基金或财政专项资金资助范围内的项目，或所在单位年度计划内的重点科研项目，不在职工创新补助资金补助范围之内。

第四章 申报与确定

第十一条 每期补助项目运作周期原则上不超过3年，各创新工作室按照全国总工会通知要求申报补助项目。

第十二条 补助项目的申报条件和要求：

（一）补助项目申报单位必须是经全国总工会或各省（区、市）总工会、各全国产业工会命名的创新工作室；

（二）项目负责人必须是创新工作室领衔人。申报项目时，项目负责人距退休原则上不得少于5年；

（三）申报补助项目应提交《职工创新补助资金项目申请书》和项目

可行性研究报告；

（四）每个创新工作室每次只能申报1个补助项目。创新工作室有未结补助项目时，不得申报新的补助项目；

（五）补助项目申报单位应从实际出发，科学合理编制项目总预算，结合项目预期效益申请补助金额。补助资金申请金额应小于或等于项目总预算。

第十三条 项目申报应逐级推荐申报，不得越级申报。

补助项目确定的具体程序是：

（一）初审。省（区、市）总工会和全国产业工会按照本办法第九条和第十二条规定，对申报单位和申报材料进行审查，并在规定时间内将审查合格的材料报送全国总工会劳动和经济工作部。

（二）形式审查。全国总工会劳动和经济工作部组织或委托相关社会组织对通过初审的申报单位资质及报送材料的完整性、规范性、合理性进行形式审查。合格者进入评审程序。

（三）评审。全国总工会劳动和经济工作部组织专家或委托相关社会组织对进入评审程序的项目进行网络评审和会议评审，确定拟补助项目和补助金额。

（四）公示。拟补助项目和补助金额经全国总工会审定后向社会公示。公示期满后，经全国总工会批准实施。

第五章 实施与管理

第十四条 补助资金批准后，全国总工会财务部按照财务规定办理拨款手续，由全国总工会拨款到省级工会后，再由省级工会向下拨款，各全国产业工会推荐并经全国总工会批准的补助资金，由项目所在省（区、市）总工会代为拨付，并纳入其统一管理。首次拨付补助资金总额的60%；次年经年度检查合格后，拨付余款。

第十五条 补助资金的使用应严格执行项目预算，并专项用于补助项目的研究与开发，包括器材、原辅材料及资料购置、知识产权申请与保护、成果鉴定与审查等直接成本费用支出，不得用于办公经费、发放奖金和津补贴、购买通讯设备等支出。

第十六条 全国总工会拨付的补助资金应纳入项目所在单位工会账户，实行专款专用、单独核算。所有支出均需经项目负责人和经办人签字，原始票据与会计凭证需详细完整，按规定报销并存档。

第十七条 有下列变更事项之一者，承担项目的创新工作室应提交书面申请，经项目推荐单位审核后，报全国总工会审批。补助项目变更审批期间，暂停拨款。

（一）补助项目内容有重大变化；

（二）补助项目延期完成；

（三）终止补助项目；

（四）其他需要审批的重大变更事项。

除上述需审批事项外，其他事项变更需报全国总工会备案。

第十八条 补助项目实行年度检查制度。补助项目的年度检查工作由项目推荐单位负责。年度检查工作应于每年10月31日前完成，并将年度检查报告报送全国总工会劳动和经济工作部。

第十九条 补助项目结项实行验收制度。结项验收工作由全国总工会或委托推荐单位负责组织。验收合格项目成果与专利纳入中国职工经济技术信息化服务平台管理，择优推荐参评国家科学技术奖励、中国专利奖等；对符合条件的项目负责人，推荐参加高技能领军人才境外培训。

第二十条 补助项目实行交叉互检制度。全国总工会依据年度检查报告与结项验收情况，每年组织对部分补助项目开展交叉互检，以进一步提高补助资金使用绩效。

第六章　罚　　则

第二十一条 补助资金管理使用情况纳入省级工会财务监管和审计监督。承担项目的创新工作室及所在单位应积极配合年度检查、结项验收和交叉互检等工作。各项检查及审计监督结论作为续拨补助资金、评审新报补助项目的重要依据。对于未专款专用、扩大开支范围使用的资金，全国总工会予以收回，并取消该创新工作室再次申请补助资金的资格。

第二十二条 对未能按期完成项目的创新工作室，将予以书面警告，并要求其提出延期完成的计划，推荐单位负责监督。补助资金项目逾期仍未完成的，将取消该创新工作室再次申请补助资金的资格，并作为创新工作室动态管理的重要依据。

第七章　附　　则

第二十三条 本办法适用于职工创新补助资金项目管理。

第二十四条 关于职工创新补助资金项目其他财务管理事项执行财政部和全国总工会有关规定。

中华全国总工会办公厅
关于加强新型冠状病毒感染肺炎
防控工作专项资金使用管理的通知

（厅字〔2020〕3 号　2020 年 1 月 31 日）

各省、自治区、直辖市总工会，中华全国铁路总工会、中国民航工会全国委员会、中国金融工会全国委员会、中央和国家机关工会联合会：

新型冠状病毒感染肺炎疫情发生以来，全国总工会和各级工会坚决贯彻落实党中央、国务院各项决策部署，从工会经费中设立新型冠状病毒感染肺炎防控工作专项资金（以下简称“防控专项资金”），用于疫情防控保障和慰问等专项工作。为加强各级工会防控专项资金使用管理，现就有关事项通知如下：

一、各级工会可根据同级党委、政府的总体部署和单位疫情防控工作的具体安排，结合工会经费累计结余情况和年度工会经费收入情况，充分考虑疫情防控工作的需求，安排一定规模的防控专项资金，纳入 2020 年度收支预算管理。

二、县级以上总工会防控专项资金要体现向疫情防控工作一线倾斜的原则，用于下级工会对参与疫情防控工作的医护人员、公安干警、环卫工人、物资保障人员等一线工作人员及其封闭工作和防疫期间无法照顾的直系亲属的慰问，用于对参与疫情防控重点工程项目建设者的慰问，用于购买物品物资支援疫情防控工作。

基层工会防控专项资金用于本单位直接参与疫情防控工作人员及其不能照顾的直系亲属的慰问，用于购买口罩、消毒液、测温仪等与疫情防控工作相关的物品物资。

三、防控专项资金应坚持专款专用、专项核算，不得用于与疫情防控无关的支出。慰问金实行实名制发放，根据疫情防控特点，可采取网上签名或疫情结束后补签等措施。慰问物资发放要建立发放台账。慰问金和慰问物资的发放标准由各级工会集体研究决定。

四、根据财政部《关于疫情防控采购便利化的通知》（财办库〔2020〕23 号）的相关规定，防控专项资金用于保障物资、保障工程和服务的，可不执行政府采购法规定的方式和程序。各单位应当建立健全紧急采购内控机制，在确保采购时效的同时，提高采购资金的使用效益，保证采购质量。

中华全国总工会办公厅关于印发《中央财政专项帮扶资金使用管理办法》的通知

（总工办发〔2020〕13号　2020年6月28日）

各省、自治区、直辖市总工会，各全国产业工会，中央和国家机关工会联合会，全总各部门、各直属单位：

《中央财政专项帮扶资金使用管理办法》已经全总第十七届书记处第27次会议审议通过，现印发给你们，请遵照执行。

中央财政专项帮扶资金使用管理办法

第一章　总　　则

第一条　为加强中央财政专项帮扶资金使用管理，依据《财政部关于印发〈困难职工帮扶中心专项资金管理办法〉的通知》（财建〔2006〕468号）的规定，结合工会常态化帮扶工作实际，制定本办法。

第二条　本办法所称中央财政专项帮扶资金（以下简称专项帮扶资金），是指中央财政预算安排，专项用于工会开展困难职工帮扶的项目资金。

第三条　专项帮扶资金的使用，坚持依档帮扶、精准施策、实名制发放的原则。

第二章　资金的使用对象、方向及方式

第四条　专项帮扶资金的补助对象为困难职工群体，主要包括：家庭人均收入低于当地居民最低生活保障线，经政府救济后生活仍十分困难的职工；家庭人均收入虽略高于当地居民最低生活保障线，但由于疾病、子女教育或意外灾害等原因，不能维持基本生活的困难职工；因各类灾害或重大意外事故造成生活特别困难的职工。

第五条　各省（区、市）工会依据困难职工家庭认定标准，结合当地

经济社会发展水平和物价指数，根据困难职工家庭收入和刚性支出因素综合评估困难程度，按照深度困难职工、相对困难职工、意外致困职工等困难类别，建立梯度困难职工档案，根据其困难类别实施分层分类帮扶。

第六条 专项帮扶资金使用范围包括：

（一）生活救助项目。主要用于困难职工家庭基本生活支出、住房、取暖降温等方面生活保障。

（二）医疗救助项目。主要用于困难职工本人或家庭成员因患重特大疾病、罕见病、重病残疾护理、患慢性病长期服药、感染重特大传染病等，经基本医疗保险、大病保险、商业保险、互助保障等报销和其他部门救助后，仍然难以承担的医疗医药费用补助，补助不超过个人承担部分。

（三）助学救助项目。主要用于困难职工家庭子女上学期间所需生活费、路费和其他必要支出，及工会勤工俭学项目岗位补贴。

（四）职业培训和职业介绍项目。主要用于帮助有劳动能力的困难职工家庭成员提升就业和职业发展能力，及鼓励困难职工家庭成员充分就业的补贴。

（五）法律援助项目。主要是对劳动经济权益受到侵害的困难职工开展法律援助服务。

第七条 各省（区、市）工会在精准识别困难职工数量和困难程度基础上，参照当地最低生活保障标准和政府同类项目标准，结合当地经济社会发展水平，科学合理制定具体项目标准。

各省（区、市）工会建立与物价指数和社会救助水平挂钩的帮扶标准年度调整机制，每年年底将调整的帮扶标准报全国总工会。

第八条 专项帮扶资金不得用于下列支出：支付帮扶中心工作人员工资或办公经费；发放各种奖金、津贴和福利补助；购买车辆、手机等交通工具及通讯设备；帮扶中心基本建设投资；其他与困难职工群体帮扶无关的支出。

不得购买明令禁止的物品。

属于政府采购、购买社会服务、招投标管理范围的，严格执行有关法律、法规及制度规定。

第九条 除特殊情况外，专项帮扶资金的使用采取银行转账方式。

全年每户单个帮扶项目补助额度超过 2 万元应经过省级总工会审批，超过 5 万元须报全国总工会同意。

专项帮扶资金使用情况应当在支出后 30 个工作日内录入全国工会帮扶工作管理系统。

第三章　资金的预决算和管理

第十条　专项帮扶资金的预算、决算按照全国总工会预算管理要求执行，纳入工会预算、决算统一管理。专项帮扶资金专款专用，建立明细台账。

各级工会应科学制定资金使用流程，加快预算执行进度。因特殊原因预计将造成结转结余的，应于 11 月 30 日前由省级总工会报告全国总工会，全国总工会按照财政有关规定办理。

第十一条　全国总工会每年年初根据各省级总工会上报到全国工会帮扶工作管理系统的困难职工户数、帮扶项目及标准等因素，参照物价指数和全国社会救助水平，根据年度资金总预算制定专项帮扶资金分配方案，下达资金安排额度。资金重点支持深度困难职工家庭常态化帮扶项目，向困难程度深的职工家庭、困难职工多的地区倾斜。对相对困难职工和意外致困职工的帮扶，由中央财政专项帮扶资金和其他来源帮扶资金按一定比例共同承担，每年度根据资金总量和困难职工户数确定资金承担比例。

第十二条　省级总工会收到专项帮扶资金分配额度后，应尽快制定本地区专项帮扶资金分配方案，20 个工作日内将专项帮扶资金安排额度下达到县级以上帮扶中心，资金到达后及时发放给相关困难职工。

省级总工会专项帮扶资金分配方案报全国总工会备案。年度终了 1 个月内，省级总工会应将专项帮扶资金使用情况汇总报全国总工会。

第十三条　专项帮扶资金按财政部和全国总工会有关绩效管理的规定，实施预算绩效管理。各省（区、市）工会定期对预算和绩效目标执行情况跟踪监控，全国总工会进行绩效评价并强化绩效评价结果应用。

第四章　资 金 监 督

第十四条　各级工会应当建立健全专项帮扶资金监管机制，相关部门根据职责分工履行专项帮扶资金使用管理职责。探索建立协同监管机制，逐步实现监管口径和政策尺度一致，建立信息共享和成果互认机制，提高监管效率。

（一）权益保障部门（负责工会帮扶工作职责部门）负责制定困难职工认定和帮扶标准，制定帮扶工作实施方案，对专项帮扶资金使用管理进行指导，会同财务部门编制专项帮扶资金分配方案，编制项目绩效目标。工会帮扶中心负责建立和管理困难职工档案，开展具体帮扶活动。

（二）财务部门负责专项帮扶资金的接收、拨付、核算等财务管理，加强财务指导和绩效管理。

（三）经审部门负责对专项帮扶资金进行审计监督。

第十五条 专项帮扶资金使用管理必须严格遵守本办法，任何单位或个人不得截留、挪用、冒领或随意扩大帮扶资金的使用范围。

专项帮扶资金的管理和使用要遵守国家财政制度和工会财务制度的有关规定，依法接受审计、财政、纪检监察部门的审计和监督，接受社会监督，及时发现和纠正存在的问题。对工作中敷衍塞责、弄虚作假、推诿刁难、优亲厚友、虚报冒领等不作为、乱作为的情形严肃问责。对存在滥用职权、玩忽职守、徇私舞弊等违法违纪行为的，按照有关规定追究相应责任；涉嫌犯罪的，移送司法机关处理。

第十六条 各省（区、市）工会要激励担当作为，鼓励改革创新，建立容错纠错机制，对秉持公心、程序完整，但因人力不可为等客观原因出现偏差失误的，督促有关人员纠错纠偏，挽回损失，消除影响，可免除其责任。

第五章 附　　则

第十七条 各省级工会根据本办法的规定，结合工作实际，制定专项帮扶资金使用管理实施细则，报全国总工会备案。省以下各级工会制定的实施细则须报上一级工会备案。

第十八条 各级工会应积极争取地方财政支持、同级行政拨付、工会经费投入和社会捐助等多渠道筹集帮扶资金，其他来源帮扶资金除中央财政专项帮扶资金使用对象和范围外，可按照地方财政、同级行政、工会经费有关规定和要求及捐款单位（人）的意愿，科学合理确定资金使用对象和范围。

第十九条 本办法由全国总工会负责解释。

第二十条 本办法自下发之日起执行，《中华全国总工会关于印发〈中央财政专项帮扶资金使用管理办法〉的通知》（总工发〔2015〕20 号）《中华全国总工会关于印发〈困难职工档案管理办法〉的通知》（总工办发〔2016〕36 号）《中华全国总工会办公厅关于印发〈困难职工帮扶工作有关问题的说明〉的通知》（厅字〔2017〕18 号）同时废止。

附件：困难职工家庭认定和档案管理有关问题指引

附件：

困难职工家庭认定和档案管理有关问题指引

一、困难职工家庭困难类别

1. 深度困难职工，具体是指家庭收入扣减刚性支出必要费用后，家庭人均纯收入低于当地最低生活保障标准的职工家庭。包括：（1）已纳入最低生活保障，但还存在患病、子女上学、伤残等其他刚性支出的困难职工家庭。（2）企业关停并转过程中下岗失业、停发或减发工资，造成家庭收入扣减因病、因残、因子女上学等家庭刚性支出和必要就业成本后，低于当地最低生活保障标准的职工家庭。（3）本人或家庭成员因患重特大疾病、伤残等因素，导致家庭收入扣减重特大疾病支出和长期照料费用后，低于当地最低生活保障标准的职工家庭。

2. 相对困难职工，具体是指家庭收入扣减因病、因残、因子女上学等家庭刚性支出和必要就业成本后，家庭人均纯收入低于当地低收入标准（可参照当地人民政府规定的低收入标准，或最低生活保障标准 2 倍以内）的职工家庭。

3. 意外致困职工，具体是指职工本人或家庭成员因突发事件、意外伤害、患重大疾病（重大疾病病种参照中国保险行业协会制定的《重大疾病保险的疾病定义使用规范》和地方政府公布的重大疾病、地方罕见病病种目录），在获得各类赔偿补偿、保险支付、社会救助和社会帮扶后，生活仍暂时有困难的意外致困职工。包括：（1）自然灾害、重大安全事故、重大疫情、社会安全等重大事件中负伤致残、染病或牺牲的职工家庭；（2）家庭成员突发重大疾病等原因产生数额过大的救治费用，导致基本生活暂时出现严重困难的职工家庭；（3）因发生自然灾害或重大安全事故、交通事故造成重大人身伤害或住宅、家庭生活必需用品损毁严重，导致基本生活暂无着落或暂时出现严重困难的职工家庭。

4. 对长期居住在城市、生活遇到特殊困难的农民工帮扶应符合 1 至 3 规定条件且有一年以上事实劳动关系。

5. 居住在独立工矿区、企业集中生活区的离退休人员、病退和领取定期生活费的人员，若本人或家庭成员患重大疾病，可纳入帮扶范围。

6. 因公牺牲干部职工遗属和工亡家属家庭符合 1 至 3 规定条件的，可纳入帮扶范围。

二、困难职工解困脱困和梯度帮扶

1. 困难职工解困脱困标准。家庭人均纯收入低于最低生活保障标准的深度困难职工为解困脱困对象。其中脱困是指深度困难职工经精准帮扶后，致困因素消除，家庭人均收入连续6个月超过当地最低生活保障标准，家庭生活状况脱离困境；脱困后，给予一定时间渐退期，符合相对困难职工或意外致困职工建档标准的纳入相应困难类型档案继续帮扶，防止返困。解困是指深度困难职工致困因素难以消除，通过政府救助和工会常态化帮扶，家庭生活水平达到当地最低生活保障标准；对其应继续保留在深度困难职工档案中实施常态化帮扶。

2. 困难职工梯度帮扶。（1）加大城市困难职工解困脱困帮扶和保障力度，职工发生困难时，逐人逐户分析致困原因，全面掌握帮扶需求，持续采取“四个一批”措施开展分类帮扶，户策对接，精准施策，帮助困难职工走出困境。（2）加强困难职工帮扶与政府救助制度衔接，推动符合条件的困难职工纳入政府救助覆盖范围，应纳尽纳。（3）政府救助制度未覆盖或覆盖后仍有困难的职工，应建立困难职工档案及时帮扶，其中，对暂时无法脱困的深度困难职工实施常态化帮扶，帮助缓解困难；对相对困难职工和意外致困职工，为其建立档案帮扶解决暂时困难，防止陷入深度困难。

三、职工家庭收入和刚性支出核算指标

1. 职工家庭收入核算指标。

职工家庭收入是指家庭在规定期限内获得的全部现金及实物收入，包括工资性收入、经营净收入、财产净收入、转移净收入以及其他应当计入家庭收入的项目。国家规定的优待抚恤金、计划生育奖励与扶助金、奖学金、见义勇为等奖励性补助，各类社会救助款物以及县级以上政府规定的不计入家庭收入项目等不计入家庭收入。中央确定的城乡居民基本养老保险基础养老金，暂不计入家庭收入。

（1）工资性收入。工资性收入指就业人员通过各种途径得到的全部劳动报酬和各种福利，包括因任职或者受雇而取得的工资、薪金、奖金、劳动分红、津贴、补贴以及与任职或者受雇有关的其他所得等。工资性收入参照劳动合同认定；没有劳动合同的，通过调查就业和劳动报酬、各种福利收入认定，或根据社会保险、个人所得税、住房公积金的缴纳情况推算；对于无法推算实际工资收入的灵活就业人员，原则上按务工地最低工资标准计算其工资收入，申请人申报收入高于务工地最低工资标准的，以申报收入为准。

（2）经营净收入。经营净收入指从事生产经营及有偿服务活动所获得全部经营收入扣除经营费用、生产性固定资产折旧和生产税之后得到的收入。包括从事种植、养殖、采集及加工等农林牧渔业的生产收入，从事工业、建筑业、手工业、交通运输业、批发和零售贸易业、餐饮业、文教卫生业和社会服务业等经营及有偿服务活动的收入等。经营企业的，按照企业实际纯收入或实际缴纳税收基数综合认定；无法认定实际收入的，参考当地同行业、同规模企业平均收入和企业实际缴纳税收情况综合认定。其他情形按当地评估标准和方法推算。

（3）财产净收入。财产净收入指出让动产和不动产，或将动产和不动产交由其他机构、单位或个人使用并扣除相关费用之后得到的收入，包括储蓄存款利息、有价证券红利、储蓄性保险投资以及其他股息和红利等收入，集体财产收入分红和其他动产收入，以及转租承包土地经营权、出租或者出让房产以及其他不动产收入等。出让、租赁等收入，参照双方签订的相关合法有效合同计算；个人不能提供相关合同或合同确定的收益明显低于市场平均收益的，参照当地同类资产出让、租赁的平均价格推算。储蓄存款利息、有价证券红利、储蓄性保险投资以及其他股息和红利等按照金融机构提供的信息计算，集体财产收入分红按集体出具的分配记录计算。

（4）转移净收入。转移净收入指转移性收入扣减转移性支出之后的收入。其中，转移性收入指国家、机关企事业单位、社会组织对居民的各种经常性转移支付和居民之间的经常性收入转移，包括赡养（抚养、扶养）费、离退休金、失业保险金、遗属补助金、赔偿收入、接受捐赠（赠送）收入等；转移性支出指居民对国家、企事业单位、社会组织、居民的经常性转移支出，包括缴纳的税款、各项社会保障支出、赡养支出以及其他经常转移支出等。转移性收入和转移性支出有实际发生数额凭证的，以凭证数额计算；有协议、裁判文书的，按照法律文书所规定的数额计算。赡养（抚养、扶养）费收入原则上按赡养（抚养、扶养）法律文书所规定的数额计算；无法律文书规定的，按赡养（抚养、扶养）义务人收入扣除户籍地最低生活保障标准之后的一定比例推算；赡养（抚养、扶养）义务人属于特困人员、最低生活保障对象、未脱贫建档立卡贫困人口、低收入家庭成员的，在计算转移净收入时不计入该赡养（抚养、扶养）义务人的赡养（抚养、扶养）费。

（5）其他应当计入家庭收入的项目。

2. 职工家庭刚性支出核算指标。

（1）因病费用。指家庭成员因病住院（含门诊慢性病）产生的医疗费用，按照基本医疗保险、大病保险、商业保险报销、互助保障和其他部门救助后的个人承担部分计算。

（2）因残费用。指因残、因病用于康复治疗以及长期照料的费用。

（3）因学费用，指子女上学产生的费用。按照个人承担的学费、住宿费、必要长途路费扣除政府或社会资助后的实际支出。

（4）住房费用，指困难职工租住当地人均住房面积以内房屋的费用。

（5）多重支出费用，存在多重刚性支出的家庭，符合上述情况，可以累积计算。

（6）县级以上人民政府规定的可以纳入家庭刚性支出的其他情形。

3. 家庭总人口原则上以户籍为单位且常年共同生活的人口计算，或以虽不在同一户籍但具有赡养、扶养、抚养或收养关系且共同生活的人口计算。不计入家庭人口情形以县级以上人民政府规定为准。

四、困难职工档案动态管理

1. 各级工会要完善困难职工档案建立、管理工作，全面、真实、及时地掌握困难职工家庭的生活状况。

（1）基层工会或帮扶中心应按照工会帮扶工作管理系统中的困难职工档案内容，真实详细地建立困难职工档案。充分利用工会与民政等政府部门数据比对、信息共享机制，实行困难职工档案信息化管理，简化建档流程，逐步实现困难职工无纸化建档，一网通办帮扶。

（2）坚持属地动态管理档案。困难职工档案由所在基层工会或县级（含）工会以上帮扶中心按照有关规定和标准负责建立，录入工会帮扶工作管理系统，并按工会隶属关系逐级上报。与用人单位建立劳动关系的困难职工，由用人单位工会负责建立档案。符合建档条件的灵活就业人员和下岗失业人员，由所在街道（社区）工会负责建立档案；如街道（社区）尚未成立工会，由上一级工会或县级（含）以上工会帮扶中心负责建立档案。重新就业后仍符合建档条件的，由新用人单位工会更新档案。

（3）档案以家庭为单位，坚持一户一档案。原则上以困难职工为主建立档案，夫妻双方都是困难职工且不在同一单位的，原则上以户主为主建立档案。对死亡或无法联系的困难职工应及时调整档案。原用人单位被合并、撤销或改变隶属关系，应根据实际情况及时将档案转移到职工所在的新用人单位工会、或所属街道（社区）工会和县级（含）以上工会帮扶中心。

（4）按照建档工会入户调查摸底、上级工会复核、县级（含）以上工会帮扶中心备案的程序建立困难职工档案，并按工会隶属关系在工会帮扶工作管理系统中逐级上报备案。县级（含）以上工会帮扶中心对基层工会建立的原始档案进行严格复核，对不符合要求的档案应及时退回原建档单位。

（5）档案按保管期限和要求分类管理。按财务制度管理的有关档案，应根据会计档案归档要求进行归档整理。其他档案均按文书档案归档要求，独立设置类别归档整理。困难职工原始档案自撤档之日起保管 10 年。具有永久保存价值的电子文本、图形、数据表格归档时，应同时生成纸质文件材料一并归档保存。

（6）加强分类动态管理。对深度困难职工，原则上每年核查一次；对相对困难职工和意外致困职工，原则上每半年核查一次。根据核查结果及时调整档案。复核期内帮扶对象家庭经济状况没有明显变化的，不得随意降低帮扶水平。

2. 困难职工家庭状况核查。

各地工会应建立与民政部门信息共享、数据比对机制，通过信息化系统核查困难职工家庭经济状况。暂不具备数据比对条件的应通过职工所在工会评议和公示制度确定。对于拒绝调查核实家庭财产和收入状况的，暂不予建档。对于隐瞒财产、收入或提供虚假证明骗取建档的，应及时注销档案，追回违规所得，建议有关部门纳入征信体系。

3. 困难职工家庭建档排除性条件。

（1）子女在高收费私立学校就读或自费留学的。

（2）本人或家庭成员为公司控股股东和实际控制人。

（3）存在县级以上人民政府规定的高消费行为。

（4）拒绝配合调查、核查，致使无法核实收入的家庭。故意隐瞒家庭真实收入及家庭人口变动情况，提供虚假申请材料及证明的家庭。在就业年龄段内有劳动能力但尚未就业的人员，无正当理由拒绝就业的。故意采取其他规避法律、法规的行为造成无经济来源、生活困难的人员。

（5）在大中城市具有两套住房且超过当地人均住房面积的；拥有、经常使用各种机动车辆的（残疾、患病职工用于功能性补偿代步除外）不纳入深度困难职工档案。

（6）各省级总工会结合当地实际认定的其他情形。

五、各省级工会根据本指引，结合本地实际，制定具体困难职工认定标准和档案管理办法。

中华全国总工会办公厅关于印发《全国劳模专项补助资金发放管理办法》的通知

（总工办发〔2020〕16号　2020年8月19日）

各省、自治区、直辖市总工会，中央和国家机关工会联合会：

《全国劳模专项补助资金发放管理办法》已经中华全国总工会第十七届书记处第29次会议审议通过，现印发给你们，请遵照执行。

全国劳模专项补助资金发放管理办法

第一章　总　　则

第一条　为贯彻落实《中共中央办公厅　国务院办公厅关于印发〈功勋荣誉表彰奖励获得者待遇规定（试行）〉、〈生活困难表彰奖励获得者帮扶办法（试行）〉的通知》（中办发〔2018〕31号）要求，认真做好关心关爱劳模工作，进一步规范全国劳模专项补助资金（以下简称补助资金）的发放管理，提高资金使用效益，根据财政部有关规定，结合实际，制定本办法。

第二条　本办法所称补助资金是指中央财政安排在全国总工会部门预算内，用于解决全国劳模生活困难和落实全国劳模待遇规定的专项资金。全国总工会负责补助资金的使用管理。

第三条　补助资金使用范围包括：劳模生活困难补助、特殊困难帮扶、春节慰问、重要节日和纪念日走访慰问、疗休养和健康体检补助、荣誉津贴，以及经财政部批准的其他支出。

第四条　补助资金按照专项管理、专款专用的原则，实行逐级申报、分级负责、“一卡化”发放。

第二章　发放对象及资金用途

第五条　生活困难补助金的发放对象是符合下列情形之一的全国劳动

模范和先进工作者（以下简称全国劳模）：

（一）月平均收入低于各省（区、市）总工会核定的在职劳模月补助标准线的；

（二）月养老金低于各省（区、市）总工会核定的退休劳模月补助标准线的；

（三）农民劳模男年满 60 周岁、女年满 55 周岁且无固定收入或者丧失劳动能力的；

（四）有下列情形之一者不列为发放对象：在就业年龄内，有劳动能力但不主动就业或者经就业服务机构介绍无正当理由拒绝就业的；安排子女自费出国（境）留学的；子女进入高收费私立学校的；劳模及其配偶名下自有住房超过 2 套的；其他不能列为发放对象的情形。

第六条 特殊困难帮扶金的发放对象是符合下列情形之一的全国劳模：

（一）因本人患重大疾病，经基本医疗保险、大病保险等报销和城乡医疗救助后个人医疗费用负担仍然较重，或因劳动功能障碍、生活自理障碍等造成家庭生活困难的；

（二）因配偶、父母、未成年子女患重病、失业，成年子女无民事行为能力或限制民事行为能力须由劳模监护抚养等原因造成家庭生活困难的；

（三）因遭受意外灾害造成家庭生活困难的。

已故全国劳模配偶无固定收入、生活特别困难的可以酌情列为发放对象，全国劳模去世当年或次年可根据困难情况发放一次性特殊困难帮扶金。

第七条 春节慰问金的发放对象是所有健在并保持荣誉称号的全国劳模。在党中央、国务院要求隆重庆祝或纪念的“五一”国际劳动节、建党节、国庆节等重要节日和纪念日应当开展全国劳模走访慰问，走访慰问经费标准由全国总工会届时根据中央有关部署要求研究确定，从补助资金中列支，但走访慰问的交通费等工作经费不得从补助资金中列支。

第八条 疗休养补助金用于全国总工会组织的劳模疗休养活动中全国劳模的疗休养活动经费补贴。

第九条 健康体检补助金用于各级工会组织全国劳模就地进行的身体健康检查费用（劳模所在单位组织年度健康体检的除外）。

第十条 荣誉津贴。对于按国家规定办理退休手续或者不属于职工养老保险覆盖范围、达到城乡居民养老金领取年龄的全国劳模，可以发放荣誉津贴。发放办法及荣誉津贴标准由各地区根据经济社会发展水平确定。所需经费向全国总工会申报，经核定后全部或部分从补助资金中列支，不足部分由本地区补足。

经中共中央、国务院批准享受全国劳模待遇的人员纳入上述补助资金使用范围。

撤销荣誉称号的、移居国（境）外的、去向不明且失去联系的劳模不纳入补助资金使用范围。

第三章　补 助 标 准

第十一条　生活困难补助金的补助标准每年核定一次。

全国劳模生活困难月补助标准线，由各地区参考所在地社会平均工资水平、所在地退休金或者基本养老金平均水平制定。月补助额为劳模月平均收入低于月补助标准线的差额部分。

在职全国劳模生活困难补助原则上不超过2年（24个月），超过2年仍然存在生活困难的，经所在地市级总工会核实并集体研究后可继续为其申报生活困难补助金。

农民劳模男年满60周岁、女年满55周岁且无固定收入或者丧失劳动能力的，补助标准一般为每月不低于1000元。

第十二条　月平均收入是指在一定时期内（一般以上一年度为计算单位）全国劳模的全部收入总和除以月数。

全部收入包括：

（一）工资（指应发工资）、奖金、津贴、补贴及其他劳动收入；

（二）离退休费或者养老金及领取的其他社会保险金；

（三）从政府或者企事业单位获得的基本生活费或者一次性收入；

（四）出租或者出售家庭资产获得的收入；

（五）法定赡养人或者扶养人应当给付的赡养费或者扶养费；

（六）接受的馈赠或者继承收入；

（七）其他应当计入的收入。

劳模补助、荣誉津贴、劳保津贴、慰问金等不计入收入。

第十三条　特殊困难帮扶金的补助标准由各省（区、市）总工会综合考虑需要帮扶的全国劳模人数，并根据致困原因、困难程度、家庭人口等因素制定分档救助标准。

特殊困难帮扶的全国劳模人数原则上不得超过本省（区、市）全国劳模总数的40%。特殊困难帮扶金的年度最高补助额原则上不超过50000元，特殊情况的，经全国总工会审核同意后可酌情增加。

第十四条 春节慰问、重要节日和纪念日走访慰问、疗休养费用、荣誉津贴标准每年由全国总工会统一核定。荣誉津贴由补助资金列支的部分每人每年一般不超过上年度全国居民人均可支配收入的月平均水平。

第十五条 健康体检费用补助标准为每人不超过 1500 元，具体数额由各省（区、市）总工会根据当地医疗价格和体检项目的实际情况确定。

第四章 申报与发放

第十六条 发放补助资金应当履行申报审核程序。具体程序为：

（一）全国劳模向基层工会或者乡镇、街道工会提出书面申请，实事求是地反映本人和家庭经济状况、家庭困难状况及原因，并提供相关证明材料。

（二）基层工会或者乡镇、街道工会进行入户调查或者向相关机构核实情况，对符合申报条件、拟进行补助的人员在一定范围内公示。

（三）基层工会或者乡镇、街道工会出具意见并附相关证明材料向上一级工会申报。经逐级审核后，省（区、市）总工会及有关单位于每年 10 月 31 日前将各类资金拟补助情况汇总后报全国总工会劳动和经济工作部。

第十七条 申请生活困难补助金和特殊困难帮扶金的全国劳模，应当提供以下证明材料：本人和家庭的经济状况证明、医保票据、病情诊断证明、子女就学证明、突发事件（如事故或者灾情）报告等。证明材料逐级审核上报，由省（区、市）总工会长期留存。

第十八条 全国总工会劳动和经济工作部审核各有关单位上报的各类资金拟补助情况后，制定补助资金具体分配方案，报全国总工会书记处审定。

第十九条 全国总工会财务部按分配方案和用款进度办理资金拨付事宜。

第二十条 各省（区、市）总工会根据全国总工会下达的资金额度，明确补助因素，制定具体的资金发放方案，建立绩效评价办法，经主席办公会研究审定，并严格按财务管理制度履行审批程序，采取银行卡（存折）结算方式，将补助资金直接汇入全国劳模个人银行账户，并通过电话、信函、网络等方式及时告知劳模本人，同时应当告知有关管理单位。

第二十一条 各省（区、市）总工会应当将补助资金使用情况于当年 12 月底前上报全国总工会劳动和经济工作部。

第五章　监 督 管 理

第二十二条　各级工会的劳模管理、财务、经费审查等部门应当密切配合，各负其责。劳模管理部门负责补助资金的核定、分配、发放等日常管理工作；财务部门负责补助资金的财务管理、财务监督和会计核算；经费审查部门负责补助资金管理使用情况的审查审计监督。

第二十三条　各级工会要建立健全补助资金发放和管理的监督机制。定期对补助资金的发放管理进行监督检查，采取实地走访、电话询访等形式，每年抽取一定比例进行核查，对发现的问题应当及时上报并立即纠正。对检查或巡视巡察发现的未按要求发放管理补助资金的有关单位要予以通报批评，按照有关规定严肃处理。

第二十四条　各级工会及其工作人员必须严格执行有关规定，严禁截留、挪用、冒领补助资金，杜绝随意扩大发放范围、擅自提高补助标准。对在补助资金发放管理工作中存在严重失职、渎职、弄虚作假、以权谋私等违法违规行为的，按照有关规定严肃处理。

第六章　附　　则

第二十五条　本地区本部门已出台功勋荣誉表彰奖励获得者待遇规定和帮扶办法的，按照就高原则落实全国劳模待遇和帮扶，本办法规定的待遇及帮扶经费由全国劳模专项补助资金承担，差额部分由本地区本部门承担。

第二十六条　本办法由中华全国总工会负责解释。

第二十七条　本办法自发布之日起施行。2014 年 6 月印发的《全国劳模专项补助资金发放管理办法（试行）》（总工办发〔2014〕19 号）同时废止。

（三）“三公经费”及其他行政支出

中共中央办公厅　国务院办公厅关于印发《党政机关国内公务接待管理规定》的通知

（转自中央人民政府门户网站）

各省、自治区、直辖市党委和人民政府，中央和国家机关各部委，解放军各总部、各大单位，各人民团体：

《党政机关国内公务接待管理规定》已经党中央、国务院领导同志同意，现印发给你们，请遵照执行。

附件：

党政机关国内公务接待管理规定

第一条　为了规范党政机关国内公务接待管理，厉行勤俭节约，反对铺张浪费，加强党风廉政建设，根据《党政机关厉行节约反对浪费条例》规定，制定本规定。

第二条　本规定适用于各级党的机关、人大机关、行政机关、政协机关、审判机关、检察机关，以及工会、共青团、妇联等人民团体和参照公务员法管理事业单位的国内公务接待行为。

本规定所称国内公务，是指出席会议、考察调研、执行任务、学习交流、检查指导、请示汇报工作等公务活动。

第三条　国内公务接待应当坚持有利公务、务实节俭、严格标准、简化礼仪、高效透明、尊重少数民族风俗习惯的原则。

第四条　各级党政机关公务接待管理部门应当结合当地实际，完善国内公务接待管理制度，制定国内公务接待标准。

县级以上党政机关公务接待管理部门负责管理本级党政机关国内公务接待工作，指导下级党政机关国内公务接待工作。

乡镇党委、政府应当加强国内公务接待管理，严格执行有关管理规定和开支标准。

第五条 各级党政机关应当加强公务外出计划管理，科学安排和严格控制外出的时间、内容、路线、频率、人员数量，禁止异地部门间没有特别需要的一般性学习交流、考察调研，禁止重复性考察，禁止以各种名义和方式变相旅游，禁止违反规定到风景名胜区举办会议和活动。

公务外出确需接待的，派出单位应当向接待单位发出公函，告知内容、行程和人员。

第六条 接待单位应当严格控制国内公务接待范围，不得用公款报销或者支付应由个人负担的费用。

国家工作人员不得要求将休假、探亲、旅游等活动纳入国内公务接待范围。

第七条 接待单位应当根据规定的接待范围，严格接待审批控制，对能够合并的公务接待统筹安排。无公函的公务活动和来访人员一律不予接待。

公务活动结束后，接待单位应当如实填写接待清单，并由相关负责人审签。接待清单包括接待对象的单位、姓名、职务和公务活动项目、时间、场所、费用等内容。

第八条 国内公务接待不得在机场、车站、码头和辖区边界组织迎送活动，不得跨地区迎送，不得张贴悬挂标语横幅，不得安排群众迎送，不得铺设迎宾地毯；地区、部门主要负责人不得参加迎送。严格控制陪同人数，不得层层多人陪同。

接待单位安排的活动场所、活动项目和活动方式，应当有利于公务活动开展。安排外出考察调研的，应当深入基层、深入群众，不得走过场、搞形式主义。

第九条 接待住宿应当严格执行差旅、会议管理的有关规定，在定点饭店或者机关内部接待场所安排，执行协议价格。出差人员住宿费应当回本单位凭据报销，与会人员住宿费按会议费管理有关规定执行。

住宿用房以标准间为主，接待省部级干部可以安排普通套间。接待单位不得超标准安排接待住房，不得额外配发洗漱用品。

第十条 接待对象应当按照规定标准自行用餐。确因工作需要，接待单位可以安排工作餐一次，并严格控制陪餐人数。接待对象在 10 人以内的，陪餐人数不得超过 3 人；超过 10 人的，不得超过接待对象人数的三分之一。

工作餐应当供应家常菜，不得提供鱼翅、燕窝等高档菜肴和用野生保护动物制作的菜肴，不得提供香烟和高档酒水，不得使用私人会所、高消费餐饮场所。

第十一条 国内公务接待的出行活动应当安排集中乘车，合理使用车型，严格控制随行车辆。

接待单位应当严格按照有关规定使用警车，不得违反规定实行交通管控。确因安全需要安排警卫的，应当按照规定的警卫界限、警卫规格执行，合理安排警力，尽可能缩小警戒范围，不得清场闭馆。

第十二条 各级党政机关应当加强对国内公务接待经费的预算管理，合理限定接待费预算总额。公务接待费用应当全部纳入预算管理，单独列示。

禁止在接待费中列支应当由接待对象承担的差旅、会议、培训等费用，禁止以举办会议、培训为名列支、转移、隐匿接待费开支；禁止向下级单位及其他单位、企业、个人转嫁接待费用，禁止在非税收入中坐支接待费用；禁止借公务接待名义列支其他支出。

第十三条 县级以上地方党委、政府应当根据当地经济发展水平、市场价格等实际情况，按照当地会议用餐标准制定本级国内公务接待工作餐开支标准，并定期进行调整。接待住宿应当按照差旅费管理有关规定，执行接待对象在当地的差旅住宿费标准。接待开支标准应当报上一级党政机关公务接待管理部门、财政部门备案。

第十四条 接待费报销凭证应当包括财务票据、派出单位公函和接待清单。

接待费资金支付应当严格按照国库集中支付制度和公务卡管理有关规定执行。具备条件的地方应当采用银行转账或者公务卡方式结算，不得以现金方式支付。

第十五条 机关内部接待场所应当建立健全服务经营机制，推行企业化管理，推进劳动、用工和分配制度与市场接轨，建立市场化的接待费结算机制，降低服务经营成本，提高资产使用效率，逐步实现自负盈亏、自我发展。

各级党政机关不得以任何名义新建、改建、扩建内部接待场所，不得对机关内部接待场所进行超标准装修或者装饰、超标准配置家具和电器。推进机关内部接待场所集中统一管理和利用，建立资源共享机制。

第十六条 接待单位不得超标准接待，不得组织旅游和与公务活动无关的参观，不得组织到营业性娱乐、健身场所活动，不得安排专场文艺演出，不得以任何名义赠送礼金、有价证券、纪念品和土特产品等。

第十七条 县级以上党政机关公务接待管理部门应当会同有关部门加强对本级党政机关各部门和下级党政机关国内公务接待工作的监督检查。

监督检查的主要内容包括：

（一）国内公务接待规章制度制定情况；

（二）国内公务接待标准执行情况；

（三）国内公务接待经费管理使用情况；

（四）国内公务接待信息公开情况；

（五）机关内部接待场所管理使用情况。

党政机关各部门应当定期汇总本部门国内公务接待情况，报同级党政机关公务接待管理部门、财政部门、纪检监察机关备案。

第十八条 财政部门应当对党政机关国内公务接待经费开支和使用情况进行监督检查。审计部门应当对党政机关国内公务接待经费进行审计，并加强对机关内部接待场所的审计监督。

第十九条 县级以上党政机关公务接待管理部门应当会同财政部门按年度组织公开本级国内公务接待制度规定、标准、经费支出、接待场所、接待项目等有关情况，接受社会监督。

第二十条 各级党政机关应当将国内公务接待工作纳入问责范围。纪检监察机关应当加强对国内公务接待违规违纪行为的查处，严肃追究接待单位相关负责人、直接责任人的党纪责任、行政责任并进行通报，涉嫌犯罪的移送司法机关依法追究刑事责任。

第二十一条 积极推进国内公务接待服务社会化改革，有效利用社会资源为国内公务接待提供住宿、用餐、用车等服务。推行接待用车定点服务制度。

第二十二条 地方各级党委、政府应当依照本规定制定本地区国内公务接待管理办法。

第二十三条 地方各级政府因招商引资等工作需要，接待除国家工作人员以外的其他因公来访人员，应当参照本规定实行单独管理，明确标准，控制经费总额，注重实际效益，加强审批管理，强化审计监督，杜绝奢侈浪费。严禁扩大接待范围、增加接待项目，严禁以招商引资为名变相安排公务接待。

第二十四条 国有企业、国有金融企业和不参照公务员法管理的事业单位参照本规定执行。

第二十五条 本规定由国家机关事务管理局会同有关部门负责解释。

第二十六条 本规定自发布之日起施行。2006 年 10 月 20 日中共中央办公厅、国务院办公厅印发的《党政机关国内公务接待管理规定》同时废止。

中共中央办公厅　国务院办公厅印发《关于全面推进公务用车制度改革的指导意见》的通知

（转自中央人民政府门户网站）

为贯彻落实党的十八大和十八届三中全会精神及《党政机关厉行节约反对浪费条例》，改革公务用车制度，规范公务用车运行管理，有效降低行政成本，现就全面推进公务用车制度改革提出如下指导意见。

一、充分认识公务用车制度改革的重要意义

新中国成立以来，公务用车一直实行实物供给制度，对保障公务出行发挥了重要作用。随着社会主义市场经济体制不断完善，传统公务用车制度越来越难以适应形势发展需要，车辆配备范围过大、运行管理成本偏高、公车私用等问题日益突出，社会对此反映强烈。为解决公务用车领域存在的突出问题，习近平总书记、李克强总理多次作出重要指示，党中央、国务院专门作出部署，强调要全面推进公务用车制度改革。近年来一些地方和部门进行了积极改革探索，为全面推进公务用车制度改革积累了有益经验。

全面推进公务用车制度改革，是加强党风廉政建设、厉行节约反对浪费的重要举措，是转变政府职能、推进后勤服务社会化改革的重要内容，是顺应民意、维护党和政府形象的迫切要求。各地区各部门要充分认识公务用车制度改革的重要意义，采取切实有效措施加快改革步伐。

二、指导思想、基本原则和总体目标

（一）指导思想

按照中央关于厉行节约反对浪费的要求，坚持社会化、市场化方向，加快推进公务用车制度改革，合理有效配置公务用车资源，创新公务交通分类提供方式，保障公务出行，降低行政成本，积极推进廉洁型机关和节约型社会建设。

（二）基本原则

1. 创新制度、分类保障。改革公务用车实物供给方式，取消一般公务用车，普通公务出行实行社会化提供并适度补贴交通费用，从严配备定向化保障的公务用车。

2. 统筹协调、政策配套。妥善处理公务用车制度改革涉及的各种利益关系，科学制定改革方案和配套政策，确保新旧制度平稳过渡、有机衔接。

3. 统一部署、分步实施。各地区各部门按照中央确定的改革方向和原则制定改革实施方案，中央和国家机关先行示范，地方党政机关加快实行，事业单位、国有企业和国有金融企业有序推进。

（三）总体目标

力争在2014年年底前基本完成中央和国家机关及其所属参照公务员法管理的事业单位公务用车制度改革，2015年年底前基本完成地方党政机关公务用车制度改革，用2至3年时间全面完成公务用车制度改革。通过改革，切实实现公务出行便捷合理、交通费用节约可控、车辆管理规范透明、监管问责科学有效，基本形成符合国情的新型公务用车制度。

三、主要任务

（一）改革公务交通保障方式

改革党政机关（包括各级党委、人大、政府、政协、审判、检察机关，各民主党派和工商联，参照公务员法管理的人民团体、群众团体、事业单位，下同）公务用车实物供给方式，取消一般公务用车，保留必要的机要通信、应急、特种专业技术用车和符合规定的一线执法执勤岗位车辆及其他车辆。改革后，行政区域（城区或规定区域）内普通公务出行方式由公务人员自行选择，实行社会化提供，适度发放公务交通补贴。公务交通补贴保障范围要与差旅费保障范围搞好衔接，对边远地区和交通不便地区，要做好远距离公务出行的差旅费保障。鼓励省（自治区、直辖市）所属厅（局）正职主要负责人和市（地、州、盟）、县（市、区、旗）及乡（镇）党政主要负责人参加改革，确因环境所限和工作需要不便取消公务用车的，允许以适当集中形式提供工作用车实物保障，但须严格规范管理，不得再领取公务交通补贴，具体范围由各地根据本意见研究确定。

规范事业单位、国有企业和国有金融企业职务待遇和业务消费，对原符合车辆配备条件的岗位和人员，逐步按规定纳入改革，改革后不得再配备车辆；对保留的必要的国有企业、国有金融企业经营用车和事业单位业务用车实行集中管理；取消与经营和业务保障无关的车辆。事业单位、国有企业和国有金融企业公务用车制度改革要与年薪制、岗位津贴及国家相关财务管理制度等统筹考虑、相互衔接。

（二）合理确定党政机关公务交通补贴标准

各级党政机关要从实际出发，综合考虑公务出行成本、经济发展水平、社会承受能力、辖区面积、自然地理环境、公务出行次数和距离、行政级别和实际承担的工作职责等因素，按照节约成本、保证公务、便于操作、简化档次的要求，确定本地区公务交通补贴标准。根据交通成本等相关因素变化情况，公务交通补贴标准可适时适度进行调整。允许参改单位根据实际情况，从公务交通补贴中划出一定比例作为单位统筹部分，集中用于解决不同岗位之间公务出行不均衡等问题，统筹资金使用须公开透明，具体管理办法由各单位制定。对特别重大抢险救灾、事故处理、突发事件处置等不可预测的特殊事项，各地可从实际出发在应急预案中另行制定特殊情况下公务用车保障办法。地方公务交通补贴标准不得高于中央和国家机关补贴标准的130%，边疆民族地区和其他边远地区标准不得高于中央和国家机关补贴标准的150%。各省（自治区、直辖市）之间补贴标准差距不宜过大，同一省（自治区、直辖市）内不同地区补贴标准差距不得超过20%，同一市（地、州、盟）实行统一的补贴标准。地方补贴标准层级划分可不与中央和国家机关层级完全对应。驻地方的中央垂直管理单位补贴标准按属地化原则参照所在地区标准执行，经费由中央财政负担。

（三）妥善安置司勤人员

各级党政机关根据改革后的实际需要，合理设置司勤人员岗位，采取公开、平等、竞争、择优的方式确定留用人员；未聘人员原则上以内部消化为主，通过内部转岗、开辟新的就业岗位、提前离岗等措施妥善安置。依法做好未留用人员聘用合同或劳动合同的终止、解除工作，维护其合法权益，相关必要支出由各级财政安排专项经费予以保障。各级人力资源社会保障部门会同有关部门组成工作组，负责指导参改单位做好司勤人员安置工作，确保改革平稳推进。参改事业单位、国有企业和国有金融企业要依法做好司勤人员安置工作。

（四）公开规范处置公务用车

取消的公务用车，由各级相关职能部门统一规范处置。对取消的一般公务用车，要制定处置办法，公开招标评估、拍卖机构，通过公开拍卖等方式公开处置。取消车辆处置要防止甩卖和贱卖现象，避免国有资产流失。党政机关公务用车处置收入，扣除有关税费后全部上缴国库。参改事业单位、国有企业和国有金融企业车辆处置收入，按国家有关财务管理制度执行。各地可根据实际情况，对未能及时处置的车辆，采取设立过渡性车辆服务中心或社会化车辆租赁公司的方式，进行市场化运营，减少车辆闲置浪费，过渡期由各地确定，政府不得变相为其提供财政性补贴。

四、健全公务用车管理和保障制度

（一）加强定向化保障车辆管理

各级党政机关公务用车主管部门要会同有关部门严格核定定向化保障公务用车的编制和标准，车辆配备优先选用新能源汽车。执法执勤用车配备应当严格限制在一线执法执勤岗位，机关内部管理和后勤岗位以及机关所属事业单位一律不得配备。除涉及国家安全、侦查办案等有保密要求的特殊工作用车外，执法执勤用车应当喷涂明显的统一标识。机要通信、应急等车辆要充分考虑不同部门的工作差异，根据实际需要合理配备，保障到位。按规定保留的公务用车实行集中管理，逐步探索社会化监督的有效形式和具体办法。在从严控制总量的前提下，各地可根据实际情况确定和优化配置相关一线执法执勤岗位车辆，鼓励各地建立跨部门综合性执法用车平台。进一步精简地方公务用车管理机构。

（二）完善财务管理

党政机关公务交通补贴属于改革性补贴，统一纳入财政预算，在交通费中列支、按月发放，用于保障公务人员普通公务出行。各单位要加强财务管理，按照在编在岗公务员数量和职级核定补贴数额，严格公务交通补贴发放，不得擅自扩大补贴范围、提高补贴标准。

（三）加强公务用车监督检查

把公务用车配备和运行维护费用、交通补贴发放、车辆处置情况等纳入日常和专项审计监督及政务公开范围。党政机关不得以特殊用途等理由变相超编制、超标准配备公务用车，不得以任何方式换用、借用、占用下属单位或其他单位和个人的车辆，不得接受企事业单位和个人赠送的车辆，不得以任何理由违反用途使用或固定给个人使用执法执勤、机要通信等公务用车，不得以公务交通补贴名义变相发放福利。公务人员不得既领取公务交通补贴、又违规乘坐公务用车。纪检监察机关要强化监督检查，及时受理群众举报，依法依纪严肃查处违反公务用车制度改革和公务用车管理的行为，严肃追究相关责任人的责任。

（四）切实保障公务出行

鼓励公务出行利用公共交通服务。各地要采取有效措施，完善城市公共交通服务体系，探索发展适合公务出行的市场化交通定制服务，增加社会化交通供给。及时解决公务出行遇到的实际问题，确保改革后公务出行得到有效保障。

五、认真做好组织实施工作

（一）加强领导，明确责任

公务用车制度改革政策性强、任务艰巨，各地区各部门要高度重视，切实加强领导，严格工作纪律，明确工作责任。中央和地方分别建立公务用车制度改革领导小组，明确工作机制，负责落实各项改革任务，确保改革扎实稳步推进，既要改成，更要改好。

中央公务用车制度改革领导小组由国家发展改革委、国管局、中直管理局牵头，财政部、人力资源社会保障部、审计署等部门参加，主要负责指导、协调全国公务用车制度改革工作，制定并组织实施中央和国家机关公务用车制度改革方案及配套政策，会同有关部门制定中央和国家机关所属非参公事业单位、中央企业和中央金融企业公务用车制度改革方案。

各省（自治区、直辖市）公务用车制度改革领导小组要根据本地区实际情况，负责制定并组织实施本省（自治区、直辖市）党政机关、事业单位、国有企业和国有金融企业公务用车制度改革方案及配套政策。各省（自治区、直辖市）党政机关公务用车制度改革方案报中央公务用车制度改革领导小组批准后实施。

（二）精心组织，扎实推进

各地区各部门要健全工作机制，深入调查研究，细致统计测算，周密制定公务用车制度改革方案，明确时限要求，加强监督检查，及时有效解决改革中遇到的新情况新问题，确保各项工作落到实处。中央和国家机关及各省（自治区、直辖市）要尽快启动公务用车制度改革工作，确保在规定时限内完成改革任务。已先行开展公务用车制度改革的地区和部门要按本意见进行规范。

（三）加强舆论引导，营造良好氛围

切实加强公务用车制度改革舆论宣传工作，做好政策解读，阐释改革的目的和意义，正确引导社会舆论，及时回应社会关切，使广大公务人员和人民群众了解、支持改革，努力为改革营造良好社会氛围。

中华全国总工会办公厅关于贯彻执行财政部监察部《关于党政机关及事业单位用公款为个人购买商业保险若干问题的规定》的通知

（总工办发〔2004〕35号　2004年10月13日）

各驻会全国产业工会，全总各部门、各直属单位：

为规范党政机关及事业单位用公款为个人购买商业保险的行为，维护财经纪律的严肃性，财政部、监察部近日下发《关于党政机关及事业单位用公款为个人购买商业保险若干问题的规定》（以下简称《规定》，见附件），现就全总贯彻执行《规定》的有关事项通知如下：

一、各单位要在前一阶段统计登记的基础上，严格按照《规定》的要求进一步清理本单位用公款为个人购买的商业保险，其中属于《规定》明确必须清退的，应按《规定》要求办理清退工作，认真填写《用公款为个人购买商业保险清退情况统计表》（无清退情况的，请将此表盖本单位公章后退回），于2004年11月10日前报全总财务部，并将有关清退结果报全总机关纪委备案。

二、各单位需用公款为个人购买新的商业保险时，要严格按照《规定》执行。即要依据《规定》有关“党政机关及事业单位”的划分标准，确定本单位的性质，并严格遵守《规定》对不同性质单位购保的险种、受保人员范围和保费列支渠道的相应规定。其中属于为特岗人员购买的人身意外伤害保险，其特岗人员的界定、意外伤害的险种及购保资金额度等，要报全总财务部审批。

三、各单位要加强党风廉政建设，维护财经纪律的严肃性，严格执行《规定》。对在规定的清退期限内拒不自查自纠，或弄虚作假、不如实报告，以及在《规定》下发后仍违规用公款为个人购买商业保险的，全总将依据有关规定追究单位主要领导和有关人员的责任，购保资金一律没收并上缴同级财政部门。

附件1：

财政部　监察部关于印发《关于党政机关及事业单位用公款为个人购买商业保险若干问题的规定》的通知

（财金〔2004〕88号　2004年9月16日）

党中央有关部门，国务院各部委，各直属机构，全国人大常委会办公厅，全国政协办公厅，有关人民团体，高法院，高检院，民主党派，工商联，各省、自治区、直辖市、计划单列市财政厅（局）、监察厅（局），新疆生产建设兵团财务局、监察局：

根据2004年中央纪委第三次全会的部署，为了进一步加强党风廉政建设，维护财经纪律的严肃性，财政部、监察部针对目前党政机关及事业单位用公款为个人购买商业保险的有关问题，研究制定了《关于党政机关及事业单位用公款为个人购买商业保险若干问题的规定》，现印发给你们，请认真遵照执行。执行中有何问题，请及时反馈。

附件2：

关于党政机关及事业单位用公款为个人购买商业保险若干问题的规定

为规范党政机关及事业单位用公款为个人购买商业保险的行为，维护财经纪律的严肃性，加强财政性资金的管理，进一步加强党风廉政建设和反腐败工作，现将有关问题规定如下：

一、本规定所称党政机关及事业单位用公款为个人购买商业保险，是指由单位缴付全部或部分保费，为干部职工购买商业保险公司提供的各类商业保险产品的行为。

二、本规定所称“党政机关及事业单位”区分为以下两类：

（一）党政机关和依照公务员管理的事业单位。其中：党政机关是指，各级党的机关、人大机关、行政机关、政协机关、审判机关、检察机关，以及各级工会、共青团、妇联等人民团体；依照公务员管理的事业单位是指，按照人事部和各地人事厅局有关文件确定的依照公务员管理的事业单位。

（二）不依照公务员管理的事业单位。

三、党政机关和依照公务员管理的事业单位用公款为干部职工购买商业保险，应严格遵守下列规定：

（一）购保的险种。仅限于旨在风险补偿的人身意外伤害险，包括公务旅行交通意外伤害险、特岗人员的意外伤害险，以及为援藏援疆等支援西部地区干部职工购买的人身意外伤害险。

（二）受保的人员范围。一般仅限于单位在职的干部职工，但离退休人员参加单位组织的集体活动、赴外就医的，可以购买交通意外伤害险。

（三）保费的财务列支渠道。公务旅行交通意外伤害险的费用在单位的差旅费中列支。特岗人员、援藏援疆等支援西部地区干部职工人身意外伤害险费用，应首先在单位按照规定计提的职工福利费中列支；职工福利费不足的，党政机关在人员经费中列支，事业单位在职工福利基金中列支。

四、不依照公务员管理的事业单位用公款为干部职工购买商业保险，应严格遵守下列规定：

（一）购保的险种。限于本规定第三条第一款规定的意外伤害险，以及与建立补充医疗保险相关的险种。购买补充医疗保险的只能是未享受公务员医疗补助或公费医疗的事业单位。

（二）受保的人员范围。意外伤害险受保人员的范围按本规定第三条第二款的规定执行；补充医疗保险受保人员的范围包括单位在职干部职工和离退休人员。

（三）保费的财务列支渠道。公务旅行交通意外伤害险、特岗人员以及援藏援疆等支援西部地区干部职工人身意外伤害险费用的财务列支渠道，按照本规定第三条第三款的规定处理。补充医疗保险费用在社会保障费中列支。

五、党政机关及事业单位为特岗人员购买人身意外伤害险的，对特岗人员的界定、具体的意外伤害险险种以及购保资金的额度等，按照分级管理的原则，由省级政府和中央部门审批确定。其中，中央单位由部级机关审批确定，报财政部备案；地方单位由省级政府各部门及直属单位商省级财政部门报省政府审批确定，有关审批文件抄送省级财政部门。

六、不依照公务员管理的事业单位为干部职工建立补充医疗保险的，单位承担的年度购保资金额度不得超过上一年度工资总额的 4%（工资总额按国家统计局的口径执行)；超出部分的购保资金，由受保人员自行承担，并由单位在其工资中代扣代缴。其他有关事项，按照《国务院关于印发完善城镇社会保障体系试点方案的通知》（国发〔2000〕42号）和有关法律、行政法规对企业建立补充医疗保险的规定执行。

七、党政机关及事业单位用公款为个人购买商业保险时，严禁下列行为：

（一）购买虽在本规定险种范围之内，但具有投资分红性质的商业保险；

（二）购买本规定险种范围之外其他任何形式的商业保险；

（三）为本规定受保人员范围之外的其他人员购买任何形式的商业保险；

（四）违反本规定的财务列支渠道，挤占、挪用其他资金购买商业保险，以及私设“小金库”购买商业保险等；

（五）利用行政隶属关系或行政管理职权，指使或接受主管范围以内的下属单位为单位领导干部或职工购买商业保险；

（六）利用职务之便，在购买商业保险的过程中收取“回扣”等谋取私利的行为。

八、党政机关及事业单位应严格按照以上条款的规定，认真清理本单位用公款为干部职工购买的商业保险，有关清退政策规定如下：

（一）清退范围的界定。对各单位用公款购买的商业保险，凡不符合上述规定的商业保险险种、受保的人员范围，以及用私设“小金库”或财政专款购买的商业保险，一律纳入清退范围。保险已经期满或失效，个人领取了年金、红利等收益的，以及在本规定下发之前已办理退保并由个人领取了退保金的，也必须全部清退。

在本规定下发时受保人员已经死亡或正在接受大病医疗保险的，可不列入清退的范围。

（二）退保资金的财务处理。对纳入清退范围的退保资金，属于用私设“小金库”或财政专款购买的商业保险，一律上缴同级财政部门；属于用职工福利费、职工福利基金、工会经费等其他资金购买的商业保险，由单位按原资金来源渠道收回。对于没有纳入清退范围，但财务列支渠道与本规定不一致的，可不再进行账务调整。

（三）保费的清退方式。各保险公司在向原投保单位支付退保资金时，对由单位缴付全部保费的商业保险，退保资金一律通过银行转账支付给单位，不得直接向受保人员支付现金或银行储蓄存单；对由单位和个人共同出资购买的商业保险，退保资金由单位和个人按缴费比例分配，退保损失也应按比例分摊，保险公司给单位的退保资金须通过银行转账支付。

（四）允许个人自愿买断。在受保人员自愿用个人资金补偿单位已缴保费的前提下，允许个人续保。采取个人自愿买断方式的，单位不得再以任何形式弥补个人应补偿给单位的款项或为个人续保提供赞助。

（五）清退时限及监督检查。各单位应由主要领导负责，高度重视清退工作，严格执行本规定的各项政策和要求，并将有关清退结果报同级纪检、监察和财政部门备案。各级纪检、监察和财政部门应加强对各单位清退工作的指导和监督，及时跟踪检查各单位清退工作的进度和质量，并对清退结果进行必要的抽查，切实保证各项清退政策的贯彻执行。各中央单位和省级财政部门应认真汇总《用公款为个人购买商业保险清退情况统计表》（略），形成清退总结报告，并于 2004 年 11 月 30 日之前上报财政部。

九、各级党政机关及事业单位应严格按照现行财务规章制度及财政性资金管理的有关规定，加强自身内部财务管理，杜绝用公款违规为个人购买商业保险的行为。

单位在规定的清退期限内拒不自查自纠，甚至弄虚作假、隐瞒不报，以及在本规定下发后仍违规用公款为个人购买商业保险的，一经查出，购保资金一律没收并上缴同级财政部门；对单位主要领导等有关责任人员，按照党纪政纪的有关规定，给予相应的处理；构成犯罪行为的，依法追究刑事责任。

十、省级政府和中央部门可以结合实际情况，依据本规定明确的各项政策和原则要求，制定具体的落实措施和清退方案，并报财政部、监察部备案。

十一、本规定自印发之日起执行。各级政府和部门制定颁发的有关政策与本规定不一致的，以本规定为准。

财政部关于印发《举办援外培训班费用开支标准和财务管理办法》的通知

（财行〔2008〕2号　2008年1月4日）

科技部、商务部、卫生部：

现将《举办援外培训班费用开支标准和财务管理办法》印发给你们，请遵照执行。执行过程中有何问题，请及时向我部反映。军队系统在对外援助支出预算项下列支的各类培训班，不执行本办法，由财政部另行制订开支标准和财务管理办法。

附件：

举办援外培训班费用开支标准和财务管理办法

第一条　为保障援外培训班（以下简称培训班）的顺利开展，进一步加强人员培训班管理工作，规范培训费用开支范围和标准，提高培训资金使用效益，根据部门预算和国家相关财务管理规定财务管理，特制定本办法。

第二条　培训班是指经批准由援外主管部门委托承办单位在国内举办的，通过受援国政府官方渠道派出的政府官员和专业技术人员参加的各类援外培训班，具体包括副部级及以上官员参加的部级官员班、司局级及以下官员参加的司处级官员班和专业技术人员参加的技术班。

第三条　援外培训班承办单位需具备必要的教学条件，包括基础设施、教学设备、授课能力、教材、外语教师，以及必备的对外交往经验和外事接待能力等。援外主管部门对承办单位进行资质认定，原则上实行招标或者议标等方式确定承办单位。

第四条　培训班费用实行预算包干和实报实销相结合，或招标定价的管理办法。承办单位应专款专用，保障对外培训工作的需要，同时不得擅自扩大支出范围、新增开支项目、提高开支标准。

第五条 培训班开支范围分为培训费、接待费、国际旅费、毕业证书制作费、管理费、税费、及经批准的其他支出。

（一）培训费。包括讲课费、翻译费、教材、教学及实验设备、有关资料、场租、当地交通、实习参观、邮电通讯、安保等费用，按培训班人数和时间长短，具体标准如下：

项目 类别	20 人以下（含 20 人）		超过 20 人以上的部分	
	30 天以内（含 30 天）	30 天以上的部分	30 天以内（含 30 天）	30 天以上的部分
部级官员班	500	450	450	400
司处级官员班	400	360	360	320
技术班	320	290	290	260

（二）接待费。包括学员在中国境内实习参观发生的城市间交通费、日常伙食、住宿、宴请、零用费、部级官员班贵宾室接待费、赠送小礼品及医疗费等费用。

1. 实习参观发生的城市间交通费、部级官员班贵宾室接待费：据实报销。

2. 日常伙食标准（包括酒水、饮料等）：部级班每人每天 170 元，司处级官员班和技术班每人每天 140 元。

3. 住宿标准：副部级及以上官员住四星及以上级宾馆单间或套间，每人每天 700 元以内；司局级及以下官员、专业技术人员住三星及以下级宾馆单间或标准间，每人每天 300 元以内。承办单位需要定点饭店的，经承办单位和定点饭店协商，培训学员可以入住中央国家机关出差和会议定点饭店，并按招标确定的优惠价格结算。

4. 宴请费（包括酒、饮料等）：同一班次宴请不超过两次。副部级及以上官员出面宴请，每人每次 200 元；副部级以下官员出面宴请，每人每次 150 元。中方陪同人员一般不超过学员人数的 30%，最多不超过 15 人。

5. 零用费：副部级及以上官员每人每天 100 元或一次性发放零用费每人 2000 元，司局级及以下官员、专业技术人员每人每天 80 元，直接发给学员本人。

6. 小礼品费：副部级及以上官员每人不超过 400 元，司局级及以下官员、专业技术人员每人不超过 200 元。

7. 人身意外伤害保险：每人 100 元。承办单位必须按本规定为培训学员投保人身意外伤害保险。

8. 医疗费：学员配眼镜、镶牙、美容等项目以外的在中国培训期间患病费用实报实销。

9. 参加培训班的学员在中国境内中转时实际发生的食宿费按上述相应标准执行；境外中转地交通费每人每次 200 元。

（三）国际旅费。指参加培训班的学员自所在国到达中国培训班举办地的机票款、国际中转费等。参加培训学员的国际旅费应争取国际组织或有关机构赞助，如确实得不到赞助的，我方可提供国际旅费，并实行实报实销的办法。

1. 国际机票款：按最经济国际路线实报实销。副部级及以上官员可乘坐飞机头等舱座位，司局级官员可乘坐飞机公务舱座位，其他官员和技术人员乘坐飞机经济舱座位。

2. 国际中转费：如需经第三国中转，且单程单次中转时间超过 6 小时或单程累计中转停留时间超过 8 小时的，副部级及以上官员每人 300 美元（往返总额，下同），其他级别的学员每人 200 美元。小于以上停留时间的，不发中转费。

（四）毕业证书制作费：统一制作，每本 12 元。

（五）管理费及税费：指为举办、管理培训班而发生的组织管理、营业税等费用。

1. 承办单位组织管理费按照除国际旅费、税费以外的培训费用的 6% 提取。

2. 培训班中方管理人员费用预算可按每 10 名国外学员配备中方管理人员 1 人计算，不够 10 人按 10 人计。中方管理人员食宿标准比照培训班学员标准列入培训班预算。中方管理人员费用预算不作为提取管理费的基数。

3. 涉及缴纳营业税的，以正式税票为依据核销。

（六）其他支出。指除上述开支以外，经财政部批准开支的其他费用。

第六条 学员洗衣、理发、邮电通讯等费用自理。

第七条 本办法由财政部负责解释。

第八条 本办法自 2008 年 1 月 1 日起实行。财政部制发的《关于印发〈举办受援国专业技术人员培训（研修）班费用开支标准和财务管理办法〉的通知》（财外字〔1999〕724 号）、《关于印发〈举办受援国政府官员培训（研修）班费用开支标准和财务管理办法〉的通知》（财外字〔1999〕725 号）、《关于受援国政府官员培训（研修）班学员中转费问题的复函》（财外字〔2000〕145 号）同时废止。

财政部　外交部关于印发《因公临时出国经费管理办法》的通知

（财行〔2013〕516 号　2013 年 12 月 20 日）

党中央各部门，国务院各部委、各直属机构，总后勤部、武警总部，全国人大常委会办公厅，全国政协办公厅，高法院，高检院，各人民团体，各民主党派，各省、自治区、直辖市、计划单列市财政厅（局）、人民政府外事办公室，新疆生产建设兵团财务局、外事局：

根据中共中央政治局《关于改进工作作风、密切联系群众的八项规定》的要求和《党政机关厉行节约反对浪费条例》的精神，为进一步规范因公临时出国经费管理，我们对《临时出国人员费用开支标准和管理办法》（财行〔2001〕73 号）进行了修订。现将修订后的《因公临时出国经费管理办法》（以下简称《办法》）印发给你们，请认真遵照执行。

请各地区各部门各单位根据《办法》基本原则和要求，结合实际制定具体规定，并于 2014 年 2 月 1 日前报送财政部备案。边境地区有频繁出国任务的，由所在省（自治区）财政厅根据实际情况制定本地区因公临时出国经费开支标准和管理办法，并于 2014 年 4 月 1 日前报送财政部备案。

附件：

因公临时出国经费管理办法

第一章　总　　则

第一条　为了进一步规范因公临时出国经费管理，加强预算监督，提高资金使用效益，保证外事工作的顺利开展，根据《中华人民共和国预算法》、《党政机关厉行节约反对浪费条例》等法律法规，制定本办法。

第二条　本办法适用于各级党政军机关、人大政协机关、审判机关、检察机关、民主党派、人民团体和事业单位因公组派临时代表团组的省部级以下（含省部级）出国人员（以下简称出国人员）。

第三条 各地区各部门各单位因公组派临时出国团组应当坚持强化预算约束、优化经费结构、厉行勤俭节约、讲求务实高效的原则，严格控制因公临时出国规模，规范因公临时出国经费管理。

第二章 预算管理和计划管理

第四条 因公临时出国经费应当全部纳入预算管理，并按照下列规定执行：

（一）各级财政部门应当加强因公临时出国经费的预算管理，严格控制因公临时出国经费总额，科学合理地安排因公临时出国经费预算。

（二）各地区各部门各单位应当加强预算硬约束，认真贯彻落实厉行节约的要求，在核定的年度因公临时出国经费预算内，务实高效、精简节约地安排因公临时出国活动，不得超预算或无预算安排出访团组。确有特殊需要的，按规定程序报批。

第五条 出访团组实行计划审批管理，并按照下列规定执行：

（一）各地区各部门各单位应当认真贯彻中央有关外事管理规定，科学制订年度因公临时出国计划，认真履行因公临时出国计划报批制度，严格控制因公临时出国团组人数、国家数和在外停留天数，正确执行限量管理规定。组团单位和派出单位要明确责任，谁派出、谁负责。

（二）因公临时出国应当坚持因事定人的原则，不得因人找事，不得安排照顾性和无实质内容的一般性出访，不得安排考察性出访。

（三）各级外事部门应当加强因公临时出国计划的审核审批管理，严格把关，对违反规定、不适合成行的团组予以调整或者取消。驻外使馆答复国内因公临时出国征求意见时，应当严格履行把关职责。

第六条 各地区各部门各单位出国经费的支付，应当严格按照国库集中支付制度和公务卡管理制度的有关规定执行。

各地区各部门各单位应当严格执行各项经费开支标准，不得擅自突破，严禁接受或变相接受企事业单位资助，严禁向同级机关、下级机关、下属单位、企业、驻外机构等摊派或转嫁出访费用。

第七条 各地区各部门各单位应当建立因公临时出国计划与财务管理的内部控制制度。出访团组应当事先填报《因公临时出国任务和预算审批意见表》（见附1），由单位外事和财务部门分别出具审签意见，明确审核责任。出国任务、出国经费预算未通过审核的，不得安排出访团组。

第三章 经费管理

第八条 因公临时出国经费包括：国际旅费、国外城市间交通费、住宿费、伙食费、公杂费和其他费用。

国际旅费，是指出境口岸至入境口岸旅费。

国外城市间交通费，是指为完成工作任务所必须发生的，在出访国家的城市与城市之间的交通费用。

住宿费是指出国人员在国外发生的住宿费用。

伙食费是指出国人员在国外期间的日常伙食费用。

公杂费是指出国人员在国外期间的市内交通、邮电、办公用品、必要的小费等费用。

其他费用主要是指出国签证费用、必需的保险费用、防疫费用、国际会议注册费用等。

第九条 国际旅费按照下列规定执行：

（一）选择经济合理的路线。出国人员应当优先选择由我国航空公司运营的国际航线，由于航班衔接等原因确需选择外国航空公司航线的，应当事先报经单位外事和财务部门审批同意。不得以任何理由绕道旅行，或以过境名义变相增加出访国家和时间。

（二）按照经济适用的原则，通过政府采购等方式，选择优惠票价，并尽可能购买往返机票。

（三）因公临时出国购买机票，须经本单位外事和财务部门审批同意。机票款由本单位通过公务卡、银行转账方式支付，不得以现金支付。单位财务部门应当根据《航空运输电子客票行程单》等有效票据注明的金额予以报销。

（四）出国人员应当严格按照规定安排交通工具，不得乘坐民航包机或私人、企业和外国航空公司包机。

（五）省部级人员可以乘坐飞机头等舱、轮船一等舱、火车高级软卧或全列软席列车的商务座；司局级人员可以乘坐飞机公务舱、轮船二等舱、火车软卧或全列软席列车的一等座；其他人员均乘坐飞机经济舱、轮船三等舱、火车硬卧或全列软席列车的二等座。所乘交通工具舱位等级划分与以上不一致的，可乘坐同等水平的舱位。所乘交通工具未设置上述规定中本级别人员可乘坐舱位等级的，应乘坐低一等级舱位。上述人员发生的国际旅费据实报销。

（六）出国人员乘坐国际列车，国内段按国内差旅费的有关规定执行；

国外段超过6小时以上的按自然（日历）天数计算，每人每天补助12美元。

第十条 出国人员根据出访任务需要在一个国家城市间往来，应当事先在出国计划中列明，并报本单位外事和财务部门批准。未列入出国计划、未经本单位外事和财务部门批准的，不得在国外城市间往来。出国人员的旅程必须按照批准的计划执行，其城市间交通费凭有效原始票据据实报销。

第十一条 住宿费按照下列规定执行：

（一）出国人员应当严格按照规定安排住宿，省部级人员可安排普通套房，住宿费据实报销；厅局级及以下人员安排标准间，在规定的住宿费标准之内予以报销。

（二）参加国际会议等的出国人员，原则上应当按照住宿费标准执行。如对方组织单位指定或推荐酒店，应当严格把关，通过询价方式从紧安排，超出费用标准的，须事先报经本单位外事和财务部门批准。经批准，住宿费可据实报销。

第十二条 伙食费和公杂费按照下列规定执行：

（一）出国人员伙食费、公杂费可以按规定的标准发给个人包干使用。包干天数按离、抵我国国境之日计算。

（二）根据工作需要和特点，不宜个人包干的出访团组，其伙食费和公杂费由出访团组统一掌握，包干使用。

（三）外方以现金或实物形式提供伙食费和公杂费接待我代表团组的，出国人员不再领取伙食费和公杂费。

（四）出访用餐应当勤俭节约，不上高档菜肴和酒水，自助餐也要注意节俭。

第十三条 出访团组对外原则上不搞宴请，确需宴请的，应当连同出国计划一并报批，宴请标准按照所在国家一人一天的伙食费标准掌握。

出访团组与我国驻外使领馆等外交机构和其他中资机构、企业之间一律不得用公款相互宴请。

第十四条 出访团组在国外期间，收授礼品应当严格按有关规定执行。原则上不对外赠送礼品，确有必要赠送的，应当事先报经本单位外事和财务部门审批同意，按照厉行节俭的原则，选择具有民族特色的纪念品、传统手工艺品和实用物品，朴素大方，不求奢华。

出访团组与我国驻外使领馆等外交机构和其他中资机构、企业之间一律不得以任何名义、任何方式互赠礼品或纪念品。

第十五条 出国签证费用、防疫费用、国际会议注册费用等凭有效原始票据据实报销。根据到访国要求，出国人员必须购买保险的，应当事先报经本单位外事和财务部门批准后，按照到访国驻华使领馆要求购买，凭有效原始票据据实报销。

第十六条 出国人员回国报销费用时，须凭有效票据填报有团组负责人审核签字的国外费用报销单（具体表格由各单位制定）。各种报销凭证须用中文注明开支内容、日期、数量、金额等，并由经办人签字。

各单位财务部门应当根据本办法制定本单位财务报销审批的具体规定，加强对因公临时出国团组的经费核销管理。各单位财务部门应当对因公临时出国团组提交的出国任务批件、护照（包括签证和出入境记录）复印件及有效费用明细票据进行认真审核，严格按照批准的出国团组人员、天数、路线、经费预算及开支标准核销经费，不得核销与出访任务无关的开支。

第十七条 中央各部门根据出国经费预算，结合实际购汇需求，自主核定本部门及其所属单位购汇数额，通过财政部批准的人民币资金账户，向外汇指定银行购买外汇。

省级财政部门根据本级各部门和下级财政部门的申请，自主核定本地区购汇数额，并确定一家外汇指定银行具体办理购汇手续。

第四章　监督检查

第十八条 除涉密内容和事项外，因公临时出国经费的预决算应当按照预决算信息公开的有关规定，及时公开，主动接受社会监督。

第十九条 各级外事、财政、审计等部门对因公临时出国情况进行定期或不定期联合检查。各级财政部门应当定期或不定期对各部门各单位因公临时出国经费管理使用情况进行监督检查。审计部门应当对各部门各单位因公临时出国经费管理使用情况进行审计。

财务部门应当建立健全因公临时出国团组内部监督检查机制，每半年向同级外事、财政部门报送本部门本单位因公临时出国经费使用情况。严格按照预算绩效管理的有关规定，加强因公临时出国经费预算绩效评价，切实提高预算资金的使用效益。

第二十条 组团单位应当采取集中形式，对团组全体人员进行行前财经纪律教育。对出国人员违反本办法规定，有下列行为之一的，除相关开支一律不予报销外，按照《财政违法行为处罚处分条例》等有关规定严肃处理，并追究有关人员责任：

（一）违规扩大出国经费开支范围的；
（二）擅自提高经费开支标准的；
（三）虚报团组级别、人数、国家数、天数等，套取出国经费的；
（四）使用虚假发票报销出国费用的；
（五）其他违反本办法的行为。

第五章　附　　则

第二十一条　各地区各部门各单位因公临时赴香港、澳门、台湾地区的，适用本办法。

第二十二条　各地区各部门各单位可以根据本办法，结合实际制定具体规定，报财政部备案。边境地区有频繁出国任务的，其因公临时出国经费开支标准和管理办法由所在省（自治区）财政厅根据实际情况制定，并报财政部备案。

第二十三条　对与我新建交或未建交国家，相关经费开支标准暂按照经济水平相近的邻国标准执行。

第二十四条　财政部、外交部根据出访国家或地区经济发展、物价等变动情况，对相关经费开支标准适时调整。

第二十五条　国有企业和其他因公临时出国人员参照本办法执行。

第二十六条　本办法由财政部、外交部负责解释。

第二十七条　本办法自发布之日起 30 日后施行。财政部、外交部《关于印发〈临时出国人员费用开支标准和管理办法〉的通知》（财行〔2001〕73 号）和财政部、原中国民用航空总局《关于加强因公出国机票管理的通知》（财外字〔1998〕283 号）同时废止。

附： 1. 因公临时出国任务和预算审批意见表
2. 各国家和地区住宿费、伙食费、公杂费开支标准表附 1：

因公临时出国任务和预算审批意见表

<table>
<tr><td colspan="7">团组名称</td></tr>
<tr><td>组团单位</td><td colspan="2"></td><td>团长（级别）</td><td></td><td>团员人数</td><td></td></tr>
<tr><td colspan="4">出访国别（含经停）</td><td colspan="3">出访时间（天数）</td></tr>
<tr><td colspan="7">出国任务审核意见</td></tr>
<tr><td>审核单位</td><td colspan="3"></td><td>审核日期</td><td colspan="2"></td></tr>
<tr><td>审核依据</td><td colspan="6"></td></tr>
<tr><td rowspan="6">审核内容</td><td colspan="6">是否列入出国计划：</td></tr>
<tr><td colspan="6">出访目标和必要性：</td></tr>
<tr><td colspan="6">时间和国别是否符合规定：</td></tr>
<tr><td colspan="6">路线是否符合规定：</td></tr>
<tr><td colspan="6">团组人数是否符合规定：</td></tr>
<tr><td colspan="6">其他事项：</td></tr>
<tr><td>审核意见</td><td colspan="6"></td></tr>
<tr><td colspan="7">预算财务审核意见</td></tr>
<tr><td>审核单位</td><td colspan="3"></td><td>审核日期</td><td colspan="2"></td></tr>
<tr><td>审核依据</td><td colspan="6"></td></tr>
<tr><td rowspan="5">审核内容</td><td colspan="6">是否列入年度预算：</td></tr>
<tr><td>合计</td><td>国际旅费</td><td>住宿费</td><td>伙食费</td><td>公杂费</td><td>其他费用</td></tr>
<tr><td></td><td></td><td></td><td></td><td></td><td></td></tr>
<tr><td colspan="6">须事先报批的支出事项：</td></tr>
<tr><td colspan="6">其他事项：</td></tr>
<tr><td>审核意见</td><td colspan="6"></td></tr>
</table>

备注：出访团组和单位财务部门应对各项支出的测算和审核做详细说明。

附2:

各国家和地区住宿费、伙食费、公杂费开支标准表

序号	国家（地区）	城市	币种	住宿费（每人每天）	伙食费（每人每天）	公杂费（每人每天）
一	亚洲					
1	蒙古		美元	90	50	35
2	朝鲜		美元	90	40	30
3	韩国	首尔、釜山、济州	美元	180	70	35
4		光州、西归浦	美元	160	70	35
5		其他城市	美元	150	70	35
6	日本	东京	日元	20000	10000	5000
7		大阪、京都	日元	18000	10000	5000
8		福冈、札幌、长崎、名古屋	日元	14000	10000	5000
9		其他城市	日元	9000	10000	5000
10	缅甸		美元	90	50	35
11	巴基斯坦	伊斯兰堡、拉合尔、卡拉奇	美元	135	30	30
12		奎达	美元	70	30	30
13		其他城市	美元	60	30	30
14	斯里兰卡		美元	110	40	30
15	马尔代夫		美元	160	50	30
16	孟加拉		美元	150	50	40
17	伊拉克		美元	170	50	40
18	阿拉伯联合酋长国		美元	200	50	40
19	也门	萨那	美元	110	50	35
20		亚丁	美元	90	50	35
21		其他城市	美元	80	50	35

续表

序号	国家（地区）	城市	币种	住宿费（每人每天）	伙食费（每人每天）	公杂费（每人每天）
22	阿曼		美元	150	50	40
23	伊朗		美元	95	50	40
24	科威特		美元	200	70	40
25	沙特阿拉伯	利雅得	美元	200	70	40
26		吉达	美元	140	70	40
27		其他城市	美元	120	70	40
28	巴林		美元	160	55	40
29	以色列		美元	200	70	40
30	巴勒斯坦		美元	180	70	40
31	文莱		美元	130	40	35
32	印度	新德里、加尔各答	美元	175	50	35
33		孟买	美元	200	50	35
34		其他城市	美元	155	50	35
35	不丹		美元	160	50	35
36	越南	河内	美元	90	40	30
37		胡志明	美元	80	40	30
38		其他城市	美元	70	40	30
39	柬埔寨		美元	100	40	30
40	老挝		美元	90	40	30
41	马来西亚		美元	110	50	35
42	菲律宾		美元	130	50	35
43	印度尼西亚		美元	125	50	35
44	东帝汶		美元	130	40	35
45	泰国	曼谷	美元	140	50	35
46		宋卡	美元	110	50	35
47		清迈、孔敬	美元	90	50	35
48		其他城市	美元	80	50	35

续表

序号	国家（地区）	城市	币种	住宿费（每人每天）	伙食费（每人每天）	公杂费（每人每天）
49	新加坡		美元	220	55	40
50	阿富汗		美元	100	38	30
51	尼泊尔		美元	140	50	35
52	黎巴嫩		美元	150	50	35
53	塞浦路斯		美元	100	40	35
54	约旦		美元	120	50	35
55	土耳其	安卡拉	美元	105	45	30
56		伊斯坦布尔	美元	150	45	30
57		其他城市	美元	90	45	30
58	叙利亚		美元	110	50	35
59	卡塔尔		美元	160	60	40
60	香港		港币	1500	500	300
61	澳门		港币	1200	500	300
62	台湾		美元	150	60	40
二	**非洲**					
63	马达加斯加	塔那那利佛	美元	130	38	30
64		塔马塔夫	美元	100	38	30
65		其他城市	美元	90	38	30
66	喀麦隆		美元	120	50	35
67	多哥		美元	110	48	35
68	科特迪瓦		美元	120	50	35
69	摩洛哥		美元	130	50	40
70	阿尔及利亚		美元	180	55	35
71	卢旺达		美元	130	32	30
72	几内亚		美元	130	55	35
73	埃塞俄比亚		美元	210	50	35
74	厄立特里亚		美元	110	50	35

续表

序号	国家（地区）	城市	币种	住宿费（每人每天）	伙食费（每人每天）	公杂费（每人每天）
75	莫桑比克		美元	170	50	35
76	塞舌尔		美元	240	50	35
77	肯尼亚		美元	195	50	35
78	利比亚		美元	160	50	35
79	安哥拉		美元	400	60	40
80	赞比亚		美元	150	45	35
81	几内亚比绍		美元	135	45	35
82	突尼斯		美元	100	40	35
83	布隆迪		美元	150	40	35
84	莱索托		美元	100	35	30
85	津巴布韦		美元	120	45	33
86	尼日利亚	阿布贾	美元	270	60	35
87		拉各斯	美元	300	60	35
88		其他城市	美元	250	60	35
89	毛里求斯		美元	155	50	35
90	索马里		美元	180	50	35
91	苏丹		美元	130	40	32
92	贝宁		美元	150	35	30
93	马里		美元	150	50	35
94	乌干达		美元	170	50	35
95	塞拉利昂		美元	155	50	35
96	吉布提		美元	160	60	35
97	塞内加尔		美元	165	50	35
98	冈比亚		美元	170	50	35
99	加蓬		美元	180	60	35
100	中非		美元	140	50	35
101	布基纳法索		美元	140	50	35

续表

序号	国家（地区）	城市	币种	住宿费（每人每天）	伙食费（每人每天）	公杂费（每人每天）
102	毛里塔尼亚		美元	130	55	35
103	尼日尔		美元	145	50	35
104	乍得		美元	220	50	35
105	赤道几内亚		美元	200	50	35
106	加纳		美元	200	50	35
107	坦桑尼亚	达累斯萨拉姆	美元	180	50	35
108		桑给巴尔	美元	210	50	35
109		其他城市	美元	160	50	35
110	刚果（金）		美元	220	50	35
111	刚果（布）		美元	170	50	35
112	埃及		美元	170	50	35
113	圣多美和普林西比		美元	170	50	35
114	博茨瓦纳		美元	170	50	35
115	南非	比勒陀利亚、约翰内斯堡	美元	170	50	35
116		开普敦	美元	210	50	35
117		德班	美元	150	50	35
118		其他城市	美元	130	50	35
119	纳米比亚		美元	140	35	30
120	斯威士兰		美元	150	50	35
121	利比里亚		美元	195	50	35
122	佛得角		美元	120	50	35
123	科摩罗		美元	120	40	35
124	南苏丹		美元	160	40	32
125	马拉维		美元	130	50	35
三	**欧洲**					
126	罗马尼亚	布加勒斯特	美元	120	45	40

续表

序号	国家（地区）	城市	币种	住宿费（每人每天）	伙食费（每人每天）	公杂费（每人每天）
127		康斯坦察	美元	90	50	40
128		其他城市	美元	80	50	40
129	马其顿		美元	120	50	35
130	斯洛文尼亚		欧元	90	30	25
131	波黑		美元	100	40	35
132	克罗地亚		美元	120	40	35
133	阿尔巴尼亚		美元	150	35	30
134	保加利亚		美元	110	45	35
135	俄罗斯	莫斯科	美元	285	45	40
136		哈巴罗夫斯克	美元	200	45	40
137		叶卡捷琳堡、圣彼得堡	美元	170	45	40
138		伊尔库茨克	美元	150	45	40
139		其他城市	美元	140	45	40
140	立陶宛		美元	120	45	35
141	拉脱维亚		欧元	90	35	25
142	爱沙尼亚		欧元	90	35	25
143	乌克兰	基辅	美元	100	45	40
144		敖德萨	美元	130	45	40
145		其他城市	美元	80	45	40
146	阿塞拜疆		美元	150	45	40
147	亚美尼亚		美元	120	45	40
148	格鲁吉亚		美元	150	45	40
149	吉尔吉斯斯坦	比什凯克	美元	230	45	40
150		其他城市	美元	80	45	40
151	塔吉克斯坦		美元	210	45	40
152	土库曼斯坦		美元	120	45	40
153	乌兹别克斯坦	塔什干	美元	120	40	32

续表

序号	国家（地区）	城市	币种	住宿费（每人每天）	伙食费（每人每天）	公杂费（每人每天）
154		撒马尔罕	美元	100	40	32
155		其他城市	美元	90	40	32
156	白俄罗斯		美元	180	45	40
157	哈萨克斯坦	阿斯塔纳	美元	160	45	40
158		阿拉木图	美元	200	45	40
159		其他城市	美元	140	45	40
160	摩尔多瓦		美元	90	45	40
161	波兰	华沙	美元	150	50	40
162		革但斯克	美元	130	50	40
163		其他城市	美元	120	50	40
164	德国	柏林、汉堡	欧元	150	60	38
165		慕尼黑	欧元	130	60	38
166		法兰克福	欧元	180	60	38
167		其他城市	欧元	120	60	38
168	荷兰	海牙	欧元	150	60	38
169		阿姆斯特丹	欧元	170	60	38
170		其他城市	欧元	130	60	38
171	意大利	罗马	欧元	160	65	38
172		米兰	欧元	140	65	38
173		佛罗伦萨	欧元	120	65	38
174		其他城市	欧元	110	65	38
175	比利时		欧元	160	60	38
176	奥地利		欧元	140	60	38
177	希腊		欧元	110	55	35
178	法国	巴黎	欧元	150	60	40
179		马赛、斯特拉斯堡、尼斯、里昂	欧元	130	60	40

续表

序号	国家（地区）	城市	币种	住宿费（每人每天）	伙食费（每人每天）	公杂费（每人每天）
180		其他城市	欧元	120	60	40
181	西班牙		欧元	125	60	38
182	卢森堡		欧元	160	55	38
183	爱尔兰		欧元	120	60	38
184	葡萄牙		欧元	130	60	38
185	芬兰		欧元	145	60	40
186	捷克		美元	160	45	50
187	斯洛伐克		欧元	90	35	30
188	匈牙利		美元	180	45	45
189	瑞典		美元	280	80	50
190	丹麦		美元	200	80	50
191	挪威		美元	200	80	50
192	瑞士		美元	200	70	50
193	冰岛		美元	200	65	50
194	马耳他		欧元	90	38	25
195	塞尔维亚		美元	120	40	30
196	黑山		欧元	90	30	22
197	英国	伦敦	英镑	160	45	35
198		曼彻斯特、爱丁堡	英镑	140	45	35
199		其他城市	英镑	125	45	35
四	**美洲**					
200	美国	华盛顿	美元	210	55	45
201		旧金山	美元	250	55	45
202		休斯顿	美元	180	55	45
203		波士顿	美元	230	55	45
204		纽约	美元	245	55	45
205		芝加哥	美元	220	55	45

续表

序号	国家（地区）	城市	币种	住宿费（每人每天）	伙食费（每人每天）	公杂费（每人每天）
206		洛杉矶	美元	200	55	45
207		夏威夷	美元	195	55	45
208		其他城市	美元	160	55	45
209	加拿大	渥太华、多伦多、卡尔加里、蒙特利尔	美元	210	55	45
210		温哥华	美元	240	55	45
211		其他城市	美元	190	55	45
212	墨西哥	墨西哥	美元	150	50	45
213		蒂华纳	美元	120	50	45
214		其他城市	美元	100	50	45
215	巴西	巴西利亚	美元	160	50	45
216		圣保罗	美元	240	50	45
217		里约热内卢	美元	260	50	45
218		其他城市	美元	150	50	45
219	牙买加		美元	160	50	45
220	特立尼达和多巴哥		美元	180	50	45
221	厄瓜多尔		美元	120	40	32
222	阿根廷		美元	130	50	45
223	乌拉圭		美元	135	50	45
224	智利	圣地亚哥	美元	135	47	45
225		伊基克	美元	120	47	45
226		安托法加斯塔、阿里卡	美元	110	47	45
227		其他城市	美元	100	47	45
228	哥伦比亚	波哥大	美元	190	40	35
229		麦德林	美元	110	40	35

续表

序号	国家（地区）	城市	币种	住宿费（每人每天）	伙食费（每人每天）	公杂费（每人每天）
230		卡塔赫纳	美元	120	40	35
231		其他城市	美元	100	40	35
232	巴巴多斯		美元	250	60	45
233	圭亚那		美元	160	50	45
234	古巴		美元	135	40	37
235	巴拿马		美元	135	45	45
236	格林纳达		美元	190	45	45
237	安提瓜和巴布达		美元	150	60	45
238	秘鲁		美元	140	40	40
239	玻利维亚		美元	110	36	30
240	尼加拉瓜		美元	120	45	45
241	苏里南		美元	110	50	45
242	委内瑞拉		美元	230	45	45
243	海地		美元	180	45	43
244	波多黎各		美元	150	45	45
245	多米尼加		美元	150	45	45
246	多米尼克		美元	120	45	45
247	巴哈马		美元	220	45	45
248	圣卢西亚		美元	200	45	45
249	阿鲁巴岛		美元	200	45	45
250	哥斯达黎加		美元	120	45	40
五	**大洋洲及太平洋岛屿**					
251	澳大利亚	堪培拉、帕斯、布里斯班	美元	180	60	50
252		墨尔本、悉尼	美元	200	60	50
253		其他城市	美元	160	60	50

续表

序号	国家（地区）	城市	币种	住宿费（每人每天）	伙食费（每人每天）	公杂费（每人每天）
254	新西兰		美元	180	60	45
255	萨摩亚		美元	170	47	45
256	斐济	苏瓦	美元	190	45	50
257		楠迪	美元	120	45	50
258		其他城市	美元	110	45	50
259	巴布亚新几内亚		美元	350	55	50
260	密克罗尼西亚		美元	120	40	30
261	马绍尔群岛		美元	120	55	35
262	瓦努阿图		美元	150	55	35
263	基里巴斯		美元	195	55	35
264	汤加		美元	160	60	35
265	帕劳		美元	180	60	35
266	库克群岛		美元	180	60	35
267	所罗门群岛		美元	200	60	35
268	法属留尼汪		美元	140	60	35
269	法属波利尼西亚		美元	240	60	35

财政部关于印发《中央和国家机关外宾接待经费管理办法》的通知

（财行〔2013〕533 号　2013 年 12 月 31 日）

党中央各部门，国务院各部委、各直属机构，总后勤部，武警总部，全国人大常委会办公厅，全国政协办公厅，高法院，高检院，各人民团体，各民主党派中央，全国工商联：

根据中共中央政治局关于改进工作作风、密切联系群众的八项规定和中央领导对有关厉行节约、反对浪费等方面的重要批示，为进一步做好接待外宾工作，规范外宾接待管理，我们对《关于接待外宾费用开支标准和管理办法的规定》（财外字〔1997〕559 号）进行了修订。现将修订后的《中央和国家机关外宾接待经费管理办法》（以下简称《办法》）印发给你们，请遵照执行。

请各省、自治区、直辖市、计划单列市财政厅（局）依据《办法》，结合各地区实际，制定相应的外宾接待经费管理办法和开支标准，并于 2014 年 2 月 15 日前报送财政部、外交部备案。

附件：

中央和国家机关外宾接待经费管理办法

第一章　总　　则

第一条　为了进一步规范外宾接待工作，加强外宾接待经费管理，强化预算监督，根据《中华人民共和国预算法》、《党政机关厉行节约反对浪费条例》等有关法律法规，制定本办法。

第二条　中央和国家机关以及参照公务员法管理的事业单位（以下简称中央单位）接待国外、境外来宾适用本办法。

本办法所称的中央和国家机关，是指党中央各部门，国务院各部委、各直属机构，全国人大常委会办公厅，全国政协办公厅，最高人民法院，最高人民检察院，各人民团体、各民主党派中央和全国工商联。

第三条 中央单位外宾接待工作应当坚持服务外交、友好对等、务实节俭的原则。

第四条 中央单位邀请外宾来访应当按照有关外事管理规定，严格执行计划审批规定。未经批准或授权，不得对外发出正式邀请或作出承诺。接待计划应当明确外宾团组中由我方招待的人数、天数，费用开支范围以及资金来源、列支渠道、预算等。计划编制必须严格控制在年度外宾接待费预算内，不得突破。

第二章 预算管理

第五条 外宾接待费应纳入部门预算。中央单位应当加强外宾接待费预算管理，控制预算规模，在核定的年度外宾接待费预算内安排外宾接待活动，不得超预算或无预算安排外宾接待。

第六条 对应邀来华的外宾，中央单位应当根据互惠对等原则或外事交流协议等，区分为全部招待、部分招待和外宾自理。

无互惠对等原则及外事交流协议的，招待天数不得超过 5 天（含抵、离境当天），招待人数可由中央单位按内部规定执行，超出规定天数和人数的，一律由外宾自理。

第七条 中央单位应当从严从紧控制外宾接待经费，严格执行接待费开支标准，不得擅自突破，不得向同级机关、下级机关、下属单位和企业等摊派、转嫁费用。

第八条 外宾接待费的报销支付应严格按照国库集中支付和公务卡管理的有关制度执行，采用银行转账或公务卡方式结算，不得以现金方式支付。

第三章 开支范围及标准

第九条 外宾接待经费开支范围主要包括：住宿费、日常伙食费、宴请费、交通费、赠礼等。

外宾接待经费原则上不得列支外宾来华国际旅费。

第十条 住宿费按以下办法执行：

（一）外宾住宿应当注重安全舒适，不追求奢华。副部长级及以上人员率领的外宾代表团，可安排在五星级、四星级宾馆；司局级及以下人员率领的代表团以及其他一般外宾代表团，安排的宾馆最高不超过四星级。

（二）外宾住房标准：副部长级及以上人员可安排套间，其他人员安排标准间。

（三）中央单位可结合实际情况与符合条件的宾馆签订长期合作协议，争取优惠价格。

第十一条 日常伙食费按以下办法执行：

（一）外宾日常伙食招待应当注意节俭，严格根据伙食费标准选择菜品，提倡采用自助餐等形式。

（二）外宾日常伙食费（含酒水、饮料）标准：国家元首、政府首脑级每人每天600元；副总统、副总理和正、副议长级每人每天550元；正、副部长级每人每天500元；其他人员每人每天300元。

第十二条 宴请费按以下办法执行：

（一）宴请外宾严禁讲排场，原则上安排在宴请举办单位内部的宾馆和招待所，不上高档菜肴和酒水，杜绝奢侈浪费。除宴会外，提倡采用冷餐会、酒会、茶会等多种宴请形式。

（二）外宾宴请费（含酒水、饮料）标准：正、副部长级人员出面举办的宴会，每人每次400元；司局级及以下人员出面举办的宴会，每人每次300元。冷餐、酒会、茶会分别为每人每次150元、100元、60元。

（三）外宾在华期间，宴请不得超过2次，包含赴地方访问时，由地方接待单位或有关单位联合安排的1次宴请。

第十三条 交通费按以下办法执行：

（一）外宾用车应当根据实际情况安排，除少数重要外宾乘坐小轿车外，其他外宾可视人数多少安排小轿车、中巴士或大巴士。在符合礼宾要求的前提下，外宾出行应当集中乘车，减少随行车辆。

（二）接待外宾确需租用车辆的，中央单位应当与资质合格、运营规范的汽车租赁公司签订租赁合同。

（三）外宾赴地方访问时，应当按级别乘坐相应等级标准交通工具，副部长级及以上外宾可提供飞机头等舱、轮船一等舱和火车软席（含高铁/动车商务座、全列软席列车一等座、火车高级软卧），其他人员可提供飞机经济舱、轮船二等舱和火车软席（含高铁/动车一等座、全列软席列车一等座、火车软卧）。

确因工作需要并经接待单位领导批准，外方主宾的重要随行人员可随主宾乘坐相应舱位，原则上按随行不超过1人来安排。

外宾途中伙食费按日常伙食费标准执行。

第十四条 对外赠礼按以下办法执行：

（一）对外赠礼应当节约从简，实物礼品应当尽量选择具有中国特色的纪念品、传统手工艺品和实用物品，朴素大方，不求奢华。

（二）赠礼对象仅为外方团长夫妇，必要时可包括主要陪同人员，原则上由接待单位赠礼 1 次，其他单位不得重复赠礼。如外方赠礼，可按对等原则回礼。

（三）对外赠礼以赠礼方或受礼方级别较高一方的级别确定赠礼标准。赠礼方或受礼方为正、副部长级人员的，每人次礼品不得超过 400 元；赠礼方或受礼方为司局级人员的，每人次礼品不得超过 200 元；其他人员，可以视情况赠送小纪念品。

（四）对访问我国的著名友好人士、社会名流、专家学者，确有必要赠礼的，按照正、副部长级人员标准执行。

第十五条 外宾在华期间的医药、邮电通讯、洗衣、理发等费用，除国家元首、政府首脑外，均由外宾自理。

第四章 陪同人员及经费管理

第十六条 我方陪同人员人数，应当根据礼宾要求，从严掌握。

第十七条 接待国家元首、政府首脑级外宾的重大外交外事活动，我方参加宴请人数应当根据礼宾要求安排。其他宴请，外宾 5 人（含）以内的，中外人数原则上在1：1以内安排；外宾超过 5 人的，超过部分中外人数原则上在1：2以内安排。

第十八条 陪同外宾赴地方访问期间，陪同人员的伙食费、住宿费、交通费等开支标准按照中央和国家机关国内差旅费管理的有关规定执行，并由所在单位分别负担。确需与外宾同餐、同住、同行的，经所在单位领导批准，可按对应的外宾接待标准实报实销。

第十九条 中央单位的接待工作人员在接待活动期间，确因工作需要不能按时用餐的，经接待单位领导批准，可以领取误餐补助，标准为每人每次 50 元。

第五章 支出责任

第二十条 外宾接待原则上由邀请单位负担经费。中央单位邀请的外宾团组经费支出由中央单位负担；地方单位邀请的外宾团组经费支出由地方负担。

第二十一条 由中央单位邀请的外宾团组，确需到地方访问的，接待单位应当事先在接待方案中明确划分中央与地方分别承担的接待费用。

第六章　监督检查

第二十二条　除涉密内容和事项外，外宾接待经费的预决算应当按照预决算信息公开的有关规定，及时公开，接受社会监督。

第二十三条　外事、财政、审计等部门应当加强对外宾接待管理和经费使用情况的监督检查。各中央单位应如实提供包括接待计划、经费预算、开支报销凭证等在内的相关资料，主动配合接受检查，并认真落实检查意见。

第二十四条　违反本办法规定，有下列行为之一的，按照《财政违法行为处罚处分条例》、《党政机关厉行节约反对浪费条例》等有关规定，责令整改，追回资金，并追究有关人员责任：

（一）擅自提高接待开支标准的；

（二）计划未经批准接待外宾的；

（三）违规扩大外宾接待开支范围，或报销与接待无关的费用的；

（四）虚报外宾接待级别、人数、天数，套取接待经费的；

（五）使用虚假发票报销接待费用的；

（六）其他违反本办法的行为。

第七章　附　　则

第二十五条　各省、自治区、直辖市财政部门应当根据本办法制定本地区外宾接待经费管理办法和开支标准，报财政部、外交部备案。

第二十六条　中央单位邀请的外宾团组赴地方访问时，执行当地的外宾接待经费开支标准。

第二十七条　中国人民解放军、中国人民武装警察部队和中央级事业单位的外宾接待经费管理参照本办法执行。

第二十八条　在华举办国际会议涉及的外宾接待费用管理按照在华举办国际会议的有关规定执行。

第二十九条　本办法由财政部负责解释。

第三十条　本办法自 2014 年 1 月 31 日起施行。1997 年 12 月 19 日发布的《关于接待外宾费用开支标准和管理办法的规定》（财外字〔1997〕559 号）同时废止。

中华全国总工会办公厅关于贯彻落实《中央和国家机关差旅费管理办法》有关事项的通知

（厅字〔2014〕5号　2014年1月24日）

各驻会全国产业工会，全总各部门、各直属单位：

为贯彻落实中央关于改进工作作风，密切联系群众八项规定及其实施细则，推进厉行节约反对浪费制度建设，财政部于2013年12月印发了《中央和国家机关差旅费管理办法》（以下简称《办法》）。根据《办法》要求，现就做好全总机关差旅费管理有关事项通知如下：

一、各单位要认真贯彻落实《办法》有关规定，切实加强本单位差旅费管理。建立严格的公务出差审批制度，工作人员因公出差前，须按照规定填报《全总机关出差审批表》，并报本单位主要领导批准。未经批准，差旅费不予报销。

二、各单位差旅费实行预算总额控制。要根据工作需要安排出差，从严控制出差人数、天数和出差路线，控制差旅费支出规模。严禁无实质内容、无明确公务目的的差旅活动，严禁以任何名义和方式变相旅游，严禁无实质内容的学习交流和考察调研。

三、各单位因公出差活动确需相关单位接待的，应当按照《党政机关国内公务接待管理规定》要求，向接待单位出具全国总工会出差《公函》，公函一式三联：第一联交接待单位留存，第二联出差后用于报销时使用，第三联本单位留存。

四、出差人员要严格执行《办法》规定的城市间交通费、住宿费、伙食费和市内交通费标准，超支部分由个人自理。不得向下级工会或企业以及其他单位转嫁费用。

五、出差人员出差应当自行用餐，伙食费按照出差自然天数和规定标准包干使用。如需接待单位安排用餐的，应当向接待单位交纳伙食费。

六、出差人员发生的市内交通费，按照出差自然天数每人每天80元包干使用，不再报销机场大巴、地铁机场线等交通费用。如需接待单位或其他单位提供交通工具的，应向接待单位或其他单位交纳相关费用。

七、出差人员出差结束后应当及时办理报销手续。差旅费报销时应当提供《全总机关出差审批表》、全国总工会出差《公函》第二联、机票(登机牌)、车票、住宿费等凭据。对未经批准外出以及超范围、超标准、跨地区活动所产生的费用不予报销。实际发生住宿无住宿发票的，不得报销住宿费以及城市间交通费、伙食补助费和市内交通费。

八、会议或培训由举办单位统一安排的，会议、培训期间的食宿和市内交通费由会议、培训举办单位按规定统一开支，往返会议或培训地点的差旅费由所在单位按规定报销。

九、全总直属单位差旅费管理参照本通知执行。全总差旅费管理其他有关具体事项，由全总财务部负责解释说明。

附件：

财政部关于印发《中央和国家机关差旅费管理办法》的通知

（财行〔2013〕531 号　2013 年 12 月 31 日）

党中央各部门，国务院各部委、各直属机构，全国人大常委会办公厅，全国政协办公厅，高法院，高检院，各人民团体，各民主党派中央，全国工商联，新疆生产建设兵团：

为贯彻落实中央关于改进工作作风，密切联系群众八项规定及其实施细则，推进厉行节约反对浪费制度建设，加强和规范中央和国家机关差旅费管理，根据《党政机关厉行节约反对浪费条例》，我们制定了《中央和国家机关差旅费管理办法》。现印发给你们，从 2014 年 1 月 1 日起施行。执行中有何问题，请及时向我们反映。

请各省、自治区、直辖市、计划单列市财政厅（局）参照本办法，结合实际情况，抓紧修订本地党政机关差旅费管理办法，并报财政部备案。

中央和国家机关差旅费管理办法

第一章　总　　则

第一条　为加强和规范中央和国家机关国内差旅费管理，推进厉行节约反对浪费，根据《党政机关厉行节约反对浪费条例》，制定本办法。

第二条 本办法适用于中央和国家机关，以及参照公务员法管理的事业单位（以下简称中央单位）。

本办法所称中央和国家机关，是指党中央各部门，国务院各部委、各直属机构，全国人大常委会办公厅，全国政协办公厅，最高人民法院，最高人民检察院，各人民团体、各民主党派中央和全国工商联。

第三条 差旅费是指工作人员临时到常驻地以外地区公务出差所发生的城市间交通费、住宿费、伙食补助费和市内交通费。

第四条 中央单位应当建立健全公务出差审批制度。出差必须按规定报经单位有关领导批准，从严控制出差人数和天数；严格差旅费预算管理，控制差旅费支出规模；严禁无实质内容、无明确公务目的的差旅活动，严禁以任何名义和方式变相旅游，严禁异地部门间无实质内容的学习交流和考察调研。

第五条 财政部按照分地区、分级别、分项目的原则制定差旅费标准，并根据经济社会发展水平、市场价格及消费水平变动情况适时调整。

第二章 城市间交通费

第六条 城市间交通费是指工作人员因公到常驻地以外地区出差乘坐火车、轮船、飞机等交通工具所发生的费用。

第七条 出差人员应当按规定等级乘坐交通工具。乘坐交通工具的等级见下表：

交通工具 级别	火车（含高铁、动车、全列软席列车）	轮船（不包括旅游船）	飞机	其他交通工具（不包括出租小汽车）
部级及相当职务人员	火车软席（软座、软卧），高铁/动车商务座，全列软席列车一等软座	一等舱	头等舱	凭据报销
司局级及相当职务人员	火车软席（软座、软卧），高铁/动车一等座，全列软席列车一等软座	二等舱	经济舱	凭据报销
其余人员	火车硬席（硬座、硬卧），高铁/动车二等座、全列软席列车二等软座	三等舱	经济舱	凭据报销

部级及相当职务人员出差，因工作需要，随行一人可乘坐同等级交通工具。

未按规定等级乘坐交通工具的，超支部分由个人自理。

第八条 到出差目的地有多种交通工具可选择时，出差人员在不影响公务、确保安全的前提下，应当选乘经济便捷的交通工具。

第九条 乘坐飞机的，民航发展基金、燃油附加费可以凭据报销。

第十条 乘坐飞机、火车、轮船等交通工具的，每人次可以购买交通意外保险一份。所在单位统一购买交通意外保险的，不再重复购买。

第三章 住 宿 费

第十一条 住宿费是指工作人员因公出差期间入住宾馆（包括饭店、招待所，下同）发生的房租费用。

第十二条 财政部分地区制定住宿费限额标准。各省、自治区、直辖市和计划单列市财政厅（局）根据当地经济社会发展水平、市场价格、消费水平等因素，提出所在市（省会城市、直辖市、计划单列市，下同）的住宿费限额标准报财政部，经财政部统筹研究提出意见反馈地方审核确认后，由财政部统一发布作为中央单位工作人员到相关地区出差的住宿费限额标准（见附表）。

对于住宿价格季节性变化明显的城市，住宿费限额标准在旺季可适当上浮一定比例，具体规定由财政部另行发布。

第十三条 部级及相当职务人员住普通套间，司局级及以下人员住单间或标准间。

第十四条 出差人员应当在职务级别对应的住宿费标准限额内，选择安全、经济、便捷的宾馆住宿。

第四章 伙食补助费

第十五条 伙食补助费是指对工作人员在因公出差期间给予的伙食补助费用。

第十六条 伙食补助费按出差自然（日历）天数计算，按规定标准包干使用。

第十七条 财政部分地区制定伙食补助费标准。各省、自治区、直辖市和计划单列市财政厅（局）负责根据当地经济社会发展水平、市场价格、消费水平等因素，参照所在市公务接待工作餐、会议用餐等标准提出伙食补助费标准报财政部，经财政部统筹研究提出意见反馈地方审核确认后，由财政部统一发布作为中央单位工作人员到相关地区出差的伙食补助费标准（见附表）。

第十八条 出差人员应当自行用餐。凡由接待单位统一安排用餐的，应当向接待单位交纳伙食费。

第五章 市内交通费

第十九条 市内交通费是指工作人员因公出差期间发生的市内交通费用。

第二十条 市内交通费按出差自然（日历）天数计算，每人每天80元包干使用。

第二十一条 出差人员由接待单位或其他单位提供交通工具的，应向接待单位或其他单位交纳相关费用。

第六章 报销管理

第二十二条 出差人员应当严格按规定开支差旅费，费用由所在单位承担，不得向下级单位、企业或其他单位转嫁。

第二十三条 城市间交通费按乘坐交通工具的等级凭据报销，订票费、经批准发生的签转或退票费、交通意外保险费凭据报销。

住宿费在标准限额之内凭发票据实报销。

伙食补助费按出差目的地的标准报销，在途期间的伙食补助费按当天最后到达目的地的标准报销。

市内交通费按规定标准报销。

未按规定开支差旅费的，超支部分由个人自理。

第二十四条 工作人员出差结束后应当及时办理报销手续。差旅费报销时应当提供出差审批单、机票、车票、住宿费发票等凭证。

住宿费、机票支出等按规定用公务卡结算。

第二十五条 财务部门应当严格按规定审核差旅费开支，对未经批准出差以及超范围、超标准开支的费用不予报销。

实际发生住宿而无住宿费发票的，不得报销住宿费以及城市间交通费、伙食补助费和市内交通费。

第七章 监督问责

第二十六条 各单位应当加强对本单位工作人员出差活动和经费报销的内控管理，对本单位出差审批制度、差旅费预算及规模控制负责，相关领导、财务人员等对差旅费报销进行审核把关，确保票据来源合法，内容真实完整、合规。对未经批准擅自出差、不按规定开支和报销差旅费的人员进行严肃处理。

一级预算单位应当强化对所属预算单位的监督检查，发现问题及时处理，重大问题向财政部报告。

各单位应当自觉接受审计部门对出差活动及相关经费支出的审计监督。

第二十七条 财政部会同有关部门对中央单位差旅费管理和使用情况进行监督检查。主要内容包括：

（一）单位差旅审批制度是否健全，出差活动是否按规定履行审批手续；

（二）差旅费开支范围和标准是否符合规定；

（三）差旅费报销是否符合规定；

（四）是否向下级单位、企业或其他单位转嫁差旅费；

（五）差旅费管理和使用的其他情况。

第二十八条 出差人员不得向接待单位提出正常公务活动以外的要求，不得在出差期间接受违反规定用公款支付的宴请、游览和非工作需要的参观，不得接受礼品、礼金和土特产品等。

第二十九条 违反本办法规定，有下列行为之一的，依法依规追究相关单位和人员的责任：

（一）单位无出差审批制度或出差审批控制不严的；

（二）虚报冒领差旅费的；

（三）擅自扩大差旅费开支范围和提高开支标准的；

（四）不按规定报销差旅费的；

（五）转嫁差旅费的；

（六）其他违反本办法行为的。

有前款所列行为之一的，由财政部会同有关部门责令改正，违规资金应予追回，并视情况予以通报。对直接责任人和相关负责人，报请其所在单位按规定给予行政处分。涉嫌违法的，移送司法机关处理。

第八章 附 则

第三十条 工作人员外出参加会议、培训，举办单位统一安排食宿的，会议、培训期间的食宿费和市内交通费由会议、培训举办单位按规定统一开支；往返会议、培训地点的差旅费由所在单位按照规定报销。

第三十一条 不参照公务员法管理的事业单位参照本办法执行。

各单位应当根据本办法，结合本单位实际情况制定具体操作规定。

中国人民解放军和中国人民武装警察部队的差旅费管理办法参照本办法另行规定。

第三十二条 本办法由财政部负责解释。

第三十三条 本办法自2014年1月1日起施行。2006年11月13日发布的《财政部关于印发〈中央国家机关和事业单位差旅费管理办法〉的通知》（财行〔2006〕313号）同时废止，其他有关中央国家机关和事业单位差旅费管理规定与本办法不一致的，按照本办法执行。

附表：

中央和国家机关差旅住宿费和伙食补助费标准表

单位：元

省份	住宿费标准			伙食补助费标准
	部级（普通套间）	司局级（单间或标准间）	其他人员（单间或标准间）	
北京	800	500	350	100
天津	800	450	320	100
河北	800	450	310	100
山西	800	480	310	100
内蒙古	800	460	320	100
辽宁	800	480	330	100
大连	800	490	340	100
吉林	800	450	310	100
黑龙江	800	450	310	100
上海	800	500	350	100
江苏	800	490	340	100
浙江	800	490	340	100
宁波	800	450	330	100
安徽	800	460	310	100
福建	800	480	330	100
厦门	800	490	340	100
江西	800	470	320	100

续表

省份	住宿费标准			伙食补助费标准
	部级（普通套间）	司局级（单间或标准间）	其他人员（单间或标准间）	
山东	800	480	330	100
青岛	800	490	340	100
河南	800	480	330	100
湖北	800	480	320	100
湖南	800	450	330	100
广东	800	490	340	100
深圳	800	500	350	100
广西	800	470	330	100
海南	800	500	350	100
重庆	800	480	330	100
四川	800	470	320	100
贵州	800	470	320	100
云南	800	480	330	100
西藏	800	500	350	120
陕西	800	460	320	100
甘肃	800	470	330	100
青海	800	500	350	120
宁夏	800	470	330	100
新疆	800	480	340	120

财政部　国家外国专家局关于印发《因公短期出国培训费用管理办法》的通知

（财行〔2014〕4号　2014年2月25日）

党中央各部门，国务院各部委、各直属机构，全国人大常委会办公厅，全国政协办公厅，高法院，高检院，各人民团体，各民主党派，各省、自治区、直辖市、计划单列市财政厅（局）、外国专家局，新疆生产建设兵团财务局、外国专家局：

根据中共中央政治局《关于改进工作作风、密切联系群众的八项规定》的要求和《党政机关厉行节约反对浪费条例》的精神，为进一步规范因公短期出国培训费用管理，我们研究制定了《因公短期出国培训费用管理办法》（以下简称《办法》），现印发给你们，请认真遵照执行。

请各地区各部门各单位根据《办法》基本原则和要求，结合实际制定具体规定，并于2014年4月1日前报送财政部备案。

附件：

因公短期出国培训费用管理办法

第一条　为进一步规范因公短期出国培训费用管理，加强预算监督，提高资金使用效益，保证出国培训工作的顺利开展，根据《党政机关厉行节约反对浪费条例》等法律法规，制定本办法。

第二条　各级党的机关、人大机关、行政机关、政协机关、审判机关、检察机关、民主党派、人民团体和事业单位（以下简称各单位）因公短期出国培训费用的管理适用本办法。

第三条　因公短期出国培训，是指各单位选派各类专业技术人员和管理人员到国外进行90天以内（不含90天）的业务培训。

第四条　因公短期出国培训应当坚持强化预算约束、优化培训结构、因事立项定人、加强监督管理的原则，严控费用规模，严格计划执行。

第五条 因公短期出国培训费用纳入预算管理。各单位安排因公短期出国培训项目应当实行经费预算先行审核，无预算或超预算的不得安排出国培训。

第六条 因公短期出国培训实行计划审核审批管理。组织、外专等有关部门应当加强出国培训的总体规划，严格控制出国培训规模，科学设置培训项目，择优选派培训对象，注重出国培训的质量和实效。

第七条 各单位应当建立因公短期出国培训计划与预算管理的内部控制制度。组团单位应当填报《因公短期出国培训任务和预算审批意见表》，由出国培训管理部门和财务部门分别审核并出具审签意见，报经本单位领导办公会或党组（党委）审议确定。培训任务、培训费用预算审核未通过的，不得列入单位出国培训计划，不得安排出国培训。

第八条 因公短期出国培训费用开支范围包括：培训费、国际旅费、国外城市间交通费、住宿费、伙食费、公杂费和其他费用。其中，培训费是指出国培训团组用于授课、翻译、场租、资料、课程设计、对口业务考察或业务实践活动等在国外培训所必须发生的费用。

第九条 国际旅费、国外城市间交通费、住宿费、伙食费、公杂费、其他费用的管理要求和开支标准参照《因公临时出国经费管理办法》（财行〔2013〕516 号）执行。

培训费开支在规定的标准之内据实报销。

出国培训团组需在国内开展预培训和培训总结所发生的费用，参照国内培训费相关规定执行。

第十条 组团单位和培训项目境外承办机构双方应当签订培训协议，明确培训费用的明细支出项目。

国家外国专家局对培训项目境外承办机构定期进行资格认定和监督检查，认定结果予以公开。

第十一条 中央财政安排出国培训专项经费，对专业技术人才、高技能人才、农村实用及社会工作人才类培训予以重点资助。

第十二条 由外方资助出国培训经费的，各单位不得重复支付。外方对费用开支有明确规定的，按其规定执行；没有规定的，参照规定的标准和要求执行。外方资助经费不足以弥补规定培训费用开支的，可以按照规定的开支标准，由各单位补足其费用差额部分。

第十三条 培训人员回国报销费用时，应当凭出国任务批件和出国培训审核件，填报《因公短期出国培训费用报销单》，并附各项经费开支有效票据。

各单位财务部门应当对因公短期出国培训团组提供的出国任务批件、护照（包括签证和出入境记录）复印件及有效费用明细票据进行认真审核，严格按照批准的出国培训团组人员、天数、路线、经费预算及开支标准核销经费，超出部分不得核销。

第十四条 各单位不得组织计划外或营利性出国培训项目，也不得安排照顾性质、无实质内容、无实际需要及参观考察等一般性出国培训项目。

第十五条 培训团组在国外期间，原则上不赠送礼品，一律不安排宴请。

培训团组严禁接受或变相接受企事业单位资助，严禁向同级机关、下级机关、所属单位、我驻外机构等摊派或转嫁出国培训费用。

第十六条 建立出国培训项目信息公开制度和成果共享机制。除涉密内容和事项外，各单位应当将培训的项目、内容、人数、经费等情况，以适当方式进行公开。

第十七条 各级出国培训管理、外事、财政、审计等部门对因公短期出国培训项目执行情况和培训费用管理使用情况进行定期或不定期检查。

各单位应当建立健全因公短期出国培训项目内部监督检查机制，每半年向同级出国培训管理、外事、财政部门报送本单位因公短期出国培训项目执行和费用使用情况。

第十八条 各单位以及培训人员违反本办法规定，有下列行为之一的，相关开支一律不予报销，并按照《财政违法行为处罚处分条例》和《党政机关厉行节约反对浪费条例》等有关规定予以处理：

（一）无预算或未经财务部门同意安排出国培训项目的；

（二）违规扩大出国培训费用开支范围的；

（三）擅自提高出国培训费用开支标准的；

（四）虚报培训团组人数、天数等，套取出国培训费用的；

（五）使用虚假票据报销出国培训费用的；

（六）培训期间存在铺张浪费、公款旅游行为的；

（七）其他违反本办法的行为。

第十九条 各单位因公短期赴香港、澳门、台湾地区培训的，适用本办法。

第二十条 确有必要到未列培训费开支标准的国家（地区）开展因公培训的，可按照经济社会发展水平相近的国家标准执行。

第二十一条 国有企业和其他机构因公短期出国培训参照本办法执行。

第二十二条 本办法由财政部、国家外国专家局负责解释。

第二十三条 本办法自 2014 年 4 月 1 日起施行。国家外国专家局、财政部《关于出国（境）实习培训团组集体开支的培训费标准和管理办法的暂行规定》（外专发〔1994〕162 号）及国家外国专家局、财政部《关于调整短期出国（境）培训生活费开支标准和部分国家培训费币种的通知》（外专发〔2002〕95 号）同时废止。

财政部　中国民用航空局关于加强公务机票购买管理有关事项的通知

（财库〔2014〕33号　2014年4月14日）

党中央有关部门，国务院各部委、各直属机构，全国人大常委会办公厅，全国政协办公厅，高法院，高检院，各人民团体，各民主党派，各省、自治区、直辖市、计划单列市人民政府外事办公室、财政厅（局），新疆生产建设兵团财务局、外事局：

为贯彻落实《党政机关厉行节约反对浪费条例》要求，规范公务机票购买行为，根据《财政部　外交部关于印发〈因公临时出国经费管理办法〉的通知》（财行〔2013〕516号）及政府采购相关制度规定，现就加强公务机票购买管理的有关事项通知如下：

一、各级国家机关、事业单位和团体组织工作人员，以及使用财政性资金购买公务机票的其他人员（以下简称购票人），国内出差、因公临时出国购买机票，应当按照厉行节约和支持本国航空公司发展的原则，优先购买通过政府采购方式确定的我国航空公司（以下简称国内航空公司）航班优惠机票。

二、国内航空公司按政府采购合同约定给予公务机票优惠。对于市场折扣机票，各航空公司按国内、国际机票各航班舱位的折扣票价给予9.5折优惠；对于市场全价机票，则分别给予全价票价的8.8折、8.5折优惠。政府采购机票优惠率的变动情况，将在政府采购机票管理网站（www.gpticket.org）上发布。

三、因公临时出国时，购票人应当选择直达目的地国家（地区）的国内航空公司航班出入境，没有直达航班的，应当选择国内航空公司航班到达的最邻近目的地国家（地区）进行中转。因中转1次以上（不含1次）等特殊原因确需选择非国内航空公司航班，以及因最临近目的地国家（地区）中转需办理过境签证而选择其他邻近中转地的，应当填写《乘坐非国内航空公司航班和改变中转地审批表》（见附件），事先报经单位外事部门和财务部门审批同意。

四、购票人应当做好公务出行计划安排，尽可能选择低价机票，原则上不得购买全价机票。对于各航空公司提供的低于政府采购优惠票价的团队价格或促销价格机票，购票人可选择购买，但不再享受政府采购优惠。购票人需要退改签机票的，按照各航空公司的退改签规定办理。

五、购票人可直接使用公务卡在政府采购机票管理网站购买机票，也可通过具备中国民航机票销售资质的各航空公司直销机构或机票销售代理机构，使用公务卡或银行转账方式购买机票。使用公务卡购票的，应当提前在政府采购机票管理网站进行公务卡注册或通过电话方式注册。使用银行转账方式购票的，需要在支票、汇款等票据上标注资金用途为“公务机票购票款”，填写的单位名称应与系统记录的单位名称一致。

六、各部门各单位要严格公务机票报销管理，购买国内航空公司航班机票的，应当以标注有政府采购机票查验号码的《航空运输电子客票行程单》作为报销凭证；购买非国内航空公司航班机票的，应当以相关有效票据作为报销凭证，并附经单位外事部门和财务部门出具审核意见的审批表。单位财务人员如需对购票单位、购票时间及购票价格等信息进行核实的，可登录政府采购机票管理网站按查验号码查询。

七、各级外事、财政、审计等部门应当将出国机票购买情况纳入因公临时出国情况联合检查的范围。各部门各单位在审计部门对因公临时出国经费管理使用情况进行审计时，应当提供乘坐非国内航空公司航班审批表等机票购买活动的资料以及经费管理使用的资料。

八、各级财政部门应当按预算级次整理本级预算单位名称全称、组织机构代码等信息，在本级预算单位实施公务机票购买管理改革前，按规定格式提供给中国民用航空局清算中心。中央预算单位信息由财政部提供，地方各级预算单位信息由省级财政部门审核汇总后提供。预算单位相关信息变更的，各级财政部门也按此要求办理。

九、中国民用航空局清算中心具体承担公务机票购买的相关执行工作，统一与各航空公司、机票销售机构签订服务合同，协调处理各中央预算单位和地方财政部门书面反映的航空公司执行优惠率、机票销售机构履行服务承诺等方面的问题，定期向各级财政部门报送公务机票购买执行情况。

十、中央预算单位从 2014 年 6 月 1 日起开始实施公务机票购买管理改革。各省级财政部门要统筹安排本地区改革工作，省级预算单位在 2014 年底前实施，地市级及以下级预算单位在 2015 年底前全部实施。

十一、各航空公司航班市场票价和政府采购优惠票价，预算单位基础信息表，公务卡注册流程，公务机票购买操作手册，以及国内航空公司和机票销售机构名录等内容，见政府采购机票管理网站。

十二、各地区各部门各单位可根据本通知规定，结合实际制定相应的实施细则。

十三、各中央部门和省级财政部门在实施工作中，有关政策制定、执行中的意见和建议，请与财政部国库司联系，联系电话：010-68552389。有关预算单位信息提供、购票中出现问题的处理等操作执行方面的问题，请与中国民用航空局清算中心联系，联系电话：010-84669065。

附件：乘坐非国内航空公司航班和改变中转地审批表

附件：

乘坐非国内航空公司航班和改变中转地审批表

编号：　　　　　　　　　　　　　　　　　　　　填表日期：　　年　　月　　日

<table>
<tr><td>团组名称</td><td colspan="3"></td></tr>
<tr><td>组团单位</td><td></td><td>团员人数</td><td></td></tr>
<tr><td>出访国家（地区）</td><td></td><td>出访时间</td><td></td></tr>
<tr><td>乘坐航班</td><td colspan="3"></td></tr>
<tr><td>选择非国内航空公司航班原因，或者改变最邻近目的地国家（地区）中转地原因</td><td colspan="3"></td></tr>
<tr><td colspan="4">外事部门审核意见</td></tr>
<tr><td>审核单位</td><td></td><td>审核日期</td><td></td></tr>
<tr><td>审核意见</td><td colspan="3"></td></tr>
<tr><td colspan="4">财务部门审核意见</td></tr>
<tr><td>审核单位</td><td></td><td>审核日期</td><td></td></tr>
<tr><td>审核意见</td><td colspan="3"></td></tr>
</table>

财政部办公厅关于印发《中央和国家机关差旅费管理办法有关问题的解答》的通知

（财办行〔2014〕90 号　2014 年 9 月 15 日）

党中央有关部门财务部门，国务院各部委、各直属机构财务部门，全国人大常委会办公厅机关事务管理局，全国政协办公厅机关事务管理局，高法院行装局，高检院计财局，有关人民团体财务部门，各民主党派中央办公厅，新疆生产建设兵团财务局：

《中央和国家机关差旅费管理办法》（财行〔2013〕531 号）印发后，我们陆续接到有关部门和人员电话咨询差旅费管理办法执行的一些具体问题。为方便操作，我们制定了《中央和国家机关差旅费管理办法有关问题的解答》。现予印发，请在工作中遵循。

附件：

中央和国家机关差旅费管理办法有关问题的解答

1. 出差人员由接待单位统一安排食宿的如何交伙食费？

除接待单位按照《党政机关国内公务接待管理规定》安排的一次工作餐外，出差人员就餐应当自行解决。接待单位协助安排就餐的，出差人员应当在差旅费管理办法规定的标准内向接待单位交纳相应的伙食费。接待单位应向出差人员出具接收凭证（不作报销依据），收取的伙食费用于抵顶接待单位的招待费支出。

2. 出差人员由接待单位或其他单位提供交通工具的如何交市内交通费？

市内交通应由出差人员自行解决。接待单位提供交通工具的，出差人员应当在差旅费管理办法规定的标准内向接待单位交纳市内交通费。接待单位应向出差人员出具接收凭证（不作报销依据），收取的市内交通费用于抵顶接待单位的车辆运行支出。

3. 出差人员实际发生住宿而无住宿发票的差旅费如何报销？

出差人员实际发生住宿而无住宿费发票的，如果是住在自己家里的，或到边远地区出差，无法取得住宿费发票的，由出差人员说明情况并经所在部门领导批准，可以报销城市间交通费、伙食补助费和市内交通费，其他情况一般不予报销差旅费。

4. 中央在京单位工作人员到远郊区县开展公务活动如何报销差旅费？

中央在京单位工作人员到远郊区县参加会议、培训的，不报销住宿费、伙食补助费和市内交通费；到远郊区县开展其他公务活动且实际发生住宿、伙食、交通等费用的，按照差旅费管理办法的规定标准报销。统一安排伙食、交通工具的，不再报销伙食补助费和市内交通费。

北京市远郊区县是指门头沟区、房山区、通州区、顺义区、昌平区、大兴区、怀柔区、平谷区、密云县、延庆县。

5. 工作人员调动搬迁路费如何报销？

中央和国家机关工作人员因调动工作发生的城市间交通费、住宿费、伙食补助费和市内交通费，由调入单位按照差旅费管理办法的规定予以一次性报销。随迁家属和搬迁家具发生的费用由调动人员自理。

6. 出差人员符合乘坐火车软卧条件而改乘软座的是否给予补助？

差旅费管理办法规定的交通工具等级是出差人员可以乘坐交通工具的上限。出差人员应严格按照差旅费管理办法规定的等级乘坐相应交通工具，符合乘坐火车软卧条件而改乘软座的，不给予补助。

7. 经单位领导批准工作人员出差期间回家省亲办事的差旅费如何报销？

工作人员出差期间回家省亲办事的，城市间交通费按不高于从出差目的地返回单位按规定乘坐相应交通工具的票价予以报销，超出部分由个人自理；伙食补助费和市内交通费按从出差目的地返回单位的天数（扣除回家省亲办事的天数）和规定标准予以报销。

8. 参加会议、培训的差旅费如何报销？

到常驻地以外参加会议、培训的，会议、培训期间执行会议和培训费的相关制度。往返会议、培训地点发生的城市间交通费、伙食补助费和市内交通费按照差旅费管理办法的规定报销。其中，伙食补助费和市内交通费按往返各 1 天计发，当天往返的按 1 天计发。

9. 出差乘坐飞机的，从驻地到机场的交通费如何报销？

新修订的差旅费管理办法对市内交通费实行包干办法，按出差自然天数每人每天 80 元包干使用。往返驻地和机场的交通费在按规定发放的市内交通费内统筹解决，不再另外报销。

10. 出差人员是否可以乘坐全列软席列车软卧？

出差人员原则上乘坐全列软席列车软座，但在晚 8 时至次日晨 7 时期间乘车时间 6 小时以上的，或连续乘车超过 12 小时的，经单位领导批准，可以乘坐软卧，按照软卧车票报销。

11. 中央和国家机关工作人员出差是否还要入住定点饭店？

新修订的《中央和国家机关差旅费管理办法》不要求出差人员必须入住定点饭店，从 2015 年起，财政部也不再组织招标采购出差的定点饭店。

12. 司局级以下级别人员是否要求 2 人住 1 间房？

新修订的差旅费管理办法实行分地区按级别制定每人每天住宿费开支标准，在规定标准之内出差人员可以自行选择与其级别相适应的房间类型，对 2 人住 1 间房不再作硬性规定。

财政部关于印发《在华举办国际会议经费管理办法》的通知

（财行〔2015〕371 号　2015 年 7 月 30 日）

党中央有关部门，国务院各部委、各直属机构，全国人大常委会办公厅，全国政协办公厅，高法院，高检院，各民主党派中央，有关人民团体，各省、自治区、直辖市、计划单列市财政厅（局），新疆生产建设兵团财务局：

为进一步规范和加强在华举办国际会议的经费管理，提高资金使用效益，我们制定了《在华举办国际会议经费管理办法》，现印发给你们，请认真遵照执行。

附件：

在华举办国际会议经费管理办法

第一章　总　　则

第一条　为进一步规范在华举办国际会议的经费管理，加强预算监督，提高资金使用效益，根据《中华人民共和国预算法》、《党政机关厉行节约反对浪费条例》等有关法律法规，制定本办法。

第二条　本办法所称在华举办国际会议，是指中央和国家机关在我国境内举办的、与会者来自 3 个或 3 个以上国家和地区（不含港、澳、台地区）的年会、例会、研讨会、论坛等会议（以下简称国际会议），包括：中央和国家机关举办的国际会议，中央和国家机关与国际组织及外国有关团体、机构共同举办或受其委托承办的国际会议。

第三条　本办法所称中央和国家机关，是指党中央各部门，国务院各部委、各直属机构，全国人大常委会办公厅，全国政协办公厅，最高人民法院，最高人民检察院，各人民团体、各民主党派中央和全国工商联（以下简称各单位）。

第四条 在华举办国际会议应当遵循以下原则：

（一）严格审批，分类管理。各单位应当严格执行国际会议审批规定，实行分类管理。

（二）强化预算，厉行节约。各单位应当科学、规范、合理地编制和申报国际会议经费预算，并本着“勤俭办外事”的原则，严格控制会议数量、规格和规模。

（三）符合惯例，明确责任。各单位应当根据国际惯例对等接待外方参会人员，合理划分中央与地方应当负担的经费。

（四）加强监督，注重绩效。各单位应当主动配合监督检查工作，注重绩效管理，提高资金使用效益。

第二章 会议审批和分类管理

第五条 各单位应当严格按照中央有关规定实行国际会议中央和部级两级审批制度，从严控制国际会议数量。报请党中央、国务院审批的国际会议，报批文件应当明确各项经费来源，原则上应当先会签外交部，再会签财政部后上报。申请中央财政拨款的国际会议，应当按照部门预算管理程序，编制详细的会议经费预算，报财政部审核。

第六条 各单位原则上不得实行固定年会或与外方轮流开会机制，不得在同一时间或短时间内举办主题相同或类似的国际会议，无实质内容的国际会议一律不得举办。各单位应当严格控制邀请外宾的规模和规格，未经批准，不得擅自邀请或对外协商邀请重要外宾来访。

第七条 根据会议正式代表的级别，国际会议在经费管理上分类如下：

一类国际会议，是指以部长级官员作为会议正式代表出席的国际会议。

二类国际会议，是指以司局级官员作为会议正式代表出席的国际会议。

三类国际会议，是指以处级及以下官员或其他人员作为会议正式代表出席的国际会议。

第八条 一类国际会议会期按照审批文件，根据工作需要从严控制。除特殊情况报经批准外，二、三类国际会议会期原则上不得超过3天，会议报到和离开时间，合计不得超过2天。

第九条 各单位应当严格限定参会人员数量，控制会议规模。除特殊情况报经批准外，国际会议工作人员人数控制在会议正式代表人数的10%以内，驻会工作人员不得超过会议工作人员的50%。

第三章 收入管理

第十条 国际会议所需经费由我方全额负担或由与会各方分担的，按会议统一标准编制经费预算，我方负担的经费应当纳入部门预算管理。

第十一条 国际会议的收入包括：会议注册费收入、国际组织专项资助、中央财政拨款、赞助收入和其他收入。

（一）会议注册费收入，是指根据国际惯例，由会议举办单位向参会代表收取的用于会议支出的费用。

（二）国际组织专项资助，是指国际组织拨付给会议举办单位的专项经费。会议举办单位应当积极向国际组织申请专项资助。

（三）中央财政拨款，是指在无会议注册费收入和国际组织专项资助，或者会议注册费收入和国际组织专项资助不足以弥补会议支出时，中央财政对国际会议的补助。

（四）赞助收入，是指境内外机构或部门、企业、个人出于自愿，无偿向国际会议提供资金或物资赞助而形成的收入。

（五）其他收入，是指召开国际会议时举办展览、展示、广告、旅游中介等收入。

第十二条 举办国际会议取得的各项收入，必须统一纳入预算管理，单独核算。

第十三条 举办国际会议取得的赞助物资或购买的办公用品、消耗材料等财产物资应当严格管理：

（一）财产物资的取得、保管、领用要有规范明确的报批程序，并指派专人负责。

（二）购置或赞助取得的各项财产物资应当在会议结束后3个月内进行处理，具体处理方案报财政部备案，处置收入在扣除相关税费后上缴国库。

第四章 支出管理

第十四条 国际会议的支出范围包括：场地租金、同声传译设备和办公设备租金、宴请费用、交通费用、工作人员食宿费用、志愿人员费用、翻译费用、其他会务费用以及其他经财政部批准的支出。国际会议如有注册费收入，中方可承担国际组织官员及秘书处人员会议期间的食宿费用。

第十五条 国际会议举办场所应当注重安全适用，不追求奢华。会议正式代表场地租金的人均定额标准为：一类国际会议每天300元（人民币，货币单位下同），二类国际会议每天200元，三类国际会议每天150元。

第十六条 会议正式代表同声传译设备和办公设备租金的人均定额标准为每天100元。

第十七条 会议期间可安排一次宴请，会议正式代表人均定额标准（含酒水及服务费用）为：一类国际会议220元，二类、三类国际会议180元。

第十八条 会议期间租用车辆安排会议代表往返驻地与会场及会议工作人员确因工作需要租用车辆的，各单位应当合理使用车型，严格控制随行车辆。租金定额标准为：大巴士（25座以上）每辆每天1500元，中巴士（25座及以下）每辆每天1000元，小轿车（5座及以下）每辆每天800元。

第十九条 会议期间工作人员食宿费用定额标准为每人每天450元。

第二十条 会议期间志愿人员确因工作需要不能按时用餐的，用餐或发放误餐补贴的定额标准为每人每天100元。志愿人员原则上不安排住宿。

第二十一条 同声传译人员口译定额标准为：使用联合国官方语言的同声传译人员，每人每天5000元；使用联合国官方语言以外的其他语种同声传译人员，每人每天6000元。笔译费用定额标准为每千字200元。对于境外同声传译人员，我方只承担同声传译人员乘坐经济舱的国际旅费，据实结算。

第二十二条 其他会务费用实行综合定额控制，会议正式代表人均支出标准为每天100元。支出范围包括：办公用品、消耗材料购置费用，会议文件印刷、会议代表及工作人员的制证费用等。其他会务费用各项目之间可以调剂使用，在综合定额控制内据实报销。

第二十三条 根据国家经济发展、物价变动等情况，适时对支出标准进行调整。

第二十四条 国际会议所有支出必须经举办单位财务部门审核同意方能报销。所有支出协议必须由会议举办单位预算执行部门负责人签署。

第二十五条 各单位应当遵循国际惯例，从严从紧控制经费支出：

（一）除外方特邀代表或存在外交对等接待的情况外，不得承担会议代表往返国际国内旅费（包括往返机场的交通费）及食宿费用。

（二）除劳务费及境外国际旅费外，不得承担同声传译人员的食宿、交通等费用。

（三）不得借举办国际会议的名义向地方政府或企业强行摊派或变相摊派会议费用。

（四）不得承担额外的义务，要厉行节约、讲求实效。

（五）申请中央财政拨款的国际会议，未经财政部同意，一律不准购买设备，且除会议场地、会议必要设备（不含消耗材料支出）外，各单位不得擅自对外提供任何免费服务。

第二十六条 国际会议结束后，中央财政拨款经费如有结余，按照财政部结转和结余资金管理的有关规定执行。

第五章 经费负担

第二十七条 国际会议举办城市应当具备办会需要的场地、设备等基本设施，为满足办会条件而产生的场地搭建、场馆改造等费用，原则上由地方负担，中央单位按第四章所列标准负担租金。

第二十八条 中央单位工作人员的费用由中央单位负担，地方单位工作人员的费用由地方单位负担。中央单位组织安排的会议正式代表的宴请、交通及其他会务费用由中央单位负担，地方单位组织安排的会议正式代表的宴请、交通及其他会务费用由地方单位负担。

第二十九条 中央单位聘请的同声传译人员和志愿人员的费用由中央单位负担，地方单位聘请的同声传译人员和志愿人员的费用由地方单位负担。会议文件翻译费用由中央单位负担。

第六章 绩效管理

第三十条 各单位应当加强国际会议绩效管理，强化支出责任，提高财政资金使用效益。

第三十一条 对于申请财政专项预算拨款的国际会议，各单位应当按照预算绩效管理要求，编制绩效计划，设定绩效目标。各单位应当加强对绩效目标的审核，并将其作为会议经费预算编制的重要依据，提高项目和资金安排的科学合理性。

第三十二条 各单位应当建立完善的绩效管理机制，依据确定的绩效目标组织开展绩效自评，评价结果作为绩效问责的重要依据。

第三十三条 财政部门对各单位国际会议进行绩效评价的结果，作为以后年度审核安排相关单位国际会议中央财政拨款的依据。

第七章　监督检查

第三十四条　各级外事、财政、审计部门应当加强对在华举办国际会议管理和经费使用情况的检查。各单位应当如实提供包括审批文件、会议预算、支出凭证等在内的相关资料，主动配合接受检查，并认真落实检查意见。

第三十五条　违反本办法规定，有下列行为之一的，按《党政机关厉行节约反对浪费条例》、《财政违法行为处罚处分条例》等有关规定，由财政部会同有关部门责令改正，追回资金；对直接负责的主管人员和相关责任人，报请其所在单位按规定给予行政处分；涉嫌违法的，移交司法机关依法处理：

（一）擅自改变国际会议资金用途的；

（二）以虚报、冒领等手段骗取国际会议经费的；

（三）违规扩大支出范围，或超过支出标准的；

（四）违规报销与国际会议无关费用的；

（五）挪用、截留、侵占国际会议经费的；

（六）其他违反本办法行为的。

第八章　附　　则

第三十六条　中央级事业单位和地方政府举办的国际会议参照本办法执行。

第三十七条　经国务院批准的重大双边国际会议参照本办法执行。

第三十八条　国际比赛、国际博（展）览会、涉外文艺演出、涉外培训、日常外事工作会谈等不适用本办法。

第三十九条　国家元首、政府首脑、国家副元首、政府副首脑、王储等作为会议正式代表出席的国际会议，相关管理办法另行制定。

第四十条　一类、二类国际会议和 300 人以上的三类国际会议，举办单位应当根据本办法制定财务预算管理细则。

第四十一条　本办法由财政部负责解释。

第四十二条　本办法自 2015 年 9 月 1 日起执行。《财政部关于印发〈在华举办国际会议费用开支标准和财务管理办法〉的通知》(财行〔2012〕1 号）同时废止。

财政部关于调整中央和国家机关差旅住宿费标准等有关问题的通知

（财行〔2015〕497号　2015年9月30日）

党中央有关部门，国务院各部委、各直属机构，全国人大常委会办公厅，全国政协办公厅，高法院，高检院，各人民团体，各民主党派中央，新疆生产建设兵团：

为贯彻落实《党政机关厉行节约反对浪费条例》和差旅费制度关于标准应适时调整的规定，进一步规范和加强中央和国家机关差旅费管理，提高差旅住宿费标准的科学性、有效性，综合考虑近两年全国各地区宾馆（饭店）住宿费价格变动、实际工作需要、淡旺季等因素，经研究决定，自2016年1月1日起调整《中央和国家机关差旅费管理办法》（财行〔2013〕531号）规定的差旅住宿费标准。现就有关事项通知如下：

一、调整北京、上海等11个城市部级干部住宿费标准、7个城市司局级干部住宿费标准和33个城市处级及以下干部住宿费标准，具体标准见附表。

二、拉萨、西宁、哈尔滨、海口、大连、青岛等6个受地理、气候等自然条件限制和季节性热点影响较大的城市试行差旅住宿费淡旺季标准。旺季期间及上浮后标准见附表。

三、调整后的差旅住宿费标准是中央和国家机关工作人员到各省会城市、直辖市、计划单列市出差的住宿费上限标准，各类人员应当坚持勤俭节约原则，根据职级对应的住宿费标准自行选择宾馆住宿（不分房型），在限额标准内据实报销。

中央和国家机关工作人员到各省、自治区、直辖市、计划单列市所辖地、州、市（县）出差执行当地财政部门制定的差旅住宿费标准。各地、州、市（县）差旅住宿费标准未制定公布前，可暂按其省会城市住宿费标准执行。

四、各单位应当严格按照差旅费制度和厉行节约反对浪费的有关规定，加强出差审批管理，从严控制出差人数和天数，严格差旅费预算管理和报销审核，控制差旅费支出规模。对违反差旅费管理规定的行为，有关部门应依法依规追究相关单位和人员的责任。

附件：中央和国家机关国内差旅住宿费标准调整表（略）

财政部关于印发《中央和国家机关工作人员赴地方差旅住宿费标准明细表》的通知

（财行〔2016〕71 号　2016 年 4 月 1 日）

党中央有关部门，国务院各部委、各直属机构，全国人大常委会办公厅，全国政协办公厅，高法院，高检院，各民主党派中央，全国工商联，有关人民团体：

按照《关于调整中央和国家机关差旅住宿费标准等有关问题的通知》（财行〔2015〕497 号）的有关规定，中央和国家机关工作人员到各省会城市、直辖市、计划单列市出差，执行财政部制定的住宿费上限标准；到各省、自治区、直辖市、计划单列市所辖市县出差执行地方财政部门制定的住宿费标准。根据财政部的统一部署，目前，各地财政部门已将差旅住宿费标准细化到地市。为方便执行，我们将相关标准汇总整理后，制定了《中央和国家机关工作人员赴地方差旅住宿费标准明细表》，现印发给你们，自 2016 年 5 月 1 日起执行。

该明细标准已同时发布在财政部门户网站行政政法司子网站（xzzf. mof. gov. cn）政策发布栏目，各部门可根据需要自行下载。今后标准如有调整，我部将及时更新。

附件：中央和国家机关工作人员赴地方差旅住宿费标准明细表（略）

财政部　国家机关事务管理局　中共中央直属机关事务管理局关于印发《中央和国家机关会议费管理办法》的通知

（财行〔2016〕214号　2016年6月29日）

党中央有关部门，国务院各部委、各直属机构，全国人大常委会办公厅，全国政协办公厅，高法院，高检院，各民主党派中央，全国工商联，有关人民团体：

为贯彻落实《党政机关厉行节约反对浪费条例》关于加强相关开支标准之间的衔接，建立开支标准调整机制的规定，进一步加强会议费管理，我们制定了《中央和国家机关会议费管理办法》。现印发给你们，从2016年7月1日起施行，请认真遵照执行。执行中有何问题，请及时向我们反映。

附件：

中央和国家机关会议费管理办法

第一章　总　　则

第一条　为进一步加强和规范中央和国家机关会议费管理，精简会议，改进会风，提高会议效率和质量，节约会议经费开支，制定本办法。

第二条　中央和国家机关会议的分类、审批和会议费管理等，适用本办法。

本办法所称中央和国家机关，是指党中央各部门，国务院各部委、各直属机构，全国人大常委会办公厅，全国政协办公厅，最高人民法院，最高人民检察院，各人民团体、各民主党派中央和全国工商联（以下简称各单位）。

第三条　各单位召开会议应当坚持厉行节约、反对浪费、规范简朴、务实高效的原则，严格控制会议数量和规模，规范会议费管理。

第四条　各单位召开的会议实行分类管理、分级审批。

第五条　各单位应当严格会议费预算管理，控制会议费预算规模。会议费预算应当细化到具体会议项目，执行中不得突破。会议费应当纳入部门预算，并单独列示。

第二章　会议分类和审批

第六条　中央和国家机关会议分类如下：

一类会议。是以党中央和国务院名义召开的，要求省、自治区、直辖市、计划单列市或中央部门负责同志参加的会议。

二类会议。是党中央和国务院各部委、各直属机构，最高人民法院，最高人民检察院，各人民团体召开的，要求省、自治区、直辖市、计划单列市有关厅（局）或本系统、直属机构负责同志参加的会议。

三类会议。是党中央和国务院各部委、各直属机构，最高人民法院，最高人民检察院，各人民团体及其所属内设机构召开的，要求省、自治区、直辖市、计划单列市有关厅（局）或本系统机构有关人员参加的会议。

四类会议。是指除上述一、二、三类会议以外的其他业务性会议，包括小型研讨会、座谈会、评审会等。

第七条　中央和国家机关会议按以下程序和要求进行审批：

一类会议。应当由主办单位报经党中央和国务院批准。会议总务、经费预算及费用结算等工作分别由中共中央直属机关事务管理局（以下简称中直管理局）和国家机关事务管理局（以下简称国管局）负责。

二类会议。党中央和国务院各部委、各直属机构，各人民团体应当于每年 12 月底前，将下一年度会议计划（包括会议名称、召开的理由、主要内容、时间地点、代表人数、工作人员数、所需经费及列支渠道等）送财政部审核会签，按程序经中央办公厅、国务院办公厅审核后报批。各单位召开二类会议原则上每年不超过 1 次。

三类会议。各单位应当建立会议计划编报和审批制度，年度会议计划（包括会议数量、会议名称、召开的理由、主要内容、时间地点、代表人数、工作人员数、所需经费及列支渠道等）经单位领导办公会或党组（党委）会审批后执行。

四类会议。由单位分管领导审核后列入单位年度会议计划。

年度会议计划一经批准，原则上不得调整。对党中央、国务院交办等确需临时增加的会议，按规定程序报批。

第八条 一类会议会期按照批准文件，根据工作需要从严控制；二、三、四类会议会期均不得超过 2 天；传达、布置类会议会期不得超过 1 天。

会议报到和离开时间，一、二、三类会议合计不得超过 2 天，四类会议合计不得超过 1 天。

第九条 各单位应当严格控制会议规模。

一类会议参会人员按照批准文件，根据会议性质和主要内容确定，严格限定会议代表和工作人员数量。

二类会议参会人员不得超过 300 人，其中，工作人员控制在会议代表人数的 15%以内；不请省、自治区、直辖市和中央部门主要负责同志、分管负责同志出席。

三类会议参会人员不得超过 150 人，其中，工作人员控制在会议代表人数的 10%以内。

四类会议参会人员视内容而定，一般不得超过 50 人。

第十条 全国人大常委会办公厅、全国政协办公厅、各民主党派中央和全国工商联的会议分类、审批事项、会期及参会人员等，由上述部门依据法律法规、章程规定，参照第六条至第九条作出规定，并报财政部备案。

第十一条 各单位召开会议应当改进会议形式，充分运用电视电话、网络视频等现代信息技术手段，降低会议成本，提高会议效率。

传达、布置类会议优先采取电视电话、网络视频会议方式召开。电视电话、网络视频会议的主会场和分会场应当控制规模，节约费用支出。

第十二条 不能够采用电视电话、网络视频召开的会议实行定点管理。各单位会议应当到定点会议场所召开，按照协议价格结算费用。未纳入定点范围，价格低于会议综合定额标准的单位内部会议室、礼堂、宾馆、招待所、培训中心，可优先作为本单位或本系统会议场所。

无外地代表且会议规模能够在单位内部会议室安排的会议，原则上在单位内部会议室召开，不安排住宿。

第十三条 参会人员以在京单位为主的会议不得到京外召开。各单位不得到党中央、国务院明令禁止的风景名胜区召开会议。

第三章　会议费开支范围、标准和报销支付

第十四条 会议费开支范围包括会议住宿费、伙食费、会议场地租金、交通费、文件印刷费、医药费等。

前款所称交通费是指用于会议代表接送站，以及会议统一组织的代表

考察、调研等发生的交通支出。

会议代表参加会议发生的城市间交通费，按照差旅费管理办法的规定回单位报销。

第十五条 会议费开支实行综合定额控制，各项费用之间可以调剂使用。

会议费综合定额标准如下：

单位：元/人天

会议类别	住宿费	伙食费	其他费用	合计
一类会议	500	150	110	760
二类会议	400	150	100	650
三、四类会议	340	130	80	550

综合定额标准是会议费开支的上限。各单位应在综合定额标准以内结算报销。

第十六条 一类会议费在部门预算专项经费中列支，二、三、四类会议费原则上在部门预算公用经费中列支。

会议费由会议召开单位承担，不得向参会人员收取，不得以任何方式向下属机构、企事业单位、地方转嫁或摊派。

第十七条 各单位在会议结束后应当及时办理报销手续。会议费报销时应当提供会议审批文件、会议通知及实际参会人员签到表、定点会议场所等会议服务单位提供的费用原始明细单据、电子结算单等凭证。财务部门要严格按规定审核会议费开支，对未列入年度会议计划，以及超范围、超标准开支的经费不予报销。

第十八条 各单位会议费支付，应当严格按照国库集中支付制度和公务卡管理制度的有关规定执行，以银行转账或公务卡方式结算，禁止以现金方式结算。

具备条件的，会议费应当由单位财务部门直接结算。

第四章 会议费公示和年度报告制度

第十九条 各单位应当将非涉密会议的名称、主要内容、参会人数、经费开支等情况在单位内部公示或提供查询，具备条件的应当向社会公开。

第二十条 一级预算单位应当于每年 3 月底前，将本级和下属预算单位上年度会议计划和执行情况（包括会议名称、主要内容、时间地点、代表人数、工作人员数、经费开支及列支渠道等）汇总后报财政部。党中央各部门同时抄送中直管理局，国务院各部门同时抄送国管局。

第二十一条 财政部对各单位报送的会议年度报告进行汇总分析，针对执行中存在的问题，及时完善相关制度。

第五章　管 理 职 责

第二十二条 财政部的主要职责是：

（一）会同国管局、中直管理局等部门制定或修订中央本级会议费管理办法，并对执行情况进行监督检查；

（二）按规定对各单位报送的二类会议计划进行审核会签；

（三）对会议费支付结算实施动态监控；

（四）对各单位报送的会议年度报告进行汇总分析，提出加强管理的措施。

第二十三条 国管局的主要职责是：

（一）配合财政部制定或修订中央和国家机关会议费管理办法；

（二）负责国务院召开的一类会议的总务工作；

（三）配合财政部对国务院各部委、各直属机构会议费执行情况进行监督检查。

第二十四条 中直管理局的主要职责是：

（一）配合财政部制定或修订中央和国家机关会议费管理办法；

（二）负责党中央召开的一类会议的总务工作；

（三）配合财政部对中央各部门会议费执行情况进行监督检查。

第二十五条 各单位的主要职责是：

（一）负责制定本单位会议费管理的实施细则；

（二）负责单位年度会议计划编制和三类、四类会议的审批管理；

（三）负责安排会议预算并按规定管理、使用会议费，做好相应的财务管理和会计核算工作，对内部会议费报销进行审核把关，确保票据来源合法，内容真实、完整、合规；

（四）按规定报送会议年度报告，加强对本单位会议费使用的内控管理。

第六章　监督检查和责任追究

第二十六条 财政部、国管局、中直管理局会同有关部门对各单位会议费管理和使用情况进行监督检查。主要内容包括：

（一）会议计划的编报、审批是否符合规定；

（二）会议费开支范围和开支标准是否符合规定；

（三）会议费报销和支付是否符合规定；

（四）会议会期、规模是否符合规定，会议是否在规定的地点和场所召开；

（五）是否向下属机构、企事业单位或地方转嫁、摊派会议费；

（六）会议费管理和使用的其他情况。

第二十七条　严禁各单位借会议名义组织会餐或安排宴请；严禁套取会议费设立“小金库”；严禁在会议费中列支公务接待费。

各单位应严格执行会议用房标准，不得安排高档套房；会议用餐严格控制菜品种类、数量和份量，安排自助餐，严禁提供高档菜肴，不安排宴请，不上烟酒；会议会场一律不摆花草，不制作背景板，不提供水果。

不得使用会议费购置电脑、复印机、打印机、传真机等固定资产以及开支与本次会议无关的其他费用；不得组织会议代表旅游和与会议无关的参观；严禁组织高消费娱乐、健身活动；严禁以任何名义发放纪念品；不得额外配发洗漱用品。

第二十八条　违反本办法规定，有下列行为之一的，依法依规追究会议举办单位和相关人员的责任：

（一）计划外召开会议的；

（二）以虚报、冒领手段骗取会议费的；

（三）虚报会议人数、天数等进行报销的；

（四）违规扩大会议费开支范围，擅自提高会议费开支标准的；

（五）违规报销与会议无关费用的；

（六）其他违反本办法行为的。

有前款所列行为之一的，由财政部会同有关部门责令改正，追回资金，并经报批后予以通报。对直接负责的主管人员和相关负责人，报请其所在单位按规定给予行政处分。如行为涉嫌违法的，移交司法机关处理。

定点会议场所或单位内部宾馆、招待所、培训中心有关工作人员违反规定的，按照财政部定点会议场所管理的有关规定处理。

第七章　附　　则

第二十九条　各单位应当按照本办法规定，结合本单位业务特点和工作需要，制定会议费管理具体规定。

第三十条　党中央、国务院直属事业单位的会议费管理参照本办法执行。中央和国家机关各部门所属事业单位的会议费管理由各部门依据从严从紧原则参照本办法作出具体规定。

第三十一条 本办法由财政部负责解释，自 2016 年 7 月 1 日起施行。《中央和国家机关会议费管理办法》（财行〔2013〕286 号）同时废止。

财政部　中共中央组织部　国家公务员局关于印发《中央和国家机关培训费管理办法》的通知

（财行〔2016〕540号　2016年12月27日）

党中央各部门，国务院各部委、各直属机构，全国人大常委会办公厅，全国政协办公厅，高法院，高检院，各人民团体，各民主党派中央，全国工商联，新疆生产建设兵团财务局、组织部、公务员局：

为进一步推进厉行节约反对浪费制度体系建设，推进干部教育培训事业持续健康发展，我们对《中央和国家机关培训费管理办法》（财行〔2013〕523号）进行了修订。现将修订后的《中央和国家机关培训费管理办法》印发给你们，请认真遵照执行。

附件：

中央和国家机关培训费管理办法

第一章　总　　则

第一条　为进一步规范中央和国家机关培训工作，保证培训工作需要，加强培训经费管理，依据《中华人民共和国公务员法》《干部教育培训工作条例》和其他有关法律法规，制定本办法。

第二条　本办法所称培训，是指中央和国家机关及其所属机构使用财政资金在境内举办的三个月以内的各类培训。

第三条　本办法所称中央和国家机关，是指党中央各部门，国务院各部委、各直属机构，全国人大常委会办公厅，全国政协办公厅，最高人民法院，最高人民检察院，各人民团体，各民主党派中央和全国工商联（以下简称各单位）。

第四条 各单位举办培训应当坚持厉行节约、反对浪费的原则，实行单位内部统一管理，增强培训计划的科学性和严肃性，增强培训项目的针对性和实效性，保证培训质量，节约培训资源，提高培训经费使用效益。

第二章 计划和备案管理

第五条 建立培训计划编报和审批制度。各单位培训主管部门制订的本单位年度培训计划（包括培训名称、目的、对象、内容、时间、地点、参训人数、所需经费及列支渠道等），经单位财务部门审核后，报单位领导办公会议或党组（党委）会议批准后施行。

第六条 年度培训计划一经批准，原则上不得调整。因工作需要确需临时增加培训项目的，报单位主要负责同志审批。

第七条 各单位年度培训计划于每年 3 月 31 日前同时报中央组织部、财政部、国家公务员局备案。

第三章 开支范围和标准

第八条 本办法所称培训费，是指各单位开展培训直接发生的各项费用支出，包括师资费、住宿费、伙食费、培训场地费、培训资料费、交通费以及其他费用。

（一）师资费是指聘请师资授课发生的费用，包括授课老师讲课费、住宿费、伙食费、城市间交通费等。

（二）住宿费是指参训人员及工作人员培训期间发生的租住房间的费用。

（三）伙食费是指参训人员及工作人员培训期间发生的用餐费用。

（四）培训场地费是指用于培训的会议室或教室租金。

（五）培训资料费是指培训期间必要的资料及办公用品费。

（六）交通费是指用于培训所需的人员接送以及与培训有关的考察、调研等发生的交通支出。

（七）其他费用是指现场教学费、设备租赁费、文体活动费、医药费等与培训有关的其他支出。

参训人员参加培训往返及异地教学发生的城市间交通费，按照中央和国家机关差旅费有关规定回单位报销。

第九条 除师资费外，培训费实行分类综合定额标准，分项核定、总额控制，各项费用之间可以调剂使用。综合定额标准如下：

单位：元/人天

培训类型	住宿费	伙食费	场地、资料、交通费	其他费用	合计
一类培训	500	150	80	30	760
二类培训	400	150	70	30	650
三类培训	340	130	50	30	550

一类培训是指参训人员主要为省部级及相应人员的培训项目。

二类培训是指参训人员主要为司局级人员的培训项目。

三类培训是指参训人员主要为处级及以下人员的培训项目。

以其他人员为主的培训项目参照上述标准分类执行。

综合定额标准是相关费用开支的上限。各单位应在综合定额标准以内结算报销。

30 天以内的培训按照综合定额标准控制；超过 30 天的培训，超过天数按照综合定额标准的 70%控制。上述天数含报到撤离时间，报到和撤离时间分别不得超过 1 天。

第十条 师资费在综合定额标准外单独核算。

（一）讲课费（税后）执行以下标准：副高级技术职称专业人员每学时最高不超过 500 元，正高级技术职称专业人员每学时最高不超过 1000 元，院士、全国知名专家每学时一般不超过 1500 元。

讲课费按实际发生的学时计算，每半天最多按 4 学时计算。

其他人员讲课费参照上述标准执行。

同时为多班次一并授课的，不重复计算讲课费。

（二）授课老师的城市间交通费按照中央和国家机关差旅费有关规定和标准执行，住宿费、伙食费按照本办法标准执行，原则上由培训举办单位承担。

（三）培训工作确有需要从异地（含境外）邀请授课老师，路途时间较长的，经单位主要负责同志书面批准，讲课费可以适当增加。

第四章 培 训 组 织

第十一条 培训实行中央和地方分级管理，各单位举办培训，原则上不得下延至市、县及以下。

第十二条 各单位开展培训，应当在开支范围和标准内优先选择党校、行政学院、干部学院以及组织人事部门认可的其他培训机构承办。

第十三条 组织培训的工作人员控制在参训人员数量的10%以内，最多不超过10人。

第十四条 严禁借培训名义安排公款旅游；严禁借培训名义组织会餐或安排宴请；严禁组织高消费娱乐健身活动；严禁使用培训费购置电脑、复印机、打印机、传真机等固定资产以及开支与培训无关的其他费用；严禁在培训费中列支公务接待费、会议费；严禁套取培训费设立“小金库”。

培训住宿不得安排高档套房，不得额外配发洗漱用品；培训用餐不得上高档菜肴，不得提供烟酒；除必要的现场教学外，7日以内的培训不得组织调研、考察、参观。

第十五条 邀请境外师资讲课，须严格按照有关外事管理规定，履行审批手续。境内师资能够满足培训需要的，不得邀请境外师资。

第十六条 培训举办单位应当注重教学设计和质量评估，通过需求调研、课程设计和开发、专家论证、评估反馈等环节，推进培训工作科学化、精准化；注重运用大数据、“互联网+”等现代信息技术手段开展培训和管理。所需费用纳入部门预算予以保障。

第五章 报销结算

第十七条 报销培训费，综合定额范围内的，应当提供培训计划审批文件、培训通知、实际参训人员签到表以及培训机构出具的收款票据、费用明细等凭证；师资费范围内的，应当提供讲课费签收单或合同，异地授课的城市间交通费、住宿费、伙食费按照差旅费报销办法提供相关凭据；执行中经单位主要负责同志批准临时增加的培训项目，还应提供单位主要负责同志审批材料。

各单位财务部门应当严格按照规定审核培训费开支，对未履行审批备案程序的培训，以及超范围、超标准开支的费用不予报销。

第十八条 培训费的资金支付应当执行国库集中支付和公务卡管理有关制度规定。

第十九条 培训费由培训举办单位承担，不得向参训人员收取任何费用。

第六章 监督检查

第二十条 各单位应当将非涉密培训的项目、内容、人数、经费等情况，以适当方式公开。

第二十一条 各单位应当于每年 3 月 31 日前将上年度培训计划执行情况（包括培训名称、对象、内容、时间、地点、参训人数、工作人员数、经费开支及列支渠道、培训成效、问题建议等）报送中央组织部、财政部、国家公务员局。

第二十二条 中央组织部、财政部、国家公务员局等有关部门对各单位培训活动和培训费管理使用情况进行监督检查。主要内容包括：

（一）培训计划的编报是否符合规定；

（二）临时增加培训计划是否报单位主要负责同志审批；

（三）培训费开支范围和开支标准是否符合规定；

（四）培训费报销和支付是否符合规定；

（五）是否存在虚报培训费用的行为；

（六）是否存在转嫁、摊派培训费用的行为；

（七）是否存在向参训人员收费的行为；

（八）是否存在奢侈浪费现象；

（九）是否存在其他违反本办法的行为。

第二十三条 对于检查中发现的违反本办法的行为，由中央组织部、财政部、国家公务员局等有关部门责令改正，追回资金，并予以通报。对相关责任人员，按规定予以党纪政纪处分；涉嫌违法的，移交司法机关处理。

第七章　附　　则

第二十四条 各单位可以按照本办法，结合本单位业务特点和工作实际，制定培训费管理具体规定。

第二十五条 中央组织部、国家公务员局组织的调训和统一培训，有关部门组织的援外培训，不适用本办法，按有关规定执行。

第二十六条 中央事业单位培训费管理参照本办法执行。

第二十七条 本办法由财政部会同中央组织部、国家公务员局负责解释。

第二十八条 本办法自 2017 年 1 月 1 日起施行。《中央和国家机关培训费管理办法》（财行〔2013〕523 号）同时废止。

财政部　外交部关于调整因公临时出国住宿费标准等有关事项的通知

（财行〔2017〕434 号　2017 年 11 月 13 日）

党中央有关部门，国务院各部委、各直属机构，中央军委后勤保障部、武警总部，全国人大常委会办公厅，全国政协办公厅，高法院，高检院，各民主党派中央，有关人民团体，各省、自治区、直辖市、计划单列市财政厅（局）、人民政府外事办公室，新疆生产建设兵团财务局、外事局：

为贯彻落实《党政机关厉行节约反对浪费条例》，进一步规范和加强因公临时出国经费管理，更好地保障对外工作开展，根据《因公临时出国经费管理办法》（财行〔2013〕516 号）关于适时调整经费开支标准的规定，自 2018 年 1 月 1 日起，适当调整部分因公临时出国住宿费标准，进一步明确有关执行问题。现就有关事项通知如下：

一、调整伊朗等国家（地区）61 个城市住宿费标准，具体标准见附件。

二、出国人员在境外往返机场的交通费用，可参照城市间交通费有关规定执行。

三、外方以现金或实物形式，为我出访团组仅提供交通接待的，出国人员可按标准的 40%领取公杂费。

四、省部级人员按规定安排普通套房的，住宿费及按固定比例收取的服务费据实报销；服务费无固定比例的，按不超过住宿费的 5%报销。工作涉密、任务紧急且飞行时间超过 6 个小时（含中转航班）的，经事先报本单位外事和财务部门批准，省部级人员随行一人可乘坐同等级交通工具。

五、中央管理的正司局级干部因工作需要，原则上可参照省部级人员的经费开支标准执行。

六、各地区各部门各单位应进一步加强因公临时出国经费管理，坚持强化预算约束、优化经费结构、厉行勤俭节约、讲求务实高效。应严格执行各项制度规定，严禁将住宿费等不宜包干使用的经费发给个人包干使用，切实提高预算绩效。对违反因公临时出国经费管理规定的行为，有关部门应依法依规追究相关单位和人员的责任。

附件：因公临时出国住宿费标准调整表

附件：

因公临时出国住宿费标准调整表

序号	国家（地区）	城市	币种	住宿费标准（每人每天）	备注
一	**亚洲**				
1	朝鲜		美元	120	
2	日本	新潟	日元	11000	新增标准
3	巴基斯坦	伊斯兰堡	美元	270	
4		其他城市	美元	170	含拉合尔、卡拉奇、奎达
5	斯里兰卡		美元	140	
6	马尔代夫		美元	200	
7	伊拉克	巴格达	美元	320	新增标准
8		其他城市	美元	290	
9	阿曼		美元	200	
10	伊朗		美元	180	
11	巴林		美元	190	
12	以色列		美元	380	
13	老挝		美元	130	
14	菲律宾	宿务	美元	180	新增标准
15	阿富汗		美元	200	
16	黎巴嫩		美元	400	
17	约旦		美元	160	
18	叙利亚		美元	350	
19	香港		港元	1900	
二	**非洲**				
20	几内亚比绍		美元	170	
21	布隆迪		美元	220	
22	索马里		美元	200	
23	马里		美元	280	
24	中非		美元	280	

续表

序号	国家（地区）	城市	币种	住宿费标准（每人每天）	备注
25	加纳		美元	250	
26	利比里亚		美元	220	
27	南苏丹		美元	200	
三	**欧洲**				
28	罗马尼亚	康斯坦察	美元	120	
29	斯洛文尼亚		欧元	140	
30	克罗地亚		美元	180	
31	拉脱维亚		欧元	120	
32	爱沙尼亚		欧元	120	
33	乌克兰	基辅	美元	130	
34	哈萨克斯坦	阿斯塔纳	美元	200	
35	波兰	华沙	美元	190	
36	德国	慕尼黑	欧元	170	
37	希腊		欧元	150	
38	法国	巴黎	欧元	180	
39		马赛、斯特拉斯堡、尼斯、里昂	欧元	160	
40		其他城市	欧元	150	
41	爱尔兰		欧元	160	
42	斯洛伐克		美元	120	
43	瑞士		美元	230	
44	冰岛		美元	260	
45	马耳他		欧元	160	
46	英国	伦敦	英镑	200	
四	**美洲**				
47	美国	华盛顿、芝加哥	美元	260	
48	美国	纽约	美元	270	
49	美国	洛杉矶	美元	250	

续表

序号	国家（地区）	城市	币种	住宿费标准（每人每天）	备注
50	美国	其他城市	美元	200	
51	墨西哥	坎昆	美元	160	新增标准
52	厄瓜多尔		美元	150	
53	阿根廷		美元	190	
54	智利	安托法加斯塔、阿里卡	美元	140	
55	古巴		美元	200	
56	格林纳达		美元	280	
57	安提瓜和巴布达		美元	220	
58	苏里南		美元	140	
59	多米尼克		美元	200	
五	**大洋洲及太平洋岛屿**				
60	澳大利亚	堪培拉	美元	210	
61	瓦努阿图		美元	220	

2022版

工会财务制度文件选编

下册

中华全国总工会财务部◎编

GONGHUI CAIWU ZHIDU
WENJIAN XUANBIAN

中国工人出版社

CONTENTS 目 录

六、财会管理类

（一）财务管理

（二）会计管理

七、财务监督类

八、账户与票据类

（一）账户

（二）票据

六、财会管理类

（一）财务管理

中华全国总工会关于严禁工会组织参与非法集资活动的通知

（工发电〔2014〕4号　2014年2月17日）

各省、自治区、直辖市总工会：

近年来，国务院明文规定未经有关监管部门依法批准，地方政府“不得对机关事业单位职工及其他个人进行摊派集资或组织购买理财、信托产品”。然而，个别地区仍存在地方政府融资平台项目涉嫌非法集资问题，当地工会组织也部分参与了融资或动员工会会员和职工群众参与集资。为维护国家财经纪律，规范工会经济行为，防范非法集资风险，确保工会资金安全，保护工会会员和职工群众利益，全国总工会现将有关要求通知如下：

一、各级工会领导班子要高度重视经济和金融领域中存在的风险，切实防范非法集资活动，要组织干部职工、工会会员认真学习、坚决贯彻执行国务院办公厅《关于依法惩处非法集资有关问题的通知》（国办发明电〔2007〕34号）、《国务院关于加强地方融资平台公司管理有关问题的通知》（国发〔2010〕19号）、最高人民法院《关于审理非法集资刑事案件具体应用法律若干问题的解释》、《财政部、发展改革委、人民银行、银监会关于制止地方政府违法违规融资行为的通知》（财预〔2012〕463号）等规定，充分认识非法集资活动的极端危害性和严重后果，自觉遵守财政纪律及有关法规制度。

二、各级工会组织必须严格执行《中华人民共和国工会法》、《中国工会章程》和国家有关规定，不得以任何形式参与或动员工会会员参与未经有关监管部门依法批准的集资活动，不得为非法集资活动提供工会银行账户、工会公章，不得以工会经费或资产为非法集资活动提供经济担保。

三、各级工会组织要加大宣传力度，教育、引导广大工会会员和职工群众理性投资，使大家充分认识到未经有关监管部门依法批准的非法集资行为的危害性和严重后果，远离非法集资活动。

四、各级工会组织对已经发生或出现涉嫌非法集资苗头的事件，要立即采取切实有效措施，坚决予以制止和纠正，并依法按规妥善处理。对已参与当地政府融资平台项目涉嫌非法集资活动的工会，要积极配合当地政府进行整改，做好各项善后工作，切实保护职工合法的财产权益。

五、各省级工会组织要对本地区工会组织是否参与地方政府融资平台涉嫌非法集资情况进行一次全面清理检查，对存在问题的工会组织立即予以整改。对有令不行、有禁不止，继续参与非法集资活动的工会及所属企事业单位，要依法追究工会领导及有关人员的责任。

六、本通知下发后，各级工会组织对当地政府再次明确要求工会参与或动员工会会员参与政府融资平台集资的情况，必须立即向上级工会报告。未经上级工会批准，不得参与集资活动。

中华全国总工会办公厅关于停止执行《增收留成基金管理办法》、《财务专用基金管理办法》和《经审专用经费管理办法》的通知

（厅字〔2014〕14 号　2014 年 5 月 4 日）

各省、自治区、直辖市总工会，中华全国铁路总工会、中国民航工会、中国金融工会，中共中央直属机关工会联合会、中央国家机关工会联合会：

为加强和改进工会财务管理，现就有关事项通知如下。

一、各级工会自接到本通知之日起，停止执行中华全国总工会办公厅《关于印发〈增收留成基金管理办法〉、〈财务专用基金管理办法〉、〈经审专用经费管理办法〉的通知》（总工办发〔2000〕47 号），不再按一定比例提取财务专用基金、增收留成基金，不再按一定比例掌握使用经审专用经费。

二、各级工会要保障财务工作、经审工作所需经费，并将经费纳入本级工会年度预算管理。根据相关规定编制预算，并严格按照同级工会审查批准的预算执行。

三、各级工会的财务工作、经审工作不得发放奖励。

四、各级工会要对以往年度已经提取的增收留成基金和财务专用基金进行清理，年末统一并入经费结余科目。对已按一定比例列入 2014 年度预算的经审专用经费，要进行相应的预算调整。

中华全国总工会办公厅关于印发《全国总工会本级政府采购管理办法》的通知

（厅字〔2017〕32号　2017年12月11日）

各驻会全国产业工会，全总各部门、各相关直属单位：

《全国总工会本级政府采购管理办法》已经中华全国总工会第十六届书记处第七十九次会议审议通过。现印发给你们，请遵照执行。

全国总工会本级政府采购管理办法

第一章　总　　则

第一条　为加强和规范全国总工会本级政府采购管理，根据《中华人民共和国政府采购法》、《中华人民共和国政府采购法实施条例》和财政部有关规定，制定本办法。

第二条　本办法适用于全国总工会机关及直属单位（以下简称各采购单位）的政府采购活动。

第三条　本办法所称政府采购是指各采购单位按照政府采购法律、行政法规和制度规定的方式及程序，使用财政资金采购政府集中采购目录内或者采购限额标准以上的货物、工程和服务的行为。

第四条　政府采购应当严格按照批准的预算执行。

第二章　管理职责

第五条　全总资产监督管理部负责对全总本级预算单位的政府采购进行监督管理。主要职责是：

（一）制定全国总工会本级政府采购管理办法；

（二）参与修改政府采购法律法规和管理制度；

（三）围绕向职工群众提供公益化社会化服务，增强职工群众获得感，组织实施相关政府采购政策研究；

（四）审核、汇总、编报全国总工会本级政府采购备案和审批事项，向财政部报送全国总工会本级有关政府采购的审批或备案文件，向各采购单位转批有关审批意见；

（五）监督各采购单位政府采购预算和计划的执行，向财政部报送全国总工会本级有关政府采购的执行情况和信息统计报表；

（六）在财政部指定媒体公开全国总工会本级政府采购信息。

第六条 全总财务部负责全总本级政府采购预算管理。主要职责是：

（一）审核汇总各采购单位年度政府采购项目资金预算，报财政部批准后下达各采购单位执行；

（二）涉及政府采购事项的，将相应调整政府采购实施计划，财政部追加预算需要进行政府采购的，由财务部汇总追加预算，并报财政部备案。

第七条 各采购单位负责本单位政府采购的组织实施和日常管理工作，全总机关服务中心负责全总机关政府采购的组织实施和日常管理工作。主要职责是：

（一）完整准确编制本单位政府采购预算，按程序报全总财务部审核；

（二）严格执行政府采购相关法律法规，依法组织实施本单位政府采购工作；

（三）加强政府采购基础管理，在本办法颁布30个工作日内，制定本单位政府采购具体组织实施的相关制度，制度应涵盖不同资金规模、各类商品和服务的采购；

（四）按规定编报政府采购计划、执行情况及信息统计报表；

（五）其他属于本单位的政府采购相关工作。

第三章 政府采购的审批、备案和计划管理

第八条 下列事项须按财政部要求，经全总资产监督管理部报财政部审批后实施：

（一）达到公开招标金额标准的采购项目，因特殊情况采用公开招标以外的采购方式的政府采购；

（二）因特殊情况需要采购非本国货物、工程或服务的政府采购；

（三）批量集中采购项目因特殊情况变更采购方式的政府采购；

（四）法律、行政法规规定的其他审批事项。

第九条 下列事项须报全总资产监督管理部备案：

（一）各采购单位制定的本单位政府采购实施办法、操作细则；

（二）各采购单位政府采购实施计划及其变更；

（三）在政府采购计划管理系统中录入的采购申请、执行情况及季度年度报表；

（四）各采购单位与集中采购机构签订委托代理协议事项；

（五）法律、行政法规规定的其他需要备案事项。

第十条 各采购单位应于每年 1 月 15 日前向全总资产监督管理部报送上年度政府采购计划执行和政府采购工作情况，并按规定格式编报政府采购统计信息报表。

第四章 政府采购的工作程序、方式与组织形式

第十一条 各采购单位政府采购活动应当遵循以下工作程序：

（一）确定采购需求，编制政府采购预算；

（二）确定组织形式，编报政府采购计划；

（三）确定采购方式，制定政府采购方案；

（四）组织实施政府采购活动；

（五）政府采购合同履行及验收；

（六）申请支付资金；

（七）采购文件归档。

第十二条 政府采购采用以下方式：

（一）公开招标；

（二）邀请招标；

（三）竞争性谈判；

（四）单一来源采购；

（五）询价；

（六）中直机关采购中心和全国总工会认定的其他采购方式。

公开招标应作为政府采购的主要采购方式。

第十三条 政府采购组织形式分为集中采购机构采购、部门集中采购和分散采购。

第十四条 《集中采购目录及标准》规定的集中采购机构采购项目必须按规定委托集中采购机构代理采购。

第十五条 凡《集中采购目录及标准》范围以外，按国务院办公厅每年印发的要求，采购限额标准以上的政府采购项目，实行分散采购，由各采购单位按本单位制定的实施办法、操作细则的规定自行采购或者委托采购代理机构在委托的范围内代理采购。

第十六条 未达到分散采购限额标准的采购项目，按各采购单位制定

的本单位采购实施细则组织实施。

第五章　监 督 检 查

第十七条　各采购单位应接受和配合全总资产监督管理部对政府采购活动和执行政府采购法律、行政法规和规章制度情况进行监督检查，各采购单位应当如实反映情况，提供有关材料。

第十八条　全总资产监督管理部实施监督检查的主要内容包括：

（一）政府采购法律法规、部门规章的执行情况；

（二）政府采购预算和实施计划的编制、执行情况；

（三）政府采购审批或备案事项的落实情况；

（四）政府采购信息公告情况；

（五）其他需要监督检查的情况。

第六章　附　　则

第十九条　本办法由全总资产监督管理部负责解释。

第二十条　本办法自发布之日起执行。过去已颁布的文件与本办法不一致的地方，以本办法为准。

中华全国总工会财务部关于转发《财政部关于加快做好行政事业单位长期已使用在建工程转固工作的通知》的通知

（工财发〔2019〕31 号　2019 年 10 月 15 日）

全总本级所属单位，全总机关财务处：

现将《财政部关于加快做好行政事业单位长期已使用在建工程转固工作的通知》（财建〔2019〕1 号）转发给你们，请各单位将属于财政补助资金的在建工程项目，按照本通知要求执行；属于工会资金的在建工程项目，参照本通知要求执行。所有的在建工程项目，工程价款结算一般在项目竣工验收 2 个月内完成，大型项目一般不得超过 3 个月。

属于财政补助资金的在建工程项目，项目单位竣工后提交审计申请、竣工决算批复及与相关单位的对账等工作按照财政部门有关规定办理，并将财政部门对项目的竣工决算批复上报全总财务部备案。

属于工会资金的在建工程项目，项目单位应在工程完工一个月内向相关单位提交工程决算审计申请，并加快完成工程决算审计。在收到工程决算审计报告一个月内，将该项目决算资料及审计报告上报全总财务部审批。项目单位在收到全总财务部的竣工决算批复后一个月内，及时与投资单位对账并完成账务处理工作。

附件：《财政部关于加快做好行政事业单位长期已使用在建工程转固工作的通知》（财建〔2019〕1 号）（略）

（二）会计管理

中华人民共和国会计法

（1985年1月21日第六届全国人民代表大会常务委员会第九次会议通过　根据1993年12月29日第八届全国人民代表大会常务委员会第五次会议《关于修改〈中华人民共和国会计法〉的决定》第一次修正　1999年10月31日第九届全国人民代表大会常务委员会第十二次会议修订　根据2017年11月4日第十二届全国人民代表大会常务委员会第三十次会议《关于修改〈中华人民共和国会计法〉等十一部法律的决定》第二次修正）

目　　录

第一章　总　　则

第一条　为了规范会计行为，保证会计资料真实、完整，加强经济管理和财务管理，提高经济效益，维护社会主义市场经济秩序，制定本法。

第二条　国家机关、社会团体、公司、企业、事业单位和其他组织（以下统称单位）必须依照本法办理会计事务。

第三条　各单位必须依法设置会计账簿，并保证其真实、完整。

第四条　单位负责人对本单位的会计工作和会计资料的真实性、完整性负责。

第五条　会计机构、会计人员依照本法规定进行会计核算，实行会计监督。

任何单位或者个人不得以任何方式授意、指使、强令会计机构、会计人员伪造、变造会计凭证、会计账簿和其他会计资料，提供虚假财务会计报告。

任何单位或者个人不得对依法履行职责、抵制违反本法规定行为的会计人员实行打击报复。

第六条　对认真执行本法，忠于职守，坚持原则，做出显著成绩的会计人员，给予精神的或者物质的奖励。

第七条　国务院财政部门主管全国的会计工作。

县级以上地方各级人民政府财政部门管理本行政区域内的会计工作。

第八条　国家实行统一的会计制度。国家统一的会计制度由国务院财政部门根据本法制定并公布。

国务院有关部门可以依照本法和国家统一的会计制度制定对会计核算和会计监督有特殊要求的行业实施国家统一的会计制度的具体办法或者补充规定，报国务院财政部门审核批准。

中国人民解放军总后勤部可以依照本法和国家统一的会计制度制定军队实施国家统一的会计制度的具体办法，报国务院财政部门备案。

第二章　会 计 核 算

第九条　各单位必须根据实际发生的经济业务事项进行会计核算，填制会计凭证，登记会计账簿，编制财务会计报告。

任何单位不得以虚假的经济业务事项或者资料进行会计核算。

第十条　下列经济业务事项，应当办理会计手续，进行会计核算：

（一）款项和有价证券的收付；

（二）财物的收发、增减和使用；

（三）债权债务的发生和结算；

（四）资本、基金的增减；

（五）收入、支出、费用、成本的计算；

（六）财务成果的计算和处理；

（七）需要办理会计手续、进行会计核算的其他事项。

第十一条　会计年度自公历 1 月 1 日起至 12 月 31 日止。

第十二条　会计核算以人民币为记帐本位币。

业务收支以人民币以外的货币为主的单位，可以选定其中一种货币作为记帐本位币，但是编报的财务会计报告应当折算为人民币。

第十三条 会计凭证、会计账簿、财务会计报告和其他会计资料，必须符合国家统一的会计制度的规定。

使用电子计算机进行会计核算的，其软件及其生成的会计凭证、会计账簿、财务会计报告和其他会计资料，也必须符合国家统一的会计制度的规定。

任何单位和个人不得伪造、变造会计凭证、会计账簿及其他会计资料，不得提供虚假的财务会计报告。

第十四条 会计凭证包括原始凭证和记帐凭证。

办理本法第十条所列的经济业务事项，必须填制或者取得原始凭证并及时送交会计机构。

会计机构、会计人员必须按照国家统一的会计制度的规定对原始凭证进行审核，对不真实、不合法的原始凭证有权不予接受，并向单位负责人报告；对记载不准确、不完整的原始凭证予以退回，并要求按照国家统一的会计制度的规定更正、补充。

原始凭证记载的各项内容均不得涂改；原始凭证有错误的，应当由出具单位重开或者更正，更正处应当加盖出具单位印章。原始凭证金额有错误的，应当由出具单位重开，不得在原始凭证上更正。

记帐凭证应当根据经过审核的原始凭证及有关资料编制。

第十五条 会计账簿登记，必须以经过审核的会计凭证为依据，并符合有关法律、行政法规和国家统一的会计制度的规定。会计账簿包括总帐、明细帐、日记帐和其他辅助性账簿。

会计账簿应当按照连续编号的页码顺序登记。会计账簿记录发生错误或者隔页、缺号、跳行的，应当按照国家统一的会计制度规定的方法更正，并由会计人员和会计机构负责人（会计主管人员）在更正处盖章。

使用电子计算机进行会计核算的，其会计账簿的登记、更正，应当符合国家统一的会计制度的规定。

第十六条 各单位发生的各项经济业务事项应当在依法设置的会计账簿上统一登记、核算，不得违反本法和国家统一的会计制度的规定私设会计账簿登记、核算。

第十七条 各单位应当定期将会计账簿记录与实物、款项及有关资料相互核对，保证会计账簿记录与实物及款项的实有数额相符、会计账簿记录与会计凭证的有关内容相符、会计账簿之间相对应的记录相符、会计账簿记录与会计报表的有关内容相符。

第十八条 各单位采用的会计处理方法，前后各期应当一致，不得随意变更；确有必要变更的，应当按照国家统一的会计制度的规定变更，并将变更的原因、情况及影响在财务会计报告中说明。

第十九条 单位提供的担保、未决诉讼等或有事项，应当按照国家统一的会计制度的规定，在财务会计报告中予以说明。

第二十条 财务会计报告应当根据经过审核的会计账簿记录和有关资料编制，并符合本法和国家统一的会计制度关于财务会计报告的编制要求、提供对象和提供期限的规定；其他法律、行政法规另有规定的，从其规定。

财务会计报告由会计报表、会计报表附注和财务情况说明书组成。向不同的会计资料使用者提供的财务会计报告，其编制依据应当一致。有关法律、行政法规规定会计报表、会计报表附注和财务情况说明书须经注册会计师审计的，注册会计师及其所在的会计师事务所出具的审计报告应当随同财务会计报告一并提供。

第二十一条 财务会计报告应当由单位负责人和主管会计工作的负责人、会计机构负责人（会计主管人员）签名并盖章；设置总会计师的单位，还须由总会计师签名并盖章。

单位负责人应当保证财务会计报告真实、完整。

第二十二条 会计记录的文字应当使用中文。在民族自治地方，会计记录可以同时使用当地通用的一种民族文字。在中华人民共和国境内的外商投资企业、外国企业和其他外国组织的会计记录可以同时使用一种外国文字。

第二十三条 各单位对会计凭证、会计账簿、财务会计报告和其他会计资料应当建立档案，妥善保管。会计档案的保管期限和销毁办法，由国务院财政部门会同有关部门制定。

第三章 公司、企业会计核算的特别规定

第二十四条 公司、企业进行会计核算，除应当遵守本法第二章的规定外，还应当遵守本章规定。

第二十五条 公司、企业必须根据实际发生的经济业务事项，按照国家统一的会计制度的规定确认、计量和记录资产、负债、所有者权益、收入、费用、成本和利润。

第二十六条 公司、企业进行会计核算不得有下列行为：

（一）随意改变资产、负债、所有者权益的确认标准或者计量方法，虚列、多列、不列或者少列资产、负债、所有者权益；

（二）虚列或者隐瞒收入，推迟或者提前确认收入；

（三）随意改变费用、成本的确认标准或者计量方法，虚列、多列、不列或者少列费用、成本；

（四）随意调整利润的计算、分配方法，编造虚假利润或者隐瞒利润；

（五）违反国家统一的会计制度规定的其他行为。

第四章　会计监督

第二十七条　各单位应当建立、健全本单位内部会计监督制度。单位内部会计监督制度应当符合下列要求：

（一）记帐人员与经济业务事项和会计事项的审批人员、经办人员、财物保管人员的职责权限应当明确，并相互分离、相互制约；

（二）重大对外投资、资产处置、资金调度和其他重要经济业务事项的决策和执行的相互监督、相互制约程序应当明确；

（三）财产清查的范围、期限和组织程序应当明确；

（四）对会计资料定期进行内部审计的办法和程序应当明确。

第二十八条　单位负责人应当保证会计机构、会计人员依法履行职责，不得授意、指使、强令会计机构、会计人员违法办理会计事项。

会计机构、会计人员对违反本法和国家统一的会计制度规定的会计事项，有权拒绝办理或者按照职权予以纠正。

第二十九条　会计机构、会计人员发现会计账簿记录与实物、款项及有关资料不相符的，按照国家统一的会计制度的规定有权自行处理的，应当及时处理；无权处理的，应当立即向单位负责人报告，请求查明原因，作出处理。

第三十条　任何单位和个人对违反本法和国家统一的会计制度规定的行为，有权检举。收到检举的部门有权处理的，应当依法按照职责分工及时处理；无权处理的，应当及时移送有权处理的部门处理。收到检举的部门、负责处理的部门应当为检举人保密，不得将检举人姓名和检举材料转给被检举单位和被检举人个人。

第三十一条　有关法律、行政法规规定，须经注册会计师进行审计的单位，应当向受委托的会计师事务所如实提供会计凭证、会计账簿、财务会计报告和其他会计资料以及有关情况。

任何单位或者个人不得以任何方式要求或者示意注册会计师及其所在的会计师事务所出具不实或者不当的审计报告。

财政部门有权对会计师事务所出具审计报告的程序和内容进行监督。

第三十二条 财政部门对各单位的下列情况实施监督：

（一）是否依法设置会计账簿；

（二）会计凭证、会计账簿、财务会计报告和其他会计资料是否真实、完整；

（三）会计核算是否符合本法和国家统一的会计制度的规定；

（四）从事会计工作的人员是否具备专业能力、遵守职业道德。

在对前款第（二）项所列事项实施监督，发现重大违法嫌疑时，国务院财政部门及其派出机构可以向与被监督单位有经济业务往来的单位和被监督单位开立帐户的金融机构查询有关情况，有关单位和金融机构应当给予支持。

第三十三条 财政、审计、税务、人民银行、证券监管、保险监管等部门应当依照有关法律、行政法规规定的职责，对有关单位的会计资料实施监督检查。

前款所列监督检查部门对有关单位的会计资料依法实施监督检查后，应当出具检查结论。有关监督检查部门已经作出的检查结论能够满足其他监督检查部门履行本部门职责需要的，其他监督检查部门应当加以利用，避免重复查帐。

第三十四条 依法对有关单位的会计资料实施监督检查的部门及其工作人员对在监督检查中知悉的国家秘密和商业秘密负有保密义务。

第三十五条 各单位必须依照有关法律、行政法规的规定，接受有关监督检查部门依法实施的监督检查，如实提供会计凭证、会计账簿、财务会计报告和其他会计资料以及有关情况，不得拒绝、隐匿、谎报。

第五章 会计机构和会计人员

第三十六条 各单位应当根据会计业务的需要，设置会计机构，或者在有关机构中设置会计人员并指定会计主管人员；不具备设置条件的，应当委托经批准设立从事会计代理记帐业务的中介机构代理记帐。

国有的和国有资产占控股地位或者主导地位的大、中型企业必须设置总会计师。总会计师的任职资格、任免程序、职责权限由国务院规定。

第三十七条 会计机构内部应当建立稽核制度。

出纳人员不得兼任稽核、会计档案保管和收入、支出、费用、债权债务帐目的登记工作。

第三十八条 会计人员应当具备从事会计工作所需要的专业能力。

担任单位会计机构负责人（会计主管人员）的，应当具备会计师以上专业技术职务资格或者从事会计工作三年以上经历。

本法所称会计人员的范围由国务院财政部门规定。

第三十九条 会计人员应当遵守职业道德，提高业务素质。对会计人员的教育和培训工作应当加强。

第四十条 因有提供虚假财务会计报告，做假帐，隐匿或者故意销毁会计凭证、会计账簿、财务会计报告，贪污，挪用公款，职务侵占等与会计职务有关的违法行为被依法追究刑事责任的人员，不得再从事会计工作。

第四十一条 会计人员调动工作或者离职，必须与接管人员办清交接手续。

一般会计人员办理交接手续，由会计机构负责人（会计主管人员）监交；会计机构负责人（会计主管人员）办理交接手续，由单位负责人监交，必要时主管单位可以派人会同监交。

第六章 法律责任

第四十二条 违反本法规定，有下列行为之一的，由县级以上人民政府财政部门责令限期改正，可以对单位并处三千元以上五万元以下的罚款；对其直接负责的主管人员和其他直接责任人员，可以处二千元以上二万元以下的罚款；属于国家工作人员的，还应当由其所在单位或者有关单位依法给予行政处分：

（一）不依法设置会计账簿的；

（二）私设会计账簿的；

（三）未按照规定填制、取得原始凭证或者填制、取得的原始凭证不符合规定的；

（四）以未经审核的会计凭证为依据登记会计账簿或者登记会计账簿不符合规定的；

（五）随意变更会计处理方法的；

（六）向不同的会计资料使用者提供的财务会计报告编制依据不一致的；

（七）未按照规定使用会计记录文字或者记帐本位币的；

（八）未按照规定保管会计资料，致使会计资料毁损、灭失的；

（九）未按照规定建立并实施单位内部会计监督制度或者拒绝依法实施的监督或者不如实提供有关会计资料及有关情况的；

（十）任用会计人员不符合本法规定的。

有前款所列行为之一，构成犯罪的，依法追究刑事责任。

会计人员有第一款所列行为之一，情节严重的，五年内不得从事会计工作。

有关法律对第一款所列行为的处罚另有规定的，依照有关法律的规定办理。

第四十三条 伪造、变造会计凭证、会计账簿，编制虚假财务会计报告，构成犯罪的，依法追究刑事责任。

有前款行为，尚不构成犯罪的，由县级以上人民政府财政部门予以通报，可以对单位并处五千元以上十万元以下的罚款；对其直接负责的主管人员和其他直接责任人员，可以处三千元以上五万元以下的罚款；属于国家工作人员的，还应当由其所在单位或者有关单位依法给予撤职直至开除的行政处分；其中的会计人员，五年内不得从事会计工作。

第四十四条 隐匿或者故意销毁依法应当保存的会计凭证、会计账簿、财务会计报告，构成犯罪的，依法追究刑事责任。

有前款行为，尚不构成犯罪的，由县级以上人民政府财政部门予以通报，可以对单位并处五千元以上十万元以下的罚款；对其直接负责的主管人员和其他直接责任人员，可以处三千元以上五万元以下的罚款；属于国家工作人员的，还应当由其所在单位或者有关单位依法给予撤职直至开除的行政处分；其中的会计人员，五年内不得从事会计工作。

第四十五条 授意、指使、强令会计机构、会计人员及其他人员伪造、变造会计凭证、会计账簿，编制虚假财务会计报告或者隐匿、故意销毁依法应当保存的会计凭证、会计账簿、财务会计报告，构成犯罪的，依法追究刑事责任；尚不构成犯罪的，可以处五千元以上五万元以下的罚款；属于国家工作人员的，还应当由其所在单位或者有关单位依法给予降级、撤职、开除的行政处分。

第四十六条 单位负责人对依法履行职责、抵制违反本法规定行为的会计人员以降级、撤职、调离工作岗位、解聘或者开除等方式实行打击报复，构成犯罪的，依法追究刑事责任；尚不构成犯罪的，由其所在单位或者有关单位依法给予行政处分。对受打击报复的会计人员，应当恢复其名誉和原有职务、级别。

第四十七条 财政部门及有关行政部门的工作人员在实施监督管理中滥用职权、玩忽职守、徇私舞弊或者泄露国家秘密、商业秘密，构成犯罪的，依法追究刑事责任；尚不构成犯罪的，依法给予行政处分。

第四十八条 违反本法第三十条规定，将检举人姓名和检举材料转给被检举单位和被检举人个人的，由所在单位或者有关单位依法给予行政处分。

第四十九条 违反本法规定，同时违反其他法律规定的，由有关部门在各自职权范围内依法进行处罚。

第七章 附 则

第五十条 本法下列用语的含义：

单位负责人，是指单位法定代表人或者法律、行政法规规定代表单位行使职权的主要负责人。

国家统一的会计制度，是指国务院财政部门根据本法制定的关于会计核算、会计监督、会计机构和会计人员以及会计工作管理的制度。

第五十一条 个体工商户会计管理的具体办法，由国务院财政部门根据本法的原则另行规定。

第五十二条 本法自2000年7月1日起施行。

财政部关于印发《工会会计制度》的通知

（财会〔2021〕7号　2021年4月14日）

中华全国总工会，各省、自治区、直辖市、计划单列市财政厅（局），新疆生产建设兵团财政局：

为了适应工会组织财务改革的需要，进一步规范工会会计核算，提高会计信息质量，根据《中华人民共和国会计法》、《中华人民共和国工会法》等法律法规，我们对2009年颁布的《工会会计制度》进行了修订，现予印发，自2022年1月1日起施行。

执行中有何问题，请及时反馈我部。

附件：

工会会计制度

目　　录

第一章　总　　则

第一条　为了规范工会会计行为，保证会计信息质量，根据《中华人民共和国会计法》（以下简称会计法）、《中华人民共和国工会法》（以下简称工会法）等法律法规，制定本制度。

第二条　本制度适用于各级工会，包括基层工会及县级以上（含县级，下同）工会。工会所属事业单位、工会所属企业及挂靠工会管理的社会团体，不适用本制度。

第三条　工会会计是核算、反映、监督工会预算执行和经济活动的专业会计。工会依法建立独立的会计核算管理体系，与工会预算管理体制相适应。

第四条　工会应当对其自身发生的经济业务或者事项进行会计处理和报告。

第五条　工会会计处理应当以工会的持续运行为前提。

第六条　工会会计处理应当划分会计期间，分期结算账目和编制会计报表。

会计期间至少分为年度和月度。会计年度、月度等会计期间的起讫日期采用公历日期。

第七条　工会会计处理应当以货币计量，以人民币作为记账本位币。

第八条　工会会计处理一般采用收付实现制，部分经济业务或者事项应当按照本制度的规定采用权责发生制。

第九条　工会会计要素包括：资产、负债、净资产、收入和支出。其平衡公式为：资产=负债+净资产。

第十条　工会会计处理应当采用借贷记账法记账。

第十一条　工会会计记录的文字应当使用中文。在民族自治地方，会计记录可以同时使用当地通用的一种民族文字。

第十二条　县级以上工会应当设置会计机构，配备专职会计人员。基层工会应当根据会计业务的需要设置会计机构或者在有关机构中设置会计人员并指定会计主管人员；不具备设置条件的，应当委托经批准设立从事代理记账业务的中介机构代理记账。

第十三条　各级工会的法定代表人应当对本级工会的会计工作以及会计资料的真实性、完整性负责。

第十四条　各级工会应当建立健全内部控制制度，并确保内部控制有效施行。县级以上工会应当组织指导和检查下级工会会计工作，负责制定有关实施细则；组织工会会计人员培训，不断提高政策、业务水平。

第十五条 工会应当重视并不断推进会计信息化的应用。工会开展会计信息化工作，应当符合财政部制定的相关会计信息化工作规范和标准，确保利用现代信息技术手段进行会计处理及生成的会计信息符合会计法和本制度的规定。

第二章 一 般 原 则

第十六条 工会提供的会计信息应当符合工会管理工作的要求，满足会计信息使用者的需要，满足本级工会加强财务管理的需要。

第十七条 工会应当以实际发生的经济业务或者事项为依据进行会计处理，如实反映工会财务状况和收支情况等信息，保证会计信息真实可靠、内容完整。

第十八条 工会提供的会计信息应当清晰明了，便于理解和使用。

第十九条 工会会计处理应当采用规定的会计政策，前后各期一致，不得随意变更，以确保会计信息口径一致，相互可比。

第二十条 工会会计处理应当遵循重要性原则。对于重要的经济业务或者事项，应当单独反映。

第二十一条 工会应当对已经发生的经济业务或者事项及时进行会计处理和报告，不得提前或者延后。

第二十二条 工会应当对指定用途的资金按规定的用途专款专用，并单独反映。

第二十三条 工会在发生会计政策变更、会计估计变更和会计差错更正时，除本制度另有规定外，一般采用未来适用法进行会计处理。

会计政策，是指工会在会计核算时所遵循的特定原则、基础以及所采用的具体会计处理方法。会计估计，是指工会对结果不确定的经济业务或者事项以最近可利用的信息为基础所作的判断，如固定资产、无形资产的预计使用年限等。会计差错，是指工会在会计核算时，在确认、计量、记录、报告等方面出现的错误，通常包括计算或记录错误、应用会计政策错误、疏忽或曲解事实产生的错误、财务舞弊等。未来适用法，是指将变更后的会计政策应用于变更当期及以后各期发生的经济业务或者事项，或者在会计估计变更当期和未来期间确认会计估计变更的影响的方法。

第三章 资 产

第二十四条 资产是工会过去的经济业务或者事项形成的，由工会控制的，预期能够产生服务潜力或者带来经济利益流入的经济资源。

服务潜力是指工会利用资产提供公共产品和服务以履行工会职能的潜在能力。

经济利益流入表现为现金及现金等价物的流入，或者现金及现金等价物流出的减少。

工会的资产包括流动资产、在建工程、固定资产、无形资产、投资和长期待摊费用等。

第二十五条 工会对符合本制度第二十四条规定的资产定义的经济资源，在同时满足以下条件时，应当确认为资产：

（一）与该经济资源相关的服务潜力很可能实现或者经济利益很可能流入工会；

（二）该经济资源的成本或者价值能够可靠地计量。

符合资产定义并确认的资产项目，应当列入资产负债表。

第二十六条 工会的资产按照国家有关规定依法确认为国有资产的，应当作为国有资产登记入账；依法确认为工会资产的，应当作为工会资产登记入账。

第二十七条 工会的资产在取得时应当按照实际成本计量。除国家另有规定外，工会不得自行调整其账面价值。

对于工会接受捐赠的现金资产，应当按照实际收到的金额入账。对于工会接受捐赠、无偿调入的非现金资产，其成本按照有关凭据注明的金额加上相关税费、运输费等确定；没有相关凭据、但按照规定经过资产评估的，其成本按照评估价值加上相关税费、运输费等确定；没有相关凭据、也未经过评估的，其成本比照同类或类似资产的价格加上相关税费、运输费等确定。如无法采用上述方法确定资产成本的，按照名义金额（人民币 1 元）入账，相关税费、运输费等计入当期支出。

工会盘盈的资产，其成本比照本条第二款确定。

第一节 流动资产

第二十八条 流动资产是指预计在一年内（含一年）变现或者耗用的资产。主要包括货币资金、应收款项和库存物品等。

第二十九条 货币资金包括库存现金、银行存款等。

货币资金应当按照实际发生额入账。工会应当设置库存现金和银行存款日记账，按照业务发生顺序逐日逐笔登记。库存现金应当做到日清月结，其账面余额应当与库存数相符；银行存款的账面余额应当与银行对账单定期核对，如有不符，应当编制银行存款余额调节表调节相符。

工会发生外币业务的，应当按照业务发生当日的即期汇率，将外币金额折算为人民币金额记账，并登记外币金额和汇率。期末，各种外币账户的期末余额，应当按照期末的即期汇率折算为人民币，作为外币账户期末人民币余额。调整后的各种外币账户人民币余额与原账面余额的差额，作为汇兑损益计入当期支出。

第三十条 应收款项包括应收上级经费、应收下级经费和其他应收款等。

应收上级经费是本级工会应收未收的上级工会应拨付（或转拨）的工会拨缴经费和补助。

应收下级经费是县级以上工会应收未收的下级工会应上缴的工会拨缴经费。

其他应收款是工会除应收上下级经费以外的其他应收及暂付款项。

应收款项应当按照实际发生额入账。年末，工会应当分析各项应收款项的可收回性，对于确实不能收回的应收款项应报经批准认定后及时予以核销。

第三十一条 库存物品指工会取得的将在日常活动中耗用的材料、物品及达不到固定资产标准的工具、器具等。

库存物品在取得时应当按照其实际成本入账。工会购入、有偿调入的库存物品以实际支付的价款记账。工会接受捐赠、无偿调入的库存物品按照本制度第二十七条规定所确定的成本入账。

库存物品在发出（领用或出售等）时，工会应当根据实际情况在先进先出法、加权平均法、个别计价法中选择一种方法确定发出库存物品的实际成本。库存物品发出方法一经选定，不得随意变更。

工会应当定期对库存物品进行清查盘点，每年至少全面盘点一次。对于盘盈、盘亏或报废、毁损的库存物品，应当及时查明原因，报经批准认定后及时进行会计处理。

工会盘盈的库存物品应当按照确定的成本入账，报经批准后相应增加资产基金；盘亏的库存物品，应当冲减其账面余额，报经批准后相应减少资产基金。对于报废、毁损的库存物品，工会应当冲减其账面余额，报经批准后相应减少资产基金，清理中取得的变价收入扣除清理费用后的净收入（或损失）计入当期收入（或支出），按规定应当上缴财政的计入其他应付款。

第二节 固定资产

第三十二条 固定资产是指工会使用年限超过 1 年（不含 1 年），单位价值在规定标准以上，并在使用过程中基本保持原有物质形态的资产，一般包括：房屋及构筑物；专用设备；通用设备；文物和陈列品；图书、档案；家具、用具、装具及动植物。

通用设备单位价值在 1000 元以上，专用设备单位价值在 1500 元以上的，应当确认为固定资产。单位价值虽未达到规定标准，但是使用时间超过 1 年（不含 1 年）的大批同类物资，应当按照固定资产进行核算和管理。

第三十三条 固定资产在取得时应当按照其实际成本入账。

工会购入、有偿调入的固定资产，其成本包括实际支付的买价、运输费、保险费、安装费、装卸费及相关税费等。

工会自行建造的固定资产，其成本包括该项资产至交付使用前所发生的全部必要支出。

工会接受捐赠、无偿调入的固定资产，按照本制度第二十七条规定所确定的成本入账。

工会在原有固定资产基础上进行改建、扩建、大型修缮后的固定资产，其成本按照原固定资产账面价值加上改建、扩建、大型修缮发生的支出，再扣除固定资产被替换部分的账面价值后的金额确定。

已交付使用但尚未办理竣工决算手续的固定资产，工会应当按照估计价值入账，待办理竣工决算后再按照实际成本调整原来的暂估价值。

第三十四条 在建工程是工会已经发生必要支出，但尚未交付使用的建设项目工程。工会作为建设单位的基本建设项目应当按照本制度规定统一进行会计核算。

工会对在建工程应当按照实际发生的支出确定其工程成本，并单独核算。在建工程的工程成本应当根据以下具体情况分别确定：

（一）对于自营工程，按照直接材料、直接人工、直接机械施工费等确定其成本；

（二）对于出包工程，按照应支付的工程价款等确定其成本；

（三）对于设备安装工程，按照所安装设备的价值、工程安装费用、工程试运转等所发生的支出等确定其成本。

建设项目完工交付使用时，工会应当将在建工程成本转入固定资产等进行核算。

第三十五条 工会应当对固定资产计提折旧，但文物和陈列品，动植物，图书、档案，单独计价入账的土地和以名义金额计量的固定资产除外。

工会应当根据相关规定以及固定资产的性质和使用情况，合理确定固定资产的使用年限。固定资产的使用年限一经确定，不得随意变更。

工会一般应当采用年限平均法或者工作量法计提固定资产折旧，计提折旧时不考虑预计净残值。在确定固定资产折旧方法时，应当考虑与固定资产相关的服务潜力或经济利益的预期实现方式。固定资产的折旧方法一经确定，不得随意变更。

工会应当按月对固定资产计提折旧。当月增加的固定资产，当月计提折旧；当月减少的固定资产，当月不再计提折旧。固定资产提足折旧后，无论是否继续使用，均不再计提折旧；提前报废的固定资产，也不再补提折旧。

固定资产因改建、扩建或大型修缮等原因而延长其使用年限的，工会应当按照重新确定的固定资产成本以及重新确定的折旧年限计算折旧额。

工会应当对暂估入账的固定资产计提折旧，实际成本确定后不需调整原已计提的折旧额。

第三十六条 工会处置（出售）固定资产时，应当冲减其账面价值并相应减少资产基金，处置中取得的变价收入扣除处置费用后的净收入（或损失）计入当期收入（或支出），按规定应当上缴财政的计入其他应付款。

第三十七条 工会应当定期对固定资产进行清查盘点，每年至少全面盘点一次。对于盘盈、盘亏或报废、毁损的固定资产，工会应当及时查明原因，报经批准认定后及时进行会计处理。

工会盘盈的固定资产，应当按照确定的成本入账，报经批准后相应增加资产基金；盘亏的固定资产，应当冲减其账面余额，报经批准后相应减少资产基金。对于报废、毁损的固定资产，工会应当冲减其账面余额，报经批准后相应减少资产基金，清理中取得的变价收入扣除清理费用后的净收入（或损失）计入当期收入（或支出），按规定应当上缴财政的计入其他应付款。

第三节　无形资产

第三十八条 无形资产是指工会控制的没有实物形态的可辨认非货币性资产，包括专利权、商标权、著作权、土地使用权、非专利技术等。工会购入的不构成相关硬件不可缺少组成部分的应用软件，应当确认为无形资产。

第三十九条 无形资产在取得时应当按照其实际成本入账。

工会外购的无形资产，其成本包括购买价款、相关税费以及可归属于该项资产达到预定用途前所发生的其他支出。工会委托软件公司开发的软件，视同外购无形资产确定其成本。

工会接受捐赠、无偿调入的无形资产，按照本制度第二十七条规定所确定的成本入账。

对于非大批量购入、单价小于1000元的无形资产，工会可以于购买的当期将其成本直接计入支出。

第四十条 工会应当按月对无形资产进行摊销，使用年限不确定的、以名义金额计量的无形资产除外。

工会应当按照以下原则确定无形资产的摊销年限：法律规定了有效年限的，按照法律规定的有效年限作为摊销年限；法律没有规定有效年限的，按照相关合同中的受益年限作为摊销年限；上述两种方法无法确定有效年限的，应当根据无形资产为工会带来服务潜力或者经济利益的实际情况，预计其使用年限。

工会应当采用年限平均法或工作量法对无形资产进行摊销，应摊销金额为其成本，不考虑预计净残值。

工会应当按月进行摊销。当月增加的无形资产，当月进行摊销；当月减少的无形资产，当月不再进行摊销。无形资产提足摊销后，无论是否继续使用，均不再进行摊销；核销的无形资产，也不再补提摊销。

因发生后续支出而增加无形资产成本的，对于使用年限有限的无形资产，工会应当按照重新确定的无形资产成本以及重新确定的摊销年限计算摊销额。

第四十一条 工会处置（出售）无形资产时，应当冲减其账面价值并相应减少资产基金，处置中取得的变价收入扣除处置费用后的净收入（或损失）计入当期收入（或支出），按规定应当上缴财政的计入其他应付款。

第四十二条 工会应当定期对无形资产进行清查盘点，每年至少全面盘点一次。工会在资产清查盘点过程中发现的无形资产盘盈、盘亏等，参照本制度固定资产相关规定进行处理。

第四节 其他资产

第四十三条 投资是指工会按照国家有关法律、行政法规和工会的相关规定，以货币资金、实物资产等方式向其他单位的投资。投资按其流动性分为短期投资和长期投资；按其性质分为股权投资和债权投资。

投资在取得时应当按照其实际成本入账。工会以货币资金方式对外投资的，以实际支付的款项（包括购买价款以及税金、手续费等相关税费）作为投资成本记账。工会以实物资产和无形资产方式对外投资的，以评估确认或合同、协议确定的价值记账。

对于投资期内取得的利息、利润、红利等各项投资收益，工会应当计入当期投资收益。

工会处置（出售）投资时，实际取得价款与投资账面余额的差额，应当计入当期投资收益。

对于因被投资单位破产、被撤销、注销、吊销营业执照或者被政府责令关闭等情况造成难以收回的未处置不良投资，工会应当在报经批准后及时核销。

第四十四条 长期待摊费用是工会已经支出，但应由本期和以后各期负担的分摊期限在 1 年以上（不含 1 年）的各项支出，如对以经营租赁方式租入的固定资产发生的改良支出等。

长期待摊费用应当在对应资产的受益年限内平均摊销。如果某项长期待摊费用已经不能使工会受益，应当将其摊余金额一次性转销。

第四章 负 债

第四十五条 负债是指工会过去的经济业务或者事项形成的，预期会导致经济资源流出的现时义务。

现时义务是指工会在现行条件下已承担的义务。未来发生的经济业务或者事项形成的义务不属于现时义务，不应当确认为负债。

工会的负债包括应付职工薪酬、应付款项等。

第四十六条 工会对于符合本制度第四十五条规定的现时义务，在同时满足以下条件时，应当确认为负债：

（一）履行该义务很可能导致含有服务潜力或者经济利益的经济资源流出工会；

（二）该义务的金额能够可靠计量。

符合负债定义并确认的负债项目，应当列入资产负债表。

第四十七条 应付职工薪酬是工会按照国家有关规定应付给本单位职工及为职工支付的各种薪酬，包括基本工资、国家统一规定的津贴补贴、规范津贴补贴（绩效工资）、改革性补贴、社会保险费（如职工基本养老保险费、职业年金、基本医疗保险费等）和住房公积金等。

第四十八条 应付款项包括应付上级经费、应付下级经费和其他应付款。

应付上级经费指本级工会按规定应上缴上级工会的工会拨缴经费。应付下级经费指本级工会应付下级工会的各项补助以及应转拨下级工会的工会拨缴经费。

其他应付款指除应付上下级经费之外的其他应付及暂存款项，包括工会按规定收取的下级工会筹建单位交来的建会筹备金等。

第四十九条 工会的各项负债应当按照实际发生额入账。

第五章 净 资 产

第五十条 净资产是指工会的资产减去负债后的余额，包括资产基金、专用基金、工会资金结转、工会资金结余、财政拨款结转、财政拨款结余和预算稳定调节基金。

第五十一条 资产基金指工会库存物品、固定资产、在建工程、无形资产、投资和长期待摊费用等非货币性资产在净资产中占用的金额。

资产基金应当在取得库存物品、固定资产、在建工程、无形资产、投资及发生长期待摊费用时确认。资产基金应当按照实际发生额入账。

第五十二条 专用基金指县级以上工会按规定依法提取和使用的有专门用途的基金。

工会提取专用基金时，应当按照实际提取金额计入当期支出；使用专用基金时，应当按照实际支出金额冲减专用基金余额；专用基金未使用的余额，可以滚存下一年度使用。

第五十三条 工会资金结转是指工会预算安排项目的支出年终尚未执行完毕或者因故未执行，且下年需要按原用途继续使用的工会资金。

工会资金结余是指工会年度预算执行终了，预算收入实际完成数扣除预算支出和工会结转资金后剩余的工会资金。

第五十四条 财政拨款结转是指县级以上工会预算安排项目的支出年终尚未执行完毕或者因故未执行，且下年需要按原用途继续使用的财政拨款资金。

财政拨款结余是指县级以上工会年度预算执行终了，预算收入实际完成数扣除预算支出和财政拨款结转资金后剩余的财政拨款资金。

第五十五条 预算稳定调节基金是县级以上工会为平衡年度预算按规定设置的储备性资金。

第六章 收 入

第五十六条 收入是指工会根据工会法以及有关政策规定开展业务活动所取得的非偿还性资金。收入按照来源分为会费收入、拨缴经费收入、上级补助收入、政府补助收入、行政补助收入、附属单位上缴收入、投资收益和其他收入。

会费收入指工会会员依照规定向基层工会缴纳的会费。

拨缴经费收入指基层单位行政拨缴、下级工会按规定上缴及上级工会按规定转拨的工会拨缴经费中归属于本级工会的经费。

上级补助收入指本级工会收到的上级工会补助的款项，包括一般性转移支付补助和专项转移支付补助。

政府补助收入指各级人民政府按照工会法和国家有关规定给予县级以上工会的补助款项。

行政补助收入指基层工会取得的所在单位行政方面按照工会法和国家有关规定给予工会的补助款项。

附属单位上缴收入指工会所属的企事业单位按规定上缴的收入。

投资收益指工会对外投资发生的损益。

其他收入指工会除会费收入、拨缴经费收入、上级补助收入、政府补助收入、行政补助收入、附属单位上缴收入和投资收益之外的各项收入。

第五十七条 工会各项收入应当按照实际发生额入账。

第七章 支 出

第五十八条 支出是指工会为开展各项工作和活动所发生的各项资金耗费和损失。支出按照功能分为职工活动支出、职工活动组织支出、职工服务支出、维权支出、业务支出、行政支出、资本性支出、补助下级支出、对附属单位的支出和其他支出。

职工活动支出指基层工会开展职工教育活动、文体活动、宣传活动、劳模疗休养活动、会员活动等发生的支出。

职工活动组织支出指县级以上工会组织开展职工教育活动、文体活动、宣传活动和劳模疗休养活动等发生的支出。

职工服务支出指工会开展职工劳动和技能竞赛活动、职工创新活动、建家活动、职工书屋、职工互助保障、心理咨询等工作发生的支出。

维权支出指工会用于维护职工权益的支出，包括劳动关系协调、劳动保护、法律援助、困难职工帮扶、送温暖和其他维权支出。

业务支出指工会培训工会干部、加强自身建设及开展业务工作发生的各项支出。

行政支出指县级以上工会为行政管理、后勤保障等发生的各项日常支出。

资本性支出指工会从事建设工程、设备工具购置、大型修缮和信息网络购建等而发生的实际支出。

补助下级支出指县级以上工会为解决下级工会经费不足或根据有关规定给予下级工会的各类补助款项。

对附属单位的支出指工会按规定对所属企事业单位的补助。

其他支出指工会除职工活动支出、职工活动组织支出、职工服务支出、维权支出、业务支出、行政支出、资本性支出、补助下级支出和对附属单位的支出以外的各项支出。

第五十九条 工会各项支出应当按照实际发生额入账。

第八章 财务报表

第六十条 工会财务报表是反映各级工会财务状况、业务活动和预算执行结果的书面文件。工会财务报表是各级工会领导、上级工会及其他财务报表使用者了解情况、掌握政策、指导工作的重要资料。

第六十一条 工会财务报表包括会计报表和附注。会计报表分为主表和附表，主表包括资产负债表和收入支出表，附表包括财政拨款收入支出表、国有资产情况表和成本费用表。

资产负债表，是反映工会某一会计期末全部资产、负债和净资产情况的报表。

收入支出表，是反映工会某一会计期间全部收入、支出及结转结余情况的报表。

财政拨款收入支出表，是反映县级以上工会某一会计期间从同级政府财政部门取得的财政拨款收入、支出及结转结余情况的报表。

国有资产情况表，是反映县级以上工会某一会计期间持有的国有资产情况的报表。

成本费用表，是反映县级以上工会某一会计期间成本费用情况的报表。

附注是对在资产负债表、收入支出表等报表中列示项目所作的进一步说明，以及未能在这些报表中列示项目的说明。

第六十二条 工会财务报表分为年度财务报表和中期财务报表。以短于一个完整的会计年度的期间（如半年度、季度和月度）编制的财务报表称为中期财务报表。年度财务报表是以整个会计年度为基础编制的财务报表。

第六十三条 工会要负责对所属单位财务报表和下级工会报送的年度财务报表进行审核、核批和汇总工作，定期向本级工会领导和上级工会报告本级工会预算执行情况。

第六十四条 工会财务报表要根据登记完整、核对无误的账簿记录和其他有关资料编制，做到数字准确、内容完整、报送及时。工会财务报表应当由各级工会的法定代表人和主管会计工作的负责人、会计机构负责人（会计主管人员）签名并盖章。

第九章 附 则

第六十五条 工会填制会计凭证、登记会计账簿、管理会计档案等，应当按照《会计基础工作规范》、《会计档案管理办法》等规定执行。

第六十六条 本制度从2022年1月1日起实施。2009年5月31日财政部印发的《工会会计制度》（财会〔2009〕7号）同时废止。

财政部关于印发《工会新旧会计制度有关衔接问题的处理规定》的通知

（财会〔2021〕16 号　2021 年 6 月 30 日）

中华全国总工会，各省、自治区、直辖市、计划单列市财政厅（局），新疆生产建设兵团财政局：

为了适应工会组织财务改革的需要，进一步规范工会会计核算，提高会计信息质量，我部修订印发了《工会会计制度》（财会〔2021〕7 号），自 2022 年 1 月 1 日起施行。为了确保新旧制度顺利衔接、平稳过渡，促进新制度的有效贯彻实施，我部制定了《工会新旧会计制度有关衔接问题的处理规定》，现予印发，请遵照执行。

执行中有何问题，请及时反馈我部。

附件：

工会新旧会计制度有关衔接问题的处理规定

我部对《工会会计制度》（财会〔2009〕7 号）（以下称原制度）进行了全面修订，于 2021 年 4 月 14 日印发了新《工会会计制度》（财会〔2021〕7 号）（以下称新制度），自 2022 年 1 月 1 日起施行。为了确保新旧会计制度顺利过渡，现对各级工会执行新制度有关衔接问题规定如下：

一、新旧制度衔接总要求

（一）自 2022 年 1 月 1 日起，工会应当严格按照新制度进行会计核算、编报财务报表。

（二）工会应当按照本规定做好新旧会计制度衔接相关工作，主要包括以下几个方面：

1. 根据原账编制 2021 年 12 月 31 日的科目余额表。

2. 按照新制度设立 2022 年 1 月 1 日的新账。

3. 按照本规定要求，登记新账的科目余额，包括将原账科目余额转入新账会计科目（新旧制度会计科目对照表见附表）、将未入账事项登记新账科目、对相关新账科目余额进行调整、将基建账套相关数据并入新账等。原账科目是指按照原制度规定设置的会计科目。

4. 按照登记及调整后新账的各会计科目余额，编制 2022 年 1 月 1 日的科目余额表作为新账务会计科目的期初余额。

5. 根据新账各会计科目期初余额，按照新制度编制 2022 年 1 月 1 日资产负债表。

（三）工会应当对资产进行清查盘点，进一步清理核实和归类统计固定资产、无形资产、库存物品等资产数据。按照相关规定依法确认为国有资产的，转账时应当将原账国有资产对应的科目余额转入新账相关资产科目的“国有资产”明细科目；依法确认为工会资产的，将原账工会资产对应的科目余额转入新账相关资产科目的“工会资产”明细科目。

（四）及时调整会计信息系统。工会应当按照新制度要求对原有会计信息系统进行及时更新和调试，实现数据准确转换，确保新旧账套的有序衔接。

二、将原账会计科目余额转入新账

（一）资产类。

1. “库存现金”、“银行存款”科目。

新制度设置了“库存现金”、“银行存款”科目。转账时，工会应当将原账的“库存现金”、“银行存款”科目余额转入新账的“库存现金”、“银行存款”科目。其中，存在代管经费的，还应当将原账“库存现金”、“银行存款”科目余额中属于代管经费的金额，转入新账“库存现金”、“银行存款”科目下的“代管经费”明细科目。

2. “财政应返还额度”、“投资”科目。

新制度设置了“财政应返还额度”、“投资”科目，其核算内容与原账的上述相应科目的核算内容基本相同。转账时，工会应当将原账的上述科目余额直接转入新账的相应科目。

3. “库存物品”科目。

新制度设置了“库存物品”科目，并规定库存物品取得时应当同时确认资产基金。转账时，工会应当将原账的“库存物品”科目余额直接转入新账的“库存物品”科目，同时，按照原账“库存物品”科目余额，将“结余”科目对应余额转入新账的“资产基金——库存物品”科目。

4. “应收上级经费”科目。

新制度设置了“应收上级经费”科目，该科目的核算内容包括工会应收未收的上级工会拨付或转拨的工会经费和专项补助。转账时，工会应当按照相关规定将原账的“应收上级经费”科目余额中的工会建会筹备金转入新账的“其他应收款”科目，将原账的“应收上级经费”科目余额减去建会筹备金后的差额转入新账的“应收上级经费”科目。

5. “应收下级经费”科目。

新制度设置了“应收下级经费”科目，该科目的核算内容包括工会应收未收的下级工会上缴的工会经费。转账时，工会应当按照相关规定将原账的“应收下级经费”科目余额中的工会建会筹备金转入新账的“其他应收款”科目，将原账的“应收下级经费”科目余额减去建会筹备金后的差额转入新账的“应收下级经费”科目。

6. “借出款”科目。

新制度未设置“借出款”科目，但设置了“其他应收款”科目。转账时，工会应当将原账的“借出款”科目余额，转入新账的“其他应收款”科目。

7. “其他应收款”科目。

新制度设置了“其他应收款”科目，该科目的核算内容包括原账“其他应收款”科目的核算内容。转账时，工会应当将原账的“其他应收款”科目余额，转入新账的“其他应收款”科目。

8. “在建工程”科目。

新制度设置了“在建工程”科目。转账时，对于在原账“在建工程”科目核算的建设项目，工会应当将原账的“在建工程”科目余额转入新账的“在建工程”各明细科目。对于未在原账“在建工程”科目核算的建设项目，按照新制度规定，不再通过基建账单独核算，工会应当将基建账相关数据并入新账，具体处理参见本规定第五部分。

9. “固定资产”科目。

新制度设置了“固定资产”科目。由于新制度中固定资产价值标准与原制度相比有所提高，原账中作为固定资产核算的实物资产，将有一部分要按照新制度转为库存物品。同时，新制度设置了“无形资产”科目，原在“固定资产”科目核算的无形资产，需转入新账的“无形资产”科目。

转账时，工会应当根据重新确定的固定资产目录，对原账中“固定资产”科目的余额进行分析：

（1）对于达不到新制度中固定资产确认标准的实物资产，应当将相应余额转入新账的“库存物品”科目，将相应的“固定基金”科目余额转入新账的“资产基金——库存物品”科目。

（2）对于原在“固定资产”科目核算的无形资产，应当将相应余额转入新账的“无形资产”科目，将相应的“固定基金”科目余额转入新账的“资产基金——无形资产”科目。

（3）对于符合新制度中固定资产确认标准的，应当将相应余额转入新账的“固定资产”科目，将相应的“固定基金”科目余额转入新账的“资产基金——固定资产”科目。

10.“零余额账户用款额度”科目。

新制度设置了“零余额账户用款额度”科目。由于原账的“零余额账户用款额度”科目年末无余额，该科目无需进行转账处理。

（二）负债类。

1.“应付工资（离退休费）”、“应付地方（部门）津贴补贴”、“应付其他个人收入”科目。

新制度设置了“应付职工薪酬”科目，该科目的核算内容包含了原账“应付工资（离退休费）”、“应付地方（部门）津贴补贴”、“应付其他个人收入”科目的核算内容。转账时，工会应当将原账的“应付工资（离退休费）”、“应付地方（部门）津贴补贴”、“应付其他个人收入”科目余额转入新账的“应付职工薪酬”科目。

2.“应付上级经费”科目。

新制度设置了“应付上级经费”科目，该科目的核算内容包括工会应上缴上级工会的工会拨缴经费。转账时，工会应当按照相关规定将原账的“应付上级经费”科目余额中的工会建会筹备金转入新账的“其他应付款”科目，将原账的“应付上级经费”科目余额减去建会筹备金后的差额转入新账的“应付上级经费”科目。

3.“应付下级经费”科目。

新制度设置了“应付下级经费”科目，该科目的核算内容包括工会应付下级工会的各项补助及应转拨下级工会的工会拨缴经费。转账时，工会应当按照相关规定将原账的“应付下级经费”科目余额中的工会建会筹备金转入新账的“其他应付款”科目，将原账的“应付下级经费”科目余额减去建会筹备金后的差额转入新账的“应付下级经费”科目。

4.“借入款”科目。

新制度未设置“借入款”科目，但设置了“其他应付款”科目。转账时，工会应当将原账的“借入款”科目余额，转入新账的“其他应付款”科目。

5.“其他应付款”科目。

新制度设置了“其他应付款”科目，该科目的核算内容包括原账“其他应付款”科目的核算内容。转账时，工会应当将原账的“其他应付款”科目余额，转入新账的“其他应付款”科目。

6. “代管经费”科目。

新制度设置了“代管经费”科目。转账时，工会应当将原账的“代管经费”科目余额，转入新账的“代管经费”科目。

（三）净资产类。

1. “固定基金”、“在建工程占用资金”、“投资基金”科目。

新制度设置了“资产基金”科目，该科目的核算内容包含了原账“固定基金”、“在建工程占用资金”、“投资基金”科目的核算内容。转账时，工会应当将“固定基金”、“在建工程占用资金”、“投资基金”科目余额对应转入新账的“资产基金”相关明细科目：

（1）工会应当对原账“固定基金”科目余额进行分析，将原账在“固定资产”科目核算的不再符合新制度固定资产确认标准的库存物品对应余额转入新账的“资产基金——库存物品”科目；将原账在“固定资产”科目核算的无形资产对应余额转入新账的“资产基金——无形资产”科目；将原账“固定基金”科目余额减去转入新账“资产基金——库存物品”和“资产基金——无形资产”科目金额后的余额转入新账的“资产基金——固定资产”科目。

（2）工会应当将原账的“投资基金”科目余额转入新账的“资产基金——投资”科目。

（3）工会应当将原账的“在建工程占用资金”科目余额转入新账的“资产基金——在建工程”科目。

2. “专用基金”科目。

新制度设置了“专用基金”科目，该科目的核算内容不再包括增收留成基金和财务专用基金，新制度下不再设置“增收留成基金”、“财务专用基金”明细科目。转账时，工会应当将原账的“专用基金——权益保障金”科目余额转入新账的“专用基金”科目，将原账的“专用基金——增收留成基金、财务专用基金”科目余额转入新账的“工会资金结余”科目。

3. “后备金”科目。

新制度未设置“后备金”科目。转账时，工会应当将原账的“后备金”科目余额转入新账的“工会资金结余”科目。

4. “结余”科目。

新制度未设置“结余”科目，但设置了“工会资金结转”、“工会资金结余”、“财政拨款结转”、“财政拨款结余”科目。转账时，工会应当结合预算编制与执行情况进行分析，将原账的“结余”科目余额（扣除转入新账中“资产基金——库存物品”科目金额）转入新账相关会计科目：

（1）基层工会应当根据分析结果，将符合结转性质的资金余额转入新账的“工会资金结转”科目；将剩余的资金余额转入“工会资金结余”科目。

（2）县级以上工会应当根据分析结果，将符合财政拨款结转性质的资金余额转入“财政拨款结转”科目；将符合财政拨款结余性质的资金余额转入“财政拨款结余”科目；将符合工会资金结转性质的资金余额转入“工会资金结转”科目；将剩余的资金余额转入“工会资金结余”科目。

（四）收入类、支出类。

由于原账中收入类、支出类科目年末无余额，无需进行转账处理。自2022年1月1日起，应当按照新制度设置收入类、支出类科目并进行账务处理。

（五）其他要求。

工会存在其他本规定未列举的原账科目余额的，应当比照本规定转入新账的相应科目。新账的科目设有明细科目的，应将原账中对应科目的余额加以分析，分别转入新账中相应科目的相关明细科目。

工会在进行新旧衔接的转账时，应当编制转账工作底稿，并将转入新账的对应原科目余额及分析原科目余额的依据作为原始凭证。

三、将原未入账事项登记新账

（一）资产类。

1. 无形资产。

工会在新旧制度转换时，应当将2021年12月31日前未入账的无形资产按照新制度规定记入新账。登记新账时，按照确定的无形资产成本，借记“无形资产”科目，贷记“资产基金——无形资产”科目。

2. 其他资产。

工会在新旧制度转换时，应当将2021年12月31日前未入账的其他资产按照新制度规定记入新账。登记新账时，按照确定的资产及其成本，分别借记相关资产科目，贷记相关净资产科目。

（二）负债类。

工会在新旧制度转换时，应当将2021年12月31日前未入账的负债按照新制度规定记入新账。登记新账时，按照确定的负债金额，借记“工会资金结余”科目，贷记相关负债科目。

（三）其他事项。

工会存在 2021 年 12 月 31 日前未入账的其他事项的，应当比照本规定登记新账的相应科目。

工会对新账的会计科目补记未入账事项时，应当编制记账凭证，并将补充登记事项的确认依据作为原始凭证。

四、对新账的相关会计科目余额进行调整

（一）转销已领用出库的库存物品对应余额。

工会应当对在原账“固定资产”科目核算的不符合新制度固定资产确认标准的库存物品进行分析，对于已领用出库的库存物品，应当将其成本一次性转销，按照确定的成本，借记“资产基金——库存物品”科目，贷记“库存物品”科目，同时做好相关实物资产的登记管理工作。

（二）补提折旧。

新制度设置了“累计折旧”科目，核算工会对固定资产计提的累计折旧。工会应当全面核查截至 2021 年 12 月 31 日符合新制度固定资产确认标准的固定资产的预计使用年限、已使用年限、尚可使用年限等，并于 2022 年 1 月 1 日对前期未计提折旧的固定资产补提折旧，按照应计提的折旧金额，借记“资产基金——固定资产”科目，贷记“累计折旧”科目。

（三）补提摊销。

新制度设置了“累计摊销”科目，核算工会对无形资产计提的累计摊销。工会应当全面核查截至 2021 年 12 月 31 日无形资产的预计使用年限、已使用年限、尚可使用年限等，并于 2022 年 1 月 1 日对前期未计提摊销的无形资产补提摊销，按照应计提的摊销金额，借记“资产基金——无形资产”科目，贷记“累计摊销”科目。

（四）转销不符合新制度规定的代管经费对应余额。

新制度“代管经费”科目的核算内容与原制度相比有所调整，对于不符合新制度规定的代管经费，工会应当对相应余额予以转销，按照确定的金额，借记“代管经费”科目，贷记“库存现金”、“银行存款”科目。

工会对新账的期初余额进行调整时，应当编制记账凭证，并将调整事项的确认依据作为原始凭证。

五、将基建账套相关数据并入新账

新制度执行后，工会的基本建设工程项目均通过新账的“在建工程”科目核算，不再执行《国有建设单位会计制度》（财会字〔1995〕45 号）。新旧制度转换时，工会应当将基建账相关数据并入新账。工会将 2021 年 12 月 31 日原基建账中相关科目余额并入新账时：

按照基建账中“建筑安装工程投资”、“设备投资”、“待摊投资”、“预付工程款”等科目余额，借记新账中“在建工程”科目相关明细科目；按照基建账中“交付使用资产”等科目余额，借记新账中“固定资产”等科目；按照基建账中“现金”、“银行存款”、“零余额账户用款额度”、“财政应返还额度”、“其他应收款”等科目余额，分别借记新账中“库存现金”、“银行存款”、“零余额账户用款额度”、“财政应返还额度”、“其他应收款”等科目；按照基建账中“基建投资借款”、“应付工程款”、“其他应付款”等科目余额，贷记新账中“其他应付款”科目；对基建账中“基建拨款”科目余额进行分析：按照归属于财政拨款结转结余的部分，贷记新账中“财政拨款结转”、“财政拨款结余”科目，按照归属于工会资金结转的部分，贷记新账中“工会资金结转”科目；按照基建账中“建筑安装工程投资”、“设备投资”、“待摊投资”、“预付工程款”、“交付使用资产”等科目余额，贷记新账中“资产基金”科目相关明细科目；按照基建账中其他科目余额，分析调整新账中相应科目；按照上述借贷方差额，贷记或借记新账中“工会资金结余”科目。

基建并账后，工会可以通过在新账有关会计科目下设置与基本建设项目相关的明细科目或增加标记，或设置基建项目辅助账等方式，满足基本建设项目竣工决算报表编制的需要。

工会将基建账并入新账时，应当编制记账凭证，将基建账各科目余额转入新账相关科目的依据作为原始凭证。

六、财务报表新旧衔接

（一）编制 2022 年 1 月 1 日资产负债表和国有资产情况表。

工会应当根据 2022 年 1 月 1 日新账的会计科目余额，按照新制度编制 2022 年 1 月 1 日资产负债表和国有资产情况表（仅要求填列各项目“年初余额”）。

（二）2022 年度财务报表的编制。

工会应当按照新制度编制 2022 年财务报表。在编制 2022 年度收入支出表、成本费用表时，不要求填列上年比较数。

工会应当根据 2022 年 1 月 1 日新账会计科目余额，填列 2022 年收入支出表的“年初资金结转结余”项目和财政拨款收入支出表的“年初财政拨款结转结余”项目。

附表：新旧制度会计科目对照表

附表：

新旧制度会计科目对照表

<table>
<tr><th rowspan="2">序号</th><th colspan="2">新制度会计科目</th><th colspan="2">原制度会计科目</th></tr>
<tr><th>编号</th><th>名称</th><th>编号</th><th>名称</th></tr>
<tr><td colspan="5">一、资产类科目</td></tr>
<tr><td>1</td><td>101</td><td>库存现金</td><td>101</td><td>库存现金</td></tr>
<tr><td>2</td><td>102</td><td>银行存款</td><td>102</td><td>银行存款</td></tr>
<tr><td>3</td><td>111</td><td>零余额账户用款额度</td><td>111</td><td>零余额账户用款额度</td></tr>
<tr><td>4</td><td>121</td><td>财政应返还额度</td><td>112</td><td>财政应返还额度</td></tr>
<tr><td>5</td><td>131</td><td>应收上级经费</td><td>131</td><td>应收上级经费</td></tr>
<tr><td>6</td><td>132</td><td>应收下级经费</td><td>132</td><td>应收下级经费</td></tr>
<tr><td>7</td><td rowspan="2">135</td><td rowspan="2">其他应收款</td><td>121</td><td>借出款</td></tr>
<tr><td>8</td><td>135</td><td>其他应收款</td></tr>
<tr><td>9</td><td>141</td><td>库存物品</td><td>141</td><td>库存物品</td></tr>
<tr><td>10</td><td>151</td><td>投资</td><td>151</td><td>投资</td></tr>
<tr><td>11</td><td>161</td><td>在建工程</td><td>161</td><td>在建工程</td></tr>
<tr><td>12</td><td>162</td><td>固定资产</td><td rowspan="4">162</td><td rowspan="4">固定资产</td></tr>
<tr><td>13</td><td>163</td><td>累计折旧</td></tr>
<tr><td>14</td><td>171</td><td>无形资产</td></tr>
<tr><td>15</td><td>172</td><td>累计摊销</td></tr>
<tr><td>16</td><td>181</td><td>长期待摊费用</td><td></td><td></td></tr>
<tr><td>17</td><td>182</td><td>待处理财产损溢</td><td></td><td></td></tr>
<tr><td colspan="5">二、负债类科目</td></tr>
<tr><td>18</td><td rowspan="3">201</td><td rowspan="3">应付职工薪酬</td><td>201</td><td>应付工资（离退休费）</td></tr>
<tr><td>19</td><td>202</td><td>应付地方（部门）津贴补贴</td></tr>
<tr><td>20</td><td>203</td><td>应付其他个人收入</td></tr>
<tr><td>21</td><td>211</td><td>应付上级经费</td><td>221</td><td>应付上级经费</td></tr>
<tr><td>22</td><td>212</td><td>应付下级经费</td><td>222</td><td>应付下级经费</td></tr>
<tr><td>23</td><td rowspan="2">215</td><td rowspan="2">其他应付款</td><td>211</td><td>借入款</td></tr>
<tr><td>24</td><td>225</td><td>其他应付款</td></tr>
<tr><td>25</td><td>221</td><td>代管经费</td><td>231</td><td>代管经费</td></tr>
</table>

续表

<table>
<tr><th rowspan="2">序号</th><th colspan="2">新制度会计科目</th><th colspan="2">原制度会计科目</th></tr>
<tr><th>编号</th><th>名称</th><th>编号</th><th>名称</th></tr>
<tr><td colspan="5">三、净资产类科目</td></tr>
<tr><td>26</td><td rowspan="3">301</td><td rowspan="3">资产基金</td><td>301</td><td>固定基金</td></tr>
<tr><td>27</td><td>302</td><td>在建工程占用资金</td></tr>
<tr><td>28</td><td>311</td><td>投资基金</td></tr>
<tr><td>29</td><td>311</td><td>专用基金</td><td rowspan="2">321</td><td rowspan="2">专用基金</td></tr>
<tr><td rowspan="3">30</td><td rowspan="3">322</td><td rowspan="3">工会资金结余</td></tr>
<tr><td>322</td><td>后备金</td></tr>
<tr><td rowspan="4">331</td><td rowspan="4">结余</td></tr>
<tr><td>31</td><td>321</td><td>工会资金结转</td></tr>
<tr><td>32</td><td>331</td><td>财政拨款结转</td></tr>
<tr><td>33</td><td>332</td><td>财政拨款结余</td></tr>
<tr><td>34</td><td>341</td><td>预算稳定调节基金</td><td></td><td></td></tr>
<tr><td colspan="5">四、收入类科目</td></tr>
<tr><td>35</td><td>401</td><td>会费收入</td><td>401</td><td>会费收入</td></tr>
<tr><td>36</td><td>402</td><td>拨缴经费收入</td><td>402</td><td>拨缴经费收入</td></tr>
<tr><td>37</td><td>403</td><td>上级补助收入</td><td>403</td><td>上级补助收入</td></tr>
<tr><td>38</td><td>404</td><td>政府补助收入</td><td>404</td><td>政府补助收入</td></tr>
<tr><td>39</td><td>405</td><td>行政补助收入</td><td>405</td><td>行政补助收入</td></tr>
<tr><td>40</td><td>406</td><td>附属单位上缴收入</td><td>406</td><td>事业收入</td></tr>
<tr><td>41</td><td>407</td><td>投资收益</td><td>407</td><td>投资收益</td></tr>
<tr><td>42</td><td>408</td><td>其他收入</td><td>408</td><td>其他收入</td></tr>
<tr><td>43</td><td>411</td><td>动用预算稳定调节基金</td><td></td><td></td></tr>
<tr><td colspan="5">五、支出类科目</td></tr>
<tr><td>44</td><td>501</td><td>职工活动支出</td><td rowspan="2">501</td><td rowspan="2">职工活动支出</td></tr>
<tr><td>45</td><td>502</td><td>职工活动组织支出</td></tr>
<tr><td>46</td><td>503</td><td>职工服务支出</td><td rowspan="2">503</td><td rowspan="2">业务支出</td></tr>
<tr><td>47</td><td>505</td><td>业务支出</td></tr>
<tr><td>48</td><td>504</td><td>维权支出</td><td>502</td><td>维权支出</td></tr>
<tr><td>49</td><td>506</td><td>行政支出</td><td>504</td><td>行政支出</td></tr>
<tr><td>50</td><td>507</td><td>资本性支出</td><td>505</td><td>资本性支出</td></tr>
<tr><td>51</td><td>508</td><td>补助下级支出</td><td>506</td><td>补助下级支出</td></tr>
<tr><td>52</td><td>509</td><td>对附属单位的支出</td><td>507</td><td>事业支出</td></tr>
<tr><td>53</td><td>510</td><td>其他支出</td><td>508</td><td>其他支出</td></tr>
<tr><td>54</td><td>521</td><td>安排预算稳定调节基金</td><td></td><td></td></tr>
</table>

财政部办公厅　全国总工会办公厅关于做好《工会会计制度》贯彻实施准备工作的通知

（财办会〔2021〕29 号　2021 年 9 月 15 日）

各省、自治区、直辖市、计划单列市财政厅（局），新疆生产建设兵团财政局，各省、自治区、直辖市总工会，中华全国铁路总工会、中国民航工会、中国金融工会，中央和国家机关工会联合会：

2021 年 4 月 14 日，财政部修订发布了《工会会计制度》（财会〔2021〕7 号），自 2022 年 1 月 1 日起在全国各级工会组织范围内施行。为了做好新制度贯彻实施的准备工作，现就有关事项通知如下：

一、统一思想，提高认识

修订后的新《工会会计制度》与原制度相比，在制定理念和具体内容等方面都作了调整完善。新制度借鉴政府会计改革的经验，适应了新时期工会业务发展的需要，全面体现了近年来工会财务管理的改革成果，有效满足了财政部门和不同层级工会会计主体的会计信息需求。新《工会会计制度》的发布实施，进一步完善了我国会计核算制度体系，必将有效促进各级工会组织统一核算标准，规范会计行为，强化会计监督，提升管理水平，对保障工运事业的健康发展和工会职能的有效发挥具有重要意义。

作为国家统一的会计制度的重要组成部分，《工会会计制度》具有其特殊适用性。各级财政部门和工会组织要充分认识《工会会计制度》修订实施的重要意义，统一思想、提高认识，深刻理解新《工会会计制度》的新内容新变化，准确把握新《工会会计制度》的新任务新要求，确保新《工会会计制度》平稳有效实施。

二、加强领导、明确责任

各级工会组织应当依据《中华人民共和国民法典》的有关规定，及时取得社会团体法人资格，依法承担独立使用管理工会经费的权利义务。工会主席作为各级工会组织的法定代表人，要认真落实《中华人民共和国会计法》关于"单位负责人对本单位的会计工作和会计资料的真实性、完整性负责"的规定，把新《工会会计制度》的贯彻实施作为一件大事来抓，加强对工会会计工作的组织领导，组织制定详细的实施方案，指导督促新《工会会计制度》有效实施。同时，健全会计机构，充实会计人员，加强基础管理，健全完善内部控制制度，加强会计制度实施与预决算管理的衔接，为新《工会会计制度》有效实施提供有力保障。上一级工会要加强对下级工会的会计业务指导，切实保证新《工会会计制度》的贯彻实施。

各级财政部门应当按照新《工会会计制度》的规定和要求，加强与各级工会组织合作，采取有效措施，认真做好制度实施的指导工作，依法对工会会计工作进行监督。

三、加强培训，全面覆盖

各级财政部门和工会组织应当加强配合，因地制宜开展培训。财政部、全国总工会负责省级工会财会干部的师资培训。在财政部、全国总工会的统一领导下，各级财政部门和工会组织要制定本地区、本系统的培训计划，认真组织新《工会会计制度》培训工作。要以新《工会会计制度》为依据，结合工会财务制度，逐级培训，扩大覆盖面，直至基层工会，使各级工会财会干部尽快熟悉和掌握新制度的各项规定和具体要求，高水平、高质量做好工会会计工作。

四、夯实基础，有效衔接

做好新旧会计制度衔接是贯彻实施新《工会会计制度》的关键环节。在 2022 年 1 月 1 日之前，各级工会组织要对现有资产和负债进行全面清查和盘点，明晰产权，完善记录，做好各项会计基础工作和新旧制度衔接的准备工作。

一是要清理核实和分类统计固定资产、无形资产、库存物品等资产数据，为准确计提折旧、摊销提供基础信息。

二是要根据国有资产和工会资产使用管理的相关规定，依法依规对毁损报废等资产进行处置，确保 2021 年 12 月 31 日前资产账实相符。

三是要及时清理往来款项，按照《中华全国总工会办公厅关于规范建会筹备金收缴管理的通知》（厅字〔2021〕20 号）要求，对以前年度收取的长期挂账的建会筹备金进行全面清理；对上下级工会组织之间因经费缴拨关系形成的应收应付款项，要认真核对，及时办理缴拨款；对其他往来款项，要根据《工会经费呆账处理办法》（总工发〔2002〕20 号）等有关规定，及时作出相应处理。

四是要严格基本建设会计账务管理，及时将已交付使用的建设项目转为固定资产等，按规定及时办理基本建设项目竣工财务决算手续，为基建账相关数据并入工会“大账”做好准备。

五是要梳理和分析结余资金的构成和性质，按新制度规定确定应转入新账的各类预算结转结余科目的金额。

六是要进一步核实代管经费的来源和性质，对于不符合新制度规定的代管经费，应当摸清底数，明确其核算要求，为转账工作做好准备。

在上述工作基础上，各级工会组织应当严格按照财政部发布的《工会新旧会计制度有关衔接问题的处理规定》（财会〔2021〕16 号），做好新旧转账及调整工作，必要时可聘请会计师事务所等中介机构参与其中，确保新旧制度有序衔接、平稳过渡。

五、补齐短板，提升水平

原《工会会计制度》实施十多年来，通过各级财政部门和工会组织的共同努力，工会会计基础工作不断规范，工会系统财务管理水平明显提高。各级工会组织要以贯彻实施新《工会会计制度》为契机，勇于直面问题，补齐短板，做强弱项，进一步推进工会财会工作高质量发展。

（一）强化绩效管理意识。县级以上工会要切实增强绩效管理意识，加强对成本费用表的分析和应用。各级工会组织要牢固树立过紧日子思想，坚持勤俭办一切事业的工作方针，切实增强全成本观念，降低机构运行费用，最大限度地将工会经费直接服务职工群众。

（二）加强资产管理。新《工会会计制度》要求县级以上工会应当根据实际情况在资产类科目下设置“国有资产”、“工会资产”明细科目，分别核算工会依法确认的国有资产和工会资产。各级工会组织要以增强公益性、服务性为目标，加强国有资产和工会资产的使用管理监督，理顺产权关系，严格执行国有资产与工会资产管理的相关规定，充分发挥工会服务阵地作用，确保国有资产和工会资产安全完整与有效使用。

（三）加强工会账户管理。各级工会组织要严格按照银行账户管理的有关规定，单独开立工会经费银行账户，确保工会经费独立核算、专款专用。各级财政部门、工会组织要加强对基层工会单独开立经费账户的指导，切实维护基层工会依法独立管理工会经费的职责。

（四）加强财会人员队伍建设。上级工会组织要加强对下级工会组织的领导，督促具备条件的基层工会设置会计机构，或者在内设机构中设置会计人员并指定会计主管人员；确不具备设置条件的，可以通过购买服务等方式委托经财政部门批准设立的代理记账机构代为办理会计事务，妥善解决基层工会财会力量相对薄弱的问题。

（五）大力加强工会财务信息化建设。全国总工会正在按照财务管理一体化建设的总体思路，积极推进工会系统财务信息化建设，工会财务管理核心业务将纳入全国工会财务管理一体化平台，相关业务规范和技术标准将陆续公布。各级工会特别是省级工会可根据本地区、本系统、本行业财务信息化建设的实际，加大投入力度，加快工作进度，加强财务信息化建设，进一步推进工会财会工作高质量发展。

财政部　税务总局关于延续宣传文化增值税优惠政策的公告

（财税〔2021〕10 号　2021 年 3 月 22 日）

为促进我国宣传文化事业的发展，继续实施宣传文化增值税优惠政策。现将有关事项公告如下：

一、自 2021 年 1 月 1 日起至 2023 年 12 月 31 日，执行下列增值税先征后退政策。

（一）对下列出版物在出版环节执行增值税 100%先征后退的政策：

1. 中国共产党和各民主党派的各级组织的机关报纸和机关期刊，各级人大、政协、政府、工会、共青团、妇联、残联、科协的机关报纸和机关期刊，新华社的机关报纸和机关期刊，军事部门的机关报纸和机关期刊。

上述各级组织不含其所属部门。机关报纸和机关期刊增值税先征后退范围掌握在一个单位一份报纸和一份期刊以内。

2. 专为少年儿童出版发行的报纸和期刊，中小学的学生教科书。

3. 专为老年人出版发行的报纸和期刊。

4. 少数民族文字出版物。

5. 盲文图书和盲文期刊。

6. 经批准在内蒙古、广西、西藏、宁夏、新疆五个自治区内注册的出版单位出版的出版物。

7. 列入本公告附件 1 的图书、报纸和期刊。

（二）对下列出版物在出版环节执行增值税先征后退 50%的政策：

1. 各类图书、期刊、音像制品、电子出版物，但本公告第一条第（一）项规定执行增值税 100%先征后退的出版物除外。

2. 列入本公告附件 2 的报纸。

（三）对下列印刷、制作业务执行增值税 100%先征后退的政策：

1. 对少数民族文字出版物的印刷或制作业务。

2. 列入本公告附件 3 的新疆维吾尔自治区印刷企业的印刷业务。

二、自 2021 年 1 月 1 日起至 2023 年 12 月 31 日，免征图书批发、零售环节增值税。

三、自2021年1月1日起至2023年12月31日，对科普单位的门票收入，以及县级及以上党政部门和科协开展科普活动的门票收入免征增值税。

四、享受本公告第一条第（一）项、第（二）项规定的增值税先征后退政策的纳税人，必须是具有相关出版物出版许可证的出版单位（含以“租型”方式取得专有出版权进行出版物印刷发行的出版单位）。承担省级及以上出版行政主管部门指定出版、发行任务的单位，因进行重组改制等原因尚未办理出版、发行许可证变更的单位，经财政部各地监管局（以下简称财政监管局）商省级出版行政主管部门核准，可以享受相应的增值税先征后退政策。

纳税人应当将享受上述税收优惠政策的出版物在财务上实行单独核算，不进行单独核算的不得享受本公告规定的优惠政策。违规出版物、多次出现违规的出版单位及图书批发零售单位不得享受本公告规定的优惠政策。上述违规出版物、出版单位及图书批发零售单位的具体名单由省级及以上出版行政主管部门及时通知相应财政监管局和主管税务机关。

五、已按软件产品享受增值税退税政策的电子出版物不得再按本公告申请增值税先征后退政策。

六、本公告规定的各项增值税先征后退政策由财政监管局根据财政部、税务总局、中国人民银行《关于税制改革后对某些企业实行“先征后退”有关预算管理问题的暂行规定的通知》〔(94)财预字第55号〕的规定办理。

七、本公告的有关定义

（一）本公告所述“出版物”，是指根据国务院出版行政主管部门的有关规定出版的图书、报纸、期刊、音像制品和电子出版物。所述图书、报纸和期刊，包括随同图书、报纸、期刊销售并难以分离的光盘、软盘和磁带等信息载体。

（二）图书、报纸、期刊（即杂志）的范围，按照《国家税务总局关于印发〈增值税部分货物征税范围注释〉的通知》(国税发〔1993〕151号）的规定执行；音像制品、电子出版物的范围，按照《财政部 税务总局关于简并增值税税率有关政策的通知》（财税〔2017〕37号）的规定执行。

（三）本公告所述“专为少年儿童出版发行的报纸和期刊”，是指以初中及初中以下少年儿童为主要对象的报纸和期刊。

（四）本公告所述“中小学的学生教科书”，是指普通中小学学生教科书和中等职业教育教科书。普通中小学学生教科书是指根据中小学国家课程方案和课程标准编写的，经国务院教育行政部门审定或省级教育行政部门审定的，由取得国务院出版行政主管部门批准的教科书出版、发行资质的单位提供的中小学学生上课使用的正式教科书，具体操作时按国务院和省级教育行政部门每年下达的“中小学教学用书目录”中所列“教科书”的范围掌握。中等职业教育教科书是指按国家规定设置标准和审批程序批准成立并在教育行政部门备案的中等职业学校，及在人力资源社会保障行政部门备案的技工学校学生使用的教科书，具体操作时按国务院和省级教育、人力资源社会保障行政部门发布的教学用书目录认定。中小学的学生教科书不包括各种形式的教学参考书、图册、读本、课外读物、练习册以及其他各类教辅材料。

（五）本公告所述“专为老年人出版发行的报纸和期刊”，是指以老年人为主要对象的报纸和期刊，具体范围见附件 4。

（六）本公告第一条第（一）项和第（二）项规定的图书包括“租型”出版的图书。

（七）本公告所述“科普单位”，是指科技馆、自然博物馆，对公众开放的天文馆（站、台）、气象台（站）、地震台（站），以及高等院校、科研机构对公众开放的科普基地。

本公告所述“科普活动”，是指利用各种传媒以浅显的、让公众易于理解、接受和参与的方式，向普通大众介绍自然科学和社会科学知识，推广科学技术的应用，倡导科学方法，传播科学思想，弘扬科学精神的活动。

八、本公告自 2021 年 1 月 1 日起执行。《财政部 税务总局关于延续宣传文化增值税优惠政策的通知》（财税〔2018〕53 号）同时废止。

按照本公告第二条和第三条规定应予免征的增值税，凡在接到本公告以前已经征收入库的，可抵减纳税人以后月份应缴纳的增值税税款或者办理税款退库。纳税人如果已向购买方开具了增值税专用发票，应当将专用发票追回后方可申请办理免税。凡专用发票无法追回的，一律照章征收增值税。

特此公告。

附件：1. 适用增值税 100%先征后退政策的特定图书、报纸和期刊名单

2. 适用增值税 50%先征后退政策的报纸名单
3. 适用增值税 100%先征后退政策的新疆维吾尔自治区印刷企业名单
4. 专为老年人出版发行的报纸和期刊名单

附件 1:

适用增值税 100%先征后退政策的特定图书、报纸和期刊名单

1. 《半月谈》(CN11-1271/D) 和《半月谈内部版》(CN11-1599/D)

2. 新华通讯社的刊号为 CN11-1363/D、CN11-4165/D、CN11-4166/D、CN11-4164/D、CN11-4139/D 和 CN11-4140/D 的期刊

3. 《法制日报》(CN11-0080)

4. 《检察日报》(CN11-0187)

5. 《人民法院报》(CN11-0194)

6. 《中国日报》(CN11-0091)

7. 《中国纪检监察报》(CN11-0176)

8. 《光明日报》(CN11-0026)

9. 《经济日报》(CN11-0014)

10. 《农民日报》(CN11-0055)

11. 《人民公安报》(CN11-0090)

12. 《中国妇女》[CN11-1245/C, CN11-1704/C(英文)]

13. 《长安》(CN11-3295/D)

14. 《中国火炬》(CN11-3316/C)

15. 《中国纪检监察》(CN10-1269/D)

16. 《环球时报》[CN11-0215, CN11-0272(英文版)]

17. 《中共中央办公厅通讯》[CN11-4129/D]

18. 《科技日报》[CN11-0078]

19. 国务院侨务办公室组织编写的背面印有"本书国务院侨办推展海外华文教育免费赠送"字样的华文教材(含多媒体教材)。

附件 2：

适用增值税 50%先征后退政策的报纸名单

类别	享受政策的报纸	代码
一、综合类报纸	1. 国际时政类报纸	133
	2. 外宣类报纸	134
	3. 其他类报纸	135
二、行业专业类报纸	1. 经济类报纸	201
	2. 工业产业类报纸	202
	3. 农业类报纸	203
	4. 文化艺术类报纸	206
	5. 法制公安类报纸	207
	6. 科技类报纸	208
	7. 教育类报纸	209
	8. 新闻出版类报纸	214
	9. 信息技术类报纸	215
	10. 其他类报纸	216

说明：1. 根据《新闻出版署关于印发〈报纸期刊年度核验办法〉的通知》（新出报刊〔2006〕181 号），报纸类别由各省出版行政主管部门根据报纸审批、变更时所认定的类别或根据报纸办报宗旨确定。具体类别或代码以出版行政主管部门出具的《报纸出版许可证》中“类别”栏标明的内容为准。

2. 对 2008 年底以前颁发的《报纸出版许可证》，如果没有标明相应报纸类别或代码的，应在报经国务院出版行政主管部门确认并出具证明后，再根据相应类别确定是否适用退税政策。

附件3：

适用增值税100%先征后退政策的新疆维吾尔自治区印刷企业名单

序号	企业名称
1	新疆新华印刷厂
2	新疆日报社印务中心
3	新疆金版印务有限公司
4	新疆新华印刷二厂
5	乌鲁木齐市海洋彩印有限公司
6	新疆兴华夏彩印有限公司
7	新疆双星彩印有限责任公司
8	乌鲁木齐旭鸿工贸有限公司
9	新疆育人教育招生考试印务有限公司
10	新疆大众彩印有限责任公司
11	乌鲁木齐松瑞印刷有限公司
12	新疆维吾尔自治区财政厅印刷厂
13	新疆翼百丰印务有限公司
14	乌鲁木齐隆益达印务有限公司
15	乌鲁木齐晚报印务有限公司
16	新疆恒远中汇彩印包装股份有限公司
17	乌鲁木齐市一龙祥瑞包装印务有限公司
18	乌鲁木齐网典方正多媒体制作有限公司
19	乌鲁木齐市冠雄印刷有限公司
20	乌鲁木齐大路印务有限公司
21	新疆统计印刷厂
22	新疆兴东印刷包装有限公司
23	乌鲁木齐精彩阳光印刷包装有限公司
24	伊犁日报印务有限责任公司

续表

序号	企业名称
25	哈密日报社印务中心（有限公司）
26	阿克苏飞达印务有限责任公司
27	新疆阿克苏新华印务有限责任公司
28	新疆天利人印务有限公司
29	昌吉州升华印刷有限责任公司
30	新疆朝阳印刷有限责任公司
31	新疆准东顶佳工贸有限责任公司
32	新疆巴音郭楞日报社印刷厂
33	巴州好彩彩印有限责任公司
34	喀什日报社印刷厂
35	喀什维吾尔文出版社彩印厂
36	新疆日报社南疆印务中心
37	新疆和田日报社印刷厂
38	阿勒泰地区泰昇报业印务有限责任公司
39	博尔塔拉蒙古自治州博报印务有限责任公司
40	克州盛东印刷有限责任公司
41	新疆塔城中信天成印刷有限责任公司
42	乌鲁木齐大金马印务有限责任公司
43	新疆八艺印刷厂
44	新疆新华华龙印务有限责任公司
45	乌鲁木齐市科恒彩印有限公司
46	新疆超亚印刷有限公司
47	乌鲁木齐新盾印务有限公司
48	乌鲁木齐红色印务包装有限公司
49	乌鲁木齐市博文印务有限公司
50	新疆新七彩印刷有限公司
51	乌鲁木齐八家户彩印有限公司
52	新疆思源印务有限公司

序号	企业名称
53	新疆生产建设兵团印刷厂
54	石河子报社印刷厂
55	新疆伊力特印务有限责任公司
56	阿克苏声远彩印有限公司
57	新疆红圣彤彩印包装有限公司
58	昌吉市新泰阳印刷包装有限公司

附件4：

专为老年人出版发行的报纸和期刊名单

类别	序号	名称	刊号
一、报纸	1	中国老年报	CN11-0031
	2	中老年时报	CN12-0024
	3	燕赵老年报	CN13-0027
	4	老友导报	CN14-0064
	5	辽宁老年报	CN21-0023
	6	晚晴报	CN21-0025
	7	老年日报	CN23-0018
	8	上海老年报	CN31-0026
	9	老年周报	CN32-0004
	10	浙江老年报	CN33-0097
	11	安徽老年报	CN34-0051
	12	福建老年报	CN35-0008
	13	老年生活报	CN37-0099
	14	老年文汇报	CN42-0074
	15	广州市老人报	CN44-0099
	16	广西老年报	CN45-0058
	17	晚霞报	CN51-0056

续表

序号		企业名称	
一、报纸	18	贵州老年报	CN52-0033
	19	云南老年报	CN53-0035
	20	陕西老年报	CN61-0041
	21	老年康乐报	CN65-0064
	22	老年康乐报（维文版）	CN65-0064/-W
	23	益寿文摘	CN34-0042
	24	老年文摘报	CN15-0062
	25	快乐老人报	CN43-0024
	26	生活晚报	CN65-0023
二、期刊	27	中国老年	CN11-1146/C
	28	老人世界	CN13-1123/C
	29	山西老年	CN14-1009/C
	30	老年世界	CN15-1013/C
	31	老同志之友	CN21-1006/C
	32	夕阳红	CN22-1325/C
	33	退休生活	CN23-1003/C
	34	老年学习生活	CN23-1090/C
	35	银潮	CN32-1385/C
	36	老友	CN36-1240/C
	37	老年教育	CN37-1007/G4
	38	老人春秋	CN41-1217/C
	39	当代老年	CN42-1297/D
	40	老年人	CN43-1261/C
	41	秋光	CN44-1493/C
	42	老年知音	CN45-1252/G0
	43	晚霞	CN51-1449/C
	44	晚晴	CN52-1006/C
	45	金秋	CN61-1385/C
	46	老年博览	CN62-1174/C

续表

序号		企业名称	
二、期刊	47	金色年代	CN31-1994/C
	48	老干部之家	CN37-1507/C
	49	新天地	CN11-5523/C
	50	乐活老年	CN21-1595/C

财政部关于印发《民间非营利组织会计制度》的通知

（财会〔2004〕7 号　2004 年 8 月 18 日）

国务院有关部委、有关直属机构，各省、自治区、直辖市、计划单列市财政厅（局），新疆生产建设兵团财务局：

为了规范民间非营利组织的会计核算，提高会计信息质量，根据《中华人民共和国会计法》以及国家有关法律、行政法规，我部制定了《民间非营利组织会计制度》，现印发给你们，于 2005 年 1 月 1 日起执行。执行中有何问题，请及时反馈我部。

民间非营利组织会计制度

第一章　总　　则

第一条　为了规范民间非营利组织的会计核算，保证会计信息的真实、完整，根据《中华人民共和国会计法》及国家其他有关法律、行政法规的规定，制定本制度。

第二条　本制度适用于在中华人民共和国境内依法设立的符合本制度规定特征的民间非营利组织。民间非营利组织包括依照国家法律、行政法规登记的社会团体、基金会、民办非企业单位和寺院、宫观、清真寺、教堂等。

适用本制度的民间非营利组织应当同时具备以下特征：

（一）该组织不以营利为宗旨和目的；

（二）资源提供者向该组织投入资源不取得经济回报；

（三）资源提供者不享有该组织的所有权。

第三条　会计核算应当以民间非营利组织的交易或者事项为对象，记录和反映该组织本身的各项业务活动。

第四条　会计核算应当以民间非营利组织的持续经营为前提。

第五条 会计核算应当划分会计期间，分期结算账目和编制财务会计报告。

第六条 会计核算应当以人民币作为记账本位币。业务收支以人民币以外的货币为主的民间非营利组织，可以选定其中一种货币作为记账本位币，但是编制的财务会计报告应当折算为人民币。

民间非营利组织在核算外币业务时，应当设置相应的外币账户。外币账户包括外币现金、外币银行存款、以外币结算的债权和债务账户等，这些账户应当与非外币的各该相同账户分别设置，并分别核算。

民间非营利组织发生外币业务时，应当将有关外币金额折算为记账本位币金额记账。除另有规定外，所有与外币业务有关的账户，应当采用业务发生时的汇率。当汇率波动较小时，也可以采用业务发生当期期初的汇率进行折算。

各种外币账户的外币余额，期末时应当按照期末汇率折合为记账本位币。按照期末汇率折合的记账本位币金额与账面记账本位币金额之间的差额，作为汇兑损益计入当期费用。但是，属于在借款费用应予资本化的期间内发生的与购建固定资产有关的外币专门借款本金及其利息所产生的汇兑差额，应当予以资本化，计入固定资产成本。借款费用应予资本化的期间依照本制度第三十五条加以确定。

本制度所称外币业务是指以记账本位币以外的货币进行的款项收付、往来结算等业务。

本制度所称的专门借款是指为购建固定资产而专门借入的款项。

第七条 会计核算应当以权责发生制为基础。

第八条 民间非营利组织在会计核算时，应当遵循以下基本原则：

（一）会计核算应当以实际发生的交易或者事项为依据，如实反映民间非营利组织的财务状况、业务活动情况和现金流量等信息。

（二）会计核算所提供的信息应当能够满足会计信息使用者（如捐赠人、会员、监管者等）的需要。

（三）会计核算应当按照交易或者事项的实质进行，而不应当仅仅按照它们的法律形式作为其依据。

（四）会计政策前后各期应当保持一致，不得随意变更。如有必要变更，应当在会计报表附注中披露变更的内容和理由、变更的累积影响数，以及累积影响数不能合理确定的理由等。

（五）会计核算应当按照规定的会计处理方法进行，会计信息应当口径一致、相互可比。

（六）会计核算应当及时进行，不得提前或延后。

（七）会计核算和编制的财务会计报告应当清晰明了，便于理解和使用。

（八）在会计核算中，所发生的费用应当与其相关的收入相配比，同一会计期间内的各项收入和与其相关的费用，应当在该会计期间内确认。

（九）资产在取得时应当按照实际成本计量，但本制度有特别规定的，按照特别规定的计量基础进行计量。其后，资产账面价值的调整，应当按照本制度的规定执行；除法律、行政法规和国家统一的会计制度另有规定外，民间非营利组织一律不得自行调整资产账面价值。

（十）会计核算应当遵循谨慎性原则。

（十一）会计核算应当合理划分应当计入当期费用的支出和应当予以资本化的支出。

（十二）会计核算应当遵循重要性原则，对资产、负债、净资产、收入、费用等有较大影响，并进而影响财务会计报告使用者据以做出合理判断的重要会计事项，必须按照规定的会计方法和程序进行处理，并在财务会计报告中予以充分披露；对于非重要的会计事项，在不影响会计信息真实性和不至于误导会计信息使用者做出正确判断的前提下，可适当简化处理。

第九条 会计记账应当采用借贷记账法。

第十条 会计记录的文字应当使用中文。在民族自治地区，会计记录可以同时使用当地通用的一种民族文字。境外民间非营利组织在中华人民共和国境内设立的代表处、办事处等机构，也可以同时使用一种外国文字记账。

第十一条 民间非营利组织应当根据有关会计法律、行政法规和本制度的规定，在不违反本制度的前提下，结合其具体情况，制定会计核算办法。

第十二条 民间非营利组织填制会计凭证、登记会计账簿、管理会计档案等，按照《中华人民共和国会计法》、《会计基础工作规范》和《会计档案管理办法》等规定执行。

第十三条 民间非营利组织应当根据国家有关法律、行政法规和内部会计控制规范，结合本单位的业务活动特点，制定相适应的内部会计控制制度，以加强内部会计监督，提高会计信息质量和管理水平。

第二章 资　　产

第十四条 资产是指过去的交易或者事项形成并由民间非营利组织拥

有或者控制的资源，该资源预期会给民间非营利组织带来经济利益或者服务潜力。资产应当按其流动性分为流动资产、长期投资、固定资产、无形资产和受托代理资产等。

第十五条 民间非营利组织应当定期或者至少于每年年度终了，对短期投资、应收款项、存货、长期投资等资产是否发生了减值进行检查，如果这些资产发生了减值，应当计提减值准备，确认减值损失，并计入当期费用。对于固定资产、无形资产等其他资产，如果发生了重大减值，也应当计提减值准备，确认减值损失，并计入当期费用。如果已计提减值准备的资产价值在以后会计期间得以恢复，则应当在该资产已计提减值准备的范围内部分或全部转回已确认的减值损失，冲减当期费用。

第十六条 对于民间非营利组织接受捐赠的现金资产，应当按照实际收到的金额入账。对于民间非营利组织接受捐赠的非现金资产，如接受捐赠的短期投资、存货、长期投资、固定资产和无形资产等，应当按照以下方法确定其入账价值：

（一）如果捐赠方提供了有关凭据（如发票、报关单、有关协议等）的，应当按照凭据上标明的金额作为入账价值。如果凭据上标明的金额与受赠资产公允价值相差较大，受赠资产应当以其公允价值作为其入账价值。

（二）如果捐赠方没有提供有关凭据的，受赠资产应当以其公允价值作为入账价值。

对于民间非营利组织接受的劳务捐赠，不予确认，但应当在会计报表附注中作相关披露。

第十七条 本制度中所称的公允价值是指在公平交易中，熟悉情况的交易双方自愿进行资产交换或者债务清偿的金额。公允价值的确定顺序如下：

（一）如果同类或者类似资产存在活跃市场的，应当按照同类或者类似资产的市场价格确定公允价值。

（二）如果同类或类似资产不存在活跃市场，或者无法找到同类或者类似资产的，应当采用合理的计价方法确定资产的公允价值。

在本制度规定应当采用公允价值的情况下，如果有确凿的证据表明资产的公允价值确实无法可靠计量，则民间非营利组织应当设置辅助账，单独登记所取得资产的名称、数量、来源、用途等情况，并在会计报表附注中作相关披露。在以后会计期间，如果该资产的公允价值能够可靠计量，民间非营利组织应当在其能够可靠计量的会计期间予以确认，并以公允价值计量。

第十八条 民间非营利组织如发生非货币性交易，应当按照以下原则处理：

（一）以换出资产的账面价值，加上应支付的相关税费，作为换入资产的入账价值。

（二）非货币性交易中如果发生补价，应区别不同情况处理：

1. 支付补价的民间非营利组织，应以换出资产的账面价值加上补价和应支付的相关税费，作为换入资产的入账价值。

2. 收到补价的民间非营利组织，应按以下公式确定换入资产的入账价值和应确认的收入或费用：

换入资产入账价值=换出资产账面价值-（补价÷换出资产公允价值）×换出资产账面价值-（补价÷换出资产公允价值）×应交税金+应支付的相关税费

应确认的收入或费用=补价×［1-（换出资产账面价值+应交税金）÷换出资产公允价值］

（三）在非货币性交易中，如果同时换入多项资产，应按换入各项资产的公允价值占换入资产公允价值总额的比例，对换出资产的账面价值总额和应支付的相关税费进行分配，以确定各项换入资产的入账价值。

本制度所称非货币性交易是指交易双方以非货币性资产进行的交换，这种交换不涉及或只涉及少量的货币性资产（即补价）。其中，货币性资产是指持有的现金及将以固定或可确定金额的货币收取的资产；非货币性资产是指货币性资产以外的资产。

第一节 流动资产

第十九条 流动资产是指预期可在 1 年内（含 1 年）变现或者耗用的资产，主要包括现金、银行存款、短期投资、应收款项、预付账款、存货、待摊费用等。

第二十条 民间非营利组织应当设置现金和银行存款日记账，按照业务发生顺序逐日逐笔登记。有外币现金和存款的民间非营利组织，还应当分别按人民币和外币进行明细核算。

现金的核算应当做到日清月结，其账面余额必须与库存数相符；银行存款的账面余额应当与银行对账单定期核对，并与按月编制的银行存款余额调节表调节相符。

本制度所称的账面余额是指会计科目的账面实际余额，不扣除作为该科目备抵的项目（如累计折旧、资产减值准备等）。

第二十一条 短期投资是指能够随时变现并且持有时间不准备超过1年（含1年）的投资，包括股票、债券投资等。

（一）短期投资在取得时应当按照投资成本计量。短期投资取得时的投资成本按以下方法确定：

1. 以现金购入的短期投资，按照实际支付的全部价款，包括税金、手续费等相关税费作为其投资成本。实际支付的价款中包含的已宣告但尚未领取的现金股利或已到付息期但尚未领取的债券利息，应当作为应收款项单独核算，不构成短期投资成本。

2. 接受捐赠的短期投资，按照本制度第十六条的规定确定其投资成本。

3. 通过非货币性交易换入的短期投资，按照本制度第十八条的规定确定其投资成本。

（二）短期投资的利息或现金股利应当于实际收到时冲减投资的账面价值，但在购买时已计入应收款项的现金股利或者利息除外。

（三）期末，民间非营利组织应当按照本制度第十五条的规定对短期投资是否发生了减值进行检查。如果短期投资的市价低于其账面价值，应当按照市价低于账面价值的差额计提短期投资跌价准备，确认短期投资跌价损失并计入当期费用。如果短期投资的市价高于其账面价值，应当在该短期投资期初已计提跌价准备的范围内转回市价高于账面价值的差额，冲减当期费用。

（四）处置短期投资时，应当将实际取得价款与短期投资账面价值的差额确认为当期投资损益。

本制度所称的账面价值是指某会计科目的账面余额减去相关的备抵项目后的净额。

民间非营利组织的委托贷款和委托投资（包括委托理财）应当区分期限长短，分别作为短期投资和长期投资核算和列报。

第二十二条 应收款项是指民间非营利组织在日常业务活动过程中发生的各项应收未收债权，包括应收票据、应收账款和其他应收款等。

（一）应收款项应当按照实际发生额入账，并按照往来单位或个人等设置明细账，进行明细核算。

（二）期末，应当分析应收款项的可收回性，对预计可能产生的坏账损失计提坏账准备，确认坏账损失并计入当期费用。

第二十三条 预付账款是指民间非营利组织预付给商品供应单位或者服务提供单位的款项。

预付账款应当按照实际发生额入账，并按照往来单位或个人等设置明细账，进行明细核算。

第二十四条 存货是指民间非营利组织在日常业务活动中持有以备出售或捐赠的，或者为了出售或捐赠仍处在生产过程中的，或者将在生产、提供服务或日常管理过程中耗用的材料、物资、商品等。

（一）存货在取得时，应当以其实际成本入账。存货成本包括采购成本、加工成本和其他成本。其中，采购成本一般包括实际支付的采购价款、相关税费、运输费、装卸费、保险费以及其他可直接归属于存货采购的费用。加工成本包括直接人工以及按照合理方法分配的与存货加工有关的间接费用。其他成本是指除采购成本、加工成本以外的，使存货达到目前场所和状态所发生的其他支出。接受捐赠的存货，按照本制度第十六条的规定确定其成本。通过非货币性交易换入的存货，按照本制度第十八条的规定确定其成本。

（二）存货在发出时，应当根据实际情况采用个别计价法、先进先出法或者加权平均法，确定发出存货的实际成本。

（三）存货应当定期进行清查盘点，每年至少盘点一次。对于发生的盘盈、盘亏以及变质、毁损等存货，应当及时查明原因，并根据民间非营利组织的管理权限，经理事会、董事会或类似权力机构批准后，在期末结账前处理完毕。对于盘盈的存货，应当按照其公允价值入账，并确认为当期收入；对于盘亏或者毁损的存货，应先扣除残料价值、可以收回的保险赔偿和过失人的赔偿等，将净损失确认为当期费用。

（四）期末，民间非营利组织应当按照本制度第十五条的规定对存货是否发生了减值进行检查。如果存货的可变现净值低于其账面价值，应当按照可变现净值低于账面价值的差额计提存货跌价准备，确认存货跌价损失并计入当期费用。如果存货的可变现净值高于其账面价值，应当在该存货期初已计提跌价准备的范围内转回可变现净值高于账面价值的差额，冲减当期费用。

本制度所称的可变现净值是指在正常业务活动中，以存货的估计售价减去至完工将要发生的成本以及销售所必需的费用后的金额。

第二十五条 待摊费用是指民间非营利组织已经支出，但应当由本期和以后各期分别负担的、分摊期在 1 年以内（含 1 年）的各项费用，如预付保险费、预付租金等。

待摊费用应当按其受益期限在 1 年内分期平均摊销，计入有关费用。

第二节　长期投资

第二十六条　长期投资，是指除短期投资以外的投资，包括长期股权投资和长期债权投资等。

第二十七条　长期股权投资应当按照以下原则核算。

（一）长期股权投资在取得时，应当按取得时的实际成本作为初始投资成本。初始投资成本按以下方法确定：

1. 以现金购入的长期股权投资，按照实际支付的全部价款，包括税金、手续费等相关费用，作为初始投资成本。实际支付的价款中包含的已宣告但尚未领取的现金股利，应当作为应收款项单独核算，不构成初始投资成本。

2. 接受捐赠的长期股权投资，按照本制度第十六条的规定，确定其初始投资成本。

3. 通过非货币性交易换入的长期股权投资，按照本制度第十八条的规定确定其初始投资成本。

（二）长期股权投资应当区别不同情况，分别采用成本法或者权益法核算。如果民间非营利组织对被投资单位无控制、无共同控制且无重大影响，长期股权投资应当采用成本法进行核算；如果民间非营利组织对被投资单位具有控制、共同控制或重大影响，长期股权投资应当采用权益法进行核算。

采用成本法核算时，被投资单位经股东大会或者类似权力机构批准宣告发放的利润或现金股利，作为当期投资收益。

采用权益法核算时，按应当享有或应当分担的被投资单位当年实现的净利润或发生的净亏损的份额调整投资账面价值，并作为当期投资损益。按被投资单位宣告分派的利润或现金股利计算分得的部分，减少投资账面价值。

被投资单位宣告分派的股票股利不作账务处理，但应当设置辅助账进行数量登记。

本制度所称的控制是指有权决定被投资单位的财务和经营政策，并能据以从该单位的经营活动中获得利益；本制度所称的共同控制，是指按合同约定对某项经济活动所共有的控制；本制度所称的重大影响，是指对被投资单位的财务和经营政策有参与决策的权力，但并不决定这些政策。

（三）处置长期股权投资时，应当将实际取得价款与投资账面价值的差额确认为当期投资损益。

第二十八条　长期债权投资应当按照以下原则核算。

（一）长期债权投资在取得时，应当按取得时的实际成本作为初始投资成本。初始投资成本按以下方法确定：

1. 以现金购入的长期债权投资，按照实际支付的全部价款，包括税金、手续费等相关费用，作为初始投资成本。实际支付的价款中包含的已到付息期但尚未领取的债券利息，应当作为应收款项单独核算，不构成初始投资成本。

2. 接受捐赠取得的长期债权投资，按照本制度第十六条的规定确定其初始投资成本。

3. 通过非货币性交易换入的长期债权投资，按照本制度第十八条的规定确定其初始投资成本。

（二）长期债权投资应当按照票面价值与票面利率按期计算确认利息收入。长期债券投资的初始投资成本与债券面值之间的差额，应当在债券存续期间，按照直线法于确认相关债券利息收入时予以摊销。

（三）持有可转换公司债券的民间非营利组织，可转换公司债券在转换为股份之前，应当按一般债券投资进行处理。当民间非营利组织行使转换权利，将其持有的债券投资转换为股份时，应当按其账面价值减去收到的现金后的余额，作为股权投资的初始投资成本。

（四）处置长期债权投资时，应当将实际取得价款与投资账面价值的差额，确认为当期投资损益。

第二十九条 民间非营利组织改变投资目的，将短期投资划转为长期投资，应当按短期投资的成本与市价孰低结转。

第三十条 期末，民间非营利组织应当按照本制度第十五条的规定对长期投资是否发生了减值进行检查。如果长期投资的可收回金额低于其账面价值，应当按照可收回金额低于账面价值的差额计提长期投资减值准备，确认长期投资减值损失并计入当期费用。如果长期投资的可收回金额高于其账面价值，应当在该长期投资期初已计提减值准备的范围内转回可收回金额高于账面价值的差额，冲减当期费用。

本制度所称可收回金额是指资产的销售净价与预期从该资产的持续使用和使用寿命结束时的处置中形成的预计未来现金流量的现值两者之中的较高者，其中销售净价是指销售价值减资产处置费用后的余额。

第三节 固定资产

第三十一条 固定资产，是指同时具有以下特征的有形资产：

（一）为行政管理、提供服务、生产商品或者出租目的而持有的；

（二）预计使用年限超过 1 年；

（三）单位价值较高。

第三十二条 固定资产在取得时，应当按取得时的实际成本入账。取得时的实际成本包括买价、包装费、运输费、交纳的有关税金等相关费用，以及为使固定资产达到预定可使用状态前所必要的支出。固定资产取得时的实际成本应当根据具体情况分别确定：

（一）外购的固定资产，按照实际支付的买价、相关税费以及为使固定资产达到预定可使用状态前所发生的可直接归属于该固定资产的其他支出（如运输费、安装费、装卸费等）确定其成本。

如果以一笔款项购入多项没有单独标价的固定资产，按各项固定资产公允价值的比例对总成本进行分配，分别确定各项固定资产的成本。

（二）自行建造的固定资产，按照建造该项资产达到预定可使用状态前所发生的全部必要支出确定其成本。

（三）接受捐赠的固定资产，应当按照本制度第十六条的规定确定其成本。

（四）通过非货币性交易换入的固定资产，按照本制度第十八条的规定确定其成本。

（五）融资租入的固定资产，按照租赁协议或者合同确定的价款、运输款、途中保险费、安装调试费以及融资租入固定资产达到预定可使用状态前发生的借款费用等确定其成本。

第三十三条 在建工程，包括施工前期准备、正在施工中的建筑工程、安装工程、技术改造工程等。工程项目较多且工程支出较大的，应当按照工程项目的性质分项核算。

第三十四条 在建工程应当按照所建造工程达到预定可使用状态前实际发生的全部必要支出确定其工程成本，并单独核算。在建工程的工程成本应当根据以下具体情况分别确定：

（一）对于自营工程，按照直接材料、直接人工、直接机械使用费等确定其成本。

（二）对于出包工程，按照应支付的工程价款等确定其成本。

第三十五条 为购建固定资产而发生的专门借款的借款费用在规定的允许资本化的期间内，应当按照专门借款的借款费用的实际发生额予以资本化，计入在建工程成本。这里的借款费用包括因借款而发生的利息、辅助费用以及因外币借款而发生的汇兑差额。

只有在以下三个条件同时具备时，因专门借款所发生的借款费用才允许开始资本化：

（一）资产支出已经发生；

（二）借款费用已经发生；

（三）为使资产达到预定可使用状态所必要的购建活动已经开始。

如果固定资产的购建活动发生非正常中断，并且中断时间连续超过3个月（含3个月），应当暂停借款费用的资本化，将中断期间内所发生的借款费用确认为当期费用，直至资产的购建活动重新开始。但是，如果中断是使购建的固定资产达到预定可使用状态所必要的程序，则借款费用的资本化应当继续进行。

当所购建的固定资产达到预定可使用状态时，应当停止借款费用的资本化，之后所发生的借款费用应当于发生时计入当期费用。通常所购建的固定资产达到以下状态时，应当视为所购建的固定资产已经达到预定可使用状态：

（一）固定资产的实体建造（包括安装）工作已经全部完成或者实质上已经完成；

（二）所购建的固定资产与设计要求或者合同要求相符或者基本相符，即使有极个别与设计或者合同要求不相符的地方，也不影响其正常使用；

（三）继续发生在所购建固定资产上的支出金额很少或者几乎不再发生。

第三十六条　所购建的固定资产已达到预定可使用状态时，应当自达到预定可使用状态之日起，将在建工程成本转入固定资产核算。

第三十七条　民间非营利组织应当对固定资产计提折旧，在固定资产的预计使用寿命内系统地分摊固定资产的成本。

民间非营利组织应当根据固定资产的性质和消耗方式，合理地确定固定资产的预计使用年限和预计净残值。

民间非营利组织应当按照固定资产所含经济利益或者服务潜力的预期实现方式选择折旧方法，可选用的折旧方法包括年限平均法、工作量法、双倍余额递减法和年数总和法。折旧方法一经确定，不得随意变更。如果由于固定资产所含经济利益或者服务潜力预期实现方式发生重大改变而确实需要变更的，应当在会计报表附注中披露相关信息。

第三十八条　民间非营利组织应当按月提取折旧，当月增加的固定资产，当月不提折旧，从下月起计提折旧；当月减少的固定资产，当月照提折旧，从下月起不提折旧。

第三十九条　与固定资产有关的后续支出，如果使可能流入民间非营利组织的经济利益或者服务潜力超过了原先的估计，如延长了固定资产的使用寿命，或者使服务质量实质性提高，或者使商品成本实质性降低，则应当计入固定资产账面价值，但其增计后的金额不应当超过该固定资产的可收回金额。其他后续支出，应当计入当期费用。

第四十条 民间非营利组织由于出售、报废或者毁损等原因而发生的固定资产清理净损益，应当计入当期收入或者费用。

第四十一条 用于展览、教育或研究等目的的历史文物、艺术品以及其他具有文化或者历史价值并作长期或者永久保存的典藏等，作为固定资产核算，但不必计提折旧。在资产负债表中，应当单列“文物文化资产”项目予以单独反映。

第四十二条 民间非营利组织对固定资产应当定期或者至少每年实地盘点一次。对盘盈、盘亏的固定资产，应当及时查明原因，写出书面报告，并根据管理权限经董事会、理事会或类似权力机构批准后，在期末结账前处理完毕。盘盈的固定资产应当按照其公允价值入账，并计入当期收入；盘亏的固定资产在减去过失人或者保险公司等赔款和残料价值之后计入当期费用。

第四十三条 民间非营利组织对固定资产的购建、出售、清理、报废和内部转移等都应当办理会计手续，并应当设置固定资产明细账（或者固定资产卡片）进行明细核算。

第四节 无形资产

第四十四条 无形资产是指民间非营利组织为开展业务活动、出租给他人或为管理目的而持有的且没有实物形态的非货币性长期资产，包括专利权、非专利技术、商标权、著作权、土地使用权等。

第四十五条 无形资产在取得时，应当按照取得时的实际成本入账。

（一）购入的无形资产，按照实际支付的价款确定其实际成本。

（二）自行开发并按法律程序申请取得的无形资产，按依法取得时发生的注册费、聘请律师费等费用，作为无形资产的实际成本。依法取得前，在研究与开发过程中发生的材料费用、直接参与开发人员的工资及福利费、开发过程中发生的租金、借款费用等直接计入当期费用。

（三）接受捐赠的无形资产，按照本制度第十六条的规定确定其实际成本。

（四）通过非货币性交易换入的无形资产，按照本制度第十八条的规定确定其实际成本。

第四十六条 无形资产应当自取得当月起在预计使用年限内分期平均摊销，计入当期费用。如预计使用年限超过了相关合同规定的受益年限或法律规定的有效年限，该无形资产的摊销年限按如下原则确定：

（一）合同规定了受益年限但法律没有规定有效年限的，摊销期不应超过合同规定的受益年限；

（二）合同没有规定受益年限但法律规定了有效年限的，摊销期不应超过法律规定的有效年限；

（三）合同规定了受益年限，法律也规定了有效年限的，摊销期不应超过受益年限和有效年限两者之中较短者。

如果合同没有规定受益年限，法律也没有规定有效年限的，摊销期不应超过 10 年。

第四十七条 民间非营利组织处置无形资产，应当将实际取得的价款与该项无形资产的账面价值之间的差额，计入当期收入或者费用。

第五节 受托代理资产

第四十八条 受托代理资产是指民间非营利组织接受委托方委托从事受托代理业务而收到的资产。在受托代理过程中，民间非营利组织通常只是从委托方收到受托资产，并按照委托人的意愿将资产转赠给指定的其他组织或者个人。民间非营利组织本身只是在委托代理过程中起中介作用，无权改变受托代理资产的用途或者变更受益人。

民间非营利组织应当对受托代理资产比照接受捐赠资产的原则进行确认和计量，但在确认一项受托代理资产时，应当同时确认一项受托代理负债。

第三章 负 债

第四十九条 负债是指过去的交易或者事项形成的现时义务，履行该义务预期会导致含有经济利益或者服务潜力的资源流出民间非营利组织。负债应当按其流动性分为流动负债、长期负债和受托代理负债等。

第五十条 或有事项是指过去的交易或者事项形成的一种状况，其结果须通过未来不确定事项的发生或不发生予以证实。

如果与或有事项相关的义务同时符合以下条件，应当将其确认为负债，以清偿该负债所需支出的最佳估计数予以计量，并在资产负债表中单列项目予以反映：

（一）该义务是民间非营利组织承担的现时义务；

（二）该义务的履行很可能导致含有经济利益或者服务潜力的资源流出民间非营利组织；

（三）该义务的金额能够可靠地计量。

第五十一条 流动负债是指将在1年内（含1年）偿还的负债，包括短期借款、应付款项、应付工资、应交税金、预收账款、预提费用和预计负债等。

（一）短期借款是指民间非营利组织向银行或其他金融机构等借入的期限在1年以下（含1年）的各种借款。

（二）应付款项是指民间非营利组织在日常业务活动过程中发生的各项应付票据、应付账款和其他应付款等应付未付款项。

（三）应付工资是指民间非营利组织应付未付的员工工资。

（四）应交税金是指民间非营利组织应交未交的各种税费。

（五）预收账款是指民间非营利组织向服务和商品购买单位预收的各种款项。

（六）预提费用是指民间非营利组织预先提取的已经发生但尚未支付的费用，如预提的租金、保险费、借款利息等。

（七）预计负债是指民间非营利组织对因或有事项所产生的现时义务而确认的负债。

第五十二条 各项流动负债应当按实际发生额入账。

短期借款应当按照借款本金和确定的利率按期计提利息，计入当期费用。

第五十三条 长期负债是指偿还期限在1年以上（不含1年）的负债，包括长期借款、长期应付款和其他长期负债。

（一）长期借款是指民间非营利组织向银行或其他金融机构等借入的期限在1年以上（不含1年）的各种借款。

（二）长期应付款主要是指民间非营利组织融资租入固定资产发生的应付租赁款。

（三）其他长期负债是指除长期借款和长期应付款外的长期负债。

第五十四条 各项长期负债应当按实际发生额入账。

第五十五条 受托代理负债是指民间非营利组织因从事受托代理交易、接受受托代理资产而产生的负债。受托代理负债应当按照相对应的受托代理资产的金额予以确认和计量。

第四章　净　资　产

第五十六条 民间非营利组织的净资产是指资产减去负债后的余额。净资产应当按照其是否受到限制，分为限定性净资产和非限定性净资产等。

如果资产或者资产所产生的经济利益（如资产的投资收益和利息等）的使用受到资产提供者或者国家有关法律、行政法规所设置的时间限制或（和）用途限制，则由此形成的净资产即为限定性净资产，国家有关法律、行政法规对净资产的使用直接设置限制的，该受限制的净资产亦为限定性净资产；除此之外的其他净资产，即为非限定性净资产。

本制度所称的时间限制，是指资产提供者或者国家有关法律、行政法规要求民间非营利组织在收到资产后的特定时期之内或特定日期之后使用该项资产，或者对资产的使用设置了永久限制。

本制度所称的用途限制，是指资产提供者或者国家有关法律、行政法规要求民间非营利组织将收到的资产用于某一特定的用途。

民间非营利组织的董事会、理事会或类似权力机构对净资产的使用所作的限定性决策、决议或拨款限额等，属于民间非营利组织内部管理上对资产使用所作的限制，不属于本制度所界定的限定性净资产。

第五十七条　如果限定性净资产的限制已经解除，应当对净资产进行重新分类，将限定性净资产转为非限定性净资产。

当存在下列情况之一时，可以认为限定性净资产的限制已经解除：

（一）所限定净资产的限制时间已经到期；

（二）所限定净资产规定的用途已经实现（或者目的已经达到）；

（三）资产提供者或者国家有关法律、行政法规撤销了所设置的限制。

如果限定性净资产受到两项或两项以上的限制，应当在最后一项限制解除时，才能认为该项限定性净资产的限制已经解除。

第五章　收　　入

第五十八条　收入是指民间非营利组织开展业务活动取得的、导致本期净资产增加的经济利益或者服务潜力的流入。收入应当按其来源分为捐赠收入、会费收入、提供服务收入、政府补助收入、投资收益、商品销售收入等主要业务活动收入和其他收入等。

（一）捐赠收入是指民间非营利组织接受其他单位或者个人捐赠所取得的收入。

（二）会费收入是指民间非营利组织根据章程等的规定向会员收取的会费。

（三）提供服务收入是指民间非营利组织根据章程等的规定向其服务对象提供服务取得的收入，包括学费收入、医疗费收入、培训收入等。

（四）政府补助收入是指民间非营利组织接受政府拨款或者政府机构

给予的补助而取得的收入。

（五）商品销售收入是指民间非营利组织销售商品（如出版物、药品等）等所形成的收入。

（六）投资收益是指民间非营利组织因对外投资取得的投资净损益。

民间非营利组织如果有除上述捐赠收入、会费收入、提供服务收入、政府补助收入、商品销售收入、投资收益之外的其他主要业务活动收入，也应当单独核算。

（七）其他收入，是指除上述主要业务活动收入以外的其他收入，如固定资产处置净收入、无形资产处置净收入等。

对于民间非营利组织接受的劳务捐赠，不予确认，但应当在会计报表附注中作相关披露。

第五十九条 民间非营利组织在确认收入时，应当区分交换交易所形成的收入和非交换交易所形成的收入。

（一）交换交易是指按照等价交换原则所从事的交易，即当某一主体取得资产、获得服务或者解除债务时，需要向交易对方支付等值或者大致等值的现金，或者提供等值或者大致等值的货物、服务等的交易。如按照等价交换原则销售商品、提供劳务等均属于交换交易。

对于因交换交易所形成的商品销售收入，应当在下列条件下同时满足时予以确认：

1. 已将商品所有权上的主要风险和报酬转移给购货方；

2. 既没有保留通常与所有权相联系的继续管理权，也没有对已售出的商品实施控制；

3. 与交易相关的经济利益能够流入民间非营利组织；

4. 相关的收入和成本能够可靠地计量。

对于因交换交易所形成的提供劳务收入，应当按以下规定予以确认：

1. 在同一会计年度内开始并完成的劳务，应当在完成劳务时确认收入；

2. 如果劳务的开始和完成分属不同的会计年度，可以按完工进度或完成的工作量确认收入。

对于因交换交易所形成的因让渡资产使用权而发生的收入应当在下列条件同时满足时予以确认：

1. 与交易相关的经济利益能够流入民间非营利组织；

2. 收入的金额能够可靠地计量。

（二）非交换交易是指除交换交易之外的交易。在非交换交易中，某一主体取得资产、获得服务或者解除债务时，不必向交易对方支付等值或者大致等值的现金，或者提供等值或者大致等值的货物、服务等；或者某一主体在对外提供货物、服务等时，没有收到等值或者大致等值的现金、货物等。如捐赠、政府补助等均属于非交换交易。

对于因非交换交易所形成的收入，应当在同时满足下列条件时予以确认：

1. 与交易相关的含有经济利益或者服务潜力的资源能够流入民间非营利组织并为其所控制，或者相关的债务能够得到解除；

2. 交易能够引起净资产的增加；

3. 收入的金额能够可靠地计量。

一般情况下，对于无条件的捐赠或政府补助，应当在捐赠或政府补助收到时确认收入；对于附条件的捐赠或政府补助，应当在取得捐赠资产或政府补助资产控制权时确认收入，但当民间非营利组织存在需要偿还全部或部分捐赠资产（或者政府补助资产）或者相应金额的现时义务时，应当根据需要偿还的金额同时确认一项负债和费用。

第六十条 民间非营利组织对于各项收入应当按是否存在限定区分为非限定性收入和限定性收入进行核算。

如果资产提供者对资产的使用设置了时间限制或者（和）用途限制，则所确认的相关收入为限定性收入；除此之外的其他收入，为非限定性收入。

民间非营利组织的会费收入、提供服务收入、商品销售收入和投资收益等一般为非限定性收入，除非相关资产提供者对资产的使用设置了限制。民间非营利组织的捐赠收入和政府补助收入，应当视相关资产提供者对资产的使用是否设置了限制，分别限定性收入和非限定性收入进行核算。

第六十一条 期末，民间非营利组织应当将本期限定性收入和非限定性收入分别结转至净资产项下的限定性净资产和非限定性净资产。

第六章 费 用

第六十二条 费用是指民间非营利组织为开展业务活动所发生的、导致本期净资产减少的经济利益或者服务潜力的流出。费用应当按照其功能分为业务活动成本、管理费用、筹资费用和其他费用等。

（一）业务活动成本，是指民间非营利组织为了实现其业务活动目标、开展其项目活动或者提供服务所发生的费用。如果民间非营利组织从事的项目、提供的服务或者开展的业务比较单一，可以将相关费用全部归集在“业务活动成本”项目下进行核算和列报；如果民间非营利组织从事的项目、提供的服务或者开展的业务种类较多，民间非营利组织应当在“业务活动成本”项目下分别项目、服务或者业务大类进行核算和列报。

（二）管理费用，是指民间非营利组织为组织和管理其业务活动所发生的各项费用，包括民间非营利组织董事会（或者理事会或者类似权力机构）经费和行政管理人员的工资、奖金、福利费、住房公积金、住房补贴、社会保障费、离退休人员工资及补助，以及办公费、水电费、邮电费、物业管理费、差旅费、折旧费、修理费、租赁费、无形资产摊销费、资产盘亏损失、资产减值损失、因预计负债所产生的损失、聘请中介机构费和应偿还的受赠资产等。其中，福利费应当依法根据民间非营利组织的管理权限，按照董事会、理事会或类似权力机构等的规定据实列支。

（三）筹资费用，是指民间非营利组织为筹集业务活动所需资金而发生的费用，它包括民间非营利组织为了获得捐赠资产而发生的费用以及应当计入当期费用的借款费用、汇兑损失（减汇兑收益）等。民间非营利组织为了获得捐赠资产而发生的费用包括举办募款活动费、准备、印刷和发放募款宣传资料费以及其他与募款或者争取捐赠资产有关的费用。

（四）其他费用，是指民间非营利组织发生的、无法归属到上述业务活动成本、管理费用或者筹资费用中的费用，包括固定资产处置净损失、无形资产处置净损失等。

民间非营利组织的某些费用如果属于多项业务活动或者属于业务活动、管理活动和筹资活动等共同发生的，而且不能直接归属于某一类活动，应当将这些费用按照合理的方法在各项活动中进行分配。

第六十三条 民间非营利组织发生的业务活动成本、管理费用、筹资费用和其他费用，应当在发生时按其发生额计入当期费用。

第六十四条 期末，民间非营利组织应当将本期发生的各项费用结转至净资产项下的非限定性净资产，作为非限定性净资产的减项。

第七章 财务会计报告

第六十五条 财务会计报告是反映民间非营利组织财务状况、业务活动情况和现金流量等的书面文件。

第六十六条 财务会计报告分为年度财务会计报告和中期财务会计报告。以短于一个完整的会计年度的期间（如半年度、季度和月度）编制的财务会计报告称为中期财务会计报告。年度财务会计报告则是以整个会计年度为基础编制的财务会计报告。

第六十七条 财务会计报告由会计报表、会计报表附注和财务情况说明书组成。民间非营利组织对外提供的财务会计报告的内容、会计报表的种类和格式、会计报表附注应予披露的主要内容等，由本制度规定；民间非营利组织内部管理需要的会计报表由单位自行规定。

民间非营利组织在编制中期财务会计报告时，应当采用与年度会计报表相一致的确认与计量原则。中期财务会计报告的内容相对于年度财务会计报告而言可以适当简化，但仍应保证包括与理解中期期末财务状况和中期业务活动情况及其现金流量相关的重要财务信息。

第六十八条 民间非营利组织采用的会计政策前后各期应当保持一致，不得随意变更，除非符合下列条件之一：

（一）法律或会计制度等行政法规、规章的要求；

（二）这种变更能够提供有关民间非营利组织财务状况、业务活动情况和现金流量等更可靠、更相关的会计信息。

民间非营利组织应当采用追溯调整法核算会计政策的变更，如果追溯调整法不可行，则应当采用未来适用法核算；如果相关法律或会计制度等另有规定，则应当按照相关规定进行核算。

本制度中所称追溯调整法，是指对某项交易或者事项变更会计政策时，如同该交易或者事项初次发生时就开始采用新的会计政策，并以此对相关项目进行调整的方法。本制度所称未来适用法，是指对某项交易或者事项变更会计政策时，新的会计政策适用于变更当期及未来期间发生的交易或者事项的方法。

第六十九条 资产负债表日至财务会计报告批准报出日之间发生的需要调整或说明的有利或不利事项，属于资产负债表日后事项。对于资产负债表日后事项，应当区分调整事项和非调整事项进行处理。

调整事项，是指资产负债表日后至财务会计报告批准报出日之间发生的，为资产负债表日已经存在的情况提供了新的或进一步证据，有助于对资产负债表日存在情况有关的金额作出重新估计的事项。民间非营利组织应当就调整事项，对资产负债表日所确认的相关资产、负债和净资产，以及资产负债表日所属期间的相关收入、费用等进行调整。

非调整事项，是指资产负债表日后至财务会计报告批准报出日之间才发生的，不影响资产负债表日的存在情况，但不加以说明将会影响财务会计报告使用者作出正确估计和决策的事项。民间非营利组织应当在会计报表附注中披露非调整事项的性质、内容，以及对财务状况和业务活动情况的影响。如无法估计其影响，应当说明理由。

第七十条 财务会计报告中的会计报表至少应当包括以下三张报表：

（一）资产负债表；

（二）业务活动表；

（三）现金流量表。

第七十一条 会计报表附注至少应当包括下列内容：

（一）重要会计政策及其变更情况的说明；

（二）董事会（或者理事会或者类似权力机构）成员和员工的数量、变动情况以及获得的薪金等报酬情况的说明；

（三）会计报表重要项目及其增减变动情况的说明；

（四）资产提供者设置了时间或用途限制的相关资产情况的说明；

（五）受托代理交易情况的说明，包括受托代理资产的构成、计价基础和依据、用途等；

（六）重大资产减值情况的说明；

（七）公允价值无法可靠取得的受赠资产和其他资产的名称、数量、来源和用途等情况的说明；

（八）对外承诺和或有事项情况的说明；

（九）接受劳务捐赠情况的说明；

（十）资产负债表日后非调整事项的说明；

（十一）有助于理解和分析会计报表需要说明的其他事项。

第七十二条 财务情况说明书至少应当对下列情况作出说明：

（一）民间非营利组织的宗旨、组织结构以及人员配备等情况；

（二）民间非营利组织业务活动基本情况，年度计划和预算完成情况，产生差异的原因分析，下一会计期间业务活动计划和预算等；

（三）对民间非营利组织业务活动有重大影响的其他事项。

第七十三条 民间非营利组织对外投资，而且占对被投资单位资本总额50%以上（不含50%），或者虽然占该单位资本总额不足50%但具有实质上的控制权的，或者对被投资单位具有控制权的，应当编制合并会计报表。

第七十四条 民间非营利组织的年度财务会计报告至少应当于年度终了后4个月内对外提供。如果民间非营利组织被要求对外提供中期财务会计报告的，应当在规定的时间内对外提供。

会计报表的填列，以人民币“元”为金额单位，“元”以下填至“分”。

第七十五条 民间非营利组织对外提供的财务会计报告应当依次编定

页数，加具封面，装订成册，加盖公章。封面上应当注明：组织名称、组织登记证号、组织形式、地址、报表所属年度或者中期、报出日期，并由单位负责人和主管会计工作的负责人、会计机构负责人（会计主管人员）签名并盖章；设置总会计师的单位，还应当由总会计师签名并盖章。

第八章　附　　则

第七十六条　本制度自 2005 年 1 月 1 日起施行。

财政部关于印发《〈民间非营利组织会计制度〉若干问题的解释》的通知

（财会〔2020〕9号　2020年6月15日）

党中央有关部门，国务院有关部委、有关直属机构，有关人民团体，各省、自治区、直辖市、计划单列市财政厅（局），新疆生产建设兵团财政局：

为了进一步明确民间非营利组织有关经济业务或事项的会计处理，提高会计信息质量，根据《民间非营利组织会计制度》（财会〔2004〕7号）的规定，我们制定了《〈民间非营利组织会计制度〉若干问题的解释》，现予印发，请遵照执行。

执行中有何问题，请及时反馈我部。

附件：

《民间非营利组织会计制度》若干问题的解释

一、关于社会服务机构等非营利组织的会计核算

根据《民间非营利组织会计制度》（财会〔2004〕7号，以下简称《民非制度》）第二条规定，同时具备《民非制度》第二条第二款所列三项特征的非营利性民办学校、医疗机构等社会服务机构，境外非政府组织在中国境内依法登记设立的代表机构应当按照《民非制度》进行会计核算。

二、关于接受非现金资产捐赠

（一）对于民间非营利组织接受捐赠的存货、固定资产等非现金资产，应当按照《民非制度》第十六条的规定确定其入账价值。

（二）对于以公允价值作为其入账价值的非现金资产，民间非营利组织应当按照《民非制度》第十七条所规定的顺序确定公允价值。

《民非制度》第十七条第一款第（一）项规定的“市场价格”，一般指取得资产当日捐赠方自产物资的出厂价、捐赠方所销售物资的销售价、政府指导价、知名大型电商平台同类或者类似商品价格等。

《民非制度》第十七条第一款第（二）项规定的“合理的计价方法”，包括由第三方机构进行估价等。

（三）对于民间非营利组织接受非现金资产捐赠时发生的应归属于其自身的相关税费、运输费等，应当计入当期费用，借记“筹资费用”科目，贷记“银行存款”等科目。

（四）民间非营利组织接受捐赠资产的有关凭据或公允价值以外币计量的，应当按照取得资产当日的市场汇率将外币金额折算为人民币金额记账。当汇率波动较小时，也可以采用当期期初的汇率进行折算。

三、关于受托代理业务

（一）《民非制度》第四十八条规定的“受托代理业务”是指有明确的转赠或者转交协议，或者虽然无协议但同时满足以下条件的业务：

1. 民间非营利组织在取得资产的同时即产生了向具体受益人转赠或转交资产的现时义务，不会导致自身净资产的增加。

2. 民间非营利组织仅起到中介而非主导发起作用，帮助委托人将资产转赠或转交给指定的受益人，并且没有权利改变受益人，也没有权利改变资产的用途。

3. 委托人已明确指出了具体受益人个人的姓名或受益单位的名称，包括从民间非营利组织提供的名单中指定一个或若干个受益人。

（二）民间非营利组织从事受托代理业务时发生的应归属于其自身的相关税费、运输费等，应当计入当期费用，借记“其他费用”科目，贷记“银行存款”等科目。

四、关于长期股权投资

（一）对于因接受股权捐赠形成的表决权、分红权与股权比例不一致的长期股权投资，民间非营利组织应当根据《民非制度》第二十七条的规定，并结合经济业务实质判断是否对被投资单位具有控制、共同控制或重大影响关系。

（二）民间非营利组织因对外投资对被投资单位具有控制权的，应当按照《民非制度》第二十七条的规定采用权益法进行核算，并在会计报表附注中披露投资净损益和被投资单位财务状况、经营成果等信息。

五、关于限定性净资产

（一）《民非制度》第五十六条规定的限定性净资产中所称的“限

制”，是指由民间非营利组织之外的资产提供者或者国家有关法律、行政法规所设置的。该限制只有在比民间非营利组织的宗旨、目的或章程等关于资产使用的要求更为具体明确时，才能成为《民非制度》所称的“限制”。

（二）民间非营利组织应当根据《民非制度》第五十七条的规定，区分以下限制解除的不同情况，确定将限定性净资产转为非限定性净资产的金额：

1. 对于因资产提供者或者国家有关法律、行政法规要求在收到资产后的特定时期之内使用该项资产而形成的限定性净资产，应当在相应期间之内按照实际使用的相关资产金额转为非限定性净资产。

2. 对于因资产提供者或者国家有关法律、行政法规要求在收到资产后的特定日期之后使用该项资产而形成的限定性净资产，应当在该特定日期全额转为非限定性净资产。

3. 对于因资产提供者或者国家有关法律、行政法规设置用途限制而形成的限定性净资产，应当在使用时按照实际用于规定用途的相关资产金额转为非限定性净资产。

其中，对固定资产、无形资产仅设置用途限制的，应当自取得该资产开始，按照计提折旧或计提摊销的金额，分期将相关限定性净资产转为非限定性净资产。在处置固定资产、无形资产时，应当将尚未重新分类的相关限定性净资产全额转为非限定性净资产。

4. 如果资产提供者或者国家有关法律、行政法规要求民间非营利组织在特定时期之内或特定日期之后将限定性净资产用于特定用途，应当在相应期间之内或相应日期之后按照实际用于规定用途的相关资产金额转为非限定性净资产。

其中，要求在收到固定资产、无形资产后的某个特定时期之内将该项资产用于特定用途的，应当在该规定时期内，对相关限定性净资产金额按期平均分摊，转为非限定性净资产。

要求在收到固定资产、无形资产后的某个特定日期之后将该项资产用于特定用途的，应当在特定日期之后，自资产用于规定用途开始，在资产预计剩余使用年限内，对相关限定性净资产金额按期平均分摊，转为非限定性净资产。

与限定性净资产相关的固定资产、无形资产，应当按照《民非制度》规定计提折旧或计提摊销。

5. 对于资产提供者或者国家有关法律、行政法规撤销对限定性净资产所设置限制的，应当在撤销时全额转为非限定性净资产。

（三）资产提供者或者国家有关法律、行政法规对以前期间未设置限制的资产增加限制时，应当将相关非限定性净资产转为限定性净资产，借记“非限定性净资产”科目，贷记“限定性净资产”科目。

六、关于注册资金

（一）执行《民非制度》的社会团体、基金会、社会服务机构设立时取得的注册资金，应当直接计入净资产。注册资金的使用受到时间限制或用途限制的，在取得时直接计入限定性净资产；其使用没有受到时间限制和用途限制的，在取得时直接计入非限定性净资产。

前款规定的注册资金，应当在现金流量表“收到的其他与业务活动有关的现金”项目中填列。

（二）社会团体、基金会、社会服务机构变更登记注册资金属于自愿采取的登记事项变更，并不引起资产和净资产的变动，无需进行会计处理。

七、关于承接政府购买服务取得的收入

按照《民非制度》第五十九条的规定，民间非营利组织承接政府购买服务属于交换交易，取得的相关收入应当记入“提供服务收入”等收入类科目，不应当记入“政府补助收入”科目。

八、关于存款利息

民间非营利组织取得的存款利息，属于《民非制度》第三十五条规定的“为购建固定资产而发生的专门借款”产生且在“允许资本化的期间内”的，应当冲减在建工程成本；除此以外的存款利息应当计入其他收入。

九、关于境外非政府组织代表机构的总部拨款收入

（一）执行《民非制度》的境外非政府组织代表机构（下同）应当增设“4701 总部拨款收入”科目，核算从其总部取得的拨款收入。

（二）境外非政府组织代表机构取得总部拨款收入时，按照取得的金额，借记“现金”、“银行存款”等科目，贷记本科目。

（三）期末，将本科目本期发生额转入非限定性净资产，借记本科目，贷记“非限定性净资产”科目。

如果存在限定性总部拨款收入，则应当在本科目设置“限定性收入”、“非限定收入”明细科目，在期末将“限定性收入”明细科目本期发生额转入限定性净资产。

（四）境外非政府组织代表机构应当在业务活动表收入部分“投资收

益”项目与“其他收入”项目之间增加“总部拨款收入”项目。本项目应当根据“总部拨款收入”科目的本期发生额填列。

十、关于资产减值损失

（一）按照《民非制度》第七十一条第（六）项规定，会计报表附注应当披露“重大资产减值情况的说明”。民间非营利组织应当在“管理费用”科目下设置“资产减值损失”明细科目，核算因提取资产减值准备而确认的资产减值损失。

（二）长期投资、固定资产、无形资产的资产减值损失一经确认，在以后会计期间不得转回。

十一、关于出资设立其他民间非营利组织

（一）民间非营利组织按规定出资设立其他民间非营利组织，不属于《民非制度》规定的长期股权投资，应当计入当期费用。设立与实现本组织业务活动目标相关的民间非营利组织的，相关出资金额记入“业务活动成本”科目；设立与实现本组织业务活动目标不相关的民间非营利组织的，相关出资金额记入“其他费用”科目。

（二）本解释施行前民间非营利组织出资设立其他民间非营利组织并将出资金额计入长期股权投资的，应当自本解释施行之日，将原“长期股权投资”科目余额中对其他民间非营利组织的出资金额转入“非限定性净资产”科目（以前年度出资）或“业务活动成本”、“其他费用”科目（本年度出资）。

十二、关于关联方关系及其交易的披露

民间非营利组织与关联方发生关联方交易的，应当按照《民非制度》第七十一条第（十一）项规定，在会计报表附注中披露该关联方关系的性质、交易类型及交易要素。

（一）本解释所称的交易要素，至少应当包括：

1. 交易的金额。

2. 未结算项目的金额、条款和条件。

3. 未结算应收项目的坏账准备金额。

4. 定价政策。

（二）本解释所称关联方，是指一方控制、共同控制另一方或对另一方施加重大影响，以及两方或两方以上同受一方控制、共同控制或重大影响的相关各方。以下各方构成民间非营利组织的关联方：

1. 该民间非营利组织的设立人及其所属企业集团的其他成员单位。

2. 该民间非营利组织控制、共同控制或施加重大影响的企业。

3. 该民间非营利组织设立的其他民间非营利组织。

4. 由该民间非营利组织的设立人及其所属企业集团的其他成员单位共同控制或施加重大影响的企业。

5. 由该民间非营利组织的设立人及其所属企业集团的其他成员单位设立的其他民间非营利组织。

6. 该民间非营利组织的关键管理人员及与其关系密切的家庭成员。关键管理人员，是指有权力并负责计划、指挥和控制民间非营利组织活动的人员。与关键管理人员关系密切的家庭成员，是指在处理与该组织的交易时可能影响该个人或受该个人影响的家庭成员。关键管理人员一般包括：民间非营利组织负责人、理事、监事、分支（代表）机构负责人等。

7. 该民间非营利组织的关键管理人员或与其关系密切的家庭成员控制、共同控制或施加重大影响的企业。

8. 该民间非营利组织的关键管理人员或与其关系密切的家庭成员设立的其他民间非营利组织。

此外，以面向社会开展慈善活动为宗旨的民间非营利组织（包括社会团体、基金会、社会服务机构等），与《中华人民共和国慈善法》所规定的主要捐赠人也构成关联方。

（三）本解释所称关联方交易，是指关联方之间转移资源、劳务或义务的行为，而不论是否收取价款。关联方交易的类型通常包括以下各项：

1. 购买或销售商品及其他资产。

2. 提供或接受劳务。

3. 提供或接受捐赠。

4. 提供资金。

5. 租赁。

6. 代理。

7. 许可协议。

8. 代表民间非营利组织或由民间非营利组织代表另一方进行债务结算。

9. 关键管理人员薪酬。

十三、关于生效日期

本解释自公布之日起施行。

国家计划委员会　国家建设委员会 中华人民共和国财政部　国家物资总局 中华全国总工会关于妥善解决各级工会房屋、设备问题的通知

（(79）财事字第426号
工发总字〔1979〕162号　　1979年12月31日）

各省、市、自治区计委、建委、财政局、物资局、总工会，铁路总工会，中央办公厅、中央各部、委、局，国务院各部、委、局，人民银行总行：

根据各地工会反映，自从恢复拨交工会经费以来，不少地方对工会的基本建设，要求自筹资金。由于工会经费有限，致使应该解决的基本建设解决不了。《中华人民共和国工会法》第十条明确规定："各级政府应拨给中华全国总工会、产业工会与地方工会以必要的房屋与设备，作为工会办公、会议、教育、娱乐及举办集体福利事业等之用。"根据工会法及有关文件精神，提出如下解决办法：

一、县（包括城市的区）以上各级工会机关办公、宿舍及其所举办的工人文化宫、俱乐部、体育馆、业余学校、工会干部学校、科技活动站、疗养院、休养所、国际海员俱乐部等事业单位，所需的房屋及设备，由各级政府或部门逐步解决。

二、各级政府接到工会申请要求解决房屋和设备时，应尽先把工会原有被占用的房屋拨还，或者从各地现有房屋中拨给，尚不足的，根据可能纳入地方基本建设计划予以解决。

此外，县及县以上工会在保证正常开支后，如果经费确有较多结余，而群众活动所急需的集体文化、体育设施，政府一时不能解决时，工会本着勤俭节约的原则，可以动用部分结余经费，兴建小规模的这类设施，按自筹资金办法审批。

三、今后地方政府应将上述工会开展群众工作的文化福利设施，纳入当地城市、港口建设的统一规划之中，根据需要和可能逐步建设。

四、县及县以上地方工会及其举办事业所需的物资、设备和车辆等，均纳入地方物资计划解决。

五、产业、公司工会和基层工会及其所属职工集体文化、福利事业所需房屋设备及其维修和水电取暖等费用，均由同级行政解决。

中华全国总工会财务部转发 中华人民共和国财政部《关于企业、事业单位和行政单位罚款支出财务处理规定的通知》

（工财部〔1982〕148号　1982年8月26日）

各省、市、自治区总工会财务部，铁路、民航工会财务部，全总机关事务管理局财务处：

现将财政部（82）财预字第52号《关于企业、事业单位和行政单位罚款支出财务处理规定的通知》转发给你们，请按照执行。

中华人民共和国财政部关于企业、事业单位和行政单位罚款支出财务处理规定的通知

［（82）财预字第52号　1982年5月15日］

国务院各部委、各直属机构，各省、市、自治区财政厅（局）：

目前中央一些部门都在进行经济立法工作。从已经出台和正在送审的各种经济法规来看，都有个经济罚则的章节或条款。对于各种罚款支出（包括赔偿金、罚款、违约金，滞纳金等，下同）的财务处理办法，有一些法规上没有写，有一些法规上写进去了，但口径不尽一致。为了处理好国家、集体和个人三者之间的关系，加强财政管理，今后企业、事业单位和行政单位的罚款支出，除国家另有规定的以外，均按以下规定办理。

一、企业单位支付的各种罚款支出，一律在企业自有的资金（如企业基金、利润留成、盈亏包干分成、缴纳所得税后的利润等）中开支，不得计入成本（费用）和营业外支出，不得挤占应当上交财政的收入。

二、行政、事业单位支付的各种罚款，一律在单位的预算包干结余经费和预算外资金中开支，不得挤入经费预算报照顾。具体办法，可由地方各有关部门协商决定。

中华全国总工会关于县以上工会文化事业基本建设应注意的几个问题（节录）

（工发财字〔1982〕170号　1982年11月11日）

（一）关于基本建设的资金来源，根据《工会法》、中共中央〔1981〕31号文件和国家计委、建委、财政部、物资总局、全总五家联合通知的规定，由地方政府投资。如果地方政府有困难，不能全部解决，工会经费又有结余时，可以用一部分工会经费，安排一些文化事业建设的资金。

（三）工会的文化事业建设，必须贯彻量力而行的原则，根据财力的可能，有计划地分期分批进行。目前，工会的文化事业建设以建各类活动室为主，要一个场地多种用途，不建或少建影剧场；标准不要高、要简朴适用。在确定建设项目安排资金时要全盘考虑，不得预埋缺口。同时还要考虑建成后经常费开支的负担问题。

（四）省和自治区总工会除了办好工会干校以外，不要直接兴建文化、体育、科技活动场所，这些事业均由所在地的市工会去建设和管理。同样，地区工会办事处也不要建设地区一级的文化活动阵地；地区工会搞群众活动，可在市县的活动阵地进行。有些省、自治区的一些县，职工人数很少不建文化活动阵地时，是否在地、州工会建设可根据实际情况确定。

（五）当前文化事业建设，有不少在建项目，要采取适当措施，使之尽快竣工投入使用。

全国总工会财务部关于工会内部借款收取资金占用费交纳营业税问题的复函

（工财字〔1992〕016 号 1992 年 2 月 14 日）

四川省总工会财务部：

关于工会内部借款收取资金占用费交纳营业税问题的报告收悉。答复如下：

我们认为：在工会上下之间实行经费调剂使用，收取少量的资金占用费，不属于金融业务活动，不应交纳营业税等。理由是：第一，工会经费依照《工会法》的规定，实行独立管理，使用方法由全总制定；第二，财政部〔1983〕财税字第 215 号文件关于工会事业收入免征能源交通基金的答复中明确指出："各级工会提留的工会经费是抵顶预算拨款的，可予免征"；第三，全总规定各级工会的分成经费中上级工会有一部分调剂给下级工会使用，这部分调剂经费在 1988 年以前是拨款补助，给下级工会支持事业建设，由于是拨款补助，一些用款单位不注意经济效益，往往造成资金浪费，为了改变这种状况，全国总工会根据国家有关拨改贷的精神，为用好工会经费，支持和促进工会事业的发展，更好的为职工服务，从 1988 年起将一部分拨款改为借款，收取少量的占用费（相当于银行活期存款月息 1.5‰），这种上下间的借款不是金融业务，也不是资金融通业务，而是为了加强管理，提高资金使用效率，"拨改借"的一种形式；第四，中国人民银行［82］银发字第 46 号通知恢复工会经费存款计息，按照国家的有关规定利息收入是不计税的，我们收取的少量占用费，同在银行存款的利息是一样的，不应计税。

请你们根据上述精神，与当地税务部门联系，说明情况，申请免征营业税等。

全国总工会　财政部　劳动部关于劳动竞赛奖金列支渠道的通知

（总工发〔1994〕12号　1994年6月1日）

各省、自治区、直辖市财政厅（局）、劳动（劳动人事）厅（局）、总工会：

企业工会组织职工开展劳动竞赛的奖金，根据国务院国发〔1981〕10号和94号文件规定，从企业奖励基金中提取支付。为促进企业转换经营机制，政府转变职能，1992年7月，国务院颁布的《全民所有制工业企业转换经营机制条例》（以下简称《转机条例》）第二十四条规定："企业职工的工资、奖金、津贴、补贴以及其他工资性收入，应当纳入工资总额。取消工资总额以外的一切单项奖"。根据这一规定，劳动部、财政部以劳部发〔1993〕219号文件，取消了包括劳动竞赛奖在内的各种单项奖。目前，一些地方和企业工会组织反映，劳动竞赛奖的列支渠道不明确，影响劳动竞赛活动的开展，为解决这一问题，现通知如下：

国务院《转机条例》的规定，旨在规范政府与企业之间的工资分配关系，今后政府只行使对企业工资总量的调控，不再介入企业内部分配，企业在按国家规定提取的工资总额内，有权自主使用、自主分配工资和奖金，可以根据生产、经营的需要，决定有关奖金的分配形式和方法，以起到调动企业职工积极性的作用。在企业职工中开展劳动竞赛，是提高质量、增进效益、发展生产的有效措施，是《工会法》所规定的。因此，企业工会在组织职工开展劳动竞赛时，应与企业行政密切配合，企业行政应予支持，劳动竞赛奖金从企业依照国家规定提取的工资总额中支付，具体支付办法由企业工会与行政商定。

全国总工会办公厅关于审计部门通知你会报送会计报表问题的答复

（工财函〔1995〕4号　1995年3月1日）

浙江省总工会：

关于你省审计部门通知你会报送会计报表一事，我们的意见如下：

工会是职工自愿结合的工人阶级的群众组织，有自己的经费来源。根据《工会法》规定，“工会应当根据经费独立原则，建立预算、决算和经费审查监督制度”，“各级工会经费收支情况应当由同级工会经费审查委员会审查，并且定期向会员大会或者代表大会报告，接受监督。”《工会法》这一规定，是根据工会的性质作出的。因此，自建国以来，工会经费由工会自己独立管理，接受由职工群众选举产生的经费审查委员会的审查监督，没有向同级财政部门或审计部门报送过会计报表，至今仍按此执行。至于各级财政部门按照有关规定从预算资金中拨给工会的专项拨款，如离退休费用等，因系财政资金，工会应向同级财政部门报送专项经费预算、决算，接受同级财政部门审核监督；必要时可接受审计部门审计检查。请将上述精神向审计部门说明，请他们予以理解和支持。

全国总工会财务部关于工会经费不能用于工会所办三产的借款担保和抵押的答复

（工财字〔1995〕81 号　1995 年 6 月 26 日）

宝钢二十冶三公司工会：

来文收悉。根据《工会法》第三十六条和第三十九条规定，“工会经费主要用于基层职工的教育和工会开展其他活动”。“工会的财产、经费和国家拨给工会使用的不动产，任何组织和个人不得侵占、挪用和任意调拨”。按照上述法律规定，工会经费和财产不能用于三产抵债，如果此类问题发生是违反法律规定的，也是侵犯职工利益的。

全国总工会财务部《关于工会经费收支不应纳入地方财政会计核算中心集中核算的答复》

（工财字〔2001〕53 号　2001 年 7 月 19 日）

湖北省总工会财务部：

你部鄂工财字〔2001〕30 号《关于工会经费收支是否纳入地方财政部门设立的会计核算中心集中核算的请示》收悉。请示中反映“地方财政部门对行政事业单位试行财会集中核算时，将工会经费收支也纳入会计核算中心集中核算，即取消工会在银行设立的账户，由会计核算中心代理记账”。对此，答复如下：

根据《工会法》第四条：“工会依照工会章程独立自主地开展工作”；第三十六条：“经费使用的具体办法由中华全国总工会制定”；第三十七条：“工会根据经费独立原则，建立预算、决算和经费审查监督制度”；第三十九条：“工会的财产、经费和国家拨给工会使用的不动产，任何组织和个人不得侵占、挪用和任意调拨”和《中国工会章程》第三十六条：“工会实行统一领导、分级管理的财务体制”的规定。工会财务工作实行独立管理，工会对自身所拥有的资金和财产的管理自成系统，自定制度，独立核算。根据《工会法》第三十六条规定工会经费五个方面来源，不同于隶属财政的行政事业单位的资金来源，不属于财政会计集中核算的范围。

另外，当前工会经费收缴困难，很多经费不到位，需要做大量艰苦工作；同时，按照全国总工会规定，各级工会经费实行按比例分成，要按规定比例上解上级工会，县以上工会的经费收入中有一部分属于上级工会所有，因此由地方财政解决经费收缴难的问题以及由当地财政集中管理所有权属于上级工会的经费显然是不可能和不妥的。

关于设立工会经费银行账户问题，根据财政部、全国总工会（78）财企字 645 号、工发〔1978〕131 号文件第五条，“经与人民银行总行商定，各级工会均需在银行开立‘工会工作费’专户，办理工会经费收支和上解工作。”因此取消工会经费银行账户是应当纠正的。

财政改革的试点中，各级工会组织应积极稳妥地同当地政府有关部门沟通情况信息，以及时取得同级政府的理解与支持，请你会根据以上意见妥善解决好这一问题。

全国总工会财务部《关于工会向审计厅报送会计报表问题的答复》

（工财字〔2001〕46号　2001年6月7日）

贵州省总工会财务部：

你会省工财字〔2001〕22号《关于向全总请示是否向审计厅报送会计报表的报告》收悉。经与全总经审会办公室研究，答复如下：

一、《工会法》第三十七条规定：“工会应当根据经费独立原则，建立预算、决算和经费审查监督制度。”“各级工会经费收支情况应当由同级工会经费审查委员会审查，并且定期向会员大会或者会员代表大会报告，接受监督。”中国工会从成立起就独立管理经费并实行民主理财。工会经费和财产管理的审计监督，应由工会经费审查委员会及其工作机构依法独立实施。经费收支情况向会员代表大会报告，向同级会员代表大会负责。

二、《工会预算管理办法》第一章第三条明确了“统一领导，分级管理”的工会财务管理体制并实行下管一级的原则。《工会会计制度》第六章第四十三条明确规定：“各级工会要定期编制和汇总会计报表，定期向本级工会领导和上级工会报告本级工会预算执行情况。”各级工会的会计报表按照工会财务管理体制和工会会计制度规定，只向本级工会领导和上级工会报告。

三、若同级党委作出决定或领导同志有批示，经同级工会同意，审计机关可以对工会经费收支情况进行专项审计，工会可提供相关会计报表。

四、审计厅可以对省财政厅拨给工会的专项经费的使用情况进行审计，工会可以提供相关报表。

此复。

全国总工会财务部《关于工会经费收支不应纳入地方财政会计委派管理中心实行集中核算的复函》

（工财字〔2002〕80号　2002年12月30日）

江西省总工会财务部：

你会赣工财〔2002〕78号《关于我省景德镇市总工会不应纳入会计委派管理中心意见的请示》收悉。对请示中反映的景德镇市有关部门将市总工会列入全市第二批进入会计委派管理中心实行集中会计核算的问题，经研究，现答复如下：

一、工会经费必须依据法律、法规的规定实行独立管理。根据《工会法》第四条："工会依照工会章程独立自主地开展工作"；第四十二条："经费使用的具体办法由中华全国总工会制定"；第四十四条："工会应当根据经费独立原则，建立预算、决算和经费审查监督制度"；第四十六条："工会的财产、经费和国家拨给工会使用的不动产，任何组织和个人不得侵占、挪用和任意调拨"；《中国工会章程》第三十六条："工会实行统一领导，分级管理的财务体制"的规定。目前，全国各级工会财务工作均依法实行独立核算管理。即，工会对自身所拥有的资金和财产的管理自成系统，自定制度，封闭运行，独立核算。因此，将工会经费纳入财政会计集中核算，不符合《工会法》的规定。

二、工会经费的主要来源不属于财政资金。根据《工会法》第四十二条规定，工会经费收入的主要来源是企、事业单位按全部职工工资总额2%比例计提形成的资金。这与主要以财政部门拨款作为主要资金来源的行政事业单位的情况完全不同。因此，不应将工会经费作为财政资金集中核算管理。

三、全国上下级工会之间实行经费收入按比例分成的特有财务体制。按照全国总工会规定，各级工会经费实行按比例分成，再按规定比例上解上级工会的财务体制。县级以上工会的经费收入中，有一部分属于上级工会所有。因此，由当地财政部门集中管理所有权属于上级工会的经费，是不妥的。

据此，请你会及时同当地政府有关部门沟通情况，陈述有关依据和理由，取得同级财政部门对工会工作的理解与支持，依法保证工会经费的独立管理。

全国总工会财务部关于转发财政部建设部《关于印发〈建设工程价款结算暂行办法〉的通知》

（工财字〔2005〕3 号　2005 年 1 月 5 日）

全总各直属事业单位、机关服务中心：

现将财政部、建设部关于印发《建设工程价款结算暂行办法》的通知转发给你们，请遵照执行。

财政部　建设部关于印发《建设工程价款结算暂行办法》的通知

（财建〔2004〕369 号　2004 年 10 月 20 日）

党中央有关部门，国务院各部委、各直属机构，有关人民团体，各中央管理企业，各省、自治区、直辖市、计划单列市财政厅（局）、建设厅（委、局），新疆生产建设兵团财务局：

为了维护建设市场秩序，规范建设工程价款结算活动，按照国家有关法律、法规，我们制订了《建设工程价款结算暂行办法》。现印发给你们，请贯彻执行。

附件：

建设工程价款结算暂行办法

第一章　总　　则

第一条　为加强和规范建设工程价款结算，维护建设市场正常秩序，根据《中华人民共和国合同法》、《中华人民共和国建筑法》、《中华人民共和国招标投标法》、《中华人民共和国预算法》、《中华人民共和国政府采购法》、《中华人民共和国预算法实施条例》等有关法律、行政法规制订本办法。

第二条 凡在中华人民共和国境内的建设工程价款结算活动，均适用本办法。国家法律法规另有规定的，从其规定。

第三条 本办法所称建设工程价款结算（以下简称“工程价款结算”），是指对建设工程的发承包合同价款进行约定和依据合同约定进行工程预付款、工程进度款、工程竣工价款结算的活动。

第四条 国务院财政部门、各级地方政府财政部门和国务院建设行政主管部门、各级地方政府建设行政主管部门在各自职责范围内负责工程价款结算的监督管理。

第五条 从事工程价款结算活动，应当遵循合法、平等、诚信的原则，并符合国家有关法律、法规和政策。

第二章　工程合同价款的约定与调整

第六条 招标工程的合同价款应当在规定时间内，依据招标文件、中标人的投标文件，由发包人与承包人（以下简称“发、承包人”）订立书面合同约定。

非招标工程的合同价款依据审定的工程预（概）算书由发、承包人在合同中约定。

合同价款在合同中约定后，任何一方不得擅自改变。

第七条 发包人、承包人应当在合同条款中对涉及工程价款结算的下列事项进行约定：

（一）预付工程款的数额、支付时限及抵扣方式；

（二）工程进度款的支付方式、数额及时限；

（三）工程施工中发生变更时，工程价款的调整方法、索赔方式、时限要求及金额支付方式；

（四）发生工程价款纠纷的解决方法；

（五）约定承担风险的范围及幅度以及超出约定范围和幅度的调整办法；

（六）工程竣工价款的结算与支付方式、数额及时限；

（七）工程质量保证（保修）金的数额、预扣方式及时限；

（八）安全措施和意外伤害保险费用；

（九）工期及工期提前或延后的奖惩办法；

（十）与履行合同、支付价款相关的担保事项。

第八条 发、承包人在签订合同时对于工程价款的约定，可选用下列一种约定方式：

（一）固定总价。合同工期较短且工程合同总价较低的工程，可以采用固定总价合同方式。

（二）固定单价。双方在合同中约定综合单价包含的风险范围和风险费用的计算方法，在约定的风险范围内综合单价不再调整。风险范围以外的综合单价调整方法，应当在合同中约定。

（三）可调价格。可调价格包括可调综合单价和措施费等，双方应在合同中约定综合单价和措施费的调整方法，调整因素包括：

1. 法律、行政法规和国家有关政策变化影响合同价款；

2. 工程造价管理机构的价格调整；

3. 经批准的设计变更；

4. 发包人更改经审定批准的施工组织设计（修正错误除外）造成费用增加；

5. 双方约定的其他因素。

第九条 承包人应当在合同规定的调整情况发生后 14 天内，将调整原因、金额以书面形式通知发包人，发包人确认调整金额后将其作为追加合同价款，与工程进度款同期支付。发包人收到承包人通知后 14 天内不予确认也不提出修改意见，视为已经同意该项调整。

当合同规定的调整合同价款的调整情况发生后，承包人未在规定时间内通知发包人，或者未在规定时间内提出调整报告，发包人可以根据有关资料，决定是否调整和调整的金额，并书面通知承包人。

第十条 工程设计变更价款调整

（一）施工中发生工程变更，承包人按照经发包人认可的变更设计文件，进行变更施工，其中，政府投资项目重大变更，需按基本建设程序报批后方可施工。

（二）在工程设计变更确定后 14 天内，设计变更涉及工程价款调整的，由承包人向发包人提出，经发包人审核同意后调整合同价款。变更合同价款按下列方法进行：

1. 合同中已有适用于变更工程的价格，按合同已有的价格变更合同价款；

2. 合同中只有类似于变更工程的价格，可以参照类似价格变更合同价款；

3. 合同中没有适用或类似于变更工程的价格，由承包人或发包人提出适当的变更价格，经对方确认后执行。如双方不能达成一致的，双方可提请工程所在地工程造价管理机构进行咨询或按合同约定的争议或纠纷解决程序办理。

（三）工程设计变更确定后14天内，如承包人未提出变更工程价款报告，则发包人可根据所掌握的资料决定是否调整合同价款和调整的具体金额。重大工程变更涉及工程价款变更报告和确认的时限由发承包双方协商确定。

收到变更工程价款报告一方，应在收到之日起14天内予以确认或提出协商意见，自变更工程价款报告送达之日起14天内，对方未确认也未提出协商意见时，视为变更工程价款报告已被确认。

确认增（减）的工程变更价款作为追加（减）合同价款与工程进度款同期支付。

第三章　工程价款结算

第十一条　工程价款结算应按合同约定办理，合同未作约定或约定不明的，发、承包双方应依照下列规定与文件协商处理：

（一）国家有关法律、法规和规章制度；

（二）国务院建设行政主管部门、省、自治区、直辖市或有关部门发布的工程造价计价标准、计价办法等有关规定；

（三）建设项目的合同、补充协议、变更签证和现场签证，以及经发、承包人认可的其他有效文件；

（四）其他可依据的材料。

第十二条　工程预付款结算应符合下列规定：

（一）包工包料工程的预付款按合同约定拨付，原则上预付比例不低于合同金额的10%，不高于合同金额的30%，对重大工程项目，按年度工程计划逐年预付。计价执行《建设工程工程量清单计价规范》（GB 50500—2003）的工程，实体性消耗和非实体性消耗部分应在合同中分别约定预付款比例。

（二）在具备施工条件的前提下，发包人应在双方签订合同后的一个月内或不迟于约定的开工日期前的7天内预付工程款，发包人不按约定预付，承包人应在预付时间到期后10天内向发包人发出要求预付的通知，发包人收到通知后仍不按要求预付，承包人可在发出通知14天后停止施工，发包人应从约定应付之日起向承包人支付应付款的利息（利率按同期银行贷款利率计），并承担违约责任。

（三）预付的工程款必须在合同中约定抵扣方式，并在工程进度款中进行抵扣。

（四）凡是没有签订合同或不具备施工条件的工程，发包人不得预付工程款，不得以预付款为名转移资金。

第十三条 工程进度款结算与支付应当符合下列规定：

（一）工程进度款结算方式

1. 按月结算与支付。即实行按月支付进度款，竣工后清算的办法。合同工期在两个年度以上的工程，在年终进行工程盘点，办理年度结算。

2. 分段结算与支付。即当年开工、当年不能竣工的工程按照工程形象进度，划分不同阶段支付工程进度款。具体划分在合同中明确。

（二）工程量计算

1. 承包人应当按照合同约定的方法和时间，向发包人提交已完工程量的报告。发包人接到报告后 14 天内核实已完工程量，并在核实前 1 天通知承包人，承包人应提供条件并派人参加核实，承包人收到通知后不参加核实，以发包人核实的工程量作为工程价款支付的依据。发包人不按约定时间通知承包人，致使承包人未能参加核实，核实结果无效。

2. 发包人收到承包人报告后 14 天内未核实完工程量，从第 15 天起，承包人报告的工程量即视为被确认，作为工程价款支付的依据，双方合同另有约定的，按合同执行。

3. 对承包人超出设计图纸（含设计变更）范围和因承包人原因造成返工的工程量，发包人不予计量。

（三）工程进度款支付

1. 根据确定的工程计量结果，承包人向发包人提出支付工程进度款申请，14 天内，发包人应按不低于工程价款的 60%，不高于工程价款的 90% 向承包人支付工程进度款。按约定时间发包人应扣回的预付款，与工程进度款同期结算抵扣。

2. 发包人超过约定的支付时间不支付工程进度款，承包人应及时向发包人发出要求付款的通知，发包人收到承包人通知后仍不能按要求付款，可与承包人协商签订延期付款协议，经承包人同意后可延期支付，协议应明确延期支付的时间和从工程计量结果确认后第 15 天起计算应付款的利息（利率按同期银行贷款利率计）。

3. 发包人不按合同约定支付工程进度款，双方又未达成延期付款协议，导致施工无法进行，承包人可停止施工，由发包人承担违约责任。

第十四条 工程完工后，双方应按照约定的合同价款及合同价款调整内容以及索赔事项，进行工程竣工结算。

（一）工程竣工结算方式

工程竣工结算分为单位工程竣工结算、单项工程竣工结算和建设项目竣工总结算。

（二）工程竣工结算编审

1. 单位工程竣工结算由承包人编制，发包人审查；实行总承包的工程，由具体承包人编制，在总包人审查的基础上，发包人审查。

2. 单项工程竣工结算或建设项目竣工总结算由总（承）包人编制，发包人可直接进行审查，也可以委托具有相应资质的工程造价咨询机构进行审查。政府投资项目，由同级财政部门审查。单项工程竣工结算或建设项目竣工总结算经发、承包人签字盖章后有效。

承包人应在合同约定期限内完成项目竣工结算编制工作，未在规定期限内完成的并且提不出正当理由延期的，责任自负。

（三）工程竣工结算审查期限

单项工程竣工后，承包人应在提交竣工验收报告的同时，向发包人递交竣工结算报告及完整的结算资料，发包人应按以下规定时限进行核对（审查）并提出审查意见。

	工程竣工结算报告金额	审查时间
1	500 万元以下	从接到竣工结算报告和完整的竣工结算资料之日起 20 天
2	500 万—2000 万元	从接到竣工结算报告和完整的竣工结算资料之日起 30 天
3	2000 万—5000 万元	从接到竣工结算报告和完整的竣工结算资料之日起 45 天
4	5000 万元以上	从接到竣工结算报告和完整的竣工结算资料之日起 60 天

建设项目竣工总结算在最后一个单项工程竣工结算审查确认后 15 天内汇总，送发包人后 30 天内审查完成。

（四）工程竣工价款结算

发包人收到承包人递交的竣工结算报告及完整的结算资料后，应按本办法规定的期限（合同约定有期限的，从其约定）进行核实，给予确认或者提出修改意见。发包人根据确认的竣工结算报告向承包人支付工程竣工结算价款，保留 5%左右的质量保证（保修）金，待工程交付使用一年质保期到期后清算（合同另有约定的，从其约定），质保期内如有返修，发生费用应在质量保证（保修）金内扣除。

（五）索赔价款结算

发承包人未能按合同约定履行自己的各项义务或发生错误，给另一方造成经济损失的，由受损方按合同约定提出索赔，索赔金额按合同约定支付。

（六）合同以外零星项目工程价款结算

发包人要求承包人完成合同以外零星项目，承包人应在接受发包人要求的 7 天内就用工数量和单价、机械台班数量和单价、使用材料和金额等向发包人提出施工签证，发包人签证后施工，如发包人未签证，承包人施工后发生争议的，责任由承包人自负。

第十五条 发包人和承包人要加强施工现场的造价控制，及时对工程合同外的事项如实纪录并履行书面手续。凡由发、承包双方授权的现场代表签字的现场签证以及发、承包双方协商确定的索赔等费用，应在工程竣工结算中如实办理，不得因发、承包双方现场代表的中途变更改变其有效性。

第十六条 发包人收到竣工结算报告及完整的结算资料后，在本办法规定或合同约定期限内，对结算报告及资料没有提出意见，则视同认可。

承包人如未在规定时间内提供完整的工程竣工结算资料，经发包人催促后 14 天内仍未提供或没有明确答复，发包人有权根据已有资料进行审查，责任由承包人自负。

根据确认的竣工结算报告，承包人向发包人申请支付工程竣工结算款。发包人应在收到申请后 15 天内支付结算款，到期没有支付的应承担违约责任。承包人可以催告发包人支付结算价款，如达成延期支付协议，承包人应按同期银行贷款利率支付拖欠工程价款的利息。如未达成延期支付协议，承包人可以与发包人协商将该工程折价，或申请人民法院将该工程依法拍卖，承包人就该工程折价或者拍卖的价款优先受偿。

第十七条 工程竣工结算以合同工期为准，实际施工工期比合同工期提前或延后，发、承包双方应按合同约定的奖惩办法执行。

第四章 工程价款结算争议处理

第十八条 工程造价咨询机构接受发包人或承包人委托，编审工程竣工结算，应按合同约定和实际履约事项认真办理，出具的竣工结算报告经发、承包双方签字后生效。当事人一方对报告有异议的，可对工程结算中有异议部分，向有关部门申请咨询后协商处理，若不能达成一致的，双方可按合同约定的争议或纠纷解决程序办理。

第十九条 发包人对工程质量有异议，已竣工验收或已竣工未验收但实际投入使用的工程，其质量争议按该工程保修合同执行；已竣工未验收且未实际投入使用的工程以及停工、停建工程的质量争议，应当就有争议部分的竣工结算暂缓办理，双方可就有争议的工程委托有资质的检测鉴定机构进行检测，根据检测结果确定解决方案，或按工程质量监督机构的处理决定执行，其余部分的竣工结算依照约定办理。

第二十条 当事人对工程造价发生合同纠纷时，可通过下列办法解决：

（一）双方协商确定；

（二）按合同条款约定的办法提请调解；

（三）向有关仲裁机构申请仲裁或向人民法院起诉。

第五章 工程价款结算管理

第二十一条 工程竣工后，发、承包双方应及时办清工程竣工结算，否则，工程不得交付使用，有关部门不予办理权属登记。

第二十二条 发包人与中标的承包人不按照招标文件和中标的承包人的投标文件订立合同的，或者发包人、中标的承包人背离合同实质性内容另行订立协议，造成工程价款结算纠纷的，另行订立的协议无效，由建设行政主管部门责令改正，并按《中华人民共和国招标投标法》第五十九条进行处罚。

第二十三条 接受委托承接有关工程结算咨询业务的工程造价咨询机构应具有工程造价咨询单位资质，其出具的办理拨付工程价款和工程结算的文件，应当由造价工程师签字，并应加盖执业专用章和单位公章。

第六章 附 则

第二十四条 建设工程施工专业分包或劳务分包，总（承）包人与分包人必须依法订立专业分包或劳务分包合同，按照本办法的规定在合同中约定工程价款及其结算办法。

第二十五条 政府投资项目除执行本办法有关规定外，地方政府或地方政府财政部门对政府投资项目合同价款约定与调整、工程价款结算、工程价款结算争议处理等事项，如另有特殊规定的，从其规定。

第二十六条 凡实行监理的工程项目，工程价款结算过程中涉及监理工程师签证事项，应按工程监理合同约定执行。

第二十七条 有关主管部门、地方政府财政部门和地方政府建设行政主管部门可参照本办法，结合本部门、本地区实际情况，另行制订具体办法，并报财政部、建设部备案。

第二十八条 合同示范文本内容如与本办法不一致，以本办法为准。

第二十九条 本办法自公布之日起施行。

财政部　国家税务总局关于宣传文化所得税优惠政策的通知

（财税〔2007〕24 号　2007 年 2 月 6 日）

各省、自治区、直辖市、计划单列市财政厅（局）、国家税务局、地方税务局，新疆生产建设兵团财务局：

为继续支持我国宣传文化事业的发展，现将有关所得税政策明确如下：

一、对企事业单位、社会团体按照《捐赠法》的规定，通过中国境内非营利性的社会团体、国家机关向科普单位的捐赠，符合《中华人民共和国企业所得税暂行条例实施细则》（财法字〔1994〕3 号）第十二条规定的，在年度应纳税所得额的 10%以内的部分，准予扣除。

二、自 2006 年 1 月 1 日起至 2010 年 12 月 31 日，对企事业单位、社会团体和个人等社会力量通过国家批准成立的非营利性的公益组织或国家机关对宣传文化事业的公益性捐赠，经税务机关审核后，纳税人缴纳企业所得税时，在其年度应纳税所得额 10%以内的部分，可在计算应纳税所得额时予以扣除；纳税人缴纳个人所得税时，捐赠额未超过纳税人申报的应纳税所得额 30%的部分，可从其应纳税所得额中扣除。

三、对宣传文化企事业单位按照《财政部　国家税务总局关于宣传文化增值税和营业税优惠政策的通知》（财税〔2006〕153 号）有关规定取得的增值税先征后退收入和免征增值税、营业税收入，不计入其应纳税所得额，并实行专户管理，专项用于新技术、新兴媒体和重点出版物的引进和开发以及发行网点和信息系统建设。

四、本通知所述科普单位，是指按照《科技部　财政部国家税务总局　海关总署　新闻出版总署关于印发〈科普税收优惠政策实施办法〉的通知》（国科发改字〔2003〕416 号）的有关规定认定的科技馆，自然博物馆，对公众开放的天文馆（台、站）、气象台（站）、地震台（站），以及高等院校和科研机构对公众开放的科普基地等。

五、本通知所述宣传文化事业的公益性捐赠，其范围为：

1. 对国家重点交响乐团、芭蕾舞团、歌剧团、京剧团和其他民族艺术表演团体的捐赠。

2. 对公益性的图书馆、博物馆、科技馆、美术馆、革命历史纪念馆的捐赠。

3. 对重点文物保护单位的捐赠。

4. 对文化行政管理部门所属的非生产经营性的文化馆或群众艺术馆接受的社会公益性活动、项目和文化设施等方面的捐赠。

上述国家重点艺术表演团体和重点文物保护单位的认定办法由文化部和国家文物局会同财政部、国家税务总局及有关行业行政主管部门另行制订。

六、本通知自 2006 年 1 月 1 日起执行。此前规定与本通知规定不一致的，按本通知规定执行。

请遵照执行。

全国总工会财务部关于转发《企业财务通则》的通知

（工财字〔2007〕1 号　2007 年 1 月 4 日）

全总各直属事业单位：

为了加强企业财务管理，规范企业财务行为，保护企业及其相关方的合法权益，财政部发布了《企业财务通则》(财政部令第 41 号)，自 2007 年 1 月 1 日起施行。现转发你们，请结合各单位实际情况参照执行。

附件：

企业财务通则

（2006 年 12 月 4 日中华人民共和国财政部令第 41 号公布）

根据《国务院关于〈企业财务通则〉、〈企业会计准则〉的批复》（国函〔1992〕178 号）的规定，财政部对《企业财务通则》（财政部令第 4 号）进行了修订，修订后的《企业财务通则》已经部务会议讨论通过，现予公布，自 2007 年 1 月 1 日起施行。

第一章　总　　则

第一条　为了加强企业财务管理，规范企业财务行为，保护企业及其相关方的合法权益，推进现代企业制度建设，根据有关法律、行政法规的规定，制定本通则。

第二条　在中华人民共和国境内依法设立的具备法人资格的国有及国有控股企业适用本通则。金融企业除外。

其他企业参照执行。

第三条　国有及国有控股企业（以下简称企业）应当确定内部财务管理体制，建立健全财务管理制度，控制财务风险。

企业财务管理应当按照制定的财务战略，合理筹集资金，有效营运资产，控制成本费用，规范收益分配及重组清算财务行为，加强财务监督和财务信息管理。

第四条 财政部负责制定企业财务规章制度。

各级财政部门（以下通称主管财政机关）应当加强对企业财务的指导、管理、监督，其主要职责包括：

（一）监督执行企业财务规章制度，按照财务关系指导企业建立健全内部财务制度。

（二）制定促进企业改革发展的财政财务政策，建立健全支持企业发展的财政资金管理制度。

（三）建立健全企业年度财务会计报告审计制度，检查企业财务会计报告质量。

（四）实施企业财务评价，监测企业财务运行状况。

（五）研究、拟订企业国有资本收益分配和国有资本经营预算的制度。

（六）参与审核属于本级人民政府及其有关部门、机构出资的企业重要改革、改制方案。

（七）根据企业财务管理的需要提供必要的帮助、服务。

第五条 各级人民政府及其部门、机构，企业法人、其他组织或者自然人等企业投资者（以下通称投资者），企业经理、厂长或者实际负责经营管理的其他领导成员（以下通称经营者），依照法律、法规、本通则和企业章程的规定，履行企业内部财务管理职责。

第六条 企业应当依法纳税。企业财务处理与税收法律、行政法规规定不一致的，纳税时应当依法进行调整。

第七条 各级人民政府及其部门、机构出资的企业，其财务关系隶属同级财政机关。

第二章 企业财务管理体制

第八条 企业实行资本权属清晰、财务关系明确、符合法人治理结构要求的财务管理体制。

企业应当按照国家有关规定建立有效的内部财务管理级次。企业集团公司自行决定集团内部财务管理体制。

第九条 企业应当建立财务决策制度，明确决策规则、程序、权限和责任等。法律、行政法规规定应当通过职工（代表）大会审议或者听取职工、相关组织意见的财务事项，依照其规定执行。

企业应当建立财务决策回避制度。对投资者、经营者个人与企业利益有冲突的财务决策事项，相关投资者、经营者应当回避。

第十条 企业应当建立财务风险管理制度，明确经营者、投资者及其他相关人员的管理权限和责任，按照风险与收益均衡、不相容职务分离等原则，控制财务风险。

第十一条 企业应当建立财务预算管理制度，以现金流为核心，按照实现企业价值最大化等财务目标的要求，对资金筹集、资产营运、成本控制、收益分配、重组清算等财务活动，实施全面预算管理。

第十二条 投资者的财务管理职责主要包括：

（一）审议批准企业内部财务管理制度、企业财务战略、财务规划和财务预算。

（二）决定企业的筹资、投资、担保、捐赠、重组、经营者报酬、利润分配等重大财务事项。

（三）决定企业聘请或者解聘会计师事务所、资产评估机构等中介机构事项。

（四）对经营者实施财务监督和财务考核。

（五）按照规定向全资或者控股企业委派或者推荐财务总监。

投资者应当通过股东（大）会、董事会或者其他形式的内部机构履行财务管理职责，可以通过企业章程、内部制度、合同约定等方式将部分财务管理职责授予经营者。

第十三条 经营者的财务管理职责主要包括：

（一）拟订企业内部财务管理制度、财务战略、财务规划，编制财务预算。

（二）组织实施企业筹资、投资、担保、捐赠、重组和利润分配等财务方案，诚信履行企业偿债义务。

（三）执行国家有关职工劳动报酬和劳动保护的规定，依法缴纳社会保险费、住房公积金等，保障职工合法权益。

（四）组织财务预测和财务分析，实施财务控制。

（五）编制并提供企业财务会计报告，如实反映财务信息和有关情况。

（六）配合有关机构依法进行审计、评估、财务监督等工作。

第三章　资金筹集

第十四条 企业可以接受投资者以货币资金、实物、无形资产、股权、特定债权等形式的出资。其中，特定债权是指企业依法发行的可转换债券、符合有关规定转作股权的债权等。

企业接受投资者非货币资产出资时，法律、行政法规对出资形式、程序和评估作价等有规定的，依照其规定执行。

企业接受投资者商标权、著作权、专利权及其他专有技术等无形资产出资的，应当符合法律、行政法规规定的比例。

第十五条 企业依法以吸收直接投资、发行股份等方式筹集权益资金的，应当拟订筹资方案，确定筹资规模，履行内部决策程序和必要的报批手续，控制筹资成本。

企业筹集的实收资本，应当依法委托法定验资机构验资并出具验资报告。

第十六条 企业应当执行国家有关资本管理制度，在获准工商登记后30日内，依据验资报告等向投资者出具出资证明书，确定投资者的合法权益。

企业筹集的实收资本，在持续经营期间可以由投资者依照法律、行政法规以及企业章程的规定转让或者减少，投资者不得抽逃或者变相抽回出资。

除《公司法》等有关法律、行政法规另有规定外，企业不得回购本企业发行的股份。企业依法回购股份，应当符合有关条件和财务处理办法，并经投资者决议。

第十七条 对投资者实际缴付的出资超出注册资本的差额（包括股票溢价），企业应当作为资本公积管理。

经投资者审议决定后，资本公积用于转增资本。国家另有规定的，从其规定。

第十八条 企业从税后利润中提取的盈余公积包括法定公积金和任意公积金，可以用于弥补企业亏损或者转增资本。法定公积金转增资本后留存企业的部分，以不少于转增前注册资本的25%为限。

第十九条 企业增加实收资本或者以资本公积、盈余公积转增实收资本，由投资者履行财务决策程序后，办理相关财务事项和工商变更登记。

第二十条 企业取得的各类财政资金，区分以下情况处理：

（一）属于国家直接投资、资本注入的，按照国家有关规定增加国家资本或者国有资本公积。

（二）属于投资补助的，增加资本公积或者实收资本。国家拨款时对权属有规定的，按规定执行；没有规定的，由全体投资者共同享有。

（三）属于贷款贴息、专项经费补助的，作为企业收益处理。

（四）属于政府转贷、偿还性资助的，作为企业负债管理。

（五）属于弥补亏损、救助损失或者其他用途的，作为企业收益处理。

第二十一条 企业依法以借款、发行债券、融资租赁等方式筹集债务资金的，应当明确筹资目的，根据资金成本、债务风险和合理的资金需求，进行必要的资本结构决策，并签订书面合同。

企业筹集资金用于固定资产投资项目的，应当遵守国家产业政策、行业规划、自有资本比例及其他规定。

企业筹集资金，应当按规定核算和使用，并诚信履行合同，依法接受监督。

第四章 资产营运

第二十二条 企业应当根据风险与收益均衡等原则和经营需要，确定合理的资产结构，并实施资产结构动态管理。

第二十三条 企业应当建立内部资金调度控制制度，明确资金调度的条件、权限和程序，统一筹集、使用和管理资金。企业支付、调度资金，应当按照内部财务管理制度的规定，依据有效合同、合法凭证，办理相关手续。

企业向境外支付、调度资金应当符合国家有关外汇管理的规定。

企业集团可以实行内部资金集中统一管理，但应当符合国家有关金融管理等法律、行政法规规定，并不得损害成员企业的利益。

第二十四条 企业应当建立合同的财务审核制度，明确业务流程和审批权限，实行财务监控。

企业应当加强应收款项的管理，评估客户信用风险，跟踪客户履约情况，落实收账责任，减少坏账损失。

第二十五条 企业应当建立健全存货管理制度，规范存货采购审批、执行程序，根据合同的约定以及内部审批制度支付货款。

企业选择供货商以及实施大宗采购，可以采取招标等方式进行。

第二十六条 企业应当建立固定资产购建、使用、处置制度。

企业自行选择、确定固定资产折旧办法，可以征询中介机构、有关专家的意见，并由投资者审议批准。固定资产折旧办法一经选用，不得随意变更。确需变更的，应当说明理由，经投资者审议批准。

企业购建重要的固定资产、进行重大技术改造，应当经过可行性研究，按照内部审批制度履行财务决策程序，落实决策和执行责任。

企业在建工程项目交付使用后，应当在一个年度内办理竣工决算。

第二十七条 企业对外投资应当遵守法律、行政法规和国家有关政策的规定，符合企业发展战略的要求，进行可行性研究，按照内部审批制度履行批准程序，落实决策和执行的责任。

企业对外投资应当签订书面合同，明确企业投资权益，实施财务监管。依据合同支付投资款项，应当按照企业内部审批制度执行。

企业向境外投资的，还应当经投资者审议批准，并遵守国家境外投资项目核准和外汇管理等相关规定。

第二十八条 企业通过自创、购买、接受投资等方式取得的无形资产，应当依法明确权属，落实有关经营、管理的财务责任。

无形资产出现转让、租赁、质押、授权经营、连锁经营、对外投资等情形时，企业应当签订书面合同，明确双方的权利义务，合理确定交易价格。

第二十九条 企业对外担保应当符合法律、行政法规及有关规定，根据被担保单位的资信及偿债能力，按照内部审批制度采取相应的风险控制措施，并设立备查账簿登记，实行跟踪监督。

企业对外捐赠应当符合法律、行政法规及有关财务规定，制定实施方案，明确捐赠的范围和条件，落实执行责任，严格办理捐赠资产的交接手续。

第三十条 企业从事期货、期权、证券、外汇交易等业务或者委托其他机构理财，不得影响主营业务的正常开展，并应当签订书面合同，建立交易报告制度，定期对账，控制风险。

第三十一条 企业从事代理业务，应当严格履行合同，实行代理业务与自营业务分账管理，不得挪用客户资金、互相转嫁经营风险。

第三十二条 企业应当建立各项资产损失或者减值准备管理制度。各项资产损失或者减值准备的计提标准，一经选用，不得随意变更。企业在制订计提标准时可以征询中介机构、有关专家的意见。

对计提损失或者减值准备后的资产，企业应当落实监管责任。能够收回或者继续使用以及没有证据证明实际损失的资产，不得核销。

第三十三条 企业发生的资产损失，应当及时予以核实、查清责任，追偿损失，按照规定程序处理。

企业重组中清查出的资产损失，经批准后依次冲减未分配利润、盈余公积、资本公积和实收资本。

第三十四条 企业以出售、抵押、置换、报废等方式处理资产时，应当按照国家有关规定和企业内部财务管理制度规定的权限和程序进行。其中，处理主要固定资产涉及企业经营业务调整或者资产重组的，应当根据投资者审议通过的业务调整或者资产重组方案实施。

第三十五条 企业发生关联交易的，应当遵守国家有关规定，按照独立企业之间的交易计价结算。投资者或者经营者不得利用关联交易非法转移企业经济利益或者操纵关联企业的利润。

第五章 成本控制

第三十六条 企业应当建立成本控制系统，强化成本预算约束，推行质量成本控制办法，实行成本定额管理、全员管理和全过程控制。

第三十七条 企业实行费用归口、分级管理和预算控制，应当建立必要的费用开支范围、标准和报销审批制度。

第三十八条 企业技术研发和科技成果转化项目所需经费，可以通过建立研发准备金筹措，据实列入相关资产成本或者当期费用。

符合国家规定条件的企业集团，可以集中使用研发费用，用于企业主导产品和核心技术的自主研发。

第三十九条 企业依法实施安全生产、清洁生产、污染治理、地质灾害防治、生态恢复和环境保护等所需经费，按照国家有关标准列入相关资产成本或者当期费用。

第四十条 企业发生销售折扣、折让以及支付必要的佣金、回扣、手续费、劳务费、提成、返利、进场费、业务奖励等支出的，应当签订相关合同，履行内部审批手续。

企业开展进出口业务收取或者支付的佣金、保险费、运费，按照合同规定的价格条件处理。

企业向个人以及非经营单位支付费用的，应当严格履行内部审批及支付的手续。

第四十一条 企业可以根据法律、法规和国家有关规定，对经营者和核心技术人员实行与其他职工不同的薪酬办法，属于本级人民政府及其部门、机构出资的企业，应当将薪酬办法报主管财政机关备案。

第四十二条 企业应当按照劳动合同及国家有关规定支付职工报酬，并为从事高危作业的职工缴纳团体人身意外伤害保险费，所需费用直接作为成本（费用）列支。

经营者可以在工资计划中安排一定数额，对企业技术研发、降低能源消耗、治理“三废”、促进安全生产、开拓市场等作出突出贡献的职工给予奖励。

第四十三条 企业应当依法为职工支付基本医疗、基本养老、失业、工伤等社会保险费，所需费用直接作为成本（费用）列支。

已参加基本医疗、基本养老保险的企业，具有持续盈利能力和支付能力的，可以为职工建立补充医疗保险和补充养老保险，所需费用按照省级以上人民政府规定的比例从成本（费用）中提取。超出规定比例的部分，由职工个人负担。

第四十四条 企业为职工缴纳住房公积金以及职工住房货币化分配的财务处理，按照国家有关规定执行。

职工教育经费按照国家规定的比例提取，专项用于企业职工后续职业教育和职业培训。

工会经费按照国家规定比例提取并拨缴工会。

第四十五条 企业应当依法缴纳行政事业性收费、政府性基金以及使用或者占用国有资源的费用等。

企业对没有法律法规依据或者超过法律法规规定范围和标准的各种摊派、收费、集资，有权拒绝。

第四十六条 企业不得承担属于个人的下列支出：

（一）娱乐、健身、旅游、招待、购物、馈赠等支出。

（二）购买商业保险、证券、股权、收藏品等支出。

（三）个人行为导致的罚款、赔偿等支出。

（四）购买住房、支付物业管理费等支出。

（五）应由个人承担的其他支出。

第六章　收 益 分 配

第四十七条 投资者、经营者及其他职工履行本企业职务或者以企业名义开展业务所得的收入，包括销售收入以及对方给予的销售折扣、折让、佣金、回扣、手续费、劳务费、提成、返利、进场费、业务奖励等收入，全部属于企业。

企业应当建立销售价格管理制度，明确产品或者劳务的定价和销售价格调整的权限、程序与方法，根据预期收益、资金周转、市场竞争、法律规范约束等要求，采取相应的价格策略，防范销售风险。

第四十八条 企业出售股权投资，应当按照规定的程序和方式进行。股权投资出售底价，参照资产评估结果确定，并按照合同约定收取所得价款。在履行交割时，对尚未收款部分的股权投资，应当按照合同的约定结算，取得受让方提供的有效担保。

上市公司国有股减持所得收益，按照国务院的规定处理。

第四十九条 企业发生的年度经营亏损，依照税法的规定弥补。税法规定年限内的税前利润不足弥补的，用以后年度的税后利润弥补，或者经投资者审议后用盈余公积弥补。

第五十条 企业年度净利润，除法律、行政法规另有规定外，按照以下顺序分配：

（一）弥补以前年度亏损。

（二）提取 10%法定公积金。法定公积金累计额达到注册资本 50%以后，可以不再提取。

（三）提取任意公积金。任意公积金提取比例由投资者决议。

（四）向投资者分配利润。企业以前年度未分配的利润，并入本年度利润，在充分考虑现金流量状况后，向投资者分配。属于各级人民政府及其部门、机构出资的企业，应当将应付国有利润上缴财政。

国有企业可以将任意公积金与法定公积金合并提取。股份有限公司依法回购后暂未转让或者注销的股份，不得参与利润分配；以回购股份对经营者及其他职工实施股权激励的，在拟订利润分配方案时，应当预留回购股份所需利润。

第五十一条 企业弥补以前年度亏损和提取盈余公积后，当年没有可供分配的利润时，不得向投资者分配利润，但法律、行政法规另有规定的除外。

第五十二条 企业经营者和其他职工以管理、技术等要素参与企业收益分配的，应当按照国家有关规定在企业章程或者有关合同中对分配办法作出规定，并区别以下情况处理：

（一）取得企业股权的，与其他投资者一同进行企业利润分配。

（二）没有取得企业股权的，在相关业务实现的利润限额和分配标准内，从当期费用中列支。

第七章 重组清算

第五十三条 企业通过改制、产权转让、合并、分立、托管等方式实施重组，对涉及资本权益的事项，应当由投资者或者授权机构进行可行性研究，履行内部财务决策程序，并组织开展以下工作：

（一）清查财产，核实债务，委托会计师事务所审计。

（二）制订职工安置方案，听取重组企业的职工、职工代表大会的意见或者提交职工代表大会审议。

（三）与债权人协商，制订债务处置或者承继方案。

（四）委托评估机构进行资产评估，并以评估价值作为净资产作价或者折股的参考依据。

（五）拟订股权设置方案和资本重组实施方案，经过审议后履行报批手续。

第五十四条 企业采取分立方式进行重组，应当明晰分立后的企业产权关系。

企业划分各项资产、债务以及经营业务，应当按照业务相关性或者资产相关性原则制订分割方案。对不能分割的整体资产，在评估机构评估价值的基础上，经分立各方协商，由拥有整体资产的一方给予他方适当经济补偿。

第五十五条 企业可以采取新设或者吸收方式进行合并重组。企业合并前的各项资产、债务以及经营业务，由合并后的企业承继，并应当明确合并后企业的产权关系以及各投资者的出资比例。

企业合并的资产税收处理应当符合国家有关税法的规定，合并后净资产超出注册资本的部分，作为资本公积；少于注册资本的部分，应当变更注册资本或者由投资者补足出资。

对资不抵债的企业以承担债务方式合并的，合并方应当制定企业重整措施，按照合并方案履行偿还债务责任，整合财务资源。

第五十六条 企业实行托管经营，应当由投资者决定，并签订托管协议，明确托管经营的资产负债状况、托管经营目标、托管资产处置权限以及收益分配办法等，并落实财务监管措施。

受托企业应当根据托管协议制订相关方案，重组托管企业的资产与债务。未经托管企业投资者同意，不得改组、改制托管企业，不得转让托管企业及转移托管资产、经营业务，不得以托管企业名义或者以托管资产对外担保。

第五十七条 企业进行重组时，对已占用的国有划拨土地应当按照有关规定进行评估，履行相关手续，并区别以下情况处理：

（一）继续采取划拨方式的，可以不纳入企业资产管理，但企业应当明确划拨土地使用权权益，并按规定用途使用，设立备查账簿登记。国家另有规定的除外。

（二）采取作价入股方式的，将应缴纳的土地出让金转作国家资本，形成的国有股权由企业重组前的国有资本持有单位或者主管财政机关确认的单位持有。

（三）采取出让方式的，由企业购买土地使用权，支付出让费用。

（四）采取租赁方式的，由企业租赁使用，租金水平参照银行同期贷款利率确定，并在租赁合同中约定。

企业进行重组时，对已占用的水域、探矿权、采矿权、特许经营权等国有资源，依法可以转让的，比照前款处理。

第五十八条 企业重组过程中，对拖欠职工的工资和医疗、伤残补助、抚恤费用以及欠缴的基本社会保险费、住房公积金，应当以企业现有资产优先清偿。

第五十九条 企业被责令关闭、依法破产、经营期限届满而终止经营的，或者经投资者决议解散的，应当按照法律、法规和企业章程的规定实施清算。清算财产变卖底价，参照资产评估结果确定。国家另有规定的，从其规定。

企业清算结束，应当编制清算报告，委托会计师事务所审计，报投资者或者人民法院确认后，向相关部门、债权人以及其他的利益相关人通告。其中，属于各级人民政府及其部门、机构出资的企业，其清算报告应当报送主管财政机关。

第六十条 企业解除职工劳动关系，按照国家有关规定支付的经济补偿金或者安置费，除正常经营期间发生的列入当期费用以外，应当区别以下情况处理：

（一）企业重组中发生的，依次从未分配利润、盈余公积、资本公积、实收资本中支付。

（二）企业清算时发生的，以企业扣除清算费用后的清算财产优先清偿。

第八章　信 息 管 理

第六十一条 企业可以结合经营特点，优化业务流程，建立财务和业务一体化的信息处理系统，逐步实现财务、业务相关信息一次性处理和实时共享。

第六十二条 企业应当逐步创造条件，实行统筹企业资源计划，全面整合和规范财务、业务流程，对企业物流、资金流、信息流进行一体化管理和集成运作。

第六十三条 企业应当建立财务预警机制，自行确定财务危机警戒标准，重点监测经营性净现金流量与到期债务、企业资产与负债的适配性，及时沟通企业有关财务危机预警的信息，提出解决财务危机的措施和方案。

第六十四条 企业应当按照有关法律、行政法规和国家统一的会计制度的规定，按时编制财务会计报告，经营者或者投资者不得拖延、阻挠。

第六十五条 企业应当按照规定向主管财政机关报送月份、季度、年度财务会计报告等材料，不得在报送的财务会计报告等材料上作虚假记载或者隐瞒重要事实。主管财政机关应当根据企业的需要提供必要的培训和技术支持。

企业对外提供的年度财务会计报告，应当依法经过会计师事务所审计。国家另有规定的，从其规定。

第六十六条 企业应当在年度内定期向职工公开以下信息：

（一）职工劳动报酬、养老、医疗、工伤、住房、培训、休假等信息。

（二）经营者报酬实施方案。

（三）年度财务会计报告审计情况。

（四）企业重组涉及的资产评估及处置情况。

（五）其他依法应当公开的信息。

第六十七条 主管财政机关应当建立健全企业财务评价体系，主要评估企业内部财务控制的有效性，评价企业的偿债能力、盈利能力、资产营运能力、发展能力和社会贡献。评估和评价的结果可以通过适当方式向社会发布。

第六十八条 主管财政机关及其工作人员应当恰当使用所掌握的企业财务信息，并依法履行保密义务，不得利用企业的财务信息谋取私利或者损害企业利益。

第九章　财 务 监 督

第六十九条 企业应当依法接受主管财政机关的财务监督和国家审计机关的财务审计。

第七十条 经营者在经营过程中违反本通则有关规定的，投资者可以依法追究经营者的责任。

第七十一条 企业应当建立、健全内部财务监督制度。

企业设立监事会或者监事人员的，监事会或者监事人员依照法律、行政法规、本通则和企业章程的规定，履行企业内部财务监督职责。

经营者应当实施内部财务控制，配合投资者或者企业监事会以及中介机构的检查、审计工作。

第七十二条 企业和企业负有直接责任的主管人员和其他人员有以下行为之一的，县级以上主管财政机关可以责令限期改正、予以警告，有违法所得的，没收违法所得，并可以处以不超过违法所得3倍、但最高不超过3万元的罚款；没有违法所得的，可以处以1万元以下的罚款。

（一）违反本通则第三十九条、四十条、四十二条第一款、四十三条、四十六条规定列支成本费用的。

（二）违反本通则第四十七条第一款规定截留、隐瞒、侵占企业收入的。

（三）违反本通则第五十条、五十一条、五十二条规定进行利润分配的。但依照《公司法》设立的企业不按本通则第五十条第一款第二项规定提取法定公积金的，依照《公司法》的规定予以处罚。

（四）违反本通则第五十七条规定处理国有资源的。

（五）不按本通则第五十八条规定清偿职工债务的。

第七十三条 企业和企业负有直接责任的主管人员和其他人员有以下行为之一的，县级以上主管财政机关可以责令限期改正、予以警告。

（一）未按本通则规定建立健全各项内部财务管理制度的。

（二）内部财务管理制度明显与法律、行政法规和通用的企业财务规章制度相抵触，且不按主管财政机关要求修正的。

第七十四条 企业和企业负有直接责任的主管人员和其他人员不按本通则第六十四条、第六十五条规定编制、报送财务会计报告等材料的，县级以上主管财政机关可以依照《公司法》、《企业财务会计报告条例》的规定予以处罚。

第七十五条 企业在财务活动中违反财政、税收等法律、行政法规的，依照《财政违法行为处罚处分条例》（国务院令第427号）及有关税收法律、行政法规的规定予以处理、处罚。

第七十六条 主管财政机关以及政府其他部门、机构有关工作人员，在企业财务管理中滥用职权、玩忽职守、徇私舞弊或者泄露国家机密、企业商业秘密的，依法进行处理。

第十章 附 则

第七十七条 实行企业化管理的事业单位比照适用本通则。

第七十八条 本通则自2007年1月1日起施行。

全国总工会财务部关于工会房产出租收入不纳入财政管理的复函

（工财函〔2012〕27号　2012年2月27日）

青海省总工会：

你会报来《关于青海省总工会房屋建筑物出租租金收入归属的请示》（青总工发〔2012〕22号）收悉。经研究，现答复如下：

一、工会资产收益由工会组织管理。根据《工会法》第四十二条，以及财政部颁发的《工会会计制度》（财会〔2009〕7号）中有关工会经费收入管理的规定，工会资产收益属于工会经费的来源之一。《工会法》第四十四条、第四十六条明确“工会应当根据经费独立原则，建立预算、决算和经费审查监督制”、“工会的财产、经费和国家拨给工会使用的不动产，任何组织和个人不得侵占、挪用和任意调拨”。工会经费依据法律、法规的规定实行独立管理。因此，工会资产出租收入作为工会经费收入的一部分，应当由同级工会核算管理，不应纳入同级财政管理。

二、工会资产及收益管理不作为国有资产管理。根据《物权法》，以及原国家国有资产管理局、国务院清产核资领导小组办公室、财政部、全国总工会《关于清产核资中全民所有制企业中工会资产清查登记有关问题的通知》（国资法规发〔1993〕15号）关于：“由工会经费形成的资产，属于工会资产”的规定，工会资产属于社团资产，不属于国有行政事业单位资产。据此，你会于1995年用工会经费购置的原办公楼，属于工会资产，其终极产权归全国总工会所有，不属于青海省财政部门管理的行政事业单位房产。

请你会根据以上意见，与政府有关部门沟通，妥善处理工会资产及收益问题。

行政单位财务规则

（2012 年 12 月 6 日中华人民共和国财政部令第 71 号公布）

第一章　总　　则

第一条　为了规范行政单位的财务行为，加强行政单位财务管理和监督，提高资金使用效益，保障行政单位工作任务的完成，制定本规则。

第二条　本规则适用于各级各类国家机关、政党组织（以下统称行政单位）的财务活动。

第三条　行政单位财务管理的基本原则是：量入为出，保障重点，兼顾一般，厉行节约，制止奢侈浪费，降低行政成本，注重资金使用效益。

第四条　行政单位财务管理的主要任务是：

（一）科学、合理编制预算，严格预算执行，完整、准确、及时编制决算，真实反映单位财务状况；

（二）建立健全财务管理制度，实施预算绩效管理，加强对行政单位财务活动的控制和监督；

（三）加强资产管理，合理配置、有效利用、规范处置资产，防止国有资产流失；

（四）定期编制财务报告，进行财务活动分析；

（五）对行政单位所属并归口行政财务管理的单位的财务活动实施指导、监督；

（六）加强对非独立核算的机关后勤服务部门的财务管理，实行内部核算办法。

第五条　行政单位的财务活动在单位负责人领导下，由单位财务部门统一管理。

行政单位应当单独设置财务机构，配备专职财务会计人员，实行独立核算。人员编制少、财务工作量小等不具备独立核算条件的单位，可以实行单据报账制度。

第二章　单位预算管理

第六条　行政单位预算由收入预算和支出预算组成。

第七条　按照预算管理权限，行政单位预算管理分为下列级次：

（一）向同级财政部门申报预算的行政单位，为一级预算单位；

（二）向上一级预算单位申报预算并有下级预算单位的行政单位，为二级预算单位；

（三）向上一级预算单位申报预算，且没有下级预算单位的行政单位，为基层预算单位。

一级预算单位有下级预算单位的，为主管预算单位。

第八条　各级预算单位应当按照预算管理级次申报预算，并按照批准的预算组织实施，定期将预算执行情况向上一级预算单位或者同级财政部门报告。

第九条　财政部门对行政单位实行收支统一管理，定额、定项拨款，超支不补，结转和结余按规定使用的预算管理办法。

第十条　行政单位编制预算，应当综合考虑以下因素：

（一）年度工作计划和相应支出需求；

（二）以前年度预算执行情况；

（三）以前年度结转和结余情况；

（四）资产占有和使用情况；

（五）其他因素。

第十一条　行政单位预算依照下列程序编报和审批：

（一）行政单位测算、提出预算建议数，逐级汇总后报送同级财政部门；

（二）财政部门审核行政单位提出的预算建议数，下达预算控制数；

（三）行政单位根据预算控制数正式编制年度预算，逐级汇总后报送同级财政部门；

（四）经法定程序批准后，财政部门批复行政单位预算。

第十二条　行政单位应当严格执行预算，按照收支平衡的原则，合理安排各项资金，不得超预算安排支出。

预算在执行中原则上不予调整。因特殊情况确需调整预算的，行政单位应当按照规定程序报送审批。

第十三条　行政单位应当按照规定编制决算，逐级审核汇总后报同级财政部门审批。

第十四条 行政单位应当加强决算审核和分析，规范决算管理工作，保证决算数据的完整、真实、准确。

第三章 收入管理

第十五条 收入是指行政单位依法取得的非偿还性资金，包括财政拨款收入和其他收入。

财政拨款收入，是指行政单位从同级财政部门取得的财政预算资金。

其他收入，是指行政单位依法取得的除财政拨款收入以外的各项收入。

行政单位依法取得的应当上缴财政的罚没收入、行政事业性收费、政府性基金、国有资产处置和出租出借收入等，不属于行政单位的收入。

第十六条 行政单位取得各项收入，应当符合国家规定，按照财务管理的要求，分项如实核算。

第十七条 行政单位的各项收入应当全部纳入单位预算，统一核算，统一管理。

第四章 支出管理

第十八条 支出是指行政单位为保障机构正常运转和完成工作任务所发生的资金耗费和损失，包括基本支出和项目支出。

基本支出，是指行政单位为保障机构正常运转和完成日常工作任务发生的支出，包括人员支出和公用支出。

项目支出，是指行政单位为完成特定的工作任务，在基本支出之外发生的支出。

第十九条 行政单位应当将各项支出全部纳入单位预算。

各项支出由单位财务部门按照批准的预算和有关规定审核办理。

第二十条 行政单位的支出应当严格执行国家规定的开支范围及标准，建立健全支出管理制度，对节约潜力大、管理薄弱的支出进行重点管理和控制。

第二十一条 行政单位从财政部门或者上级预算单位取得的项目资金，应当按照批准的项目和用途使用，专款专用、单独核算，并按照规定向同级财政部门或者上级预算单位报告资金使用情况，接受财政部门和上级预算单位的检查监督。

项目完成后，行政单位应当向同级财政部门或者上级预算单位报送项目支出决算和使用效果的书面报告。

第二十二条 行政单位应当严格执行国库集中支付制度和政府采购制

度等规定。

第二十三条 行政单位应当加强支出的绩效管理，提高资金的使用效益。

第二十四条 行政单位应当依法加强各类票据管理，确保票据来源合法、内容真实、使用正确，不得使用虚假票据。

第五章 结转和结余管理

第二十五条 结转资金，是指当年预算已执行但未完成，或者因故未执行，下一年度需要按照原用途继续使用的资金。

第二十六条 结余资金，是指当年预算工作目标已完成，或者因故终止，当年剩余的资金。

结转资金在规定使用年限未使用或者未使用完的，视为结余资金。

第二十七条 财政拨款结转和结余的管理，应当按照同级财政部门的规定执行。

第六章 资产管理

第二十八条 资产是指行政单位占有或者使用的，能以货币计量的经济资源，包括流动资产、固定资产、在建工程、无形资产等。

第二十九条 流动资产是指可以在一年内变现或者耗用的资产，包括现金、银行存款、零余额账户用款额度、应收及暂付款项、存货等。

前款所称存货是指行政单位在工作中为耗用而储存的资产，包括材料、燃料、包装物和低值易耗品等。

第三十条 固定资产是指使用期限超过一年，单位价值在1000元以上（其中：专用设备单位价值在1500元以上），并且在使用过程中基本保持原有物质形态的资产。单位价值虽未达到规定标准，但是耐用时间在一年以上的大批同类物资，作为固定资产管理。

固定资产一般分为六类：房屋及构筑物；通用设备；专用设备；文物和陈列品；图书、档案；家具、用具、装具及动植物。

第三十一条 在建工程是指已经发生必要支出，但尚未达到交付使用状态的建设工程。

在建工程达到交付使用状态时，应当按照规定办理工程竣工财务决算和资产交付使用。

第三十二条 无形资产是指不具有实物形态而能为使用者提供某种权利的资产，包括著作权、土地使用权等。

第三十三条 行政单位应当建立健全单位资产管理制度，加强和规范资产配置、使用和处置管理，维护资产安全完整。

第三十四条 行政单位应当按照科学规范、从严控制、保障工作需要的原则合理配置资产。

行政单位资产有原始凭证的，按照原始凭证记账；无原始凭证的，应当依法进行评估，按照评估价值记账。

第三十五条 行政单位应当加强资产日常管理工作，做好资产建账、核算和登记工作，定期或者不定期进行清查盘点，保证账账相符，账实相符。年度终了，应当进行全面清查盘点。对资产盘盈、盘亏应当及时处理。

第三十六条 行政单位开设银行存款账户，应当报同级财政部门审批，并由财务部门统一管理。

第三十七条 行政单位应当加强应收及暂付款项的管理，严格控制规模，并及时进行清理，不得长期挂账。

第三十八条 行政单位的资产增加时，应当及时登记入账；减少时，应当按照资产处置规定办理报批手续，进行账务处理。

行政单位的固定资产不计提折旧，但财政部另有规定的除外。

第三十九条 行政单位不得以任何形式用占有、使用的国有资产对外投资或者举办经济实体。对于未与行政单位脱钩的经济实体，行政单位应当按照有关规定进行监管。

除法律、行政法规另有规定外，行政单位不得举借债务，不得对外提供担保。

第四十条 未经同级财政部门批准，行政单位不得将占有、使用的国有资产对外出租、出借。

第四十一条 行政单位应当按照国家有关规定实行资源共享、装备共建，提高资产使用效率。

第四十二条 行政单位资产处置应当遵循公开、公平、公正的原则，依法进行评估，严格履行相关审批程序。

第七章 负债管理

第四十三条 负债是指行政单位所承担的能以货币计量，需要以资产或者劳务偿还的债务，包括应缴款项、暂存款项、应付款项等。

第四十四条 应缴款项是指行政单位依法取得的应当上缴财政的资金，包括罚没收入、行政事业性收费、政府性基金、国有资产处置和出租出借收入等。

第四十五条 行政单位取得罚没收入、行政事业性收费、政府性基金、国有资产处置和出租出借收入等，应当按照国库集中收缴的有关规定及时足额上缴，不得隐瞒、滞留、截留、挪用和坐支。

第四十六条 暂存款项是行政单位在业务活动中与其他单位或者个人发生的预收、代管等待结算的款项。

第四十七条 行政单位应当加强对暂存款项的管理，不得将应当纳入单位收入管理的款项列入暂存款项；对各种暂存款项应当及时清理、结算，不得长期挂账。

第八章 行政单位划转撤并的财务处理

第四十八条 行政单位划转撤并的财务处理，应当在财政部门、主管预算单位等部门的监督指导下进行。

划转撤并的行政单位应当对单位的财产、债权、债务等进行全面清理，编制财产目录和债权、债务清单，提出财产作价依据和债权、债务处理办法，做好资产的移交、接收、划转和管理工作，并妥善处理各项遗留问题。

第四十九条 划转撤并的行政单位的资产经主管预算单位审核并上报财政部门和有关部门批准后，分别按照下列规定处理：

（一）转为事业单位和改变隶属关系的行政单位，其资产无偿移交，并相应调整、划转经费指标。

（二）转为企业的行政单位，其资产按照有关规定进行评估作价后，转作企业的国有资本。

（三）撤销的行政单位，其全部资产由财政部门或者财政部门授权的单位处理。

（四）合并的行政单位，其全部资产移交接收单位或者新组建单位；合并后多余的资产，由财政部门或者财政部门授权的单位处理。

（五）分立的行政单位，其资产按照有关规定移交分立后的行政单位，并相应划转经费指标。

第九章 财务报告和财务分析

第五十条 财务报告是反映行政单位一定时期财务状况和预算执行结果的总结性书面文件。

第五十一条 行政单位的财务报告，包括财务报表和财务情况说明书。

财务报表包括资产负债表、收入支出表、支出明细表、财政拨款收入支出表、固定资产投资决算报表等主表及有关附表。

财务情况说明书，主要说明行政单位本期收入、支出、结转、结余、专项资金使用及资产负债变动等情况，以及影响财务状况变化的重要事项，总结财务管理经验，对存在的问题提出改进意见。

第五十二条 财务分析是依据会计核算资料和其他有关信息资料，对单位财务活动过程及其结果进行的研究、分析和评价。

第五十三条 财务分析的内容包括预算编制与执行情况、收入支出状况、人员增减情况、资产使用情况等。

财务分析的指标主要有：支出增长率、当年预算支出完成率、人均开支、项目支出占总支出的比率、人员支出占总支出的比率、公用支出占总支出的比率、人均办公使用面积、人车比例等。

行政单位可以根据其业务特点，增加财务分析指标。

第五十四条 行政单位应当真实、准确、完整、及时地编制财务报告，认真进行财务分析，并按照规定报送财政部门、主管预算单位和其他有关部门。

第十章　财务监督

第五十五条 行政单位财务监督主要包括对预算管理、收入管理、支出管理、结转和结余管理、资产管理、负债管理等的监督。

第五十六条 行政单位财务监督应当实行事前监督、事中监督、事后监督相结合，日常监督与专项监督相结合，并对违反财务规章制度的问题进行检查处理。

第五十七条 行政单位应当建立健全内部控制制度、经济责任制度、财务信息披露制度等监督制度，依法公开财务信息。

第五十八条 行政单位应当依法接受主管预算单位和财政、审计部门的监督。

第五十九条 财政部门、行政单位及其工作人员违反本规则，按照《财政违法行为处罚处分条例》（国务院令第 427 号）处理。

第十一章　附　　则

第六十条 行政单位基本建设投资的财务管理，应当执行本规则，但国家基本建设投资财务管理制度另有规定的，从其规定。

第六十一条 参照公务员法管理的事业单位财务制度的适用，由财政部另行规定。

行政单位所属独立核算的企业、事业单位分别执行相应的财务制度，不执行本规则。

第六十二条 省、自治区、直辖市人民政府财政部门可以依据本规则结合本地区实际情况制定实施办法。

第六十三条 本规则自2013年1月1日起施行。

附：

行政单位财务分析指标

1. 支出增长率，衡量行政单位支出的增长水平。计算公式为：

支出增长率=（本期支出总额÷上期支出总额−1）×100%

2. 当年预算支出完成率，衡量行政单位当年支出总预算及分项预算完成的程度。计算公式为：

当年预算支出完成率=年终执行数÷（年初预算数±年中预算调整数）×100%

年终执行数不含上年结转和结余支出数。

3. 人均开支，衡量行政单位人均年消耗经费水平。计算公式为：

人均开支=本期支出数÷本期平均在职人员数×100%

4. 项目支出占总支出的比率，衡量行政单位的支出结构。计算公式为：

项目支出比率=本期项目支出数÷本期支出总数×100%

5. 人员支出、公用支出占总支出的比率，衡量行政单位的支出结构。计算公式为：

人员支出比率=本期人员支出数÷本期支出总数×100%

公用支出比率=本期公用支出数÷本期支出总数×100%

6. 人均办公使用面积，衡量行政单位办公用房配备情况。计算公式为：

人均办公使用面积=本期末单位办公用房使用面积÷本期末在职人员数

7. 人车比例，衡量行政单位公务用车配备情况。计算公式为：

人车比例=本期末在职人员数÷本期末公务用车实有数：1

事业单位财务规则

（2022 年 1 月 7 日中华人民共和国财政部令第 108 号公布）

第一章　总　　则

第一条　为了进一步规范事业单位的财务行为，加强事业单位财务管理和监督，提高资金使用效益，保障事业单位健康发展，制定本规则。

第二条　本规则适用于各级各类事业单位（以下简称事业单位）的财务活动。

第三条　事业单位财务管理的基本原则是：执行国家有关法律、法规和财务规章制度；坚持勤俭办一切事业的方针；正确处理事业发展需要和资金供给的关系，社会效益和经济效益的关系，国家、单位和个人三者利益的关系。

第四条　事业单位财务管理的主要任务是：合理编制单位预算，严格预算执行，完整、准确编制单位决算报告和财务报告，真实反映单位预算执行情况、财务状况和运行情况；依法组织收入，努力节约支出；建立健全财务制度，加强经济核算，全面实施绩效管理，提高资金使用效益；加强资产管理，合理配置和有效利用资产，防止资产流失；加强对单位经济活动的财务控制和监督，防范财务风险。

第五条　事业单位的财务活动在单位负责人的领导下，由单位财务部门统一管理。

第六条　事业单位的各项经济业务事项按照国家统一的会计制度进行会计核算。

第二章　单位预算管理

第七条　事业单位预算是指事业单位根据事业发展目标和计划编制的年度财务收支计划。

事业单位预算由收入预算和支出预算组成。

第八条　国家对事业单位实行核定收支、定额或者定项补助、超支不补、结转和结余按规定使用的预算管理办法。

定额或者定项补助根据国家有关政策和财力可能，结合事业单位改革要求、事业特点、事业发展目标和计划、事业单位收支及资产状况等确定。定额或者定项补助可以为零。

非财政补助收入大于支出较多的事业单位，可以实行收入上缴办法。具体办法由财政部门会同有关主管部门制定。

第九条 事业单位参考以前年度预算执行情况，根据预算年度的收入增减因素和措施，以及以前年度结转和结余情况，测算编制收入预算草案；根据事业发展需要与财力可能，测算编制支出预算草案。

事业单位预算应当自求收支平衡，不得编制赤字预算。

第十条 事业单位应当根据国家宏观调控总体要求、年度事业发展目标和计划以及预算编制的规定，提出预算建议数，经主管部门审核汇总报财政部门（一级预算单位直接报财政部门，下同）。事业单位根据财政部门下达的预算控制数编制预算草案，由主管部门审核汇总报财政部门，经法定程序审核批复后执行。

第十一条 事业单位应当严格执行批准的预算。预算执行中，国家对财政补助收入和财政专户管理资金的预算一般不予调剂，确需调剂的，由事业单位报主管部门审核后报财政部门调剂；其他资金确需调剂的，按照国家有关规定办理。

第十二条 事业单位决算是指事业单位预算收支和结余的年度执行结果。

第十三条 事业单位应当按照规定编制年度决算草案，由主管部门审核汇总后报财政部门审批。

第十四条 事业单位应当加强决算审核和分析，保证决算数据的真实、准确，规范决算管理工作。

第十五条 事业单位应当全面加强预算绩效管理，提高资金使用效益。

第三章 收入管理

第十六条 收入是指事业单位为开展业务及其他活动依法取得的非偿还性资金。

第十七条 事业单位收入包括：

（一）财政补助收入，即事业单位从本级财政部门取得的各类财政拨款。

（二）事业收入，即事业单位开展专业业务活动及其辅助活动取得的收入。其中：按照国家有关规定应当上缴国库或者财政专户的资金，不计入事业收入；从财政专户核拨给事业单位的资金和经核准不上缴国库或者财政专户的资金，计入事业收入。

（三）上级补助收入，即事业单位从主管部门和上级单位取得的非财政补助收入。

（四）附属单位上缴收入，即事业单位附属独立核算单位按照有关规定上缴的收入。

（五）经营收入，即事业单位在专业业务活动及其辅助活动之外开展非独立核算经营活动取得的收入。

（六）其他收入，即本条上述规定范围以外的各项收入，包括投资收益、利息收入、捐赠收入、非本级财政补助收入、租金收入等。

第十八条 事业单位应当将各项收入全部纳入单位预算，统一核算，统一管理，未纳入预算的收入不得安排支出。

第十九条 事业单位对按照规定上缴国库或者财政专户的资金，应当按照国库集中收缴的有关规定及时足额上缴，不得隐瞒、滞留、截留、占用、挪用、拖欠或坐支。

第四章 支出管理

第二十条 支出是指事业单位开展业务及其他活动发生的资金耗费和损失。

第二十一条 事业单位支出包括：

（一）事业支出，即事业单位开展专业业务活动及其辅助活动发生的基本支出和项目支出。基本支出，是指事业单位为保障其单位正常运转、完成日常工作任务所发生的支出，包括人员经费和公用经费；项目支出，是指事业单位为完成其特定的工作任务和事业发展目标所发生的支出。

（二）经营支出，即事业单位在专业业务活动及其辅助活动之外开展非独立核算经营活动发生的支出。

（三）对附属单位补助支出，即事业单位用财政补助收入之外的收入对附属单位补助发生的支出。

（四）上缴上级支出，即事业单位按照财政部门和主管部门的规定上缴上级单位的支出。

（五）其他支出，即本条上述规定范围以外的各项支出，包括利息支出、捐赠支出等。

第二十二条 事业单位应当将各项支出全部纳入单位预算，实行项目库管理，建立健全支出管理制度。

第二十三条 事业单位的支出应当厉行节约，严格执行国家有关财务规章制度规定的开支范围及开支标准；国家有关财务规章制度没有统一规定的，由事业单位规定，报主管部门和财政部门备案。事业单位的规定违反法律制度和国家政策的，主管部门和财政部门应当责令改正。

第二十四条 事业单位从财政部门和主管部门取得的有指定项目和用途的专项资金，应当专款专用、单独核算，并按照规定报送专项资金使用情况的报告，接受财政部门或者主管部门的检查、验收。

第二十五条 事业单位应当加强经济核算，可以根据开展业务活动及其他活动的实际需要，实行成本核算。成本核算的具体办法按照国务院财政部门相关规定执行。

第二十六条 事业单位应当严格执行国库集中支付制度和政府采购制度等有关规定。

第二十七条 事业单位应当依法加强各类票据管理，确保票据来源合法、内容真实、使用正确，不得使用虚假票据。

第五章　结转和结余管理

第二十八条 结转和结余是指事业单位年度收入与支出相抵后的余额。

结转资金是指当年预算已执行但未完成，或者因故未执行，下一年度需要按照原用途继续使用的资金。结余资金是指当年预算工作目标已完成，或者因故终止，当年剩余的资金。

经营收支结转和结余应当单独反映。

第二十九条 财政拨款结转和结余的管理，应当按照国家有关规定执行。

第三十条 非财政拨款结转按照规定结转下一年度继续使用。非财政拨款结余可以按照国家有关规定提取职工福利基金，剩余部分用于弥补以后年度单位收支差额；国家另有规定的，从其规定。

第三十一条 事业单位应当加强非财政拨款结余的管理，盘活存量，统筹安排、合理使用，支出不得超出非财政拨款结余规模。

第六章　专用基金管理

第三十二条 专用基金是指事业单位按照规定提取或者设置的有专门用途的资金。

专用基金管理应当遵循先提后用、专款专用的原则，支出不得超出基金规模。

第三十三条 专用基金包括职工福利基金和其他专用基金。

职工福利基金是指按照非财政拨款结余的一定比例提取以及按照其他规定提取转入，用于单位职工的集体福利设施、集体福利待遇等的资金。

其他专用基金是指除职工福利基金外，按照有关规定提取或者设置的专用资金。

第三十四条 事业单位应当将专用基金纳入预算管理，结合实际需要按照规定提取，保持合理规模，提高使用效益。专用基金余额较多的，应当降低提取比例或者暂停提取；确需调整用途的，由主管部门会同本级财政部门确定。

第三十五条 各项基金的提取比例和管理办法，国家有统一规定的，按照统一规定执行；没有统一规定的，由主管部门会同本级财政部门确定。

第七章　资产管理

第三十六条 资产是指事业单位依法直接支配的各类经济资源。

第三十七条 事业单位的资产包括流动资产、固定资产、在建工程、无形资产、对外投资、公共基础设施、政府储备物资、文物文化资产、保障性住房等。

第三十八条 事业单位应当建立健全单位资产管理制度，明确资产使用人和管理人的岗位责任，按照国家规定设置国有资产台账，加强和规范资产配置、使用和处置管理，维护资产安全完整，提高资产使用效率。涉及资产评估的，按照国家有关规定执行。

事业单位应当汇总编制本单位行政事业性国有资产管理情况报告。

事业单位应当定期或者不定期对资产进行盘点、对账。出现资产盘盈盘亏的，应当按照财务、会计和资产管理制度有关规定处理，做到账实相符和账账相符。

事业单位对需要办理权属登记的资产应当依法及时办理。

第三十九条 事业单位应当根据依法履行职能和事业发展的需要，结合资产存量、资产配置标准、绩效目标和财政承受能力配置资产。优先通过调剂方式配置资产。不能调剂的，可以采用购置、建设、租用等方式。

第四十条 流动资产是指可以在一年以内变现或者耗用的资产，包括现金、各种存款、应收及预付款项、存货等。

前款所称存货是指事业单位在开展业务活动及其他活动中为耗用或出售而储存的资产，包括材料、燃料、包装物和低值易耗品以及未达到固定资产标准的用具、装具、动植物等。

事业单位货币性资产损失核销，应当经主管部门审核同意后报本级财政部门审批。

第四十一条 固定资产是指使用期限超过一年，单位价值在1000元以上，并在使用过程中基本保持原有物质形态的资产。单位价值虽未达到规定标准，但是耐用时间在一年以上的大批同类物资，作为固定资产管理。

行业事业单位的固定资产明细目录由国务院主管部门制定，报国务院财政部门备案。

第四十二条 在建工程是指已经发生必要支出，但尚未达到交付使用状态的建设工程。

在建工程达到交付使用状态时，应当按照规定办理工程竣工财务决算和资产交付使用，期限最长不得超过1年。

第四十三条 无形资产是指不具有实物形态而能为使用者提供某种权利的资产，包括专利权、商标权、著作权、土地使用权、非专利技术以及其他财产权利。

事业单位转让无形资产取得的收入、取得无形资产发生的支出，应当按照国家有关规定处理。

第四十四条 对外投资是指事业单位依法利用货币资金、实物、无形资产等方式向其他单位的投资。

事业单位应当严格控制对外投资。利用国有资产对外投资应当有利于事业发展和实现国有资产保值增值，符合国家有关规定，经可行性研究和集体决策，按照规定的权限和程序进行。事业单位不得使用财政拨款及其结余进行对外投资，不得从事股票、期货、基金、企业债券等投资，国家另有规定的除外。

事业单位应当明确对外投资形成的股权及其相关权益管理责任，按照国家有关规定将对外投资形成的股权纳入经营性国有资产集中统一监管体系。

第四十五条 公共基础设施、政府储备物资、文物文化资产、保障性住房等资产管理的具体办法，由国务院财政部门会同有关部门制定。

第四十六条 事业单位资产处置应当遵循公开、公平、公正和竞争、择优的原则，严格履行相关审批程序。

事业单位出租、出借资产应当严格履行相关审批程序。

第四十七条 事业单位应当在确保安全使用的前提下，推进本单位大型设备等国有资产共享共用工作，可以对提供方给予合理补偿。

第八章 负 债 管 理

第四十八条 负债是指事业单位所承担的能以货币计量，需要以资产或者劳务偿还的债务。

第四十九条 事业单位的负债包括借入款项、应付款项、暂存款项、应缴款项等。

应缴款项包括事业单位按照国家有关规定收取的应当上缴国库或者财政专户的资金、应缴税费，以及其他应当上缴的款项。

第五十条 事业单位应当对不同性质的负债分类管理，及时清理并按照规定办理结算，保证各项负债在规定期限内偿还。

第五十一条 事业单位应当建立健全财务风险预警和控制机制，规范和加强借入款项管理，如实反映依法举借债务情况，严格执行审批程序，不得违反规定融资或者提供担保。

第九章 事业单位清算

第五十二条 事业单位发生划转、改制、撤销、合并、分立时，应当进行清算。

第五十三条 事业单位清算，应当在主管部门和财政部门的监督指导下，对单位的财产、债权、债务等进行全面清理，编制财产目录和债权、债务清单，提出财产作价依据和债权、债务处理办法，做好资产和负债的移交、接收、划转和管理工作，并妥善处理各项遗留问题。

第五十四条 事业单位清算结束后，经主管部门审核并报财政部门批准，其资产和负债分别按照下列办法处理：

（一）因隶属关系改变，成建制划转的事业单位，全部资产和负债无偿移交，并相应划转经费指标。

（二）转为企业的事业单位，全部资产扣除负债后，转作国家资本金。

（三）撤销的事业单位，全部资产和负债由主管部门和财政部门核准处理。

（四）合并的事业单位，全部资产和负债移交接收单位或者新组建单位，合并后多余的资产由主管部门和财政部门核准处理。

（五）分立的事业单位，全部资产和负债按照有关规定移交分立后的事业单位，并相应划转经费指标。

第十章　财务报告和决算报告

第五十五条　事业单位应当按国家有关规定向主管部门和财政部门以及其他有关的报告使用者提供财务报告、决算报告。

事业单位财务会计和预算会计要素的确认、计量、记录、报告应当遵循政府会计准则制度的规定。

第五十六条　财务报告主要以权责发生制为基础编制，综合反映事业单位特定日期财务状况和一定时期运行情况等信息。

第五十七条　财务报告由财务报表和财务分析两部分组成。财务报表主要包括资产负债表、收入费用表等会计报表和报表附注。财务分析的内容主要包括财务状况分析、运行情况分析和财务管理情况等。

第五十八条　决算报告主要以收付实现制为基础编制，综合反映事业单位年度预算收支执行结果等信息。

第五十九条　决算报告由决算报表和决算分析两部分组成。决算报表主要包括收入支出表、财政拨款收入支出表等。决算分析的内容主要包括收支预算执行分析、资金使用效益分析和机构人员情况等。

第十一章　财 务 监 督

第六十条　事业单位财务监督主要包括对预算管理、收入管理、支出管理、结转和结余管理、专用基金管理、资产管理、负债管理等的监督。

第六十一条　事业单位财务监督应当实行事前监督、事中监督、事后监督相结合，日常监督与专项监督相结合。

第六十二条　事业单位应当建立健全内部控制制度、经济责任制度、财务信息披露制度等监督制度，依法公开财务信息。

第六十三条　事业单位应当遵守财经纪律和财务制度，依法接受主管部门和财政、审计部门的监督。

第六十四条　各级事业单位、主管部门和财政部门及其工作人员存在违反本规则规定的行为，以及其他滥用职权、玩忽职守、徇私舞弊等违法违规行为的，依法追究相应责任。

第十二章　附　　则

第六十五条　事业单位基本建设投资的财务管理，应当执行本规则，但国家基本建设投资财务管理制度另有规定的，从其规定。

第六十六条　参照公务员法管理的事业单位财务制度的适用，由国务院财政部门另行规定。

第六十七条 接受国家经常性资助的社会力量举办的公益服务性组织和社会团体，依照本规则执行；其他社会力量举办的公益服务性组织和社会团体，可以参照本规则执行。

第六十八条 下列事业单位或者事业单位特定项目，执行企业财务制度，不执行本规则：

（一）纳入企业财务管理体系的事业单位和事业单位附属独立核算的生产经营单位；

（二）事业单位经营的接受外单位要求投资回报的项目；

（三）经主管部门和财政部门批准的具备条件的其他事业单位。

第六十九条 行业特点突出，需要制定行业事业单位财务管理制度的，由国务院财政部门会同有关主管部门根据本规则制定。

第七十条 省、自治区、直辖市人民政府财政部门可以根据本规则结合本地区实际情况制定事业单位具体财务管理办法。

第七十一条 本规则自 2022 年 3 月 1 日起施行。《事业单位财务规则》（财政部令第 68 号）同时废止。

政府会计准则——基本准则（节录）

第一章 总 则

第一条 为了规范政府的会计核算，保证会计信息质量，根据《中华人民共和国会计法》、《中华人民共和国预算法》和其他有关法律、行政法规，制定本准则。

……

第六十二条 本准则自 2017 年 1 月 1 日起施行。

附件：关于印发《政府会计准则第 1 号——存货》等 4 项具体准则的通知 2016-07-14

关于印发《政府会计准则第 3 号——固定资产》应用指南的通知 2017-02-28

关于印发《政府会计准则第 5 号——公共基础设施》的通知 2017-04-25

关于印发《政府会计准则第 6 号——政府储备物资》的通知 2017-08-03

关于印发《政府会计准则第 8 号——负债》的通知 2018-11-15

关于印发《政府会计准则第 7 号——会计调整》的通知 2018-11-01

关于印发《政府会计准则第 9 号——财务报表编制和列报》的通知 2018-12-29

关于印发《政府会计准则第 10 号——政府和社会资本合作项目合同》的通知 2019-12-24

关于印发《〈政府会计准则第 10 号——政府和社会资本合作项目合同〉应用指南》的通知 2020-12-22

企业会计准则——基本准则（节录）

附件：企业会计准则第 1 号——存货 2006-02-27
企业会计准则第 2 号——长期股权投资 2014-03-27
企业会计准则第 3 号——投资性房地产 2006-02-27
企业会计准则第 4 号——固定资产 2006-02-27
企业会计准则第 5 号——生物资产 2006-02-27
企业会计准则第 6 号——无形资产 2006-03-09
企业会计准则第 7 号——非货币性资产交换（财会〔2019〕8 号）2019-09-11
企业会计准则第 8 号——资产减值 2006-03-09
企业会计准则第 9 号——职工薪酬 2014-02-17
企业会计准则第 10 号——企业年金基金 2006-03-09
企业会计准则第 11 号——股份支付 2006-03-09
企业会计准则第 12 号——债务重组 2019-10-28
企业会计准则第 13 号——或有事项 2006-03-09
企业会计准则第 14 号——收入（财会〔2017〕22 号）2017-09-07
企业会计准则第 14 号——收入（财会〔2006〕3 号）2006-03-09
企业会计准则第 15 号——建造合同 2006-03-09
企业会计准则第 16 号——政府补助（财会〔2017〕15 号）2017-05-25
企业会计准则第 17 号——借款费用 2006-03-09
企业会计准则第 18 号——所得税 2006-03-09
企业会计准则第 19 号——外币折算 2006-03-09
企业会计准则第 20 号——企业合并 2006-03-09
企业会计准则第 21 号——租赁（财会〔2018〕35 号）2019-10-28
企业会计准则第 21 号——租赁（财会〔2006〕3 号）2006-03-09
企业会计准则第 22 号——金融工具确认和计量（财会〔2017〕7 号）2017-09-08
企业会计准则第 22 号——金融工具确认和计量（财会〔2006〕3

号）2006-03-09
企业会计准则第 23 号——金融资产转移（财会〔2017〕8 号）2017-09-08
企业会计准则第 23 号——金融资产转移（财会〔2006〕3 号）2006-03-09
企业会计准则第 24 号——套期会计（财会〔2017〕9 号）2017-09-08
企业会计准则第 24 号——套期保值（财会〔2006〕3 号）2006-03-09
企业会计准则第 25 号——原保险合同 2006-03-09
企业会计准则第 26 号——再保险合同 2006-03-09
企业会计准则第 27 号——石油天然气开采 2006-03-09
企业会计准则第 28 号——会计政策、会计估计变更和差错更正 2006-03-09
企业会计准则第 29 号——资产负债表日后事项 2006-03-09
企业会计准则第 30 号——财务报表列报 2014-02-17
企业会计准则第 31 号——现金流量表 2006-03-09
企业会计准则第 32 号——中期财务报告 2006-03-09
企业会计准则第 33 号——合并财务报表 2014-03-03
企业会计准则第 34 号——每股收益 2006-03-09
企业会计准则第 35 号——分部报告 2006-03-09
企业会计准则第 36 号——关联方披露 2006-03-09
企业会计准则第 37 号——金融工具列报（财会〔2017〕14 号）2017-09-07
企业会计准则第 37 号——金融工具列报（财会〔2014〕23 号）2014-07-11
企业会计准则第 38 号——首次执行企业会计准则 2006-03-09
企业会计准则第 39 号——公允价值计量 2015-12-08
企业会计准则第 40 号——合营安排 2015-12-08
企业会计准则第 41 号——在其他主体中权益的披露 2015-12-08
企业会计准则第 42 号——持有待售的非流动资产、处置组和终止经营（财会〔2017〕13 号）2017-09-07

会计档案管理办法

（2015 年 12 月 11 日中华人民共和国财政部、中华人民共和国国家档案局令第 79 号公布）

第一条 为了加强会计档案管理，有效保护和利用会计档案，根据《中华人民共和国会计法》《中华人民共和国档案法》等有关法律和行政法规，制定本办法。

第二条 国家机关、社会团体、企业、事业单位和其他组织（以下统称单位）管理会计档案适用本办法。

第三条 本办法所称会计档案是指单位在进行会计核算等过程中接收或形成的，记录和反映单位经济业务事项的，具有保存价值的文字、图表等各种形式的会计资料，包括通过计算机等电子设备形成、传输和存储的电子会计档案。

第四条 财政部和国家档案局主管全国会计档案工作，共同制定全国统一的会计档案工作制度，对全国会计档案工作实行监督和指导。

县级以上地方人民政府财政部门和档案行政管理部门管理本行政区域内的会计档案工作，并对本行政区域内会计档案工作实行监督和指导。

第五条 单位应当加强会计档案管理工作，建立和完善会计档案的收集、整理、保管、利用和鉴定销毁等管理制度，采取可靠的安全防护技术和措施，保证会计档案的真实、完整、可用、安全。

单位的档案机构或者档案工作人员所属机构（以下统称单位档案管理机构）负责管理本单位的会计档案。单位也可以委托具备档案管理条件的机构代为管理会计档案。

第六条 下列会计资料应当进行归档：

（一）会计凭证，包括原始凭证、记账凭证；

（二）会计账簿，包括总账、明细账、日记账、固定资产卡片及其他辅助性账簿；

（三）财务会计报告，包括月度、季度、半年度、年度财务会计报告；

（四）其他会计资料，包括银行存款余额调节表、银行对账单、纳税申报表、会计档案移交清册、会计档案保管清册、会计档案销毁清册、会计档案鉴定意见书及其他具有保存价值的会计资料。

第七条 单位可以利用计算机、网络通信等信息技术手段管理会计档案。

第八条 同时满足下列条件的，单位内部形成的属于归档范围的电子会计资料可仅以电子形式保存，形成电子会计档案：

（一）形成的电子会计资料来源真实有效，由计算机等电子设备形成和传输；

（二）使用的会计核算系统能够准确、完整、有效接收和读取电子会计资料，能够输出符合国家标准归档格式的会计凭证、会计账簿、财务会计报表等会计资料，设定了经办、审核、审批等必要的审签程序；

（三）使用的电子档案管理系统能够有效接收、管理、利用电子会计档案，符合电子档案的长期保管要求，并建立了电子会计档案与相关联的其他纸质会计档案的检索关系；

（四）采取有效措施，防止电子会计档案被篡改；

（五）建立电子会计档案备份制度，能够有效防范自然灾害、意外事故和人为破坏的影响；

（六）形成的电子会计资料不属于具有永久保存价值或者其他重要保存价值的会计档案。

第九条 满足本办法第八条规定条件，单位从外部接收的电子会计资料附有符合《中华人民共和国电子签名法》规定的电子签名的，可仅以电子形式归档保存，形成电子会计档案。

第十条 单位的会计机构或会计人员所属机构（以下统称单位会计管理机构）按照归档范围和归档要求，负责定期将应当归档的会计资料整理立卷，编制会计档案保管清册。

第十一条 当年形成的会计档案，在会计年度终了后，可由单位会计管理机构临时保管一年，再移交单位档案管理机构保管。因工作需要确需推迟移交的，应当经单位档案管理机构同意。

单位会计管理机构临时保管会计档案最长不超过三年。临时保管期间，会计档案的保管应当符合国家档案管理的有关规定，且出纳人员不得兼管会计档案。

第十二条 单位会计管理机构在办理会计档案移交时，应当编制会计档案移交清册，并按照国家档案管理的有关规定办理移交手续。

纸质会计档案移交时应当保持原卷的封装。电子会计档案移交时应当将电子会计档案及其元数据一并移交，且文件格式应当符合国家档案管理的有关规定。特殊格式的电子会计档案应当与其读取平台一并移交。

单位档案管理机构接收电子会计档案时，应当对电子会计档案的准确性、完整性、可用性、安全性进行检测，符合要求的才能接收。

第十三条 单位应当严格按照相关制度利用会计档案，在进行会计档案查阅、复制、借出时履行登记手续，严禁篡改和损坏。

单位保存的会计档案一般不得对外借出。确因工作需要且根据国家有关规定必须借出的，应当严格按照规定办理相关手续。

会计档案借用单位应当妥善保管和利用借入的会计档案，确保借入会计档案的安全完整，并在规定时间内归还。

第十四条 会计档案的保管期限分为永久、定期两类。定期保管期限一般分为10年和30年。

会计档案的保管期限，从会计年度终了后的第一天算起。

第十五条 各类会计档案的保管期限原则上应当按照本办法附表执行，本办法规定的会计档案保管期限为最低保管期限。

单位会计档案的具体名称如有同本办法附表所列档案名称不相符的，应当比照类似档案的保管期限办理。

第十六条 单位应当定期对已到保管期限的会计档案进行鉴定，并形成会计档案鉴定意见书。经鉴定，仍需继续保存的会计档案，应当重新划定保管期限；对保管期满，确无保存价值的会计档案，可以销毁。

第十七条 会计档案鉴定工作应当由单位档案管理机构牵头，组织单位会计、审计、纪检监察等机构或人员共同进行。

第十八条 经鉴定可以销毁的会计档案，应当按照以下程序销毁：

（一）单位档案管理机构编制会计档案销毁清册，列明拟销毁会计档案的名称、卷号、册数、起止年度、档案编号、应保管期限、已保管期限和销毁时间等内容。

（二）单位负责人、档案管理机构负责人、会计管理机构负责人、档案管理机构经办人、会计管理机构经办人在会计档案销毁清册上签署意见。

（三）单位档案管理机构负责组织会计档案销毁工作，并与会计管理机构共同派员监销。监销人在会计档案销毁前，应当按照会计档案销毁清册所列内容进行清点核对；在会计档案销毁后，应当在会计档案销毁清册上签名或盖章。

电子会计档案的销毁还应当符合国家有关电子档案的规定，并由单位档案管理机构、会计管理机构和信息系统管理机构共同派员监销。

第十九条 保管期满但未结清的债权债务会计凭证和涉及其他未了事项的会计凭证不得销毁，纸质会计档案应当单独抽出立卷，电子会计档案单独转存，保管到未了事项完结时为止。

单独抽出立卷或转存的会计档案，应当在会计档案鉴定意见书、会计档案销毁清册和会计档案保管清册中列明。

第二十条 单位因撤销、解散、破产或其他原因而终止的，在终止或办理注销登记手续之前形成的会计档案，按照国家档案管理的有关规定处置。

第二十一条 单位分立后原单位存续的，其会计档案应当由分立后的存续方统一保管，其他方可以查阅、复制与其业务相关的会计档案。

单位分立后原单位解散的，其会计档案应当经各方协商后由其中一方代管或按照国家档案管理的有关规定处置，各方可以查阅、复制与其业务相关的会计档案。

单位分立中未结清的会计事项所涉及的会计凭证，应当单独抽出由业务相关方保存，并按照规定办理交接手续。

单位因业务移交其他单位办理所涉及的会计档案，应当由原单位保管，承接业务单位可以查阅、复制与其业务相关的会计档案。对其中未结清的会计事项所涉及的会计凭证，应当单独抽出由承接业务单位保存，并按照规定办理交接手续。

第二十二条 单位合并后原各单位解散或者一方存续其他方解散的，原各单位的会计档案应当由合并后的单位统一保管。单位合并后原各单位仍存续的，其会计档案仍应当由原各单位保管。

第二十三条 建设单位在项目建设期间形成的会计档案，需要移交给建设项目接受单位的，应当在办理竣工财务决算后及时移交，并按照规定办理交接手续。

第二十四条 单位之间交接会计档案时，交接双方应当办理会计档案交接手续。

移交会计档案的单位，应当编制会计档案移交清册，列明应当移交的会计档案名称、卷号、册数、起止年度、档案编号、应保管期限和已保管期限等内容。

交接会计档案时，交接双方应当按照会计档案移交清册所列内容逐项交接，并由交接双方的单位有关负责人负责监督。交接完毕后，交接双方经办人和监督人应当在会计档案移交清册上签名或盖章。

电子会计档案应当与其元数据一并移交，特殊格式的电子会计档案应当与其读取平台一并移交。档案接受单位应当对保存电子会计档案的载体及其技术环境进行检验，确保所接收电子会计档案的准确、完整、可用和安全。

第二十五条 单位的会计档案及其复制件需要携带、寄运或者传输至境外的，应当按照国家有关规定执行。

第二十六条 单位委托中介机构代理记账的，应当在签订的书面委托合同中，明确会计档案的管理要求及相应责任。

第二十七条 违反本办法规定的单位和个人，由县级以上人民政府财政部门、档案行政管理部门依据《中华人民共和国会计法》《中华人民共和国档案法》等法律法规处理处罚。

第二十八条 预算、计划、制度等文件材料，应当执行文书档案管理规定，不适用本办法。

第二十九条 不具备设立档案机构或配备档案工作人员条件的单位和依法建账的个体工商户，其会计档案的收集、整理、保管、利用和鉴定销毁等参照本办法执行。

第三十条 各省、自治区、直辖市、计划单列市人民政府财政部门、档案行政管理部门，新疆生产建设兵团财务局、档案局，国务院各业务主管部门，中国人民解放军总后勤部，可以根据本办法制定具体实施办法。

第三十一条 本办法由财政部、国家档案局负责解释，自2016年1月1日起施行。1998年8月21日财政部、国家档案局发布的《会计档案管理办法》（财会字〔1998〕32号）同时废止。

附表： 1. 企业和其他组织会计档案保管期限表

2. 财政总预算、行政单位、事业单位和税收会计档案保管期限表

附表 1：

企业和其他组织会计档案保管期限表

序号	档案名称	保管期限	备注
一	**会计凭证**		
1	原始凭证	30 年	
2	记账凭证	30 年	
二	**会计账簿**		
3	总账	30 年	
4	明细账	30 年	
5	日记账	30 年	
6	固定资产卡片		固定资产报废清理后保管 5 年
7	其他辅助性账簿	30 年	
三	**财务会计报告**		
8	月度、季度、半年度财务会计报告	10 年	
9	年度财务会计报告	永久	
四	**其他会计资料**		
10	银行存款余额调节表	10 年	
11	银行对账单	10 年	
12	纳税申报表	10 年	
13	会计档案移交清册	30 年	
14	会计档案保管清册	永久	
15	会计档案销毁清册	永久	
16	会计档案鉴定意见书	永久	

附表2：

财政总预算、行政单位、事业单位和税收会计档案保管期限表

序号	档案名称	保管期限			备注
		财政总预算	行政单位事业单位	税收会计	
一	**会计凭证**				
1	国家金库编送的各种报表及缴库退库凭证	10年		10年	
2	各收入机关编送的报表	10年			
3	行政单位和事业单位的各种会计凭证		30年		包括：原始凭证、记账凭证和传票汇总表
4	财政总预算拨款凭证和其他会计凭证	30年			包括：拨款凭证和其他会计凭证
二	**会计账簿**				
5	日记账		30年	30年	
6	总账	30年	30年	30年	
7	税收日记账（总账）			30年	
8	明细分类、分户账或登记簿	30年	30年	30年	
9	行政单位和事业单位固定资产卡片				固定资产报废清理后保管5年
三	**财务会计报告**				
10	政府综合财务报告	永久			下级财政、本级部门和单位报送的保管2年
11	部门财务报告		永久		所属单位报送的保管2年
12	财政总决算	永久			下级财政、本级部门和单位报送的保管2年
13	部门决算		永久		所属单位报送的保管2年

续表

序号	档案名称	保管期限			备注
		财政总预算	行政单位事业单位	税收会计	
14	税收年报（决算）			永久	
15	国家金库年报（决算）	10年			
16	基本建设拨、贷款年报（决算）	10年			
17	行政单位和事业单位会计月、季度报表		10年		所属单位报送的保管2年
18	税收会计报表			10年	所属税务机关报送的保管2年
四	**其他会计资料**				
19	银行存款余额调节表	10年	10年		
20	银行对账单	10年	10年	10年	
21	会计档案移交清册	30年	30年	30年	
22	会计档案保管清册	永久	永久	永久	
23	会计档案销毁清册	永久	永久	永久	
24	会计档案鉴定意见书	永久	永久	永久	

注：税务机关的税务经费会计档案保管期限，按行政单位会计档案保管期限规定办理。

会计基础工作规范

（1996 年 6 月 17 日财会字〔1996〕19 号公布　根据 2019 年 3 月 14 日《财政部关于修改〈代理记账管理办法〉等 2 部部门规章的决定》修改）

第一章　总　　则

第一条　为了加强会计基础工作，建立规范的会计工作秩序，提高会计工作水平，根据《中华人民共和国会计法》的有关规定，制定本规范。

第二条　国家机关、社会团体、企业、事业单位、个体工商户和其他组织的会计基础工作，应当符合本规范的规定。

第三条　各单位应当依据有关法规、法规和本规范的规定，加强会计基础工作，严格执行会计法规制度，保证会计工作依法有序地进行。

第四条　单位领导人对本单位的会计基础工作负有领导责任。

第五条　各省、自治区、直辖市财政厅（局）要加强对会计基础工作的管理和指导，通过政策引导、经验交流、监督检查等措施，促进基层单位加强会计基础工作，不断提高会计工作水平。

国务院各业务主管部门根据职责权限管理本部门的会计基础工作。

第二章　会计机构和会计人员

第一节　会计机构设置和会计人员配备

第六条　各单位应当根据会计业务的需要设置会计机构；不具备单独设置会计机构条件的，应当在有关机构中配备专职会计人员。

事业行政单位会计机构的设置和会计人员的配备，应当符合国家统一事业行政单位会计制度的规定。

设置会计机构，应当配备会计机构负责人；在有关机构中配备专职会计人员，应当在专职会计人员中指定会计主管人员。

会计机构负责人、会计主管人员的任免，应当符合《中华人民共和国会计法》和有关法律的规定。

第七条　会计机构负责人、会计主管人员应当具备下列基本条件：

（一）坚持原则，廉洁奉公；

（二）具备会计师以上专业技术职务资格或者从事会计工作不少于三年；

（三）熟悉国家财经法律、法规、规章和方针、政策，掌握本行业业务管理的有关知识；

（四）有较强的组织能力；

（五）身体状况能够适应本职工作的要求。

第八条 没有设置会计机构或者配备会计人员的单位，应当根据《代理记账管理办法》的规定，委托会计师事务所或者持有代理记账许可证书的代理记账机构进行代理记账。

第九条 大、中型企业、事业单位、业务主管部门应当根据法律和国家有关规定设置总会计师。总会计师由具有会计师以上专业技术资格的人员担任。

总会计师行使《总会计师条例》规定的职责、权限。

总会计师的任命（聘任）、免职（解聘）依照《总会计师条例》和有关法律的规定办理。

第十条 各单位应当根据会计业务需要配备会计人员，督促其遵守职业道德和国家统一的会计制度。

第十一条 各单位应当根据会计业务需要设置会计工作岗位。

会计工作岗位一般可分为：会计机构负责人或者会计主管人员，出纳，财产物资核算，工资核算，成本费用核算，财务成果核算，资金核算，往来结算，总帐报表，稽核，档案管理等。开展会计电算化和管理会计的单位，可以根据需要设置相应工作岗位，也可以与其他工作岗位相结合。

第十二条 会计工作岗位，可以一人一岗、一人多岗或者一岗多人。但出纳人员不得兼管稽核、会计档案保管和收入、费用、债权债务帐目的登记工作。

第十三条 会计人员的工作岗位应当有计划地进行轮换。

第十四条 会计人员应当具备必要的专业知识和专业技能，熟悉国家有关法律、法规、规章和国家统一会计制度，遵守职业道德。

会计人员应当按照国家有关规定参加会计业务的培训。各单位应当合理安排会计人员的培训，保证会计人员每年有一定时间用于学习和参加培训。

第十五条 各单位领导人应当支持会计机构、会计人员依法行使职权；对忠于职守，坚持原则，做出显著成绩的会计机构、会计人员，应当给予精神的和物质的奖励。

第十六条 国家机关、国有企业、事业单位任用会计人员应当实行回避制度。

单位领导人的直系亲属不得担任本单位的会计机构负责人、会计主管人员。会计机构负责人、会计主管人员的直系亲属不得在本单位会计机构中担任出纳工作。

需要回避的直系亲属为：夫妻关系、直系血亲关系、三代以内旁系血亲以及配偶亲关系。

第二节 会计人员职业道德

第十七条 会计人员在会计工作中应当遵守职业道德，树立良好的职业品质、严谨的工作作风，严守工作纪律，努力提高工作效率和工作质量。

第十八条 会计人员应当热爱本职工作，努力钻研业务，使自己的知识和技能适应所从事工作的要求。

第十九条 会计人员应当熟悉财经法律、法规、规章和国家统一会计制度，并结合会计工作进行广泛宣传。

第二十条 会计人员应当按照会计法律、法规和国家统一会计制度规定的程序和要求进行会计工作，保证所提供的会计信息合法、真实、准确、及时、完整。

第二十一条 会计人员办理会计事务应当实事求是、客观公正。

第二十二条 会计人员应当熟悉本单位的生产经营和业务管理情况，运用掌握的会计信息和会计方法，为改善单位内部管理、提高经济效益服务。

第二十三条 会计人员应当保守本单位的商业秘密。除法律规定和单位领导人同意外，不能私自向外界提供或者泄露单位的会计信息。

第二十四条 财政部门、业务主管部门和各单位应当定期检查会计人员遵守职业道德的情况，并作为会计人员晋升、晋级、聘任专业职务、表彰奖励的重要考核依据。

会计人员违反职业道德的，由所在单位进行处理。

第三节 会计工作交接

第二十五条 会计人员工作调动或者因故离职，必须将本人所经管的会计工作全部移交给接替人员。没有办清交接手续的，不得调动或者离职。

第二十六条 接替人员应当认真接管移交工作，并继续办理移交的未了事项。

第二十七条 会计人员办理移交手续前，必须及时做好以下工作：

（一）已经受理的经济业务尚未填制会计凭证的，应当填制完毕。

（二）尚未登记的帐目，应当登记完毕，并在最后一笔余额后加盖经办人员印章。

（三）整理应该移交的各项资料，对未了事项写出书面材料。

（四）编制移交清册，列明应当移交的会计凭证、会计帐簿、会计报表、印章、现金、有价证券、支票簿、发票、文件、其他会计资料和物品等内容；实行会计电算化的单位，从事该项工作的移交人员还应当在移交清册中列明会计软件及密码、会计软件数据磁盘（磁带等）及有关资料、实物等内容。

第二十八条 会计人员办理交接手续，必须有监交人负责监交。一般会计人员交接，由单位会计机构负责人、会计主管人员负责监交；会计机构负责人、会计主管人员交接，由单位领导人负责监交，必要时可由上级主管部门派人会同监交。

第二十九条 移交人员在办理移交时，要按移交清册逐项移交；接替人员要逐项核对点收。

（一）现金、有价证券要根据会计帐簿有关记录进行点交。库存现金、有价证券必须与会计帐簿记录保持一致。不一致时，移交人员必须限期查清。

（二）会计凭证、会计帐簿、会计报表和其他会计资料必须完整无缺。如有短缺，必须查清原因，并在移交清册中注明，由移交人员负责。

（三）银行存款帐户余额要与银行对帐单核对，如不一致，应当编制银行存款余额调节表调节相符，各种财产物资和债权债务的明细帐户余额要与总帐有关帐户余额核对相符；必要时，要抽查个别帐户的余额，与实物核对相符，或者与往来单位、个人核对清楚。

（四）移交人员经管的票据、印章和其他实物等，必须交接清楚；移交人员从事会计电算化工作的，要对有关电子数据在实际操作状态下进行交接。

第三十条 会计机构负责人、会计主管人员移交时，还必须将全部财务会计工作、重大财务收支和会计人员的情况等，向接替人员详细介绍。对需要移交的遗留问题，应当写出书面材料。

第三十一条 交接完毕后，交接双方和监交人员要在移交注册上签名或者盖章。并应在移交注册上注明：单位名称，交接日期，交接双方和监交人员的职务、姓名，移交清册页数以及需要说明的问题和意见等。

移交清册一般应当填制一式三份，交接双方各执一份，存档一份。

第三十二条 接替人员应当继续使用移交的会计帐簿，不得自行另立新帐，以保持会计记录的连续性。

第三十三条 会计人员临时离职或者因病不能工作且需要接替或者代理的，会计机构负责人、会计主管人员或者单位领导人必须指定有关人员接替或者代理，并办理交接手续。

临时离职或者因病不能工作的会计人员恢复工作的，应当与接替或者代理人员办理交接手续。

移交人员因病或者其他特殊原因不能亲自办理移交的，经单位领导人批准，可由移交人员委托他人代办移交，但委托人应当承担本规范第三十五条规定的责任。

第三十四条 单位撤销时，必须留有必要的会计人员，会同有关人员办理清理工作，编制决算。未移交前，不得离职。接收单位和移交日期由主管部门确定。

单位合并、分立的，其会计工作交接手续比照上述有关规定办理。

第三十五条 移交人员对所移交的会计凭证、会计帐簿、会计报表和其他有关资料的合法性、真实性承担法律责任。

第三章　会 计 核 算

第一节　会计核算一般要求

第三十六条 各单位应当按照《中华人民共和国会计法》和国家统一会计制度的规定建立会计帐册，进行会计核算，及时提供合法、真实、准确、完整的会计信息。

第三十七条 各单位发生的下列事项，应当及时办理会计手续、进行会计核算：

（一）款项和有价证券的收付；

（二）财物的收发、增减和使用；

（三）债权债务的发生和结算；

（四）资本、基金的增减；

（五）收入、支出、费用、成本的计算；

（六）财务成果的计算和处理；

（七）其他需要办理会计手续、进行会计核算的事项。

第三十八条 各单位的会计核算应当以实际发生的经济业务为依据，按照规定的会计处理方法进行，保证会计指标的口径一致、相互可比和会计处理方法的前后各期相一致。

第三十九条 会计年度自公历 1 月 1 日起至 12 月 31 日止。

第四十条 会计核算以人民币为记帐本位币。

收支业务以外国货币为主的单位，也可以选定某种外国货币作为记帐本位币，但是编制的会计报表应当折算为人民币反映。

境外单位向国内有关部门编报的会计报表，应当折算为人民币反映。

第四十一条 各单位根据国家统一会计制度的要求，在不影响会计核算要求、会计报表指标汇总和对外统一会计报表的前提下，可以根据实际情况自行设置和使用会计科目。

事业行政单位会计科目的设置和使用，应当符合国家统一事业行政单位会计制度的规定。

第四十二条 会计凭证、会计帐簿、会计报表和其他会计资料的内容和要求必须符合国家统一会计制度的规定，不得伪造、变造会计凭证和会计帐簿，不得设置帐外帐，不得报送虚假会计报表。

第四十三条 各单位对外报送的会计报表格式由财政部统一规定。

第四十四条 实行会计电算化的单位，对使用的会计软件及其生成的会计凭证、会计帐簿、会计报表和其他会计资料的要求，应当符合财政部关于会计电算化的有关规定。

第四十五条 各单位的会计凭证、会计帐簿、会计报表和其他会计资料，应当建立档案，妥善保管。会计档案建档要求、保管期限、销毁办法等依据《会计档案管理办法》的规定进行。

实行会计电算化的单位，有关电子数据、会计软件资料等应当作为会计档案进行管理。

第四十六条 会计记录的文字应当使用中文，少数民族自治地区可以同时使用少数民族文字。中国境内的外商投资企业、外国企业和其他外国经济组织也可以同时使用某种外国文字。

第二节 填制会计凭证

第四十七条 各单位办理本规范第三十七条规定的事项，必须取得或者填制原始凭证，并及时送交会计机构。

第四十八条 原始凭证的基本要求是：

（一）原始凭证的内容必须具备：凭证的名称；填制凭证的日期；填制凭证单位名称或者填制人姓名；经办人员的签名或者盖章；接受凭证单位名称；经济业务内容；数量、单价和金额。

（二）从外单位取得的原始凭证，必须盖有填制单位的公章；从个人取得的原始凭证，必须有填制人员的签名或者盖章。自制原始凭证必须有经办单位领导人或者其指定的人员签名或者盖章。对外开出的原始凭证，必须加盖本单位公章。

（三）凡填有大写和小写金额的原始凭证，大写与小写金额必须相符。购买实物的原始凭证，必须有验收证明。支付款项的原始凭证，必须有收款单位和收款人的收款证明。

（四）一式几联的原始凭证，应当注明各联的用途，只能以一联作为报销凭证。

一式几联的发票和收据，必须用双面复写纸（发票和收据本身具备复写纸功能的除外）套写，并连续编号。作废时应当加盖“作废”戳记，连同存根一起保存，不得撕毁。

（五）发生销货退回的，除填制退货发票外，还必须有退货验收证明；退款时，必须取得对方的收款收据或者汇款银行的凭证，不得以退货发票代替收据。

（六）职工公出借款凭据，必须附在记帐凭证之后。收回借款时，应当另开收据或者退还借据副本，不得退还原借款收据。

（七）经上级有关部门批准的经济业务，应当将批准文件作为原始凭证附件。如果批准文件需要单独归档的，应当在凭证上注明批准机关名称、日期和文件字号。

第四十九条　原始凭证不得涂改、挖补。发现原始凭证有错误的，应当由开出单位重开或者更正，更正处应当加盖开出单位的公章。

第五十条　会计机构、会计人员要根据审核无误的原始凭证填制记帐凭证。

记帐凭证可以分为收款凭证、付款凭证和转帐凭证，也可以使用通用记帐凭证。

第五十一条　记帐凭证的基本要求是：

（一）记帐凭证的内容必须具备：填制凭证的日期；凭证编号；经济业务摘要；会计科目；金额；所附原始凭证张数；填制凭证人员、稽核人员、记帐人员、会计机构负责人、会计主管人员签名或者盖章。收款和付款记帐凭证还应当由出纳人员签名或者盖章。

以自制的原始凭证或者原始凭证汇总表代替记帐凭证的，也必须具备记帐凭证应有的项目。

（二）填制记帐凭证时，应当对记帐凭证进行连续编号。一笔经济业务需要填制两张以上记帐凭证的，可以采用分数编号法编号。

（三）记帐凭证可以根据每一张原始凭证填制，或者根据若干张同类原始凭证汇总填制，也可以根据原始凭证汇总表填制。但不得将不同内容和类别的原始凭证汇总填制在一张记帐凭证上。

（四）除结帐和更正错误的记帐凭证可以不附原始凭证外，其他记帐凭证必须附有原始凭证。如果一张原始凭证涉及几张记帐凭证，可以把原始凭证附在一张主要的记帐凭证后面，并在其他记帐凭证上注明附有该原始凭证的记帐凭证的编号或者附原始凭证复印件。

一张复始凭证所列支出需要几个单位共同负担的，应当将其他单位负担的部分，开给对方原始凭证分割单，进行结算。原始凭证分割单必须具备原始凭证的基本内容：凭证名称、填制凭证日期、填制凭证单位名称或者填制人姓名、经办人的签名或者盖章、接受凭证单位名称、经济业务内容、数量、单价、金额和费用分摊情况等。

（五）如果在填制记帐凭证时发生错误，应当重新填制。

已经登记入帐的记帐凭证，在当年内发现填写错误时，可以用红字填写一张与原内容相同的记帐凭证，在摘要栏注明“注销某月某日某号凭证”字样，同时再用蓝字重新填制一张正确的记帐凭证，注明“订正某月某日某号凭证”字样。如果会计科目没有错误，只是金额错误，也可以将正确数字与错误数字之间的差额，另编一张调整的记帐凭证，调增金额用蓝字，调减金额用红字。发现以前年度记帐凭证有错误的，应当用蓝字填制一张更正的记帐凭证。

（六）记帐凭证填制完经济业务事项后，如有空行，应当自金额栏最后一笔金额数字下的空行处至合计数上的空行处划线注销。

第五十二条 填制会计凭证，字迹必须清晰、工整，并符合下列要求：

（一）阿拉伯数字应当一个一个地写，不得连笔写。阿拉伯金额数字前面应当书写货币币种符号或者货币名称简写和币种符号。币种符号与阿拉伯金额数字之间不得留有空白。凡阿拉伯数字前写有币种符号的，数字后面不再写货币单位。

（二）所有以元为单位（其他货币种类为货币基本单位，下同）的阿拉伯数字，除表示单价等情况外，一律填写到角分；无角分的，角位和分位可写“00”，或者符号“——”；有角无分的，分位应当写“0”，不得用符号“——”代替。

（三）汉字大写数字金额如零、壹、贰、叁、肆、伍、陆、柒、捌、玖、拾、佰、仟、万、亿等，一律用正楷或者行书体书写，不得用0、一、二、三、四、五、六、七、八、九、十等简化字代替，不得任意自造简化字。大写金额数字到元或者角为止的，在“元”或者“角”字之后应当写“整”字或者“正”字；大写金额数字有分的，分字后面不写“整”或者“正”字。

（四）大写金额数字前未印有货币名称的，应当加填货币名称，货币名称与金额数字之间不得留有空白。

（五）阿拉伯金额数字中间有“0”时，汉字大写金额要写“零”字；阿拉伯数字金额中间连续有几个“0”时，汉字大写金额中可以只写一个

“零”字；阿拉伯金额数字元位是“0”，或者数字中间连续有几个“0”、元位也是“0”但角位不是“0”时，汉字大写金额可以只写一个“零”字，也可以不写“零”字。

第五十三条 实行会计电算化的单位，对于机制记帐凭证，要认真审核，做到会计科目使用正确，数字准确无误。打印出的机制记帐凭证要加盖制单人员、审核人员、记帐人员及会计机构负责人、会计主管人员印章或者签字。

第五十四条 各单位会计凭证的传递程序应当科学、合理，具体办法由各单位根据会计业务需要自行规定。

第五十五条 会计机构、会计人员要妥善保管会计凭证。

（一）会计凭证应当及时传递，不得积压。

（二）会计凭证登记完毕后，应当按照分类和编号顺序保管，不得散乱丢失。

（三）记帐凭证应当连同所附的原始凭证或者原始凭证汇总表，按照编号顺序，折叠整齐，按期装订成册，并加具封面，注明单位名称、年度、月份和起讫日期、凭证种类、起讫号码，由装订人在装订线封签外签名或者盖章。

对于数量过多的原始凭证，可以单独装订保管，在封面上注明记帐凭证日期、编号、种类，同时在记帐凭证上注明“附件另订”和原始凭证名称及编号。

各种经济合同、存出保证金收据以及涉外文件等重要原始凭证，应当另编目录，单独登记保管，并在有关的记帐凭证和原始凭证上相互注明日期和编号。

（四）原始凭证不得外借，其他单位如因特殊原因需要使用原始凭证时，经本单位会计机构负责人、会计主管人员批准，可以复制。向外单位提供的原始凭证复制件，应当在专设的登记簿上登记，并由提供人员和收取人员共同签名或者盖章。

（五）从外单位取得的原始凭证如有遗失，应当取得原开出单位盖有公章的证明，并注明原来凭证的号码、金额和内容等，由经办单位会计机构负责人、会计主管人员和单位领导人批准后，才能代作原始凭证。如果确实无法取得证明的，如火车、轮船、飞机票等凭证，由当事人写出详细情况，由经办单位会计机构负责人、会计主管人员和单位领导人批准后，代作原始凭证。

第三节　登记会计帐簿

第五十六条　各单位应当按照国家统一会计制度的规定和会计业务的需要设置会计帐簿。会计帐簿包括总帐、明细帐、日记帐和其他辅助性帐簿。

第五十七条　现金日记帐和银行存款日记帐必须采用订本式帐簿。不得用银行对帐单或者其他方法代替日记帐。

第五十八条　实行会计电算化的单位，用计算机打印的会计帐簿必须连续编号，经审核无误后装订成册，并由记帐人员和会计机构负责人、会计主管人员签字或者盖章。

第五十九条　启用会计帐簿时，应当在帐簿封面上写明单位名称和帐簿名称。在帐簿扉页上应当附启用表，内容包括：启用日期、帐簿页数、记帐人员和会计机构负责人、会计主管人员姓名，并加盖名章和单位公章。记帐人员或者会计机构负责人、会计主管人员调动工作时，应当注明交接日期、接办人员或者监交人员姓名，并由交接双方人员签名或者盖章。

启用订本式帐簿，应当从第一页到最后一页顺序编定页数，不得跳页、缺号。使用活页式帐页，应当按帐户顺序编号，并须定期装订成册。装订后再按实际使用的帐页顺序编定页码。另加目录，记明每个帐户的名称和页次。

第六十条　会计人员应当根据审核无误的会计凭证登记会计帐簿。登记帐簿的基本要求是：

（一）登记会计帐簿时，应当将会计凭证日期、编号、业务内容摘要、金额和其他有关资料逐项记入帐内，做到数字准确、摘要清楚、登记及时、字迹工整。

（二）登记完毕后，要在记帐凭证上签名或者盖章，并注明已经登帐的符号，表示已经记帐。

（三）帐簿中书写的文字和数字上面要留有适当空格，不要写满格；一般应占格距的二分之一。

（四）登记帐簿要用蓝黑墨水或者碳素墨水书写，不得使用圆珠笔（银行的复写帐簿除外）或者铅笔书写。

（五）下列情况，可以用红色墨水记帐：

1. 按照红字冲帐的记帐凭证，冲销错误记录；

2. 在不设借贷等栏的多栏式帐页中，登记减少数；

3. 在三栏式帐户的余额栏前，如未印明余额方向的，在余额栏内登记负数余额；

4. 根据国家统一会计制度的规定可以用红字登记的其他会计记录。

（六）各种帐簿按页次顺序连续登记，不得跳行、隔页。如果发生跳行、隔页，应当将空行、空页划线注销，或者注明“此行空白”、“此页空白”字样，并由记帐人员签名或者盖章。

（七）凡需要结出余额的帐户，结出余额后，应当在“借或贷”等栏内写明“借”或者“贷”等字样。没有余额的帐户，应当在“借或贷”等栏内写“平”字，并在余额栏内用“Q”表示。

现金日记帐和银行存款日记帐必须逐日结出余额。

（八）每一帐页登记完毕结转下页时，应当结出本页合计数及余额，写在本页最后一行和下页第一行有关栏内，并在摘要栏内注明“过次页”和“承前页”字样；也可以将本页合计数及金额只写在下页第一行有关栏内，并在摘要栏内注明“承前页”字样。

对需要结计本月发生额的帐户，结计“过次页”的本页合计数应当为自本月初起至本页末止的发生额合计数；对需要结计本年累计发生额的帐户，结计“过次页”的本页合计数应当为自年初起至本页末止的累计数；对既不需要结计本月发生额也不需要结计本年累计发生额的帐户，可以只将每页末的余额结转次页。

第六十一条　帐簿记录发生错误，不准涂改、挖补、刮擦或者用药水消除字迹，不准重新抄写，必须按照下列方法进行更正：

（一）登记帐簿时发生错误，应当将错误的文字或者数字划红线注销，但必须使原有字迹仍可辨认；然后在划线上方填写正确的文字或者数字，并由记帐人员在更正处盖章。对于错误的数字，应当全部划红线更正，不得只更正其中的错误数字。对于文字错误，可只划去错误的部分。

（二）由于记帐凭证错误而使帐簿记录发生错误，应当按更正的记帐凭证登记帐簿。

第六十二条　各单位应当定期对会计帐簿记录的有关数字与库存实物、货币资金、有价证券、往来单位或者个人等进行相互核对，保证帐证相符、帐帐相符、帐实相符。对帐工作每年至少进行一次。

（一）帐证核对。核对会计帐簿记录与原始凭证、记帐凭证的时间、凭证字号、内容、金额是否一致，记帐方向是否相符。

（二）帐帐核对。核对不同会计帐簿之间的帐簿记录是否相符，包括：总帐有关帐户的余额核对，总帐与明细帐核对，总帐与日记帐核对，会计部门的财产物资明细帐与财产物资保管和使用部门的有关明细帐核对等。

（三）帐实核对。核对会计帐簿记录与财产等实有数额是否相符。包括：现金日记帐帐面余额与现金实际库存数相核对；银行存款日记帐帐面余额定期与银行对帐单相核对；各种财物明细帐帐面余额与财物实存数额相核对；各种应收、应付款明细帐帐面余额与有关债务、债权单位或者个人核对等。

第六十三条 各单位应当按照规定定期结帐。

（一）结帐前，必须将本期内所发生的各项经济业务全部登记入帐。

（二）结帐时，应当结出每个帐户的期末余额。需要结出当月发生额的，应当在摘要栏内注明“本月合计”字样，并在下面通栏划单红线。需要结出本年累计发生额的，应当在摘要栏内注明“本年累计”字样，并在下面通栏划单红线；12 月末的“本年累计”就是全年累计发生额。全年累计发生额下面应当通栏划双红线。年度终了结帐时，所有总帐帐户都应当结出全年发生额和年末余额。

（三）年度终了，要把各帐户的余额结转到下一会计年度，并在摘要栏注明“结转下年”字样；在下一会计年度新建有关会计帐簿的第一行余额栏内填写上年结转的余额，并在摘要栏注明“上年结转”字样。

第四节 编制财务报告

第六十四条 各单位必须按照国家统一会计制度的规定，定期编制财务报告。

财务报告包括会计报表及其说明。会计报表包括会计报表主表、会计报表附表、会计报表附注。

第六十五条 各单位对外报送的财务报告应当根据国家统一会计制度规定的格式和要求编制。

单位内部使用的财务报告，其格式和要求由各单位自行规定。

第六十六条 会计报表应当根据登记完整、核对无误的会计帐簿记录和其他有关资料编制，做到数字真实、计算准确、内容完整、说明清楚。

任何人不得篡改或者授意、指使、强令他人篡改会计报表的有关数字。

第六十七条 会计报表之间、会计报表各项目之间，凡有对应关系的数字，应当相互一致。本期会计报表与上期会计报表之间有关的数字应当相互衔接。如果不同会计年度会计报表中各项目的内容和核算方法有变更的，应当在年度会计报表中加以说明。

第六十八条 各单位应当按照国家统一会计制度的规定认真编写会计报表附注及其说明，做到项目齐全，内容完整。

第六十九条 各单位应当按照国家规定的期限对外报送财务报告。

对外报送的财务报告，应当依次编写页码，加具封面，装订成册，加盖公章。封面上应当注明：单位名称，单位地址，财务报告所属年度、季度、月度，送出日期，并由单位领导人、总会计师、会计机构负责人、会计主管人员签名或者盖章。

单位领导人对财务报告的合法性、真实性负法律责任。

第七十条 根据法律和国家有关规定应当对财务报告进行审计的，财务报告编制单位应当先行委托注册会计师进行审计，并将注册会计师出具的审计报告随同财务报告按照规定的期限报送有关部门。

第七十一条 如果发现对外报送的财务报告有错误，应当及时办理更正手续。除更正本单位留存的财务报告外，并应同时通知接受财务报告的单位更正。错误较多的，应当重新编报。

第四章 会计监督

第七十二条 各单位的会计机构、会计人员对本单位的经济活动进行会计监督。

第七十三条 会计机构、会计人员进行会计监督的依据是：

（一）财经法律、法规、规章；

（二）会计法律、法规和国家统一会计制度；

（三）各省、自治区、直辖市财政厅（局）和国务院业务主管部门根据《中华人民共和国会计法》和国家统一会计制度制定的具体实施办法或者补充规定；

（四）各单位根据《中华人民共和国会计法》和国家统一会计制度制定的单位内部会计管理制度；

（五）各单位内部的预算、财务计划、经济计划、业务计划等。

第七十四条 会计机构、会计人员应当对原始凭证进行审核和监督。

对不真实、不合法的原始凭证，不予受理。对弄虚作假、严重违法的原始凭证，在不予受理的同时，应当予以扣留，并及时向单位领导人报告，请求查明原因，追究当事人的责任。

对记载不准确、不完整的原始凭证，予以退回，要求经办人员更正、补充。

第七十五条 会计机构、会计人员对伪造、变造、故意毁灭会计帐簿或者帐外设帐行为，应当制止和纠正；制止和纠正无效的，应当向上级主管单位报告，请求作出处理。

第七十六条 会计机构、会计人员应当对实物、款项进行监督，督促建立并严格执行财产清查制度。发现帐簿记录与实物、款项不符时，应当按照国家有关规定进行处理。超出会计机构、会计人员职权范围的，应当立即向本单位领导报告，请求查明原因，作出处理。

第七十七条 会计机构、会计人员对指使、强令编造、篡改财务报告行为，应当制止和纠正；制止和纠正无效的，应当向上级主管单位报告，请求处理。

第七十八条 会计机构、会计人员应当对财务收支进行监督。

（一）对审批手续不全的财务收支，应当退回，要求补充、更正。

（二）对违反规定不纳入单位统一会计核算的财务收支，应当制止和纠正。

（三）对违反国家统一的财政、财务、会计制度规定的财务收支，不予办理。

（四）对认为是违反国家统一的财政、财务、会计制度规定的财务收支，应当制止和纠正；制止和纠正无效的，应当向单位领导人提出书面意见请求处理。

单位领导人应当在接到书面意见起十日内作出书面决定，并对决定承担责任。

（五）对违反国家统一的财政、财务、会计制度规定的财务收支，不予制止和纠正，又不向单位领导人提出书面意见的，也应当承担责任。

（六）对严重违反国家利益和社会公众利益的财务收支，应当向主管单位或者财政、审计、税务机关报告。

第七十九条 会计机构、会计人员对违反单位内部会计管理制度的经济活动，应当制止和纠正；制止和纠正无效的，向单位领导人报告，请求处理。

第八十条 会计机构、会计人员应当对单位制定的预算、财务计划、经济计划、业务计划的执行情况进行监督。

第八十一条 各单位必须依照法律和国家有关规定接受财政、审计、税务等机关的监督，如实提供会计凭证、会计帐簿、会计报表和其他会计资料以及有关情况、不得拒绝、隐匿、谎报。

第八十二条 按照法律规定应当委托注册会计师进行审计的单位，应当委托注册会计师进行审计，并配合注册会计师的工作，如实提供会计凭证、会计帐簿、会计报表和其他会计资料以及有关情况，不得拒绝、隐匿、谎报，不得示意注册会计师出具不当的审计报告。

第五章 内部会计管理制度

第八十三条 各单位应当根据《中华人民共和国会计法》和国家统一

会计制度的规定，结合单位类型和内容管理的需要，建立健全相应的内部会计管理制度。

第八十四条 各单位制定内部会计管理制度应当遵循下列原则：

（一）应当执行法律、法规和国家统一的财务会计制度。

（二）应当体现本单位的生产经营、业务管理的特点和要求。

（三）应当全面规范本单位的各项会计工作，建立健全会计基础，保证会计工作的有序进行。

（四）应当科学、合理，便于操作和执行。

（五）应当定期检查执行情况。

（六）应当根据管理需要和执行中的问题不断完善。

第八十五条 各单位应当建立内部会计管理体系。主要内容包括：单位领导人、总会计师对会计工作的领导职责；会计部门及其会计机构负责人、会计主管人员的职责、权限；会计部门与其他职能部门的关系；会计核算的组织形式等。

第八十六条 各单位应当建立会计人员岗位责任制度。主要内容包括：会计人员的工作岗位设置；各会计工作岗位的职责和标准；各会计工作岗位的人员和具体分工；会计工作岗位轮换办法；对各会计工作岗位的考核办法。

第八十七条 各单位应当建立帐务处理程序制度。主要内容包括：会计科目及其明细科目的设置和使用；会计凭证的格式、审核要求和传递程序；会计核算方法；会计帐簿的设置；编制会计报表的种类和要求；单位会计指标体系。

第八十八条 各单位应当建立内部牵制制度。主要内容包括：内部牵制制度的原则；组织分工；出纳岗位的职责和限制条件；有关岗位的职责和权限。

第八十九条 各单位应当建立稽核制度。主要内容包括：稽核工作的组织形式和具体分工；稽核工作的职责、权限；审核会计凭证和复核会计帐簿、会计报表的方法。

第九十条 各单位应当建立原始记录管理制度。主要内容包括：原始记录的内容和填制方法；原始记录的格式；原始记录的审核；原始记录填制人的责任；原始记录签署、传递、汇集要求。

第九十一条 各单位应当建立定额管理制度。主要内容包括：定额管理的范围；制定和修订定额的依据、程序和方法；定额的执行；定额考核和奖惩办法等。

第九十二条 各单位应当建立计量验收制度。主要内容包括：计量检测手段和方法；计量验收管理的要求；计量验收人员的责任和奖惩办法。

第九十三条 各单位应当建立财产清查制度。主要内容包括：财产清查的范围；财产清查的组织；财产清查的期限和方法；对财产清查中发现问题的处理办法；对财产管理人员的奖惩办法。

第九十四条 各单位应当建立财务收支审批制度。主要内容包括：财务收支审批人员和审批权限；财务收支审批程序；财务收支审批人员的责任。

第九十五条 实行成本核算的单位应当建立成本核算制度。主要内容包括：成本核算的对象；成本核算的方法和程序；成本分析等。

第九十六条 各单位应当建立财务会计分析制度。主要内容包括：财务会计分析的主要内容；财务会计分析的基本要求和组织程序；财务会计分析的具体方法；财务会计分析报告的编写要求等。

第六章　附　　则

第九十七条 本规范所称国家统一会计制度，是指由财政部制定、或者财政部与国务院有关部门联合制定、或者经财政部审核批准的在全国范围内统一执行的会计规章、准则、办法等规范性文件。

本规范所称会计主管人员，是指不设置会计机构、只在其他机构中设置专职会计人员的单位行使会计机构负责人职权的人员。

本规范第三章第二节和第三节关于填制会计凭证、登记会计帐簿的规定，除特别指出外，一般适用于手工记帐。实行会计电算化的单位，填制会计凭证和登记会计帐簿的有关要求，应当符合财政部关于会计电算化的有关规定。

第九十八条 各省、自治区、直辖市财政厅（局）、国务院各业务主管部门可以根据本规范的原则，结合本地区、本部门的具体情况，制定具体实施办法，报财政部备案。

第九十九条 本规范由财政部负责解释、修改。

第一百条 本规范自公布之日起实施。1984 年 4 月 24 日财政部发布的《会计人员工作规则》同时废止。

中华全国总工会办公厅关于印发《工会财务会计管理规范》（修订）的通知

（总工办发〔2013〕20号　2013年5月21日）

各省、自治区、直辖市总工会，中华全国铁路总工会、中国民航工会全国委员会、中国金融工会全国委员会，中共中央直属机关工会联合会、中央国家机关工会联合会：

为进一步加强工会财务会计管理工作规范化建设，形成长效机制，全国总工会对2009年印发的《工会财务会计管理规范》进行了修订。现印发给你们，请认真贯彻实施，并将执行中遇到的问题及时报告全国总工会财务部。

附件：

工会财务会计管理规范

为切实加强各级工会财务会计管理，规范财务会计行为，提高资金使用效益，保证资金安全，根据国家有关法律法规和工会财务会计制度，制定本规范。

第一章　指导思想和总体目标

第一条　指导思想。以邓小平理论、“三个代表”重要思想和科学发展观为指导，全面推进工会财务会计管理规范化，切实提高工会财务会计管理水平，收好、管好、用好工会经费，为工会工作的开展提供可靠的物质保障。

第二条　总体目标。各级工会应在初步达到规范化要求的基础上，不断完善工会财务会计管理规范化工作，使之制度化、常态化、长期化，形成工会财务会计规范管理的长效机制。

第二章　工会财务会计管理规范

第三条　按照《会计法》、《会计基础工作规范》以及全国总工会的有关规定设置财务会计机构、配备业务素质相适应的会计人员。

第四条　设置会计人员工作岗位并明确工作职责。

第五条　会计人员的任免符合法定手续。会计人员调动或离职按照国家有关规定办理交接手续。

第六条　会计工作人员持有会计从业资格证书，每年接受继续教育培训。

第七条　各级工会应当根据财务会计业务的需要，建立健全内部财务会计管理制度。主要包括：收支预算、决算制度，货币资金管理制度，票据管理制度，财务收支管理制度，专项资金管理制度，债权债务管理制度，账务处理程序制度，内部会计控制制度，经费定额管理制度，财产清查制度，财务会计分析制度，岗位责任制度，会计档案管理制度等。

第八条　严格遵守《预算法》等法律法规以及《工会预算管理办法》。

第九条　各级工会要按照《工会预算管理办法》编制工会经费预算、决算和组织预算执行；县级和县级以上工会要按照政府财政部门的要求编制政府补助资金部门预算、决算。预算编制做到程序规范、方法科学、编制及时、内容完整、项目细化、数据准确。

第十条　各级工会按照规定及时、足额拨缴工会经费。依法取得的各项收入全部列入预算。

第十一条　厉行节约，有效控制“三公经费”等行政支出。

第十二条　严肃财经纪律，没有“小金库”或账外设账行为。

第十三条　根据批复的预算安排各项收支，确保预算严格有效的执行。调整或追加预算，严格履行规定的程序。决算真实、完整、准确、及时。

第十四条　年度预算、决算按照规定程序审核、报批。实行预算绩效管理，建立“预算编制有目标、预算执行有监控、预算完成有评价、评价结果有反馈、反馈结果有应用”的全过程预算绩效管理和责任追究制度。

第十五条　按照《会计法》、《会计基础工作规范》、《工会会计制度》等规定建账。

第十六条　原始凭证的格式、内容、填制方法、审核程序等符合国家有关规定和工会会计制度的要求。

第十七条　记账凭证内容、填制方法、所附原始凭证、更正错误方法等符合国家有关规定和工会会计制度的要求，经有关人员签章，字迹清楚，装订整齐。

第十八条 会计账簿设置齐全，有总账、明细账（如各类收入明细账、各类支出明细账、拨缴经费收入台账、固定资产明细账、往来款项明细账等）、日记账（现金日记账、银行存款日记账），设有必要的辅助账簿（如财政划拨、税务代收工会经费辅助账等）和备查账簿（如低值易耗品、呆坏账处理备查账等）。各类账簿的启用、登记、结账、错误更正方法符合国家有关规定和工会会计制度，记账及时，文字规范。

第十九条 定期对会计账簿记录的有关数字与库存实物、货币资金、有价证券、往来单位或个人等进行相互核对，保证账证相符（会计账簿记录与原始凭证、记账凭证相符）、账账相符（不同会计账簿之间的账簿记录相符）、账实相符（会计账簿记录与财产等实有数额相符）。

第二十条 按照《工会会计制度》的规定，根据经过审核的记账凭证登记会计账簿，编制会计报表。

第二十一条 财务报告数字真实、计算准确、内容完整、说明清楚、报送及时，并经分管财务的工会主席、财务负责人审阅并签章。

第二十二条 实行会计电算化的单位，根据财政部《会计电算化工作规范》的要求，制定本单位会计电算化实施工作的具体方案，做好会计电算化工作。

第二十三条 用于账务处理的计算机应保证财务会计工作专用，不能联入单位局域网及互联网；需要联网的，应通过物理隔离等技术，保证账务数据的安全。

第二十四条 账务处理等电子数据定期备份。

第二十五条 下级工会财务软件、报表软件应能满足上级工会数据上报、报表上报的要求。

第二十六条 按照《工会法》和中国人民银行关于规范人民币银行结算账户管理的有关规定，开立银行账户，实行工会经费独立核算。

第二十七条 现金管理符合《现金管理暂行条例》；银行存款管理符合《人民币银行结算账户管理办法》；支付结算符合《支付结算办法》。

第二十八条 没有下列违反人民币银行结算账户管理规定的行为：擅自多头开设银行结算账户；将单位款项以个人名义在金融机构存储；出租、出借银行账户。

第二十九条 按照不相容职务相分离的原则，明确相关岗位的职责权限，确保不相容岗位相互分离、制约和监督。

第三十条 出纳人员不得兼任稽核、会计档案保管和收入、支出、费用、债权债务账目的登记工作。

第三十一条 单位不得由一人办理货币资金业务的全过程。

第三十二条 建立严格的经费开支程序和授权批准制度，明确授权批准的范围、权限、程序、责任和相关控制措施，做到申请、经办、证明、验收、审核、签批等经费开支手续完备，原始凭证合法有效，相关附件齐全。

第三十三条 重大资金支出实行集体决策和审批，并建立责任追究制度。

第三十四条 财务专用章由专人保管，个人名章由本人或其授权人保管。严禁一人保管支付款项所需的全部印章。

第三十五条 发票、收据等各种票据由不直接经办货币资金收付的人员保管，申领、启用、核销、销毁履行规定手续。

第三十六条 发票、收据做到手续清、账目清、责任清；使用专柜、专账、专表；防火、防盗、防霉烂损毁、防虫蛀鼠咬、防丢失；不准相互转借、转让，不准擅自处理空白联和其它质量残次的无效联。

第三十七条 银行票据明确购买、保管、领用、背书转让、注销等环节的职责权限和程序，设置登记簿进行记录。

第三十八条 严格按照财政部、全国总工会的规定管理和使用“工会经费收入专用收据”。

第三十九条 会计凭证、会计账簿、会计报表和其它会计资料按照国家有关规定，定期整理归档，妥善保管，调阅和销毁符合规定手续。

第三章 附 则

第四十条 各级工会要加强对工会财务会计管理规范化建设的组织领导，建立健全长效机制。按照“统一领导，分级管理”的财务体制，全国总工会财务部负责对省级工会财务会计管理规范化的指导和检查。省级工会财务部门负责对本地区、本产业工会财务会计管理规范化的指导和检查。省、市级工会财务部门要加强对县级工会、乡镇（街道）工会和基层工会财务会计管理规范化的指导和检查，将工会财务会计规范化建设纳入工会财务竞赛考核指标。

第四十一条 各级工会要根据本规范，结合本单位的实际情况，制定具体实施办法。

第四十二条 本规范自发布之日起执行，2009 年 11 月以中华全国总工会办公厅名义印发的《工会财务会计管理规范》（总工办发〔2009〕32 号）同时废止。

七、财务监督类

中华全国总工会办公厅关于扶贫帮困资金和送温暖资金应当接受工会财务和经审部门检查审计的通知

（总工办发〔2005〕28 号　2005 年 10 月 26 日）

各省、自治区、直辖市总工会，中华全国铁路总工会、中国民航工会全国委员会、中国金融工会全国委员会，中共中央直属机关工会联合会，中央国家机关工会联合会：

根据《中国工会章程》第十三条和《送温暖工程基金管理暂行规定》第九条的规定，为规范扶贫帮困资金和送温暖资金的管理，保证两项资金安全和使用正确，现就有关问题通知如下：

一、两项资金应实行专户存储，专款专用；要建立健全财务制度，严格审批手续。对违反规定，造成不良后果和资金损失的，将视情节轻重追究直接责任人和有关领导的责任。

二、各级工会组织管理使用的扶贫帮困资金和送温暖资金，不论资金来自何种渠道，不论是否由工会财务部门直接管理，均应无条件接受主管总工会财务和经审部门的检查和审计，任何单位和个人都无权拒绝和阻挠。

三、两项资金的财务收支情况应定期向主管总工会的财务部报送报表，必要时应予以公布，接受社会监督。

四、被接受审计和检查的单位，应主动配合审计和检查，据实提供各种凭单、账册、报表和资料。

全国总工会财务部
关于地方财政能否对工会经费全部收支情况进行全面检查监督问题的答复

（工财字〔2005〕86号　2005年12月1日）

江苏省总工会：

你会报来苏工财〔2005〕64号《关于地方财政能否对工会经费全部收支情况进行全面检查监督的请示》收悉，根据全国人大常委会法工委国家法行政法室的《中华人民共和国工会法释义》的有关精神，现就你会所提问题答复如下：

《工会法》第四十四条第四款规定："工会经费的使用应当接受国家的监督。"国家对工会经费的使用监督，主要表现为：由政府财政拨给工会用于修建办公和职工活动设施与设备的基本建设费、县级以上工会离退休人员所需费用以及政府对工会疗休院的财政补贴等，必须接受政府的监督检查，发现问题，及时纠正。据此，各级地方财政部门对同级工会的检查监督仅限于拨给工会使用的财政性资金，其余非财政性资金如：工会经费收支、会费收支、事业收支、其他收支的预算执行情况，同级财政部门无权检查和监督。

此复。

中华全国总工会办公厅关于贯彻落实《国务院办公厅转发人民银行　监察部等部门关于规范商业预付卡管理意见的通知》的通知

（总工办发〔2011〕30号　2011年6月9日）

各驻会全国产业工会，全总各部门、各直属单位：

2011年5月23日，国务院办公厅转发了人民银行、监察部、财政部、商务部、税务总局、工商总局、预防腐败局《关于规范商业预付卡管理的意见》（国办发〔2011〕25号）。这是党中央、国务院针对当前商业预付卡市场存在的突出问题做出的制度规定，对于规范商业预付卡管理、严肃财经纪律、防范金融风险、促进反腐倡廉具有重要意义。

各驻会全国产业工会，全总各部门、各直属单位要认真贯彻落实《通知》精神，切实做好财务管理、发票管理，抓好党风廉政建设。严禁挪用预算资金、利用购卡进行公款消费等行为。严禁工会系统工作人员特别是领导干部在公务活动中收受任何形式的商业预付卡。凡收受商业预付卡又不按照规定及时上交的，以收受同等数额的现金论处。对涉及受贿的，依法严肃查处。

附件：

国务院办公厅转发人民银行　监察部等部门关于规范商业预付卡管理意见的通知

（国办发〔2011〕25号　2011年5月23日）

各省、自治区、直辖市人民政府，国务院各部委、各直属机构：

人民银行、监察部、财政部、商务部、税务总局、工商总局、预防腐败局《关于规范商业预付卡管理的意见》已经国务院同意，现转发给你们，请认真贯彻执行。

关于规范商业预付卡管理的意见

（人民银行　监察部　财政部　商务部
税务总局　工商总局　预防腐败局）

近年来，适应信息技术发展和小额支付服务市场创新的客观需要，商业预付卡市场发展迅速。商业预付卡以预付和非金融主体发行为典型特征，按发卡人不同可划分为两类：一类是专营发卡机构发行，可跨地区、跨行业、跨法人使用的多用途预付卡；另一类是商业企业发行，只在本企业或同一品牌连锁商业企业购买商品、服务的单用途预付卡。总体看，商业预付卡在减少现钞使用、便利公众支付、刺激消费等方面发挥了一定作用。同时，商业预付卡市场也存在监管不严、违反财务纪律、缺乏风险防范机制、公款消费和收卡受贿等突出问题，严重扰乱了税收和财务管理秩序，助长了腐败行为。为规范商业预付卡管理、严肃财经纪律、防范金融风险、促进反腐倡廉，现提出如下意见：

一、明确职责，加强管理

强化对商业预付卡发卡人的管理，是规范商业预付卡管理的首要环节，必须进一步明确部门职责，落实分类监管。人民银行要严格按照《非金融机构支付服务管理办法》(中国人民银行令〔2010〕第2号）的规定，加强对多用途预付卡发卡人的监督检查，完善业务管理规章，维护支付体系安全稳定运行。未经人民银行批准，任何非金融机构不得发行多用途预付卡，一经发现，按非法从事支付结算业务予以查处。对商业企业发行的单用途预付卡，商务部门要强化管理，抓紧制定行业标准，适时出台管理办法。金融机构未经批准，不得发行预付卡。

二、健全制度，规范行为

规范商业预付卡的发行和购买，是防范利用商业预付卡洗钱、套现、偷逃税款以及行贿受贿的有效途径，必须进一步建立健全规章制度，加大执法力度。一是建立商业预付卡购卡实名登记制度。对于购买记名商业预付卡和一次性购买1万元（含）以上不记名商业预付卡的单位或个人，由发卡人进行实名登记。二是实施商业预付卡非现金购卡制度。单位一次性购卡金额达5000元（含）以上或个人一次性购卡金额达5万元（含）以上的，通过银行转账方式购买，不得使用现金；使用转账方式购卡的，发卡人要对转出、转入账户名称、账号、金额等进行逐笔登记。三是实行商业预付卡限额发行制度。不记名商业预付卡面值不超过1000元，记名商业预付卡面值不超过5000元。

严格发票和财务管理。发卡人必须严格按照《中华人民共和国发票管理办法》有关规定开具发票。税务部门要加强发票管理和税收稽查，坚决依法查处发卡人在售卡环节出具虚假发票、购卡单位在税前扣除与生产经营无关支出等行为。财政部门要加强财务管理，严厉查处挪用预算资金、利用购卡进行公款消费等行为。

三、坚决治理，防贿促廉

治理收卡受贿等违纪违法行为，是加强反腐倡廉工作的迫切要求和重要环节，必须进一步狠抓落实，加大查处力度。按照《中国共产党党员领导干部廉洁从政若干准则》和《中共中央办公厅　国务院办公厅关于严禁党政机关及其工作人员在公务活动中接受和赠送礼金、有价证券的通知》（中办发〔1993〕5 号）的规定，严禁国家工作人员特别是领导干部在公务活动中收受任何形式的商业预付卡。凡收受商业预付卡又不按规定及时上交的，以收受同等数额的现金论处。对涉嫌受贿的，依法严肃查处。

四、防范风险，维护权益

加强预付资金管理，维护持卡人合法权益，是防范金融风险的重要手段，必须引起足够重视，进一步完善工作机制。多用途预付卡发卡人接受的、客户用于未来支付需要的预付资金，不属于发卡人的自有财产，发卡人不得挪用、挤占。多用途预付卡发卡人必须在商业银行开立备付金专用存款账户存放预付资金，并与银行签订存管协议，接受银行对备付金使用情况的监督。人民银行要加强对多用途预付卡备付金专用存款账户开立和使用的监管。商务部门要采取有效措施，加强对单用途预付卡预付资金的监管，防范资金风险。

人民银行、商务部要继续健全商业预付卡收费、投诉、保密、赎回、清退等业务管理制度，全面维护持卡人合法权益。为防止发卡人无偿占有卡内残值，方便持卡人使用，记名商业预付卡不设有效期，不记名商业预付卡有效期不得少于 3 年。对于超过有效期尚有资金余额的，发卡人应提供激活、换卡等配套服务。工商部门要进一步加强监督检查，加大消费维权工作力度，严厉打击侵犯消费者权益的不法行为，及时开展相关消费提示，营造良好的消费环境。

商业预付卡管理涉及部门众多，情况复杂，规范整顿的任务十分艰巨。各有关部门要各负其责，建立对商业预付卡的联合监督检查机制，进一步加强协调配合，齐抓共管，形成合力。2011 年年底前，人民银行、商务部等有关部门要联合开展一次商业预付卡市场专项检查，以检查促整改，促进商业预付卡市场规范发展。

全国总工会财务部关于转发《财政部关于印发〈行政事业单位内部控制规范（试行）〉的通知》的通知

（工财发〔2013〕2号　2013年1月5日）

各省、自治区、直辖市总工会财务部，中华全国铁路总工会、中国民航工会全国委员会、中国金融工会全国委员会财务部（办公室），中共中央直属机关工会联合会、中央国家机关工会联合会办公室，全总各直属事业单位：

为了进一步提高行政事业单位内部管理水平，规范内部控制，加强廉政风险防控机制建设，财政部制定了《行政事业单位内部控制规范（试行）》，现转发给你们。执行中有何问题，请及时反馈我部。

财政部关于印发《行政事业单位内部控制规范（试行）》的通知

（财会〔2012〕21号　2012年11月29日）

党中央有关部门，国务院各部委、各直属机构，全国人大常委会办公厅，全国政协办公厅，高法院，高检院，各民主党派中央，有关人民团体，各省、自治区、直辖市、计划单列市财政厅（局），新疆生产建设兵团财务局：

为了进一步提高行政事业单位内部管理水平，规范内部控制，加强廉政风险防控机制建设，根据《中华人民共和国会计法》、《中华人民共和国预算法》等法律法规和相关规定，我部制定了《行政事业单位内部控制规范（试行）》，现印发给你们，自2014年1月1日起施行。执行中有何问题，请及时反馈我部。

附件：

行政事业单位内部控制规范（试行）

第一章　总　　则

第一条　为了进一步提高行政事业单位内部管理水平，规范内部控制，加强廉政风险防控机制建设，根据《中华人民共和国会计法》、《中华人民共和国预算法》等法律法规和相关规定，制定本规范。

第二条　本规范适用于各级党的机关、人大机关、行政机关、政协机关、审判机关、检察机关、各民主党派机关、人民团体和事业单位（以下统称单位）经济活动的内部控制。

第三条　本规范所称内部控制，是指单位为实现控制目标，通过制定制度、实施措施和执行程序，对经济活动的风险进行防范和管控。

第四条　单位内部控制的目标主要包括：合理保证单位经济活动合法合规、资产安全和使用有效、财务信息真实完整，有效防范舞弊和预防腐败，提高公共服务的效率和效果。

第五条　单位建立与实施内部控制，应当遵循下列原则：

（一）全面性原则。内部控制应当贯穿单位经济活动的决策、执行和监督全过程，实现对经济活动的全面控制。

（二）重要性原则。在全面控制的基础上，内部控制应当关注单位重要经济活动和经济活动的重大风险。

（三）制衡性原则。内部控制应当在单位内部的部门管理、职责分工、业务流程等方面形成相互制约和相互监督。

（四）适应性原则。内部控制应当符合国家有关规定和单位的实际情况，并随着外部环境的变化、单位经济活动的调整和管理要求的提高，不断修订和完善。

第六条　单位负责人对本单位内部控制的建立健全和有效实施负责。

第七条　单位应当根据本规范建立适合本单位实际情况的内部控制体系，并组织实施。具体工作包括梳理单位各类经济活动的业务流程，明确业务环节，系统分析经济活动风险，确定风险点，选择风险应对策略，在此基础上根据国家有关规定建立健全单位各项内部管理制度并督促相关工作人员认真执行。

第二章　风险评估和控制方法

第八条　单位应当建立经济活动风险定期评估机制，对经济活动存在的风险进行全面、系统和客观评估。

经济活动风险评估至少每年进行一次；外部环境、经济活动或管理要求等发生重大变化的，应及时对经济活动风险进行重估。

第九条　单位开展经济活动风险评估应当成立风险评估工作小组，单位领导担任组长。

经济活动风险评估结果应当形成书面报告并及时提交单位领导班子，作为完善内部控制的依据。

第十条　单位进行单位层面的风险评估时，应当重点关注以下方面：

（一）内部控制工作的组织情况。包括是否确定内部控制职能部门或牵头部门；是否建立单位各部门在内部控制中的沟通协调和联动机制。

（二）内部控制机制的建设情况。包括经济活动的决策、执行、监督是否实现有效分离；权责是否对等；是否建立健全议事决策机制、岗位责任制、内部监督等机制。

（三）内部管理制度的完善情况。包括内部管理制度是否健全；执行是否有效。

（四）内部控制关键岗位工作人员的管理情况。包括是否建立工作人员的培训、评价、轮岗等机制；工作人员是否具备相应的资格和能力。

（五）财务信息的编报情况。包括是否按照国家统一的会计制度对经济业务事项进行账务处理；是否按照国家统一的会计制度编制财务会计报告。

（六）其他情况。

第十一条　单位进行经济活动业务层面的风险评估时，应当重点关注以下方面：

（一）预算管理情况。包括在预算编制过程中单位内部各部门间沟通协调是否充分，预算编制与资产配置是否相结合、与具体工作是否相对应；是否按照批复的额度和开支范围执行预算，进度是否合理，是否存在无预算、超预算支出等问题；决算编报是否真实、完整、准确、及时。

（二）收支管理情况。包括收入是否实现归口管理，是否按照规定及时向财会部门提供收入的有关凭据，是否按照规定保管和使用印章和票据等；发生支出事项时是否按照规定审核各类凭据的真实性、合法性，是否存在使用虚假票据套取资金的情形。

（三）政府采购管理情况。包括是否按照预算和计划组织政府采购业务；是否按照规定组织政府采购活动和执行验收程序；是否按照规定保存政府采购业务相关档案。

（四）资产管理情况。包括是否实现资产归口管理并明确使用责任；是否定期对资产进行清查盘点，对账实不符的情况及时进行处理；是否按照规定处置资产。

（五）建设项目管理情况。包括是否按照概算投资；是否严格履行审核审批程序；是否建立有效的招投标控制机制；是否存在截留、挤占、挪用、套取建设项目资金的情形；是否按照规定保存建设项目相关档案并及时办理移交手续。

（六）合同管理情况。包括是否实现合同归口管理；是否明确应签订合同的经济活动范围和条件；是否有效监控合同履行情况，是否建立合同纠纷协调机制。

（七）其他情况。

第十二条 单位内部控制的控制方法一般包括：

（一）不相容岗位相互分离。合理设置内部控制关键岗位，明确划分职责权限，实施相应的分离措施，形成相互制约、相互监督的工作机制。

（二）内部授权审批控制。明确各岗位办理业务和事项的权限范围、审批程序和相关责任，建立重大事项集体决策和会签制度。相关工作人员应当在授权范围内行使职权、办理业务。

（三）归口管理。根据本单位实际情况，按照权责对等的原则，采取成立联合工作小组并确定牵头部门或牵头人员等方式，对有关经济活动实行统一管理。

（四）预算控制。强化对经济活动的预算约束，使预算管理贯穿于单位经济活动的全过程。

（五）财产保护控制。建立资产日常管理制度和定期清查机制，采取资产记录、实物保管、定期盘点、账实核对等措施，确保资产安全完整。

（六）会计控制。建立健全本单位财会管理制度，加强会计机构建设，提高会计人员业务水平，强化会计人员岗位责任制，规范会计基础工作，加强会计档案管理，明确会计凭证、会计账簿和财务会计报告处理程序。

（七）单据控制。要求单位根据国家有关规定和单位的经济活动业务流程，在内部管理制度中明确界定各项经济活动所涉及的表单和票据，要求相关工作人员按照规定填制、审核、归档、保管单据。

（八）信息内部公开。建立健全经济活动相关信息内部公开制度，根据国家有关规定和单位的实际情况，确定信息内部公开的内容、范围、方式和程序。

第三章　单位层面内部控制

第十三条　单位应当单独设置内部控制职能部门或者确定内部控制牵头部门，负责组织协调内部控制工作。同时，应当充分发挥财会、内部审计、纪检监察、政府采购、基建、资产管理等部门或岗位在内部控制中的作用。

第十四条　单位经济活动的决策、执行和监督应当相互分离。

单位应当建立健全集体研究、专家论证和技术咨询相结合的议事决策机制。

重大经济事项的内部决策，应当由单位领导班子集体研究决定。重大经济事项的认定标准应当根据有关规定和本单位实际情况确定，一经确定，不得随意变更。

第十五条　单位应当建立健全内部控制关键岗位责任制，明确岗位职责及分工，确保不相容岗位相互分离、相互制约和相互监督。

单位应当实行内部控制关键岗位工作人员的轮岗制度，明确轮岗周期。不具备轮岗条件的单位应当采取专项审计等控制措施。

内部控制关键岗位主要包括预算业务管理、收支业务管理、政府采购业务管理、资产管理、建设项目管理、合同管理以及内部监督等经济活动的关键岗位。

第十六条　内部控制关键岗位工作人员应当具备与其工作岗位相适应的资格和能力。

单位应当加强内部控制关键岗位工作人员业务培训和职业道德教育，不断提升其业务水平和综合素质。

第十七条　单位应当根据《中华人民共和国会计法》的规定建立会计机构，配备具有相应资格和能力的会计人员。

单位应当根据实际发生的经济业务事项按照国家统一的会计制度及时进行账务处理、编制财务会计报告，确保财务信息真实、完整。

第十八条　单位应当充分运用现代科学技术手段加强内部控制。对信息系统建设实施归口管理，将经济活动及其内部控制流程嵌入单位信息系统中，减少或消除人为操纵因素，保护信息安全。

第四章　业务层面内部控制

第一节　预算业务控制

第十九条　单位应当建立健全预算编制、审批、执行、决算与评价等预算内部管理制度。

单位应当合理设置岗位，明确相关岗位的职责权限，确保预算编制、审批、执行、评价等不相容岗位相互分离。

第二十条　单位的预算编制应当做到程序规范、方法科学、编制及时、内容完整、项目细化、数据准确。

（一）单位应当正确把握预算编制有关政策，确保预算编制相关人员及时全面掌握相关规定。

（二）单位应当建立内部预算编制、预算执行、资产管理、基建管理、人事管理等部门或岗位的沟通协调机制，按照规定进行项目评审，确保预算编制部门及时取得和有效运用与预算编制相关的信息，根据工作计划细化预算编制，提高预算编制的科学性。

第二十一条　单位应当根据内设部门的职责和分工，对按照法定程序批复的预算在单位内部进行指标分解、审批下达，规范内部预算追加调整程序，发挥预算对经济活动的管控作用。

第二十二条　单位应当根据批复的预算安排各项收支，确保预算严格有效执行。

单位应当建立预算执行分析机制。定期通报各部门预算执行情况，召开预算执行分析会议，研究解决预算执行中存在的问题，提出改进措施，提高预算执行的有效性。

第二十三条　单位应当加强决算管理，确保决算真实、完整、准确、及时，加强决算分析工作，强化决算分析结果运用，建立健全单位预算与决算相互反映、相互促进的机制。

第二十四条　单位应当加强预算绩效管理，建立“预算编制有目标、预算执行有监控、预算完成有评价、评价结果有反馈、反馈结果有应用”的全过程预算绩效管理机制。

第二节　收支业务控制

第二十五条　单位应当建立健全收入内部管理制度。

单位应当合理设置岗位，明确相关岗位的职责权限，确保收款、会计核算等不相容岗位相互分离。

第二十六条　单位的各项收入应当由财会部门归口管理并进行会计核

算，严禁设立账外账。

业务部门应当在涉及收入的合同协议签订后及时将合同等有关材料提交财会部门作为账务处理依据，确保各项收入应收尽收，及时入账。财会部门应当定期检查收入金额是否与合同约定相符；对应收未收项目应当查明情况，明确责任主体，落实催收责任。

第二十七条 有政府非税收入收缴职能的单位，应当按照规定项目和标准征收政府非税收入，按照规定开具财政票据，做到收缴分离、票款一致，并及时、足额上缴国库或财政专户，不得以任何形式截留、挪用或者私分。

第二十八条 单位应当建立健全票据管理制度。财政票据、发票等各类票据的申领、启用、核销、销毁均应履行规定手续。单位应当按照规定设置票据专管员，建立票据台账，做好票据的保管和序时登记工作。票据应当按照顺序号使用，不得拆本使用，做好废旧票据管理。负责保管票据的人员要配置单独的保险柜等保管设备，并做到人走柜锁。

单位不得违反规定转让、出借、代开、买卖财政票据、发票等票据，不得擅自扩大票据适用范围。

第二十九条 单位应当建立健全支出内部管理制度，确定单位经济活动的各项支出标准，明确支出报销流程，按照规定办理支出事项。

单位应当合理设置岗位，明确相关岗位的职责权限，确保支出申请和内部审批、付款审批和付款执行、业务经办和会计核算等不相容岗位相互分离。

第三十条 单位应当按照支出业务的类型，明确内部审批、审核、支付、核算和归档等支出各关键岗位的职责权限。实行国库集中支付的，应当严格按照财政国库管理制度有关规定执行。

（一）加强支出审批控制。明确支出的内部审批权限、程序、责任和相关控制措施。审批人应当在授权范围内审批，不得越权审批。

（二）加强支出审核控制。全面审核各类单据。重点审核单据来源是否合法，内容是否真实、完整，使用是否准确，是否符合预算，审批手续是否齐全。

支出凭证应当附反映支出明细内容的原始单据，并由经办人员签字或盖章，超出规定标准的支出事项应由经办人员说明原因并附审批依据，确保与经济业务事项相符。

（三）加强支付控制。明确报销业务流程，按照规定办理资金支付手续。签发的支付凭证应当进行登记。使用公务卡结算的，应当按照公务卡使用和管理有关规定办理业务。

（四）加强支出的核算和归档控制。由财会部门根据支出凭证及时准确登记账簿；与支出业务相关的合同等材料应当提交财会部门作为账务处理的依据。

第三十一条 根据国家规定可以举借债务的单位应当建立健全债务内部管理制度，明确债务管理岗位的职责权限，不得由一人办理债务业务的全过程。大额债务的举借和偿还属于重大经济事项，应当进行充分论证，并由单位领导班子集体研究决定。

单位应当做好债务的会计核算和档案保管工作。加强债务的对账和检查控制，定期与债权人核对债务余额，进行债务清理，防范和控制财务风险。

第三节 政府采购业务控制

第三十二条 单位应当建立健全政府采购预算与计划管理、政府采购活动管理、验收管理等政府采购内部管理制度。

第三十三条 单位应当明确相关岗位的职责权限，确保政府采购需求制定与内部审批、招标文件准备与复核、合同签订与验收、验收与保管等不相容岗位相互分离。

第三十四条 单位应当加强对政府采购业务预算与计划的管理。建立预算编制、政府采购和资产管理等部门或岗位之间的沟通协调机制。根据本单位实际需求和相关标准编制政府采购预算，按照已批复的预算安排政府采购计划。

第三十五条 单位应当加强对政府采购活动的管理。对政府采购活动实施归口管理，在政府采购活动中建立政府采购、资产管理、财会、内部审计、纪检监察等部门或岗位相互协调、相互制约的机制。

单位应当加强对政府采购申请的内部审核，按照规定选择政府采购方式、发布政府采购信息。对政府采购进口产品、变更政府采购方式等事项应当加强内部审核，严格履行审批手续。

第三十六条 单位应当加强对政府采购项目验收的管理。根据规定的验收制度和政府采购文件，由指定部门或专人对所购物品的品种、规格、数量、质量和其他相关内容进行验收，并出具验收证明。

第三十七条 单位应当加强对政府采购业务质疑投诉答复的管理。指定牵头部门负责、相关部门参加，按照国家有关规定做好政府采购业务质疑投诉答复工作。

第三十八条 单位应当加强对政府采购业务的记录控制。妥善保管政府采购预算与计划、各类批复文件、招标文件、投标文件、评标文件、合同文本、验收证明等政府采购业务相关资料。定期对政府采购业务信息进行分类统计，并在内部进行通报。

第三十九条 单位应当加强对涉密政府采购项目安全保密的管理。对于涉密政府采购项目，单位应当与相关供应商或采购中介机构签订保密协议或者在合同中设定保密条款。

第四节 资产控制

第四十条 单位应当对资产实行分类管理，建立健全资产内部管理制度。

单位应当合理设置岗位，明确相关岗位的职责权限，确保资产安全和有效使用。

第四十一条 单位应当建立健全货币资金管理岗位责任制，合理设置岗位，不得由一人办理货币资金业务的全过程，确保不相容岗位相互分离。

（一）出纳不得兼管稽核、会计档案保管和收入、支出、债权、债务账目的登记工作。

（二）严禁一人保管收付款项所需的全部印章。财务专用章应当由专人保管，个人名章应当由本人或其授权人员保管。负责保管印章的人员要配置单独的保管设备，并做到人走柜锁。

（三）按照规定应当由有关负责人签字或盖章的，应当严格履行签字或盖章手续。

第四十二条 单位应当加强对银行账户的管理，严格按照规定的审批权限和程序开立、变更和撤销银行账户。

第四十三条 单位应当加强货币资金的核查控制。指定不办理货币资金业务的会计人员定期和不定期抽查盘点库存现金，核对银行存款余额，抽查银行对账单、银行日记账及银行存款余额调节表，核对是否账实相符、账账相符。对调节不符、可能存在重大问题的未达账项应当及时查明原因，并按照相关规定处理。

第四十四条 单位应当加强对实物资产和无形资产的管理，明确相关部门和岗位的职责权限，强化对配置、使用和处置等关键环节的管控。

（一）对资产实施归口管理。明确资产使用和保管责任人，落实资产使用人在资产管理中的责任。贵重资产、危险资产、有保密等特殊要求的资产，应当指定专人保管、专人使用，并规定严格的接触限制条件和审批程序。

（二）按照国有资产管理相关规定，明确资产的调剂、租借、对外投资、处置的程序、审批权限和责任。

（三）建立资产台账，加强资产的实物管理。单位应当定期清查盘点资产，确保账实相符。财会、资产管理、资产使用等部门或岗位应当定期对账，发现不符的，应当及时查明原因，并按照相关规定处理。

（四）建立资产信息管理系统，做好资产的统计、报告、分析工作，实现对资产的动态管理。

第四十五条　单位应当根据国家有关规定加强对对外投资的管理。

（一）合理设置岗位，明确相关岗位的职责权限，确保对外投资的可行性研究与评估、对外投资决策与执行、对外投资处置的审批与执行等不相容岗位相互分离。

（二）单位对外投资，应当由单位领导班子集体研究决定。

（三）加强对投资项目的追踪管理，及时、全面、准确地记录对外投资的价值变动和投资收益情况。

（四）建立责任追究制度。对在对外投资中出现重大决策失误、未履行集体决策程序和不按规定执行对外投资业务的部门及人员，应当追究相应的责任。

第五节　建设项目控制

第四十六条　单位应当建立健全建设项目内部管理制度。

单位应当合理设置岗位，明确内部相关部门和岗位的职责权限，确保项目建议和可行性研究与项目决策、概预算编制与审核、项目实施与价款支付、竣工决算与竣工审计等不相容岗位相互分离。

第四十七条　单位应当建立与建设项目相关的议事决策机制，严禁任何个人单独决策或者擅自改变集体决策意见。决策过程及各方面意见应当形成书面文件，与相关资料一同妥善归档保管。

第四十八条　单位应当建立与建设项目相关的审核机制。项目建议书、可行性研究报告、概预算、竣工决算报告等应当由单位内部的规划、技术、财会、法律等相关工作人员或者根据国家有关规定委托具有相应资质的中介机构进行审核，出具评审意见。

第四十九条　单位应当依据国家有关规定组织建设项目招标工作，并接受有关部门的监督。

单位应当采取签订保密协议、限制接触等必要措施，确保标底编制、评标等工作在严格保密的情况下进行。

第五十条　单位应当按照审批单位下达的投资计划和预算对建设项目

资金实行专款专用，严禁截留、挪用和超批复内容使用资金。

财会部门应当加强与建设项目承建单位的沟通，准确掌握建设进度，加强价款支付审核，按照规定办理价款结算。实行国库集中支付的建设项目，单位应当按照财政国库管理制度相关规定支付资金。

第五十一条 单位应当加强对建设项目档案的管理。做好相关文件、材料的收集、整理、归档和保管工作。

第五十二条 经批准的投资概算是工程投资的最高限额，如有调整，应当按照国家有关规定报经批准。

单位建设项目工程洽商和设计变更应当按照有关规定履行相应的审批程序。

第五十三条 建设项目竣工后，单位应当按照规定的时限及时办理竣工决算，组织竣工决算审计，并根据批复的竣工决算和有关规定办理建设项目档案和资产移交等工作。

建设项目已实际投入使用但超时限未办理竣工决算的，单位应当根据对建设项目的实际投资暂估入账，转作相关资产管理。

第六节　合同控制

第五十四条 单位应当建立健全合同内部管理制度。

单位应当合理设置岗位，明确合同的授权审批和签署权限，妥善保管和使用合同专用章，严禁未经授权擅自以单位名义对外签订合同，严禁违规签订担保、投资和借贷合同。

单位应当对合同实施归口管理，建立财会部门与合同归口管理部门的沟通协调机制，实现合同管理与预算管理、收支管理相结合。

第五十五条 单位应当加强对合同订立的管理，明确合同订立的范围和条件。对于影响重大、涉及较高专业技术或法律关系复杂的合同，应当组织法律、技术、财会等工作人员参与谈判，必要时可聘请外部专家参与相关工作。谈判过程中的重要事项和参与谈判人员的主要意见，应当予以记录并妥善保管。

第五十六条 单位应当对合同履行情况实施有效监控。合同履行过程中，因对方或单位自身原因导致可能无法按时履行的，应当及时采取应对措施。

单位应当建立合同履行监督审查制度。对合同履行中签订补充合同，或变更、解除合同等应当按照国家有关规定进行审查。

第五十七条 财会部门应当根据合同履行情况办理价款结算和进行账务处理。未按照合同条款履约的，财会部门应当在付款之前向单位有关负责人报告。

第五十八条 合同归口管理部门应当加强对合同登记的管理，定期对合同进行统计、分类和归档，详细登记合同的订立、履行和变更情况，实行对合同的全过程管理。与单位经济活动相关的合同应当同时提交财会部门作为账务处理的依据。

单位应当加强合同信息安全保密工作，未经批准，不得以任何形式泄露合同订立与履行过程中涉及的国家秘密、工作秘密或商业秘密。

第五十九条 单位应当加强对合同纠纷的管理。合同发生纠纷的，单位应当在规定时效内与对方协商谈判。合同纠纷协商一致的，双方应当签订书面协议；合同纠纷经协商无法解决的，经办人员应向单位有关负责人报告，并根据合同约定选择仲裁或诉讼方式解决。

第五章 评价与监督

第六十条 单位应当建立健全内部监督制度，明确各相关部门或岗位在内部监督中的职责权限，规定内部监督的程序和要求，对内部控制建立与实施情况进行内部监督检查和自我评价。

内部监督应当与内部控制的建立和实施保持相对独立。

第六十一条 内部审计部门或岗位应当定期或不定期检查单位内部管理制度和机制的建立与执行情况，以及内部控制关键岗位及人员的设置情况等，及时发现内部控制存在的问题并提出改进建议。

第六十二条 单位应当根据本单位实际情况确定内部监督检查的方法、范围和频率。

第六十三条 单位负责人应当指定专门部门或专人负责对单位内部控制的有效性进行评价并出具单位内部控制自我评价报告。

第六十四条 国务院财政部门及其派出机构和县级以上地方各级人民政府财政部门应当对单位内部控制的建立和实施情况进行监督检查，有针对性地提出检查意见和建议，并督促单位进行整改。

国务院审计机关及其派出机构和县级以上地方各级人民政府审计机关对单位进行审计时，应当调查了解单位内部控制建立和实施的有效性，揭示相关内部控制的缺陷，有针对性地提出审计处理意见和建议，并督促单位进行整改。

第六章 附 则

第六十五条 本规范自 2014 年 1 月 1 日起施行。

中华全国总工会办公厅关于印发《工会财务监督暂行办法》的通知

（总工办发〔2019〕20 号　2019 年 12 月 5 日）

各省、自治区、直辖市总工会，各全国产业工会，中央和国家机关工会联合会，全总各部门、各直属单位：

《工会财务监督暂行办法》已经第十七届中华全国总工会党组第 39 次会议审议通过，现印发给你们，请认真贯彻执行。

工会财务监督暂行办法

第一章　总　　则

第一条　为加强工会财务监督，维护财经纪律，强化内部控制，规范财务行为，提高资金效益，根据《中华人民共和国会计法》《中华人民共和国工会法》和《中国工会章程》《工会会计制度》等法律法规制度规定，结合工会财务工作实际，制定本办法。

第二条　本办法所称财务监督，是指各级工会财务部门根据国家有关法律法规和工会财务制度，运用一定的监督方法对本级机关和所属单位及下一级工会财务活动进行的监督检查。

第三条　根据“统一领导、分级管理”的工会财务管理体制，工会财务监督实行“统一领导、分级负责、下管一级”的工作体制。全国总工会财务管理部门统一领导全国工会系统的财务监督工作，省级以下工会财务部门负责组织和实施本级财务监督工作。

第四条　各级工会应当坚持事前、事中和事后监督相结合的原则，建立健全覆盖各类资金和财务运行全过程的工会财务监督工作机制。

第二章　监督职责和内容

第五条　全国总工会财务部负责管理和指导全国工会系统的财务监督

工作，主要职责：

（一）研究制定工会财务监督制度，并对省级工会制定的财务制度进行备案管理；

（二）制定全国总工会年度财务监督工作计划；

（三）对全国总工会本级所属单位、在京中央企业工会进行财务监督；

（四）对省级工会进行财务监督；

（五）承担全国总工会本级内部控制制度建设的相关工作；

（六）开展工会财务监督理论研究；

（七）其他财务监督相关工作。

第六条 省级工会财务管理部门负责管理和指导管辖范围内各级工会的财务监督工作，主要职责：

（一）根据全国总工会有关制度，研究制定本级工会财务监督实施细则，并对下一级工会制定的财务制度进行备案管理；

（二）制定省级工会年度财务监督工作计划；

（三）对本级所属单位和下一级工会进行财务监督，并向全国总工会报告年度财务监督工作情况；

（四）承担省级工会交办的其他财务监督相关工作。

第七条 省级（不含）以下工会财务管理部门根据省级工会财务监督实施细则，组织实施本级和下一级工会财务监督。

第八条 基层工会应按照全国总工会和上级工会的要求，加强财务管理制度建设，健全完善并严格执行财务管理制度，积极支持配合上级工会财务监督。

第九条 工会财务部门可以采取购买服务的方式，聘请具有资质的中介机构和人员，实施财务监督，所需经费纳入本级预算。

第十条 财务监督的主要内容：

（一）国家财经法律法规和全总有关财务制度规定执行情况；

（二）工会经费计拨、收缴与票据使用管理情况；

（三）工会预算编制、审批与执行情况；

（四）财政拨款、上级补助资金使用管理情况；

（五）经费开支的真实性、合法性；

（六）会计基础工作情况；

（七）内部控制制度建设情况；

（八）工会会计报告编制情况；

（九）巡视、政府审计、经费审查审计、财务监督发现问题的整改情况；

（十）其他事项。

第十一条 财务部门实施财务监督，可以采取以下方法：

（一）调取、查阅、复制被监督单位的预算资料、会计凭证和账簿、财务会计报告、审计报告、开立账户、电子信息管理系统及其他相关资料；

（二）核查被监督单位的库存现金、银行存款、有价证券、实物资产、会计核算等情况；

（三）经监督工作负责人批准，向被监督单位的所属单位和个人调查、取证相关情况。

第三章 监督方式和程序

第十二条 财务监督分为日常监督和专项监督。

第十三条 日常监督采取事前、事中和事后监督相结合的方式。事前监督，重点关注单位内部控制制度建设、项目立项与预算编制审批等情况。事中监督，重点关注各项经济活动的合法合规性以及制度执行情况。事后监督，重点对资金使用绩效、会计报告质量进行监督评价。

第十四条 各级工会财务部门可以通过财务管理信息化平台，建立财务日常动态监控工作机制，及时发现问题，及时整改纠正。

第十五条 专项监督是针对特定事项、特定资金或因特殊需要对相关单位进行的财务监督。

第十六条 实施专项监督一般应事先向被监督单位送达检查通知书，明确检查的重点内容、工作时限和具体要求。

第十七条 实施专项监督前，应组成监督工作组。工作组成员一般不少于三人。工作组成员与被监督单位负责人和项目、财务管理部门负责人有亲属关系的，应当回避。监督工作人员的回避，由监督实施部门负责人决定。

第十八条 实施专项监督时，监督工作人员应取得相关证据，编制财务监督工作底稿，完整记录监督事项，做到事实清楚、定性准确、责任明晰。

第十九条 专项监督结束前，监督工作组应形成专项监督报告，经监督实施部门同意后，征求被监督单位的意见建议。被监督单位应在收到专项监督报告之日起10日内，提出书面反馈意见。监督工作组应充分听取被监督单位的意见建议，形成正式报告，经监督实施部门主要领导批准后，送达被监督单位。

第二十条 被监督单位要根据专项监督报告指出的问题和提出的意见建议，制定切实可行的整改措施，在收到财务监督报告之日起60日内整改落实问题建议，并将整改落实情况及时反馈专项监督实施部门。专项监督实施部门可对整改落实情况进行核实。

第二十一条 专项监督实施部门应认真收集整理专项监督的各类材料、文件、数据，并按照档案管理的有关规定做好立卷归档。

第二十二条 财务监督应与财政监督、审计监督、经审监督有效衔接，充分利用有关部门专项监督、审计监督结果，避免给被监督单位增加不必要负担。

第四章 责任和处理

第二十三条 被监督单位应当配合监督工作，为监督工作提供必要的办公条件和工作保障。有以下情形的，情节较轻的，责令限期改正，或建议有关部门进行组织处理；涉嫌违纪违法的，移交纪检监察机关处理；涉嫌犯罪的，移送司法机关查处：

（一）拒绝、阻挠、拖延财务监督的；

（二）提供虚假材料的；

（三）转移、隐匿、损毁相关资料与证据的；

（四）对监督工作人员进行打击报复。

第二十四条 财务监督发现的违规违纪违法行为，根据情节轻重分别给予处理：

（一）责令立即停止违规行为并予以纠正；

（二）责令停止执行与国家和上级工会相抵触的相关规定；

（三）停止拨付与违规行为直接有关的款项，已经拨付的，责令其暂停使用并追回余款；

（四）责令追回被截留、挪用的款项；

（五）追回违规开支款项；

（六）对涉嫌违纪违法犯罪的问题线索，应移交纪检监察或司法机关查处。

第二十五条 财务监督工作人员实施监督过程中滥用职权、徇私舞弊、玩忽职守、泄露秘密的，由所在单位依规依纪给予处理；涉嫌违纪违法或犯罪的，移交纪检监察或司法机关查处。

第五章　附　　则

第二十六条　省级工会应当根据本办法，结合实际工作，制定本级财务监督实施细则，并报全国总工会财务部备案。

第二十七条　本办法由全国总工会财务部负责解释。

第二十八条　本办法自印发之日起执行。

中华全国总工会办公厅关于印发《全总机关经济活动内部控制规范（试行）》的通知

（厅字〔2020〕36 号　2020 年 10 月 27 日）

各驻会全国产业工会，全总各部门、机关服务中心：

《全总机关经济活动内部控制规范（试行）》已经十七届中华全国总工会党组第 65 次会议审议通过，现印发给你们，请遵照执行。

全总机关经济活动内部控制规范（试行）

第一章　总　　则

第一条　为进一步规范全总机关经济活动运行，提高内部管理水平，加强廉政风险防控机制建设，根据《中华人民共和国会计法》《中华人民共和国预算法》《行政事业单位内部控制规范》《工会会计制度》《工会预算管理办法》等国家和全总相关制度规定，制定本规范。

第二条　本规范适用于全总机关各项经济活动的内部控制。

第三条　本规范所称内部控制，是指全总机关通过查找、梳理和评估全总机关经济活动中的各类风险，制定、完善并有效实施一系列制度、程序和方法，形成对各类经济活动进行事前防范、事中控制、事后监督整改的动态过程和机制。

第四条　全总机关内部控制的主要目标是：严格执行国家财经法律法规制度规定和中央八项规定等各项纪律要求，确保全总机关制定的制度规定、从事的经济活动依法依规；规范全总机关的经济活动运行，确保全总机关各项资金资产安全、有效使用；强化全总机关内部管理，严格操作程序，防范营私舞弊，确保经济活动全过程的财务信息真实完整。

第五条　全总机关建立与实施内部控制，应当遵循以下原则：

（一）全面性原则。就是对全总机关所有经济活动的各项业务流程和各个工作环节进行全面控制。

（二）重要性原则。就是在全面控制的基础上，对经济活动的核心业务、关键环节、重要岗位和重大风险进行重点关注。

（三）制衡性原则。就是按照分事行权、分岗设权、分级授权的原则，对经济活动的决策、执行和监督过程实行相互制约、相互协调。

（四）适应性原则。就是内部控制制度要与制度依据、职责分工、业务范围、风险水平和人员构成等相适应，并根据新变化新要求及时调整完善。

第六条 全总党组书记对全总机关内部控制的建立健全与有效实施负责。

第二章 单位层面内部控制

第七条 全总机关成立内部控制工作领导小组，建立领导小组工作机制，加强对机关内部控制工作的统一领导和组织部署。领导小组下设办公室，组织实施全总机关内部控制工作。全总财务部是全总机关内部控制的牵头部门，具体负责全总机关内部控制工作的沟通协调。办公厅、组织部、网络工作部、法律工作部、经费审查委员会办公室、机关纪委（巡视办）、资产监督管理部、机关服务中心等部门依据职责分工充分发挥作用。

第八条 全总机关重大经济事项决策根据中共中华全国总工会党组工作规则和中华全国总工会书记处工作规则的有关规定执行。

第九条 各驻会全国产业工会、全总各部门（以下简称各单位）应建立健全内部控制岗位责任制，各项经济活动实行不相容岗位相互分离和内部授权审批控制。

不相容岗位相互分离，是指各单位按照事项申请、内部审核审批、业务执行、信息记录和内部监督等经济活动设置岗位，提出事项申请的岗位应当与内部审核审批的岗位相分离，内部审核审批与具体业务执行的岗位应当分离，业务执行与信息记录的岗位应当分离，业务审核审批、执行与内部监督的岗位应当分离。

内部授权审批控制就是按照常规授权和特别授权明确履行经济业务各岗位的权限范围、审批范围和相应责任。

第十条 全总机关相关经济业务实行归口管理。

办公厅负责全总机关会议、评比表彰和问卷调查经费的归口管理，组织部负责工资社保和培训经费的归口管理，宣教部负责宣传经费和资料汇编的归口管理，研究室负责委托课题的归口管理，权益保障部负责送温暖和困难职工帮扶经费的归口管理，劳动和经济工作部负责劳动技能竞赛、

“安康杯”竞赛、全国职工创新项目补助、全国五一劳动奖和全国工人先锋号、全国劳模相关活动等专项经费的归口管理，网络工作部负责信息化建设经费的归口管理，国际部负责外事经费的归口管理，机关服务中心负责住房改革支出、大型修缮、后勤保障经费的归口管理。

第十一条 全总机关应按照人岗适配原则，配齐配强内部控制关键岗位人员力量，并建立定期轮岗制度。不具备轮岗条件的应当采取专项审计等控制措施。

内部控制关键岗位主要包括预算业务管理、收支业务管理、采购业务管理、资产管理、建设项目管理、合同管理以及内部监督等经济活动关键岗位。

对内部控制关键岗位工作人员应加强业务培训和职业道德教育。

第十二条 全总机关应当加强内部控制信息系统建设，将经济活动及其内部控制流程嵌入单位信息系统中，制定信息系统工作规范和业务操作流程，消除人为操纵因素，保护信息安全。

第三章 业务层面内部控制

第一节 预算业务控制

第十三条 全总财务部为全总机关预算管理的职能部门，负责预算的编制、报审、批复、执行监督和绩效评价等具体工作。

第十四条 全总财务部根据财政部的安排和《工会预算管理办法》的有关规定，适时印发年度预算编制工作通知，明确预算编制要求。

第十五条 全总机关各项收入和支出全部纳入年度预算管理。全总财务部应根据中央财政预算安排、工会经费收缴和其他收入来源情况，充分考虑各项收入增减变动因素，全面、完整地编制全总机关年度收入预算。

各单位应根据全总年度重点工作任务安排，结合上年预算执行和绩效评价情况，科学、合理地编制本单位年度项目支出预算建议。其中：单项金额 30 万元（含）以上的项目，需提供可行性研究报告。

各专项经费归口管理部门要加强项目支出预算的审核。

第十六条 全总财务部根据收入预算和各单位项目支出预算编制情况进行综合平衡，提出全总机关年度预算（草案），报全总书记处领导同志签批，并经中华全国总工会经费审查委员会审查后，提交全总党组会议审批。

第十七条 年度预算批准前，基本支出和上年结转项目支出可以提前使用。各单位确因工作需要提前使用已列入年度预算草案的项目经费，或突发紧急情况需要增加支出的，必须经单位领导班子集体研究，履行审批程序。

第十八条 全总党组会议审议通过全总机关预算草案后十个工作日内，全总财务部应批复各单位预算。各单位根据预算批复，制定预算实施方案。

预算一经下达，必须严格执行预算，不得随意改变项目支出内容、预算金额，不得截留、挪用项目资金。因特殊原因出现项目超支，必须提前申请调剂或追加预算，未经批准的，超支部分不予报销，严禁无预算支出。

第十九条 各单位预算一经批准，原则上不作调整。确因工作需要调整的，相关单位集体研究后提出申请，由全总财务部履行必要的预算调整审查程序后，提交全总党组会议审批。任何单位不得随意调整预算。

第二十条 各单位必须根据预算批复，严格执行预算。确因工作原因出现的预算调剂事项，相关单位应在使用资金的五个工作日前，提出详细说明，由全总财务部根据预算调剂管理办法履行审批程序。

第二十一条 各单位代表全总在与外单位合作过程中，如有需要全总安排预算资金的分工安排，应在会签相关文件前征求财务部意见；直接向全总党组、书记处报告有关合作事项的，应同时汇报经费需求情况。

第二十二条 全总机关建立预算执行分析报告制度，定期通报各单位预算执行情况，分析预算执行中存在的问题，提出改进措施，提高预算执行的有效性。

第二十三条 各单位应按照《中华全国总工会关于全面实施预算绩效管理的实施意见》的要求，强化预算绩效意识，科学设置绩效目标和绩效指标，合理设定绩效评价标准，强化绩效目标动态监控，及时调整纠正绩效目标偏差，确保项目预算使用绩效。

年度终了，各单位要按照要求对限额以上项目实行绩效自评，全总财务部根据项目自评情况组织专家或聘用第三方机构进行项目绩效评价。对于绩效目标完成程度低、绩效评价结果差的项目单位，应适当压减下年预算安排。

第二十四条 各单位应按照全总财务部确定的年终结账时限要求，及时办理各项收支结算。全总财务部真实、完整、准确、及时地编制全总机关收支决算草案，纳入全总本级收支决算草案，经全总经审会审查后，提交全总党组会议审批。

第二节　收支业务控制

第二十五条　全总财务部为全总机关收支业务管理职能部门，负责全总机关财务集中管理和会计核算工作。全总财务部应依据《会计法》《会计基础工作规范》的有关规定，合理设置会计工作岗位，规范会计工作流程，明确岗位职责，确保会计、出纳、稽核、记账和会计档案保管等不相容岗位相互分离。

第二十六条　任何单位和个人严禁设立账外账，严禁设立“小金库”。

第二十七条　具有票据管理职能的相关单位应建立健全票据管理制度，加强各类财政票据（含电子票据）、资金往来结算票据、内部收据和内部有价证券的管理，确保各类票据的申领、启用、核销、销毁严格履行规定程序。要按照规定设置票据专管员，建立票据台账，做好票据保管和序时登记工作。票据应当按照顺序号使用，不得拆本使用。废旧票据应妥善保管。

第二十八条　各单位财务报销实行“一支笔”审批制度，指定一名部门负责人作为财务报销审批主管领导，并书面留存于全总财务部备案。主管领导发生变动的，应及时书面通知全总财务部。主管领导相关支出的财务报销，由所在单位其他领导同志负责审批。主管领导对签批事项的真实性、合法性负责。

第二十九条　全总财务部应加强财务报销审核，主要审核支出是否符合预算，所附票据和合同等资料是否完整、准确，签章和审批手续是否齐全，开支是否超出标准。不符合规定的支出，一律不予报销。

第三十条　全总机关借款审批程序如下：

（一）在职职工和机关离退休人员预借住院押金的，由本人提出申请，经本单位主管领导签批、机关门诊部审核后，送全总财务部按照审批权限办理。

（二）列入本单位预算的项目支出需要预付款项的，由经办人员填写借款审批单，报本单位主管领导审批后，送全总财务部按照审批权限办理。

上述借款单笔金额 1 万元至 10 万元（含）的，由全总书记处分管财务工作的领导授权全总财务部分管副部长审批；10 万元以上的，由全总书记处分管财务工作的领导授权全总财务部长审批。

全总财务部要及时清理各项借款，督促借款人及时履行财务报销手续，归还借款，做到“前账不清，后账不借”。

第三十一条　各单位应严格执行财政部和全国总工会关于因公出国

(境) 经费、公务接待费、会议费、培训费、差旅费的开支范围和开支标准，严禁擅自扩大开支范围、提高开支标准。

第三十二条 加强款项支付控制。各单位必须严格执行《现金管理暂行条例》的有关规定，不得超限额（1000 元）使用现金。经全总财务部批准的 1000 元以下的零星办公支出等可使用个人公务卡结算。按照规定支付劳务费的，原则上通过提供劳务人员的银行卡进行支付。

第三十三条 全总财务部应建立健全网上银行支付管理规定，合理设置网上银行支付工作岗位，明确支付审核流程，定期与开户银行对账，确保资金支付安全。

第三节 采购业务控制

第三十四条 全总资产监督管理部负责对政府采购计划进行管理，财务部负责政府采购预算管理，全总机关服务中心负责全总机关政府采购的组织实施和日常管理工作。

第三十五条 各单位经济活动事项应严格按照《全国总工会本级政府采购管理办法》（厅字〔2017〕32 号）、《全国总工会本级工会资金采购管理办法》（厅字〔2018〕25 号）和《全国总工会本级工会资金采购实施细则》（厅字〔2020〕23 号）的有关规定执行，严禁化整为零、规避招标采购。

第三十六条 全总机关集中采购办公室应建立健全工会资金集中采购管理制度，按照不相容岗位相互分离原则，设置采购需求制定与内部审批、招标文件准备与复核、合同签订与验收、验收与保管等岗位，明确各自职责权限。

第三十七条 全总机关应加强政府采购预算与计划管理，建立预算编制、采购实施和资产管理等部门之间的沟通协调机制。各单位根据实际需求和相关标准编制政府采购预算，纳入全总本级年度预算管理，履行预算审批程序。各采购单位按照已批复的预算安排采购计划。

第三十八条 加强对采购活动的管理和内部审核，应按照采购规定程序制定流程图，对各单位采购业务相关人员开展业务培训，确保严格按照采购流程进行采购项目。

第三十九条 采购项目完成后，由采购单位根据合同约定组织采购项目的验收。必要时可邀请有资质的第三方机构参与验收。形成固定资产的，应及时办理固定资产登记入账手续。

第四十条 全总机关应当加强对采购业务的记录控制。妥善保管采购预算与计划、各类批复文件、招标文件、投标文件、评标文件、合同文本、验收证明等采购业务相关资料。定期对采购业务信息进行分类统计，并在内部进行通报。

第四十一条 全总相关部门应当按照国家有关涉密采购制度加强对涉密采购项目的保密管理。对于涉密采购项目，单位应当与相关供应商或采购中介机构签订保密协议或者在合同中设定保密条款。

第四节 资产控制

第四十二条 全总资产监督管理部负责全总机关资产的监督管理；财务部负责全总机关资产的价值管理；机关服务中心负责全总土地、房屋等不动产的权属管理，以及机关实物资产的验收、领用、使用、保管和维护等日常管理；网络工作部（信息中心）负责信息化设备的日常运行维护；各单位对领用的实物资产实施具体管理。

第四十三条 全总机关资产管理部门应根据职责分工，建立健全资产内部管理制度，强化对资产配置、使用和处置等关键环节的管控。

第四十四条 全总财务部应建立健全货币资金管理岗位责任制，合理设置岗位，不得由一人办理货币资金业务的全过程，确保不相容岗位相互分离。

（一）出纳不得兼管稽核、会计档案保管和收入、支出、债权、债务账目的登记工作。

（二）严禁一人保管收付款项所需的全部印章。财务专用章应当由专人保管，个人名章应当由本人或其授权人员保管。负责保管印章的人员要有单独的保管设备，并做到人走柜锁。

（三）按照规定应当由有关负责人签字或盖章的，应当严格履行签字或盖章手续。

第四十五条 全总机关新开立银行结算账户或变更结算账户开户银行的，一般采取集体决策方式；从开户银行转出资金进行定期存款的，应当采取竞争性方式。非变更银行结算账户开户行的银行账户变更、撤销银行账户的，按照《全总本级银行账户管理办法》规定的审批权限和程序办理。

全总组织部、财务部、资产监督管理部、经审办等部门组成资金存放工作小组，对备选银行进行综合评分。综合评分结果报全总书记处会议集体研究决定开户银行。

第四十六条 全总机关服务中心要加强全总土地、房屋等不动产的管理，按照国家有关规定及时办理全总机关不动产产权登记，理顺全总机关与全总所属单位不动产权属关系。全总机关不动产处置事项应当由全总党组会议集体研究决定。

第四十七条 全总机关对外投资事项应进行充分的可行性研究，由全总党组会议集体研究决定。相关部门要加强对投资项目的追踪管理，及时、全面、准确地记录对外投资的价值变动和投资收益情况。对未履行集体决策程序和不按规定执行对外投资业务的部门及人员，应当追究相应的责任。

第四十八条 全总机关实物资产管理部门要健全完善实物资产台账，定期开展资产清查，定期与财务管理、资产使用部门进行对账，及时处理不一致事项，做到账账、账卡、账实相符。

第四十九条 按照“实物管理与价值管理并重”的原则，加强全总机关资产管理信息化建设，强化资产统计报告与分析研究，运用信息化手段，实现对资产的动态管理。

第五节 建设项目控制

第五十条 全总资产监督管理部负责建设项目的立项、投资概算审核及项目监督管理；全总财务部负责建设项目的财务管理与监督，审核批复项目竣工财务决算；经审办负责建设项目的结算、决算审计和对重大建设项目的全过程跟踪审计；机关服务中心具体负责全总机关基本建设项目的实施。

第五十一条 全总机关应健全完善建设项目内部管理制度，建立建设项目审核工作机制，明确项目管理职责，规范项目管理流程，确保项目建议与可行性研究、项目立项、投资概（预）算编制与审核、项目实施、竣工决算等不相容岗位相互分离，未经授权的部门或工作人员不得办理或干涉建设项目业务。

第五十二条 全总机关需要立项审批或不需立项但单项投资1000万元（含）以上的建设项目年度投资计划和项目预算安排应提交全总党组会议集体研究决定。

第五十三条 全总资产监督管理部、财务部根据全总党组会议决定分别下达建设项目投资计划和年度预算，机关服务中心根据项目投资计划和预算批复实施项目。项目资金专款专用，任何单位和个人严禁截留、挪用和超批复内容使用资金。

第五十四条 经批准的投资概算是工程投资的最高限额，如因客观原因发生重大变更确需调整的，应严格按照全国总工会本级基本建设项目审批程序，经资产监督管理部审核后，报全总党组会议集体研究决定。未经批准，项目不得组织实施。

第五十五条 全总本级集中采购办公室应根据国家政府采购、招投标管理和工会资金采购管理的有关规定，组织建设项目招标、政府采购工作，并接受有关部门的监督。应当采取签订保密协议、限制接触等必要措施，确保标底编制、评标等工作在严格保密的情况下进行。

第五十六条 项目建设单位应加强对建设项目档案的管理，做好相关文件、材料的收集、整理、归档和保管工作。

第五十七条 建设项目竣工后，项目建设单位应当按照规定的时限及时办理竣工决算，向全总经审办申报竣工决算审计，并根据批复的竣工决算和有关规定办理建设项目档案和资产移交等工作。

建设项目已实际投入使用但超时限未办理竣工决算的，应当根据对建设项目的实际投资暂估入账，转作相关资产管理。

第六节 合同控制

第五十八条 全总应建立合同管理制度，机关各单位负责本单位经济业务合同的订立，法律工作部协助各单位审核合同文本，提出法律意见建议，办公厅负责全总合同专用章的管理。

国家有关行业主管部门有标准文本或推荐文本的或全总机关有统一文本的，应采用标准文本、参照推荐文本和使用统一文本制定合同文本。但对涉及权利义务关系的条款应当进行认真审查，保障单位权益不受损害。

第五十九条 各单位应根据经济业务的性质明确本单位合同的授权审批和签署权限，未经授权，任何单位和个人不得擅自对外签订合同。

全总机关任何单位和个人严禁违规签订担保、投资和借贷合同。

第六十条 全总机关各单位应加强合同履行情况监督检查，因特殊原因导致合同无法全部履行的，在履行必要审批程序的基础上，通过签订补充合同，或变更、解除合同等方式，及时妥善解决合同履行中的问题。

第六十一条 各单位应当自合同签订之日起五个工作日内，将合同副本送全总财务部。财务部根据合同履行情况办理价款结算，进行账务处理。合同条款未履行的，一律不予办理付款手续。

第六十二条 各单位应加强合同登记管理，建立合同统计台账，详细登记合同的订立、履行和变更情况，定期对合同进行统计、分类和归档，实行对合同的全过程管理。

第六十三条 各单位应加强合同信息安全保密工作，未经批准，不得以任何形式泄露合同订立与履行过程中涉及的国家秘密、工作秘密或商业秘密。

第六十四条 各单位应加强合同纠纷处置管理。合同发生纠纷的，应第一时间与对方协商谈判。合同纠纷经协商一致，双方应当签订书面协议；合同纠纷经协商无法解决的，经办人员应向单位负责人报告，并根据合同约定选择仲裁或诉讼方式解决。

第四章　评价与监督

第六十五条　全总经审办负责全总机关经济活动内部审查审计工作，定期对全总机关年度预算执行情况进行审计。

第六十六条　全总本级年度收支预算、调整预算和决算在提交全总党组会议集体研究审议前，经费审查委员会办公室应组织召开全国工会经费审查委员会或常委会进行审议，提出审议意见建议。全总财务部应如实向全总党组会议报告全总经审会的审查决议以及审查意见。

第六十七条　全总机关内部控制工作领导小组应定期听取全总财务部关于全总机关单位层面和经济活动业务层面内控制度执行情况的评价报告，建立风险评估机制，全面、系统、客观地评估机关内部控制存在的风险。

单位层面的风险评估应当包括内部控制工作的组织情况、机制的建设情况、制度的完善情况、关键岗位工作人员的管理情况、财务信息的编报情况等内容。

经济活动业务层面的风险评估应当重点关注预算管理、收支管理、采购管理、资产管理、建设项目管理、合同管理等情况。

第六十八条　全总财务部应加强与全总经审办、机关纪委（巡视办）的协调沟通，形成监管合力，结合经费审查审计中发现的内控制度方面的问题，加强对各项内控制度的监督，定期对全总机关内部控制有效性进行评价，按照财政部要求及时编报年度内部控制报告，提出改进意见，不断完善机关内部控制体系，提高内控制度的执行力。

第五章　附　　则

第六十九条　本规范由全总财务部负责解释。

第七十条　本规范自印发之日起施行。

中华全国总工会办公厅关于印发《全总机关合同管理办法》的通知

（厅字〔2021〕28号　2021年9月8日）

各驻会全国产业工会，全总各部门：

《全总机关合同管理办法》已经十七届中华全国总工会党组第96次会议审议通过，现印发给你们，请遵照执行。

全总机关合同管理办法

第一章　总　　则

第一条　为加强和规范全总机关合同管理，防范经济运行风险，根据《中华人民共和国民法典》等法律法规和《全总机关经济活动内部控制规范（试行）》的有关规定，制定本办法。

第二条　本办法所称合同，是指各驻会全国产业工会、全总各部门（以下简称合同订立单位）从事对外经济活动过程中以书面形式与自然人、法人及其他组织等平等主体之间设立、变更、终止民事法律关系的协议。

其他活动中订立的不涉及价款或者报酬的协议，不适用本办法。

第三条　合同订立单位不得以驻会全国产业工会、部门名称对外订立合同，统一使用“中华全国总工会”名称对外订立合同。

任何单位和个人严禁违规以中华全国总工会名义签订担保、投资和借贷等合同。

第四条　合同订立单位应加强合同保密管理。未经批准，不得以任何形式泄露合同订立与履行过程中涉及的国家秘密、工作秘密或商业秘密。

第五条　全总根据工作需要，开发建设合同管理信息系统，加强合同管理内部控制。

第二章　合同管理职责

第六条　全总机关合同业务由全总办公厅、法律工作部、财务部和合同订立单位根据各自职责负责管理。

第七条　办公厅负责中华全国总工会合同专用章的管理。

第八条　法律工作部负责协助合同订立单位对合同条款是否完备、表述是否规范、合同内容是否违反法律法规进行法律审核，并出具书面法律意见。

第九条　财务部负责协助合同订立单位根据合同履行情况办理财务结算。

第十条　合同订立单位是合同管理的主要责任单位，主要职责是：

（一）严格按照相关法律法规和本办法规定履行合同订立程序；

（二）严格依据合同规定行使合同权利，履行合同义务；

（三）承担合同纠纷处理的具体工作；

（四）建立合同台账，加强对合同的全程监管。

第三章　合同的订立、履行、变更和解除

第十一条　合同订立单位从事对外经济活动一律订立书面合同。

第十二条　合同订立单位拟定合同文本。

国家有关行业主管部门有标准文本或推荐文本的，或全总机关有统一文本的，应采用标准文本、参照推荐文本或使用统一文本。但对涉及权利义务关系的条款应当进行认真审查，确保全总相关权益不受损害。

没有通用的格式合同或示范文本的，合同的内容一般应当包括合同主体、标的、数量和质量、价款或者报酬、履行期限、履行地点和方式、违约责任、解决争议的方法。

第十三条　经合同订立单位主要负责同志审定后的合同文本送法律工作部进行法律审核，由法律工作部出具书面法律意见反馈合同订立单位。

第十四条　合同订立单位根据法律意见修改合同后，由主要负责同志签署正式合同，并附全总合同专用章使用审批单（主要内容包括：合同订立单位主要负责同志签字、是否采纳法律意见、是否履行财务审批程序），送办公厅履行盖章程序。其中：

合同金额 50 万元（含）以下的，如已采纳法律意见并已履行财务审批程序，可直接加盖中华全国总工会合同专用章。

合同金额超过 50 万元的，报全总分管合同订立单位的领导同志审批

后，加盖中华全国总工会合同专用章。

第十五条 合同订立单位应当自合同签订之日起 5 个工作日内，将合同副本送财务部备案。

第十六条 合同订立单位应严格按照合同规定履行合同。

第十七条 因特殊原因导致合同无法严格履行的，合同订立单位应履行必要程序后，订立补充合同，变更或解除原合同关系。变更解除合同关系应重新履行订立程序。

第十八条 合同订立单位应加强合同纠纷处置管理。合同发生纠纷的，应第一时间与对方协商谈判。合同纠纷经协商一致确定解决方案的，双方应当签订书面协议；合同纠纷经协商无法解决的，经办人员应及时向单位主要负责同志报告，并根据合同约定选择仲裁或诉讼方式解决。

第十九条 对合同订立、履行过程中出现的违规违纪违法行为，将追究有关单位或人员责任。涉嫌违纪违法的，移交纪检监察机关处理；涉嫌犯罪的，移送司法机关查处。

第四章 附 则

第二十条 本办法由全总财务部负责解释。

第二十一条 本办法自发布之日起施行。

中华全国总工会财务部关于印发《全总财务专家管理办法》的通知

（工财发〔2021〕57号　2021年12月28日）

各省、自治区、直辖市总工会财务部，中华全国铁路总工会、中国民航工会、中国金融工会财务部（办公室），中央和国家机关工会联合会办公室，全总各直属单位财务部门：

为规范全总财务专家工作，提高工会财务管理水平，全总财务部研究制定了《全总财务专家管理办法》，现印发给你们，请遵照执行。

全总财务专家管理办法

第一条　为规范全总财务专家推选、聘用与管理，加强工会财务干部队伍建设，根据《工会财务监督暂行办法》和全总有关规定，制定本办法。

第二条　本办法所称财务专家是指从各级工会及其所属单位选聘、纳入全总财务专家库管理的预算评审、财务检查、绩效评价等专业人才。

第三条　全总财务部负责全总财务专家库的建设与财务专家的管理。省级工会财务部门和全总直属单位负责专家的推荐与初审工作。

第四条　专家选聘一般采取邀请、单位推荐与自我推荐相结合的方式。

第五条　财务专家应具备的基本条件：

（一）政治立场坚定。坚持以习近平新时代中国特色社会主义思想为指导，深入学习习近平总书记关于工人阶级和工会工作的重要论述，牢固树立“四个意识”，坚定“四个自信”，做到“两个维护”，牢记“国之大者”，坚定正确政治方向，具有一定的政策理论水平。

（二）业务素质过硬。熟悉国家财经法律法规和财务会计制度规定，熟悉工会相关法律法规，在工会财务、资产、经审等经济工作方面具有一定的研究能力与实践经验，具有较强的文字表达能力和沟通能力。

（三）服务意识较强。具备参与财务管理专项工作的时间和精力，身体健康，工作认真，作风扎实，服从安排，接受全总财务部监督和管理。年龄一般在60周岁以下，特殊情况可适当放宽。

（四）符合专业要求。具有大学专科以上财政、金融、投资、审计、会计等经济专业学历且从事相关工作5年以上，熟悉工会财务工作，并取得中级以上专业技术职称或注册会计师等相关资格。

（五）无不良记录。具有良好的职业道德，廉洁自律，遵纪守法，无违法、违规、违纪等不良记录。

（六）全总财务部要求的其他条件。

第六条 申报全总财务专家应提供的相关材料：

（一）财务专家申报表；

（二）有效身份证件复印件1份；

（三）最高学历和学位证明材料复印件1份；

（四）有效专业技术职称证书或执业资格证书复印件，或其他证明专业技术能力的材料复印件1份。

申请人具有从事工会系统外预算评审、财务检查、绩效评价、课题研究等其他相关工作证明材料的，可优选聘用。

第七条 财务专家申报表应经所在单位组织人事部门审核并加盖所在单位公章，由省级工会财务部门审核盖章后，连同相关材料一并报送全总财务部。全总直属单位推荐专家的相关材料由单位财务部门负责。

第八条 全总财务部组织对专家申报材料进行复核。审核通过的，纳入全总财务专家库管理，并向财务专家印发聘用通知。

第九条 全总财务专家库实行动态管理。专家聘用期一般为三年。

聘用专家工作单位、联系方式、专业技术职称等信息发生变化的，应第一时间通过省级工会财务部门报告全总财务部。聘用专家调出工会系统之外的，一般不再纳入全总财务专家库。

第十条 全总财务专家的基本权利：

（一）参与全总财务部组织开展的预算评审、财务检查、绩效评价等工作；

（二）参加全总财务部开展的专业培训与学术交流活动；

（三）承担全总财务部委托的专题调研任务；

（四）及时依法依规向上级工会反映工会财务工作中的新情况新问题。

第十一条 全总财务专家应履行的基本义务：

（一）积极参加全总财务部开展的专项工作；

（二）按照全总财务部要求，高质量完成受托的专题调研任务；

（三）严格遵守职业道德、工作纪律和保密纪律；

（四）加强理论和业务学习，不断提升自身素质。

第十二条 全总财务部根据工作需要，不定期从全总财务专家库中遴选部分专家组成工作组，开展预算评审、财务检查、绩效评价等专项工作。

第十三条 鼓励省级工会或全总直属单位从全总专家库中选用财务专家参与相关工作，专家所在单位应给予积极支持。

第十四条 被选用专家参与专项工作的，执行专家所在单位当地财政部门差旅费相关规定。专家所在单位承担专家差旅费存在实际困难的，可由项目组织单位负担。

依照相关规定可以支付专家劳务费的，按照“谁委托、谁付费”的原则，由项目组织单位按照规定标准发放劳务费。

第十五条 专家接受聘用委托时，遇到与工作对象有利害关系或存在可能影响公正性等情况的，应主动提出回避。

专家是否需要回避，由项目组织单位审定。

第十六条 专项工作结束后，专项工作负责人应根据专家工作表现如实填制《全总财务专家工作情况反馈表》，客观公正反映专家工作情况，纳入全总财务专家库档案管理，作为选聘、选用专家的重要参考。

第十七条 财务专家有下列行为之一的，全总财务部有权解聘：

（一）无故不参加专项工作的；

（二）泄露工作秘密造成不良影响的；

（三）利用专家身份或工作之便谋取不正当利益的；

（四）按本办法第十五条规定应该主动回避而未向项目组织单位提出的；

（五）违反法律法规或工作纪律的其他行为。

第十八条 本办法由全总财务部负责解释。

第十九条 本办法自印发之日起施行。

附件：1. 全总财务专家申报表

2. 全总财务专家工作情况反馈表

附件 1：

全总财务专家申报表

<table>
<tr><td>姓名</td><td></td><td>性别</td><td></td><td>出生年月</td><td colspan="3"></td><td rowspan="4">（贴照片处，一寸免冠彩照）</td></tr>
<tr><td>工作单位</td><td colspan="3"></td><td>有效身份
证件号码</td><td colspan="3"></td></tr>
<tr><td>现任职务</td><td></td><td colspan="2">职称或执业资格</td><td colspan="4"></td></tr>
<tr><td>最高学历</td><td></td><td>最高
学位</td><td></td><td colspan="2">电子邮件</td><td colspan="2"></td></tr>
<tr><td>通信地址</td><td colspan="5"></td><td>邮政编码</td><td colspan="2"></td></tr>
<tr><td>办公电话</td><td colspan="2"></td><td>手机</td><td colspan="2"></td><td>传真电话</td><td colspan="2"></td></tr>
<tr><td colspan="2">可参加的工作</td><td colspan="7">工会预算项目评审□
工会绩效评价□
工会财务检查□</td></tr>
<tr><td colspan="5">所在单位审核意见：

（盖章）
年　月　日</td><td colspan="4">省级工会财务部门审核意见：

（盖章）
年　月　日</td></tr>
<tr><td colspan="9">全总财务部审定意见：

（盖章）
年　月　日</td></tr>
</table>

附件2:

全总财务专家工作情况反馈表

项目组织单位:

项目名称: 项目起止日期:

项目负责人及电话号码: 填表日期:

专家姓名	参与工作日期	参与工作地点	遵守纪律情况(是/否)				总体评价
			出勤纪律	廉洁纪律	保密纪律	回避纪律	
具体纪律记录:(如以上遵守纪律情况填“否”,则予以记录)							

八、账户与票据类

（一）账户

全国总工会财务部关于转发《财政部 中国人民银行关于印发〈中央预算单位银行账户管理暂行办法补充规定〉的通知》的通知

（工财字〔2006〕63号 2006年11月22日）

全总各有关单位、各直属单位：

现将财政部、中国人民银行关于印发《〈中央预算单位银行账户管理暂行办法〉补充规定》的通知（财库〔2006〕96号）转发给你们，请各单位认真遵照本通知及财库〔2002〕48号、财库〔2004〕1号文件的规定执行，并及时将执行过程中遇到的问题反馈到全总财务部。

附件1：

财政部 中国人民银行关于印发《〈中央预算单位银行账户管理暂行办法〉补充规定》的通知

（财库〔2006〕96号 2006年11月14日）

党中央有关部门，国务院各部委、各直属机构，全国人大常委会办公厅，全国政协办公厅，高法院，高检院，有关人民团体，新疆生产建设兵团，财政部驻各省、自治区、直辖市、计划单列市财政监察专员办事处，有关中央管理企业，各国有银行、国有控股银行：

为进一步加强和规范中央预算单位银行账户管理，针对银行账户管理中出现的一些新情况、新问题，经商监察部、审计署同意，财政部、中国人民银行制定了《〈中央预算单位银行账户管理暂行办法〉补充规定》，现印发给你们，请遵照执行。执行中有何问题，请及时向我们反映。

附件 2：

《中央预算管理单位银行账户管理暂行办法》补充规定

为进一步加强和规范中央预算单位（以下简称预算单位）银行账户管理，针对预算单位银行账户审批中出现的一些新情况、新问题，根据《财政部　中国人民银行监察部　审计署关于印发〈中央预算单位银行账户管理暂行办法〉的通知》（财库〔2002〕48 号）及《财政部、中国人民银行关于执行〈中央预算单位银行账户管理暂行办法〉的补充通知》（财库〔2004〕1 号）的规定，现将有关事项补充规定如下：

一、关于开户银行的选择

预算单位原则上应在国有银行、国有控股银行开立银行账户，确需在其他银行开立账户的基层预算单位，应在确保资金安全的前提下，对银行的资质、经营状况、资产质量等进行综合考量，并报上级主管单位审核同意后，按规定审批程序办理开户。

二、关于事业单位经营性资金账户的设置

实行企业管理的事业单位，确需开设经营性资金账户的，应从严控制，并经上级主管单位同意后，持营业执照及相关证明文件报中央财政部门（财政部或财政部驻各地财政监察专员办事处，下同）审批。

三、关于预算单位内部资金集中核算机构及结算成员单位相关账户的设置

中央财政预算单列的企业集团总公司、有关事业单位、政企合一等预算单位，为加强资金集中管理，提高资金整体使用效率，在系统或单位内部按照有关法定程序及政策规定成立资金管理中心、资金结算中心等资金集中核算机构的，应在加强管理、从严控制的前提下，开设相关账户。

（一）资金集中核算机构为法人单位的，经主管部门同意，并报中央财政部门审批后，可开设相关银行结算账户，用于归集、核算所属结算成员单位资金。

预算单位所属资金集中核算机构为非法人单位的，该预算单位可以预算单位名称加资金集中核算机构名称开设相关银行结算账户。

（二）预算单位所属结算成员单位可在资金集中核算机构开设内部结算账户；企业集团公司下设财务公司的，其所属结算成员单位可在财务公司开设内部结算账户。

（三）内部结算账户应由集团总公司及行业系统管理部门按照相关管理办法或规定自行规范管理。

四、关于预算单位所属医院及所属门诊部相关账户的设置

预算单位所属医院及所属门诊部，根据有关政策规定以及管理需要，经主管部门同意，并报中央财政部门审批后，按以下规定开设账户。

（一）预算单位所属医院为法人单位的，为方便病人使用银行卡以及资金结算，可开设一个“一般存款账户”或“专用存款账户”，用于核算病人看病费用等结算资金。“专用存款账户”不得支取现金。

预算单位所属医院为非法人单位的，为方便病人看病费用结算，该预算单位可以预算单位名称后加所属医院名称开设一个“专用存款账户”，该“专用存款账户”不得支取现金。

（二）预算单位所属门诊部，被当地劳动和社会保障部门确定为“基本医疗保险定点医疗机构”的，预算单位须持有“基本医疗保险定点医疗机构”服务协议书、营业执照及相关证明文件，以预算单位名称后加所属门诊部名称开设一个“专用存款账户”，该“专用存款账户”不得支取现金。其他预算单位所属门诊部，不得开设账户，已开设的一律撤销。

五、关于预算单位实行属地管理资金账户的设置

预算单位按照国家有关政策规定，实行属地管理的住房改革资金、基本医疗保险基金等，确需开设相关账户进行核算的，由预算单位持地方政府或地方财政（国库）部门有关账户管理的文件，报中央财政部门审批后，开设相关账户。

六、加强协调配合，形成工作合力，做好预算单位银行账户管理工作

中央各主管部门应切实加强对所属预算单位银行账户的管理，按照中央预算单位银行账户管理有关规定，结合实际情况，建立健全和完善本系统银行账户管理制度，进一步明确银行账户管理的具体要求。

财政部驻各地财政监察专员办事处要充分发挥监管职能，加强管理，堵塞账户申报、审批和备案等各个环节的漏洞。要强化对账户管理的监督检查，加大违规处罚力度。对于预算单位出现的账户管理违规问题，财政监察专员办事处可会同中国人民银行有关机构，依据《财政违法行为处罚处分条例》（中华人民共和国国务院令第427号）、《财政部　中国人民银行　监察部　审计署关于印发〈中央预算单位银行账户管理暂行办法〉的通知》（财库〔2002〕48号）、《财政部　中国人民银行关于执行〈中央预算单位银行账户管理暂行办法〉的补充通知》（财库〔2004〕1号）等相关规定，对预算单位进行行政处罚。

银行账户管理相关部门要进一步加强协调配合，积极创造条件，逐步实现财政部、商业银行及相关部门账户管理系统信息共享和对预算单位银行账户实施动态监控。

全国总工会财务部关于湖北省总工会机关账户设立有关问题的复函

（工财字〔2011〕72号　2011年10月20日）

湖北省总工会财务部：

你会《关于省级工会机关账户设立有关问题的请示》收悉，现答复如下：

一、根据《工会法》第四十四条关于“工会应当根据经费独立原则，建立预算、决算和经费审查监督制度”和第四十六条关于“工会的财产、经费和国家拨给工会使用的不动产，任何组织和个人不得侵占、挪用和任意调拨”的规定，各级地方工会和基层工会应当根据经费独立原则，单独开立账户，独立进行核算。

二、湖北省总工会机关与其他省直部门预算单位不同，其大部分经费来源和开支不属于财政拨款，应按照工会经费独立原则，独立开设账户。

三、请你会依据《工会法》的相关规定，向湖北省财政厅解释和说明。

全国总工会财务部关于对保留人民银行南京分行系统工会账户请示的答复

（工财字〔2011〕77号　2011年11月14日）

中国金融工会全国委员会财务部：

你会报来《关于保留人民银行南京分行系统工会账户的请示》（金工财字〔2011〕5号）收悉。现答复如下：

中国人民银行南京分行工会工作委员会和中国人民银行南京分行机关工会委员会是依照《基层工会法人资格登记办法》成立的基层工会社团法人，具备独立的社会团体法人资格。按照《工会法》和《中国工会章程》的有关规定，应当根据经费独立原则，单独开立银行账户，实行工会经费独立核算。

鉴于人民银行现实行分行跨省区管理的体制，南京分行除辖江苏省人民银行外，还辖安徽省人民银行，中国人民银行南京分行工会工作委员会工会经费来源渠道和使用对象包括两个省，与中国人民银行南京分行机关工会委员会有所不同。根据《工会法》、《中国工会章程》、《基层工会经费使用管理办法》、《中华全国总工会办公厅关于依法做好工会经费独立核算工作的通知》以及《银行账户管理办法》等的政策规定，中国人民银行南京分行工会工作委员会和中国人民银行南京分行机关工会委员会符合分设账户的要求。请你们依据相关规定，向财政部门做好解释和说明工作。

此复。

全国总工会财务部关于江西省总工会基本存款账户变更账户性质问题的复函

（工财字〔2012〕56号 2012年5月4日）

江西省总工会财务部：

《关于江西省总工会基本存款账户变更账户性质情况的请示》（赣工财发〔2012〕13号）收悉。关于你省有关部门拟将你会基本存款账户变更为专用存款账户问题，经我部研究，现答复如下：

一、根据《工会法》第四十四条规定："工会应当根据经费独立原则，建立预算、决算和经费审查监督制度"；第四十六条规定："工会的财产、经费和国家拨给工会使用的不动产，任何组织和个人不得侵占、挪用和任意调拨"。根据《中华全国总工会办公厅关于依法做好工会经费独立核算工作的通知》（总工办发〔2004〕23号）的规定："各基层工会应当根据经费独立原则，单独开立账户，独立进行核算。"据此，各级工会必须依法根据经费独立原则，单独开立账户，使用基本存款账户进行独立核算。鉴于工会账户是工会法人依法设立的，任何单位不得要求变更账户性质。

二、根据《工会法》和财政部《工会会计制度》的规定，工会目前使用的基本存款账户核算的是工会人员工资、福利和行政开支等。工会的各项收入、支出均来自于《工会法》赋予工会组织独立自主开展工作和进行工会经费的收缴、管理和使用的法定权利。各级工会必须设立自己的基本存款账户，才能独立自主正常开展工作，才能保证工会资金的存入和使用。

请你们依据《工会法》等法律法规，向你省有关部门认真做好解释和说明工作，以便取得他们对工会财务工作的理解与支持。

财政部　中国人民银行关于调整中央预算单位银行账户管理有关事项的通知

（财库〔2016〕210号　2016年12月5日）

党中央有关部门，国务院各部委、各直属机构，全国人大常委会办公厅，全国政协办公厅，高法院，高检院，各人民团体，新疆生产建设兵团，中央财政预算单列的企业集团总公司，财政部驻各省、自治区、直辖市、计划单列市财政监察专员办事处，中国人民银行上海总部，各分行、营业管理部，各省会（首府）城市中心支行，深圳市中心支行：

按照中央全面深化改革要求，为贯彻落实国务院关于“简政放权、放管结合、优化服务”的改革精神，完善中央预算单位（以下简称中央单位）银行账户管理，进一步理顺管理职责，财政部、中国人民银行决定对《财政部　中国人民银行　监察部　审计署关于印发〈中央预算单位银行账户管理暂行办法〉的通知》（财库〔2002〕48号）及其补充规定中的单位范围、管理方式及年检工作等事项进行调整。现通知如下：

一、调整银行账户管理的单位范围

下列中央单位，财政部门将不再进行账户审批、备案等管理，相关银行账户管理工作交由中央单位自主负责。具体包括：

（一）无财政预算拨款的中央企业集团总公司及所属单位；

（二）无财政预算拨款的政企合一单位；

（三）与中央单位存在代管或挂靠关系，但无财政预算拨款的学会、协会、研究会、基金会、各种中心等社团组织；

（四）按照中共中央办公厅、国务院办公厅印发的《行业协会商会与行政机关脱钩总体方案》，已取消与行政机关主办、主管、联系或挂靠关系的单位；

（五）其他无财政预算拨款的单位。

本通知所称“无财政预算拨款”单位，是指未列入中央财政部门预算，无“财政拨款收入”或“财政补助收入”的单位。除本通知规定的上述五类单位外，其他中央单位银行账户管理工作仍按财库〔2002〕48号文件、有关补充规定及本通知规定执行。

二、调整银行账户审批、备案管理方式

对纳入管理范围的中央单位银行账户管理方式做如下调整：

（一）基本存款账户、外汇账户、专用存款账户继续实行审批管理方式；

（二）贷款转存款账户由备案管理方式调整为单位自主管理方式；

（三）党费账户、工会经费账户、房改资金账户、离退休经费账户、定期存款账户，以及中央单位所属医院、门诊部为核算病人看病费用开设的有关银行账户等，由目前的审批或备案管理方式，全部调整为备案管理方式。

三、调整银行账户年检方式

对纳入管理范围的中央单位银行账户年检方式做如下调整：

（一）将目前按年开展的年检方式，调整为每两年一个年检周期、每年按账户数量50%比例进行审检的方式。对年检结论为不合格或存在问题的中央单位，下一年度需继续实行年检。每年度审检单位的具体名单，由财政部、各财政监察专员办事处分别按照管理的中央单位范围研究确定。

（二）建立中央单位银行账户抽检机制。财政部和各财政监察专员办事处、中国人民银行和各分支机构，在各自的职责范围内，每年按照管理单位总量约3%的比例，对中央单位账户管理情况开展实地抽查，对抽查中发现的问题，按规定予以严肃处理。

四、有关工作要求

（一）高度重视，抓好组织落实。各中央部门要高度重视此次调整工作，及时将调整事项具体内容通知所属基层单位，并做好政策宣传和工作指导，确保各基层单位全面掌握调整事项具体要求。各中央部门要及时梳理统计本部门所属各单位预算管理情况，在收到本通知1个月内，将本部门财政预算拨款单位和无财政预算拨款单位名单报财政部（国库司），并抄送中国人民银行（支付结算司）。后续管理中，如所属单位预算管理关系发生调整变化，应在2个月内，将变动情况和有关证明材料由中央部门书面报财政部（国库司），并抄送中国人民银行（支付结算司）。

（二）严格管理，规范财务行为。各级中央单位要继续加强账户和资金的统筹管理，除工会经费、住房公积金、提租补贴以及经财政部批准的特殊款项外，禁止将单位零余额账户资金违规转入本单位或上级主管单位、所属下级单位实存资金账户。财政部将进一步强化预算执行动态监控管理，重点监控中央单位内部零余额账户与其他各类账户之间、中央单位相互之间违规划转资金的行为，发现违规问题的，将按有关规定严肃处理。

（三）完善机制，强化监管职责。财政部驻各地财政监察专员办事处要将中央单位银行账户管理列入财政综合监管的重点内容，发挥属地监管优势，加强管理监督；认真梳理属地中央单位范围和银行账户类型，做好政策调整后的账户审批、备案管理工作，对于不再纳入管理范围的中央单位，做好账户信息资料存档工作；科学安排年检工作次序，结合监管工作重点，合理确定年度抽检单位名单；综合运用账户监管成果，按时向财政部报送年检报告，并将年检和抽检中发现的问题及时通报人民银行当地分支机构。人民银行各分支机构按照本通知有关调整事项，要求开户银行做好相关工作。

本通知自印发之日起执行。各有关单位在执行中如遇问题，请及时告知财政部（国库司）。

全总财务部关于对中国保险互助会地方代办机构可以使用地方工会银行账户办理职工互助保障业务问题的复函

（工财函〔2017〕38号　2017年10月26日）

中国职工保险互助会：

你会《关于提请全总财务部对中国职工保险互助会地方代办机构可以使用地方工会银行账户办理职工互助保障业务的问题进行明确的函》（中互函字〔2017〕11号）收悉，经研究，现答复如下：

根据《财政部　中国人民银行　监察部　审计署关于印发〈中央预算单位银行账户管理暂行办法〉的通知》（财库〔2002〕48号）的规定，地方工会银行账户作为预算单位账户可以用来办理本单位预算内、预算外、自筹以及往来等资金的日常转账结算和现金收付等业务。《工会会计制度》明确规定代管经费是指党团组织及行政单位委托工会代管的、有指定用途的，不属于工会收入的经费，职工互助保障相关业务经费可以作为代管经费纳入工会银行账户管理。据此明确地方工会银行账户可以用来办理职工互助保障业务，请按照工会会计制度的规定，对纳入工会银行账户代管的职工保障业务经费加强管理，严格按照资金的用途使用，严格履行规定的报批程序。

中华全国总工会办公厅关于印发《全总本级银行账户管理办法》的通知

（厅字〔2019〕21 号　2019 年 8 月 27 日）

全总机关及全总本级所属单位：

《全总本级银行账户管理办法》已经全总党组第二十九次会议审议通过，现印发给你们，请遵照执行。

附件：

全总本级银行账户管理办法

第一章　总　　则

第一条　为了规范全总本级单位银行账户管理，根据《中央预算单位银行账户管理暂行办法》（财库〔2002〕48 号）和《关于调整中央预算单位银行账户管理有关事项的通知》（财库〔2016〕210 号）等文件的有关规定，结合全总本级单位实际，制定本办法。

第二条　本办法适用于全总机关和全总本级所属单位在中华人民共和国境内依法成立的商业银行、农村信用合作社、农村合作银行等金融机构开立的人民币和外币账户的管理。全总本级各单位根据财政部要求开立的零余额账户的管理适用于财政部关于零余额账户管理的相关制度文件。

第三条　全总本级各单位开立、变更、撤销银行账户，实行财政审批、财政备案或全总备案制度。

第四条　全总本级各单位银行账户的开立、变更、撤销与使用管理由本单位财务部门归口管理。单位负责人对本单位银行账户申请开立与使用的合法性、合规性、安全性负责。

第二章　银行账户的设置

第五条　全总本级各单位只能开设一个基本存款账户，用于办理预算资金、自有资金、往来款项的日常转账结算和现金收付等业务。

第六条　全总本级各单位只能开设一个基本建设资金专用存款账户，用于核算本单位使用的各种基建资金。

第七条　全总本级各单位可根据有关规定开设一个党费、工会经费专用存款账户。

第八条　全总本级各单位根据住房管理制度改革的有关规定，可分别开设一个售房收入、住房维修基金及其利息、个人公积金、购房补贴专用存款账户，用于核算职工按住房制度改革政策规定交纳的购房款等资金。

第九条　全总本级各单位需开设外币账户的，按照财政部和国家外汇管理局的有关规定办理。

第十条　全总本级各单位异地办公的非法人独立核算机构，可由本单位报财政部门审批后，按有关规定开设一个相关账户。

第十一条　全总本级各单位财政拨款以外的资金转为定期存款的，按照《中华全国总工会办公厅关于印发〈全总本级资金存放管理实施办法〉的通知》（厅字〔2019〕16号）的有关规定办理，转出开户银行的采取竞争性谈判方式确定定期存款银行。

第十二条　全总本级各单位因业务需要开设贷款转存款账户、保证金存款账户的，可在该贷款银行开设一个一般存款账户。

第三章　银行账户的审批与备案

第十三条　全总机关和所属事业单位开设基本存款账户、基本建设资金账户、外币账户，须报财政部或财政部驻当地财政监督管理局审批；账户开立后，须向财政部或财政部驻当地财政监督管理局和全总财务部备案。

第十四条　全总机关和所属事业单位开设党费账户、工会经费账户、房改资金账户、定期存款账户等银行账户，须报全总财务部审批；账户开立后，须向财政部或财政部驻当地财政监督管理局备案，同时报全总财务部备案。

第十五条　全总本级各单位开立的贷款转存款账户，须向全总财务部备案。

全总所属的企业和学会、基金会、保险互助会，以及尚未与全总脱钩的协会开设的各类银行账户，须报全总财务部备案。

第四章　银行账户的开立

第十六条　全总本级各单位开立需由财政部门审批的各类银行账户时，应提交“开立银行账户申请报告”、《中央一级预算单位开立银行账户申请表》（附件 1）、《中央基层预算单位开立银行账户申请表》（附件 2）和其他相关材料，由全总财务部审核后，报财政部门审批。

第十七条　全总本级各单位开立需向财政部门备案的银行账户时，应提交“开立银行账户申请报告”、《中央一级预算单位开立银行账户申请表》（附件 1）、《中央基层预算单位开立银行账户申请表》（附件 2）和其他相关材料，由全总财务部审批后到银行开户。账户开立后，应填写《中央预算单位银行账户备案表》（附件 4），由全总财务部审核后，报财政部门备案。

第十八条　全总本级各单位开立需向全总财务部备案的银行账户后，应填写《中央预算单位银行账户备案表》（附件 4），向全总财务部备案。

第五章　银行账户变更与撤销

第十九条　全总机关和所属事业单位发生下列变更事项，须报财政部门备案。

（一）变更单位名称，但不改变开户银行及账号的；

（二）单位主要负责人或法定代表、地址及其他开户资料变更的；

（三）因开户银行原因变更银行账号，但不改变开户银行的；

（四）其他按规定不需报财政部门审批的变更事项。

第二十条　全总所属事业单位的主管单位发生变更的，应在变更后 3 个工作日内填写《中央预算单位主管单位变更登记表》（附件 6），报财政部门和全总财务部备案。

第二十一条　全总机关和所属事业单位开立的银行账户确因特殊需要变更开户银行的，应按照《中华全国总工会办公厅关于印发〈全总本级资金存放管理实施办法〉的通知》（厅字〔2019〕16 号）的规定，采取集体决策方式确定开户银行，重新办理开户、备案手续。

第二十二条　全总所属事业单位合并组建一个新的单位的，原账户按规定撤销，按照《中华全国总工会办公厅关于印发〈全总本级资金存放管理实施办法〉的通知》（厅字〔2019〕16 号）的规定，采取集体决策方式确定开户银行，重新办理开户、备案手续。

第二十三条 全总机关和所属事业单位银行账户使用期满时必须撤户。撤户时账户资金余额转入本单位基本存款账户，销户后的未了事项纳入基本存款账户核算。

确需延长使用期的银行账户，需报财政部门审批的，应提前提出申请，报财政部门审批；账户开立后，报财政部门和全总财务部备案。

第二十四条 全总机关和所属事业单位按规定开设的银行账户，在开立后一年内没有发生资金往来业务的，该账户应予撤销。

第二十五条 全总所属事业单位因机构改革等原因被撤销的，必须在规定时间内撤销所开立的银行账户，并按全总主管部门的意见处理账户资金余额。

第二十六条 全总所属企业和学会、基金会、保险互助会，以及尚未与全总脱钩的协会，银行账户发生变更与撤销的，应及时报全总财务部备案。

第六章 银行账户的年检

第二十七条 根据《财政部关于调整中央预算单位银行账户管理有关事项的通知》（财库〔2016〕210 号）的有关规定，财政部门每两年对全总机关及所属事业单位的银行账户进行一次年检。每年审检单位具体名单，由财政部门确定。

第二十八条 需进行账户年检的相关单位，应将截至上年 12 月 31 日的所有银行账户，填写《中央预算单位银行账户年检申请表》（附件 5），按照财政部规定的时限，报审批部门进行账户年检。

第二十九条 年检不合格或存在问题的单位，下一年度财政部门将继续进行年检。

第三十条 财政部和财政部驻各地财政监督管理局、中国人民银行及其分支机构，每年按照一定比例对全总机关及所属事业单位账户管理情况进行实地抽查，全总本级各单位应认真做好相关配合工作。

第七章 管理与监督

第三十一条 全总本级各单位要按照财政部和中国人民银行规定的用途使用银行账户，不得将财政拨款转为定期存款，不得以个人名义存放单位资金，不得出租、转让银行账户，不得为个人或其他单位提供信用。

第三十二条 全总本级各单位应加强对本单位银行账户的监督管理，定期对银行账户进行监督检查。加强账户和资金的统筹管理，除工会经费、住房公积金、提租补贴以及经财政部批准的特殊款项外，禁止将单位零余额账户资金违规转入本单位或上级主管单位、所属下级单位实存资金账户。

第三十三条 全总本级各单位有下列情形之一的，由全总财务部责令违规单位立即纠正，经全总党组、书记处同意由财务部暂停或停止对违规单位拨付预算资金，并按规定提请组织、纪检（监察）部门对违规单位的责任人员给予相应的党纪、政务处分；涉嫌犯罪的移交司法机关处理：

（一）违反本办法规定开立银行账户的；

（二）违反本办法第二章规定，改变账户用途，使用相应银行账户的；

（三）违反本办法第三十一条规定的；

（四）不按本办法规定变更、撤销银行账户的，或变更、撤销银行账户不按规定报送全总财务部审核、备案的；

（五）其他违反账户管理规定的。

第八章 附 则

第三十四条 本办法由全国总工会财务部负责解释。

第三十五条 本办法自发布之日起施行。

附件： 1. 中央一级预算单位开立银行账户申请表

2. 中央基层预算单位开立银行账户申请表

3. 中央预算单位开立银行账户批复书

4. 中央预算单位银行账户备案表

5. 中央预算单位银行账户年检申请表

6. 中央预算单位主管单位变更登记表

附件 1：

中央一级预算单位开立银行账户申请表

（单位公章）

申报单位：

单位国标码：

财政分配码：

序号	账户申请情况			账户有效期（年）	备注
	开户职能部门	账户类别（用途）	开户行全称		

单位负责人（签章）

年　　月　　日

注：1. “财政分配码”：没有财政分配码的新开户单位填“新开户”。

2. “账户类别（用途）”按《中央预算单位银行账户管理暂行办法》规定的账户类别口径填报。

附件2：

中央基层预算单位开立银行账户申请表

（单位公章）

申报单位：　　　　上级主管单位：　　　　中央三管部门：
单位国标码：　　　　单位国标码：　　　　单位国标码：
财政分配码：　　　　财政分配码：　　　　财政分配码：

序号	账户申请情况			账户有效期（年）	中央主管部门审核意见	备注
	开户职能部门	账户类别（用途）	开户行全称			

单位负责人（签章）　　　　中央主管部门（签章）
年　月　日　　　　年　月　日

注：1.“财政分配码”：没有财政分配码的新开户单位填“新开户”。
2.“账户类别（用途）”按《中央预算单位银行账户管理暂行办法》规定的账户类别口径填报。

附件3：

中央预算单位开立银行账户批复书

批号：__________

____

你单位“开立银行账户申请报告”收悉。根据《中央预算单位银行账户管理暂行办法》之规定，现核准你单位开立____个银行账户。请收到批复书后，按规定及时办理账户开立及备案手续。

（核准印章）

年　　月　　日

财政分配码：　　　　　　　　单位国标码：

序号	账户代码	开户职能部门	账户类别（用途）	开户行全称	账户有效日期（年）	备注

注：1. 此批复书一式二份，开户申请单位一份，财政部门留存。

2. “账户类别（用途）”按《中央预算单位银行账户管理暂行办法》规定的账户类别口径填报。

附件 4：

中央预算单位银行账户备案表

（单位公章）

编报单位：

国标码：

财政分配码：

序号	账户代码	开户单位			现银行账户情况				原银行账户情况			变更、撤户说明
		国标码	财政分配码	单位名称	开户日期	账户名称	银行账号	开户银行	账户名称	银行账号	开户银	

单位负责人（签章）　　　　财务负责人（签章）　　　　经办人（签章）

年　月　日　　　　年　月　日　　　　年　月　日

注：1. 本表适用于新开账户、账户变更和撤户备案。

2. 新开账户备案时“现银行账户情况”填写新开账户内容，“原银行账户情况”空白，“变更、撤户说明”中填“新开户”。

3. 撤户时“原银行账户情况”填写原账户内容，“现银行账户情况”空白，“变更、撤户说明”中填“撤户”。

附件5:

中央预算单位银行账户年检申请表

（单位公章）

申报单位：　　上级主管单位：　　中央主管部门：
单位国标码：　　单位国标码：　　单位国标码：
财政分配码：　　财政分配码：　　财政分配码：

序号	账户基本情况					账户审批备案情况				备注
	账户代码	开户职能部	账户类别（用途）	开户行全称	银行账号	账户到期日	是否审批	是否备案	备案后是否变更	

填报日期：　　年　　月　　日　　单位负责人（签章）：　　经办人（签章）：
联系电话：

附件 6：

中央预算单位主管单位变更登记表

（单位公章）

编报单位：
国标码：
财政分配码：

序号	开户单位				现上级主管单位			原上级主管单位		
	单位级次	国标码	财政码	单位名称	国标码	账政码	单位名称	国标码	账政码	单位名称

单位负责人（签章）　　　　财务负责人（签章）　　　　经办人（签章）
年　月　日　　　　年　月　日　　　　年　月　日

中华全国总工会印发《关于进一步加强工会资金存放管理的指导意见》的通知

（总工发〔2019〕21号　2019年6月27日）

各省、自治区、直辖市总工会，中华全国铁路总工会、中国民航工会全国委员会，中国金融工会全国委员会，中央和国家机关工会联合会：

《关于进一步加强工会资金存放管理的指导意见》已经全总党组会议审议通过，现印发给你们，请遵照执行。

关于进一步加强工会资金存放管理的指导意见

近年来，各级工会在加强工会资金存放管理方面做了大量工作，取得一定成效，但还面临许多亟待解决的问题。主要表现在：有的资金存放管理不够透明，存在廉政风险；有的资金存放管理不够规范，存在资金安全隐患；有的资金存放管理不够科学，选择资金存放银行未综合考虑安全性、流动性和收益性等因素。各级工会应当充分认识存在的问题和面临的风险，从加强工会系统党风廉政建设的高度，切实提高思想认识，加强组织领导，以高度的责任感做好工会资金存放管理工作。为进一步规范各级工会及所属单位（以下简称“资金存放单位”）资金存放管理，依据财政部《关于进一步加强财政部门和预算单位资金存放管理指导意见》（财库〔2017〕76号）规定，提出以下指导意见。

一、主要目标和基本原则

（一）主要目标。建立健全科学规范、公正透明的工会资金存放管理机制，防范资金存放安全风险和廉政风险，提高资金存放综合效益。

（二）基本原则。

依法合规。资金存放应当符合法律法规和政策规定，符合廉政建设要求。

公正透明。资金存放银行的选择应当公开、公平、公正，程序透明，结果透明，兼顾效率。

安全优先。资金存放应当以确保资金安全为前提，充分评估资金存放银行经营状况，防止出现资金安全风险事件。

科学评估。综合考虑资金安全性、流动性、资金收益等因素，科学设置资金存放银行评选指标。

权责统一。资金存放单位应当履行资金存放管理的主体责任，组织好资金存放管理工作，保证资金存放平稳有序。

二、严格规范资金存放银行的选择方式

资金存放单位应当建立集体决策机制，成立由组织人事、账户管理、政府采购、内部审计、纪检监察等部门组成的工作小组，负责资金存放管理相关工作。除国家政策已明确存放银行和涉密等有特殊存放管理要求的资金外，按照规定采取竞争性方式或集体决策方式选择资金存放银行。

（一）竞争性方式。资金存放单位工作小组或受其委托的中介机构应就选择资金存放银行事宜公开邀请银行报名参与竞争，采用综合评分法进行评分，根据评分结果择优确定资金存放银行。主要流程包括：

1. 发布资金存放银行竞争性选择公告，载明资金存放事宜、参与银行资格要求、报名方式及需提供材料、报名截止时间等事项；

2. 组建由资金存放单位内部成员和外部专家共同组成的评选委员会，采用综合评分法对符合基本资格要求的参与银行进行评分；

3. 资金存放单位领导召开办公会议集体研究评分结果后，择优确定资金存放银行并对外公告。

资金存放单位应当制定具体操作办法，对参与银行资格要求、操作流程、评选委员会组成方式、具体评选方法、监督管理等内容作出详细规定。

（二）集体决策方式。资金存放单位工作小组对备选银行采用综合评分法进行评分，将评分过程和结果提交单位领导办公会议集体研究决定资金存放银行。主要流程包括：

1. 选取备选银行。备选银行的选取应当遵循公平、公正的原则，一般不得少于 3 家。资金存放单位所在地银行少于 3 家的，按实际数量确定备选银行。

2. 集体评分。工作小组采用综合评分法对符合基本资格要求的参与银行进行评分；将备选银行的评分情况、会议表决情况和会议决定等内容在单位显著位置进行公示。

3. 工作小组将公示结果提交本单位领导办公会议集体研究决定资金存

放银行，并对外公告。

以集体决策方式选择资金存放银行，对资金存放单位的主要领导干部、分管资金存放业务的领导干部以及相关业务部门负责人应实行利益回避制度，不得将公款存放在上述人员的配偶、子女及其配偶和其他直接利益相关人员工作的银行。

三、科学制定综合评分法的评分指标和评分标准

综合评分法的评分指标和评分标准的具体设置，应当遵循客观、公正、科学的原则。

（一）评分指标。主要包括经营状况、服务水平、利率水平等方面。经营状况方面的指标应能反映资金存放银行的资产质量、偿付能力、运营能力、内部控制水平等。服务水平方面的指标应能反映资金存放银行提供支付结算、对账、分账核算等服务的能力和水平。利率水平主要指定期存款利率等，利率应当符合国家利率政策规定。具体指标由资金存放单位根据实际情况和管理要求设置。

（二）评分标准。评分标准主要明确各项评分指标的权重和计分公式，由资金存放单位结合实际情况和管理要求设置。

四、加强工会资金存放管理

（一）各级工会应加强拨缴经费的管理，定期与国库、代理银行进行汇算清缴，按比例及时足额拨缴工会经费，将本单位留成收入转入基本账户，及时上缴上级经费，下拨下级经费。

（二）各级工会应加强工会资金的存放管理，严格按规定确定银行结算账户的开立、变更和定期存款账户的开立。

（三）新开立和变更银行结算账户，一般采取集体决策方式，鼓励有条件的单位采取竞争性方式。

（四）结算账户资金转为定期存款、协定存款、通知存款的，一般在开户银行办理。

（五）银行结算账户内的资金在扣除日常支付需要后有较大规模余额的，可以转出开户银行进行定期存款，银行的选择应当采取竞争性方式。到期后不需要收回使用的定期存款可以在原定期存款银行续存，累计存期不超过两年。

（六）资金存放单位应当严格控制每次定期存款的银行数量，并与定期存款银行签订协议，全面、清晰界定双方权利和义务。资金存放银行出现重大安全风险事件或者经营状况恶化影响资金存放安全的，资金存放单位应当及时收回资金。

（七）资金存放单位新选择资金存放银行时，应当要求资金存放银行出具廉政承诺书，承诺不得向资金存放单位相关负责人员输送任何利益，承诺不得将资金存放与资金存放单位相关人员在本行亲属的业绩、收入挂钩。凡发现并经核实资金存放银行未遵守廉政承诺或者在资金存放中存在其他利益输送行为的，资金存放单位应当及时收回资金，在一定期限内取消该银行参与资金存放单位资金存放的资格。

五、工作要求

（一）加强资金流量预测，确保资金支付需要。资金存放开展定期存款操作的，应当科学预测资金流量，合理确定开展定期存款操作的资金规模和期限，确保资金支付需要。定期存款期限一般控制在 1 年以内（含 1 年）。

（二）加强资金存放内部控制，防范风险事件。资金存放单位要建立健全资金存放内部控制办法，通过流程控制和制度控制，强化各环节有效制衡，防范资金存放风险事件。

（三）严格执行账户管理规定，提高资金存放规范性。资金存放单位资金存放涉及开立银行账户的，应当严格执行银行账户管理制度有关规定。资金存放单位不得以资金转出开户银行进行定期存款为由，在定期存款银行新开立银行结算账户。资金存放单位不得采取购买理财产品的方式存放资金。各单位要按照财政部门要求切实加强银行账户审批、备案、年检等管理工作，加大银行账户清理力度，从严控制银行账户数量。

（四）盘活银行账户存量资金，充分发挥工会资金作用。资金存放单位应按照财政部和全国总工会的有关规定，盘活银行账户内的存量资金，提高资金使用效益。

（五）加强资金存放监督检查。资金存放单位要加强对预算单位资金存放的监督检查，并对下级单位资金存放管理进行监督指导，及时发现和纠正资金存放中的违规问题。各级工会领导干部要严格遵守廉洁自律有关规定，不得以任何形式违规干预、插手资金存放。

各级工会要充分认识加强工会资金存放管理的重要性和紧迫性，严格落实本意见各项规定，确保加强资金存放管理工作取得实效。各省级工会要结合本地区本行业的实际情况，制定具体实施办法，报全国总工会备案。

中华全国总工会办公厅关于印发《全总本级资金存放管理实施办法》的通知

（厅字〔2019〕16号　2019年7月12日）

全总机关及全总本级所属单位：

《全总本级资金存放管理实施办法》已经全总党组会议审议通过，现印发给你们，请遵照执行。

全总本级资金存放管理实施办法

第一章　总　　则

第一条　为建立健全科学规范、公正透明的资金存放管理机制，规范全总本级资金存放行为，防范廉政风险，提高资金使用效益，依据财政部《中央预算单位资金存放管理实施办法》（财库〔2017〕176号）和全国总工会《关于进一步加强工会资金存放管理的指导意见》（总工发〔2019〕21号），结合全总机关和全总本级所属单位资金管理实际，制定本办法。

第二条　全总机关和全总本级所属事业单位（以下简称资金存放单位）开立或变更银行结算账户，以及从银行结算账户转出资金进行定期存款时适用本办法。全总本级所属企业和执行企业会计制度的事业单位不执行本办法。

第三条　本办法所称银行账户，包括基本存款账户、专用存款账户、外汇账户、党费账户、工会经费账户、房改资金账户等，不包括用于办理财政授权支付的零余额账户。

第四条　本办法所称资金存放银行包括：在中华人民共和国境内依法成立的商业银行、农村信用合作社、农村合作银行等银行业金融机构。

第五条　资金存放管理，应当遵循以下原则：

依法合规。资金存放应当符合法律法规和政策规定，符合廉政建设要求。

公正透明。资金存放银行的选择应当公开、公平、公正，程序透明，结果透明，兼顾效率。

安全优先。资金存放应当以确保资金安全为前提，充分评估资金存放银行经营状况，防止出现资金安全风险事件。

科学评估。综合考虑资金安全性、流动性、资金收益等因素，科学设置资金存放银行评选指标。

权责统一。资金存放单位应当履行资金存放管理的主体责任，组织好资金存放管理工作，保证资金存放平稳有序。

第六条 资金存放单位应当建立集体决策机制，成立由组织人事、账户管理、政府采购、内部审计等部门组成的资金存放工作小组，负责资金存放管理相关工作。

第二章 新开立或变更银行结算账户的流程

第七条 资金存放单位新开立银行结算账户以及变更结算账户开户银行，一般采取集体决策方式。

第八条 资金存放工作小组对备选银行根据本办法附件的评分指标和评分标准采用综合评分法进行评分，评分结果提交单位办公会议集体研究决定。其中：全总机关的评分结果提交全总书记处会议集体研究决定，全总所属单位的评分结果提交各单位领导办公会议集体研究决定。主要流程包括：

（一）选取备选银行。遵循公平、公正的原则，从经营状况和服务水平较好、并在同城设立分支机构的银行中，选取不少于 3 家不同银行所属分支机构作为备选开户银行。

（二）集体评分。工作小组采用综合评分法对符合要求的参与银行进行评分；将备选银行的评分情况、会议表决情况和会议决定等内容在单位显著位置进行公示。

（三）集体决策。全总机关的公示结果提交全总书记处会议集体研究决定资金存放银行，全总所属单位的公示结果提交各单位领导办公会议集体研究决定资金存放银行。并对外公告 5 个工作日，公告无异议的，按照会议决定确定开户银行并向开户银行发出确认通知书。

第三章 转出资金进行定期存款的流程

第九条 资金存放单位资金转出开户银行进行定期存款，应当采取竞争性方式。

第十条 资金存放单位工作小组应公开邀请备选银行报名参与竞争，根据本办法附件的评分指标和评分标准采用综合评分法对备选银行进行评分，根据评分结果择优确定定期存款的开户行。主要流程包括：

（一）发布资金存放银行竞争性选择公告。资金存放单位工作小组在本单位或其主管单位的门户网站等公开媒体上发布开户银行竞争性选择公告，载明资金存放事宜、参与银行基本资格要求、报名方式及需提供材料、报名截止时间等事项；参与竞争的银行数量应不少于3家。

（二）资金存放工作小组组建评选委员会，评选委员会应由资金存放单位内部成员和外部专家组成，一般不少于3人，且为单数。外部专家从资金存放单位以外的机构中选择，应当熟悉银行支付结算业务，并与参与银行没有利害关系。评选委员会采用综合评分法对符合要求的参与银行进行评分。

（三）全总机关评选委员会根据评分结果择优提出资金存放银行的建议，提交全总书记处会议集体研究决定；全总所属各单位评选委员会根据评分结果择优提出资金存放银行的建议，提交各单位领导办公会议集体研究决定。

（四）资金存放单位将研究结果对外公告5个工作日，公告无异议的，向定期存款银行发出确认通知书。

第十一条 定期存款到期后不需要收回使用的，可以在原定期存款银行续存，累计存期不超过两年。到期后不再续存以及累计存期已达到两年的，存款本息应当返回原开户银行。仍需转出开户银行进行定期存款的，应当重新采取竞争性方式选择定期存款银行。

第四章 综合评分法主要内容

第十二条 集体决策方式和竞争性方式均采用综合评分法评定资金存放银行。综合评分法包括评分指标体系和评分方法（见附件）。

（一）评分指标体系。主要包括经营状况、服务水平、利率水平等方面。经营状况方面的指标应能反映资金存放银行的资产质量、偿付能力、运营能力等。服务水平方面的指标应能反映资金存放银行提供支付结算、对账、分账核算的能力和水平等。利率水平主要指承诺的存款利率等。

（二）评分方法。评分方法主要明确各项评分指标的权重和计分公式。

第五章 资金存放具体规定

第十三条 纳入财政审批管理范围的银行结算账户，资金存放单位应在确定开户银行前，按照有关规定向财政部门提交开户申请，待财政部门批复同意后按照本办法确定开户银行，并向财政部门和全总财务部备案。

纳入财政备案管理范围的银行结算账户，资金存放单位应按本办法确定开户银行，并向财政部门和全总财务部备案。

开户银行一经确定，应保持稳定，不得频繁变更。

第十四条 资金存放单位银行结算账户内除财政拨款以外的事业收入、经营收入等，在扣除日常资金支付需要后有较大规模余额的，可以转出开户银行进行定期存款。要根据资金流量大小合理确定定期存款的资金规模和期限。转存定期存款一般在开户银行办理，定期存款期限一般控制在 1 年以内（含 1 年）。

资金存放单位应根据本单位资金规模大小确定每次转存定期存款的最低金额。其中全总机关单次操作金额不少于 1 千万元，全总所属单位自行确定。

资金存放单位不得在定期存款银行新开立银行结算账户，不得将资金转到定期存款银行异地分支机构进行定期存款。

资金存放单位现有的银行结算账户之间按照规定的账户用途划转资金，并在转入资金的开户银行转存定期存款，不属于本办法规定的资金转出开户银行进行定期存款。

第十五条 资金存放单位选择资金存放银行时，应当要求参与银行提供真实、准确的评分材料并出具廉政承诺书，承诺不得向资金存放单位相关人员输送任何利益。

第十六条 资金存放单位应当与开户银行签订银行结算账户管理协议，办理定期存款应当与定期存款银行签订协议，全面、清晰界定双方权利和义务。

第十七条 资金存放单位发现参与银行提供资料不真实不准确、未履行承诺的利率、未出具廉政承诺书的，应取消该银行参与资格。发现资金存放银行存在重大安全风险事件或者经营状况恶化影响资金存放安全的，应及时变更开户银行或收回定期存款。

第十八条 资金存放单位主要领导干部、分管资金存放业务的领导以及单位财务机构负责人应当实行利益回避，上述人员的配偶、子女及其配偶和其他直接利益相关人员在拟存放银行工作的，该银行所属分支机构不得作为备选开户银行。

第十九条 资金存放单位要健全资金存放内部控制办法，明确人事、财务、内审、纪检等机构职责分工，通过流程控制和制度控制，强化各环节有效制衡，防范资金存放风险事件。

第二十条 资金存放单位及其工作人员不得以任何形式违规干预、插手资金存放。违反本办法规定，以及其他滥用职权、玩忽职守、徇私舞弊的，按照国家有关规定，追究相应责任；经相关部门初步调查核实，涉嫌违纪违法的，移送有关国家机关处理。

第六章 附 则

第二十一条 全总本级所属事业单位应根据本办法制定具体实施细则报全总财务部备案。

第二十二条 中国职工保险互助会、中国职工发展基金会等全总主管的社团组织参照本办法执行。

第二十三条 本办法自印发之日起施行。

附件：资金存放单位资金存放银行评分指标体系与评分方法

附件：

资金存放单位资金存放银行评分指标体系与评分方法

一、评分指标体系

（一）评选开户银行。评分指标包括 3 个方面：经营状况、服务水平、利率水平，权重分别为 35%、50%、15%（详见表 1）。

表 1　开户银行评分指标

类别	分项指标	权重	权重合计
经营状况	净资产总额	7%	35%
	资本充足率	7%	
	不良贷款率	7%	
	资产利润率	7%	
	流动性比例	7%	
服务水平	由全总机关根据实际情况和管理要求设置分项	50%	50%
利率水平	承诺活期存款利率、在开户银行定期存款利率	15%	15%

注：利率水平指标可以不设置，相应将经营状况权重增加到 40%（各分项指标权重增加到 8%），服务水平权重增加到 60%。

（二）评选定期存款银行。评分指标包括 3 个方面：经营状况、服务水平、利率水平，权重分别为 45%、20%、35%（详见表 2）。

表2　定期存款银行评分指标

类别	分项指标	权重	权重合计
经营状况	净资产总额	9%	45%
	资本充足率	9%	
	不良贷款率	9%	
	资产利润率	9%	
	流动性比例	9%	
服务水平	由全总机关根据实际情况和管理要求设置分项	20%	20%
利率水平	承诺定期存款利率	35%	35%

二、评分方法

（一）经营状况和利率水平指标计分方法。

经营状况类各项指标根据银行全行数据计算得出，银行已上市的，数据一般来源于已披露的最近一年的年度报告；银行未上市的，数据一般来源于最近一年经审计的年度报告。利率水平指标由参与竞争的银行分支机构在总行授权范围内提供。

净资产总额、资本充足率、资产利润率、流动性比例、利率水平得分的计算方法为：

单项指标得分=（本机构单项指标数值/所有参评银行在本指标中的最大值）×100

不良贷款率得分计算方法为：

不良贷款率得分=（所有参评银行在本指标中的最小值/本机构单项指标数值）×100

（二）服务水平指标计分方法。

服务水平的分项指标由全总机关根据实际情况和管理要求设置，可以为银行分支机构指标或全行指标，由评选人员根据具体分项指标情况采取计算方法或评审方法，采用百分制打分。

（三）总分计算方法。

单个评选人员对某个银行评分 = $\sum$经营状况中单项指标得分×分项指标权重+$\sum$服务水平中单项指标得分×分项指标权重+利率水平指标得分×本项指标权重

参评银行最终得分为评选委员会中全体评选人员评分的算术平均数。评选委员会人数在 5 人以上的，参评银行最终得分为去掉全体评选人员评分中最高分和最低分后的算术平均数。

（二）票据

全国总工会财务部《关于启用“工会经费收入专用收据”的通知》

（工财字〔2010〕97号　2010年4月21日）

各省、自治区、直辖市总工会财务部，中华全国铁路总工会、中国民航工会全国委员会、中国金融工会全国委员会财务部（办公室），中共中央直属机关工会联合会、中央国家机关工会联合会办公室：

为了满足工会各项经费收入开具收据的需要，根据《工会法》、《中国工会章程》和财政部颁布的《工会会计制度》，以及国家财政票据管理的有关规定，启用《工会经费收入专用收据》，废止《工会经费拨缴款专用收据》，现将有关事宜通知如下：

一、从2010年7月1日起，废止《工会经费拨缴款专用收据》，启用《工会经费收入专用收据》。

二、工会组织按照《工会法》、《中国工会章程》的有关规定取得以下工会经费收入时，应当开具由财政部统一印制的《工会经费收入专用收据》（附件1或附件2）。

1. 工会会员缴纳的会费；

2. 建立工会组织的企业、事业单位、机关和其他社会组织按每月全部职工工资总额的百分之二向工会拨缴的经费或者建会筹备金；

3. 工会所属的企业、事业单位上缴的收入；

4. 人民政府和企业、事业单位、机关和其他社会组织的补助；

5. 其他收入。

三、《工会经费收入专用收据》由财政部统一印制并套印财政部票据监制章，分为机打收据和手写收据两种，已开具的收据存根，要妥善保管5年。

四、各省级工会负责汇总本地区、本行业各级工会所需《工会经费收入专用收据》数量后，向全国总工会财务部申购，并由全国总工会财务部统一向财政部财政票据监管中心领购，发放到各级工会组织。

今后，原则上实行每年领购一次的办法。各省级工会于每年9月底前将本地区下一年度《工会经费收入专用收据》需要量呈报全国总工会财务部，全国总工会财务部于当年 10 月 15 日前将全国工会领购收据数量报送财政部财政票据监管中心。

五、各级工会要做好原《工会经费拨缴款专用收据》的清理登记工作，在 2010 年 7 月 1 日—2010 年 12 月 31 日期间，对已经使用（分保管期满 5 年、未达保管期）和尚未使用的《工会经费拨缴款专用收据》，分别登记造册，认真填写《中央单位财政票据销毁申请表》（附件 3），向上级工会和财政部门办理相关核销手续。未经批准，不得自行销毁。

财政部财政票据监管中心、全国总工会财务部将重点检查《工会经费拨缴款专用收据》清理登记情况。

六、请将《关于启用“工会经费收入专用收据”的通知》转发到各级工会。

附件1：

工会经费收入专用收据（机打票样）

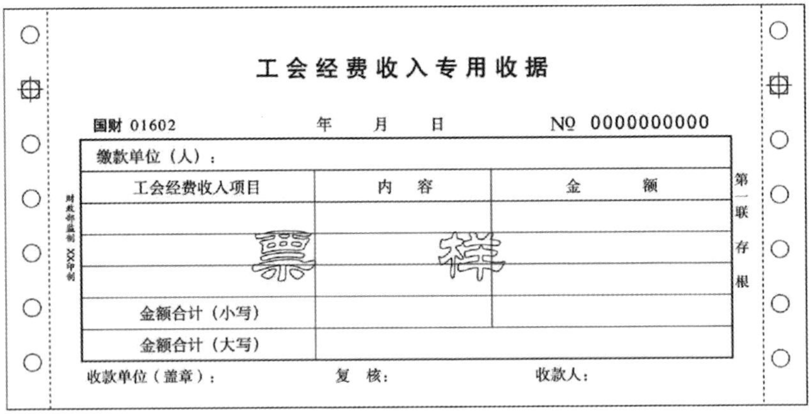
工会经费收入专用收据

国财 01602　　年　月　日　　№ 0000000000

缴款单位（人）：		
工会经费收入项目	内　容	金　额
金额合计（小写）		
金额合计（大写）		

收款单位（盖章）：　　复　核：　　收款人：

财政部监制　XX印制

第一联　存根

票样

注：1. 规格尺寸：184mm×93. 13mm。2. 用纸：上白45g彩纤防伪无碳复写纸。
3. 防伪说明：无。4. 装订：3联/份，4000份/箱。

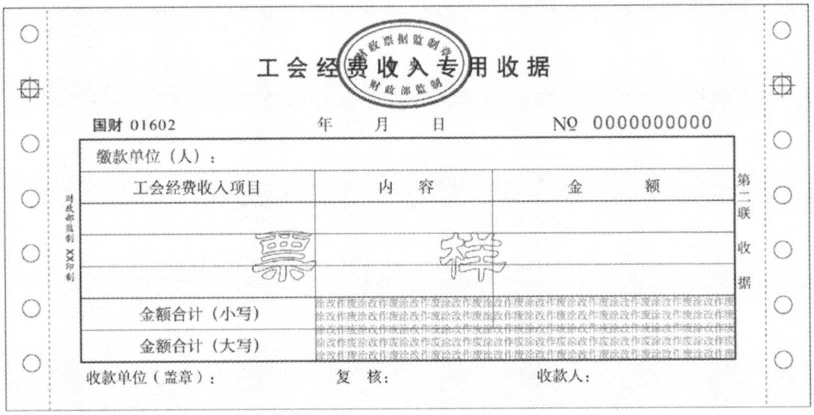
工会经费收入专用收据

财政票据监制章　财政部监制

国财 01602　　年　月　日　　№ 0000000000

缴款单位（人）：		
工会经费收入项目	内　容	金　额
金额合计（小写）		
金额合计（大写）		

收款单位（盖章）：　　复　核：　　收款人：

财政部监制　XX印制

第二联　收据

票样

注：1. 规格尺寸：184mm×93. 13mm。2. 用纸：中白45g彩纤防伪无碳复写纸。
3. 防伪说明：监制章及十位号码采用红色荧光防伪油墨；财政标志采用浮雕；票据暗含无色荧光绿徽。4. 装订：3联/份，4000份/箱。

工会经费收入专用收据

国财 01602　　　　年　月　日　　　　№ 0000000000

缴款单位（人）：		
工会经费收入项目	内　容	金　额
金额合计（小写）		
金额合计（大写）		

收款单位（盖章）：　　　　复　核：　　　　收款人：

财政部监制 XX印制

第三联 记账凭证

票样

注：1. 规格尺寸：184mm×93. 13mm。2. 用纸：下白 47g 彩纤防伪无碳复写纸。

3. 防伪说明：无。4. 装订：3 联/份，4000 份/箱。

附件 2：

工会经费收入专用收据（手写票样）

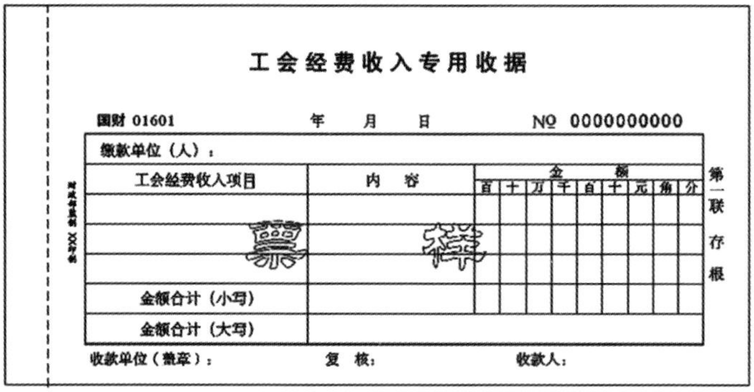

工会经费收入专用收据

国财 01601　　年　月　日　　№ 0000000000

缴款单位（人）：										
工会经费收入项目	内　容	金额								
		百	十	万	千	百	十	元	角	分
金额合计（小写）										
金额合计（大写）										

收款单位（盖章）：　　复　核：　　收款人：

第一联 存根

票样

注：1. 规格尺寸：180mm×93mm。2. 用纸：上白 45g 彩纤防伪无碳复写纸。
3. 防伪说明：无。4. 装订：3 联/份，20 份/本。

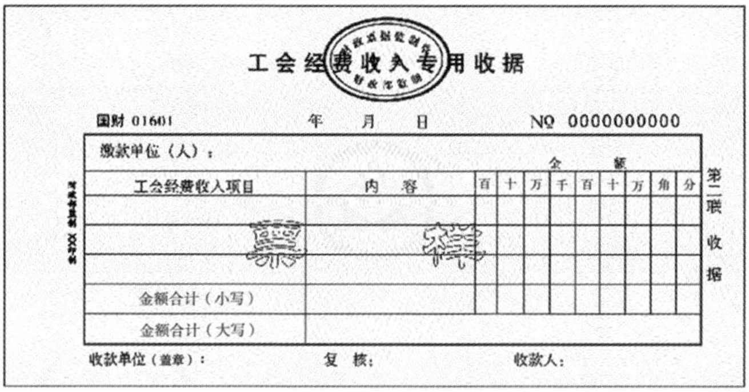

工会经费收入专用收据

国财 01601　　年　月　日　　№ 0000000000

缴款单位（人）：										
工会经费收入项目	内　容	金额								
		百	十	万	千	百	十	万	角	分
金额合计（小写）										
金额合计（大写）										

收款单位（盖章）：　　复　核：　　收款人：

第二联 收据

票样

注：1. 规格尺寸：180mm×93mm。2. 用纸：中白 52g 彩纤防伪无碳复写纸。
3. 防伪说明：监制章及十位号码采用红色荧光防伪油墨；财政标志采用浮雕；票据暗含无色荧光绿徽。4. 装订：3 联/份，20 份/本。

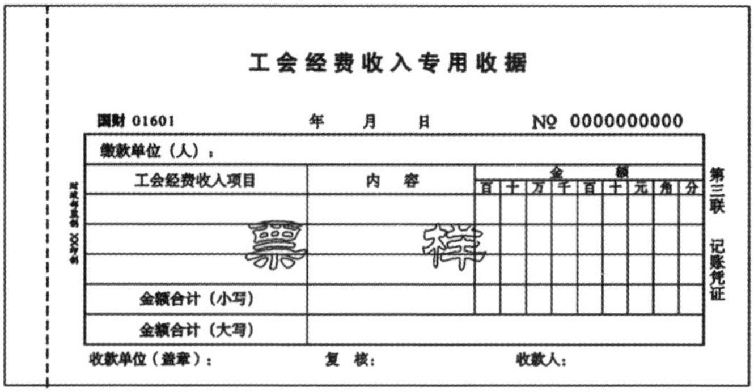

工会经费收入专用收据

国财 01601　　年　月　日　　№ 0000000000

缴款单位（人）：										
工会经费收入项目	内　容	金额								
		百	十	万	千	百	十	元	角	分
金额合计（小写）										
金额合计（大写）										

收款单位（盖章）：　　复　核：　　收款人：

第三联 记账凭证

票样

注：1. 规格尺寸：180mm×93mm。2. 用纸：下白 47g 彩纤防伪无碳复写纸。
3. 防伪说明：无。4. 装订：3 联/份，20 份/本。

附件3：

中央单位财政票据销毁申请表

单位名称：　　　　　　　　　　　　　购领证号：　　　　　　　　　　　　年　　月　　日

财务负责人：	联系电话：	票据经管人：	联系电话：
销毁票据名称	本数/份数	票据起至号码	收入资金数（万元）
		起　　　　至	
		起　　　　至	
		起　　　　至	
		起　　　　至	
		起　　　　至	
		起　　　　至	
		起　　　　至	
		起　　　　至	
		起　　　　至	
		起　　　　至	
票据使用单位 （签章）	票据监管机构 （签章）	主管部门 （签章）	备注

第一联　票据主管部门留存

注：按票据种类分别填写，按票据号码顺序填写；票据起至号码为连号时可多本（份）填写在一栏内，不连续时分段填写（将光标置于单元格内回车符前输入数据）。

中央单位财政票据销毁申请表

单位名称：　　　　　　　　　　　　购领证号：　　　　　　　　　　　　年　　月　　日

财务负责人：	联系电话：	票据经管人：	联系电话：
销毁票据名称	本数/份数	票据起至号码	收入资金数（万元）
		起　　　　至	
		起　　　　至	
		起　　　　至	
		起　　　　至	
		起　　　　至	
		起　　　　至	
		起　　　　至	
		起　　　　至	
		起　　　　至	
		起　　　　至	
票据使用单位 （签章）	票据监管机构 （签章）	主管部门 （签章）	备注

第二联　票据使用单位留存

注：按票据种类分别填写，按票据号码顺序填写；票据起至号码为连号时可多本（份）填写在一栏内，不连续时分段填写（将光标置于单元格内回车符前输入数据）。

中央单位财政票据销毁申请表

单位名称： 购领证号： 年 月 日

<table>
<tr><td colspan="2">财务负责人：</td><td>联系电话：</td><td>票据经管人：</td><td>联系电话：</td></tr>
<tr><td colspan="2">销毁票据名称</td><td>本数/份数</td><td>票据起至号码</td><td>收入资金数（万元）</td></tr>
<tr><td colspan="2"></td><td></td><td>起 至</td><td></td></tr>
<tr><td colspan="2"></td><td></td><td>起 至</td><td></td></tr>
<tr><td colspan="2"></td><td></td><td>起 至</td><td></td></tr>
<tr><td colspan="2"></td><td></td><td>起 至</td><td></td></tr>
<tr><td colspan="2"></td><td></td><td>起 至</td><td></td></tr>
<tr><td colspan="2"></td><td></td><td>起 至</td><td></td></tr>
<tr><td colspan="2"></td><td></td><td>起 至</td><td></td></tr>
<tr><td colspan="2"></td><td></td><td>起 至</td><td></td></tr>
<tr><td colspan="2"></td><td></td><td>起 至</td><td></td></tr>
<tr><td colspan="2"></td><td></td><td>起 至</td><td></td></tr>
<tr><td>票据使用单位
（签章）</td><td colspan="2">票据监管机构
（签章）</td><td>主管部门
（签章）</td><td>备注</td></tr>
</table>

第三联 票据使用单位上级部门留存

注：按票据种类分别填写，按票据号码顺序填写；票据起至号码为连号时可多本（份）填写在一栏内，不连续时分段填写（将光标置于单元格内回车符前输入数据）。

全国总工会财务部关于印发《工会经费收入专用收据使用管理暂行办法》的通知

（工财字〔2010〕119 号　2010 年 7 月 7 日）

各省、自治区、直辖市总工会财务部，中华全国铁路总工会、中国民航工会全国委员会、中国金融工会全国委员会财务部（办公室），中共中央直属机关工会联合会、中央国家机关工会联合会办公室：

为规范工会经费收入专用收据的管理，根据国家有关财政票据管理的规定和《全国总工会财务部〈关于启用“工会经费收入专用收据”的通知〉》要求，特制定《工会经费收入专用收据使用管理暂行办法》。现将此办法印发给你们，请严格遵照执行。

工会经费收入专用收据使用管理暂行办法

第一章　总　　则

第一条　为规范工会经费收入专用收据使用和管理，加强工会财务监督，根据国家有关财务会计和财政票据管理的制度规定，制定本办法。

第二条　本办法所称的工会经费收入专用收据（以下简称专用收据），是指工会按照《工会法》、《中国工会章程》的有关规定取得工会经费收入时开具的凭证。

第三条　专用收据是会计核算的原始凭证，是工会、财政、税务、审计等部门进行监督检查的依据。

第四条　专用收据的印制、领购、核发、使用、保管、核销、稽查等活动，适用本办法。

第五条　财政部、全国总工会是专用收据的主管部门。县和县以上各级工会财务部门为专用收据管理单位，负责本级及下级专用收据的印制计划、领购、核发、保管等工作。

第二章 专用收据的内容和适用范围

第六条 专用收据基本内容包括收据名称、收据编码、收据监制章、缴款单位（人）、收款日期、收款项目、内容、金额、收款单位、收款人以及联次。

专用收据设置为三联，包括存根联、收据联和记账联，各联次以不同颜色加以区分。

第七条 工会取得以下工会经费收入，使用专用收据：

（一）工会会员缴纳的会费；

（二）建立工会组织的企业、事业单位、机关和其他社会组织按每月全部职工工资总额的百分之二向工会拨缴的经费或者建会筹备金；

（三）工会所属的企业、事业单位上缴的收入；

（四）人民政府和企业、事业单位、机关和其他社会组织的补助；

（五）其他收入。

第三章 专用收据的印制、购领和核发

第八条 专用收据由财政部统一印制，并套印财政部财政票据监制章。

第九条 各级工会领购专用收据原则上实行每年领购一次、每次领购数量不超过1年的需要量、有偿使用的办法。省级工会于每年9月底前将本地区（本行业）下一年度专用收据领购数报全国总工会财务部。全国总工会财务部于当年10月15日前将全国工会领购专用收据数量汇总报送财政部财政票据监管中心统一领购，之后按领购数发放到省级工会。

省级以下工会实行凭《工会经费收入专用收据购领证》领购专用收据的办法。《工会经费收入专用收据购领证》由省级工会制作，省级以下工会首次购领专用收据时，应当向上级工会提出领购申请，经上级工会审核批准取得《工会经费收入专用收据购领证》。

第四章 专用收据的使用与保管

第十条 各级工会必须严格按照本办法第七条规定的收入范围开具专用收据，不得超范围使用专用收据。

第十一条 各级工会应当按专用收据号段顺序使用专用收据，填写手写和机打专用收据时做到字迹清楚，内容完整、真实，印章齐全，各联次内容和金额一致。填写错误的，应当另行填写。因填写错误等原因作废的

专用收据，应当加盖作废戳记或者注明“作废”字样，并完整保存全部联次，不得私自销毁。

第十二条 各级工会不得转让、出借、代开、买卖、销毁、涂改专用收据，不得将专用收据与其他财政票据、税务发票互相串用。

第十三条 各级工会应当建立专用收据管理制度，使用全总财务部组织开发的《工会经费收入专用收据软件》，由专人负责专用收据的印制计划、领购、使用与保管等，并按规定向上级工会及时报送专用收据的领购、使用、结存等情况。

第十四条 各级工会领到专用收据时，应当检查是否有缺页、号码错误、毁损等情况，一经发现应当及时交回上级工会，并由全国总工会交回财政部财政票据监管中心处理。

第十五条 专用收据遗失，应当及时在县以上相关媒体上声明作废，同时将遗失原因等有关情况，以书面形式报告上级工会，并由全国总工会报送财政部财政票据监管中心备案。

第十六条 各级工会应当妥善保管开具的专用收据存根，收据存根保存期限一般为 5 年。保存收据存根确有困难的，经财政部财政票据监管中心、全国总工会批准后，可缩短为 3 年。

第十七条 对保存期满需要销毁的专用收据存根和未使用的需要作废销毁的专用收据，由各级工会负责登记造册，填写《中央单位财政票据销毁申请表》报上级工会，并由全国总工会统一报经财政部财政票据监管中心核准后，由财政部财政票据监管中心组织销毁。

第十八条 撤销、合并的工会，在办理《工会经费收入专用收据购领证》的变更或注销手续时，应当对已经使用的专用收据存根及尚未使用的专用收据登记造册，填写《中央单位财政票据销毁申请表》报上级工会，并由全国总工会统一报经财政部财政票据监管中心核准后，由财政部财政票据监管中心组织销毁。

第五章 监督检查

第十九条 财政部、全国总工会应当根据实际情况和管理需要，对各级工会领购、使用、保管专用收据的情况进行年度稽查，也可以定期或者不定期的专项检查。

第二十条 各级工会应当自觉接受财政部、全国总工会的监督检查，如实反映情况，提供有关资料，不得隐瞒情况、弄虚作假或者拒绝、阻碍监督检查。

第二十一条 违反本办法规定领购、使用、管理专用收据的，财政部、全国总工会应当责令该工会限期整改，整改期间暂停核发该工会的专用收据。

第六章 附 则

第二十二条 各省级工会可根据本办法，结合本地区（本行业）实际情况，制定具体实施办法，报全国总工会财务部备案。

第二十三条 本办法自2010年7月1日起施行。《全总办公厅关于印发〈工会经费拨缴款专用收据管理暂行规定〉的通知》（总工办发〔1999〕41号）即日起废止执行。

附件： 1. 工会经费收入专用收据（机打票样）（略）
2. 工会经费收入专用收据（手写票样）（略）
3. 中央单位财政票据销毁申请表（略）

中华全国总工会办公厅关于转发《财政部关于行政事业单位资金往来结算票据使用管理有关问题的补充通知》的通知

（总工办发〔2010〕42号　2010年12月22日）

各省、自治区、直辖市总工会，中华全国铁路总工会、中国民航工会全国委员会、中国金融工会全国委员会，中共中央直属机关工会联合会、中央国家机关工会联合会：

为规范行政事业单位资金往来结算票据使用，现将《财政部关于行政事业单位资金往来结算票据使用管理有关问题的补充通知》（财综〔2010〕111号）转发给你们，请认真贯彻执行。

附件：

财政部关于行政事业单位资金往来结算票据使用管理有关问题的补充通知

（财综〔2010〕111号　2010年11月28日）

党中央有关部门，国务院各部委、各直属机构，全国人大常委会办公厅，全国政协办公厅，高法院，高检院，有关人民团体，各省、自治区、直辖市、计划单列市财政厅（局），新疆生产建设兵团财务局：

《财政部关于印发〈行政事业单位资金往来结算票据管理使用暂行办法〉的通知》（财综〔2010〕1号）发布后，有关中央部门和地方财政部门来电来函，询问行政事业单位取得的拨入经费、财政补助收入、上级补助收入等资金，应使用什么票据等问题。经研究，现将有关事宜补充通知如下：

一、行政事业单位取得财政部门拨付的资金，可凭银行结算凭证入账。其中，已实施国库集中支付改革的行政事业单位，按照《财政部关于印发〈财政国库管理制度试点会计核算暂行办法〉的通知》（财库〔2001〕54号）规定，可凭《财政直接支付入账通知书》或《财政授权支付额度到账通知书》及相关银行结算凭证入账。

二、行政事业单位取得上级主管部门拨付的资金，形成本单位收入，不再向下级单位转拨的，可凭银行结算凭证入账；转拨下级单位的，属于暂收代收性质，可使用行政事业单位资金往来结算票据。

三、行政事业单位取得具有横向资金分配权部门（包括投资主管部门、科技主管部门、国家自然科学基金管理委员会、国家出版基金管理委员会等）拨付的基本建设投资、科研课题经费等，形成本单位收入的，可凭银行结算凭证入账；转拨下级单位或其他相关指定合作单位的，属于暂收代收性质，可使用行政事业单位资金往来结算票据。

四、没有财务隶属关系的行政单位之间发生的往来资金，应凭银行结算凭证入账。

五、没有财务隶属关系事业单位等之间发生的往来资金，如科研院所之间、高校之间、科研院所与高校之间发生的科研课题经费等，涉及应税的资金，应使用税务发票；不涉及应税的资金，应凭银行结算凭证入账。

中华全国总工会办公厅关于转发《财政部关于印发〈公益事业捐赠票据使用管理暂行办法〉的通知》的通知

（总工办发〔2010〕41号　2010年12月22日）

各省、自治区、直辖市总工会，中华全国铁路总工会、中国民航工会全国委员会、中国金融工会全国委员会，中共中央直属机关工会联合会、中央国家机关工会联合会：

近日，财政部下发了《关于印发〈公益事业捐赠票据使用管理暂行办法〉的通知》（财综〔2010〕112号），现转发给你们，请认真贯彻执行。

财政部关于印发《公益事业捐赠票据使用管理暂行办法》的通知

（财综〔2010〕112号　2010年11月28日）

党中央有关部门，国务院各部委、各直属机构，全国人大常委会办公厅，全国政协办公厅，高法院，高检院，有关人民团体，各省、自治区、直辖市、计划单列市财政厅（局），新疆生产建设兵团财务局：

为进一步健全和完善财政票据管理制度，规范捐赠票据使用管理，加强财务管理监督，根据《中华人民共和国公益事业捐赠法》以及国家有关财务会计和财政票据管理的法律制度规定，我们制定了《公益事业捐赠票据使用管理暂行办法》，现印发给你们，请遵照执行。

附件：

公益事业捐赠票据使用管理暂行办法

第一章　总　　则

第一条　为规范公益事业捐赠票据使用行为，加强公益事业捐赠收入财务监督管理，促进社会公益事业发展，根据《中华人民共和国公益事业捐赠法》以及国家有关财务会计和财政票据管理的法律制度规定，制定本办法。

第二条　本办法所称的公益事业捐赠票据（以下简称捐赠票据），是指各级人民政府及其部门、公益性事业单位、公益性社会团体及其他公益性组织（以下简称公益性单位）按照自愿、无偿原则，依法接受并用于公益事业的捐赠财物时，向提供捐赠的自然人、法人和其他组织开具的凭证。

本办法所称的公益事业，是指下列非营利事项：

（一）救助灾害、救济贫困、扶助残疾人等困难的社会群体和个人的活动；

（二）教育、科学、文化、卫生、体育事业；

（三）环境保护、社会公共设施建设；

（四）促进社会发展和进步的其他社会公共和福利事业。

第三条　捐赠票据是会计核算的原始凭证，是财政、税务、审计、监察等部门进行监督检查的依据。

捐赠票据是捐赠人对外捐赠并根据国家有关规定申请捐赠款项税前扣除的有效凭证。

第四条　捐赠票据的印制、领购、核发、使用、保管、核销、稽查等活动，适用本办法。

第五条　各级人民政府财政部门（以下简称各级财政部门）是捐赠票据的主管部门，按照职能分工和管理权限负责捐赠票据的印制、核发、保管、核销、稽查等工作。

第二章　捐赠票据的内容和适用范围

第六条　捐赠票据的基本内容包括票据名称、票据编码、票据监制章、捐赠人、开票日期、捐赠项目、数量、金额、实物（外币）种类、接受单位、复核人、开票人及联次等。

捐赠票据一般应设置为三联，包括存根联、收据联和记账联，各联次以不同颜色加以区分。

第七条 下列按照自愿和无偿原则依法接受捐赠的行为，应当开具捐赠票据：

（一）各级人民政府及其部门在发生自然灾害时或者应捐赠人要求接受的捐赠；

（二）公益性事业单位接受用于公益事业的捐赠；

（三）公益性社会团体接受用于公益事业的捐赠；

（四）其他公益性组织接受用于公益事业的捐赠；

（五）财政部门认定的其他行为。

第八条 下列行为，不得使用捐赠票据：

（一）集资、摊派、筹资、赞助等行为；

（二）以捐赠名义接受财物并与出资人利益相关的行为；

（三）以捐赠名义从事营利活动的行为；

（四）收取除捐赠以外的政府非税收入、医疗服务收入、会费收入、资金往来款项等应使用其他相应财政票据的行为；

（五）按照税收制度规定应使用税务发票的行为；

（六）财政部门认定的其他行为。

第三章 捐赠票据的印制、领购和核发

第九条 捐赠票据分别由财政部或省、自治区、直辖市人民政府财政部门（以下简称省级政府财政部门）统一印制，并套印全国统一式样的财政票据监制章。

第十条 捐赠票据由独立核算、会计制度健全的公益性单位向同级财政部门领购。

第十一条 捐赠票据实行凭证领购、分次限量、核旧购新的领购制度。

第十二条 公益性单位首次申领捐赠票据时，应当提供《财政票据领购证》和领购申请函，在领购申请中需详细列明领购捐赠票据的使用范围和项目。属于公益性社会团体的，还需提供社会团体章程。

财政部门依照本办法，对公益性单位提供的捐赠票据使用范围和项目进行审核，对符合捐赠票据适用范围的，予以核准；不符合捐赠票据适用范围的，不予以核准，并向领购单位说明原因。

公益性单位未取得《财政票据领购证》的，应按照规定程序先办理《财政票据领购证》。

第十三条 公益性单位再次领购捐赠票据时，应当出示《财政票据领购证》，并提交前次领购捐赠票据的使用情况说明及存根，经同级财政部门审验无误并核销后，方可继续领购。

捐赠票据的使用情况说明应当包括以下内容：捐赠票据领购、使用、作废、结存等情况，接受捐赠以及捐赠收入的使用情况等。

第十四条 公益性单位领购捐赠票据实行限量发放，每次领购数量一般不超过本单位 6 个月的需要量。

第十五条 公益性单位领购捐赠票据时，应按照省级以上价格主管部门会同同级财政部门规定的收费标准，向财政部门支付财政票据工本费。

第四章 捐赠票据的使用与保管

第十六条 公益性单位应当严格按照本办法规定和财政部门的要求开具捐赠票据。

第十七条 公益性单位接受货币（包括外币）捐赠时，应按实际收到的金额填开捐赠票据。

第十八条 公益性单位接受非货币性捐赠时，应按其公允价值填开捐赠票据。

第十九条 公益性单位应当按票据号段顺序使用捐赠票据，填写捐赠票据时做到字迹清楚，内容完整、真实，印章齐全，各联次内容和金额一致。填写错误的，应当另行填写。因填写错误等原因作废的票据，应当加盖作废戳记或者注明“作废”字样，并完整保存全部联次，不得私自销毁。

第二十条 捐赠票据的领用单位不得转让、出借、代开、买卖、销毁、涂改捐赠票据，不得将捐赠票据与其他财政票据、税务发票互相串用。

第二十一条 公益性单位应当建立捐赠票据管理制度，设置管理台账，由专人负责捐赠票据的领购、使用登记与保管，并按规定向同级财政部门报送捐赠票据的领购、使用、作废、结存以及接受捐赠和捐赠收入使用情况。

第二十二条 公益性单位领购捐赠票据时，应当检查是否有缺页、号码错误、毁损等情况，一经发现应当及时交回财政票据监管机构处理。

第二十三条 公益性单位遗失捐赠票据的，应及时在县级以上新闻媒体上声明作废，并将遗失票据名称、数量、号段、遗失原因及媒体声明资料等有关情况，以书面形式报送同级财政部门备案。

第二十四条 公益性单位应当妥善保管已开具的捐赠票据存根，票据存根保存期限一般为5年。

第二十五条 对保存期满需要销毁的捐赠票据存根和未使用的需要作废销毁的捐赠票据，由公益性单位负责登记造册，报经同级财政部门核准后，由同级财政部门组织销毁。

第二十六条 公益性单位撤销、改组、合并的，在办理《财政票据领购证》的变更或注销手续时，应对公益性单位已使用的捐赠票据存根及尚未使用的捐赠票据登记造册，并交送同级财政部门统一核销、过户或销毁。

第二十七条 省级政府财政部门印制的捐赠票据，一般应当在本行政区域内核发使用，不得跨行政区域核发使用，但本地区派驻其他省、自治区、直辖市的公益性单位除外。

第五章 监督检查

第二十八条 各级财政部门应当根据实际情况和管理需要，对捐赠票据的领购、使用、保管等情况进行年度稽查，也可以进行定期或者不定期的专项检查。

第二十九条 公益性单位应当自觉接受财政部门的监督检查，如实反映情况，提供有关资料，不得隐瞒情况、弄虚作假或者拒绝、阻碍监督检查。

第三十条 违反本办法规定领购、使用、管理捐赠票据的，财政部门应当责令公益性单位限期整改，整改期间暂停核发该单位的捐赠票据，按照《财政违法行为处罚处分条例》（国务院令第427号）等规定追究法律责任。

第三十一条 各级财政部门应当按照规定对捐赠票据使用管理情况进行监督检查，不得滥用职权、徇私舞弊，不得向被查公益性单位收取任何费用。

第六章 附 则

第三十二条 省级政府财政部门可以根据本办法，结合本地区实际情况，制定具体实施办法，报财政部备案。

第三十三条 本办法自2011年7月1日起施行。

附1：公益事业捐赠统一票据（本装票）式样及印制说明（略）

附2：公益事业捐赠统一票据（滚筒机打）式样及印制说明（略）

中华全国总工会办公厅关于转发《财政部关于清理整合中央财政票据的通知》的通知

（总工办发〔2011〕34 号　2011 年 7 月 13 日）

各省、自治区、直辖市总工会，中华全国铁路总工会、中国民航工会全国委员会、中国金融工会全国委员会，中共中央直属机关工会联合会、中央国家机关工会联合会：

近日，财政部印发了《清理整合中央财政票据的通知》(财综〔2011〕46 号)，进一步明确了工会经费收入专用收据作为中央财政票据的合法地位，并要求切实做好已废止票据的清理登记工作。现转发给你们，请认真贯彻执行，并按照全总财务部《关于启用“工会经费收入专用收据”的通知》（工财字〔2010〕97 号）和《关于工会经费拨缴款专用收据清理核销工作的通知》（工财字〔2011〕23 号）要求，认真做好工会经费拨缴款专用收据的清理核销工作。

附件：

财政部关于清理整合中央财政票据的通知

（财综〔2011〕46 号　2011 年 6 月 23 日）

党中央有关部门，国务院各部委、各直属机构，全国人大常委会办公厅，全国政协办公厅，高法院，高检院，有关人民团体：

为进一步加强中央国家机关、事业单位、社会团体、经法律法规授权的具有管理公共事务职能的其他组织机构（以下简称中央单位）财政票据管理，大力压缩中央财政票据种类，统一规范中央财政票据式样，促进财政票据电子化管理改革，决定全面清理整合中央财政票据。现就有关事项通知如下：

一、清理整合中央财政票据的基本原则和思路

（一）基本原则。按照“简并票种、统一式样”的原则，全面清理整合现有中央财政票据种类，压缩中央财政票据，规范中央财政票据规格、式样。

（二）基本思路。在全面清理整合现有中央财政票据种类的基础上，确定“以通用票据为主，专用票据为辅；以机打票据为主，手工票据为辅”的管理思路，设置非税收入通用票据，替代和废止行政事业性收费通用票据及部分专用票据，优化中央财政票据种类结构，扩大通用票据和机打票据的使用范围，缩小专用票据和手工票据使用范围，为规范中央财政票据管理和推行财政票据电子化改革创造良好条件。

二、清理整合中央财政票据的内容

将现行的行政事业性收费票据、政府性基金票据、罚没票据、国有资产有偿使用收入票据、非税收入一般缴款书、其他财政票据六类票据，统一归并为政府非税收入票据和其他财政票据两类。

（一）设置非税收入通用票据，替代和废止相关财政票据。

设置《中央非税收入统一票据》和《中央非税收入定额票据》（以下简称非税收入通用票据）。非税收入通用票据适用于中央单位在收取行政事业性收费、政府性基金、行政事业单位国有资产出租出借收入等政府非税收入时，向缴款单位或个人开具的收款凭证。其中，《中央非税收入统一票据》一式三联，第一联为收据联，第二联为记账联，第三联为存根联，各联次以不同颜色加以区分，在收据联上套印“财政票据监制章”，并按开具方式分为机打票据和手工票据（具体式样见附件 1、附件 2）；《中央非税收入定额票据》一式两联，一联为收据联，一联为存根联，分 1 元、2 元、5 元、10 元、20 元、50 元、100 元七种面额，各种面额票据以不同颜色加以区分，并在收据联上套印“财政票据监制章”（具体式样见附件 3）。

用非税收入通用票据替代和废止现有相关财政票据。其中，用《中央非税收入统一票据》，替代和废止《中央单位行政事业性收费统一收据》、《中央高等学校专用收费收据》、《国有资产有偿使用收入专用收据》、《中华人民共和国边防检查收费专用收据—边防》、《中华人民共和国边防检查收费专用收据—装备》、《海关行政事业性收费统一票据》、《中央外贸发展基金专用收据》等七种票据；用《中央非税收入定额票据》（1 元、2 元、5 元、10 元、20 元、50 元、100 元），替代和废止《中央单位行政事业性收费定额收据》（1 元、2 元、5 元、10 元、20 元、50 元、100 元）、《海关定额票据》（1 元、5 元、10 元）、《中华人民共和国公安边防行政事业性收费定额收据》（2 元、5 元、8 元、10 元）、《出入境检验检疫收费定额收据》（4 元、5 元、6 元、10 元、30 元）等十九种定额票据。

（二）根据国家有关政策规定，废止归并性质相同的财政票据。

1. 废止《中国船级社账单/收据》（国际版），归并使用《中国船级社账单/收据》；废止《产品检验收费账单（代收据）》，归并使用《中华人民共和国海事行政事业性收费专用收据》。

2. 废止《边检罚款专用收据—边防》、《边检罚款专用收据—装备》两种罚没票据，按照罚款方式，分别使用《当场处罚罚款收据》、《代收罚款收据》。

3. 废止《中国红十字会接受捐赠专用收据》、《中国人口福利基金会捐款收据》、《中国妇女发展基金会捐赠收据》、《中国儿童少年基金会捐款收据》四种专用捐赠票据，归并使用《公益事业捐赠统一票据》。

（三）清理整合后的中央财政票据共分两类三十五种。

1. 政府非税收入票据类，共二十七种。

（1）中央非税收入统一票据。

（2）中央非税收入定额票据（1 元、2 元、5 元、10 元、20 元、50 元、100 元）。

（3）国家税务局系统行政性收费专用收据。

（4）国家税务局系统行政性收费（电子）转账专用收据。

（5）国家税务局系统行政性收费专用缴款书。

（6）国家税务局系统行政性收费收入退还书。

（7）海关行政事业性收费专用票据。

（8）出入境检验检疫收费收据。

（9）中华人民共和国海事行政事业性收费专用收据。

（10）国家知识产权局专利收费收据。

（11）国家知识产权局专利收费收据—PCT 国际申请。

（12）人民法院诉讼收费专用收据—预收。

（13）人民法院诉讼收费专用收据—结算。

（14）人民法院诉讼收费专用收据—退费。

（15）人民法院案款收据。

（16）中国船级社账单/收据。

（17）探矿权采矿权使用费和价款专用收据。

（18）矿产资源补偿费自收汇缴专用收据。

（19）矿产资源补偿费专用缴款书。

（20）故宫博物院专用收据。

（21）故宫博物院专用定额收据（20 元、30 元、40 元、60 元）。
（22）港口建设费专用收据。
（23）国家电影事业发展专项资金专用票据。
（24）当场处罚罚款收据。
（25）代收罚款收据。
（26）治安管理当场处罚决定书（代收据）。
（27）非税收入一般缴款书。
2. 其他财政票据类，共八种。
（28）公益事业捐赠统一票据。
（29）中央行政事业单位资金往来结算票据。
（30）全国性社会团体会费统一收据。
（31）工会经费收入专用收据。
（32）行业协会自律性经济处罚专用收据。
（33）住宅专项维修资金专用收据（出售公房使用）。
（34）住宅专项维修资金专用收据（业主使用）。
（35）中国清洁发展机制基金专用收据。

今后，随着政府非税收入和中央财政票据管理工作的日益深化，对于上述保留的中央财政票据，将继续创造条件，逐步予以归并。

三、切实做好非税收入通用票据启用的准备工作

（一）非税收入通用票据启用时间。为充分消化中央单位已领购的财政票据，尽量避免浪费，同时做好有关准备工作，非税收入通用票据从 2012 年 1 月 1 日起正式启用。中央单位可从 2011 年 11 月 1 日开始，到财政部财政票据监管中心（以下简称票据中心）领购非税收入通用票据。

（二）做好归并财政票据清理登记工作。中央单位应将上述废止和归并的中央财政票据，分为已使用票据和尚未使用票据进行登记造册。对已使用的财政票据，用票单位应按号段排列票据存根，装订成册并合计收费金额，填写《中央行政事业单位财政票据核销申请表》，经票据中心检查合格后，予以核销；对尚未使用的财政票据，用票单位应按号段排列票据，填写《中央行政事业单位财政票据销毁申请表》，交票据中心审核后，统一组织销毁。上述清理登记工作应于 2012 年 12 月 31 日之前完成。

（三）做好财政票据管理软件更新工作。已经采用电脑开票的中央单位，应提前做好财政票据管理软件的升级、更新工作，确保非税收入通用票据的正常使用。

四、严格按程序领购非税收入通用票据

（一）首次领购。中央单位首次领购非税收入通用票据，应当提供

《财政票据领购证》和领购申请函，申请函主要内容包括单位基本情况、申购理由、申购财政票据的名称、数量、用途等，由票据中心进行审核。对符合国家规定的，予以核准；不符合国家规定的，不予核准。中央单位未办理《财政票据领购证》的，应当按照规定的程序，先申请办理《财政票据领购证》。

（二）再次领购。中央单位再次领购非税收入通用票据时，需持《财政票据领购证》，并提交前次领购使用的非税收入通用票据存根及基本情况，包括票据的册数、号段、金额等，到票据中心办理核销和领购手续。票据中心对已使用的非税收入通用票据存根进行审核、检查，检查合格的，先予票据核销，再发放新的票据；检查不合格的，暂停发放新票据。

中央单位领购非税收入通用票据实行定期限量制度，每次领购票据一般不得超过本单位6个月的使用数量。中央单位在办理非税收入通用票据领购手续时，应当按照国家发展改革委核定的收费标准，支付票据工本费。

五、加强非税收入通用票据使用管理

中央单位应当根据国务院及财政部、国家发展改革委有关文件规定的收费项目和标准，填开非税收入通用票据，不得扩大收费范围、提高收费标准，不得用非税收入通用票据收取经营性收费，各种财政票据不得互相串用。

中央单位应按照票据号码顺次填开非税收入通用票据，完整填写缴款单位、开票日期、项目名称、数量、计量标准、金额、收款单位等信息，并加盖收款单位印章及收款人名章（或签字），保持票面整洁。如填写错误，应另行填开，不得涂改、挖补、撕毁票据。票据作废应加盖作废戳记，并完整保存各联次备查，不得自行销毁。如发现《财政票据领购证》或非税收入通用票据丢失，应在全国性媒体上申明作废，查明原因，提出书面处理意见，报票据中心备查。

六、确保财政票据管理安全

中央单位应当建立健全财政票据管理制度，设有专人管理财政票据，负责本单位财政票据的领购、使用、保管和核销等日常管理工作。中央单位应设置财政票据使用管理台账，对领购的财政票据进行台账登记，实行规范化管理。其中，已实施电脑开票的单位，可以通过信息系统自动建立财政票据管理台账，完整记录财政票据库存、领购、分发、使用、核销、销毁及票面金额等信息，并定期做好数据备份工作。

中央单位应当妥善保管财政票据，做好票据存放库房（专柜）的防盗、防火、防潮、防蛀等工作，确保财政票据存放安全。已开具的财政票据存根，应当保存 5 年。保存期满需要销毁的财政票据，按照票据号段顺序登记造册，填写《中央行政事业单位财政票据销毁申请表》，由票据中心审查核准后收回并予以销毁。实行中央垂直管理的行政事业单位，可由其主管部门财务部门向票据中心提出票据销毁申请，由票据中心统一组织实施财政票据的销毁工作。

七、不断强化财政票据监督检查

中央单位要加强本单位内部财政票据使用和管理情况的监督检查，督促本单位严格按照本通知规定领购、使用和管理财政票据，及时发现和纠正违反规定使用财政票据行为。中央单位要自觉接受财政、审计等部门的监督检查，如实提供检查所需要的财政票据存根、使用管理台账、会计账簿等相关资料。对于违反本通知规定的，一经查出，要限期整改，整改期间暂停核发该单位的财政票据。同时，按照《财政违法行为处罚处分条例》（国务院令第 427 号）等规定进行处理。涉嫌犯罪的，移交司法机关处理。

附件：1. 中央非税收入统一票据（机打票）式样（略）
2. 中央非税收入统一票据（手工票）式样（略）
3. 中央非税收入定额票据式样（略）